Der Autor

Dr. Joachim Bumke war Professor an der Harvard University und an der Freien Universität Berlin und lehrt seit 1969 Literaturgeschichte des Mittelalters an der Universität Köln. Er hat sich vor allem mit den historischen Grundlagen der mittelalterlichen Literatur beschäftigt. Zahlreiche Veröffentlichungen, u. a. ›Ritterbegriff im 12. und 13. Jahrhundert‹ (1964), ›Ministerialität und Ritterdichtung‹ (1976), ›Mäzene im Mittelalter‹ (1979), ›Höfische Kultur. Literatur und Gesellschaft im hohen Mittelalter‹ (1986, 2 Bde, dtv 4442).

Bumke/Cramer/Kartschoke:
Geschichte der deutschen Literatur im Mittelalter
3 Bände

Dieter Kartschoke:
Geschichte der deutschen Literatur im frühen Mittelalter
(dtv 4551)

Joachim Bumke:
Geschichte der deutschen Literatur im hohen Mittelalter
(dtv 4552)

Thomas Cramer:
Geschichte der deutschen Literatur im späten Mittelalter
(dtv 4553)

Joachim Bumke:

Geschichte der deutschen Literatur im hohen Mittelalter

Deutscher
Taschenbuch
Verlag

dtv

Übersichtskarten auf den Seiten 11 und 24

Originalausgabe
Februar 1990
© Deutscher Taschenbuch Verlag GmbH & Co. KG, München
Umschlaggestaltung: Celestino Piatti
Vorlage: Landgraf Hermann I. von Thüringen und seine Gemahlin Sophia. Aus dem Landgrafenpsalter, Anfang des 13. Jahrhunderts (Württembergische Landesbibliothek, Stuttgart).
Karten: Kartographie Huber, München
Gesamtherstellung: C. H. Beck'sche Buchdruckerei, Nördlingen
Printed in Germany · ISBN 3-423-04552-3

Inhalt

Eberhard Lämmert
zum 65. Geburtstag gewidmet

I. Die geschichtlichen Grundlagen der höfischen Literatur

1. Historisch-geographische Grundlagen

Deutschland war im Mittelalter ein unfestes Gebilde, hervorgegangen aus den Teilungen des karolingischen Großreichs. Die Grenzen des deutschen Reichs ragten im Westen weit über die deutsch-französische Sprachgrenze hinaus und umschlossen von Flandern bis zum Mittelmeer einen breiten Gürtel französischer Kultur. Seit dem 10. Jahrhundert beanspruchten die deutschen Könige auch die Herrschaft über Italien. Im Osten gab es gegenüber den dort siedelnden slawischen Stämmen keine festen Grenzen; durch Unterwerfung und Kolonisation wurden im 12. und 13. Jahrhundert weite Gebiete dem Reich eingegliedert.

Schwaben: Seit der Wahl des Herzogs Konrad von Schwaben zum deutschen König im Jahr 1138 regierten in Deutschland die *Staufer.* Über fünf Generationen, bis zum Tod Konrads IV. im Jahr 1254, war das König- und Kaisertum in dieser Familie erblich; nur von 1208 bis 1212 gab es keinen staufischen Herrscher. Die Staufer nannten sich nach der Burg Hohenstaufen bei Göppingen an der Schwäbischen Alb; im Kloster Lorch (im Remstal) war ihre Grablege. Seit 1079 gehörten sie als Herzöge von Schwaben zu den mächtigsten deutschen Fürsten. Im 12. Jahrhundert gelang ihnen im nördlichen Schwaben und im Elsaß der Aufbau eines großen Herrschaftsgebiets. Ulm und Rottweil waren die bevorzugten Herzogssitze. Im 13. Jahrhundert ging die Herrschaft über das Herzogtum Schwaben im staufischen Königtum auf; nach dem Ende der Staufer hat es keinen Herzog von Schwaben mehr gegeben.

Die Staufer haben eine führende Rolle bei der Rezeption der französischen Gesellschaftskultur gespielt. Sie waren die ersten, die in Deutschland Turniere nach französischem Vorbild veranstaltet haben. Durch die Heirat Kaiser Friedrichs I. (1152–1190) mit Beatrix von Burgund wurden die Bindungen nach Westen noch gestärkt. Die Bedeutung der Staufer für die höfische Literaturgeschichte läßt sich am deutlichsten daran ablesen, daß zwei von ihnen selbst als Dichter hervorgetreten sind. Die Lieder von »Kaiser Heinrich« und »König Konrad dem Jungen«, die an der Spitze der Manessischen Liederhandschrift stehen, werden Kaiser Heinrich VI. (1190–1197) und seinem Enkel, König Konrad IV. (1237–1254), zugeschrieben. Außerdem haben die Staufer als Gönner und Förderer des Minnesangs eine Rolle gespielt. Die Dichter um Friedrich von Hausen, die den höfischen Stil des Minnesangs ausgebildet haben, waren fast alle im Herzogtum Schwaben zu Hause und standen in urkundlich nachweisbaren Beziehungen zum staufischen Herrscherhaus. Friedrich von Hausen selbst gehörte zu den engsten Beratern Kaiser Friedrichs I. und ist auch in der Umgebung des jungen Heinrichs VI. bezeugt. Einige Jahrzehnte später, als die Söhne Kaiser Friedrichs II. (1212–1250) als Könige in Deutschland regierten, war der staufische Hof in Schwaben wieder ein Mittelpunkt höfischer Dichtung. Dort dichteten Rudolf von Ems und Ulrich von Türheim ihre epischen Werke; und die schwäbischen Minnesänger Ulrich von Winterstetten und Gottfried von Neifen standen in naher Beziehung zu Mitgliedern des staufischen Hofkreises.

Die Staufer waren nicht die einzigen Herzöge in Schwaben. Den südwestlichen Teil des alten Herzogtums beherrschten die Herzöge von *Zähringen,* die ihren Besitz und Einfluß im 12. Jahrhundert bedeutend erweitern konnten. Ihr Zentrum war die 1120 von ihnen gegründete Stadt Freiburg im Breisgau. Den Zähringern gehörte ein großer Teil der Grafschaft Burgund (die heutige Westschweiz); und das ihnen 1127 übertragene Rektorat von Burgund eröffnete weitere Wirkungsmöglichkeiten. Durch das Aussterben der Familie im Jahr 1218 ist dieser Entwicklung ein plötzliches Ende gesetzt worden. In ihren dynastischen und kulturellen Interessen waren die Zähringer noch stärker als die Staufer nach Westen orientiert. Ihr literarisches Mäzenatentum ist schlecht bezeugt. Der letzte Herzog, Berthold V. († 1218), und seine Gemahlin Clementia haben höfische Epik und Legendendichtung in Auftrag gegeben. Dem Zähringer Hof käme eine zentrale Bedeutung zu, wenn die Vermutung, daß Hartmann von Aue dort gedichtet hat, zutreffend wäre. Hartmann von Aue war seiner Sprache nach Alemanne und könnte ein Mitglied einer zähringischen Ministerialenfamilie gewesen sein.

Außer den Staufern und den Zähringern führten im 12. Jahrhundert auch die *Welfen* in Schwaben den Herzogstitel. Nörd-

Politische Gliederung

lich vom Bodensee, um Ravensburg und Memmingen, und im Lechtal lagen ihre ausgedehnten Besitzungen; der ganze südöstliche Teil des alten Herzogtums wurde von ihnen beherrscht, und ihr Einfluß reichte bis nach Italien und in die Schweiz. Herzog Welf VI. († 1191), der auch Markgraf von Tuszien und Herzog von Spoleto war, gehörte zu den angesehensten Reichsfürsten. Er war berühmt für die prächtigen Hoffeste, die er auf dem Gunzenle bei Augsburg veranstaltete. Für seinen Hof in Altdorf-Weingarten wurde um 1170 die lateinische ›Geschichte der Welfen‹ (›Historia Welforum‹) verfaßt, die erste Hausgeschichte eines deutschen Hochadelsgeschlechts. Volkssprachig-höfische Dichtung ist am schwäbischen Welfenhof nicht nachweisbar; aber die deutschen Dichter haben noch lange von der Freigebigkeit Welfs VI. gesungen. Nach dem Tod seines Sohns (1167) hat Welf VI. den gesamten Besitz in Schwaben und in Italien an seinen Neffen, Kaiser Friedrich I., verkauft.

Das Aussterben der Zähringer und der Staufer im 13. Jahrhundert hat die Landkarte im Südwesten vollkommen verändert. Die beiden großen Machtbereiche zerfielen in viele kleine Teile, die selbständig wurden. Gegen Ende des 13. Jahrhunderts entstand allmählich eine neue Konstellation. Im Süden stiegen die Grafen von Habsburg zur beherrschenden Vormacht auf; am Schwarzwald konnten die Markgrafen von Baden, eine Seitenlinie der Zähringer, ihren Besitz ausbauen; im Norden haben die Grafen von Württemberg am meisten von dem Untergang der Staufer profitiert. Als die Habsburger mit Rudolf I. (1273–1291) die Königswürde erlangten, wurde ihr Einfluß immer größer. Für die Literaturgeschichte der spähöfischen Zeit haben die neuen Herrschaften jedoch nur eine untergeordnete Rolle gespielt. Die literarischen Zentren im Südwesten waren die Bischofsstädte Straßburg, Basel und Konstanz, außerdem Zürich, wo die alten Formen der höfischen Dichtung weiter gepflegt wurden.

Bayern: Das Herzogtum Bayern war seit 1070 im Besitz der *Welfen.* 1138 wurde Herzog Heinrich der Stolze († 1139) von Konrad III. abgesetzt, und Bayern wurde den Babenbergern übertragen, die sich jedoch nicht durchsetzen konnten. 1156 erhielt Heinrich der Löwe, der Sohn Heinrichs des Stolzen, Bayern zurück. Die Welfenherrschaft endete 1180 mit der Absetzung des Herzogs. Bayern kam an die *Wittelsbacher,* die bis 1918 dort regierten. 1214 gelangten die Wittelsbacher in den

Besitz eines zweiten großen Reichslehens, der Pfalzgrafschaft bei Rhein. Seit der Mitte des 13. Jahrhunderts war das Herzogtum Bayern in zwei, später in mehrere Wittelsbacher Linien geteilt.

Der mehrfache Herrschaftswechsel in Bayern hat die Ausbildung literarischer Zentren behindert. Für das geistige Leben spielten die alten Benediktinerklöster noch eine wichtige Rolle. Regensburg war im 12. Jahrhundert nicht nur eine bedeutende Handelsmetropole; in den Regensburger Klöstern St. Emmeram und Prüfening blühte auch die Malkunst. In der zweiten Hälfte des 12. Jahrhunderts wurde Regensburg außerdem ein Sammelpunkt weltlicher Epik. Dort entstanden die ›Kaiserchronik‹ und – im Auftrag Heinrichs des Löwen – das ›Rolandslied‹. Zu den ältesten Minnesängern gehörten die hochadligen Burggrafen von Regensburg und Rietenburg. Das Ende der Welfenherrschaft scheint auch die literarischen Bestrebungen unterbrochen zu haben. Das früheste Zeugnis für das literarische Mäzenatentum der Wittelsbacher stammt erst aus der Zeit um 1230. Im weiteren Verlauf des 13. Jahrhunderts haben die bayerischen Herzogshöfe in München und Landshut jedoch eine große Rolle im literarischen Leben gespielt. Vor allem Ludwig II. von Oberbayern und von der Pfalz († 1294) ist als Förderer der Literatur hervorgetreten.

Von den bayerischen Grafenhäusern, die an Macht und Besitz kaum hinter den Wittelsbachern zurückstanden, haben die Grafen von *Andechs* den größten Einfluß gewonnen: seit 1173 waren sie Markgrafen von Istrien, seit 1180 auch Herzöge von Meranien. Ihr Besitz reichte bis weit nach Tirol. In enger Verbindung mit den Staufern haben die Herzöge von Andechs-Meran auch in der Reichspolitik eine große Rolle gespielt. Wirnt von Grafenberg hat in ihrem Auftrag seinen ›Wigalois‹ gedichtet. Als die Familie 1248 erlosch, fiel ihr Erbe in Bayern an die Wittelsbacher; ihr Tiroler Besitz kam an die Grafen von Tirol.

Österreich: In Österreich regierten seit dem 10. Jahrhundert die *Babenberger* als Markgrafen. Die Herauslösung aus dem bayerischen Herzogtum wurde 1156 besiegelt, als die Babenberger zugunsten der Welfen auf Bayern verzichteten und Österreich dafür zum selbständigen Herzogtum erhoben und mit besonderen Privilegien ausgestattet wurde. Seit 1192 waren die Babenberger auch im Besitz des Herzogtums Steiermark. Das 12. und

13. Jahrhundert war eine Zeit der wirtschaftlichen und kulturellen Blüte in Österreich. Die Babenberger waren mit den Staufern verschwägert und erhöhten ihr Ansehen durch Heiratsverbindungen mit dem byzantinischen Kaiserhaus. Am Wiener Herzogshof wurden glänzende Hoffeste gefeiert, und Wien war auch ein Mittelpunkt der höfischen Lyrik, vielleicht schon unter Herzog Heinrich II. († 1177), sicher jedoch gegen Ende des 12. Jahrhunderts, als Reinmar der Alte und Walther von der Vogelweide dort dichteten, und dann wieder unter Herzog Friedrich II. († 1246), dem Gönner Neidharts und Tannhäusers. Das Aussterben der Babenberger im Jahr 1246 leitete eine Zeit politischer Wirren ein. Zunächst gelang es König Ottokar II. von Böhmen († 1278), Österreich sowie die Steiermark, Kärnten und Krain an sich zu bringen; nach seinem Tod verlieh König Rudolf von Habsburg im Jahr 1283 Österreich und Steiermark an seinen Sohn Albrecht I. († 1308) und begründete damit die *Habsburger* Herrschaft in Österreich, die bis 1918 dauerte. Für die Literaturgeschichte ist der Habsburger Hof erst im 14. Jahrhundert wichtig geworden.

Kärnten: Kärnten war schon seit dem 10. Jahrhundert ein selbständiges Herzogtum, lange Zeit verbunden mit der Markgrafschaft Verona. Von 1122 bis 1269 waren die *Spanheimer* Herzöge von Kärnten; im 13. Jahrhundert wurde St. Veit an der Glan der bevorzugte Herzogssitz und ein Mittelpunkt höfischer Kultur. Walther von der Vogelweide hat am Kärntner Hof gesungen. Nach dem Aussterben der Spanheimer gelangte Kärnten vorübergehend in den Besitz Ottokars II. von Böhmen; 1286 wurde Meinhard II. von *Görz-Tirol* († 1295) damit belehnt. Die Grafen von Görz hatten 1253 die Grafen von Tirol beerbt und waren dadurch zur Vormacht in Südtirol geworden. Als die Familie im 14. Jahrhundert ausstarb, fielen Tirol und Kärnten an die Habsburger.

Die Steiermark: Die Steiermark, ursprünglich eine Mark des Herzogtums Kärnten, wurde im 12. Jahrhundert selbständig und ist 1180 zum Herzogtum erhoben worden. Seit dem 11. Jahrhundert herrschten dort die Traungauer *Otakare.* Bei ihrem Aussterben im Jahr 1192 gelangte das Herzogtum an die Babenberger. Seitdem blieben die Herzogtümer Österreich und Steiermark dauernd vereinigt. In der Steiermark haben die mächtigen Landesministerialen um Ulrich von Liechtenstein und Herrand von Wildonie im 13. Jahrhundert als Minnesänger und als Erzähler die höfische Literatur geprägt.

Böhmen: Das Herzogtum Böhmen war ein slawisches Herrschaftsgebilde, das erst im 11./12. Jahrhundert an das deutsche Reich angegliedert wurde. Vereinzelt führten die Herzöge schon in dieser Zeit den Königstitel; um 1200 wurde die Erblichkeit der Königswürde in der Familie der *Prmsliden* bestätigt. Seitdem galten die Könige von Böhmen als die vornehmsten deutschen Reichsfürsten. In der Zeit des Interregnum (1254–1273) hat König Ottokar II. eine bestimmende Rolle in Deutschland gespielt. Ihm gelang die Errichtung eines Großböhmischen Reichs, das den ganzen Südosten mit Österreich, der Steiermark, Kärnten und Krain umfaßte. Seine Niederlage und sein Tod 1278 in der Schlacht bei Dürnkrut gegen Rudolf von Habsburg führten zum Zusammenbruch. Fortan waren die böhmischen Interessen mehr nach Norden und Osten gerichtet. König Wenzel II. († 1305) gewann Schlesien und Krakau und wurde im Jahr 1300 auch König von Polen. 1306 starben die Prmsliden aus; 1310 gelangte Böhmen in den Besitz der *Luxemburger.*

Früher als in den anderen deutschen Territorien ist in Böhmen ein ortsfestes Herrschaftszentrum mit großer kultureller Ausstrahlung entstanden: der Prager Hof war im 13. Jahrhundert berühmt für den Glanz der Hoffeste, die dort gefeiert wurden. Auf Grund der reichen Silber- und Erzvorkommen verfügten die Könige von Böhmen über große Einkommen. Bereits unter König Wenzel I. († 1253) entstand in Prag ein deutschsprachiger Literaturbetrieb: Reinmar von Zweter und andere Spruchdichter sind dort aufgetreten. Unter Ottokar II. wurde auch höfische Epik (Ulrich von dem Türlin) am Prager Hof gefördert. Gegen Ende des 13. Jahrhunderts war Prag das bedeutendste Zentrum höfischer Dichtung in Deutschland. König Wenzel II. hat selber Minnelieder verfaßt, und in den Werken von Ulrich von Etzenbach und Heinrich von Freiberg erlebte die höfische Epik eine Nachblüte.

Schlesien: Das Herzogtum Schlesien gehörte im hohen Mittelalter nicht zum deutschen Reich, sondern zu Polen und wurde von den *Piasten* regiert. Im 13. Jahrhundert war das Land in mehrere Fürstentümer geteilt. Seit der Zeit Herzog Heinrichs I. († 1238), des Gemahls der (1267 heiliggesprochenen) Hedwig von Andechs-Meran, nahm der deutsche Einfluß in Schlesien zu. Politisch orientierten sich die schlesischen Herzogtümer nach Böhmen. In der zweiten Hälfte des 13. Jahrhunderts gab es in Schlesien auch höfische Literatur in deutscher Sprache. Davon zeugen die Fragmente des ›Herzog Ernst‹-Epos aus dem Kloster Sagan und die Minnelieder, die in der Manessischen Liederhandschrift unter dem Namen »Herzog Heinrich von Breslau« stehen. Sie werden Herzog Heinrich IV. († 1290) zugeschrieben, der am Hof Ottokars II. von Böhmen erzogen worden ist.

Thüringen: In Mitteldeutschland war die Landgrafschaft Thüringen die bedeutendste Macht. Seit 1130 herrschten dort die *Ludowinger,* die seit 1180 auch Pfalzgrafen von Sachsen waren und die durch eine geschickte Territorialpolitik ihren Einfluß ausbauen konnten. Sie waren mit dem böhmischen und dem ungarischen Königshaus verschwägert. Die heilige Elisabeth († 1231), die Gemahlin des Landgrafen Ludwig IV. († 1227), war eine Tochter des Königs Andreas II. von Ungarn († 1235). 1246 wurde Landgraf Heinrich Raspe von den rheinischen Erzbischöfen zum König gewählt. Als er ein Jahr später starb, erlosch das Haus der Ludowinger. Um ihr Erbe entbrannte ein jahrzehntelanger Krieg, der damit endete, daß der größte Teil der Landgrafschaft an die Markgrafen von Meißen gelangte, die südlichen und westlichen Teile jedoch abgetrennt und zu der neuen Landgrafschaft Hessen erhoben wurden. Die bevorzugten Aufenthaltsorte der Thüringer Landgrafen waren die Burgen Neuenburg a. d. Unstrut, Weißensee und später die Wartburg bei Eisenach. Das Interesse des Hofs an volkssprachiger Dichtung ist bereits unter Landgraf Ludwig III. († 1190) bezeugt. Sein Bruder und Nachfolger, Hermann I. († 1217), hat den Thüringer Hof zu einem blühenden Mittelpunkt der höfischen Dichtung gemacht. Heinrich von Veldeke hat dort die ›Eneit‹ vollendet; Walther von der Vogelweide und Wolfram von Eschenbach haben im Auftrag des Landgrafen Hermann gedichtet. Kostbare Handschriften wurden auf Bestellung des Hofes geschrieben. In Reinhardsbrunn, dem Hauskloster der Ludowinger, begann zu dieser Zeit eine dynastisch gefärbte Geschichtsschreibung. Wie sehr der Literaturbetrieb des Thüringer Hofs von der Persönlichkeit Hermanns I. geprägt war, ist daran zu erkennen, daß er nach Hermanns Tod keine Fortsetzung fand.

Meißen: In der östlich an Thüringen angrenzenden Markgrafschaft Meißen haben sich die *Wettiner* im 12. Jahrhundert durchgesetzt. Der Wettiner Konrad († 1157), der 1123 Markgraf von Meißen wurde, baute eine Herrschaft auf, die auch die Niederlausitz und die Grafschaften Groitzsch und Brehna umfaßte. Sein Enkel, Markgraf Dietrich († 1221), heiratete die Tochter Hermanns I. von Thüringen und begründete dadurch die Anwartschaft auf das Erbe der Ludowinger. Markgraf Dietrich war auch der erste Wettiner Gönner höfischer Dichtung. Wahrscheinlich hat Heinrich von Morungen an seinem Hof gedichtet; Walther von der Vogelweide hat verschiedene Sprüche in seinem Interesse verfaßt. Dietrichs Sohn, Markgraf Heinrich III. († 1288), erwarb den größten Teil der Landgrafschaft Thüringen und die Pfalzgrafschaft Sachsen für sein Haus und machte Meißen zur bedeutendsten Macht im östlichen Mitteldeutschland. Im 13. Jahrhundert hielt sich der meißnische Hof meistens in Dresden oder in Tharandt auf. Unter Heinrich III. wurden dort glänzende Feste gefeiert. Reinmar von Zweter und der Tannhäuser haben die Freigebigkeit des Markgrafen gepriesen. Heinrich III. hat selber Minnelieder gedichtet und hat – ein einmaliger Fall – musikalische Kompositionen zu liturgischen Texten verfaßt.

Brandenburg: Die alte Nordmark, nördlich von Meißen, wurde von Kaiser Lothar III. an den *Askanier* Albrecht den Bären († 1170) gegeben, der sich seit 1157 Markgraf von Brandenburg nannte. In der Folgezeit haben die Askanier ihre Herrschaft weit nach Osten über die Oder und nach Norden ausgeweitet. Im 13. Jahrhundert war die Mark Brandenburg bereits die bedeutendste Macht im Nordosten. Die Brüder Johann I. († 1266) und Otto III. († 1267) haben in das dänische und in das böhmische Königshaus geheiratet. Zu ihrer Zeit begann die Literatur in Brandenburg mit geschichtlichen und genealogischen Aufzeichnungen in lateinischer Sprache. Ihre Söhne haben dann auch höfische Dichtung in deutscher Sprache gefördert: Otto IV. († 1308) war selber ein Minnesänger, Otto V. († 1298) und Albrecht III. († 1300) sind von den Spruchdichtern besungen worden.

Die slawischen Fürstentümer an der Ostsee sind erst im Verlauf des 13. Jahrhunderts dem Reich eingegliedert worden. Das Herzogtum *Pommern* umfaßte zeitweise das ganze Küstengebiet von Stralsund bis nach Danzig. Seit 1185 wurde die dänische Oberhoheit anerkannt. Nach der Niederlage der Dänen in der Schlacht bei Bornhöved im Jahr 1227 setzte sich der deutsche Einfluß durch. 1231 wurde die Lehnshoheit über Pommern den Markgrafen von Brandenburg zugesprochen. Deutsche Kultur ist hauptsächlich durch die Kirche nach Pommern gekommen. Gegen Ende des 13. Jahrhunderts ist auch höfische Dichtung in deutscher Sprache am Hof von Stettin vorgetragen worden: der Spruchdichter Rumslant hat Klagestrophen auf Herzog Barnim I. († 1278) verfaßt. – Die Fürsten von *Rügen* blieben bis ins 14. Jahrhundert Lehnsträger der dänischen Krone. Wizlav III. († 1325), der letzte seines Geschlechts, ist von Frauenlob und vom Goldener gefeiert worden. *Mecklenburg* ist erst im 14. Jahrhundert zum Herzogtum erhoben worden. Die dort regierenden Obotritenfürsten standen im 12. Jahrhundert unter sächsischer, später unter dänischer Vorherrschaft. Im 13. Jahrhundert gewann der deutsche Einfluß die Oberhand. – Eine selbständige Bedeutung besaß die 1167 von Heinrich dem Löwen gegründete Grafschaft *Schwerin.* Rumslant hat am Schweriner Hof gedichtet und eine Klagestrophe auf den Tod des Grafen Gunzelin III. († 1274) verfaßt.

Schleswig-Holstein: In Schleswig-Holstein wurde bereits im 11. Jahrhundert die Eider die Grenze zwischen Deutschland und Dänemark. Nördlich davon entwickelte sich das dänische Herzogtum *Schleswig* zu einem selbständigen Herrschaftsbereich; südlich davon wurde die deutsche Grafschaft *Holstein,* die seit 1111 im Besitz der Schauenburger war, zur wichtigsten Macht. Nach der Auflösung des alten Herzogtums Sachsen und nach dem Ende der dänischen Vorherrschaft konnten die Schauenburger in Holstein eine eigene Landesherrschaft aufbauen. Die Holsteiner Grafen Heinrich I. († 1304) und Adolf V. († 1308) sind von den Spruchdichtern Wizlav und Hermann Damen besungen worden. Auch am dänischen Hof ist im 13. Jahrhundert deutsch gedichtet worden: Reinmar von Zweter hat eine Preisstrophe auf König Erich IV. († 1250) verfaßt; Rumslant hat die Ermordung Erichs V. († 1286) beklagt; Frauenlob hat Erich VI. († 1319) verherrlicht.

Sachsen: Das alte Herzogtum Sachsen umfaßte den größten Teil Norddeutschlands, vom Rhein bis an die Elbe. Lothar von Supplinburg († 1137) wollte das Herzogtum seinem Schwiegersohn, dem *Welfen* Herzog Heinrich dem Stolzen von Bayern, übertragen. König Konrad III. sprach jedoch den Welfen beide Herzogtümer ab und gab Sachsen an den Askanier Albrecht den Bären. Doch diese Lösung hatte keinen Bestand. Heinrich der Löwe wurde 1142 mit Sachsen belehnt und 1156 auch mit Bayern. Er hat große slawische Gebiete nördlich und östlich der Elbe erobert und seine Herrschaft in Sachsen zu einer königgleichen Stellung ausgebaut. In Braunschweig errichtete er seine neue Pfalz Dankwarderode und schmückte sie 1166 mit dem berühmten Löwenstandbild (das noch heute dort steht). Er ließ daneben die Stiftskirche St. Blasius, den heutigen Dom, erbauen und stattete sie mit kostbaren Gerätschaften aus. Im Auftrag des Herzogs verfaßten seine Braunschweiger Hofkapläne den ›Lucidarius‹, eine Welt- und Naturkunde in Prosa.

1180 brach die welfische Herrschaft zusammen. Heinrich der Löwe wurde geächtet und verlor alle seine Besitzungen; Sachsen wurde geteilt. Den östlichen Teil und den Titel eines Herzogs von Sachsen erhielt der Askanier Bernhard von Anhalt († 1212); der westliche Teil ging als Herzogtum *Westfalen* an den Kölner Erzbischof. 1235 wurde aus dem welfischen Hausbesitz das Herzogtum *Braunschweig-Lüneburg* als drittes Herzogtum auf altem sächsischen Stammesgebiet gebildet und dem Welfen Otto dem Kind († 1252) übertragen. Bestimmend für die territoriale Entwicklung Sachsens wurden jedoch die kleineren Herrschaften. Am Ende des Mittelalters gab es nicht weniger als 75 selbständige Landesherrschaften auf dem Gebiet des alten Herzogtums. Dazu gehörten die Grafen von Oldenburg, von Ravensberg und von Hoya, die bereits im 13. Jahrhundert eine Rolle in der Literaturgeschichte gespielt haben. Die wichtigsten Zentren höfischer Dichtung waren jedoch in dieser Zeit die Fürstenhöfe der welfischen und der askanischen Herzöge. Der Welfe Albrecht I. von Braunschweig († 1279) ist in der ›Braunschweigischen Reimchronik‹ als ein Vorbild ritterlicher Gesinnung verherrlicht worden. Tannhäuser und Rumslant haben ihn gefeiert. Am Hofe seines Bruders, Johanns I. von Lüneburg († 1277), hat Berthold von Holle seine höfischen Epen gedichtet. Von den askanischen Fürsten in Sachsen ist Heinrich I. von Anhalt († 1252) am interessantesten. Er war selber ein Minnesänger, und in seiner Umgebung ist Eike von Repgow, der Verfasser des ›Sachsenspiegels‹, anzutreffen. Sein jüngerer Bruder, Herzog Albrecht I. von Sachsen († 1261), wurde von Tannhäuser unter den fürstlichen Gönnern seiner Zeit genannt.

Friesland: Im bäuerlichen Friesland, an der Nordseeküste, erhielt sich im hohen Mittelalter eine eigentümliche Verfassung, nach der die Regierungsgewalt von selbstgewählten Richtern ausgeübt wurde. Die friesische Rechtsordnung hat ihren Niederschlag in zahlreichen Texten in friesischer Sprache gefunden – den sogenannten »Küren«, »Überküren« und »Willküren«, »Wenden«, »Domen«, »Land- und Sendrechten« –, deren handschriftliche Überlieferung am Ende des 13. Jahrhunderts beginnt, deren Entstehungszeit aber zum Teil bis ins 11. Jahrhundert zurückreicht.

Der Nordwesten: Im Nordwesten des Reiches entstanden eine Reihe neuer Territorien, nachdem sich das alte Herzogtum *Niederlothringen* aufgelöst hatte. Die Herzogswürde gelangte zuerst an *Limburg* (südwestlich von Aachen), dann an *Brabant*, das sich im 13. Jahrhundert zur Vormacht am Niederrhein entwickelte. Nördlich davon bauten die Grafen von *Holland* und von *Geldern* große Herrschaften auf. Das Erzbistum *Köln* verlor im 13. Jahrhundert seine dominierende Stellung und machte Platz für die territoriale Entfaltung der Grafschaften *Kleve*, *Jülich* und *Berg*. Für die Literatur- und Kulturgeschichte der höfischen Zeit haben die nordwestlichen Territorien vor allem als Mittler französischer Gesellschaftskultur eine große Rolle gespielt. Ein breiter Strom französischer Wörter, französischer Texte und französischer Umgangsformen ist über Flandern an den Niederrhein und nach Deutschland gelangt. Flandern, Brabant und Hennegau galten seit dem Ende des 12. Jahrhunderts in ganz Deutschland als Heimstätten vorbildlichen Rittertums. Heinrich von Veldeke hat am Hof der Grafen von Loon (im brabantischen Haspengau), in Maastricht und am Hof der Grafen von Kleve seine ersten Gönner gefunden. Im 13. Jahrhundert war der brabantische Hof in Löwen und Brüssel ein Sammelplatz französischer Dichter; daß dort jedoch auch deutsch gedichtet wurde, bezeugen die Minnelieder des Herzogs Johann I. von Brabant († 1294), die in der Manessischen Liederhandschrift überliefert sind.

Der Mittelrhein: Auch am mittleren Rhein konnten sich keine großen Territorien ausbilden. Neben den Erzbistümern *Trier* und *Mainz*, dessen Besitz bis weit nach Thüringen hineinreichte, traten zahlreiche weltliche Herrschaften hervor, unter denen westrheinisch die Grafen von *Luxemburg*, ostrheinisch die

Grafen von *Nassau* eine große Machtstellung erlangten. Südlich von Trier und Mainz entwickelte sich die Rheinische Pfalzgrafschaft zur bedeutendsten Macht. Die Pfalzgrafschaft war im 12. Jahrhundert im Besitz der Staufer, dann der Welfen und kam 1214 endgültig an die Wittelsbacher, die als Pfalzgrafen die Kurwürde erlangten und denen es gelang, von Heidelberg aus eine mächtige Landesherrschaft aufzubauen. In der höfischen Literaturgeschichte treten die Mittelrheinlande nicht ebenso profiliert hervor wie der Nordwesten und wie die schwäbischen Herzogtümer. Es ist jedoch damit zu rechnen, daß auch auf der Moselstraße und über die Pfalz wichtige Anregungen aus Frankreich gekommen sind. Walther von der Vogelweide hat einen Grafen von Katzenelnbogen besungen. Die Katzenelnbogener saßen an der unteren Lahn; gegen Ende des 13. Jahrhunderts haben sie zusammen mit den benachbarten Grafen von Sponheim und von Sayn einen literarisch interessierten Adelskreis gebildet. Der Heidelberger Hof ist erst im 14. Jahrhundert für die deutsche Literaturgeschichte wichtig geworden.

Franken: Das alte Herzogtum Franken ist schon früh in die Königsherrschaft aufgegangen. Die Bistümer Würzburg und Bamberg besaßen große Ländereien; Würzburg ist 1168 zum Herzogtum erhoben worden. Daneben führten auch die Staufer den Herzogstitel in Franken, als Herzöge von Rothenburg; ihr Besitz erstreckte sich vom Neckar bis nach Nürnberg. Nach dem Zusammenbruch der staufischen Macht konnten sich in Franken, wie in Schwaben, überall lokale Kräfte entfalten. Zahlreiche Reichsstädte und ehemalige Reichsministerialen gelangten zu territorialer Selbstständigkeit. Zur bedeutendsten Macht wurden die Grafen von Zollern, die als Burggrafen von Nürnberg und später als Markgrafen von Ansbach-Bayreuth eine beherrschende Stellung im östlichen Franken gewannen. Literarhistorisch sind zwei fränkische Grafenhöfe besonders interessant: die Grafen von Wertheim, weil Wolfram von Eschenbach mit dem Grafen Poppo von Wertheim in Verbindung stand; und die Grafen von Henneberg, die in mehreren Generationen am höfischen Literaturbetrieb teilgenommen haben. Ein Mitglied des Grafenhauses war der Minnesänger Graf Otto von Botenlouben († 1244/45); sein Bruder, Graf Poppo VII. von Henneberg († 1245), ist von Bruder Wernher gefeiert worden; dessen Sohn, den Grafen Hermann I. († 1290), haben der Marner und der Tannhäuser besungen.

LITERATUR: Grundlegend zur Geschichte Deutschlands im hohen Mittelalter: Bruno Gebhardt, Handbuch der deutschen Geschichte, 9. Aufl., hrsg. von Herbert Grundmann. Bd. 1: Frühzeit und Mittelalter. Stuttgart 1970. – Geschichte der deutschen Länder. Territorien-Ploetz. Hrsg. von Georg W. Sante. Bd. 1. Würzburg 1964. – Neuere Darstellungen: Horst Fuhrmann, Deutsche Geschichte im hohen Mittelalter von der Mitte des 11. bis zum Ende des 12. Jahrhunderts. Göttingen 1978. – Alfred Haverkamp, Aufbruch und Gestaltung. Deutschland 1056–1273. München 1984. – Hartmut Boockmann, Stauferzeit und spätes Mittelalter. Deutschland 1125–1517. Berlin 1987.

2. Sprachliche Grundlagen

Dialektgeographie: Die sprachliche Landkarte von Deutschland im hohen Mittelalter zeigt nur vage Ähnlichkeiten mit den Umrissen der politischen Geographie. Der zentralen politischen Instanz des deutschen Königtums entsprach keine sprachliche Realität. »Mittelalterliches Deutsch«, »Mittelhochdeutsch« und »Mittelniederdeutsch« sind Sammelbegriffe, die ganz disparate Phänomene zusammenfassen. Im Mittelalter wurde nicht deutsch gesprochen (wenn man »deutsch« im Sinne der modernen Standardsprache versteht), sondern bairisch oder rheinfränkisch. Man benennt die deutschen Dialekte mit den Namen der Großstämme, die in der spätgermanischen Wanderzeit hervorgetreten sind: bairisch, alemannisch, fränkisch, thüringisch, sächsisch. Tatsächlich gibt es noch heute Dialektgrenzen, die auf alte Stammes- und Siedlungsgrenzen zurückgeführt werden können, zum Beispiel am Lech, südlich von Augsburg. Die grundlegende Formation der deutschen Dialekte trat jedoch erst in den Jahrhunderten nach der Landnahme allmählich deutlicher hervor. Man gliedert die Dialekte traditionellerweise nach ihrem Verhalten zur Zweiten Lautverschiebung, durch die das Konsonantensystem seit dem 7. Jahrhundert umgestaltet worden ist. Diejenigen Dialekte, die die Lautverschiebung am weitesten durchgeführt haben, nennt man oberdeutsche Dialekte (alemannisch, bairisch, südrheinfränkisch, ostfränkisch); diejenigen, die die Lautverschiebung nur teilweise durchgeführt haben, nennt man mitteldeutsche Dialekte (rheinfränkisch, mittelfränkisch, thüringisch); diejenigen, die gar nicht an der Lautverschiebung teilgenommen haben, sind die niederdeutschen Dialekte (niedersächsisch). Große neue Dialektgebiete haben sich seit dem hohen Mittelalter in Ostdeutschland, auf altem slawischen Siedlungsland, gebildet: das Obersächsische, Schlesische und Hochpreußische stellen sich zu den mitteldeutschen Dialekten, das Mecklenburgische, Pommersche und Märkische zu den niederdeutschen.

Über Umfang und Binnengliederung der älteren Dialekte und über die Verschiebung der Dialektgrenzen wissen wir nicht viel, weil Dialekt gesprochene Sprache ist, die sprachliche Überlieferung des Mittelalters jedoch nur aus geschriebenen Zeugnissen besteht. Was als Dialektgebiet angesehen wird, ist in vielen Fällen besser als Schreibprovinz zu verstehen. Die Methode, mit Hilfe der modernen Mundarten historische Dialekträume zu erschließen, hat zu eindrucksvollen Ergebnissen, aber auch zu manchen Trugschlüssen geführt. Nach den Beobachtungen von Theodor Frings geht die heutige Dialektgliederung zum großen Teil auf die Territorialgrenzen des 14. bis 17. Jahrhunderts zurück. Zweifelsohne haben kirchliche Provinzen und weltliche Herrschaften sprachbildend gewirkt. Auch die sprachprägende und sprachregelnde Bedeutung der spätmittelalterlichen Kanzleien ist nachgewiesen. Dennoch bleibt der Zusammenfall von Dialektgrenzen und Territorialgrenzen vielfach hypothetisch, weil die mittelalterlichen Sprachräume und Sprachflächen auf Grund der punktuellen schriftlichen Überlieferung nur selten erkennbar sind; außerdem waren die mittelalterlichen Territorien in den meisten Fällen gar keine räumlich geschlossenen Gebilde. Man muß bei den Dialekten viel mehr mit Übergangszonen als mit klar gezogenen Grenzlinien rechnen, und zwar sowohl im Kleinen, von Dorf zu Dorf, als auch im Großen: das zeigt die eigentümliche Mittelstellung des Südrheinfränkischen zwischen mitteldeutschen und oberdeutschen Dialekten; auch zwischen dem Südrand des Ostmitteldeutschen und dem Nordrand des Bairischen ist keine deutliche Grenzziehung möglich.

Schreiborte und Schreibprovinzen: Jedes mittelalterliche Schriftstück ist das Produkt einer Schreibstube und eines Schreiborts und ist geprägt von den jeweiligen lokalen Gegebenheiten. Der punktuelle Charakter der schriftlichen Überlieferung (im Gegensatz zur Flächigkeit der gesprochenen Dialekte) ist kennzeichnend für die ältere Zeit. Schreiborte waren vom 8. bis zum 12. Jahrhundert ausschließlich die Klöster und Bischofssitze (abgesehen von der mobilen Reichskanzlei). Seit

Sprachliche Gliederung

dem 13. Jahrhundert verlagerte sich der Schwerpunkt der Schriftlichkeit in die Städte und in die Kanzleien der weltlichen und geistlichen Landesherren. Das bedeutete eine enorme Vermehrung der Schreiborte, deren lokale Besonderheiten zum größten Teil noch unerforscht sind. Die erhaltenen Handschriften geben in den meisten Fällen keine Auskunft über ihre Herkunft. Selbst die üblichen Klassifizierungen, auf Grund des sprachlichen Befundes, als »bairisch«, »alemannisch« oder »mitteldeutsch« erweisen sich als ungenau und problematisch. Es ist nicht einmal sicher, ob die Handschriften im 13. Jahrhundert noch überwiegend in klösterlichen Scriptorien oder in den Städten oder an den weltlichen Höfen geschrieben worden sind.

Jeder Schreibort hatte seine eigene Tradition; aber jeder Schreibort stand auch in Verbindung mit anderen Schreiborten, besonders den benachbarten. So entstanden Schreibbezirke und größere Schreibprovinzen, die in ihrem sprachlichen Befund als regionale Schreibsprachen oder Schreibdialekte bestimmt werden können. Für die mittelhochdeutsche Zeit gehört die Erforschung der regionalen Schreibsprachen zu den wichtigsten Aufgaben. Am weitesten ist die Arbeit am ›Historischen Südwestdeutschen Sprachatlas‹ gediehen. Im Südwesten sind deutschsprachige Urkunden bereits am Ende des 13. Jahrhunderts so zahlreich, daß sehr genaue Karten der Schreiborte angefertigt werden können. Diese Karten zeigen, daß die mittelalterlichen Schreibdialekte im Südwesten sich nicht mit der heutigen Binnengliederung des Alemannischen decken. Statt der heute üblichen Nord-Süd-Einteilung in Hoch- und Niederalemannisch tritt vielmehr die Scheidung in eine westliche, die Oberrheinlande und das Elsaß umfassende, und eine östliche, von Konstanz bis nach Augsburg reichende Schreibprovinz hervor. Ebenso wichtig sind die Untersuchungen von Thomas Klein über die mitteldeutschen Schreibsprachen des ausgehenden 12. Jahrhunderts. Danach gab es um 1200 drei große mitteldeutsche Schreibdialekte in Ostfalen (das ist die Sprache der mitteldeutsch schreibenden Niederdeutschen), in Thüringen und am Mittelrhein. Welche historischen Kräfte diese Schreibprovinzen geformt haben, ist vorläufig noch offen.

Hochdeutsche und niederdeutsche Literatursprache: Die Literatur des hohen Mittelalters verteilt sich sehr ungleichmäßig auf das deutsche Sprachgebiet. Der Menge hochdeutsch geschriebener Texte steht nur eine kleine Zahl niederdeutscher Werke gegenüber. Die mittelniederdeutsche Literatur beginnt am Anfang des 13. Jahrhunderts mit religiöser Versdichtung (›Niederdeutsche Apokalypse‹) und gereimter Geschichtsdichtung (›Gandersheimer Reimchronik‹). Die bedeutendsten literarischen Leistungen des 13. Jahrhunderts in niederdeutscher Sprache sind Prosawerke: Rechtsprosa (›Sachsenspiegel‹), Geschichtsprosa (›Sächsische Weltchronik‹) und religiöse Prosa (Mechthild von Magdeburg). Dagegen sind die beiden Hauptgattungen der hochdeutschen höfischen Dichtung, Minnesang und Artusroman, niederdeutsch kaum vertreten. Welche Gründe für die unterschiedliche Entwicklung der Literatur maßgebend waren, bedarf noch der Klärung. Wahrscheinlich hat die Metrik dabei eine Rolle gespielt. Während im Süden der Stabreimvers bereits in karolingischer Zeit von dem Endreimvers abgelöst wurde, hat es im Norden nach dem ›Heliand‹ keine niederdeutsche Versdichtung mehr gegeben. Als Eilhart von Oberg, der in der Gegend von Hildesheim zu Hause war, um 1170 den Auftrag erhielt, den französischen ›Tristan‹ ins Deutsche zu übertragen, hat er sich an der südlichen Reim- und Verstechnik orientiert und sein Werk auf hochdeutsch verfaßt. Genauso sind die meisten niederdeutschen Dichter im 13. Jahrhundert verfahren, die an den norddeutschen Höfen gedichtet haben. Die Geltung der hochdeutschen Dichtersprache auf niederdeutschem Gebiet bezeugen nicht nur die zahlreichen hochdeutschen Sprüche, die im 13. Jahrhundert von den fahrenden Dichtern zu Ehren norddeutscher Fürsten und Herren gedichtet worden sind, sondern auch die Abschriften von hochdeutschen Dichtungen, die im Auftrag norddeutscher Besteller vorgenommen wurden.

Der Geltungsbereich der hochdeutschen Literatursprache auf niederdeutschem Gebiet war weitgehend auf die Höfe beschränkt. In den Klöstern und in den Städten entstand im 13. Jahrhundert eine genuin niederdeutsche Literatur, die nicht primär unterhaltenden oder repräsentativen Charakter besaß, sondern zum Gebrauch bestimmt war: religiöse Unterweisung und Erbauung, Stadtrechte, Rechtsbücher und Geschichtsschreibung. Das meiste davon wurde in Prosa verfaßt. Wo man die metrisch gebundene Rede wählte, zeigen sich Versformen, die ganz anders aussehen als die höfisch normierten Reimpaarverse der hochdeutschen Dichtersprache und die nicht daran gemessen werden dürfen. Die eigenen Baugesetze dieser niederdeutschen Verskunst, die vielleicht von der mittelfränkischen

Reimdichtung des 12. Jahrhunderts beeinflußt ist, vielleicht auch Anregungen von der zeitgenössischen niederländischen Dichtung aufgenommen hat, sind noch nicht hinreichend erkannt. Eine genauere Würdigung verdienen auch die Mischungen aus Vers und Prosa, die uns in der niederdeutschen Literatur des 13. Jahrhunderts häufig begegnen.

Die höfische Dichtersprache: Die kritischen Ausgaben mittelhochdeutscher Texte aus dem 19. Jahrhundert präsentieren die Werke der höfischen Zeit in einer normalisierten und vereinheitlichten Sprachform, die so nie existiert hat. Lachmanns Auffassung, »daß die Dichter des 13. Jahrhunderts ... ein bestimmtes unwandelbares Hochdeutsch redeten«, wird heute nicht mehr geteilt. Es ist jedoch unbezweifelbar, daß die höfischen Dichter eine sprachliche Kunstform angestrebt haben, die die Dialektmerkmale so weit wie möglich zurücktreten ließ. Das wird am deutlichsten in der Reimpraxis. In den Gedichten Reinmars des Alten und Walthers von der Vogelweide gibt es keine einzige Reimbindung, die eine eindeutige Dialektzuweisung erlaubt (deswegen ist auch die Frage nach der Herkunft dieser Dichter nicht sicher zu beantworten). Auch die Epiker haben meistens dialektfrei gereimt. Wie mühsam diese Arbeit war, ist bei Heinrich von Veldeke zu beobachten, der in der ›Eneit‹ alle Reime vermieden hat, die entweder in seiner maasländischen Heimatmundart oder in dem mitteldeutschen Schreibdialekt, den er sich zum Muster genommen hat, unrein gewesen wären. Solche Rücksichten mußten zu einer starken Einschränkung der Reimmöglichkeiten führen. Das gilt nicht nur für Veldeke: Die weitgehend dialektfreie Reimsprache der höfischen Dichtung ist zunächst eine negative Auslese. Sie besteht nur aus dialektneutralen Reimbindungen unter Verzicht auf alles, was den Gegensatz der Dialekte hervortreten lassen würde. Insofern spiegelt die höfische Reimpraxis die Tatsache, daß es damals keine positiv beschreibbare dialektübergreifende Sprachnorm gegeben hat.

Von welchen Motiven die Dichter bei der sprachlichen Arbeit geleitet wurden, ist nicht ganz deutlich. Das Interesse, über den engeren Bereich der eigenen Schreibprovinz hinaus verstanden zu werden, hat sicherlich eine Rolle gespielt. Ebenso wichtig dürften ästhetische Gesichtspunkte gewesen sein. Normierung durch Auslese war ein künstlerisches Prinzip, das nicht nur die Reimpraxis bestimmt hat, sondern den ganzen höfischen Stil.

Das wird besonders deutlich im Wortschatz. Ausgesprochene Dialektwörter wurden ebenso vermieden wie der ganze Bereich der Alltagssprache. Auch ein Teil des alten poetischen Wortschatzes, der wohl hauptsächlich durch die mündliche Tradition der Heldendichtung vermittelt worden war, wurde von den gebildeten Dichtern bewußt zurückgedrängt. Positiv gekennzeichnet ist der Wortschatz der höfischen Dichtersprache vor allem durch die zahlreichen französischen Lehnwörter und Lehnbildungen, die seit der zweiten Hälfte des 12. Jahrhunderts in Umlauf kamen, sowie durch eine Reihe niederdeutscher oder niederländischer Wörter und Wortformen, die offenbar aus den nordwestlichen Reichsteilen kamen. Der höfische Sprachstil forderte darüber hinaus eine Schulung an der lateinischen Rhetorik und Poetik. In der Beschreibungstechnik, in der Dialoggestaltung und in der Kunst des sprachlichen Schmückens mit Figuren und Tropen wird die Orientierung der höfischen Dichter an den Normen der Poetik besonders deutlich. Auf dem Gebiet der Syntax waren es vor allem die entwickelten Formen der Hypotaxe, der kunstvollen Satzgliederung, die neue Darstellungsmöglichkeiten eröffneten.

Gesprochene Hofsprache: Wie an den Höfen gesprochen worden ist, wissen wir nicht. Es ist jedoch damit zu rechnen, daß die soziale Schichtung der gesprochenen Sprache, die es zu allen Zeiten gegeben hat, in den Jahrhunderten der höfischen Kultur besonders ausgeprägt war. Die Mitglieder der adligen Hofgesellschaft haben den größten Wert darauf gelegt, sich durch die Pracht ihrer Kleidung, durch die Erlesenheit ihrer Speisen, durch den Glanz ihrer Feste und durch die Eleganz ihrer Umgangsformen von den gewöhnlichen Menschen zu unterscheiden. Zu diesem höfischen Gesellschaftsstil gehörte auch ein reich entwickeltes sprachliches Zeremoniell, das besonders in den Anrede- und Begrüßungsformeln, in Ergebenheitsbeteuerungen und in anderen Ausdrücken der Höflichkeit hervorgetreten sein dürfte. Außerdem muß es eine ausgesprochen höfische Sachterminologie, vor allem aus französischen Wörtern, für die Neuerungen auf den Gebieten der ritterlichen Rüstung und Waffentechnik, der Kleidung und Mode, der Eßkultur und der höfischen Unterhaltungsformen gegeben haben. Diese höfische Sprachkultur wird von den Dichtern bezeugt; und es ist sicher, daß die Dichter dabei auf die gesellschaftlichen Gegebenheiten an den großen Höfen Bezug genommen haben. Die

Grenze zwischen den Wirklichkeitserfahrungen und der dichterischen Ausschmückung läßt sich jedoch nicht genau bestimmen. Deswegen bleibt der Zeugniswert der poetischen Texte vielfach unsicher.

Wenn die Dichter die vornehme Sprechweise der adligen Gesellschaft charakterisieren wollten, haben sie sie französische oder niederländische Wörter in ihre Rede einflechten lassen. Offenbar galt es als elegant, das Deutsch mit Fremdwörtern zu *strîfeln* (»bunt zu machen«). »Dabei lernt ein Deutscher, der nicht Französisch kann, viele feine Wörter« (Thomasin von Zerklaere 43–45). Das »Flämeln« *(vlaemen)* wurde aber auch zur Zielscheibe des Spotts (»Ein Sachse, der in Wien geboren ist«, Seifried Helbling III, 332); und gerade die satirische Absicht ist ein Anhaltspunkt dafür, daß derartige Praktiken wirklich vorgekommen sind. – Rückschlüsse auf die Sprachkultur der höfischen Gesellschaft erlauben auch die Anweisungen über den Gebrauch der Sprache in den didaktischen Schriften, die für ein adliges Publikum bestimmt waren. Bereits bei Wernher von Elmendorf wird der junge Adlige ermahnt, sich um »anständige Wörter und schönes Auftreten« (*kushe wort vnd schone gebere* 856) zu bemühen. In der Adelsdidaktik des 13. Jahrhunderts wird vor dem Gebrauch von Schimpfwörtern und vor unbedachtem Reden gewarnt und zum überlegten und wohlgesetzten Sprechen angehalten, vor allem gegenüber den Damen. – Die gesprochene Hofsprache ist nur im Wortschatz und in bestimmten Redewendungen nachweisbar. Lautgestalt und Formenbau bleiben im dunkeln. Es ist nicht anzunehmen, daß sich die Sprache der Adligen in diesen Punkten merklich von der Sprache ihrer Bauern unterschied. Ansätze zu einer Hochsprache hat es in mittelhochdeutscher Zeit noch nicht gegeben.

LITERATUR: Zur sprachgeschichtlichen Stellung und zur sozialen Schichtung des Mittelhochdeutschen: Sprachgeschichte. Ein Handbuch zur Geschichte der deutschen Sprache und ihrer Erforschung. Hrsg. von Werner Besch u. a. Zweiter Halbbd. Berlin, New York 1985, S. 1120ff., 1211ff. – Zur Dialektgliederung des Mittelhochdeutschen: Dialektologie. Ein Handbuch zur deutschen und allgemeinen Dialektforschung. Hrsg. von Werner Besch u. a. Zweiter Halbbd. Berlin, New York 1983, S. 930ff. – Zu den alemannischen und mitteldeutschen Schreibdialekten: Forschungsbericht ›Südwestdeutscher Sprachatlas‹. Mit Beiträgen von Eugen Gabriel u. a. Marburg 1983. – Thomas Klein, Untersuchungen zu den mitteldeutschen Literatursprachen des 12. und

13. Jahrhunderts. Habil. schrift Bonn 1982 (masch.). – Zur mittelhochdeutschen Dichtersprache grundlegend: Thomas Klein, Heinrich von Veldeke und die mitteldeutschen Literatursprachen. Untersuchungen zum Veldeke-Problem. In: Thomas Klein u. Cola Minis, Zwei Studien zu Veldeke und zum Straßburger Alexander. Amsterdam 1985, S. 1–121. – Zum Wortschatz der höfischen Dichtersprache: Edmund Wiessner u. Harald Burger, Die höfische Blütezeit. In: Deutsche Wortgeschichte. 3. Aufl., hrsg. von Friedrich Maurer u. Heinz Rupp. Bd. 1. Berlin, New York 1974, S. 189–253. – Zur höfischen Sprachlehre: Mark D. Johnston, The Treatment of Speech in Medieval Ethical and Courtesy Literature. Rhetorica 4 (1986), S. 21–46.

3. Gesellschaftliche Grundlagen

Reiseherrschaft und Residenzbildung: Der Hof war im Mittelalter die zentrale Herrschaftsinstanz. Solange es keine öffentliche Verwaltung, keine Finanzorganisation und keinen Beamtenapparat gab, wurde Herrschaft persönlich ausgeübt. Der Herrscher zog Vertraute an seinen Hof, die ihm zur Seite standen, und nahm zur Durchführung seiner Aufgaben »Rat und Hilfe« *(consilium et auxilium)* seiner adligen Lehnsträger in Anspruch. Das geschah in der Form, daß der Herrscher selber, zusammen mit seinem Hof, ständig im Land herumzog und auf den Stationen seines Reiseweges Recht sprach und die Großen des Landes um sich versammelte. Die Reiseherrschaft war die charakteristische Form der Herrschaftsausübung im Mittelalter; nicht nur Kaiser und Könige, auch Fürsten und Landesherren haben so regiert.

Neue Formen der Staatlichkeit entstanden, als die mobile Herrschaftspraxis aufgegeben wurde und die Höfe sich zu ortsfesten Regierungssitzen entwickelten. Die Residenzbildung begann im 12. Jahrhundert, zuerst in Frankreich und England. In Deutschland zeichnete sich die Tendenz zur Ortsfestigkeit bei den Fürstenhöfen früher ab als beim Königshof. Bereits um 1160/70 hat Heinrich der Löwe seine Pfalz Dankwarderode in Braunschweig als Mittelpunkt des Herzogtums Sachsen aufgebaut. Wenig später folgten die Babenberger Herzöge von Österreich mit ihrer neuen Pfalz in Wien. Im 13. Jahrhundert lassen sich die Anfänge der Residenzbildung in verschiedenen

Territorien beobachten. Das Festwerden der Höfe war nicht nur die Voraussetzung für die Ausbildung einer zentralen Landesverwaltung, sondern hatte auch bedeutende Folgen für das Gesellschaftsleben und die Formen höfischer Repräsentation. Auch die Dichter haben davon profitiert, vor allem die höfischen Epiker, die darauf angewiesen waren, über Jahre hinweg an einem Werk möglichst ungestört arbeiten zu können, und die besonders unter der Ruhelosigkeit der mobilen Hofhaltung zu leiden hatten.

Hofverwaltung und höfische Repräsentation: Die Fürstenhöfe besaßen seit dem 12. Jahrhundert eine Hofverwaltung, die nach dem Vorbild des Königshofs organisiert war und hauptsächlich aus den vier traditionellen Hofämtern bestand: dem Truchseß oder Seneschall, der als oberster Hofbeamter an der Spitze der Verwaltung stand, dem Marschall, der das Militär- und Transportwesen zu besorgen hatte, dem Kämmerer, der die Aufsicht über die Finanzen führte, und dem Schenken, in dessen Händen die Lebensmittelversorgung des Hofes lag. Jedem Amt war ein bestimmtes Personal zugeordnet. Die Hofämter wurden an Ministerialen übertragen, die auf diesem Weg einen bedeutenden Anteil an der Verwaltung sowohl des Reiches als auch der Länder gewannen. Es waren die angesehensten Ministerialenfamilien, in denen die Hofämter im 12. und 13. Jahrhundert erblich wurden. Die Inhaber der Ämter lebten mit ihren Familien ständig am Hof und bildeten dort den engsten Kreis der Ratgeber und Vertrauten des Fürsten; ein großer Teil der Regierungsgeschäfte lag in ihrer Hand.

Ebenso wie bei der Einrichtung der Hofverwaltung haben die Fürsten sich auch bei der Ausbildung höfischer Repräsentationsformen an dem Vorbild des Königs- und Kaiserhofs orientiert. Das zeigen die Münz- und Siegelbilder und das Protokoll der Urkunden. Im 13. Jahrhundert haben die Fürsten darum gewetteifert, die staufischen Reichsburgen in der Größe der Festsäle und im Reichtum der architektonischen Ausstattung zu übertreffen. Auch die Förderung von Kunst und Literatur an den Fürstenhöfen ist sicherlich im Zusammenhang mit dem Mäzenatentum des Königs- und Kaiserhofs zu sehen.

Die Hofgesellschaft: Aus der Zeit um 1200 besitzen wir nur eine historische Quelle, die darüber Auskunft gibt, wie das Gesellschaftsleben einer fürstlichen Hofhaltung organisiert war. Das ist das Verzeichnis der »Ämter des Hofs von Hennegau« *(Ministeria curie Hanoniensis)*, in welchem mit einer erstaunlichen Detailgenauigkeit festgehalten ist, welche Funktionen am Hof der Grafen von Hennegau von welchen Personen wahrgenommen wurden. Aus diesem Verzeichnis ist zu ersehen, daß der herrschaftlichen Tafel eine zentrale Bedeutung für das gesellschaftliche Leben am Hof zukam. Dabei ist allerdings zu berücksichtigen, daß die Grafen von Hennegau (im heutigen Belgien, um Mons) zwar seit 1188 deutsche Reichsfürsten waren, ihrer Sprache nach jedoch zum französischen Kulturkreis gehörten. Die erste Hofordnung, die aus Deutschland überliefert ist, stammt erst vom Ende des 13. Jahrhunderts. Es ist die bayerische Hofordnung vom Jahr 1294, nach der es zu dieser Zeit am Wittelsbacher Hof – der zu den bedeutendsten Höfen in Deutschland gehörte – über die alten Hofämter hinaus bereits eine größere Zahl von höheren Amtsträgern gab: Hofmeister, Kammermeister, Kellermeister, Speisemeister, Küchenmeister, außerdem Schreiber und Kapläne, ferner »Hofritter« und »Jungherren« aus dem Kreis des Landadels und der Landesministerialität, die sich über eine längere Zeit am Hof des Landesherrn aufhielten.

Die Literaturgeschichte hat ein eigenes Interesse, sich ein Bild von der Zusammensetzung der Hofgesellschaft zu machen, weil man annehmen kann, daß der adlige Teil dieser Gesellschaft identisch war mit dem höfischen Publikum, für das die Dichter arbeiteten. Im Mittelpunkt standen der Herrscher selbst und seine Familie. Am Gesellschaftsleben des Hofes nahmen die Hofbeamten mit ihren Familien teil sowie die Hofgeistlichkeit, zu der nicht nur Priester gehörten, sondern auch die Kapläne, die als Ärzte, Erzieher, Architekten, Notare, Schriftsteller, Diplomaten usw. am Hof tätig waren. Einen nicht unbeträchtlichen Teil der Hofgesellschaft bildeten die adligen Gäste, die in wechselnder Zahl für kürzere oder längere Zeit den Hof besuchten und begleiteten. Das ist aus den Zeugenlisten der Urkunden, die von den Fürsten ausgestellt wurden, zu ersehen. Diese Zeugenlisten zeigen auch, daß die adlige Gesellschaft hierarchisch gegliedert war. Es wurde zwischen Geistlichen und Laien unterschieden und die Laien meistens in der Rangfolge Fürsten, Grafen, Edelfreie *(nobiles)* und Ministerialen aufgeführt. Die Adelsterminologie hat sich regional verschieden entwickelt; aber in den meisten deutschen Territorien findet man diese Ordnung bis in die zweite Hälfte des 13. Jahrhunderts und zum Teil noch darüber hinaus. Erst im 14. Jahrhundert sind die Ministerialen, denen noch ihre rechtliche Unfreiheit anhaftete, mit den alten Freiherrengeschlechtern zum niederen Adel verschmolzen.

Die Stellung der Frau in der höfischen Gesellschaft: Die historischen Quellen geben keine Auskunft darüber, welche Rolle die Frauen am Hof gespielt haben. Was die Dichter darüber berichten, kann nicht als getreue Beschreibung der Wirklichkeit genommen werden; sie geben ein ins Ideale verzerrtes Bild. In der Realität unterlag der Handlungsspielraum der Frauen vielfachen Beschränkungen. Auf Grund ihrer begrenzten Rechtsfähigkeit war es ihnen verwehrt, ihre Rechtsansprüche selber vor Gericht zu vertreten; sie wurden besonders im Familien- und Erbrecht gegenüber den männlichen Verwandten benachteiligt; fast überall wurde ihnen die Lehnsfähigkeit abgesprochen; über den Besitz der verheirateten Frauen verfügten die Ehemänner. Die adligen Töchter wurden in der Regel von ihren Vätern verheiratet; wenn sie unverheiratet blieben, war ihnen der Weg in ein geistliches Stift vorgezeichnet. Entscheidend für das Ansehen einer Frau war ihr guter Ruf, der in erster Linie an ihrem Verhalten gegenüber den Männern gemessen wurde. Die Tugenden, die eine Frau auszeichnen sollten, waren Frömmigkeit, Demut, Güte, Uneigennützigkeit, Leidensfähigkeit und Gehorsam gegenüber dem Ehemann. Ein Leben unter solchen Bedingungen bedeutete für die meisten Frauen den Verzicht auf Selbstverwirklichung und persönliches Glück.

Andererseits haben adlige Frauen in der höfischen Zeit, den ungünstigen Voraussetzungen zum Trotz, eine sehr wirkungsvolle Tätigkeit entfaltet. Die Ehefrau des Hofherrn hatte sicherlich in vielen Fällen einen bedeutenden Einfluß auf das Leben am Hof. Es kam nicht selten vor, daß ein Fürst oder Herrscher während seiner Abwesenheit die Regierungsgewalt in die Hände seiner Frau legte und daß diese dann, manchmal über einen längeren Zeitraum hinweg, alle Herrschaftsfunktionen selbständig ausübte. Es ist bezeugt, daß Frauen sich auch bei der Leitung militärischer Operationen ausgezeichnet haben, vor allem bei der Verteidigung von Städten und Burgen. Ungeachtet der Bestimmungen in den Rechtsbüchern haben Frauen nicht selten selbständig über ihr Eigentum verfügt; das zeigt sich vor allem bei den Stiftungen und Schenkungen an Kirchen und Klöster. Bezeichnenderweise wurde von dem politischen Einfluß der

Frauen vor allem ein versöhnlicher Effekt erwartet: häufig wurde an Frauen die Bitte herangetragen, ihren Ehemann gegenüber Feinden milde und nachgiebig zu stimmen. Die Herrin des Hofes hatte einen Kreis von Damen um sich, der zum Teil aus den Frauen und Töchtern der adligen Hofbeamten bestand, zum Teil auch aus jungen Mädchen aus dem Landadel, die für einige Zeit an den Hof geschickt wurden. Man kann annehmen, daß die Damen im gesellschaftlichen Leben des Hofes eine wichtige Rolle gespielt haben, besonders bei festlichen Anlässen. Gut bezeugt ist der große Anteil, den sie am Literaturbetrieb genommen haben. Die Dichter haben sich in vielen Fällen geradezu an ein Frauenpublikum gewandt und haben zu erkennen gegeben, daß Frauen über den Erfolg ihrer Werke entschieden. Daraus ist zu schließen, daß die Frauen einen bestimmenden Einfluß auf die literarische Urteils- und Geschmacksbildung am Hof hatten, auch wenn als Auftraggeber häufig nur der Hofherr genannt ist.

Das Zeremoniell der höfischen Umgangsformen: Das gesellschaftliche Leben am Hof unterlag einem festen Protokoll, das besonders bei feierlichen Anlässen in Erscheinung trat. In den »Ordnungen« (*ordines*) für die Königs- und Kaiserkrönung liegt der Schwerpunkt auf der liturgischen Ausgestaltung der Krönungsfeierlichkeiten. Zum Zeremoniell des Herrschaftsantritts gehörten das Krönungsmahl, bei dem nicht selten die höchsten Lehnsträger den Ehrendienst am Tisch versahen, der festliche Gang zur Kirche, bei dem das Herrscherpaar sich öffentlich im Glanz seiner Kroninsignien zeigte, die feierlichen Huldigungen und Belehnungen und schließlich der Krönungsumritt. Für den Empfang des Herrschers (›Adventus‹) in Klöstern und Städten gab es ebenfalls ein reiches Protokoll mit liturgischen Gesängen, Kirchengeläut und Akklamationen. Diese feierlichen Formen des Herrschaftsbeginns wurden später in Gestalt von Festkrönungen und Festprozessionen wiederholt, besonders anläßlich von Reichstagen und Fürstenversammlungen, die meistens an den hohen kirchlichen Feiertagen abgehalten wurden.

Für die privateren Formen des höfischen Zeremoniells ist man vielfach auf Rückschlüsse aus der Dichtung und aus Bildern angewiesen, weil die historischen Quellen nur wenig berichten. Während das Herrschaftsprotokoll einen konservativen Charakter besaß und in Einzelheiten über Jahrhunderte hinweg unverändert blieb, waren die höfischen Umgangsformen einem historischen Wandlungsprozeß ausgesetzt, der manchmal die Gestalt rasch wechselnder Moden annahm. Für die Entwicklung des höfischen Gesellschaftsstils im 12. Jahrhundert war das Vorbild der französischen Adelskultur von großer Bedeutung. Das zeigt sich am deutlichsten im Zeremoniell der Kleidung und Bewaffnung.

Die Zugehörigkeit zur höfischen Gesellschaft dokumentierte sich ebenso in der Sprache und im feinen Benehmen. Für die Männer standen dabei die Regeln für den Umgang mit den Damen obenan; für die Frauen gab es ganze Kataloge von Verhaltensvorschriften, die von der Sorge um das gesellschaftliche Ansehen diktiert waren. Sehr früh ist ein eigener Kodex für das Benehmen bei Tisch entwickelt worden, der in Form von »Tischzuchten« fixiert wurde. In späteren Jahrhunderten gab es eine ganze Literatur, die die Regeln für das Verhalten bei Hof festhielt.

Hoffeste: Die Fürstentage und Adelsversammlungen, die die Könige und die Landesherren auf ihren Reisewegen zusammenriefen, wurden immer festlich begangen. Bei besonderen Anlässen, wenn eine Krönung, eine Hochzeit oder eine Schwertleite gefeiert wurde, war der Aufwand besonders groß. Das Hoffest, das Kaiser Friedrich I. zu Pfingsten des Jahres 1184 zur Feier der Schwertleite seiner beiden ältesten Söhne in Mainz veranstaltete, hat nach dem Urteil der Zeitgenossen alles Dagewesene übertroffen. Diese Feste waren eine Selbstdarstellung der adligen Gesellschaft, ein öffentliches Zurschaustellen ihrer Macht, ihres Reichtums und des höfischen Zeremoniells.

Zum Festprotokoll gehörten der Empfang und die Begrüßung der Gäste, der Einzug in den Festsaal, die feierliche Mahlzeit, meistens auch ein gemeinsamer Besuch der Messe, ferner verschiedene Veranstaltungen zur Unterhaltung und zuletzt die Beschenkung und Verabschiedung der Teilnehmer. Besonders reich ausgestaltet war das Zeremoniell des Festmahls. Auf zeitgenössischen Bildern ist dargestellt, wie der Truchseß mit dem Stab in der Hand die Sitzordnung regelte und die Bedienung bei Tisch überwachte, die von den Kämmerern und Schenken wahrgenommen wurde. Weniger streng ging es bei den Unterhaltungen zu, die sich an den offiziellen Teil der Veranstaltungen anschlossen. In den historischen Quellen ist am häufigsten von Ritterspielen und von Darbietungen der Spielleute die Rede. Dazu kamen Brett- und Ballspiele, sportliche Übungen, Gesang, Tanz und höfische Gespräche. Bei den Ritterspielen ist zu unterscheiden zwischen dem eigentlichen Turnier, das im 12. Jahrhundert nach französischem Vorbild in Deutschland Eingang fand, und anderen Formen wie dem Buhurt oder der Tjoste. Die Turniere, bei denen mit scharfen Waffen gekämpft wurde, waren im 12. Jahrhundert gesonderte Veranstaltungen, zu denen eigens eingeladen wurde. Der Buhurt dagegen, der manchmal als ein Paraderitt oder ein Schaureiten in geschlossenem Verband vorgeführt wurde, manchmal auch als Kampfspiel, bei dem jedoch niemals Schwerter benutzt wurden, gehörte zu den beliebtesten Unterhaltungen auf den Festen. Die Spielleute, die in großer Zahl zusammenströmten, wenn ein Hoffest angesagt war, waren fast immer gern gesehen und wurden meistens reich beschenkt. Sie waren professionelle Unterhalter mit einem großen Repertoire, das von akrobatischen Vorführungen und Zauberstücken über Tierstimmenimitationen und das Vorführen exotischer Tiere bis zu musikalischen und literarischen Darbietungen reichte. Am höchsten geschätzt wurden die Instrumentalisten und Sänger. Es ist bezeugt, daß bei solchen Gelegenheiten Minnelieder gesungen und Ausschnitte aus epischen Gedichten vorgetragen wurden. Wahrscheinlich hat die literarische Unterhaltung auf den Hoffesten für die Verbreitung der höfischen Dichtung eine große Rolle gespielt.

LITERATUR: Zur höfischen Gesellschaft und höfischen Kultur: Das Rittertum im Mittelalter. Hrsg. von Arno Borst. Darmstadt 1976. – Georges Duby, Die drei Ordnungen. Das Weltbild des Feudalismus. Frankfurt a. M. 1981. – C. Stephen Jaeger, The Origins of Courtliness. Civilizing Trends and the Formation of Courtly Ideals. 939–1210. Philadelphia 1985. – Rüdiger Schnell, Kirche, Hof und Liebe. Zum Freiraum mittelalterlicher Dichtung. In: Mittelalterbilder aus neuer Perspektive. Kolloquium Würzburg 1984. Hrsg. von Ernstpeter Ruhe u. Rudolf Behrens. München 1985, S. 75–108. – Joachim Bumke, Höfische Kultur. Literatur und Gesellschaft im hohen Mittelalter. 2 Bde, München 1986. – Höfische Literatur, Hofgesellschaft, Höfische Lebensformen um 1200. Hrsg. von Gert Kaiser u. Jan-Dirk Müller. Düsseldorf 1986. – Alois Wolf, Deutsche Kultur im Hochmittelalter. 1150–1250. Essen 1986. – Maurice Keen, Das Rittertum. München, Zürich 1987. – Otto G. Oexle, Deutungsschemata der sozialen Wirklichkeit im frühen und hohen Mittelalter. Ein Beitrag zur Geschichte des Wissens. In: Mentalitäten im Mittelalter. Methodische und inhaltliche Probleme. Hrsg. von František Graus. Sigmaringen 1987, S. 65–117.

4. Der Literaturbetrieb der höfischen Zeit

Mündlichkeit und Schriftlichkeit

Veränderungen in der Literaturgesellschaft: Durch den Eintritt der Laien in den Literaturprozeß hat die Zusammensetzung der Literaturgesellschaft eine tiefgreifende Veränderung erfahren. Bis zur Mitte des 12. Jahrhunderts lag die Literatur ausschließlich in den Händen von Geistlichen und Mönchen, die in den Kloster- und Domschulen die lateinische Schrift und die Regeln der lateinischen Grammatik gelernt hatten. Sie bedienten sich normalerweise der lateinischen Sprache, wenn sie literarisch tätig waren. Deutsch wurde nur zu bestimmten Zwecken benutzt: zur Herstellung von kirchlichen Gebrauchstexten und Hilfsmitteln für den Unterricht oder zur religiösen Unterweisung. Es gab auch deutschsprachige Dichtung, die der Verherrlichung des Glaubens oder der Erklärung der christlichen Heilslehre diente. Diese Literatur war zu einem nicht unbeträchtlichen Teil für Laien bestimmt; aber auf die besonderen Interessen der Laien wurde dabei höchstens insofern Rücksicht genommen, als die Darbietung dem Verständnis der Ungebildeten angepaßt wurde.

Das Erscheinungsbild der Literatur änderte sich vollständig, als die weltlichen Fürsten begannen, als Gönner und Auftraggeber auf die Auswahl und Darstellungsweise der Literatur Einfluß zu nehmen, und als an den Höfen dieser Fürsten eine neue Literatur entstand, die von den gesellschaftlichen Interessen des Laienadels geprägt war. Ohne die Hilfe von geistlich Gebildeten hätte das Literaturprogramm der Laien jedoch nicht verwirklicht werden können. Die Verfasser der neuen Literatur waren meist Hofkapläne und Kleriker, die auf Grund ihrer Stellung am Hof genötigt waren, mit ihren intellektuellen und künstlerischen Fähigkeiten dem Geschmack und den Interessen ihrer Herrschaften zu dienen. Als Verfasser von Minneliedern und Sprüchen sind die Laien auch selbst als Autoren hervorgetreten.

Neben der weltlichen Hofliteratur hat es jedoch auch im hohen Mittelalter eine eigene Literatur der Kirchen und Klöster gegeben, die noch überwiegend lateinisch war. Erst im Verlauf des 13. Jahrhunderts entstand ein umfangreiches religiöses Schrifttum in deutscher Sprache, das von der Spiritualität der

Zisterzienser, Franziskaner und Dominikaner seine besondere Prägung erhielt.

Laienbildung: An der lateinischen Literatur hatten die Laien keinen Anteil, weil ihnen die Bildung dafür fehlte, jedenfalls in Deutschland. Während in Frankreich die Entstehung der höfischen Literatur aufs engste mit der neuen Bildung verknüpft war, die an den nordfranzösischen Kathedralschulen gelehrt wurde, lebte der Laienadel in Deutschland weitgehend analphabetisch. Daran scheint sich bis zum Ende der höfischen Zeit nichts geändert zu haben. Noch aus der zweiten Hälfte des 13. Jahrhunderts wird berichtet, daß auf einer Reichsversammlung die weltlichen Fürsten nichts verstanden, als ein Bischof eine lateinische Rede hielt. Nur bei den Frauen war das anders. Zur Erziehung der adligen Mädchen gehörte häufig eine literarische und künstlerische Ausbildung, so daß sie in der Regel lesen und schreiben konnten und über Elementarkenntnisse im Lateinischen verfügten.

Die Begriffe »gebildet« – »ungebildet« (*litteratus – illitteratus*) reichen jedoch nicht aus, um die Bildungsverhältnisse in der adligen Laiengesellschaft zu beschreiben. Kennzeichnend für den Literaturbetrieb der höfischen Zeit ist gerade die Mischung von Mündlichkeit und Schriftlichkeit. Ungebildete Fürsten haben sich für geschriebene Literatur interessiert und haben die Herstellung von Schriftstücken gefördert, die ihnen dann mündlich, durch den Vortrag, zugänglich gemacht wurden. Es hat auch Formen einer literarischen Halbbildung gegeben, die manchen Laien, ohne formale Bildung, den Zugang zur schriftlichen Überlieferung eröffnete.

Mündliche Überlieferungen: Unser Literaturbegriff ist an Schriftlichkeit gebunden. Die analphabetische Gesellschaft des Mittelalters hatte jedoch ihre eigene Literatur, die gänzlich schriftlos war. Von der Eigenart und der Bedeutung dieser mündlichen Literatur kann man sich nur schwer eine Vorstellung machen, weil sie bis auf die geringen Spuren, die sich schriftlich erhalten haben, untergegangen ist. Außerdem ist uns die Fähigkeit abhanden gekommen, in Kategorien mündlicher Tradition zu denken. Erst die Beobachtungen über die Eigenart mündlicher Dichtung *(oral poetry),* die an der serbokroatischen Epik des 20. Jahrhunderts angestellt worden sind, haben den Blick dafür geschärft, daß mündlich komponierte Werke anderen Schaffensbedingungen unterlagen und anderen Baugesetzen verpflichtet waren als die schriftlich abgefaßte Literatur.

Im Mittelalter umfaßte die mündliche Tradition den ganzen Bereich von Brauchtum, Sitte und Recht. Die literarischen Überlieferungen müssen in diesem größeren Zusammenhang gesehen werden. Am besten nachzuweisen ist die mündliche Überlieferung der Heldenepik. Die Heldendichtung spielte eine wichtige Rolle für das Geschichtsbewußtsein der analphabetischen Adelsgesellschaft. Die Heroisierung der eigenen Vorfahren und die Verlängerung der Familiengeschichte bis zurück in eine heroische Vorzeit dienten zur geschichtlichen Legitimierung des Laienadels. Der interessanteste Fall einer Umformung mündlicher Erzähltraditionen in ein schriftlich konzipiertes Großepos liegt im ›Nibelungenlied‹ vor. Dieses Werk blieb jedoch zunächst ein Einzelfall. Offenbar hat die mündliche Überlieferung der Heldendichtung lange Zeit so gut funktioniert, daß es kaum einer Übertragung in die Schriftform bedurfte.

Vieles deutet darauf hin, daß in der höfischen Zeit neben der schriftlich konzipierten Literatur eine intakte mündliche Literatur existiert hat. Das bedeutet, daß man die literarische Situation der Laiengesellschaft in dieser Zeit einseitig und unzureichend erfaßt, wenn man nur die in Handschriften überlieferten Werke berücksichtigt. Neben der Heldenepik ist vor allem mit mündlich überlieferten Tanzliedern zu rechnen, die sich das ganze Mittelalter hindurch großer Beliebtheit erfreuten. Außerdem gab es eine volkstümliche Spruchdichtung und sicherlich auch eine mündliche Tradition schwankhafter Erzählungen.

Literatur in der analphabetischen Gesellschaft: Der Laienadel hat durchaus nicht in vollkommener Schriftlosigkeit gelebt. An jedem Hof gab es Kapläne und Kleriker, die mit Büchern umgingen, und jede Adelsfamilie stand in engen Beziehungen zu Klöstern und Stiften in ihrem Herrschaftsbereich, deren Schreibstuben sie in Anspruch nehmen konnte, wenn ihr daran gelegen war, einen Rechtsakt urkundlich festzuhalten. Ohne selbst lesen und schreiben zu können, waren die großen Herren gewohnt, sich die Lese- und Schreibfähigkeit der geistlich Gebildeten zunutze zu machen und in ihren Dienst zu stellen.

Ein wichtiger Schritt zur Schriftlichkeit war die Einrichtung eigener Kanzleien an den weltlichen Fürstenhöfen. Heinrich der Löwe war der erste Laienfürst, der an seinem Hof in Braunschweig Urkunden ausstellen ließ. Bis dahin hatten die Fürsten ohne eigene Urkundenschreiber regiert. Die meisten Hoheitsakte bedurften keiner schriftlichen Bestätigung. Die älteren Urkunden dienten hauptsächlich dazu, Privilegien und Schenkungen festzuhalten. Daran waren naturgemäß vor allen die davon Begünstigten interessiert, in erster Linie Klöster und Kirchen, die selber vielfach die Urkunden ausgestellt haben. Daß es dennoch seit der Mitte des 12. Jahrhunderts zur Ausbildung eigener weltlicher Kanzleien kam, hängt damit zusammen, daß die modernen Formen der Landesherrschaft eine neue Organisation der Verwaltung notwendig machten, die sich in zunehmendem Maß der Schriftlichkeit bediente.

Die sächsische Kanzlei Heinrichs des Löwen in Braunschweig ist seit 1144 nachweisbar. In Thüringen beginnt die Kanzleigeschichte des landgräflichen Hofs im Jahr 1168. In Österreich setzte die Urkundenausfertigung um dieselbe Zeit ein; der erste herzogliche Notar ist allerdings erst 1193 bezeugt. In Bayern hat sich die Ausbildung eines geregelten Schriftbetriebs durch den mehrfachen Herrschaftswechsel im 12. Jahrhundert verzögert; die Existenz einer herzoglichen Kanzlei der Wittelsbacher ist erst seit 1209 sicher bezeugt. Diese Jahreszahlen sind auch für die Literaturgeschichte von Bedeutung, denn sie lassen erkennen, ab wann an den einzelnen Höfen die Voraussetzungen für eine schriftliche Literaturproduktion gegeben waren. Die Daten, die die Gönnergeschichte liefert, stimmen damit ziemlich genau überein. Der erste fürstliche Auftraggeber von volkssprachlicher Literatur war Heinrich der Löwe. Nach 1170 begann der Literaturbetrieb in Thüringen, wenig später in Österreich. Der bayerische Hof hat sich erst im 13. Jahrhundert zu einem literarischen Zentrum entwickelt.

Gönner und Auftraggeber

Im Literaturbetrieb der höfischen Zeit wurde der Auftraggeber zu einer entscheidenden Instanz. Die Mönche und Geistlichen, die in den Klöstern und an den Bischofssitzen ihrer literarischen Tätigkeit nachgingen, bedurften keines Gönners. Sie brauchten sich normalerweise keine Sorgen um ihren Lebensunterhalt zu machen und fanden in den Scriptorien und Bibliotheken alles, was sie für ihre Arbeit benötigten. Wenn sie mit ihren literarischen Werken den Wünschen ihrer Äbte und Bischöfe nachkamen, so war das eher eine Auszeichnung als ein Zwang. Ganz anderen Bedingungen waren die Dichter an den weltlichen Fürstenhöfen unterworfen. Sie verfügten über keine eigenen »Produktionsmittel«, sondern waren darauf angewiesen, daß ihnen die Bücher, die sie brauchten, zugänglich gemacht wurden und das teure Pergament zur Verfügung gestellt wurde. Sie lebten in gesellschaftlicher Abhängigkeit von der Gunst ihrer fürstlichen Auftraggeber und vom Urteil ihres adligen Publikums. Sie mußten dichten, was man am Hof hören wollte, und hatten selber nur einen begrenzten Einfluß auf die Wahl ihrer Stoffe und Themen. Und sie waren permanent von der Gefahr bedroht, das Wohlwollen ihrer fürstlichen Gönner zu verlieren, was den Verlust ihrer Lebensgrundlage und die Zerstörung ihrer gesellschaftlichen Existenz bedeutete, falls es ihnen nicht gelang, einen anderen Gönner zu finden.

Die Literatur des Kaiserhofs: Die Vorstellung, daß zum Repräsentationsstil des Kaisertums auch die Förderung von Kunst und Literatur gehört, stammte aus der Antike. Vor allem Geschichtsschreibung und panegyrische Dichtung (Herrscherlob) sind vom Kaiserhof gefördert worden, aber auch wissenschaftliche Literatur; alles in lateinischer Sprache. Nur wenige Kaiser haben so wie Karl der Große (768–814) und Otto III. (983–1002) persönlichen Anteil am literarischen Leben ihres Hofes genommen. Die Förderung der Literatur lag hauptsächlich in den Händen der Hofgeistlichkeit, der Hofkapelle. Daran hat sich auch in der höfischen Zeit nicht viel geändert. Unter Friedrich I. und Heinrich VI. sind bedeutende Werke der Geschichtsschreibung (Otto von Freising, Rahewin, Gottfried von Viterbo) und der Geschichtsdichtung (›Carmen de gestis Frederici‹, Gunther von Pairis, Petrus de Ebulo) vom Kaiserhof angeregt worden. Nach dem Tod Heinrichs VI. haben die inneren Kriege zwischen Staufern und Welfen die Literaturförderung gehemmt. Die ungewöhnliche Blüte, die das geistige Leben am Kaiserhof unter Friedrich II. erlebte, gehört eher in den Zusammenhang der italienischen Literaturgeschichte als der deutschen. Während des sogenannten Interregnums (1254–1273) ist die Tradition der kaiserlichen Hofhaltung abgerissen; und unter Rudolf von Habsburg (1273–1291) setzte sich ein neuer Herrschaftsstil durch, der auf ein imperiales Literaturprogramm verzichtete. Für die höfisch-ritterliche Dichtung in deutscher Sprache war der Kaiserhof im 12. Jahrhundert vor allem als Sammelpunkt der Minnesänger wichtig.

Fürstliches Mäzenatentum: Im Unterschied zum Kaiserhof haben die Fürstenhöfe von Anfang an nur deutschsprachige Literatur gefördert; und die Fürsten haben vielfach ein persönliches Interesse an der von ihnen geförderten Literatur genommen. Nicht wenige von ihnen sind selber Minnesänger gewesen: in der Manessischen Handschrift begegnen drei Herzöge, drei Markgrafen und sieben Grafen unter den Liederdichtern des 12. und 13. Jahrhunderts. Die fürstlichen Auftraggeber haben auch auf die Auswahl und die Durchführung der literarischen Projekte Einfluß genommen. Das geschah vor allem durch die Beschaffung der literarischen Vorlagen für die epischen Dichter. Wenn es darum ging, einen französischen Text zu übertragen, mußte zunächst eine Handschrift des entsprechenden Werks aus Frankreich besorgt werden, was für die Dichter schon aus finanziellen Gründen kaum möglich gewesen sein dürfte. Wir wissen, daß die fürstlichen Auftraggeber sich manchmal ihrer Beziehungen zu anderen Hochadelsfamilien bedient haben, um in den Besitz französischer Bücher zu gelangen. In den Fällen, wo mehrere literarische Werke im Auftrag ein und desselben Fürsten gedichtet worden sind, ist meistens zu erkennen, daß die Stoffwahl von dem persönlichen Geschmack des fürstlichen Mäzens geprägt war. Manchmal haben die Auftraggeber auch Einzelheiten der literarischen Gestaltung bestimmt. Im Prolog zum deutschen ›Lucidarius‹ wird berichtet, Heinrich der Löwe habe darauf bestanden, daß das Werk in Prosa abgefaßt wurde.

Es ist damit zu rechnen, daß auch fürstliche Damen den Hofdichtern literarische Aufträge erteilt haben. So einflußreiche Persönlichkeiten wie Eleonore von Aquitanien († 1204) und ihre Töchter, die die Entwicklung der höfischen Dichtung in Frankreich und England maßgeblich beeinflußt haben, hat es in Deutschland nicht gegeben. Wahrscheinlich haben jedoch auch hier fürstliche Gönnerinnen eine größere Rolle gespielt, als die Auftragsnachrichten erkennen lassen. Vor allem ist zu vermuten, daß die Heiratsverbindungen deutscher Fürsten mit Frauen aus dem französischen Hochadel die Rezeption der französischen Literatur an den deutschen Höfen gefördert haben. Von Kaiserin Beatrix († 1184), der Tochter des Grafen von Hochburgund, ist bekannt, daß sie noch nach ihrer Eheschließung mit Friedrich I. französische Dichter protegiert hat. Die literarischen Interessen der Gräfinnen von Loon und von Kleve sind Heinrich von Veldeke zugute gekommen. Mehrere höfische Legendenepen sind im 13. Jahrhundert im Auftrag von Frauen verfaßt worden.

Unsicher ist, ob höfische Dichtung auch an geistlichen Fürstenhöfen gefördert worden ist. Es gibt kein höfisches Epos, das im Auftrag eines geistlichen Fürsten verfaßt worden ist (der ›Trojanische Krieg‹, den Konrad von Würzburg für den Basler Domkantor Dietrich am Orte gedichtet hat, gehört nicht an den Hof, sondern in die Stadt); und es gibt kein Zeugnis dafür, daß an einem geistlichen Hof Minnesänger aufgetreten sind. Andererseits ist das Interesse geistlicher Fürsten an weltlicher Literatur in deutscher Sprache gut bezeugt. Aus dem Reiserechnungsbuch des Bischofs Wolfger von Passau († 1218) ist zu ersehen, daß dieser viel Geld zur Unterstützung und Belohnung von Spielleuten und fahrenden Künstlern ausgegeben hat. Wenn die Vermutung zutrifft, daß Bischof Wolfger der Auftraggeber des ›Nibelungenlieds‹ war, müßte er zu den bedeutendsten Mäzenen der höfischen Zeit gerechnet werden. Der Minnesänger Hadloub bezeugt, daß der Bischof von Konstanz, Heinrich von Klingenberg († 1306), an den Minnegeselligkeiten des Züricher Adels teilgenommen hat.

Die kleineren Höfe: Die Gönnernachrichten der höfischen Zeit beziehen sich fast alle auf die großen weltlichen Fürstenhöfe. In welchem Umfang daneben auch die kleineren Adelssitze am literarischen Leben teilgenommen haben, ist nicht sicher. Gut bezeugt ist, daß die Spruchdichter, die mit einem mündlichen Repertoire reisten und nicht auf geregelte Schriftlichkeit angewiesen waren, auch an den kleineren Höfen ihre Kunst geübt haben. Es gibt bereits aus dem 12. Jahrhundert und in größerer Zahl aus dem 13. Jahrhundert Lobsprüche und Preisstrophen auf Grafen und Herren; diese Gedichte sind sicherlich in den Häusern der Gefeierten vorgetragen worden. Auch die Tatsache, daß unter den Minnesängern der höfischen Zeit zahlreiche Grafen, Freiherren und Ministerialen zu finden sind, kann als Beleg für die Teilnahme des nichtfürstlichen Adels am Literaturbetrieb gewertet werden, wennschon damit zu rechnen ist, daß die adligen Herren ihre Lieder meistens im geselligen Kreis der Standesgenossen, also bei Adelsversammlungen und Hoffesten, vorgetragen haben. Im Verlauf des 13. Jahrhunderts hat der Landadel allmählich einen größeren Einfluß auf die Literaturproduktion gewonnen.

Bis zum Beginn der höfischen Zeit war die volkssprachliche Dichtung im wesentlichen anonym. Daß Otfrid von Weißenburg seinen Namen genannt hat, ist eine Ausnahme. Der Dichter des ›Heliand‹ ist ebenso unbekannt wie die Verfasser des ›Ludwigslieds‹, des ›Annolieds‹ oder der ›Wiener Genesis‹. Das änderte sich, als die Literatur an den weltlichen Höfen begann. Die Namen der ältesten Minnesänger waren noch anderthalb Jahrhunderte später bekannt, als die großen Sammelhandschriften angelegt wurden; und die Epiker haben sich in der Regel selber vorgestellt. Nur die Spielmanns- und Heldenepik, die an mündliche Erzähltraditionen anknüpfte, und die kleineren Schwankerzählungen sind anonym überliefert. In den Namensnennungen bezeugt sich ein neues Selbstbewußtsein der Autoren, das sich nicht nur auf die eigenen Fähigkeiten gründete, sondern noch mehr auf die Hochschätzung, die der Dichtung in der adligen Hofgesellschaft zuteil wurde.

Im 12. und 13. Jahrhundert gab es drei ziemlich deutlich voneinander abgegrenzte Gruppen von Autoren, deren literarische Tätigkeit sich den drei Hauptgattungen der höfischen Dichtung zuordnen läßt: erstens die adligen Minnesänger, zweitens die berufsmäßigen Hofdichter, die die höfischen Epen verfaßt haben, und drittens die Fahrenden, die als Spruchdichter auftraten.

Minnesänger: Minnesang war Adelskunst. Die meisten Minnesänger lassen sich historisch bezeugten Adelsgeschlechtern zuordnen. Dabei ist der Hochadel prozentual genauso gut vertreten wie der kleinere Adel der Freiherren und Ministerialen. Daß die Zahl der Ministerialen im Verlauf des 13. Jahrhunderts größer wurde, entsprach der allgemeinen Entwicklung. Wie die adligen Herren, die in der Regel Illiteraten waren, die Fähigkeit erworben haben, komplizierte Strophenschemata sprachlich, metrisch und musikalisch zu meistern, ist unklar. Unter den adligen Dilettanten hat es Dichter von Rang gegeben, wie Friedrich von Hausen oder Gottfried von Neifen. Die bedeutendsten Minnesänger scheinen jedoch Berufsdichter gewesen zu sein, die literarisch geschult waren und damit über eine bessere Bildung verfügten als die meisten adligen Sänger. Walther von der Vogelweide und Neidhart waren Berufsdichter unbekannter Herkunft. Ob es schon vor Walther professionellen

Minnesang gegeben hat, ist unsicher. Die Frage stellt sich vor allem im Hinblick auf Heinrich von Morungen und Reinmar den Alten, die durch den Umfang ihres lyrischen Werks wie auch durch das künstlerische Niveau ihrer Lieder die Lyrik ihrer adligen Zeitgenossen überragen. Die Berufslyriker blieben jedoch eine Minderheit; adlige Sänger haben die Tradition des Minnesangs bis weit ins späte Mittelalter hinein fortgesetzt.

Epiker: Die gesellschaftliche Stellung der epischen Dichter war durch ihre Abhängigkeit von den fürstlichen Auftraggebern gekennzeichnet, die ihnen die Möglichkeit gaben, in jahrelanger Arbeit umfangreiche Werke zu vollenden. Die meisten Epiker waren Berufsdichter, was nicht ausschließt, daß sie nebenher noch andere Aufgaben am Hof wahrgenommen haben. Über ihre Standesverhältnisse ist in den meisten Fällen nichts bekannt. Das gilt für Herbort von Fritzlar, Gottfried von Straßburg, Heinrich von dem Türlin, Konrad von Würzburg, Heinrich von Freiberg, Ulrich von Etzenbach ebenso wie für Wolfram von Eschenbach und Wirnt von Grafenberg. Daß diese Dichter Mitglieder von adligen Familien waren, die sich später nach diesen Orten genannt haben, sind unsichere Vermutungen. Urkundlich bezeugt sind nur wenige Epiker: Eilhart von Oberg, Ulrich von Zatzikhoven, Ulrich von Türheim und Berthold von Holle. In jedem einzelnen Fall gibt es jedoch Zweifel an der Identität der Dichter mit den Urkundenzeugen, die durchweg dem untersten Rand des Adels zugehörten. Die Obergs und die Holles waren Ministerialen; aus einer Ministerialenfamilie stammte auch Heinrich von Veldeke. Hartmann von Aue und Rudolf von Ems haben ihre Zugehörigkeit zur Ministerialität selber bezeugt. Den höchsten gesellschaftlichen Rang unter den Epikern nahm Konrad von Stoffeln ein, falls er tatsächlich ein Mitglied der Freiherrenfamilie von Hohenstoffeln war.

Deutlicher und wichtiger als die Standesverhältnisse sind die Bildungsverhältnisse der epischen Dichter. Hier tritt der Gegensatz zu den adligen Minnesängern klar hervor. Die Epiker waren fast alle literarisch geschult und hatten Zugang zu der lateinischen Bildungstradition. Nach dem Sprachgebrauch der Zeit waren sie *litterati* oder *clerici* (»Kleriker«), zu deutsch *pfaffen*, ein Begriff, der nicht an ein geistliches Amt gebunden war. Die ältesten Epiker haben sich selbst so vorgestellt: der »Pfaffe« Lamprecht, der »Pfaffe« Konrad. Herbort von Fritzlar war »ein gelehrter Schulmeister« (*ein gelarter schulere* 18451); Ulrich von Zatzikhoven ist als »Kaplan« (*capellanus*) bezeugt. Auch die Dichter aus Ministerialenfamilien, Heinrich von Veldeke, Hartmann von Aue und Rudolf von Ems, waren lateinisch gebildet. Unter welchen Umständen sie ihre Bildung erworben haben, ist unbekannt. Hartmann hat betont, wie ungewöhnlich es war, daß ein Ritter und Dienstmann Bücher lesen konnte. Nur einer wollte kein Gebildeter sein: Wolfram von Eschenbach, der das Dichten ohne Buchgelehrsamkeit zum Programm gemacht hat. Das blieb jedoch die Ausnahme. Die späteren Epiker, die sich auf Wolfram beriefen, gehörten alle zu den *litterati*.

Spruchdichter: Am schlechtesten gestellt waren die fahrenden Dichter, die keine feste Bleibe hatten; sie zählten zu den Rechtlosen. Ihre Domäne war die Spruchdichtung. Die Annahme, daß die meisten Spruchdichter »bürgerlicher« Herkunft waren, beruht auf einem Mißverständnis: Bürger war im Mittelalter nur, wer irgendwo Bürgerrecht besaß. Das ist für keinen Spruchdichter erweislich. Über ihre Standesverhältnisse ist nichts bekannt. Die fahrenden Dichter gehörten zur großen Gruppe der Spielleute, die »am Hof und auf der Straße« ihre Kunst feilboten und davon lebten, daß sie für ihre Fertigkeiten belohnt wurden. Unter ihnen gab es Bessergestellte und Schlechtergestellte. Eines hohen Ansehens erfreuten sich die musikalischen Darbietungen der Sänger und Instrumentalisten. Einige dieser Spielleute haben es zu Besitz und zu einer geachteten Vertrauensstellung gebracht. Für die meisten hieß die Devise: *guot umb êre nemen.* Damit war gemeint, daß die fahrenden Dichter für das Lob (*êre*), das sie einem Herrn zollten, materiellen Lohn (*guot*) entgegennahmen. Die Formel konnte jedoch auch bedeuten, daß die Spruchdichter für den Lohn, den sie nahmen, ihr Ansehen (*êre*) hingaben. Viele Fahrende haben den Zwang, für Geld singen zu müssen und Lob und Tadel nicht nach dem Wert der Menschen, sondern nach den Wünschen ihrer Gönner zu verteilen, als entwürdigend empfunden und haben ihre Armut bitter beklagt.

Aufführung und Verbreitung der Literatur

Heute erscheint es selbstverständlich, daß Literatur für Leser bestimmt ist. Im Mittelalter wurde Literatur in der Regel vorgelesen oder gesungen; private Lektüre war selten. Mündlichkeit und Schriftlichkeit der Verbreitung wechselten nach den Gattungen. Während für die höfische Epik überall von einer schriftlichen Konzeption auszugehen ist, bildete für die höfische Lyrik häufig das gesungene Lied den Ausgangspunkt.

Vortrag und handschriftliche Verbreitung der höfischen Epik: Die deutschen Epiker haben nach französischen oder lateinischen Vorlagen gearbeitet, die ihnen im Normalfall schriftlich vorgelegen haben. Auch die Dichter, die selber nicht lesen konnten, haben offenbar schriftliche Vorlagen benutzt. Wolfram von Eschenbach hat angegeben, daß er seine französische Quelle durch mündliche Mitteilung kennengelernt habe. Der französische Text kann ihm vorgelesen oder paraphrasiert worden sein. In ähnlicher Weise werden die Dichter gearbeitet haben, die zwar lesen konnten, aber kein Französisch verstanden und daher auf die Hilfe von Dolmetschern angewiesen waren. Die schriftkundigen Epiker haben ihre Werke vermutlich selber aufgeschrieben oder jedenfalls die Niederschrift überwacht. Eigenhändige Originalmanuskripte sind allerdings aus dieser Zeit nicht erhalten. Ob die Dichter in der Regel am Hof gearbeitet haben oder an Orten, wo sie der Unruhe des dauernden Ortswechsels der mobilen Hofhaltung enthoben waren, ist nicht auszumachen. Sie müssen jedoch während der Arbeit mit ihren Auftraggebern und ihrem Publikum in Kontakt gestanden haben. Denn die epischen Werke – jedenfalls die der berühmteren Dichter – sind bereits bekannt geworden, bevor sie abgeschlossen waren. Auch die handschriftliche Verbreitung von fragmentarischen Werken ist ein Beweis dafür, daß die Wirkungsgeschichte der Epen schon vor ihrer Vollendung begann. Sogar unzusammenhängende Stücke wie die beiden ›Titurel‹-Fragmente von Wolfram von Eschenbach sind in ihrer unfertigen Form abgeschrieben und verbreitet worden.

Angesichts der Bildungsverhältnisse in der adligen Laiengesellschaft kann man annehmen, daß die höfische Dichtung in der Regel hörend aufgenommen worden ist. Man stellt es sich meistens so vor, daß der literarisch interessierte Teil der Hofgesellschaft sich abends versammelte, um den Dichtern zuzuhören. Auch im kleinen Familienkreis wurde vorgelesen. Am besten bezeugt ist der Vortrag epischer Werke auf den großen Hoffesten. Wo das vielfältige Unterhaltungsangebot dieser Feste ausführlich geschildert wird, ist meistens auch davon die

Rede, daß Lieder gesungen und Abenteuer- und Liebesgeschichten erzählt wurden. Es ist jedoch ausgeschlossen, daß bei einer solchen Gelegenheit ein umfangreiches Epos vorgetragen worden ist.

Über die Technik des Epenvortrags ist nichts bekannt. Sind die Werke auswendig gelernt worden? Das Memorieren einer längeren Versdichtung hätte an einen geübten Rezitator keine zu hohen Anforderungen gestellt. Trotzdem ist anzunehmen, daß in der Regel aus einer Handschrift vorgelesen wurde. Das haben die Dichter an mehreren Stellen ausdrücklich vermerkt. Über die Art des Vortrags gehen die Meinungen auseinander. Die meiste Zustimmung findet heute wohl die Auffassung, daß die strophische Epik – das war vor allem Heldenepik – gesungen, die Epik in Reimpaaren gesprochen worden ist, wobei an eine getragene Vortragsweise zu denken ist. Man hat ausgerechnet, daß ein Vorleser etwa tausend Verse in der Stunde schaffen konnte. Für den ganzen ›Parzival‹ würde man danach 24 Stunden brauchen, für den ›Iwein‹ acht. Es ist jedoch fraglich, ob solche Berechnungen mehr als theoretischen Wert besitzen. Vielleicht ist es vorgekommen, daß ein literarischer Vortrag auf mehrere Tage verteilt wurde. Man muß jedoch damit rechnen, daß die umfangreicheren Werke selten in einem Zug aufgenommen worden sind. Eine Vortragsgliederung ist in keinem Epos der höfischen Zeit mit Sicherheit nachzuweisen. Wahrscheinlich ist überhaupt nicht mit einer vom Autor gesetzten Vortragsnorm zu rechnen. Gerade beim Vortrag auf Hoffesten wurde die Dauer der Veranstaltung wahrscheinlich weniger durch den Gliederungswillen des Autors als durch die jeweiligen Umstände der Rezeption bestimmt.

Die gebildeten Epiker haben großen Wert darauf gelegt, daß ihre Werke schriftlich abgefaßt waren und nicht nur gehört, sondern auch gelesen werden konnten. Sie haben betont, daß sie ihren Stoff aus »Büchern« schöpften, und haben ihre eigenen Dichtungen den Hörern als »Bücher« vorgestellt. Manche Dichter haben ihre zum Vortrag bestimmten Werke mit Schmuckformen ausgestattet, die sich nur einem Leser erschlossen. Die Kunst, Akrosticha und Anagramme zu formen, mußte man aus der lateinischen Literatur lernen. Für die Verfasser religiöser Dichtungen scheint es selbstverständlich gewesen zu sein, daß man ihre Texte lesen konnte und lesen sollte, selbst wenn sie sich damit an ein Laienpublikum wandten. Heute wird darüber diskutiert, ob auch die höfischen Epiker ihre Werke für

Leser bestimmt haben und ob schon im 13. Jahrhundert in größerem Umfang mit Einzellektüre zu rechnen ist. Angesichts der Bildungsverhältnisse in der Laiengesellschaft kommen als Leser außer den Hofklerikern vor allem adlige Frauen in Frage. Tatsächlich haben die Dichter vielfach zu erkennen gegeben, daß die Leser, an die sie sich wandten, in erster Linie Leserinnen waren. In welchem Umfang die Frauen von ihrer Lesefähigkeit Gebrauch gemacht haben, ist schwer abzuschätzen. Im Hinblick auf die Wirkung in der Gesellschaft war der mündliche Vortrag sicherlich die wichtigere Form der Verbreitung.

Die ältesten erhaltenen Epenhandschriften stammen aus der Zeit kurz vor oder um 1200. Es sind etwa zwanzig Handschriften (die meisten sind nur in Bruchstücken erhalten), die bezeugen, daß es zu dieser Zeit bereits einen lebhaften literarischen Austausch und eine starke Nachfrage nach den deutschen Texten gegeben haben muß. Wer die Besteller waren, ist in keinem Fall verbürgt. Man kann jedoch davon ausgehen, daß die meisten Handschriften im Auftrag der weltlichen Fürstenhöfe entstanden sind. Ob sie dort auch angefertigt wurden oder ob die fürstlichen Auftraggeber die Hilfe befreundeter Klöster dafür in Anspruch genommen haben, läßt sich nicht ermitteln.

Im Verlauf des 13. Jahrhunderts hat sich das Erscheinungsbild der Handschriften auffällig verändert. Die Handschriften wurden größer und aufwendiger; ihre Zahl nahm ständig zu. In der ersten Hälfte des 13. Jahrhunderts begegnet uns die erste dreispaltig geschriebene Epenhandschrift (es ist die Berliner ›Eneit‹-Handschrift, Mgf 282); gegen Ende des Jahrhunderts sind großformatige dreispaltige Handschriften vor allem für die Aufzeichnung von Heldenepik verwendet worden. Einige Epenhandschriften des 13. Jahrhunderts sind reich bebildert; der Bildschmuck bezeugt, daß die Handschriften nicht nur als Vortragsmanuskripte dienten, sondern daß ihnen auch ein repräsentativer Wert zukam. Nichts deutet darauf hin, daß bereits im 13. Jahrhundert die kommerzielle Herstellung von Epenhandschriften begonnen hätte. Die Anfänge eines Büchermarktes lassen sich in Deutschland nicht über das 15. Jahrhundert zurückverfolgen. Daher ist für jede Handschrift im 13. Jahrhundert ein Besteller vorauszusetzen. Allerdings fehlen auch hier sichere Nachrichten. Neben den großen Höfen ist in der zweiten Hälfte des 13. Jahrhunderts auch mit Bestellern aus dem Kreis des Landadels zu rechnen, am Ende des Jahrhunderts auch mit Aufträgen aus dem Stadtadel.

Gesungene, getanzte und gelesene Lyrik: Das lyrische Gedicht war im Mittelalter immer ein Lied, das zum Singen bestimmt war. Text und Musik gehörten zusammen. Während ein Epos zuerst als Schriftwerk geschaffen wurde und dann zum Vortrag gelangte, war es beim Lied umgekehrt: es wurde primär gesungen und außerdem vielleicht noch aufgeschrieben. Dieser unterschiedliche Ausgangspunkt hat die Überlieferung geprägt. Anders als in der Epik, wo wir es mit festen Textfassungen zu tun haben, die im Prozeß der schriftlichen Tradierung nur wenig verändert wurden, ist für die Lyrik mit Phasen mündlicher Überlieferung zu rechnen, in denen die Texte Veränderungen erfuhren, die sich mit den Methoden der Textkritik nicht mehr kontrollieren und korrigieren lassen.

Die übliche Form der Darbietung höfischer Lyrik war das Vorsingen der Lieder im geselligen Kreis der Hofgesellschaft. Wahrscheinlich sind die Dichter selber als Sänger aufgetreten und zugleich als Instrumentalisten, mit einem Saiteninstrument zur Begleitung des Gesangs. Gut bezeugt ist auch der Auftritt professioneller Sänger auf Hoffesten und bei anderen Gelegenheiten. Neben dem Einzelvortrag vor einer geselligen Zuhörerschaft scheint es noch andere Formen der Darbietung gegeben zu haben. Nach den Angaben, die Ulrich von Liechtenstein in seinem ›Frauendienst‹ darüber gemacht hat, ist höfische Lyrik im 13. Jahrhundert gesungen, getanzt und gelesen worden. Wenn man Liechtenstein glauben darf, hat er die meisten seiner Lieder den Damen zugesandt, um deren Liebe er sich bewarb. Zu diesem Zweck wurden die Lieder aufgeschrieben und entweder mündlich oder schriftlich übermittelt. Manchmal hat der Bote das Lied der Dame vorgesungen; manchmal wurde das Lied der Dame vorgelesen; manchmal las die Dame es alleine. Liechtenstein hat die Hälfte seiner Minnelieder als »Tanzlieder« *(tanzwîse)* bezeichnet. Dabei handelt es sich durchweg um Lieder in Kanzonenstrophen, die weder von der Bauform noch von der Thematik her als Tanzlieder zu erkennen sind. Wenn diese Lieder Tanzlieder waren, dann fehlt jedes formale Kennzeichen, um Tanzlyrik und Vortragslyrik zu unterscheiden. Die Aufführung der Tanzlieder muß man sich so vorstellen, daß ein Vorsänger (oder eine Vorsängerin), der zugleich als Vortänzer fungierte, den Text sang und auf der Fiedel begleitete; die Tänzer und Tänzerinnen, die im Kreis oder in einer Reihe Aufstellung nahmen, sangen und tanzten dem Vorsänger nach oder tanzten, ohne selber zu singen, nach seinem Spiel.

LITERATUR: Zum Literaturbetrieb der höfischen Zeit: Rolf Sprandel, Gesellschaft und Literatur im Mittelalter. Paderborn 1982. – Rüdiger Krohn, Literaturbetrieb im Mittelalter. In: Propyläen Geschichte der Literatur. Bd. 2. Berlin 1982, S. 199–220. – Joachim Bumke, Höfische Kultur. München 1986, S. 595–783. – Zu Mündlichkeit und Schriftlichkeit in der höfischen Gesellschaft: Oral Poetry. Das Problem der Mündlichkeit mittelalterlicher epischer Dichtung. Hrsg. von Norbert Voorwinden u. Max de Haan. Darmstadt 1979. – Manfred G. Scholz, Hören und Lesen. Studien zur primären Rezeption der Literatur im 12. und 13. Jahrhundert. Wiesbaden 1980. – Hanna Vollrath, Das Mittelalter in der Typik oraler Gesellschaften. Historische Zeitschrift 233 (1981), S. 571–594. – Hans-Ulrich Gumbrecht, Schriftlichkeit in mündlicher Kultur. In: Schrift und Gedächtnis. Beiträge zur Archäologie der literarischen Kommunikation. Hrsg. von Aleida u. Jan Assmann u. Christof Hardmeier. München 1983, S. 158–174. – Michael Curschmann, Hören – Lesen – Sehen. Buch und Schriftlichkeit im Selbstverständnis der volkssprachlichen literarischen Kultur Deutschlands um 1200. PBB 106 (1984), S. 218–257. – Hans Fromm, Volkssprache und Schriftkultur. In: The Role of the Book in Medieval Culture. Hrsg. von Peter Ganz. Bd. 1. Turnhout 1986, S. 99–108. – Dennis H. Green, Über Mündlichkeit und Schriftlichkeit in der deutschen Literatur des Mittelalters. Drei Rezeptionsweisen und ihre Erfassung. In: FS Karl Stackmann. Hrsg. von Ludger Grenzmann u. a. Göttingen 1987, S. 1–20. Zur Laienbildung im hohen Mittelalter: Herbert Grundmann, Litteratus – illitteratus. Der Wandel einer Bildungsnorm vom Altertum zum Mittelalter. Archiv für Kulturgeschichte 40 (1958), S. 1–63. – Literatur und Laienbildung im Spätmittelalter und in der Reformationszeit. Hrsg. von Ludger Grenzmann u. Karl Stackmann. Stuttgart 1984. Zu den fürstlichen Kanzleien: Landesherrliche Kanzleien im Spätmittelalter. 2 Teilbde, München 1984. – Zu den Gönnern und Auftraggebern: Werner Fechter, Das Publikum der mittelhochdeutschen Dichtung. Frankfurt a. M. 1935. – William C. McDonald, German Medieval Literary Patronage from Charlemagne to Maximilian I. A Critical Commentary with Special Emphasis on Imperial Promotion of Literature. Amsterdam 1973. – Joachim Bumke, Mäzene im Mittelalter. Die Gönner und Auftraggeber der höfischen Literatur in Deutschland. 1150–1300. München 1979. – Literarisches Mäzenatentum. Ausgewählte Forschungen zur Rolle des Gönners und Auftraggebers in der mittelalterlichen Literatur. Hrsg. von Joachim Bumke. Darmstadt 1982. Zur gesellschaftlichen Stellung der Dichter: Kurt Franz, Studien zur Soziologie des Spruchdichters in Deutschland im späten 13. Jahrhundert. Göppingen 1974. – Joachim Bumke, Ministerialität und Ritterdichtung. Umrisse der Forschung. München 1976. – Antonie Schreiber-Hornung, Spielleute, Fahrende, Außenseiter. Künstler der mittelalterlichen Welt. Göppingen 1981. – Wolfgang Hartung, Die Spielleute. Eine Randgruppe in der Gesellschaft des Mittelalters. Berlin 1982. Zur Aufführung und Verbreitung der höfischen Literatur: Karl H. Bertau u. Rudolf Stephan, Zum sanglichen Vortrag mittelhochdeutscher strophischer Epen. ZfdA 87 (1956/57), S. 253–270. – Wolfgang Mohr, Vortragsform und Form als Symbol im mittelalterlichen Liede. In: FS Ulrich Pretzel. Hrsg. von Werner Simon u. a. Berlin 1963, S. 128–138. – Hugo Kuhn, Minnesang als Aufführungsform. In: FS Klaus Ziegler. Hrsg. von Eckehard Catholy u. Winfried Hellmann. Tübingen 1968, S. 1–12. – Achim Masser, Wege der Darbietung und der zeitgenössischen Rezeption höfischer Literatur. In: Deutsche Heldenepik in Tirol. König Laurin und Dietrich von Bern in der Dichtung des Mittelalters. Hrsg. von Egon Kühebacher. Bozen 1979, S. 382–406. – Dennis H. Green, On the Primary Reception of Narrative Literature in Medieval Germany. Forum for Modern Language Studies 20 (1984), S. 289 bis 308. – Klaus Grubmüller, Gegebenheiten deutschsprachiger Textüberlieferung bis zum Ausgang des Mittelalters. In: Sprachgeschichte. Ein Handbuch zur Geschichte der deutschen Sprache und ihrer Erforschung. Hrsg. von Werner Besch u. a. 1. Halbbd. Berlin, New York 1984, S. 214–223. Vgl. die Literaturangaben zur Überlieferung der höfischen Epik S. 138, und zur Überlieferung des Minnesangs S. 115f.

5. Das hohe Mittelalter als Periode der Literaturgeschichte

Das hohe Mittelalter wird hier als eine Periode der Literaturgeschichte verstanden, die von etwa 1170 bis zum Ende des 13. Jahrhunderts reicht. In anderen Literaturgeschichten sind die Grenzen anders gezogen. Die hier gewählte Einteilung ist hauptsächlich an der höfischen Literatur orientiert: das hohe Mittelalter wird als die Zeit definiert, in der die Fürstenhöfe das Bild der Literatur bestimmt haben; und es wird abgegrenzt gegenüber dem früheren Mittelalter, wo Literatur nur in Klöstern und Kirchen produziert wurde, und gegenüber dem späteren Mittelalter, wo zu den Klöstern und den Höfen die Städte als neuer, das literarische Leben bestimmender Faktor dazugekommen sind. Unter diesem Gesichtspunkt ist die Grenze um 1170 schärfer ausgeprägt als die um 1300. Mit der Entwicklung der Fürstenhöfe zu literarischen Zentren hat die Literatur in der zweiten Hälfte des 12. Jahrhunderts binnen einer Generation ein neues Gesicht bekommen. Die von den Höfen gesteuerte Rezeption französischer Literaturformen begann um 1170 und hat bewirkt, daß in kurzer Zeit eine spezifisch höfische Literatur entstand. Allerdings sind auch die Klöster und Kirchen in der zweiten Hälfte des 12. Jahrhunderts literarisch produktiv geblieben; und für die geistliche Literatur, die dort hervorgebracht wurde, gibt es um 1170 keinen erkennbaren Einschnitt. In vielen Fällen ist die Datierung der geistlichen Texte aber so unsicher, daß eine Grenzziehung hier zu großen Willkürlichkeiten führen müßte. Deswegen wird in diesem Band nur die Literatur der Höfe ab 1170 behandelt, während die geistliche Literatur (und die Sachliteratur) bis zum Ende des 12. Jahrhunderts dem ersten Band unserer Literaturgeschichte zugeteilt worden ist: dort steht sie in historischen Zusammenhängen, in die sie gehört. Dem Einwand, daß es für die geistliche Literatur auch am Ende des 12. Jahrhunderts keine einschneidende Grenze gibt, kann man entgegenhalten, daß eine Einteilung nach Jahrhunderten gar nicht den Anspruch erhebt, eine sachbezogene Periodisierung zu geben.

Die Grenze zwischen dem hohen und dem späten Mittelalter wird von manchen Historikern bereits um 1200, von den Literaturgeschichten meistens um 1220 oder um 1250 angesetzt. Wenn hier das ganze 13. Jahrhundert noch zur höfischen Zeit gezählt wird, so wird das Hauptkriterium der Abgrenzung darin gesehen, daß die Höfe bis um 1300 literarisch tonangebend waren und daß erst im 14. Jahrhundert die Städte einen größeren Anteil am Literaturprozeß gewonnen haben. Natürlich läßt sich dieser Vorgang nicht an einer bestimmten Jahreszahl festmachen. Der städtische Literaturbetrieb in Straßburg, Basel und Zürich, der zuerst die neuen Gegebenheiten dokumentiert, hat bereits in den siebziger und achtziger Jahren des 13. Jahrhunderts eingesetzt; und umgekehrt sind höfische Romane wie ›Friedrich von Schwaben‹ und ›Wilhelm von Österreich‹ von Johann von Würzburg erst in den ersten Jahrzehnten des 14. Jahrhunderts entstanden. Statt einer scharf gezogenen Grenze ist hier ein breiter Grenzsaum anzusetzen. Diese Einteilung gilt in erster Linie für die weltliche Literatur. Für die geistliche Literatur ist die Jahrhundertgrenze um 1300 keine Epochengrenze.

Die Literaturgeschichte des hohen Mittelalters wird in drei Zeitabschnitte eingeteilt. Ein Kapitel (= II.) behandelt die Anfänge der höfischen Literatur im 12. Jahrhundert und berücksichtigt nur diejenigen Werke, die für das adlige Publikum an den weltlichen Fürstenhöfen bestimmt waren. Alles, was sonst noch in der zweiten Hälfte des 12. Jahrhunderts geschrieben worden ist, hat im ersten Band seinen Platz gefunden. Das folgende Kapitel (= III.) behandelt die Blütezeit der höfischen Dichtung um 1200. Hier begegnen uns, zeitlich dicht gedrängt, die berühmten Dichternamen, die noch heute einem größeren Publikum bekannt sind. Der Hauptakzent liegt hier auf der individuellen künstlerischen Leistung der wichtigsten Autoren. – Das letzte Kapitel (= IV.) soll einen Überblick über die Literatur des 13. Jahrhunderts geben. Hier steht die Vielfältigkeit der literarischen Formen und Erscheinungen im Vordergrund. Dabei wird, wo es für das Verständnis der literarischen Zusammenhänge notwendig ist, zeitlich bis zum Anfang des Jahrhunderts zurückgegriffen.

LITERATUR: Zur deutschen Literaturgeschichte des hohen Mittelalters: De Boor-Newald, Geschichte der deutschen Literatur von den Anfängen bis zur Gegenwart. Bd. 2: Helmut de Boor, Die höfische Literatur. Vorbereitung, Blüte, Ausklang. 1170–1250. 10. Aufl., bearb. von Ursula Hennig. München 1979; Bd. 3, 1: Helmut de Boor, Die deutsche Literatur im späten Mittelalter. Zerfall und Neubeginn. Erster Teil. 1250–1350. 4. Aufl. München 1973; Bd. 3, 2: Die deutsche Literatur im späten Mittelalter. 1250–1370. Zweiter Teil. Reimpaargedichte, Drama, Prosa. Hrsg. von Ingeborg Glier. München 1987. – Karl Bertau, Deutsche Literatur im europäischen Mittelalter. 2 Bde, München 1972 bis 1973. – Winfried Frey u. a., Einführung in die deutsche Literatur des 12. bis 16. Jahrhunderts. 3 Bde, Opladen 1979–1982. – Max Wehrli, Geschichte der deutschen Literatur vom frühen Mittelalter bis zum Ende des 16. Jahrhunderts. Stuttgart 1980. – Europäisches Hochmittelalter. Hrsg. von Henning Krauss (Neues Handbuch der Literaturwissenschaft 7). Wiesbaden 1981. – Geschichte der deutschen Literatur von den Anfängen bis zum Beginn der Neuzeit. Hrsg. von Joachim Heinzle. Bd. 1, 1: Wolfgang Haubrichs, Die Anfänge. Versuche volkssprachlicher Schriftlichkeit im frühen Mittelalter. Frankfurt a. M. 1988; Bd. 1, 2: Gisela Vollmann-Profe, Wiederbeginn volkssprachlicher Schriftlichkeit im hohen Mittelalter. Königstein 1986; Bd. 2, 2: Joachim Heinzle, Wandlungen und Neuansätze im 13. Jahrhundert. Königstein 1984. Grundlegend zu allen Autoren und den anonymen Werken: Die deutsche Literatur des Mittelalters. Verfasserlexikon. 2. Aufl. Hrsg. von Kurt Ruh. Bisher 7 Bde, Berlin, New York 1978–1989.

Die Orientierung nach Frankreich: Die Ausbildung der höfischen Literatur ist aufs engste mit der Rezeption französischer Dichtungsformen verknüpft. Dieser Vorgang muß in einem größeren Zusammenhang gesehen werden. An den deutschen Höfen war man an der adligen Gesellschaftskultur interessiert, an den neuen Formen der Repräsentation und des höfischen Zeremoniells, die im 12. Jahrhundert in Frankreich entstanden waren. Man übernahm die neuen Kettenharnische, die den Ritter von Kopf bis zu den Füßen umschlossen, die neuen Helme mit dem angeschmiedeten Gesichtsschutz, die kleinen dreieckigen Schilde. Man übernahm die Sitte, über dem Panzer einen Waffenrock zu tragen, den Helm mit einem plastischen Schmuck zu verzieren und den Schild mit dem Wappen zu bemalen. Man übernahm den französischen Schnitt der Frauenkleider, die oben eng an den Leib geschnürt wurden und unten in weitem Faltenwurf herabfielen. Man übernahm die Mode der kurz geschnittenen Männerröcke, die neue Bart- und Haartracht, die Tasselmäntel, die weiten Überkleider und vieles mehr. Man übernahm auch Formen des Hofprotokolls und der Etikette, das höfische Zeremoniell der Mahlzeit, die festliche Musik. Der Rezeptionsvorgang ist historisch schwer zu dokumentieren. Viele Einzelheiten sind jedoch in Frankreich früher bezeugt als in Deutschland, und in einigen Fällen gibt es konkrete Anhaltspunkte für die Chronologie der französischen Einflüsse. Bereits am Ende des 11. Jahrhunderts erscheinen in Deutschland, nahe der französischen Sprachgrenze, die ersten Reitersiegel, die in Frankreich schon seit der Mitte des 11. Jahrhunderts in Gebrauch waren. Im 12. Jahrhundert haben einige westdeutsche Fürsten den französischen Burgentyp mit dem großen Wohnturm (»Donjon«) übernommen. Im Jahre 1127 wurde zum ersten Mal in Deutschland ein ritterliches Kampfspiel veranstaltet, »das man jetzt gewöhnlich ›Turnier‹ nennt« (Otto von Freising). Die Regeln für das ritterliche Turnier sind im 11. Jahrhundert von einem französischen Adligen festgelegt worden.

Das literarische Interesse des deutschen Hofpublikums war in erster Linie auf diejenigen Teile der französischen Literatur gerichtet, in denen die Wertvorstellungen der höfischen Gesellschaft am ausgeprägtesten dargestellt waren: die Liebeslyrik der Trobadors und Trouvères und die höfischen Romane. Andere Bereiche der französischen Literatur, die Heldenepik der »chansons de geste«, die Schwankerzählungen und das volkssprachige Drama, wurden nur spärlich rezipiert oder blieben gänzlich unbeachtet.

Der französische Sprach- und Literatureinfluß wirkte von Westen nach Osten und war am Rhein früher und stärker wirksam als anderswo. Offenbar sind die französischen Wörter und Texte auf denselben Straßen nach Deutschland gelangt, über die auch der Wirtschaftsverkehr lief. Ein wichtiger Handelsweg führte über Flandern und Brabant nach Maastricht und Köln. Am Mittelrhein lief der Verkehr hauptsächlich über die Moselstraße. Weiter südlich gab es Verbindungen vom Oberrhein nach Lothringen und Burgund. Der Pfaffe Lamprecht, der als erster ein französisches Epos ins Deutsche übertragen hat, stammte wahrscheinlich aus der Gegend von Trier. Heinrich von Veldeke war in Brabant zu Hause; der ›Trierer Floyris‹ wird in der Nähe von Aachen lokalisiert. Wenig später begann die Rezeption französischer Dichtung am Oberrhein. Dort haben Hartmann von Aue und Gottfried von Straßburg nach französischen Vorlagen gedichtet. Die Minnesänger um Friedrich von Hausen, die den französischen Stil in der Lyrik eingeführt haben, dürften alle im Südwesten ansässig gewesen sein. In den östlichen Reichsteilen ist der französische Literatureinfluß dagegen nur punktuell wirksam geworden.

Im 12. und 13. Jahrhundert sind Hunderte von französischen Lehnwörtern nach Deutschland gelangt. Dazu kamen zahlreiche Lehnbildungen und Lehnbedeutungen. Man war in Deutschland vor allem an der Terminologie der modernen Sachkultur und an den sprachlichen Ausdrucksmitteln des höfischen Protokolls interessiert. Es war im wesentlichen ein poetischer Wortschatz, der von den Dichtern vermittelt wurde und der zum größten Teil mit der höfischen Dichtung wieder verschwunden ist. Es gibt jedoch Anhaltspunkte dafür, daß auch die gesprochene Hofsprache französische Wörter und Wendungen aufgenommen hat.

Der konkrete Vorgang der literarischen Vermittlung liegt weitgehend im dunkeln. Offenbar war man an den deutschen Höfen über die literarischen Neuerscheinungen in Frankreich gut informiert: die französischen Werke sind in manchen Fällen schon bald nach ihrer Fertigstellung ins Deutsche übertragen worden. Die adligen Minnesänger um Friedrich von Hausen waren mit der zeitgenössischen Lyrik in Frankreich bekannt; ob sie mit den französischen und provenzalischen Dichtern, an deren Liedern sie sich geschult haben, persönlich zusammengetroffen sind, wissen wir nicht. Gelegenheit zu solchen Begegnungen boten die großen Hoffeste und diplomatische Reisen. Für die Epik scheint der Kontakt der fürstlichen Gönner noch wichtiger gewesen zu sein als die Beziehungen zwischen den Dichtern.

Chronologisch-geographischer Umriß: Die Anfänge der höfischen Literatur fallen in die zweite Hälfte des 12. Jahrhunderts. Die Jahrzehnte zwischen 1160 und 1190 müssen eine Zeit aufregender Entdeckungen und Neuerungen gewesen sein. Binnen einer Generation hat sich das Erscheinungsbild der Literatur und haben sich die literarischen Bewertungskategorien grundlegend verändert. Wie diese Entwicklung im einzelnen verlief, entzieht sich unserer Kenntnis, da die meisten Texte weder zeitlich noch räumlich genau festzulegen sind. Der Pfaffe Lamprecht, mit dessen ›Alexander‹ die frühhöfische Epik beginnt, hat wahrscheinlich um 1160 gedichtet. Um dieselbe Zeit wird der Donauländische Minnesang angesetzt. Im ganzen bleiben nur zwei bis drei Jahrzehnte für den ersten Abschnitt der höfischen Literatur. Denn bereits um 1185 wurde mit der Lyrik Friedrichs von Hausen und mit der ›Eneit‹ von Heinrich von Veldeke die eigentliche Blütezeit der höfischen Dichtung eingeleitet. Es muß allerdings offenbleiben, ob alle frühhöfischen Werke vor 1185 entstanden sind. Man kann damit rechnen, daß es eine Weile gedauert hat, bis der neue Stil von Hausen und Veldeke überall durchgedrungen war.

Es gibt nur eine verläßliche Gönnernachricht aus der frühhöfischen Zeit: Der Pfaffe Konrad hat sein ›Rolandslied‹ – wie er im Epilog angibt – im Auftrag Herzog Heinrichs verfaßt; es gilt jetzt als sicher, daß damit Heinrich der Löwe gemeint ist und daß die Dichtung um 1170 am bayerischen Herzogshof in Regensburg entstanden ist. Anspielungen auf Personen und Ereignisse der Zeitgeschichte in anderen Werken lassen vermuten, daß die ganze frühhöfische Dichtung ihren historischen Platz an den weltlichen Höfen hatte. Direkt bezeugt ist die Förderung volkssprachlicher Literatur sonst nur noch für den welfischen Herzogshof in Braunschweig, wo der ›Lucidarius‹ ebenfalls im Auftrag Heinrichs des Löwen entstanden ist. Die Beteiligung kleinerer Höfe am literarischen Leben wird in dieser Zeit durch Spervogels Preisstrophen auf den Freiherrn Wernhart von Steinsberg sichergestellt.

Die geographische Verteilung der frühhöfischen Dichtung zeigt dasselbe Bild wie die vorangegangene und die gleichzeitige geistliche Literatur. Die tonangebenden Literaturlandschaften waren Bayern und das Rheinland. In Bayern (und Österreich) ist die älteste höfische Lyrik entstanden, der Donauländische Minnesang. Von den frühhöfischen Epen gehören mit Sicherheit das ›Rolandslied‹, mit großer Wahrscheinlichkeit der ›König Rother‹, vielleicht auch der ›Herzog Ernst‹ nach Bayern. Außerdem hatte die mündliche Tradition der Heldendichtung in Bayern ein Zentrum. Aus dem Rheinland stammte der Pfaffe Lamprecht; auch der Dichter des ›Trierer Floyris‹ war dort zu Hause. Die meisten sog. Spielmannsepen werden ins Rheingebiet lokalisiert. Es muß in der zweiten Hälfte des 12. Jahrhunderts einen lebhaften literarischen Austausch zwischen dem Rheinland und Bayern gegeben haben, der vor dem Hintergrund der Wirtschaftsbeziehungen zwischen diesen beiden Gebieten zu sehen ist. Köln und Regensburg waren damals die bedeutendsten Handelsstädte in Deutschland, und die wichtigste Handelsstraße führte vom Rhein zur Donau. Auf dieser Straße ist bereits vor der Mitte des Jahrhunderts das ›Annolied‹ von Köln oder Siegburg aus nach Regensburg gelangt, wo es vom Dichter der ›Kaiserchronik‹ verarbeitet wurde. Auch der Pfaffe Lamprecht könnte diesen Weg benutzt haben, falls er selber in Bayern war; jedenfalls ist sein ›Alexander‹ früh nach Bayern gekommen. Der Dichter des ›König Rother‹ war im Rheinland oder in Niedersachsen zu Hause, hat aber in Bayern gedichtet. Sein Werk ist bereits im 12. Jahrhundert wieder an den Rhein gelangt und wurde dort abgeschrieben. Auch das ›Rolandslied‹ war schon bald nach seiner Entstehung in Mittel- und Norddeutschland bekannt, wie die mittelfränkische Färbung der Erfurter Fragmente bezeugt. Welche Höfe diesen literarischen Austausch getragen haben, ist unbekannt.

Andere Landschaften treten in der Literaturgeschichte der frühhöfischen Zeit kaum hervor. Wenn es sicher wäre, daß der ›Tristrant‹ von Eilhart von Oberg für den Welfenhof in Braunschweig gedichtet worden ist, dann käme diesem Hof eine große Bedeutung für die Frühgeschichte der höfischen Epik zu. Wann die epische Dichtung in Thüringen begonnen hat, ist unsicher: der ›Graf Rudolf‹ sperrt sich gegen eine genauere Zuordnung. Der alemannische Südwesten tritt erst mit dem ›Reinhart Fuchs‹ hervor.

Die Entwicklung der literarischen Technik: In der frühhöfischen Zeit ging das Interesse an neuen Stoffen und Inhalten der Literatur Hand in Hand mit einer geschärften Aufmerksamkeit für die Probleme der poetischen Form. Im Laufe weniger Jahrzehnte haben sich die technischen und formalen Anforderungen, die an die Dichter gestellt wurden, so radikal verändert, daß alle Texte, die den höheren Erwartungen nicht mehr genügten, als überholt angesehen und vergessen wurden. Dieser Prozeß war am Ende der frühhöfischen Zeit noch nicht abgeschlossen; er ist in den letzten Jahrzehnten des 12. Jahrhunderts sogar noch beschleunigt worden, was zur Folge hatte, daß die gesamte frühhöfische Literatur eine Generation später als technisch veraltet galt und überarbeitet werden mußte. Erst Hartmann von Aue und Reinmar der Alte haben ein formales Niveau erreicht, das den Vorstellungen von höfischer Kunstübung vollkommen entsprach.

Am deutlichsten ist die formale Entwicklung im Versbau und in der Reimtechnik. Die Reimpaarverse der frühen geistlichen Dichtung des 12. Jahrhunderts, an die die höfischen Dichter anknüpften, weisen zum Teil so merkwürdige Unregelmäßigkeiten auf, daß es öfter nicht gelingt, sie auf das metrische Grundmaß des vierhebigen Verses zurückzuführen. Die vielen überkurzen und überlangen Verse sind aber nicht Ausdruck poetischer Unfähigkeit, sondern bezeugen, daß die sprachliche Füllung der Verse noch keiner strengen Normierung unterlag. Diese Füllungsfreiheit galt grundsätzlich noch in frühhöfischer Zeit. Aber von Anfang an haben die höfischen Dichter daran gearbeitet – wenn auch mit unterschiedlicher Energie und mit unterschiedlichem Erfolg –, die gröbsten Unregelmäßigkeiten zu vermeiden und ihre Verse auf ein gemeinsames Maß zu bringen, das auf einen alternierenden Rhythmus ausgerichtet war. Für die Reimtechnik der frühhöfischen Zeit ist es kennzeichnend, daß die Reinheit der Reime noch nicht als verpflichtend betrachtet wurde: assonantische Reime waren eine poetische Alternative. Allmählich wurden Assonanzen jedoch seltener benutzt, und vor allem wurden stark dialektgefärbte Reimbindungen immer mehr gemieden. Die technische Arbeit an den Versausgängen läßt sich besonders deutlich an der Behandlung der zweisilbigen Kadenzen mit metrisch langer vorletzter Silbe ablesen. Wörter vom Typ *râten* oder *herze*, die vorher häufig so in den Vers gesetzt wurden, daß die Stammsilbe die letzte Hebung trug, sind von den höfischen Dichtern immer öfter »klingend« gelesen worden, das heißt mit zwei Hebungen am Versschluß (*hérzè*). Diese »klingenden« Kadenzen sind bezeichnend für die metrische Form der höfischen Vierheberverse.

Die Arbeit an der literarischen Technik erstreckte sich auch auf die Syntax und den Wortschatz. Durch Differenzierung, Selektion und strengere Normgebung entstand allmählich ein höfischer Stil, der alles Alltägliche mied und alles Dialektmäßige immer mehr zurückdrängte. Welche Rolle dabei der Rückgriff auf die Regeln der lateinischen Rhetorik bereits in der frühhöfischen Zeit gespielt hat, ist nicht sicher. Die erzählende Dichtung hat ihre Ausdrucksmittel zum Teil durch Elemente aus der mündlichen Tradition erweitert, besonders für die Schilderung von Kämpfen und Schlachten, für die es in der geistlichen Dichtung kein Vorbild gab. Die größte Bereicherung erfuhr die literarische Darstellungstechnik jedoch durch die Orientierung an französischen Formmustern.

Literatur: Zur Rezeption der französischen Sprache und Literatur: Hans Spanke, Deutsche und französische Dichtung des Mittelalters. Stuttgart, Berlin 1943. – Cola Minis, Französisch-deutsche Literaturberührungen im Mittelalter. Romanistisches Jahrbuch 4 (1951), S. 55 bis 123; 7 (1955/56), S. 66–95. – Joachim Bumke, Die romanisch-deutschen Literaturbeziehungen im Mittelalter. Ein Überblick. Heidelberg 1967. – Emil Öhmann, Der romanische Einfluß auf das Deutsche bis zum Ausgang des Mittelalters. In: Deutsche Wortgeschichte (vgl. S. 60). Bd. 1, S. 321–396. – Zur Entwicklung der literarischen Technik im 12. Jahrhundert: Jan van Dam, Zur Vorgeschichte des höfischen Epos. Lamprecht, Eilhart, Veldeke. Bonn, Leipzig 1923. – Helmut de Boor, Frühmittelhochdeutsche Studien. Zwei Untersuchungen. Halle 1926.

1. Frühhöfische Epik

Die höfische Epik beginnt überraschend vielgestaltig mit historischen Stoffen aus der Antike (›Alexander‹), aus der Karolingerzeit (›Rolandslied‹, ›König Rother‹) und aus der deutschen

Geschichte (›Herzog Ernst‹), mit legendenhaften Erzählungen (›Oswald‹, ›Orendel‹, ›Salman und Morolf‹), mit Abenteuern eines Kreuzritters (›Graf Rudolf‹), mit Liebesgeschichten im französischen Stil (›Tristrant‹, ›Trierer Floyris‹) und mit Tierepik (›Reinhart Fuchs‹). Ihrer Stofftradition nach teilen sich die Epen in zwei Gruppen: solche, die nach französischen Quellen gearbeitet sind, und solche, die an mündliche Überlieferungen anknüpfen. Daß auch mit lateinischen Quellen zu rechnen ist, bezeugt der ›Straßburger Alexander‹. Wenn man nach dem Darstellungsinteresse fragt, ergeben sich andere Gruppen. Besonders ausgeprägt war das Interesse an der Reichsgeschichte und an der Darstellung vorbildlichen Herrschertums. Unter diesem Gesichtspunkt treten Werke nach französischen Vorlagen (›Alexander‹, ›Roland‹) mit solchen aus mündlicher Stofftradition (›Rother‹, ›Ernst‹) näher zusammen. Einen anderen Interessenschwerpunkt bilden die modernen Liebesgeschichten (›Tristrant‹, ›Floyris‹), die das gesellschaftliche Verhalten des Einzelnen in den Mittelpunkt rücken. Ganz für sich steht der ›Reinhart Fuchs‹ mit seiner satirischen Tendenz. Was den Stil und die Darstellungsmittel betrifft, fallen die komisch-burlesken Elemente im ›Rother‹ und in den legendenhaften Epen besonders auf. Diese Art zu erzählen hat in der Zeit um 1200 keine Fortsetzung gefunden und taucht erst später im 13. Jahrhundert in der jüngeren Heldenepik wieder auf.

Die literarhistorische Einordnung der frühhöfischen Epik hat immer Schwierigkeiten gemacht. Meistens werden die ersten Werke nach französischen Quellen, ›Alexander‹ und ›Roland‹, zusammen mit der ›Kaiserchronik‹ der frühmittelhochdeutschen Geistlichendichtung zugerechnet, und der Anfang der höfischen Epik wird mit Eilhart, dem ›Trierer Floyris‹ oder erst mit Veldeke angesetzt. Demgegenüber wird hier die ganze Epik der frühhöfischen Zeit als Hofdichtung betrachtet und von der Literatur der Klöster und Kirchen abgehoben. Für die meisten Epen fehlt es allerdings an Informationen über die Entstehungsgeschichte, so daß über historischen Standort, Auftraggeber und Publikum keine sicheren Angaben gemacht werden können. Nur vom ›Rolandslied‹ wissen wir, daß es für einen weltlichen Fürstenhof bestimmt war. Wahrscheinlich gilt dasselbe für die anderen Epen, auch für das älteste Werk, den ›Alexander‹ des Pfaffen Lamprecht; denn es gibt keine Anhaltspunkte dafür, daß im 12. Jahrhundert die Übertragung eines französischen Epos von einer anderen gesellschaftlichen Instanz als der Hofgesellschaft angeregt worden wäre. Eigentlich gehört auch die ›Kaiserchronik‹ hierher, denn die Regensburger Kleriker, die dieses Werk verfaßt haben, standen offenbar in Verbindung zum dortigen Herzogshof. Da sie jedoch zugleich der geistlichen Dichtung ihrer Zeit verpflichtet waren, hat die Chronik ihren Platz im ersten Band unserer Literaturgeschichte gefunden.

Von den großen Werken der Zeit um 1200 her gesehen wirken die älteren Epen primitiv und geradezu stümperhaft. Wenn man sie jedoch nicht von rückwärts her betrachtet, sondern aus den Bedingungen ihrer Zeit heraus, so ergibt sich ein anderes Bild. Dann bezeugen diese Texte eine große erzählerische Potenz und eine überraschende Vielfalt von künstlerischen Ausdrucksmitteln. Der ›Rother‹ und der ›Reinhart Fuchs‹ sind wohl die bedeutendsten Werke; aber auch der Pfaffe Konrad und der Dichter des ›Graf Rudolf‹ waren Künstler mit eigenem Profil.

Die Überlieferung der frühhöfischen Epik ist einerseits gut, andererseits schlecht. Sie ist gut, weil nicht weniger als 15 Epenhandschriften erhalten sind, die bereits im 12. Jahrhundert oder um 1200 geschrieben worden sind. Schlecht ist, daß von den meisten dieser Handschriften nur noch geringe Reste vorhanden sind. Vom ›Trierer Floyris‹, dem ›Grafen Rudolf‹ und dem ›Reinhart Fuchs‹ besitzen wir nur je ein altes Bruchstück; von Eilharts ›Tristrant‹ und vom ›Herzog Ernst‹ sind je drei alte Fragmente erhalten. Es gibt überhaupt nur vier epische Werke aus dieser Zeit – die beiden ›Alexander‹-Epen, den ›Rother‹ und das ›Rolandslied‹ –, die vollständig überliefert sind. Der Grund dafür ist, daß die handschriftliche Überlieferung der frühhöfischen Epik schon bald nach 1200 wieder abbricht. Die alten Epen sind nicht mehr abgeschrieben worden, weil ihre literarische Technik veraltet war. Der ›Graf Rudolf‹ und der ›Trierer Floyris‹ gerieten vollkommen in Vergessenheit; Konrad Fleck hat einige Jahrzehnte später den ›Floyris‹-Roman noch einmal gedichtet, ohne seinen Vorgänger zu kennen. Die übrigen Werke sind höfisch überarbeitet worden und waren später nur noch in den überarbeiteten Fassungen bekannt. Lamprechts ›Alexander‹ ist bereits im 12. Jahrhundert modernisiert worden; aber auch die jüngere Fassung, die im ›Straßburger Alexander‹ vorliegt, konnte sich im 13. Jahrhundert nicht mehr behaupten. Das ›Rolandslied‹ ist vom Stricker neu gedichtet worden und hat nur in Gestalt von dessen ›Karl‹-Epos weitergelebt. Die

Bearbeitung des alten ›Herzog Ernst‹ liegt im ›Herzog Ernst B‹ vor. Die vollständigen Handschriften von Eilharts ›Tristrant‹ und des ›Reinhart Fuchs‹ gehen auf Bearbeitungen des 13. Jahrhunderts zurück. Auch die beiden jüngeren ›Rother‹-Handschriften bezeugen nicht den alten Text, sondern stellen überarbeitete Fassungen dar. Ein einziges Mal ist noch gegen Ende des 13. Jahrhunderts ein frühhöfisches Epos in der alten Gestalt abgeschrieben worden: die Saganer Fragmente des ›Herzog Ernst‹. Dafür müssen besondere Umstände verantwortlich gewesen sein. Die Bearbeitungen betrafen in erster Linie die Reim- und Verstechnik, in mehreren Fällen den gesamten Stil. Es würde sich lohnen, diesen Prozeß der Umarbeitung genauer zu untersuchen.

Epen nach französischen Quellen

Die französische Großepik des 12. Jahrhunderts teilt man in drei Gruppen: 1. Die Heldenepik der »chansons de geste« mit Stoffen aus der merowingischen und karolingischen Geschichte; 2. Die »romans d'antiquité« nach antiken Quellen; 3. Die eigentlichen höfischen Romane (»romans courtois«), die hauptsächlich keltische Stoffe verarbeitet haben. In der deutschen Terminologie wird zwischen höfischem Epos und höfischem Roman kaum unterschieden. Man kann diese Begriffe jedoch schärfer fassen, wenn man unter höfischer Epik die ganze weltliche Großepik versteht, die für ein höfisches Publikum bestimmt war, einschließlich der Heldenepik, und den Begriff des höfischen Romans nur auf Werke anwendet, die den französischen »romans d'antiquité« und »romans courtois« entsprechen. Das Wort Roman (aus lat. *romanice* »in der romanischen Volkssprache«, im Gegensatz zu *latine* »lateinisch«) ist im 12. Jahrhundert in Frankreich zum Gattungsbegriff geworden. In der Bearbeitung antiker Vorlagen hat der »Roman« *(li romanz)* zum ersten Mal Gestalt gewonnen; in den Werken Chrétiens de Troyes erlangte er seine künstlerische Vollendung.

In der ersten Periode der Adaption französischer Epik scheint eine gewisse Wahllosigkeit geherrscht zu haben. Die deutschen Auftraggeber waren offensichtlich an allem interessiert. Aus der »chanson de geste«-Epik wurde das ›Rolandslied‹ übertragen; auch der ›Graf Rudolf‹ hat offenbar eine »chanson de geste«-Quelle benutzt. Die Vorlage von Lamprechts ›Alexander‹ gehörte zu den »romans d'antiquité«. Moderne »romans courtois« waren die Quellen des ›Trierer Floyris‹ und von Eilharts ›Tristrant‹. Erst in der nächsten Generation setzte ein deutlicher Selektionsprozeß ein: seit Veldekes ›Eneit‹ sind fast nur noch »romans courtois« übertragen worden.

Lamprecht: ›Alexander‹

Lamprecht erzählt die Lebensgeschichte Alexanders des Großen, von der Geburt bis zu seinem Sieg über Darius.

Bei Alexanders Geburt erbebt die Erde. Das Kind hat rotes, struppiges Haar und verschiedenfarbige Augen. Sechs Lehrer unterrichten den Königssohn; einer davon ist Aristoteles. Auf die Schwertleite folgen die ersten selbständigen Unternehmungen. Nach dem Tod des Vaters wird Alexander König von Griechenland und beginnt seine großen Kriegszüge, zuerst nach Rom und Karthago, dann gegen Persien. Die Belagerung und Eroberung der Stadt Tyrus und der Kampf gegen den Herzog Mennes bereiten den Weg zum Erfolg. Die Entscheidungsschlacht gegen den Perserkönig Darius und dessen Tod durch die Hand Alexanders werden zuletzt in auffälliger Kürze erzählt. (1533 Verse)

Die Geschichte Alexanders gehörte im Mittelalter zu den beliebtesten Epenstoffen. Fast die gesamte Überlieferung geht auf einen griechischen Prosaroman aus dem 3. Jahrhundert n. Chr. zurück, der mehrfach ins Lateinische übersetzt wurde. Für das mittelalterliche Publikum war das Leben Alexanders des Großen eine fesselnde Abenteuer- und Eroberergeschichte, vor allem wegen seiner wunderbaren Erlebnisse im Orient. Außerdem besaß der Stoff eine welt- und heilsgeschichtliche Dimension: Alexander handelte als Werkzeug Gottes, indem er das persische Großreich zerstörte und eine neue Epoche der Weltgeschichte heraufführte. Zugleich war der Alexanderroman ein Fürstenspiegel, in dem man wesentliche Aspekte des mittelalterlichen Herrscherideals dargestellt fand. Und schließlich konnte man die Geschichte Alexanders aus christlicher Sicht als warnendes Beispiel für die Eitelkeit und Vergänglichkeit allen irdischen Glanzes lesen.

Lamprechts französische Vorlage war der ›Roman d'Alexandre‹ von Alberic von Bisinzo, von dem nur der Anfang (105 Verse) erhalten ist. Daher muß offenbleiben, wie genau Lamprecht seiner Quelle gefolgt ist. Über Umfang und Konzeption der französischen und der deutschen Dichtung gibt es verschiedene Meinungen. Es läßt sich nicht beweisen, daß Lamprecht geplant habe, das ganze Leben Alexanders darzustellen. Wahrscheinlich hat auch Alberics Dichtung nur bis zum Sieg über Darius gereicht. Der Schlußteil des deutschen Textes scheint jedoch verstümmelt zu sein. Vermutlich sollte die Entscheidungsschlacht gegen Darius, die den Zielpunkt der ganzen Handlung bildet, ausführlicher dargestellt werden. Ob der abbrechende Schluß von Lamprecht selbst stammt oder von einem Bearbeiter, ist unsicher.

Im Prolog hat Lamprecht die Geschichte Alexanders unter das Motiv der Vergänglichkeit gestellt. Aber seine Erzählung ist nicht von einer weltfeindlichen Haltung bestimmt, sondern von der Bewunderung für die Taten des großen Makedonenkönigs, der sich von Jugend auf als vorbildlicher Herrscher bewährt.

Lamprechts Dichtung ist nur in der Vorauer Sammelhandschrift (aus der zweiten Hälfte des 12. Jahrhunderts) überliefert, die auch die ›Kaiserchronik‹ und zahlreiche geistliche Texte des 12. Jahrhunderts enthält. Der ›Alexander‹ steht dort zwischen alttestamentlicher und neutestamentlicher Dichtung, also an seinem heilsgeschichtlichen Ort.

Lamprecht hat sich selbst genannt *(der phaffe Lambret)*. Er war ein gebildeter Kleriker, der Französisch und Lateinisch verstand. Außer dem ›Alexander‹ hat er eine Tobiaslegende gedichtet (nach dem biblischen Buch ›Tobias‹), von der nur der Anfang (274 Verse) erhalten ist. Seine Sprache ist moselfränkisch. Wo und in wessen Auftrag er gedichtet hat, ist unbekannt. Der übliche Ansatz um 1150 stellt nur einen Annäherungswert dar. Eine frühe Entstehungszeit ist anzunehmen, weil das Werk bereits um 1170 überarbeitet worden ist.

TEXT: Hrsg. von Karl Kinzel. Halle 1884; dazu: Werner Schröder in: VL 5, 1985, Sp. 494–510.

›Straßburger Alexander‹

Diese Bearbeitung liegt im ›Straßburger Alexander‹ vor. Der Bearbeiter hat die Reime und Verse verbessert, den Stil geglättet und den Wortschatz modernisiert. Außerdem ist die Handlung bis zum Tod Alexanders fortgesetzt.

Nach langen Kämpfen wird der Perserkönig Darius von Alexander entscheidend geschlagen und von seinen eigenen Leuten ermordet. Alexander heiratet Darius' Tochter Roxanje, zieht dann mit seinem Heer weiter und erobert Indien. In einem langen Brief berichtet er seiner Mutter Olympias und seinem Lehrer Aristoteles von den Wundern des Orients, die er auf seinen Zügen gesehen hat, von Ungeheuern und menschlichen Fabelwesen, vom Vogel Phönix, von den Blumenmädchen und von seinem Liebesabenteuer mit der Königin Candacis. Zuletzt zieht Alexander bis an die Pforten des Paradieses, wo er jedoch zurückgewiesen wird; er erhält einen kleinen Stein, dessen Sinn ihm ein weiser Jude deutet: der Stein soll den König vor Überheblichkeit und Unersättlichkeit warnen. Alexander nimmt die Mahnung an, kehrt nach Griechenland zurück und herrscht noch zwölf Jahre in Frieden und Selbstbescheidung, bis er an Gift stirbt. (7302 Verse)

Die Fortsetzung ist nicht nach französischen, sondern nach lateinischen Quellen gearbeitet, in der Hauptsache nach der ›Historia de preliis‹. (Der griechische Alexanderroman wurde im 10. Jahrhundert von Leo von Neapel ins Lateinische übersetzt; die ›Historia de preliis‹ ist eine in verschiedenen Fassungen überlieferte Bearbeitung dieser Übersetzung.) Außerdem hat der Fortsetzer die ›Epistola Alexandri ad Aristotelem‹ und den ›Iter ad paradisum‹ benutzt. Gegenüber Lamprechts Werk macht sich in der Fortsetzung ein eigenes Stoffinteresse geltend, das sich besonders in der höfischen Ausgestaltung der Candacis-Episode und in der Schilderung der orientalischen Wunderwelt manifestiert. Die modernen höfischen Züge stehen jedoch in merkwürdigem Kontrast zu der geistlichen Deutung der Alexanderfigur, die besonders am Schluß immer mehr hervortritt. Alexander muß erkennen, daß alle irdische Herrlichkeit vergänglich ist, und dem Welteroberer bleibt zuletzt nicht mehr als sieben Fuß Erde für sein Grab.

Der Dichter war geistlich gebildet. Seine Sprache ist moselfränkisch oder rheinfränkisch. Ein Auftraggeber ist nicht genannt. Anhaltspunkte für die Datierung fehlen. Man vermutet eine Entstehungszeit um 1170. Wenn dies zutrifft, war der ›Straßburger Alexander‹ mit seiner fortgeschrittenen literarischen Technik der modernste Text seiner Zeit; er dürfte für die Ausbildung des höfischen Stils in Deutschland eine wichtige Rolle gespielt haben. Die spärliche Überlieferung läßt davon nichts ahnen. Die Dichtung ist nur durch die (1870 verbrannte) Straßburg-Molsheimer Sammelhandschrift vom Ende des 12. Jahrhunderts bekannt, wo das Werk zwischen religiösen Dichtungen stand.

TEXT: Hrsg. von Karl Kinzel. Halle 1884.

Konrad: ›Rolandslied‹

Karl der Große hat ganz Spanien erobert; nur in Sarragossa hält sich der Heidenkönig Marsilie, der in heimtückischer Absicht seine Unterwerfung anbietet, um den Kaiser zum Abzug zu bewegen. Herzog Genelun wird beauftragt, die Verhandlungen mit Marsilie zu führen. Er konspiriert jedoch mit den Heiden, um seinen Stiefsohn Roland zu vernichten. Durch Geneluns Bericht getäuscht, verläßt der Kaiser Spanien; Roland und die Paladine bleiben zur Sicherung mit einer kleinen Truppe zurück. Im Tal von Runzival werden sie von der heidnischen Übermacht überfallen und nach heroischem Kampf aufgerieben. Rolands Hornruf holt den Kaiser zu spät zurück. Aber Karl nimmt furchtbare Rache. Erst wird Marsilie besiegt, dann der heidnische Großkönig Paligan, der Marsilie mit einem riesigen Heer zu Hilfe gekommen ist. Zuletzt wird über Genelun Gericht gehalten. Er wird zum Tode verurteilt und von Pferden zerrissen. (9094 Verse)

Konrads französische Vorlage war die ›Chanson de Roland‹, die zu den ältesten »chansons de geste« gehört. Die historische Grundlage der Rolandssage ist die Vernichtung der fränkischen Nachhut in den Pyrenäen durch die Waskonen im Jahr 778, als Karl der Große von einem Feldzug aus Spanien zurückkehrte. Die Entwicklung und Tradierung der Sage bis zur ersten Niederschrift der ›Chanson de Roland‹ im 12. Jahrhundert gehört zu den großen Problemen der französischen Literaturgeschichte. Nach seiner Aussage im Epilog hat Konrad eine schriftliche Vorlage benutzt: ein »Buch«, das »in Frankreich geschrieben« war (9022f.). Keine der erhaltenen Handschriften der ›Chanson de Roland‹ entspricht genau der Fassung des Textes, die Konrad vorgelegen hat.

Im Gang der Handlung ist Konrad seiner Vorlage gefolgt; in der Motivierung hat er jedoch andere Akzente gesetzt. Der Konflikt zwischen Roland und Genelun spielt in der deutschen Dichtung nicht dieselbe Rolle wie in der französischen; das spannungsreiche Freundschaftsmotiv (Roland – Olivier) ist reduziert; das nationale Pathos der *dulce France* ist getilgt. Dafür hat der deutsche Dichter die Kreuzzugsthematik in den Mittelpunkt gerückt. Die religiöse Deutung der Handlung wird in zahlreichen Reden und Kommentaren vorgetragen, durch die der Umfang der Dichtung auf mehr als das Doppelte anwuchs. Im Licht der Kreuzzugsideologie wird Genelun zu einem Judas und Teufelsdiener, während Roland und seine Mitstreiter als »heilige Pilger« für das Gottesreich kämpfen und als Märtyrer sterben. Besonders hervorgehoben ist die Gestalt Karls des

Großen, der als »Gottes Dienstmann« das christliche Herrscherideal repräsentiert.

Der Dichter nennt sich im Epilog: »Ich heiße *der phaffe Chunrat«* (9079). Nach eigener Angabe hat er die ›Chanson de Roland‹ zuerst ins Lateinische und von da ins Deutsche übertragen. Seine Sprache ist bairisch mit rheinfränkischen Spuren. Auf Regensburg als Wirkungsstätte führt die Benutzung der ›Kaiserchronik‹ und die Gönnernachricht im Epilog. Konrad hat im Auftrag Heinrichs des Löwen gedichtet. Nach Konrads Aussage kam die Anregung zur Übertragung der französischen »chanson de geste« von der Herzogin: der englischen Prinzessin Mathilde, mit der der Herzog seit 1168 verheiratet war. Deswegen datiert man das ›Rolandslied‹ um 1170 oder ein paar Jahre später, falls sich die Epilogverse 9066ff. auf die Palästinareise Heinrichs des Löwen im Jahr 1172 beziehen.

Das ›Rolandslied‹ ist in sechs Handschriften überliefert (zwei vollständige, vier Fragmente), die wahrscheinlich alle noch im 12. Jahrhundert oder um 1200 geschrieben worden sind und die aus verschiedenen Dialektgebieten stammen. Kein anderes Epos der frühhöfischen Zeit hat eine so rasche und weite Verbreitung gefunden. Wolfram von Eschenbach hat im ›Willehalm‹ auf das ›Rolandslied‹ zurückgegriffen. Eine niederrheinische Fassung vom Anfang des 13. Jahrhunderts ist in den ›Karlmeinet‹ eingegangen. Sonst war die alte Dichtung später nur noch in der Bearbeitung des Strickers bekannt.

TEXT: Hrsg. von Carl Wesle. 3. Aufl. besorgt von Peter Wapnewski (ATB 69). Tübingen 1985. – ÜBERSETZUNG von Dieter Kartschoke (Fischer Taschenbuch 6004). Frankfurt a. M. 1970. – LITERATUR: Eberhard Nellmann in: VL 5, 1985, Sp. 115–131.

›Graf Rudolf‹

Erhalten sind nur Fragmente einer Handschrift vom Ende des 12. Jahrhunderts (ca. 1400 Verse), ohne Anfang und Ende und mit großen Lücken. Der Gang der Handlung ist nur in Umrissen zu erkennen.

Graf Rudolf von Arras folgt dem Kreuzzugsaufruf des Papstes und zeichnet sich in den Kämpfen König Gilots von Jerusalem gegen die Heiden aus. Doch dann tritt er zur heidnischen Seite über, knüpft ein Liebesverhältnis zu der Tochter des Königs Halap und kämpft erfolgreich (aber »mit flacher Klinge«, um die Christen zu schonen) gegen König Gilot. Die heidnische Prinzessin wird in Konstantinopel auf den Namen Irmengart getauft. Graf Rudolf befreit sich aus der Gefangenschaft, trifft die Geliebte in Konstantinopel wieder und bricht mit ihr heimlich auf. Unterwegs werden sie von Räubern überfallen.

Die Herkunft der Geschichte ist unbekannt. Man vermutet eine französische »chanson de geste« als Vorlage, weil es eine Reihe französischer Namen gibt (Gilot, Beatrise, Bonifait). Es bestehen auch Beziehungen zur deutschen Spielmannsepik (Orientfahrt, Brautwerbung). Auffällig ist der zeitgeschichtliche Hintergrund der Orienthandlung und vor allem der unideologische Seitenwechsel des Helden. Dazu paßt, daß der heidnische König Halap positiver gezeichnet ist als der christliche König Gilot. Durch die ritterlichen Taten des Helden, die Minnehandlung und die ausführliche Beschreibung von Hoffesten gewinnt die Dichtung ein modernes höfisches Gepräge.

Über den Verfasser ist nichts bekannt. Seine Sprache ist nordmitteldeutsch. Ob er dem niederrheinischen oder (eher) dem thüringischen Literaturkreis zugehörte, ist umstritten. Eine Beziehung zum Thüringer Hof wäre nicht unwahrscheinlich, läßt sich aber nicht sichern. Datierungshilfen fehlen, 1170–1180 ist die wahrscheinlichste Entstehungszeit.

TEXT: Hrsg. von Peter F. Ganz. Berlin 1964; dazu: Peter Ganz in: VL 3, 1981, Sp. 212–216.

›Trierer Floyris‹

Von der Dichtung sind nur Bruchstücke der Schlußpartie erhalten (368 Verse), in einer um 1200 geschriebenen Handschrift, die auch geistliche Werke enthielt. (Zum Inhalt vgl. S. 234.) Die Geschichte von Floiris und Blanscheflur ist aus Motiven spätgriechischer Liebesromane zusammengesetzt. Die älteste Fassung entstand im 12. Jahrhundert in Frankreich (›Floire et Blancheflor‹, zwei Fassungen; 2974 und 3470 Verse; fünf Handschriften; nach 1160). Über den deutschen Bearbeiter, der seine Vorlage, soweit die Fragmente das erkennen lassen, ziemlich frei behandelt hat, ist nichts bekannt. Seiner Sprache nach gehört er ins Ripuarische, an die Grenze zum Niederländischen. Dort sind auch seine Auftraggeber zu suchen. Auf Grund der wenig entwickelten Reim- und Verstechnik ist eine Entstehungszeit um 1160/70 zu vermuten.

TEXT: Hrsg. von G. de Smet u. M. Gysseling. Studia Germanica Gandensia 9 (1967), S. 157–196.

Eilhart von Oberg: ›Tristrant‹

Tristrant ist der Sohn von König Rivalin und Blankeflur, der Schwester König Markes, die bei seiner Geburt stirbt. Als junger Mann kommt Tristrant nach Kornevalis, an den Hof seines Onkels Marke, und beweist sein Heldentum im Zweikampf mit Morolt, dem Schwager des irischen Königs, der die fälligen Tributzahlungen eintreiben will. In diesem Kampf empfängt Tristrant eine Wunde, die kein Arzt heilen kann. Er läßt sich in einem kleinen Boot, alleine mit seiner Harfe, aufs Meer hinaustreiben, gelangt nach Irland, wo er sich als fremder Spielmann ausgibt, und wird durch ein Heilpflaster der Prinzessin Isalde wieder gesund. – Einmal bringt eine Schwalbe ein goldenes Haar in Markes Saal. Der König gelobt, nur die Frau zu heiraten, der dies Haar gehört. Wieder fährt Tristrant mit unbestimmtem Ziel aufs Meer hinaus; wieder kommt er nach Irland und findet in Isalde die Prinzessin mit den goldenen Haaren. Er tötet den Drachen, der das Land bedroht, und erwirbt so für König Marke das Anrecht auf die Hand der Prinzessin. Auf der Rückfahrt nach Kornevalis trinken Tristrant und Isalde versehentlich den Liebestrank, der für Marke und Isalde bestimmt war. Die Magie des Tranks zwingt sie, sich zu lieben und alle gesellschaftlichen Rücksichten zu mißachten. Um vor Marke zu verbergen, daß seine Braut nicht mehr unberührt ist, nimmt Isaldes Vertraute Brangene in der Hochzeitsnacht ihren Platz ein. Immer wieder gelingt es den Liebenden, sich heimlich zu treffen und den König zu täuschen. Aber der Verdacht gegen sie wächst und wird von neidischen Hofleuten genährt. Schließlich verrät eine Blutspur, daß Tristrant Isaldes Bett betreten hat. Die beiden werden gefangen und zum Tode verurteilt, aber es gelingt Tristrant, sich zu retten und Isalde zu befreien. Sie fliehen in den Wald, wo sie zwei Jahre lang ein kümmerliches und beschwerliches Leben führen. Als endlich die Zauberkraft des Tranks etwas nachläßt, folgen sie dem Rat eines Einsiedlers und trennen sich: Isalde kehrt zu Marke zurück, Tristrant geht außer Landes. In der Bretagne befreundet er sich mit Kehenis und heiratet dessen Schwester Isalde mit den weißen Händen, ohne jedoch die Ehe zu vollziehen. Er liebt immer noch die blonde Isalde und fährt mehrmals nach Kornevalis, wo er sich in den verschiedensten Verkleidungen am Hof einschleicht und heimlich die Liebe der Königin genießt. Bei einem Abenteuer wird Kehenis getötet und Tristrant schwer verletzt. Er schickt einen Boten nach Kornevalis, und Isalde folgt dem Ruf sofort. Aber als sie ankommt, ist Tristrant schon tot. Sie legt sich zu ihm und stirbt ihm nach. Erst jetzt erfährt König Marke von dem Geheimnis des Liebestranks; er verzeiht den beiden und läßt sie zusammen begraben. (9524 Verse)

Die Geschichte von Tristan und Isolde ist hauptsächlich aus keltischen Überlieferungen geschöpft. Ob es jedoch eine zusammenhängende keltische Tristansage gegeben hat, ist ganz unsicher. Es spricht viel dafür, daß erst ein französischer Dichter des 12. Jahrhunderts die Romanhandlung geschaffen hat, wobei er neben keltischen Überlieferungen auch antike Motive und vielleicht auch orientalisches Erzählgut verarbeitet hat. Dieser französische Tristanroman, die sogenannte ›Estoire‹, auf die die gesamte europäische Tristanüberlieferung zurückgeht und die Eilhart als Vorlage benutzt hat, ist nicht erhalten. Offenbar ist Eilhart seiner Quelle ziemlich genau gefolgt. Wie bei ihm werden schon in der ›Estoire‹ die schwankhaften Motive in den Betrugs- und Verkleidungsabenteuern eine große Rolle gespielt haben. Die ehebrecherische Liebe wird von Eilhart als magischer Zwang entschuldigt. Es gibt auch schon Ansätze zu einer höfischen Verherrlichung der Liebenden. Ganz modern ist die Zergliederung der Gedanken und Gefühle in Isaldes Liebesmonolog (2398 ff.).

Der Name des Dichters ist nur in den jüngeren Handschriften bezeugt, und zwar in so unterschiedlicher Form (*von Hobergin her Eylhart, von Oberengen Enthartte, von Baubenberg Segehart*), daß über die ursprüngliche Namensform keine Sicherheit besteht. Ein Eilhart von Oberg ist urkundlich von 1189 bis 1209 bezeugt; die Obergs waren Ministerialen der Bischöfe von Hildesheim und der Welfen. Gegen die Identifizierung des Dichters mit dem urkundlichen Eilhart sprechen chronologische Bedenken. Dieser könnte aber ein jüngerer Verwandter gewesen sein. In Eilharts Sprache gibt es keine sicheren Spuren seiner niederdeutschen Herkunft. Als seine Wirkungsstätte denkt man sich entweder den welfischen Herzogshof in Braunschweig, wo die Herzogin Mathilde von England die Gönnerin gewesen sein könnte, oder den thüringischen Landgrafenhof oder auch einen niederrheinischen Hof. Die Datierung hängt im wesentlichen davon ab, wie man das Verhältnis zu Veldekes ›Eneit‹ beurteilt. Wenn der ›Tristrant‹ voranging, was wahrscheinlicher ist, könnte die Dichtung um 1170 entstanden sein.

Erhalten sind Bruchstücke von drei Handschriften des 12. oder des beginnenden 13. Jahrhunderts, die zusammen mehr als 1000 Verse überliefern. Der vollständige Text ist in drei Handschriften des 15. Jahrhunderts überliefert, die auf eine (im 13. Jahrhundert hergestellte) höfische Bearbeitung der alten Dichtung zurückgehen. Im 13. Jahrhundert haben auch Ulrich von Türheim und Heinrich von Freiberg auf Eilharts Dichtung oder auf diese Bearbeitung zurückgegriffen. Im 15. Jahrhundert wurde die Eilhart-Bearbeitung in Prosa aufgelöst (›Die histori von herren Tristrant und der schoͤnen Isalden von irlannde‹). Dieser ›Prosa-Tristan‹ ist zuerst 1484 im Druck erschienen und hat bis in die zweite Hälfte des 17. Jahrhunderts 15 Auflagen erlebt.

TEXT der alten Fragmente: Hrsg. von Hadumod Bußmann (ATB 70). Tübingen 1969. – Text der Bearbeitung: Hrsg. von Danielle Buschinger. Göppingen 1976. – ÜBERSETZUNG von Danielle Buschinger u. Wolfgang Spiewok. – LITERATUR: Ludwig Wolff u. Werner Schröder in: VL 2, 1980, Sp. 410–418.

Heinrich: ›Reinhart Fuchs‹

Von der Dichtung des 12. Jahrhunderts sind nur Bruchstücke einer Handschrift erhalten (knapp 700 Verse). Vollständig überliefert ist der Text in einer Bearbeitung des 13. Jahrhunderts (2268 Verse; zwei Handschriften). Nach den zu Grunde liegenden Fabeln gliedert sich die Handlung in drei Teile: der Fuchs und die kleineren Tiere, der Fuchs und der Wolf, der Hoftag des kranken Löwen.

Der Fuchs Reinhart versucht vergeblich, einen Hahn, eine Meise, einen Raben und einen Kater zu überlisten. Um so besser gelingt ihm das mit dem Wolf Isengrin, der in einer Reihe von schwankhaften Abenteuern die Zeche bezahlen muß. Die Schändung der Wölfin Hersant durch den Fuchs vollendet Reinharts Triumph. Als der kranke König die Tiere zum Gerichtstag zusammenruft, bringt Isengrin dort seine Klage gegen Reinhart vor. Durch verfahrensrechtliche Einwände gelingt es Reinharts Freunden jedoch, den Urteilsspruch zu verzögern. Erst bei der dritten Ladung erscheint Reinhart am Hof, und zwar in der Rolle des Arztes. Er bringt den König dazu, die Gerichtsverhandlung abzubrechen und alle Tiere, die gegen Reinhart ausgesagt haben, zu töten oder zu mißhandeln, um selber gesund zu werden. Zuletzt wird der geheilte Löwe von Reinhart vergiftet und stirbt.

Die Abenteuer des Fuchses Reinhart sind französischen Versschwänken nacherzählt, die im 13. Jahrhundert zu einem locker gefügten Zyklus, dem ›Roman de Renart‹, zusammengestellt wurden. In welcher Gestalt die französischen Tierschwänke dem deutschen Dichter vorlagen, ist unsicher, da mit der Einwirkung mündlicher Überlieferungsformen gerechnet werden muß. Der Bearbeiter ist offenbar mit seinen Vorlagen sehr frei verfahren: Er hat manchmal stark gekürzt, manchmal stark erweitert und aus der lockeren Erzählfolge der französischen Geschichten ein sorgfältig durchkomponiertes Epos gemacht, das auf die Schlußkatastrophe, den Untergang des ganzen Tierreichs, hin angelegt ist.

Das Tierepos war im Mittelalter als satirische Gattung beliebt. Auch im ›Reinhart Fuchs‹ ist besonders die satirische Ausgestaltung von Interesse. Es gibt Elemente der Kirchen- und Klostersatire in der Dichtung; der eigentliche Angriff richtet sich jedoch gegen die höfische Adelsgesellschaft, die auf dem Hoftag der Tiere bitterböse porträtiert wird. König Vrevel ist das Gegenteil eines guten und gerechten Herrschers; und seine adligen Lehnsträger sind nicht besser. Gezeigt wird eine Gesellschaft, die Recht in Unrecht verkehrt und Treue in Untreue, in der Gewalt und Eigennutz herrschen und die verdientermaßen der Vernichtung anheimfällt. Der listig-überlegene Fuchs bringt überall die Schlechtigkeit an den Tag und ist selber noch bösartiger als die anderen. In keiner anderen Dichtung der höfischen Zeit ist die Gesellschaftskritik so scharf formuliert. In wessen Namen und in wessen Interesse der Dichter spricht, bleibt dunkel. Man kann davon ausgehen, daß die Satire auf die gesellschaftlichen Verhältnisse der eigenen Zeit gemünzt war; die Schilderung der korrupten Hofgesellschaft könnte sich auf den staufischen Königshof beziehen. Der Versuch, einzelne Tiere mit Personen der Zeitgeschichte zu identifizieren, hat jedoch zu keinem greifbaren Erfolg geführt.

Von dem Verfasser ist nur der Vorname bekannt: Heinrich. Früher wurde er Heinrich der Glichezaere (»der Heuchler«) genannt; aber dieser Beiname bezieht sich wohl nicht auf den Autor, sondern auf den Fuchs. Der Dichter verstand nicht nur Französisch, sondern besaß auch gute juristische Kenntnisse und kannte sich am Hof aus; er wird ein Hofkleriker gewesen sein, der im Elsaß zu Hause war. Darauf führen die Sprache und die Anspielung auf den elsässischen Freiherrn Walter von Horburg (urkundl. 1130–1156). Die Datierung der Dichtung ist umstritten. Neuere Versuche, den ›Reinhart Fuchs‹ nach 1190 anzusetzen, sind nicht zwingend. Die Reimtechnik weist eher auf die Zeit um 1170/80.

Text: Hrsg. von Klaus Düwel (ATB 96). Tübingen 1984. – Übersetzung von Karl-Heinz Göttert (Reclam 8919). Stuttgart 1976. – Literatur: Klaus Düwel in: VL 3, 1981, Sp. 666–677.

Epen aus mündlicher Stofftradition

Neben den Epen nach französischen Vorlagen (und lateinischen Quellen) stehen am Anfang der höfischen Zeit epische Werke, die eine mündliche Stofftradition voraussetzen. ›König Rother‹ und ›Herzog Ernst‹ behandeln historische oder pseudohistorische Stoffe, die auf eine nicht mehr durchschaubare Weise mündlich vermittelt worden sind. Das rückt diese Werke in die Nähe der Heldenepik, die ebenfalls durch Verschriftlichung von mündlichem Erzählgut entstanden ist. Tatsächlich führt die Stoffgeschichte des ›Rother‹ in den Überlieferungszusammenhang der Dietrich- und Nibelungensagen; und für die Vorgeschichte des ›Herzog Ernst‹ rechnet man mit Liedern im Stil des spätgermanischen Heldenlieds.

Traditionellerweise werden ›Rother‹ und ›Ernst‹ als Spielmannsepen bezeichnet; und dazu werden meistens auch einige legendenhafte Epen gezählt, die nur in späteren Bearbeitungen erhalten sind (›Oswald‹, ›Orendel‹, ›Salman und Morolf‹). Der Begriff »Spielmannsepik« ist in Gebrauch geblieben, obwohl man längst davon abgekommen ist, die Verfasser dieser Werke für Spielleute zu halten. Auch die stilistischen Kennzeichen, die man als spielmännisch bezeichnet hat – eine Vorliebe für phantastische Motive, eine burleske Komik, eine hyperbolische Ausdrucksweise –, sind nicht durchgängig vorhanden, vor allem nicht im ›Herzog Ernst‹. Diesem Werk fehlt außerdem das Motiv, das geradezu als konstitutiv für die gesamte Spielmannsepik angesehen worden ist: die Brautwerbung. Was ›Rother‹ und ›Ernst‹ gemeinsam haben, ist vielmehr die politische Tendenz in der Darstellung der Reichsgeschichte und die Ausrichtung auf die Interessen eines Adelspublikums, das wahrscheinlich in Bayern zu suchen ist.

LITERATUR: Walter J. Schröder, Spielmannsepik. 2. Aufl. Stuttgart 1967. – Michael Curschmann, Spielmannsepik. Wege und Ergebnisse der Forschung von 1907–1965. Mit Ergänzungen und Nachträgen bis 1967. Stuttgart 1968. – Uwe Meves, Studien zu König Rother, Herzog Ernst und Grauer Rock (Orendel). Frankfurt a. M., Bern 1976.

›König Rother‹

König Rother, der in Bari seinen Sitz hat, wird von seinen Vasallen gedrängt, eine Frau zu nehmen, um die Herrschaftsfolge zu sichern. Seine Wahl fällt auf die Tochter König Konstantins von Konstantinopel, die schon vielen Freiern versagt worden ist. Auch Rothers Werbung wird abgewiesen, seine Boten werden eingekerkert. Daraufhin fährt Rother selbst nach Konstantinopel, gibt sich dort als landflüchtiger Ritter aus, gewinnt das Vertrauen von Konstantin, besiegt dessen Feinde, befreit seine Boten und entführt die Prinzessin. Konstantin läßt jedoch seine Tochter von einem listigen Spielmann zurückentführen. Rother zieht zum zweiten Mal nach Konstantinopel, diesmal mit Heeresmacht, und besiegt in einer großen Schlacht Konstantin und dessen heidnische Bundesgenossen. Wieder in Bari, gebiert seine Frau den künftigen König Pippin, den Vater Karls des Großen. (5197 Verse)

Das Handlungsgerüst des ›Rother‹ ist geprägt vom Brautwerbungsschema, einem international verbreiteten Grundmotiv mündlicher Epik, das hier in charakteristischer Verdoppelung erscheint. Daß der ›Rother‹-Dichter einer mündlichen Sagentradition gefolgt ist, schließt man aus der engen Verwandtschaft des ersten Teils der Dichtung mit der Geschichte von König Osantrix' Werbung um die Tochter des Hunnenkönigs in der ›Thidrekssaga‹, die im 13. Jahrhundert nach Erzählungen deutscher Kaufleute in Norwegen aufgeschrieben wurde. Die Übereinstimmung der beiden Texte ist verschieden interpretiert worden; am meisten Wahrscheinlichkeit besitzt die Annahme, daß die Osantrixsage auf eine vorepische Fassung der Rothersage zurückgeht. Ob die Rothersage langobardischen Ursprungs war – der Name Rother erinnert an den Namen des Langobardenkönigs Rothari († 652) –, bleibt unsicher. Möglicherweise haben zeitgeschichtliche Konstellationen um den Normannenkönig Roger II. von Sizilien († 1154) auf die Ausformung des Stoffes eingewirkt. Die bunte Handlung des ›Rother‹ mit Seefahrten, Verkleidungen, Entführungen, gefährlichen Abenteuern und manchen komischen und grotesken Szenen und Gestalten ist wirkungsvoll inszeniert und gut erzählt. Eine weiterreichende Sinngebung ist an den Königsgestalten abzulesen. In Rother und Konstantin stehen sich exemplarisch der gute und der böse Herrscher gegenüber. Diese Typologie ist politisch-historisch akzentuiert durch die Verknüpfung Rothers mit der karolingischen Dynastie und durch Anspielungen auf Auseinandersetzungen mit Byzanz: Gegenüber dem mit den Heiden paktierenden König von Konstantinopel erscheint der in Rom gekrönte Rother als der legitime Verteidiger der Christenheit.

Der Dichter war offenbar ein gebildeter Kleriker. Seine Heimat hat man im Rheinland gesucht; die merkwürdige Sprachmischung in der ältesten Überlieferung läßt sich jedoch besser erklären, wenn man mit Thomas Klein annimmt, daß der Autor ein hochdeutsch dichtender Niederdeutscher war. Sein Publikum hat er wahrscheinlich in Bayern gefunden; darauf deuten die bayerischen Adelsnamen (Tengelingen, Dießen), die Rothers Gefolgsleute tragen. Ein bestimmter Auftraggeber läßt sich nicht ermitteln. Die Datierung ist unsicher, da historische Anhaltspunkte fehlen. Die Dichtung könnte um 1160/70 entstanden sein.

Der ›Rother‹ ist nur in der Heidelberger Handschrift Cpg 390 vom Ende des 12. Jahrhunderts fast vollständig überliefert (der Schluß fehlt). Bruchstücke von drei weiteren Handschriften bezeugen, daß der Text bis ins 14. Jahrhundert bearbeitet und abgeschrieben wurde. Spuren des ›Rother‹ finden sich auch in der Heldenepik des 13. Jahrhunderts.

Text: Hrsg. von Theodor Frings u. Joachim Kuhnt. Bonn, Leipzig 1922. – Literatur: Hans Szklenar in: VL 5, 1985, Sp. 82–94. – Thomas Klein, Zur Thidrekssaga. In: Arbeiten zur Skandinavistik. Hrsg. von Heinrich Beck. Frankfurt a. M., Bern, New York 1985, S. 487–565.

›Herzog Ernst‹

Vom ›Herzog Ernst‹-Epos des 12. Jahrhunderts sind nur etwa 500 Verse in drei fragmentarischen Handschriften erhalten. Der Gang der Handlung wird aus der höfischen Umarbeitung des 13. Jahrhunderts (›Herzog Ernst B‹) erschlossen.

Herzog Ernst von Bayern erfreut sich der besonderen Gunst seines Stiefvaters, Kaiser Ottos, bis er vom Rheinischen Pfalzgrafen verleumdet wird. Als Ernst zusammen mit seinem Freund Wetzel die kaiserliche Pfalz überfällt und den Verleumder tötet, wird er vom Kaiser geächtet und muß nach langen Kämpfen der Übermacht des Reichsheeres weichen. Mit seinen letzten Getreuen will er ins Heilige Land fahren, wird jedoch durch einen Seesturm in die Wunderwelt des Orients verschlagen. Sie kommen nach Grippia, wo Menschen mit Kranichköpfen leben; ihr Schiff zerschellt am Magnetberg; die Überlebenden werden von Greifen fortgetragen. Sie gelangen ins Land der Einäugigen und müssen gegen Plattfüße, Langohren, Pygmäen und Riesen kämpfen. Sechs Jahre lang bleiben Ernst und Wetzel im Land Arimaspi, dann kehren sie über Babylon und Jerusalem nach Deutschland zurück. In Bamberg wirft sich Ernst dem Kaiser zu Füßen. Als Geschenk bringt er einen wunderbar leuchtenden Stein mit, der seitdem als der Waise die Kaiserkrone ziert.

Herzog Ernst und Graf Wetzel sind historische Gestalten. Herzog Ernst von Schwaben hat sich 1026 gegen seinen Stiefvater, Kaiser Konrad II., erhoben und fand 1030 zusammen mit seinem Gefolgsmann, Graf Werner von Kyburg, im Kampf gegen die kaiserlichen Truppen den Tod. Die Sage vermischte diese Ereignisse mit Erinnerungen an eine frühere Empörergeschichte: 953 hatte sich Herzog Liudolf von Schwaben gegen seinen Vater, Kaiser Otto I., empört. Daher stammen die Namen des Kaiserpaares, Otto und Adelheid, und weitere Einzelheiten. Auf welcher Stufe der Überlieferung die mündlich tradierte Ernstsage um die Orientabenteuer erweitert wurde, läßt sich nicht feststellen. Die stoffliche Grundlage des Orientteils bilden Motive aus der antiken Ethnographie, aus hellenistischen Reiseromanen und orientalischen Märchen.

Wie die Quellen des ›Ernst‹-Dichters aussahen, ist ungewiß. Wahrscheinlich hat er mündliche Überlieferungen gekannt; doch ist nicht auszuschließen, daß es bereits eine lateinische Prosafassung gab. Soweit die fragmentarische Überlieferung ein Urteil zuläßt, hat der Dichter die politischen Motive der Ernstsage nur wenig aktualisiert. Die Geschichte eines Fürsten, der sich gegen ein vom Kaiserhof ausgehendes Unrecht zur Wehr setzt und der zuletzt der Kaiserkrone den höchsten Glanz verleiht, wird an den Fürstenhöfen des 12. Jahrhunderts vielfaches Interesse gefunden haben. Anspielungen auf zeitgeschichtliche Ereignisse, etwa auf den Kampf Heinrichs des Stolzen von Bayern gegen König Konrad III. oder auf die Orientreise Heinrichs des Löwen, lassen sich nicht festmachen. Neben dem politischen Stoffinteresse hat die Freude an der orientalischen Wunderwelt die Dichtung geprägt. Die Verbindung von Märchenmotiven mit einer modernen höfischen Gesellschaftsdarstellung wird das Adelspublikum besonders angesprochen haben.

Der Dichter war wahrscheinlich lateinisch gebildet. Der Sprachduktus erlaubt keine sichere Heimatbestimmung (rheinfränkisch?). Vielleicht ist das Werk für einen bayerischen Hof gedichtet worden. Für eine Datierung auf die Zeit um 1170/80 spricht die noch wenig entwickelte poetische Technik.

Der ›Herzog Ernst‹ gehörte in den folgenden Jahrhunderten zu den beliebtesten Epenstoffen. Es gibt zahlreiche deutsche und lateinische Bearbeitungen in Vers und Prosa. In welchem Verhältnis die verschiedenen Fassungen zueinander stehen und nach welchen Quellen sie gearbeitet sind, ist noch nicht endgültig geklärt. Die gemeinsame Grundlage war offenbar das deutsche ›Ernst‹-Epos des 12. Jahrhunderts.

›Herzog Ernst B‹ (6022 Verse; zwei vollständige Handschriften, ein Fragment): höfische Bearbeitung des ›Herzog Ernst A‹. Der Bearbeiter hat die Reime und Verse verbessert, ist aber in der Handlungsführung und bis in den Wortlaut hinein der alten Dichtung genau gefolgt. Sichere Datierungshilfen fehlen; wegen einiger Altertümlichkeiten wird der Text in die ersten Jahrzehnte des 13. Jahrhunderts gesetzt.

›Herzog Ernst E‹ (›Ernestus‹): lateinisches Hexameterepos (3600 Verse; eine Handschrift) von Odo von Magdeburg, im Auftrag von Erzbischof Albrecht II. von Magdeburg († 1232) wahrscheinlich um 1210/20 verfaßt. Nach dem Vorbild der ›Alexandreis‹ von Walter von Châtillon ist die Geschichte von Herzog Ernst im Stil der römisch-antiken Epik behandelt. Zugrunde liegt ein deutscher Text, der A und B nahestand.

›Herzog Ernst Erf.‹ (›Gesta Ernesti ducis‹): lateinische Prosa (eine Handschrift), aus der ersten Hälfte oder der Mitte des 13. Jahrhunderts, nach einer deutschen Quelle, die mit A und B verwandt war.

›Herzog Ernst C‹: lateinische Prosa (drei Handschriften), stark rhetorisiert, wahrscheinlich aus der zweiten Hälfte des 13. Jahrhunderts, nach einer mit A und B verwandten deutschen Vorlage.

›Herzog Ernst D‹: deutsche Versdichtung (5560 Verse; eine vollständige Handschrift, ein Fragment), deren Handlungsfolge im ganzen mit B übereinstimmt, aber in vielen Einzelheiten davon abweicht. Vor allem hat der D-Bearbeiter die höfisch-ritterlichen Motive vermehrt und die Festlichkeiten breiter ausgemalt. Stilistisch steht das Werk unter dem Einfluß Wolframs von Eschenbach. Aus der Wolframrezeption erklären sich wohl auch die wörtlichen Berührungen mit den Dichtungen Ulrichs von Etzenbach, der sich selbst als ein Nachfahre Wolframs empfunden hat. Die literarischen Beziehungen zu Etzenbach weisen auf eine Entstehungszeit um 1300. Daß Ulrich von Etzenbach selber der Verfasser des ›Herzog Ernst D‹ war, läßt sich nicht beweisen.

›Herzog Ernst Kl.‹: Fragment (92 Verse) einer deutschen Versdichtung aus dem 14. Jahrhundert, deren Einordnung Schwierigkeiten macht.

›Herzog Ernst G‹ (›Das Lied von Herzog Ernst‹): deutsches strophisches Gedicht im Bernerton (zwei Fassungen, 89 und 55 Strophen; zwei Handschriften, elf Drucke von 1493 bis 1568), angeblich bereits im 14. Jahrhundert entstanden, legt den Akzent auf die märchenhaften Abenteuer.

›Herzog Ernst F‹ (›Aine hüpsche liepliche history ains edeln fürsten herzog Ernsts von Bairn und von Österrich‹): deutscher Prosaroman des 15. Jahrhunderts (drei Handschriften, mehrere Drucke seit 1477), ist eine ziemlich genaue Übersetzung der lateinischen Prosa C. Eine um die Mitte des 16. Jahrhunderts hergestellte Kurzfassung des ›Herzog Ernst F‹ wurde zum Volksbuch und ist bis ins 19. Jahrhundert immer wieder aufgelegt worden.

Text der Fassungen A, B, F, G: Hrsg. von Karl Bartsch. Wien 1869. – Übersetzung des ›Herzog Ernst B‹ von Bernhard Sowinski (Reclam 8352). Stuttgart 1970. – ›Herzog Ernst C‹: Hrsg. von Moriz Haupt. ZfdA 7 (1849), S. 193–303. – ›Herzog Ernst D‹: In: Deutsche Gedichte des Mittelalters. Hrsg. von Friedrich H. von der Hagen u. Johann G. Büsching. Bd. 1. Berlin 1808, Nr. 2. – ›Herzog Ernst E‹: In: Thesaurus novus anecdotorum. Hrsg. von Edmund Martène u. Ursinus Durand. Bd. 3. Paris 1717, Sp. 307–376. – ›Herzog Ernst Erf.‹: Hrsg. von Paul Lehmann (Abh. Bayer. AW, Phil.-hist. Klasse 32, Nr. 5). München 1927. – ›Herzog Ernst F‹: Hrsg. von Elisabeth Geck. Wiesbaden 1969. – ›Herzog Ernst G‹: Hrsg. von K. C. King (Texte des späten Mittelalters 11). Berlin 1969. – ›Herzog Ernst Kl‹: Hrsg. von Hermann Menhardt. ZdfA 65 (1928), S. 201–212. – Literatur: Hans Szklenar u. Hans-Joachim Behr in: VL 3, 1981, Sp. 1170–1191.

Die spielmännischen Legendenepen

›Oswald‹, ›Orendel‹ und ›Salman und Morolf‹ werden zur Spielmannsepik des 12. Jahrhunderts gestellt, obwohl nicht sicher ist, daß es diese Epen bereits im 12. Jahrhundert gegeben hat. Die Überlieferung stammt erst aus dem 15. und 16. Jahrhundert, und die Textfassungen, die die späten Handschriften und Drucke bezeugen, lassen sich höchstens bis in das frühe 14. Jahrhundert zurückverfolgen. Der Wortlaut des 12. Jahrhunderts ist nicht rekonstruierbar. Für die Existenz frühhöfischer Fassungen sprechen die thematische Ausrichtung auf das Brautwerbungsschema sowie die Vorliebe für spielmännische Erzählmittel und die auffällige Motivverwandtschaft mit dem ›Rother‹. Handgreifliche Beweise sind daraus nicht zu gewinnen. Auch die Anhaltspunkte aus der Kultgeschichte des heiligen Oswald und des Grauen Rocks, die frühen Bildzeugnisse der Oswaldlegende und die Vermutung, daß der zweite Teil des ›Rother‹ dem ›Salman und Morolf‹ nachgebildet ist, geben keine Sicherheit. So bleibt ein großes Fragezeichen hinter dieser Epengruppe.

›Oswald‹

König Oswald von England freit um eine heidnische Prinzessin, deren Vater alle Werber töten läßt. Ein sprechender Rabe überbringt Oswalds Werbung; er übersteht alle Fährnisse der Reise und kehrt mit dem Jawort der Prinzessin zurück. Dann macht Oswald sich selber auf. Als Goldschmied verkleidet gelangt er zu seiner Braut, entführt sie und besiegt und bekehrt ihren Vater, als der sie verfolgt. Vor der Hochzeit erbittet ein Bettler – es ist Christus in Gestalt eines Bettlers – von Oswald alles, was er besitzt, auch seine Frau. Oswald gibt ihm alles und erhält alles zurück; dafür gelobt er, eine keusche Ehe zu führen. Nach zwei Jahren sterben die Eheleute als Heilige. Oswald wird einer der vierzehn Nothelfer. (3564 Verse)

Wie der historische König Oswald von Northumberland († 642), dessen heiliges Leben Beda († 735) beschrieben hat, zum Helden eines deutschen Spielmannsepos wurde, ist im einzelnen nicht zu belegen. Der Oswaldkult war im 12./13. Jahrhundert vor allem in Süddeutschland verbreitet. Kennzeichnend für die Dichtung ist die Mischung von fromm-legendenhaften und bunt-spielmännischen Zügen. Oswalds Markenzeichen ist sein Rabe, der wie ein Mensch gezeichnet ist: er ist Christ und höfisch gebildet, kann Schach spielen, schätzt die Tafelfreuden und nimmt am Hof eine geachtete Stellung ein.

Die handschriftliche Überlieferung (vier vollst. Handschriften, ein Fragment) stammt aus dem 15. Jahrhundert. Nach der besten Handschrift (München, Cgm 719) wird die Dichtung auch ›Münchner Oswald‹ genannt, im Unterschied zum ›Wiener Oswald‹ (1465 Verse; drei Handschriften des 15. Jahrhunderts), einer Oswaldlegende, der die spielmännischen Züge fast ganz fehlen und die mit dem ›Münchner Oswald‹ nur den groben Handlungsumriß gemeinsam hat. Völlig unabhängig davon ist ein drittes ›Oswald‹-Epos (der ›Linzer Oswald‹), von dem nur knapp 300 Verse erhalten sind und das der kirchlichen Oswaldlegende noch näherstand. Der ›Münchner Oswald‹ ist im 15. Jahrhundert in Prosa aufgelöst und dabei stark gekürzt worden. Es hat auch noch andere Prosafassungen gegeben.

TEXT: Hrsg. von Michael Curschmann (ATB 76). Tübingen 1974; dazu: Michael Curschmann in: VL 6, 1987, Sp. 766–772.

›Orendel‹

Der graue Rock, den Christus am Kreuz getragen hat, ist später im Meer versenkt, im Sand vergraben und von einem Walfisch verschlungen worden. König Oswald von Trier wirbt um Bride, die Königin von Jerusalem. Auf der Fahrt dorthin wird er auf eine Insel verschlagen, wo er dem Fischer Ise als Knecht dient und wo er den grauen Rock im Bauch des Walfisches findet. Seitdem heißt er selber der graue Rock. Er zieht nach Jerusalem und erwirbt in vielen Kämpfen die Braut und die Herrschaft über die heilige Stadt. Oswald und Bride kehren nach Trier zurück, wo der graue Rock feierlich begraben wird. Auf die Nachricht, daß das heilige Grab in die Hände der Heiden gefallen sei, wird ein neuer Feldzug nach Jerusalem unternommen. Mehrmals gerät Bride in Gefangenschaft, bevor die Christen siegen. Zum Schluß gehen Oswald und Bride ins Kloster. (3937 Verse)

Im ›Orendel‹ ist die Legende vom Grauen Rock mit dem spielmännischen Brautwerbungsschema und Motiven aus dem lateinischen Prosaroman ›Apollonius von Tyrus‹ verbunden. Volkstümliche Frömmigkeit und ein naiver Wunderglaube prägen den Ton. Die bedeutende Rolle, die die Königin Bride in der Handlung spielt, ist vielleicht ein Reflex der geschichtlichen Situation des Königreichs Jerusalem im 12. Jahrhundert. Die Lokalisierung nach Trier steht im Zusammenhang mit der Reliquiengeschichte des ungenähten Rockes Christi, der nach der geistlichen Überlieferung durch die Kaiserin Helena nach Trier gebracht worden war. Dort wurde er 1121 und noch einmal 1196 im Dom verschlossen. Vielleicht hat sich die ursprüngliche ›Oswald‹-Dichtung darauf bezogen. Die spätere Überlieferung des Textes, der keine weite Verbreitung gefunden zu haben scheint, ist jedenfalls eng mit der Trierer Reliquie verknüpft: Außer einer (1870 vernichteten) Handschrift des 15. Jahrhunderts gibt es vom ›Orendel‹ nur zwei Drucke vom Jahr 1512 – eine Versfassung und eine Prosafassung (von Johann Otmar) –, die beide anläßlich der ersten öffentlichen Ausstellung des Grauen Rocks in diesem Jahr entstanden sind.

Text: Hrsg. von Hans Steinger (ATB 36). Halle 1935; dazu: Michael Curschmann in: VL 7, 1989, Sp. 43–48.

›Salman und Morolf‹

König Salman von Jerusalem hat die heidnische Prinzessin Salme entführt und geheiratet. Der Heidenkönig Fore begehrt Salme zur Frau, gewinnt ihre Liebe mit Hilfe eines Zauberrings, läßt sie entführen und heiratet sie. Salmans Bruder Morolf macht sich, als Pilger verkleidet, auf die Suche nach der Königin, wird erkannt und gefangengenommen, kann jedoch entfliehen. Salman zieht nun mit einem Heer gegen Fore. Heimlich betritt er Fores Burg, wird jedoch von Salme verraten und wird zum Galgen verurteilt. Als letzte Gunst wird ihm gewährt, sein Horn zu blasen; damit ruft er sein Heer herbei. Fore wird besiegt und getötet. Salman und Salme kehren nach Jerusalem zurück. Nach einiger Zeit wird die Königin ein zweites Mal entführt, von dem Heidenkönig Princian, der ebenfalls einen Zauberring benutzt. Wieder sucht Morolf in verschiedenen Verkleidungen nach der ungetreuen Frau, und wieder kommt es zu einem Kampf, bei dem Princian getötet wird. Anschließend tötet Morolf die Königin heimlich im Bad, und Salman heiratet Fores Schwester. (784 Strophen)

Salman ist der biblische König Salomon; der Name Salme verweist auf Sulamith. Das deutsche Spielmannsepos geht auf eine hebräische Salomonsage zurück, die über Byzanz in den Westen gekommen ist. Im Mittelpunkt steht das Motiv der ungetreuen Frau, die von ihrem Liebhaber entführt und vom Ehemann zurückgewonnen wird. Das deutsche Gedicht erhält seine besondere Farbe durch die Gestalt Morolfs, der zur Hauptfigur geworden ist; er vereinigt in sich die Rolle des Königsbruders und die des listigen Spielmanns, der in allerlei Verkleidungen seine Scherze treibt. Seine Gegenspielerin ist die schöne Salme, »die mordgrimme böse Frau« (421, 3), die ihren eigenen Mann an den Galgen liefert. Wie im ›Rother‹ ist die Entführungsgeschichte gedoppelt; bis in Einzelheiten hinein wiederholt der zweite Teil den ersten. Von den übrigen Spielmannsepen unterscheidet sich ›Salman und Morolf‹ nicht nur dadurch, daß hier die Werbung und Entführung von den Heiden ausgeht, sondern auch durch seine Strophenform. Die Morolfstrophe (aus fünf vierhebigen Versen) erinnert an Strophenformen der frühen Spruchdichtung.

Die Überlieferung (vier vollständige Handschriften, ein Fragment, zwei Drucke) stammt aus dem 15. Jahrhundert. In einer Handschrift ist das Epos mit dem Spruchgedicht ›Salomon und Markolf‹ (1902 Verse) verbunden, das wahrscheinlich im 14. Jahrhundert entstanden ist und das auf den lateinischen ›Dialogus Salomonis et Marcolfi‹ des 12. Jahrhunderts zurückgeht. Es ist ein Dialog zwischen dem weisen König Salomon und dem bäurischen Markolf, der die weisen Reden des Königs mit witzigen und schlagfertigen Antworten übertrumpft. Aus diesem Dialog stammt der Name Morolf und ein Teil seiner Rolle im ›Salman und Morolf‹. Außerdem gibt das deutsche Spruchgedicht in seinem Schlußteil (Vers 1631–1902) einen Abriß der ›Salman und Morolf‹-Handlung, und diese Erzählung wirkt vielfach altertümlicher als die Epenfassung, die in den Handschriften des 15. Jahrhunderts überliefert ist; vor allem fehlt hier der ganze zweite Teil, die Entführung Salmes durch Princian. Ob der Schluß des Spruchgedichts das alte ›Salman und Morolf‹-Epos des 12. Jahrhunderts spiegelt, muß offenbleiben.

TEXT: Hrsg. von Alfred Karnein (ATB 85). Tübingen 1979.

2. Frühhöfische Lyrik

Donauländischer Minnesang

Die höfische Lyrik hatte ihr erstes Zentrum in Bayern und Österreich, zwischen Regensburg und Wien. Allerdings ist gerade der bedeutendste Dichter, Der von Kürenberg, historisch nicht sicher zu fassen. Bessere Anhaltspunkte gibt es für die Burggrafen von Regensburg und von Rietenburg und für Dietmar von Aist, falls dieser mit dem urkundlich bezeugten Freiherrn Dietmar de Agist identisch war. Sowohl die Burggrafen von Regensburg als auch der Freiherr von Agist standen in enger Verbindung mit den Babenberger Herzögen in Österreich. Vielleicht haben die ersten Minnesänger am Wiener Hof gedichtet, wo Herzog Heinrich II. einen glänzenden Hofbetrieb unterhielt. Ob es ein zweites Zentrum der ältesten Hoflyrik in Schwaben gab, ist nicht deutlich.

Die Chronologie der ältesten Lyrik ist unsicher. Die Burggrafen von Regensburg sind bald nach 1180 gestorben; Dietmar von Agist war bereits 1171 tot. Man scheut sich, die Anfänge allzu früh anzusetzen. Aber es ist möglich, daß der Minnesang schon bald nach 1150 begonnen hat.

Das Kennzeichen des Donauländischen Minnesangs sind die Langzeilenstrophen. Das sind Strophen aus vier oder fünf langen Versen (mit sechs bis acht Hebungen), die in der Mitte eine Zäsur haben. Diese Strophenform ist später nicht mehr benutzt worden. Die Langzeilenstrophen besitzen weder in der lateinischen noch in der romanischen Lyrik direkte Parallelen. Wahrscheinlich stammt das Bauprinzip der langen Verse aus mündlichen Dichtungstraditionen. Das bedeutet, daß die Hoflyrik in Deutschland formal an volkstümliche Überlieferung anknüpfte. Der künstlerische Stil der ältesten Lyrik ist jedoch nicht volkstümlich, sondern höfisch. Merkwürdigerweise stimmt der von Kürenberg bevorzugte Typ der Langzeilenstrophe mit der Strophenform des ›Nibelungenlieds‹ überein. Eine einleuchtende Erklärung dafür hat man nicht gefunden. Daß der Nibelungendichter die Kürenberg-Strophe zum Vorbild genommen hat, ist im Grunde ebenso unwahrscheinlich wie die Annahme, daß die ersten Minnesänger das Strophenmaß der mündlich tradierten Heldenepik aufgegriffen haben. Ob es musikalische Unterschiede gab, läßt sich nicht feststellen, da weder für das ›Nibelungenlied‹ noch für den frühen Minnesang Melodieaufzeichnungen vorhanden sind.

Auch die Liedformen der ältesten Lyriker unterscheiden sich vom späteren Minnesang. Am auffälligsten ist, daß die meisten Lieder nur aus einer Strophe bestehen. Häufig ist der Text einer Frau in den Mund gelegt. Diese Frauenstrophen oder Frauenlieder setzen wahrscheinlich eine ältere Lyriktradition fort; dasselbe gilt vielleicht auch für das erste Tagelied in deutscher Sprache, das unter den Liedern Dietmars von Aist überliefert ist. Eine andere charakteristische Liedform der älteren Lyrik ist der Wechsel, der meistens aus zwei Strophen besteht, die von einer Frau und einem Mann gesprochen werden, nicht im Dialog, sondern aus räumlicher Distanz als zwei nebeneinander gestellte und inhaltlich aufeinander bezogene Monologe.

Die dominierenden Themen des frühen Minnesangs sind Liebesklage und Liebesverlangen. Dabei hat meistens die Frau den führenden Part. Sie kann ihr Begehren ebenso frei aussprechen wie ihre Eifersucht, ihre Sorge, ihre Enttäuschung und ihren Schmerz. Umstritten ist, ob bereits die älteste Lyrik unter romanischem Einfluß stand. Bei den frühen Minnesängern fehlt fast alles, worin sich später die Rezeption der romanischen Lyrik bezeugt. Es gibt jedoch von Anfang an Motive, die kaum ohne romanische Vorbilder denkbar sind: Frauenpreis und Dienstbereitschaft des Mannes, die Gestalt des Boten und die des feindseligen »Merkers«, der den Verkehr der Liebenden zu unterbinden sucht.

Der frühe Minnesang ist nur in den Sammelhandschriften überliefert, die über ein Jahrhundert später aufgezeichnet wurden. Die Authentizität der Texte läßt sich kaum überprüfen; und es ist damit zu rechnen, daß viel verlorengegangen ist.

Literatur zum Minnesang vgl. S. 114ff.

Der von Kürenberg

Über den bedeutendsten Lyriker der frühhöfischen Zeit ist so gut wie nichts bekannt. Er heißt »Der von Kúrenberg« in der Manessischen Liederhandschrift, »Der herre von Chvrenberch« in den Budapester Fragmenten. Im 12. Jahrhundert sind verschiedene Herren von Kürenberg in Bayern und Österreich bezeugt, hauptsächlich als Ministerialen der Grafen von Burghausen und der Passauer Kirche. Möglicherweise stammte der Dichter aus einer dieser Familien. Möglich ist jedoch auch, daß die Sammler der Liederhandschriften den Dichternamen aus einer Strophe abgeleitet haben, in der berichtet wird, daß ein Ritter sehr schön »in Kürenbergs Melodie« gesungen habe (II, 2, 3). Kürenbergs Lieder werden nach 1150 datiert. Konkrete Anhaltspunkte fehlen.

Erhalten sind 15 Langzeilenstrophen in zwei Tönen (»Ton« meint die metrisch-musikalische Gestalt der Strophe). Fast jede Strophe bildet eine kleine Liedeinheit; nur selten treten zwei Strophen thematisch zusammen. Ein zweistrophiges Lied ist das berühmte Falkenlied (*Ich zôch mir einen valken mêre danne ein jâr* II, 6/7), in dem eine verlassene Frau darüber klagt, daß ihr der Falke entflogen sei, den sie sich gezähmt hatte. Zweistrophig ist auch ein Wechsel, in dem eine Burgherrin die Liebe eines Ritters fordert, der sie mit seinem Gesang beeindruckt hat; daraufhin erklärt der Ritter, daß er lieber das Land verlassen als sich zur Liebe zwingen lassen werde (II, 2/10). Diese beiden Lieder zeigen die Variationsbreite der Frauenrolle in Kürenbergs Lyrik. Ebenso stark differenziert ist der Part des männlichen Sprechers: er ist einmal der schüchtern Werbende, ein andermal der trotzig Abweisende. Charakteristisch für Kürenbergs lyrischen Stil ist ein erzählendes Element: mit wenigen Strichen wird eine Situation skizziert, die sich als bedeutungsvoll erweist; die innere Beteiligung des Sprechers wird oft bildhaft verhüllt und erst im letzten Vers zur Sprache gebracht. In diesem sparsamen, andeutenden Stil hat Kürenberg eine große Ausdruckskraft erreicht. Er hat damit offenbar auf die anderen Minnesänger der frühhöfischen Zeit gewirkt, obwohl literarische Beziehungen zwischen den einzelnen Dichtern nicht konkret nachweisbar sind.

Dietmar von Aist

Neben Kürenberg ist Dietmar von Aist die profilierteste Dichtergestalt im frühen Minnesang. Es gibt allerdings große Probleme im Hinblick auf seine historische und seine künstlerische Identität. Ein Freiherr Dietmar de Agist ist in bayerischen und österreichischen Quellen von 1139/40–1161 urkundlich bezeugt; 1171 war er tot. Ob er der Dichter war, ist aus chronologischen Gründen unsicher. Unter dem Namen Dietmar von Ast(e) überliefern die Liederhandschriften B und C 45 Strophen in 17 Tönen. Bereits die Redaktoren der Liedersammlungen waren unsicher über den Umfang von Dietmars Werk: seine Lieder wurden zum Teil auch anderen Dichtern zugeschrieben, und umgekehrt stehen unter seinem Namen Strophen, die nicht von ihm gedichtet sind. Die Minnesangforschung hat die Zweifel an der Echtheit des Dietmar-Corpus bestärkt. Heute herrscht die Ansicht, daß nur etwa ein Viertel der Texte (elf Strophen in drei Tönen) tatsächlich von ihm stammen; alle anderen gelten als unecht. Diese radikale Kritik beruft sich darauf, daß die Lieder, die in den Handschriften unter Dietmars Namen stehen, nach Strophenform, Stil und Darstellungstechnik so verschieden sind, daß sie nicht von einem Dichter verfaßt sein können. Das ist jedoch keineswegs sicher.

Unbestritten ist Dietmars Verfasserschaft nur für die Langzeilenstrophen, die zwar stilistisch und thematisch in die Nähe von Kürenberg gehören, aber vor allem durch die Weiterbildung des Wechsels zum dreistrophigen Lied ein eigenes Profil gewinnen. Unter den angeblich unechten Liedern wirken einige sehr altertümlich. Die Mehrzahl von ihnen bezeugt jedoch inhaltlich und formal den Einfluß romanischer Vorbilder. Es ist durchaus möglich, daß ein Minnesänger in der zweiten Hälfte des 12. Jahrhunderts zunächst im alten Stil der Donauländischen Schule dichtete und dann, im Zuge der Rezeption der romanischen Lyrik, zu neuen Formen und Themen überging. So könnte es sich erklären, daß Dietmar von Aist als einziger von den ältesten Minnesängern im 13. Jahrhundert bekannt blieb: Heinrich von dem Türlin hat ihn zusammen mit den Dichtern der Hausen-Schule genannt (Krone 2438f.).

Die übrigen Dichter

Von den übrigen Dichtern, die der ältesten Gruppe zugerechnet werden, ist der Burggraf von Regensburg (vier Langzeilenstrophen in zwei Tönen) am nächsten mit Kürenberg verwandt. Dagegen würde man den Burggrafen von Rietenburg wohl überhaupt nicht zum frühen Minnesang zählen, wenn nicht die historische Evidenz dafür spräche, daß er ein Verwandter und Zeitgenosse des Burggrafen von Regensburg war. Seine Gedichte (sieben Strophen in sechs Tönen) stehen deutlich unter romanischem Einfluß, sowohl in der neuen Minnehaltung als auch im Strophenbau. Langzeilenstrophen hat der Rietenburger nicht gedichtet.

Problematisch ist auch die Zuordnung von zwei Dichtern, die ihrem Namen nach aus Schwaben stammen, durch ihre Langzeilenstrophen jedoch mit den Dichtern um Kürenberg verbunden sind. Meinloh von Sevelingen (14 Strophen in vier Tönen) hat fast nur Langzeilenstrophen gedichtet (zwei Kanzonenstrophen, die die Manessische Liederhandschrift unter seinem Namen überliefert, werden meistens Reinmar dem Alten zugeschrieben); er steht auch im Motivbestand der älteren Lyrik nahe. Es gibt allerdings bei ihm schon ein theoretisches Element der Minnereflexion, wie sonst erst bei späteren Minnesängern. Daß der Dichter mit dem 1240 urkundlich bezeugten Meinloh von Sevelingen, einem Ministerialen der schwäbischen Grafen von Dillingen, identisch war, ist unwahrscheinlich.

Der andere Schwabe ist Kaiser Heinrich (acht Strophen in drei Tönen), wenn der Verfasser wirklich Kaiser Heinrich VI. war. Zweifel an dessen Autorschaft sind von den ersten Herausgebern von ›Minnesangs Frühling‹ erhoben worden, weil sie die Art, wie der Dichter sich als König stilisiert, für einen wirklichen König unpassend fanden. Heute sind die Zweifel weitgehend verstummt. Zwei Lieder von Kaiser Heinrich sind in Langzeilenstrophen gedichtet; das dritte ist ein vierstrophiges Lied in Kanzonenform, das ohne romanische Vorbilder nicht denkbar wäre. Vielleicht dokumentiert sich darin eine künstlerische Entwicklung.

Texte: Kürenberg: Minnesangs Frühling, S. 24–27; dazu: Günther Schweikle in: VL 5, 1985, Sp. 454–461. – Dietmar von Aist: Minnesangs Frühling, S. 56–69; dazu: Helmut Tervooren in: VL 2, 1980, Sp. 95–98. – Der Burggraf von Regensburg: Minnesangs Frühling, S. 32 bis 33. – Der Burggraf von Rietenburg: Minnesangs Frühling, S. 34–37. – Meinloh von Sevelingen: Minnesangs Frühling, S. 28–31; dazu: Günther Schweikle in: VL 6, 1987, Sp. 314–318. – Kaiser Heinrich: Minnesangs Frühling, S. 70–72; dazu: Günther Schweikle in: VL 3, 1981, Sp. 678–682.

Spruchdichtung

Gleichzeitig mit dem ältesten Minnesang begann in Deutschland die Spruchdichtung. Der Gattungsname ist mißverständlich. Lieder und Sprüche lassen sich weder nach ihrer metrischen Gestalt noch nach der Aufführungsform unterscheiden (auch die Sprüche sind gesungen worden). Zuerst war ihnen auch die Einstrophigkeit gemeinsam. Erst später, unter romanischem Einfluß, hat sich das mehrstrophige Lied durchgesetzt, während die Sprüche in der Regel einstrophig blieben. Deutlich ist dagegen die thematische Trennung. Der Minnesang war Liebesdichtung, die Spruchdichtung ist lehrhafte Dichtung; sie gibt religiöse Unterweisung, Weisheits- und Tugendlehre, praktische Lebenserfahrung; politische Akzente setzt das Herrscher- und Gönnerlob. Gegenüber der hochfiktionalen Minnelyrik mit ihrem festgelegten Rollenspiel war die Spruchdichtung wirklichkeitsnäher und mehr gebrauchsbestimmt. Außerdem waren Minnesang und Spruchdichtung durch die gesellschaftliche Stellung ihrer Träger geschieden. Minnesang wurde hauptsächlich von Mitgliedern der höheren Gesellschaft ausgeübt. Die Spruchdichtung dagegen war eine Domäne der Fahrenden und Spielleute, die ihren Lebensunterhalt davon bestritten, daß sie von Hof zu Hof zogen. Vieles deutet darauf hin, daß die Spruchdichtung bereits eine längere Geschichte gehabt hat, bevor sie in der zweiten Hälfte des 12. Jahrhunderts zum ersten Mal textlich in Erscheinung trat. Wahrscheinlich hat sie eine mündliche Gattungstradition fortgesetzt.

LITERATUR: Mittelhochdeutsche Spruchdichtung. Hrsg. von Hugo Moser. Darmstadt 1972.

Spervogel

Alles, war von der älteren Spruchdichtung erhalten ist, ist mit dem Namen Spervogel verbunden. Unter diesem Namen überliefern die Liederhandschriften 51 Strophen in zwei Tönen. In dem Spervogel-Corpus sieht man heute das Werk von zwei verschiedenen Dichtern des 12. Jahrhunderts, einem älteren, den man Herger oder Anonymus-Spervogel nennt (28 Strophen, ein Ton), und einem jüngeren, dem man den Namen Spervogel belassen hat (23 Strophen, ein Ton). Die Überlieferungssituation ist aber noch komplizierter: genau genommen gibt es 59 Spervogel-Strophen in den Liederhandschriften; ein Teil der Strophen, die in der Manessischen Liederhandschrift Spervogel zugewiesen sind, stehen in der Handschrift A unter dem Namen »Der junge Spervogel«. Darin sieht man einen dritten Dichter, der im 13. Jahrhundert gedichtet hat und dem man jene Spervogel-Strophen zuschreibt, die jünger wirken. Gegenüber der ganzen Aufteilung bleiben jedoch viele Zweifel.

Der interessanteste Teil des Spervogel-Corpus sind die Strophen, die Herger zugeschrieben werden. Der Name Herger kommt zwar im Text vor (II, 2, 2); es ist aber nicht deutlich, ob der Verfasser sich damit selbst bezeichnet hat. Die Herger-Strophen repräsentieren den ältesten Bestand der deutschen Spruchdichtung und gehören durch die Kraft ihrer bildhaften Sprache zu den bedeutendsten Leistungen der frühhöfischen Zeit. Die Strophensammlung weist eine sehr sorgfältige Gliederung auf, die wahrscheinlich auf den Dichter zurückgeht. Je fünf Strophen (und einmal drei) schließen sich thematisch zusammen. Vermutlich waren diese Gruppen für den Vortrag konzipiert; sie spiegeln das Repertoire eines fahrenden Sängers, das lehrhafte Fabeln und Exempel, Herrscherlob und Herrscherschelte, die Klage über die Entbehrungen des Fahrendenlebens und Belehrungen über Himmel und Hölle und die Erlösertat Christi umfaßte. In der ersten Fünfergruppe wird der Tod Wernharts von Steinsberg (urkundlich 1128/29) und anderer adliger Gönner beklagt, von denen Walter von Hausen (urkundlich 1140 bis 1173), der Vater des Minnesängers Friedrich von Hausen, am besten bezeugt ist. Herger-Spervogel muß diese Strophen nach 1173 gedichtet haben. Er hat offenbar an den gräflichen und freiherrlichen Höfen des Rhein-Neckargebiets gesungen, vielleicht auch in Bayern.

Der zweite Spervogel-Ton ist eine Langzeilenstrophe, die jedoch in der Behandlung von Reim und Vers eine fortgeschrittenere Technik bezeugt. Inhaltlich steht in diesem Teil des Spervogel-Corpus die Lebenslehre im Mittelpunkt, oft sprichwörtlich verknappt und bildhaft ausgestaltet. Spervogel warnt seine adligen Zuhörer davor, Besitz höher zu achten als Ansehen, rät zu Gleichmut im Unglück, preist *zuht* und *triuwe* und die *tugent* reiner Frauen und klagt über das Leben in Armut. Ob hier wirklich ein anderer Dichter spricht als im Herger-Teil, muß offenbleiben.

Text: Minnesangs Frühling, S. 38–55; dazu: Volker Honemann in: VL 3, 1981, Sp. 1035–1041.

3. Frühhöfische Lehrdichtung

Seit der Mitte des 12. Jahrhunderts begegnet uns in der religiösen Lehrdichtung ein neuer Ton. Zum ersten Mal werden Tugenden herausgestellt, die nur im Weltleben zu verwirklichen waren. Das Gedicht ›Vom Rechte‹ handelt von Gerechtigkeit, Treue und Wahrhaftigkeit in verschiedenen Bereichen der Gesellschaft. In ›Der scopf von dem lône‹ werden Wankelmut und Untreue angeprangert, und die Freigebigkeit wird als höchste Tugend gefeiert. In manchen Texten ist die Lebensführung der Laien in konkreten Einzelheiten angesprochen, und es sind vor allem die Gewohnheiten und Praktiken der adligen Gesellschaft, die zur Sprache kommen. Die geistlichen Dichter reagierten damit auf die neue höfische Kultur, die sich in Deutschland verbreitete.

Ihr Urteil war von vernichtender Schärfe. In den traditionellen Formen der Sündenklage und der Bußpredigt wurde den adligen Laien das Verwerfliche und Gefährliche ihrer neuen Sitten vor Augen geführt. In der ›Rede vom Glauben‹ hat der Arme Hartmann die ganze Pracht eines großen fürstlichen Haushalts geschildert, mit goldenem Tischgerät, Seidengewändern, kostbaren Teppichen, Wandgemälden und bequemen Betten (2406ff.), und hat den Gedanken an die Vergänglichkeit alles Irdischen dagegengestellt. Die leidenschaftlichsten Anklagen gegen den höfischen Luxus und die neuen Umgangsformen des Adels stehen in dem Gedicht ›Von des tôdes gehugde‹, dessen Verfasser Heinrich von Melk genannt wird. Er wendet sich an »Ritter und Damen«, deren Lebensweise »Gott höchst widerwärtig ist«, weil sie nur an die »neuen Sitten« denken und dabei ihr Seelenheil aufs Spiel setzen (289ff.). Hoffart und Übermut sind die Hauptlaster der höfischen Gesellschaft. Sie zeigen sich bei den Frauen in ihrem Kleiderprunk und ihrem anmaßenden Auftreten, ihren geschminkten Gesichtern, ihren langen Schleppen und ihrem gelben Kopfputz (322f.). Die Ritter machen sich durch Prahlerei und Ruhmsucht schuldig: sie brüsten sich mit ihren sexuellen Erfolgen und messen die Tapferkeit eines Mannes daran, wer die meisten totgeschlagen hat (343ff.). Um zu zeigen, wie leer und eitel die neuen Wertvorstellungen der Hofgesellschaft sind, führt der Dichter eine Dame vor den aufgedunsenen und verfaulenden Leichnam ihres toten Gatten. »Nun sieh, wo sind seine leichtfertigen Worte, mit denen er die Hoffahrt der Damen pries? Nun sieh, wie die Zunge jetzt in seinem Mund liegt, mit der er die Liebeslieder wohlgefällig zu singen wußte; jetzt kann er kein Wort und keinen Ton mehr herausbringen. Nun sieh, wo ist das Kinn mit dem neumodischen Bart? Nun sieh, wie ganz unnatürlich die Arme und die Hände daliegen, mit denen er dich auf vielerlei Art liebkost und umarmt hat. Wo sind die Füße, auf denen er höfisch mit den Damen ging?« (607–23). Diese Sätze, die vermutlich um 1160/80 geschrieben wurden, sind von großer kulturgeschichtlicher Bedeutung: sie sind das älteste Zeugnis für den höfischen Minnesang.

Um dieselbe Zeit begegnen uns auch lehrhafte Gedichte, die die Gesellschaftspraktiken am Hof nicht mehr verdammen, sondern die adligen Umgangsformen zum Gegenstand der Belehrung machen. Es ist so gut wie sicher, daß diese Texte für ein höfisches Publikum bestimmt waren; genauere Anhaltspunkte über ihre Entstehungsgeschichte und Lokalisierung fehlen jedoch. Die Verfasser scheinen Geistliche oder geistlich Gebildete gewesen zu sein, und ihr Lehrstoff stammt zum großen Teil aus lateinischen Traditionen.

›Rittersitte‹

Von diesem Gedicht sind nur Bruchstücke (54 Zeilen) aus der Mitte des 12. Jahrhunderts erhalten. Der Dichter belehrt junge Adlige über richtige Lebensführung und fromme Gesinnung und spricht über den Umgang mit Damen, über die Jagdlust der adligen Jugend und den kostbaren Schmuck ihrer Pferde, ohne darin etwas Verwerfliches zu sehen.

›Der heimliche Bote‹

Deutlicher wird die neue Haltung in dem etwas jüngeren Gedicht ›Der heimliche Bote‹ (100 Verse, unvollständig), das vielleicht um 1170/80 entstanden ist und wenig später aufgezeichnet wurde. Das Gedicht besteht aus zwei Teilen: einer Minnelehre für adlige Frauen und einer Verhaltens- und Tugendlehre für Ritter. Die Zusammengehörigkeit der beiden Teile ist bestritten worden; doch begegnet man der gesonderten Behandlung von Frauen und Männern auch in anderen didaktischen Werken. Der erste Teil ist besonders interessant, weil er die erste Minnelehre in deutscher Sprache bietet. Die Liebe soll heimlich sein, und die Frauen sollen sich nicht von der Stärke, der Größe, der Schönheit oder der Kühnheit der Männer noch von ihrem gepflegten Haar, ihrer Manneskraft oder ihrer Ritterschaft beeindrucken lassen. Was den guten Liebhaber auszeichnet, soll man im Buch ›Phaset‹ nachlesen: gemeint ist offenbar der ›Facetus‹ (genauer: ›Facetus moribus et vita‹), ein weit verbreitetes lateinisches Lehrgedicht, das eine Liebeslehre nach dem Vorbild Ovids enthält.

Wernher von Elmendorf

Die erste umfangreiche ritterliche Tugendlehre ist das ›Moralium dogma deutsch‹ von Wernher von Elmendorf (1209 Verse, unvollständig; zwei Handschriften), der sich selbst als »Pfaffe« und »Kaplan« vorstellt und der im Auftrag Dietrichs von Elmendorf gearbeitet hat. Dieser ist 1168 urkundlich bezeugt; 1171 war er Propst in Heiligenstadt. Danach ist das Gedicht um 1170 zu datieren. Es ist eine freie Bearbeitung des lateinischen ›Moralium dogma philosophorum‹, einer systematischen Tugendlehre des 12. Jahrhunderts, die ihren Stoff hauptsächlich aus Ciceros ›De officiis‹ geschöpft hat. Das ›Moralium‹ war ein Hauptwerk der frühscholastischen Moralphilosophie. Welches Interesse der Propst von Heiligenstadt mit der Übertragung ins Deutsche verband, ist ungewiß. Vielleicht entstand das deutsche Gedicht im Zusammenhang mit einem fürstlichen Erziehungsauftrag. Jedenfalls hat Elmendorf nicht für ein Klosterpublikum gedichtet, und er war nicht an der wissenschaftlichen Tugendsystematik seiner Quelle interessiert, sondern er wollte junge Adlige auf ihre künftigen Herrscherpflichten vorbereiten. Aus der systematischen Tugendlehre ist eine Anleitung zum richtigen Handeln geworden. Der junge Herr soll gute Ratgeber wählen, er soll gerecht sein, freigebig und fromm, er soll die besiegten Feinde schonen, soll im Guten beständig sein und in allen Dingen Maß halten. Auch spezifisch höfische Verhaltensformen kommen zur Sprache: Freundlichkeit gegenüber Untergebenen, gute Tischmanieren, eine gewählte Ausdrucksweise. Das Thema Liebe begegnet nur in Gestalt einer Warnung vor »dummer Minne« (439). Die Bedeutung von Elmendorfs Lehrgedicht liegt darin, daß hier ein komplettes Programm der weltlichen Adelserziehung formuliert ist.

Literatur zur geistlichen Lehrdichtung in Bd. 1. – Texte: ›Rittersitte‹: Hrsg. von Hermann Menhardt. ZfdA 68 (1931), S. 153–163. – ›Der heimliche Bote‹: Hrsg. von Heinrich Meyer-Benfey. In: Mittelhochdeutsche Übungsstücke. 2. Aufl., Halle 1920, S. 30–32; dazu: Dietrich Huschenbett in: VL 3, 1981, Sp. 645–649. – Wernher von Elmendorf. Hrsg. von Joachim Bumke (ATB 77). Tübingen 1974.

Im 12. Jahrhundert hat es ein umfangreiches naturkundliches Prosaschrifttum in deutscher Sprache gegeben, dessen Bedeutung für die Geschichte der Prosaliteratur noch nicht genügend gewürdigt worden ist. Die meisten Texte scheinen bereits in der ersten Hälfte des Jahrhunderts verfaßt worden zu sein; es sind Erzeugnisse der oberdeutschen Klosterkultur. Der lateinische ›Physiologus‹, das beliebteste Naturbuch des Mittelalters, wurde um 1120 vollständig in Prosa übertragen, nachdem bereits im 11. Jahrhundert eine Teilübersetzung entstanden war. Zur medizinischen und pharmazeutischen Literatur gehören die ältesten Arzneibücher, Kräuterbücher und Steinbücher in deutscher Sprache, die zum Teil in einer lateinisch-deutschen Mischprosa abgefaßt sind und die eine weite Verbreitung gefunden haben. Sie wurden noch im 13. Jahrhundert abgeschrieben und überarbeitet und haben auch in der spätmittelalterlichen Rezeptliteratur Spuren hinterlassen.

›Lucidarius‹

Ganz für sich steht der deutsche ›Lucidarius‹ (78 Seiten in der Ausgabe von Heidlauf), das einzige Prosawerk der frühhöfischen Zeit, das nicht im Kloster, sondern an einem weltlichen Fürstenhof verfaßt worden ist. Der ›Lucidarius‹ ist ein enzyklopädisches Werk, ein Kompendium des menschlichen Wissens in Form eines Dialogs: ein Schüler fragt, der Meister gibt Antwort. Inhaltlich gliedert sich das Werk in drei Teile: 1. Schöpfungsgeschichte und Weltbeschreibung; 2. Erlösungsgeschichte und Heilslehre; 3. Von den letzten Dingen. Die Hauptquelle war das ›Elucidarium‹ von Honorius Augustodunensis (1. Hälfte des 12. Jahrhunderts). Von daher stammen der Titel, die Dialogform, die Einteilung in drei Bücher und ein großer Teil des Lehrstoffs der Teile 1 und 3. Für die Weltbeschreibung wurden außerdem die ›Imago mundi‹ des Honorius Augustodunensis und andere lateinische Schriften benutzt. Die Quellen des zweiten Teils sind noch nicht sicher nachgewiesen. Aus dem Prolog erfahren wir, daß Herzog Heinrich (gemeint ist Heinrich der Löwe) seine Kapläne in Braunschweig mit der Abfassung des Werks beauftragt hat; er bestand darauf, daß es in Prosa geschrieben wurde. Als Titel hat er ›Aurea gemma‹ (›Goldenes Geschmeide‹) vorgeschlagen; doch der »Meister« hat sich für den Titel ›Lucidarius‹ (›Leuchter‹) entschieden. (Die Echtheit des Prologs wird neuerdings angezweifelt.) Man setzt das Werk um 1190 an, weil bezeugt ist, daß Heinrich der Löwe in seinen letzten Lebensjahren gelehrte Interessen gezeigt hat. Eine frühere Entstehung um 1170 ist jedoch nicht unwahrscheinlich.

Die literarhistorische Bedeutung des ›Lucidarius‹ liegt vor allem in der außerordentlichen Wirkung, die von diesem Werk ausgegangen ist. Kein anderer deutscher Text der frühhöfischen Zeit hat so lange im literarischen Bewußtsein weitergelebt. Es gibt mehr als 70 Handschriften und über 100 Drucke. Die Handschriften gehören zu zwei Redaktionen, deren Verhältnis zueinander und zum Original verschieden beurteilt wird. Von 1479 an ist der ›Lucidarius‹, in sprachlich modernisierter Gestalt, gedruckt worden. In den Druckfassungen des 16. und 17. Jahrhunderts wurde der alte Text zum Teil erheblich verändert. Der jüngste Druck stammt aus dem Jahr 1806. Der ›Lucidarius‹ hat auch international gewirkt: er wurde ins Dänische, ins Niederländische, ins Tschechische und ins Russische übertragen. Der Einfluß auf die deutsche Literatur des späteren Mittelalters ist nur erst zum kleinen Teil erforscht. Der Dichter des ›Seifried Helbling‹ hat um 1300 die Dialogform übernommen und hat sein Werk danach den ›Kleinen Lucidarius‹ genannt.

TEXT: Hrsg. von Felix Heidlauf (DTM 28). Berlin 1915; dazu: Georg Steer in: VL 5, 1985, Sp. 939–947.

Chronologie und Geographie: Die Zeit um 1200 war in Deutschland eine schlimme Zeit innerer Wirren und blutiger Kriege zwischen den Parteien der Staufer und der Welfen, die nach dem Tod Kaiser Heinrichs VI. im Jahr 1197 um die Herrschaft und die Krone kämpften. Es war zugleich die Blütezeit der höfischen Literatur. Wie unscharf die zeitliche Abgrenzung gegenüber der frühhöfischen Zeit ist, verdeutlicht die Entstehungsgeschichte von Veldekes ›Eneit‹. Veldeke muß die Arbeit daran spätestens um 1170 begonnen haben; um 1175 war bereits der größere Teil vollendet. Abgeschlossen wurde das Werk jedoch erst um 1185. Die Dichter der nächsten Generation haben es als den Anfang einer neuen Kunst gefeiert. Nach 1180 dürften auch die Lieder Friedrichs von Hausen zu datieren sein, mit denen die hochhöfische Phase des Minnesangs beginnt. Um 1185 hat wahrscheinlich Hartmann von Aue seine literarische Laufbahn begonnen; aber gerade die Datierung von Hartmanns Anfängen ist unsicher und umstritten. Es gibt überhaupt nur wenige verläßliche Anhaltspunkte für die literarische Chronologie der Zeit um 1200. Eine Schlüsselstelle ist die Anspielung auf die Verwüstung der Erfurter Weingärten im siebenten Buch des ›Parzival‹ (379, 18 ff.), die sich auf die Ereignisse im Sommer 1203 bezieht, als König Philipp von Schwaben von dem Landgrafen von Thüringen und seinen Verbündeten in Erfurt belagert wurde. Daraus wird gefolgert, daß der ›Parzival‹ in den Jahren zwischen 1200 und 1210 entstanden ist. Da es bereits im fünften Buch des ›Parzival‹ eine Anspielung auf Hartmanns ›Iwein‹ gibt (253, 10 ff.), setzt man alle epischen Werke Hartmanns von Aue vor dem ›Parzival‹ an. Andererseits müssen substantielle Teile des ›Parzival‹ vorgelegen haben, als Gottfried von Straßburg den Literaturexkurs im ›Tristan‹ verfaßt hat, sofern Gottfrieds Polemik gegen den *vindaere wilder maere* (4663) gegen Wolfram gerichtet war. Für die Lyrik ist das Todesjahr Friedrichs von Hausen, 1190, das wichtigste Datum. Die sog. Witwenklage Reinmars des Alten, die sich wahrscheinlich auf den Tod Herzog Leopolds V. von Österreich († 1194) bezieht, und die Klage Walthers von der Vogelweide über den Tod Herzog Friedrichs I. von Österreich († 1198) lassen den

Schluß zu, daß die beiden Dichter in den neunziger Jahren in Wien gesungen haben.

Deutlicher ausgeprägt ist die Grenze am Schluß. Der Abbruch von Wolframs ›Willehalm‹ um 1220 und das Spätwerk Walthers von der Vogelweide – der letzte sicher datierbare Spruch stammt aus dem Jahr 1225 – markieren das Ende einer Epoche. In den Liedern Neidharts und in den Erzählungen des Strickers gewinnt die höfische Literatur nach 1220 ein ganz anderes Gesicht.

Die Literaturgeographie zeigt gegenüber der frühhöfischen Zeit bedeutsame Veränderungen. Der Nordwesten verliert in dieser Zeit seinen bestimmenden Einfluß. Die Berufung Veldekes nach Thüringen, nach 1181, ist symptomatisch für die Verschiebung des mitteldeutschen Schwerpunkts vom Rhein nach Osten. Unter Landgraf Hermann I. wurde der Thüringer Hof zum bedeutendsten Sammelpunkt höfischer Literatur in Deutschland. Im Westen liegt der Schwerpunkt der literarischen Produktion jetzt in den Gebieten zwischen dem unteren Neckar und dem Bodensee. Dort waren die meisten adligen Minnesänger zu Hause, die zum Kreis um Friedrich von Hausen gehörten; dort haben Hartmann von Aue und Gottfried von Straßburg gedichtet. Historisch bleibt die südwestdeutsche Literaturlandschaft jedoch ein undeutliches Gebilde, da keiner der genannten Epiker einem bestimmten Hof zugeordnet werden kann. Die Vermutung, daß neben dem staufischen Kaiserhof der Hof der Herzöge von Zähringen oder auch der welfische Hof in Altdorf-Weingarten eine wichtige Rolle für die Literatur gespielt haben, kann die bestehenden Unsicherheiten nicht beseitigen. Solange wir nicht wissen, in wessen Auftrag und für welches Publikum Hartmann von Aue und Gottfried von Straßburg gedichtet haben, bleibt das Bild von den historischen Grundlagen der höfischen Literatur bruchstückhaft. Wenn es richtig ist, daß Reinmar der Alte und Walther von der Vogelweide in Wien gedichtet haben, war der Wiener Hof das bedeutendste Lyrikzentrum dieser Zeit. Wolfram von Eschenbach hat vielleicht seine ersten Gönner in Franken (Graf von Wertheim) gefunden. Bereits während der Ausarbeitung des ›Parzival‹ stand er mit dem Landgrafen Hermann von Thüringen in Verbindung, der ihm auch die französische Vorlage für den ›Willehalm‹ vermittelt hat. Von literarischen Aktivitäten am bayerischen Herzogshof ist aus der Zeit um 1200 nichts zu hören.

Das Gesellschaftsbild: Die höfische Dichtung der Zeit um 1200 zeichnet ein ganz einheitliches Gesellschaftsbild, das in wesentlichen Punkten von den französischen Vorlagen geprägt ist. Es ist ein extrem selektives Bild, in dem nur die adlige Oberschicht an den Höfen der Könige und Landesherren einen Platz hat. Der Landadel tritt nicht in Erscheinung oder wird als unhöfisch verspottet, wie in der Gestalt des schäbigen Ritters von Riuwental in Neidhardts Liedern. Ausgeblendet ist auch das ganze Alltagsleben des Adels. Dadurch wirkt das Gesellschaftsbild der höfischen Dichtung ausgesprochen wirklichkeitsfremd. Die Dichter schildern eine höfische Festgesellschaft mit einem ausgeprägten Überlegenheitsbewußtsein, das sich auf den materiellen Luxus des Hoflebens und auf die Beherrschung zeremonieller Umgangsformen gründet.

So unwirklich das höfische Gesellschaftsbild im ganzen ist, in den Einzelheiten waren die Dichter offenbar um Genauigkeit und Wirklichkeitsnähe bemüht. Das gilt vor allem für die Darstellung der adligen Sachkultur, die in der höfischen Dichtung einen breiten Raum einnimmt. Die Kleider der Damen werden bis in die kleinsten Details der Verarbeitung beschrieben, wobei die Dichter eine reich ausgebildete (französisch geprägte) Fachterminologie benutzten und offenbar auf die tatsächlichen Modevorstellungen und -wünsche der adligen Hofgesellschaft Bezug nahmen. Genauso verhält es sich mit den Beschreibungen der Ritterrüstungen und der Waffentechnik, der Pferde, Zelte, Burgen, der Tafelsitten und vieler anderer Einzelheiten des höfischen Lebens. Das Interesse des Hofpublikums an der höfischen Literatur war sicherlich nicht zuletzt auf solche Details gerichtet.

Auch die Darstellung der höfischen Umgangsformen war an der Wirklichkeit des Hoflebens orientiert. Das ist zwar im einzelnen schwer nachweisbar, weil aus den historischen Quellen kaum etwas über das Benehmen am Hof zu erfahren ist. Dennoch ist es wahrscheinlich, daß etwa das Zeremoniell der Begrüßung und der Anrede, Einzelheiten des Herrschaftsprotokolls sowie Höflichkeitsformen und gesellschaftliche Gebärden, die von den Dichtern geschildert werden, auch in Wirklichkeit praktiziert oder als vorbildlich angesehen wurden. Besonders deutlich ist die Bezugnahme auf gesellschaftliche Realität in den poetischen Beschreibungen höfischer Festveranstaltungen; denn solche festlichen Versammlungen haben tatsächlich für das Gesellschaftsleben des Adels im 12. und 13. Jahrhundert eine wichtige Rolle gespielt.

Die sozialen, wirtschaftlichen und politischen Probleme, die das Leben des Adels in dieser Zeit bestimmt haben, sind dagegen in der höfischen Dichtung weitgehend ausgeklammert, wenn man von der politischen Spruchdichtung absieht. Es geht fast immer darum, wie höfische Vorbildlichkeit zu erreichen ist. Im Minnesang wird vorgeführt, wie der Sänger im Dienst für seine Dame Beständigkeit, Aufrichtigkeit und Selbstbeschränkung erprobt und bewährt. In der höfischen Epik wird von Rittern erzählt, die im Kampf großartige Taten vollbringen und die Liebe schöner Damen gewinnen. Die dieser Handlung innewohnende Problematik ergibt sich meistens daraus, daß der Weg zu dem erstrebten Ziel höfischer Vollkommenheit sich als schwierig und hindernisreich erweist, und daß der Held dabei Rückschläge erleidet, die nur durch langwierige Bewährungen zu überwinden sind. So unwirklich diese Handlungsabläufe sind – kein Mensch hat damals so gelebt wie die Helden der höfischen Romane –, eine gesellschaftliche Relevanz ist ihnen nicht abzusprechen. Die höfischen Dichter haben ihrem adligen Publikum ein Gesellschaftsideal vermittelt, das von der Hofgesellschaft als eine verklärende Rechtfertigung ihrer adligen Lebensform angesehen werden konnte, verbunden mit dem Appell, auch im wirklichen Leben den höfischen Tugendvorstellungen nachzustreben.

Höfische Liebe: Im Gesellschaftsentwurf der höfischen Dichtung nimmt die Liebe eine zentrale Stellung ein. Liebe ist der höchste Wert, auf den alle anderen Wertbegriffe hingeordnet sind. In der Liebe verwirklicht sich höfische Vollkommenheit. Höfische Liebe ist nicht nur eine persönliche Beziehung zwischen zwei Menschen, sondern zugleich immer auch eine Form des gesellschaftlichen Verhaltens. Sie unterliegt bestimmten Regeln, bestimmten Normen; nur wer sich an diese Normen hält, kann höfisch lieben. Durch die Bindung an die höfische Gesellschaftsmoral bekommt die Liebe einen ständisch exklusiven Charakter: nur die adlige Hofgesellschaft ist zu einer solchen Liebe imstande.

Die Versuche, höfische Liebe inhaltlich zu definieren, greifen meistens zu kurz. Daß höfische Liebe in ihrer reinsten Form unerfüllte Liebe sei, ist eine Vorstellung, die sich hauptsächlich auf das Argument stützt, daß jede Liebeserfüllung die Anstrengungen des Liebenden, besser oder vollkommener zu werden, mindern müßte. Die höfische Erzählliteratur zeigt jedoch, daß auch erfüllte Liebe höfische Liebe sein konnte. Von geringerem Gewicht ist der Gedanke, daß höfische Liebe sich hauptsächlich an verheiratete Frauen gerichtet habe. Zur Begründung hat man darauf verwiesen, daß nur die ältere und erfahrene Frau imstande sei, den Mann zu höheren Werten zu führen. In den literarischen Texten findet diese Auffassung jedoch keine Stütze. Auch die Auffassung, daß die höfische Liebe sich an eine sozial höherstehende Frau richtete, ist nur beschränkt gültig. Die Helden der höfischen Romane sind selber Fürsten- und Königssöhne; sie heiraten meistens eine reiche Erbin oder eine verwitwete Landesherrin und gewinnen dadurch an Macht und Ansehen. Standesunterschiede werden dabei nicht thematisiert. Am ehesten eignet sich der Dienstgedanke zur inhaltlichen Füllung der höfischen Liebeskonzeption. Es gibt zwar auch Fälle von höfischer Liebe, wo Dienst keine Rolle spielt. Die Regel ist jedoch, daß Ritter und Dame im Verhältnis von Unterordnung und Überordnung zueinander stehen, daß der Ritter zu seiner Dame aufblickt, daß Liebe sich als Dienst verwirklicht und daß Gegenliebe als Lohn gewährt wird. »Wer kann Liebe ohne Dienst haben? Der würde sich versündigen, wenn ich euch das sagen darf. Wer auf hohe Minne aus ist, der muß vorher und hinterher dienen« (Wolfram von Eschenbach, Parzival 511, 12–16). Über die Herkunft dieser eigentümlichen Liebestheorie ist viel gestritten worden, ohne daß es gelungen wäre, das Ursprungsproblem zu lösen. Höfische Liebe begegnet uns zuerst bei den ältesten provenzalischen Trobadors, bald nach 1100. Ab 1150 haben die nordfranzösischen Dichter dieses Konzept selbständig erweitert; um 1170 beginnt die Rezeption in Deutschland.

Die Frage nach den gesellschaftlichen Grundlagen des höfischen Liebesbegriffs wird sehr unterschiedlich beantwortet. Der Gedanke, daß die Liebe nur eine Metapher sei und daß es in Wirklichkeit um das Dienstverhältnis gehe, daß höfische Liebe also die Ideologie der Abhängigen sei, die sich um gesellschaftliche Integration in den höheren Adel bemühten, hat die neuere Diskussion sehr angeregt. Aber es ist auch deutlich geworden, daß auf diesem Weg keine Lösung gefunden werden kann. Ebenso problematisch sind alle Versuche, die Eigentümlichkeit der höfischen Liebeskonzeption von der Erlebnisstruktur her zu begreifen. Vor allem in den letzten Jahren hat man, zum Teil mit Hilfe psychoanalytischer Begriffe, den neurotischen Charakter der höfischen Frauenverherrlichung und Dienstgesinnung betont. Die literarischen Texte erlauben jedoch keinen

Rückschluß auf reale Erlebnisse. Wenn Frauendienst tatsächlich in der adligen Gesellschaft praktiziert worden ist, so war er nicht Ausdruck persönlicher Betroffenheit, sondern gesellschaftliche Konvention. Höfische Liebe verwirklichte sich hauptsächlich im Reden über die Liebe, in der Diskussion von Liebesfragen, in Gesellschaftsspielen und in zeremoniellen Urteilssprüchen.

Man kann die höfische Liebe als ein Gegenprogramm zu der rücksichtslosen Sexualpraxis der Adelsgesellschaft interpretieren. Statt Gewalt und Hemmungslosigkeit verlangten die Regeln der Liebe ein ausgesuchtes Benehmen nach den Vorschriften der höfischen Etikette; statt einer Sexualität, die nur auf körperliche Befriedigung aus war, eine erotische Kultur, in der musikalische Begabung, Redegewandtheit und literarische Bildung einen hohen Stellenwert hatten; statt Benachteiligung und Ausnutzung der Frau ein Rollenspiel, bei dem die Dame den Part der Herrin übernahm und der Herr zum Diener wurde, der nach höfischer Vollkommenheit streben mußte, um der Huld der Frau teilhaftig zu werden. Höfische Liebe war eine Gesellschaftsutopie. Liebe stand als Kennwort für eine neue, bessere Gesellschaft, aus der alles Schlechte und Ungezogene ausgeschlossen sein sollte. Eine solche Gesellschaft existierte nur im poetischen Entwurf der Dichter.

Hofkritik: Da die höfischen Dichter von den Wünschen ihrer fürstlichen Auftraggeber und dem Urteil ihres Publikums abhängig waren, ist es nicht verwunderlich, daß die Gesellschaftsdarstellung der höfischen Literatur fast durchweg einen bestätigenden und verherrlichenden Charakter besitzt. Erst bei genauerem Hinsehen wird deutlich, daß von den Dichtern um 1200 auch kritische Akzente gesetzt worden sind. Wie die Rezeptionsgeschichte erkennen läßt, sind diese kritischen Züge von den Zeitgenossen kaum beachtet worden, und auch die wissenschaftliche Forschung hat sie lange übersehen. Erst in jüngster Zeit ist erkannt worden, daß die Auseinandersetzung mit dem höfischen Gesellschaftsentwurf zu den interessantesten Aspekten in der Literatur um 1200 gehört.

Diese Auseinandersetzung begann bereits in der ersten Phase der Rezeption französischer Literatur. Bei Friedrich von Hausen führt die Gegenüberstellung des höfischen Frauendienstes mit der religiösen Forderung des Kreuzzugs zu einer Absage an die weltliche Liebe. In den Kreuzliedern Hartmanns von Aue ist diese Position bis zur grundsätzlichen Ablehnung des Minnesangs verschärft worden. Auch die Konstruktion des Dienstgedanken mit der Überhöhung der Dame wurde in Frage gestellt, am nachdrücklichsten von Walther von der Vogelweide. Detaillierter und vehementer ist die Hofkritik in der Epik. Hartmann von Aue hat König Artus, den Repräsentanten höfischer Vollkommenheit, im ›Iwein‹ ironisch ins Licht gesetzt. Im ›Nibelungenlied‹, im ›Tristan‹ Gottfrieds von Straßburg und im ›Willehalm‹ von Wolfram von Eschenbach ist die Auseinandersetzung mit den Grundgedanken der höfischen Gesellschaftsmoral auf unterschiedliche Weise zum zentralen Thema geworden.

Höfische Form: Für die Dichter der Zeit um 1200 war Dichten in erster Linie ein Formproblem. Metrische und sprachliche Formgebung wurden im Verlauf von wenigen Jahrzehnten zu einer vorher nie erreichten künstlerischen Vollendung gebracht. Zugleich ist es den Dichtern gelungen, bei ihrem Hofpublikum eine neue Sensibilität für die Feinheiten der künstlerischen Gestaltung zu wecken. Die literaturkritischen Äußerungen aus dieser Zeit bestätigen, daß Dichtung vor allem als formale Leistung gewertet wurde; auch die Rezeptionsgeschichte zeigt, daß die Werke der Zeit um 1200 später hauptsächlich als Stilvorbilder weitergewirkt haben.

In der Lyrik sind die neuen Formansprüche sehr rasch durchgesetzt worden. Die Hinwendung zur französischen und provenzalischen Lyrik eröffnete den Minnesängern den Zugang zu einer Fülle formaler Gestaltungsmittel, die dem Donauländischen Minnesang noch unbekannt gewesen waren. In der Epik hat es einen solchen Bruch zwischen der frühhöfischen und der hochhöfischen Formgebung nicht gegeben. Hier vollzog sich die Entwicklung kontinuierlicher; aber auch hier wurden in kurzer Zeit enorme Fortschritte gemacht. Das läßt die Arbeit an den metrischen Problemen besonders deutlich erkennen. In der Glättung des *Versbaus* und in der *Reimbehandlung* hat Veldeke neue Maßstäbe gesetzt. Bei Hartmann von Aue ist das Prinzip des reinen Reims noch konsequenter durchgeführt; es gibt jedoch auch im ›Erec‹ noch einige hundert Verse, die der metrischen Norm der Vierhebigkeit nicht vollkommen entsprechen. Im ›Iwein‹ sind solche Reste einer älteren Verstechnik verschwunden. Gottfried von Straßburg ist dann noch einen Schritt weitergegangen, indem er den alternierenden Rhythmus konsequent durchgeführt und die Abweichungen davon festen Regeln unterworfen hat. Er hat damit den formstrengen Epikern des 13. Jahrhunderts den Weg gewiesen. Es gab aber auch Ausnahmen. Wolfram von Eschenbach hat die Linie der künstlerischen Entwicklung, die von Veldeke zu Gottfried führte, bewußt verlassen und sich im Versbau und in der Reimtechnik Freiheiten erlaubt, die von seinen Dichterkollegen als Verstöße gegen die Prinzipien des metrischen Formenbaus angesehen wurden.

Die Arbeit am höfischen *Wortschatz* läßt sich an der Verdrängung alter Wörter belegen. Das Wort *brünne* (»Panzerhemd«) kommt noch im ›Nibelungenlied‹ und in der späteren Heldenepik vor, aber niemals bei Hartmann, Wolfram und Gottfried; dasselbe gilt für *vürbüege* (»Brustriemen des Pferdes«). Das alte Wort *gêr* (»Wurfspieß«) wird im ›Nibelungenlied‹ und bei Veldeke, gelegentlich auch von Wolfram gebraucht, von Hartmann und Gottfried nie. Das Wort *künne* (»Geschlecht«) ist im ›Nibelungenlied‹, bei Veldeke und bei Wolfram ohne Einschränkung benutzt; Hartmann hat es öfter im ›Erec‹ verwendet, im ›Iwein‹ nie; bei Gottfried fehlt es ganz. Das alte Heldenwort *wîgant* (»Krieger«) kommt bei Veldeke und bei Wolfram vor, nicht dagegen bei Hartmann und Gottfried; *recke* (»Held«) steht im ›Nibelungenlied‹ oft, bei Wolfram selten, bei Veldeke, Hartmann und Gottfried nie. Ähnlich verhält es sich mit *ecke* (»Schneide des Schwertes«), *urliuge* (»Kampf«) und *ellen* (»Tapferkeit«). Bereichert wurde der höfische Wortschatz durch zahlreiche Neubildungen und vor allem durch die vielen französischen Wörter, die von den Dichtern entlehnt wurden. Alleine im ›Parzival‹ kommen mehr als vierhundert französische Wörter vor, einige davon sehr häufig.

Die *Syntax* der höfischen Dichtersprache ist nocht nicht genügend erforscht. Die Tendenz ging dahin, kompliziertere Formen des Satzbaus zu entwickeln. Kennzeichnend sind hypotaktische Fügungen, vor allem konditionale und konzessive Satzkonstruktionen, die zum Ausdruck differenzierter Argumentationsreihen und zur Analyse innerer Bewegungen genutzt wurden. In den Liedern Reinmars des Alten und in Hartmanns ›Iwein‹ ist der hypotaktische Stil am eindruckvollsten verwirklicht. Daran haben sich die späteren Dichter geschult.

Nach der Lehre der mittelalterlichen Poetiken unterschied sich die Sprache der Dichtung von der des Alltags vor allem durch den *Redeschmuck*. Geschmückt wurde die Sprache mit

»Redeblumen« (*flores rhetorici*), rhetorischen Figuren, deren Gebrauch im Schulunterricht gelernt und geübt wurde. Auch die höfischen Dichter sind in die Schule der Rhetorik gegangen; und die Rhetorisierung des Stils läßt sich an der Verwendung sprachlicher Schmuckmittel deutlich ablesen. Für die Epiker, die eine gute Schulbildung besaßen, war die Kenntnis der Rhetorik eine Selbstverständlichkeit. In welchem Umfang sie davon Gebrauch gemacht haben, ist von Fall zu Fall zu entscheiden. Am auffälligsten ist die Verwendung rhetorischer Schmuckmittel bei Gottfried von Straßburg und seinen Nachahmern. In anderen Fällen können die Formen des Redeschmucks auch durch die französischen Vorlagen vermittelt worden sein. Der rhetorisch geschmückte Stil zielte auf Eleganz, Klarheit und Wohllaut der poetischen Rede. Gottfried von Straßburg fand dieses Stilideal in den Werken Hartmanns von Aue verwirklicht: »Wie klar und rein sind seine kristallenen Worte und werden es immer sein« (Tristan 4626–28). Daß es jedoch auch möglich war, ohne rhetorische Schulung die Gunst des höfischen Publikums zu gewinnen, zeigt der große Erfolg Wolframs von Eschenbach, dessen »krummer« Stil (Willehalm 237, 11) mit seinen Unebenheiten und Brüchen, seiner Vorliebe für Ausgefallenes und seiner dunklen Bilderfülle den Regeln der Rhetorik hohnsprach.

Den meisten Gebrauch haben die höfischen Dichter von den Stilmitteln gemacht, die die mittelalterliche Poetik unter dem Begriff *amplificatio* (»Erweiterung«) zusammenfaßt. Dazu gehören Anrede, Personifizierung, Umschreibung, Vergleich, Erklärung, Abschweifung und vor allem die *Beschreibung*, die von den epischen Dichtern in einem solchen Umfang angewandt wurde, daß man geradezu von einem höfischen Beschreibungsstil sprechen kann. Es kam darauf an, das höfisch Vorbildliche und Musterhafte der Personen, Gegenstände und Vorgänge herauszustellen. Veldeke war der erste, der diesen Stil in der ›Eneit‹ verwirklicht hat. Seine Beschreibungen von Kleidern, Waffen, Pferden, Zweikämpfen und Hoffesten haben den späteren Dichtern als Muster gedient. Die erste große Turnierbeschreibung begegnet uns in Hartmanns ›Erec‹. Die Beschreibung von Enites Pferd (Erec 7286ff.) mit fast fünfhundert Versen ist ein besonderes Prunkstück der höfischen Beschreibungstechnik.

Nirgends ist der ästhetische Anspruch der höfischen Dichtung und die Eigenart ihrer künstlerischen Formgebung so eingehend erläutert worden wie im Literaturexkurs des ›Tristan‹. Was Gottfried von Straßburg dort als eine besondere Leistung Hartmanns von Aue rühmt, trifft einen zentralen Punkt, die Fähigkeit nämlich, die Dichtung »außen« und »innen«, »mit Worten« und »mit Sinn« zu schmücken. Die wichtigste Aufgabe des Dichters war es danach, die Sprache transparent zu machen für den Sinn, äußere und innere Form in Übereinstimmung zu bringen.

LITERATUR: Zur höfischen Gesellschaft und zur höfischen Kultur: S. 36. Aus der umfangreichen Literatur zur höfischen Liebe können nur wenige Titel genannt werden: The Meaning of Courtly Love. Hrsg. von F. X. Newman. Albany, N. Y. 1968. – Horst Wenzel, Frauendienst und Gottesdienst. Studien zur Minneideologie. Berlin 1974. – In Pursuit of Perfection. Courtly Love in Medieval Literature. Hrsg. von Joan M. Ferrante u.a. Port Washington, N. Y., London 1975. – Ursula Liebertz-Grün, Zur Soziologie des »Amour courtois«. Heidelberg 1977. – Franz Taiana, Amor purus und die Minne. Freiburg/Schweiz 1977. – Roger Boase, The Origin and the Meaning of Courtly Love. A Critical Study of European Scholarship. Manchester, Totowa, N. Y. 1977. – Peter Wapnewski, Waz ist minne. Studien zur Mittelhochdeutschen Lyrik. 2. Aufl. München 1979. – Rüdiger Schnell, Hohe und Niedere Minne. ZfdPh. 98 (1979), S. 19–52. – Peter Dinzelbacher, Über die Entdeckung der Liebe im Hochmittelalter. Saeculum 32 (1981), S. 185–208. – Love and Marriage in the Twelfth Century. Hrsg. von W. van Hoecke u. A. Welenhuysen. Löwen 1981. – Amour, mariage et transgressions au moyen âge. Hrsg. von Danielle Buschinger u. André Crépin. Göppingen 1984. – Liebe – Ehe – Ehebruch in der Literatur des Mittelalters. Hrsg. von Xenja von Ertzdorff u. Marianne Wynn. Gießen 1984. – Rüdiger Schnell, Causa amoris. Liebeskonzeption und Liebesdarstellung in der mittelalterlichen Literatur. Bern, München 1985. – Minne ist ein swaerez spil. Neue Untersuchungen zum Minnesang und zur Geschichte der Liebe im Mittelalter. Hrsg. von Ulrich Müller. Göppingen 1986; darin: Peter Dinzelbacher, Sozial- und Mentalitätsgeschichte der Liebe im Mittelalter. S. 75–110. – Liebe in der deutschen Literatur des Mittelalters. Hrsg. von Jeffrey Ashcroft u.a. Tübingen 1987; darin: Ursula Peters, Höfische Liebe. Ein Forschungsproblem der Mentalitätsgeschichte, S. 1–13. Zur Hofkritik: Claus Uhlig, Hofkritik im England des Mittelalters und der Renaissance. Studien zu einem Gemeinplatz der europäischen Moralistik. Berlin, New York 1973. – Gerhild Scholz-Williams, Against Court and School. Heinrich of Melk and Hélinand of Froidmont as Critics of Twelfth Century Society. Neophilologus 62 (1978), S. 513 bis 526. – Rolf Köhn, Militia curialis. Die Kritik am geistlichen Hofdienst bei Peter von Blois und in der lateinischen Literatur des 9.–12. Jahrhunderts. In: Soziale Ordnung im Selbstverständnis des Mittelalters. Hrsg.

von Albert Zimmermann. 1. Halbbd. Berlin, New York 1979, S. 227 bis 257. – C. Stephen Jaeger, The Court Criticism of MGH Didactic Poets. Social Structures and Literary Conventions. Monatshefte 74 (1982), S. 389–409. – Ders.: The Nibelungen Poet and the Clerical Rebellion against Courtesy. In: Spectrum medii aevi. Essays in Early German Literature. FS G. F. Jones. Göppingen 1983, S. 177–205. – Ders.: The Barons' Intrigue in Gottfried's Tristan. Notes toward a Sociology of Fear in Court Society. Journal of English and Germanic Philology 83 (1984), S. 46–66. Zur Poetik der höfischen Dichtung: Max Wehrli, Literatur im deutschen Mittelalter. Eine poetologische Einführung. Stuttgart 1984. – Walter Haug, Literaturtheorie im deutschen Mittelalter. Von den Anfängen bis zum Ende des 13. Jahrhunderts. Eine Einführung. Darmstadt 1985.

1. Höfische Lyrik

Der romanische Einfluß: Um 1170/80 hat die höfische Lyrik ihr Erscheinungsbild vollkommen geändert. In kürzester Zeit setzte sich ein neuer Stil durch, der durch romanische Vorbilder geprägt war. Die deutschen Minnesänger haben sich sowohl an der provenzalischen als auch an der nordfranzösischen Lyrik orientiert. Sie haben sich nicht die alten Trobadors des frühen 12. Jahrhunderts zum Muster genommen, sondern die Zeitgenossen Folquet de Marseille, Gaucelm Faidit und die gleichzeitigen Trouvères Gace Brulé, Blondel de Nesle und Conon de Béthune. In den meisten Fällen läßt sich das Abhängigkeitsverhältnis nicht genau bestimmen; denn anders als die Epiker haben die Minnesänger die Texte nicht einzeln übertragen. Das bedeutet allerdings nicht, daß der romanische Einfluß in der Lyrik weniger intensiv gewesen wäre.

Was die deutschen Dichter und ihr Publikum an der romanischen Lyrik interessierte, ist an der Auswahl zu erkennen, die sie getroffen haben. Die verschiedenen Formen des provenzalischen Streitgedichts (Tenzone, Partimen, Cobla), das politische Lied (Sirventes) und das Klagelied (Planh) sowie die volkstümlichen Romanzen, Frauenlieder, Pastourellen und Tanzlieder in Nordfrankreich sind in Deutschland unbeachtet geblieben. Aus dem ganzen Reichtum der romanischen Lyrik wurde, außer dem Tagelied und dem Kreuzlied, hauptsächlich ein Typ übernommen, der allerdings auch in Frankreich die wichtigste und bedeutendste lyrische Gattung war: der »grand chant courtois«, das eigentliche Minnelied.

Unklar sind die Bildungsvoraussetzungen der lyrischen Rezeption. Die Trobadordichtung ist nicht denkbar ohne Ovid-Kenntnisse, ohne Vertrautheit mit der lateinischen Musikwissenschaft und ohne eine rhetorisch-dialektische Schulung. Von all dem haben die deutschen Minnesänger vermutlich nichts gewußt. Die meisten von ihnen gehörten dem Laienadel an und waren wahrscheinlich Analphabeten. Man kann sich kaum vorstellen, daß sie ohne längere Schulung imstande waren, die strengen Gesetze des Stollenbaus und die komplizierten Reimstellungen zu handhaben. Schriftliche Aufzeichnungen dürften bei der Rezeption keine Rolle gespielt haben; die ältesten »Chansonniers« mit Trobador- und Trouvèreliedern stammen erst aus der Mitte des 13. Jahrhunderts. Man muß mit mündlicher Vermittlung rechnen, vielleicht mit persönlichen Kontakten zwischen den deutschen und den französischen Dichtern. Wie und wo die deutschen Sänger die notwendigen Sprachkenntnisse erworben haben, entzieht sich unserer Kenntnis.

Wahrscheinlich war der staufische Königshof unter Friedrich I. und Heinrich VI. das erste Zentrum für den Minnesang im romanischen Stil. Friedrich von Hausen gehörte zum engsten politischen Kreis um Kaiser Friedrich I.; und die meisten Dichter, die literarisch unter dem Einfluß Hausens standen, lassen sich durch urkundliche Belege oder durch Selbstaussagen mit den staufischen Herrschern in Verbindung bringen. Diesen staufischen Literaturkreis denkt man sich meistens in Schwaben, wo die Staufer ihren Hausbesitz hatten und wo der Hof sich häufig aufhielt. Es ist jedoch auch mit der Möglichkeit zu rechnen, daß die Kontakte über Italien liefen. Heinrich VI. wurde 1186 zum König von Italien gekrönt und hat sich mehrere Jahre lang dort aufgehalten. Dort sind auch Friedrich von Hausen, Ulrich von Gutenburg und später Bligger von Steinach urkundlich in seiner Umgebung bezeugt. Ein längerer Aufenthalt in Italien konnte den deutschen Dichtern Gelegenheit geben, mit der provenzalischen Trobadorlyrik bekannt zu werden, die damals an den norditalienischen Fürstenhöfen in Blüte stand.

Die neue Form: Die Lyrik der Trobadors und Trouvères war eine anspruchsvolle Formkunst. Die deutschen Minnesänger mußten lernen, streng alternierende Verse zu bauen, den Auftakt zu regeln und auf die Kadenz des vorangehenden Verses abzustimmen, lange und kurze Verse miteinander zu verbinden und ungewohnte Reimschemata zu meistern. Von den romanischen Strophenformen hat die Kanzonenstrophe bei den deutschen Dichtern die größte Bedeutung erlangt. Die Kanzonenstrophe besteht aus zwei gleichgebauten »Stollen«, die zusammen den »Aufgesang« bilden, und einem anders gebauten »Abgesang«. In dieser Form sind über achtzig Prozent der deutschen Minnelieder gedichtet. Aus Frankreich übernahmen die deutschen Dichter auch die Regel, daß jedes Lied eine eigene Strophenform haben mußte. Das metrische Schema der Kanzone ließ dafür genügend Spielraum.

In der ersten Phase der Rezeption haben die deutschen Minnesänger nicht selten das komplette Strophenschema eines romanischen Liedes übernommen. Erst allmählich hat man gelernt, mit den übernommenen Formelementen freier umzugehen. Die immer selbständigere Verarbeitung der romanischen Formmuster kennzeichnet die Entwicklung der höfischen Lyrik in Deutschland. Es gab jedoch von Anfang an eine natürliche Grenze der Nachahmung, die in der Andersartigkeit des deutschen Versbaus begründet war. Der französische Vers wurde nach der Silbenzahl gemessen, der deutsche nach der Anzahl der Hebungen. Aus diesem Unterschied erklärt sich das Vorkommen der sogenannten mittelhochdeutschen Daktylen (*mír wart von vroúwen so liébez nie kúnt*), mit denen die deutschen Minnesänger offenbar französische Zehnsilblerverse wiederzugeben suchten.

Zur Form des Minnesangs gehörte auch die Musik. Die Dichter waren auch Komponisten und Sänger, und die Kunst des Strophenbaus beruhte wesentlich auf der Korrespondenz von sprachlicher, metrischer und musikalischer Form. Zeitgenössische Zeugnisse lassen erkennen, daß die höfische Lyrik in erster Linie als musikalische Kunst betrachtet wurde. Gottfried von Straßburg hat die Minnesänger im Literaturexkurs des ›Tristan‹ als »Nachtigallen« gefeiert und hat an den Liedern Walthers von der Vogelweide besonders die Melodieführung gerühmt. Dieser Aspekt der höfischen Liedkunst ist uns jedoch weitgehend verschlossen, weil die Melodieüberlieferung zum deutschen Minnesang ausgesprochen schlecht ist. Heute geht man davon aus, daß die deutschen Dichter auch in der musikalischen Formgebung den romanischen Vorbildern gefolgt sind, und daß sie dort, wo der Strophenbau bestimmten romanischen Mustern genau entspricht, auch die musikalische Form übernommen haben. Auf Grund der reichen musikalischen Überlieferung in Frankreich ist es gelungen, durch den Nachweis solcher »Kontrafakturen« die Kenntnis der Minnesangmelodien wesentlich zu erweitern. Man darf jedoch nicht übersehen, daß es sich dabei nur um Hypothesen handelt. Vor allem ist nicht erwiesen, daß die deutschen Lieder, wie man es für die romanischen annimmt, nach der mittelalterlichen Musiktheorie der sechs Modi rhythmisiert worden sind.

Die neue Thematik: Die thematische Gestalt der Minnelieder im romanischen Stil ist durch die Konstellation von Sänger, Dame und Gesellschaft bestimmt.

Der *Sänger* tritt in den meisten Liedern als Ich-Sprecher auf; die ganze Thematik der höfischen Liebe ist aus seiner Perspektive gesehen. Dabei geht es nicht um die Entfaltung von Individualität, sondern um das Durchspielen einer Rolle. Der Stil ist reflektierend, nicht erzählend. Gegenstand der Reflexion ist die Liebe selbst (»Kann mir jemand sagen, was Minne ist?« Walther von der Vogelweide 69,1). Außerdem spricht der Sänger über die geliebte Dame und vor allem über sich selbst und sein Singen. Seine Stellung zu der Dame ist durch den Dienstgedanken bestimmt: er dient, indem er singt. Er singt von seinen Wünschen, die manchmal sehr direkter Art sind, von seiner Hoffnung auf Lohn, von der Liebe, die ihn der Sinne beraubt. Sehr häufig singt er von dem Schmerz des vergeblichen Dienens. Der Dienst, auch der vergebliche, wird öfter als eine Leistung betrachtet: indem der Sänger Beständigkeit (*staete*) und Aufrichtigkeit (*triuwe*) beweist, nähert er sich den höfischen Werten an, die er im Bild der Dame verherrlicht.

Die *Dame* bleibt anonym. Sie ist meistens ganz unpersönlich gezeichnet, ein Idealbild höfischer Vollkommenheit, ausgezeichnet durch Schönheit und Tugend. Neben dem Dienstgedanken ist der Frauenpreis das wichtigste Thema des Minnelieds. Aus der Perspektive des Sängers erscheint die Dame oft in großer Distanz, manchmal unerreichbar weit entfernt. Ihre Reaktion auf die Werbung des Sängers ist Gleichgültigkeit oder Ablehnung. Dabei hält der Sänger jedoch die Hoffnung wach, daß die Dame nur aus Rücksicht auf die Gesellschaft und auf ihren guten Ruf sich seinem Werben versagt.

Die *Gesellschaft* ist in den meisten Liedern an der Minnehandlung beteiligt: in der positiven Rolle der »Freunde«, die die Werbung des Sängers unterstützen und für seine Notlage Verständnis zeigen, oder in der negativen Rolle der »Merker«, die die Annäherungen des Sängers an die Dame zu verhindern suchen. Der Sänger beschreibt die paradoxe Situation, daß die Vergeblichkeit seines Minnedienstes ihn zu Trauer und Klage bestimmt, während die Gesellschaft von ihm erwartet, daß er ihr durch sein Singen *vreude* und *hôhen muot* vermittelt.

Diese Konstellation von Sänger, Dame und Gesellschaft fanden die deutschen Dichter als fertiges Schema vor. Im Prozeß der Aneignung sind jedoch die Akzente verschoben worden. Am schwersten wiegt, daß die »Senhals« und »Tornadas« aus den romanischen Minnekanzonen nicht übernommen wurden. »Senhals« sind Verstecknamen (»Schöner Blick«, *Bel Esgar)*, mit denen die Trobadors die von ihnen besungenen Damen benannten. »Tornadas« nennt man die (metrisch anders gebauten) Schluß- oder Geleitstrophen, die den Minneliedern manchmal angehängt wurden; in ihnen wurde die Bestimmung der Lieder (für die Dame oder für Freunde oder für einen bestimmten Gönner) angesprochen. Senhals und Tornadas brachten den Liedtext mit der Gesellschaft in konkrete Verbindung. Ihr Fehlen im deutschen Minnesang hat zur Folge, daß hier der Zusammenhang zwischen Dichtung und gesellschaftlicher Wirklichkeit weniger hervortritt. Im ganzen wirkt die Minnedarstellung in den deutschen Liedern abstrakter, theoretischer, mehr auf das Ideal der höfischen Liebe ausgerichtet. Auch das Frauenbild ist davon betroffen.

Gattungen: Zusammen mit der Minnekanzone haben die deutschen Dichter zwei andere romanische Liedformen übernommen, das Kreuzlied und das Tagelied. Das höfische *Kreuzlied* hat bei Friedrich von Hausen und Albrecht von Johansdorf dieselbe Gestalt wie bei den französischen Trouvères: Der Sänger steht vor der Entscheidung, ob er dem Aufruf zur Fahrt ins Heilige Land folgen oder weiter seiner Minneherrin dienen soll. Dieses Dilemma wird auf verschiedene Weise gelöst; meistens hat man versucht, den religiösen Dienstgedanken der *militia Christi* mit den Forderungen des Frauendienstes harmonisch zu verbinden.

Eine viel reichere Entfaltung erlebte des *Tagelied*, das den Abschiedsschmerz der Liebenden nach einer gemeinsam verbrachten Liebesnacht besingt. Es scheint in Deutschland eine volkstümliche Tradition dieser Gattung gegeben zu haben; der älteste deutsche Text von Dietmar von Aist zeigt noch keinen romanischen Einfluß. Heinrich von Morungen hat ein Tagelied gedichtet, *Owé, sol aber mir iemer mê* (Nr. 30), das formal – durch seinen Refrain – auf romanische Vorbilder Bezug nimmt, das aber in der thematischen Ausgestaltung nicht der provenzalischen »Alba« folgt. Kennzeichnend für die Alba und das höfische Tagelied ist die Gestalt des Wächters, der die Liebenden am Morgen zum Aufbruch mahnt. Wolfram von Eschenbach war offenbar der erste, der in Deutschland Wächtertagelieder nach romanischem Muster gedichtet hat. Seine Gestaltung des Themas hat die Entwicklung des Tagelieds in Deutschland entscheidend geprägt.

Eine lyrische Gattung eigener Art ist der *Leich*, eine gesungene Großform, die nicht aus Strophen besteht, sondern durchkomponiert ist und die, wie die lateinische Sequenz, aus ungleichen (meistens paarig angeordneten) Versikeln zusammengesetzt ist. Ähnliche Gebilde kommen in Frankreich (*Descort, Estampie*) und in Italien (*Istampita*) vor. Eine direkte Abhängigkeit von den romanischen Stücken ist nicht nachweisbar. Auffällig ist jedoch, daß die ersten deutschen Leichs von Ulrich von Gutenburg und Heinrich von Rugge gedichtet sind, die zur ersten Generation der romanisierenden Minnesänger gehörten.

Fiktion und Wirklichkeit: Früher hat man geglaubt, die Minnelieder seien der poetische Ausdruck von tatsächlichen Liebesverhältnissen gewesen, und man hat versucht, den Dichtern ihre einzelnen Liebschaften nachzurechnen. Seitdem sich jedoch die Einsicht durchgesetzt hat, daß das Minneverhältnis eine Konstruktion von extremer Künstlichkeit ist, stellt sich die Frage nach den Wirklichkeitsgrundlagen der höfischen Lyrik anders. In der adligen Gesellschaft des Mittelalters war offenbar für gelebten Frauendienst kein Platz; höchstens zum Spiel, bei geselligen Anlässen, wird man die Rollen wie im Minnelied verteilt haben. Wenn aber keine realen Liebeserfahrungen dahinterstehen, wie erklärt sich dann die lyrische Konzeption des Minnedienstes? Was ist daran wirklich? Die neuere Minnesangforschung hat darauf eine Reihe von Antworten gegeben, ohne daß sich schon ein Konsens abzeichnet. Die interessantesten Erklärungsmodelle sehen – stark verkürzt und vereinfacht – so aus:

Wirkliche Abhängigkeit: Eduard Wechssler hat bereits um

1900 das Minnelied als »politischen Panegyrikus« interpretiert. Danach waren die provenzalischen Trobadors tatsächlich Vasallen der von ihnen besungenen Damen, und ihre Lieder waren politische Huldigungen auf ihre Lehnsherrinnen; das Liebesmotiv hätte dabei nur als poetische Einkleidung gedient. An diese Interpretation hat Erich Köhler angeknüpft mit seiner These, daß die Minnelieder als Zeugnisse des sozialen Aufstiegsbemühens des kleineren Adels der Ritter und Ministerialen zu verstehen seien. Auch nach Köhler ging es im Minnesang nicht um Liebe, sondern um die Abhängigkeit von der Gunst der Fürsten und großen Herren.

Wirklicher Frauendienst: Auch wenn der Frauendienst im Liebesverhalten der höfischen Gesellschaft keine Rolle gespielt hat, an einer Stelle ist er offenbar gelebte Wirklichkeit gewesen: im Pagendienst. Die jungen Adligen wurden häufig zur Erziehung an größere Höfe geschickt und mußten dort unter anderem den Damen aufwarten. Ignaz Feuerlicht hat die These aufgestellt, daß sich aus der schwärmerischen Verehrung der jungen Edelknappen für die Damen, denen sie dienen mußten, die Minnegesinnung entwickelt habe, die dann in der Lyrik ihren Niederschlag fand.

Wirkliche Werbung: Für viele junge Adlige gab es zwischen der Schwertleite und der Heirat eine unbeschwerte Zeit, in der sie von Turnier zu Turnier zogen oder Liebesabenteuer suchten. Nach den Beobachtungen des französischen Historikers Georges Duby haben diese »Jungen« mit ihren Ansprüchen und Vorlieben nicht nur den modischen Gesellschaftsstil der höfischen Zeit geprägt, sondern mit ihrem Werbungsverhalten auch den neuen lyrischen Stil geschaffen. Der Dienstgedanke des Minnesangs ist in dieser Sicht nichts anderes als eine Verschleierung der wahren Absichten der jungen Männer, ein Mittel der Werbungsstrategie, die auf die Hingabe der Frau und die Erfüllung der sexuellen Wünsche des Mannes gerichtet ist.

Wirkliche Frustration: Verschiedene neue Interpreten betrachten die Unnatürlichkeit der Minnekonstellation als literarischen Niederschlag eines gestörten Verhältnisses zwischen den Geschlechtern. Indem die adligen Sänger die Damen als unerreichbares Ideal stilisierten, offenbarten sie einerseits ihre Ängste vor der angeblich stärker sinnlichen Natur der Frau und kompensierten andererseits ihre Schuldgefühle gegenüber den Frauen, die in Wirklichkeit unter ihrem aggressiven Sexualverhalten zu leiden hatten. Minnesang wäre danach eine Art masochistische Selbstdarstellung der Männer, die sich durch den aussichtslosen Minnedienst für ihre eigene Triebhaftigkeit bestrafen.

Welchen Gewinn diese Interpretationen für das Verständnis des Minnesangs bringen, ist schwer abzuschätzen. Es kann nicht darum gehen, eine dieser Thesen für richtig zu erklären und die anderen für falsch. Ebensowenig wird man allerdings allen denselben Evidenzgrad zusprechen wollen. Die Abhängigkeitsthese geht von unsicheren historischen Voraussetzungen aus, wenn sie den Kleinadel als die eigentliche Trägerschicht der höfischen Lyrik ansieht. Die Frauendienstthese ist besonders schwach begründet: unmöglich kann der ganze Minnesang Pagendichtung sein. Die Werbungsthese kann sich auf zeitgenössische Zeugnisse berufen. Wenn die »Jungen« den Dienstgedanken für ihre Zwecke benutzt haben, so ist allerdings eher zu vermuten, daß sie dabei auf die bereits ausgebildete lyrische Minnekonzeption Bezug nahmen, als daß sie sie selber geschaffen hätten. Die Frustrationsthese endlich ist weder zu beweisen noch zu widerlegen. Sexuelle Ängste und Verklemmungen haben sich wahrscheinlich zu allen Zeiten in der Literatur niedergeschlagen, zumal in der Liebeslyrik.

Wenn man die Frage nach den Wirklichkeitsgrundlagen der lyrischen Minnekonzeption weniger darauf ausrichtet, wie der Dienstgedanke entstanden ist, als darauf, worin die außerliterarische Relevanz dieses Gedankens gelegen hat, dann tritt vor allem der Zusammenhang mit der Idee der höfischen Liebe und dem neuen höfischen Gesellschaftsideal hervor. Für die adligen Herren, die Minnelieder gedichtet haben, war die Selbststilisierung als Minnediener in der Sängerrolle wohl immer auch ein Bekenntnis zu diesem Ideal und eine Verpflichtung auf die höfischen Wertvorstellungen, die darin eingeschlossen waren.

Überlieferung: Der Minnesang ist fast ausschließlich in späten Sammelhandschriften überliefert, die erst am Ende des 13. Jahrhunderts oder im 14. Jahrhundert geschrieben worden sind. Die wichtigsten Sammlungen sind:

A: Die Kleine Heidelberger Liederhandschrift (Ende des 13. Jahrhunderts) enthält ca. 800 Strophen von 34 Dichtern. Sie stammt vielleicht aus Straßburg. Dort könnte der als Literaturfreund bekannte Bischof Konrad von Lichtenberg († 1299) der Auftraggeber gewesen sein.

B: Die Weingartener Liederhandschrift (erste Hälfte des

14. Jahrhunderts) enthält ca. 750 Strophen von 25 namentlich genannten und drei ungenannten Dichtern, sowie einige unsangliche Stücke. Die namentlich genannten Dichter sind durch (meistens ganzseitige) Autorenbilder repräsentiert. Die Handschrift wurde wahrscheinlich in Konstanz geschrieben. Als Auftraggeber vermutet man den Konstanzer Bischof Heinrich von Klingenberg († 1306).

C: Die Große Heidelberger (»Manessische«) Liederhandschrift (erste Hälfte des 14. Jahrhunderts) ist die prächtigste und bei weitem umfangreichste Lyriksammlung. Sie enthält ca. 6000 Strophen von 140 Dichtern, von denen 137 auf großen, ganzseitigen Bildern dargestellt sind. Der Züricher Minnesänger Hadloub bezeugt in einem seiner Lieder, daß Rüdiger Manesse († 1304) und sein Sohn Johannes († 1297) in Zürich eine umfangreiche Sammlung von Minneliedern angelegt hatten. Die Heidelberger Handschrift ist wahrscheinlich aus dieser Sammlung hervorgegangen.

Ein Vergleich der Handschriften führt zu dem Ergebnis, daß es schon ältere, nicht erhaltene Sammlungen gegeben haben muß, vor allem eine gemeinsame Vorlage von A und C sowie gemeinsame Vorlagen von B und C. Diese ältesten erschließbaren Sammelhandschriften sind wahrscheinlich nach 1250 entstanden. Noch älter sind nur die deutschen Strophen in der Münchener Handschrift der ›Carmina Burana‹, die aus der ersten Hälfte des 13. Jahrhunderts stammt. Das ist ein merkwürdiger Sonderfall: etwa fünfzig deutsche Strophen, zum Teil aus Liedern von bekannten Minnesängern, sind dort ähnlich gebauten lateinischen Liedern als Schlußstrophen angehängt.

Wie die Minnelieder von ihrer Entstehung bis zu den Sammelhandschriften tradiert worden sind, das ist das größte Problem der Lyriküberlieferung. Offenbar hat mündliche Überlieferung für den Minnesang eine viel größere Rolle gespielt als für die Epik. Es gibt keine Anhaltspunkte dafür, daß die Minnesänger bereits im 12. Jahrhundert ihre Lieder selbst aufgezeichnet hätten oder daß zu ihren Lebzeiten Sammlungen ihrer Lyrik angelegt worden wären. Der erste Minnesänger, der seine Lieder gesammelt hat, war Ulrich von Liechtenstein: in seinem um 1255 beendeten ›Frauendienst‹ sind alle Lieder, die er gedichtet hat, zitiert.

Die Überlieferungsform der Lyrik hängt offenbar mit der Entstehung der Texte zusammen. Die Dichter haben ihren Liedern wahrscheinlich nicht immer gleich eine unveränderliche

Textgestalt gegeben, sondern der Schaffensprozeß wird nicht selten so verlaufen sein, daß eine Anzahl von Strophen gedichtet wurde, die sich auf verschiedene Weise zu einem Lied vereinigen ließen. Es wird auch vorgekommen sein, daß Strophen nachträglich dazugedichtet wurden. So erklärt es sich, daß Lieder, die in mehreren Handschriften überliefert sind, oft im Strophenbestand und in der Strophenfolge voneinander abweichen. Natürlich können dafür auch sekundäre Störungen verantwortlich sein.

Die deutsche Minnesangüberlieferung ist fast ausschließlich Textüberlieferung. Keine der drei großen Sammelhandschriften enthält Melodien. Die einzige Handschrift mit zahlreichen Melodien ist die Jenaer Liederhandschrift aus dem 14. Jahrhundert, in der hauptsächlich späte Spruchdichtung und kaum Minnesang überliefert ist. Die Gründe für das Fehlen der Melodien sind weniger darin zu sehen, daß zu der Zeit, als die Liederhandschriften zusammengestellt wurden, die Melodien nicht mehr bekannt gewesen wären oder daß die Sammler sich nicht dafür interessiert hätten. Wichtiger ist wahrscheinlich, daß Melodieaufzeichnungen besonders aufwendig waren und eine besondere Schulung der Schreiber erforderten; außerdem kamen gerade in der Zeit um 1300 neue Formen der Notenschrift in Gebrauch.

LITERATUR: Wolfgang Mohr, Zur Form des mittelalterlichen deutschen Strophenliedes. Der Deutschunterricht 5 (1953), H. 2, S. 62–82. – Ders., Minnesang als Gesellschaftskunst. Der Deutschunterricht 6 (1954), H. 5, S. 83–107. – Burkhard Kippenberg, Der Rhythmus im Minnesang. Eine Kritik der literar- und musikhistorischen Forschung mit einer Übersicht über die musikalischen Quellen. München 1962. – Rolf Grimminger, Poetik des frühen Minnesangs. München 1969. – Erich Köhler, Vergleichende soziologische Betrachtungen zum romanischen und deutschen Minnesang. In: Der Berliner Germanistentag 1968. Hrsg. von Karl H. Borck u. Rudolf Henss. Heidelberg 1970, S. 61–76. – Christel Wallbaum, Studien zur Funktion des Minnesangs in der Gesellschaft des 12. und 13. Jahrhunderts. Diss. F. U. Berlin 1972. – Ursula Peters, Niederes Rittertum oder hoher Adel? Zu Erich Köhlers historisch-soziologischer Deutung der altprovenzalischen und mittelhochdeutschen Minnelyrik. Euphorion 67 (1973), S. 244–260. – Der deutsche Minnesang. Aufsätze zu seiner Erforschung. Hrsg. von Hans Fromm. Bd. 1, 5. Aufl. Darmstadt 1975; Bd. 2. Darmstadt 1985. – Erich Kleinschmidt, Minnesang als höfisches Zeremonialhandeln. Archiv für Kulturgeschichte 58 (1976), S. 36–76. – Hans-Herbert S. Räkel, Weltliche deutsche Lyrik vom Kürenberger bis zu Heinrich von

Morungen. In: Winfried Frey u.a.: Einführung in die deutsche Literatur des 12.–16. Jahrhunderts (s. S. 54). Bd. 1, S. 86–120. – Laila Salem, Die Frau in den Liedern des »Hohen Minnesangs«. Forschungskritik und Textanalyse. Frankfurt a.M., Bern 1980. – Günther Schweikle, Die frouwe der Minnesänger. Zu Realitätsgehalt und Ethos des Minnesangs im 12. Jahrhundert. ZfdA 109 (1980), S. 91–116. – Wolfgang Haubrichs, Deutsche Lyrik. In: Europäisches Hochmittelalter (s. S. 54), S. 61–120. – Olive Sayce, The Medieval German Lyric. 1150–1300. The Development of Its Themes and Forms in Their European Context. Oxford 1982. – Ulrich Müller, Die mittelhochdeutsche Lyrik. In: Lyrik des Mittelalters. Hrsg. von Heinz Bergner. Bd. 2. Stuttgart 1983, S. 7–227. – Minnesang in Österreich. Hrsg. von Helmut Birkhan. Wien 1983. – Burghart Wachinger, Deutsche und lateinische Liebeslieder. Zu den deutschen Strophen der Carmina Burana. In: From Symbol to Mimesis. Hrsg. von Franz H. Bäuml. Göppingen 1984, S. 1–34. – Ingrid Kasten, Frauendienst bei Trobadors und Minnesängern im 12. Jahrhundert. Zur Entwicklung und Adaption eines literarischen Konzepts. Heidelberg 1986. – Hans-Herbert S. Räkel, Der deutsche Minnesang. Eine Einführung mit Texten und Materialien. München 1986. – Vgl. die Literatur zur höfischen Liebe S. 104. Zum Kreuzlied: Ulrich Müller, Tendenzen und Formen. Versuch über mittelhochdeutsche Kreuzzugsdichtung. In: FS Wolfgang Mohr zum 65. Geburtstag. Hrsg. von Franz Hundsnurscher u. Ulrich Müller. Göppingen 1972, S. 251–280. – Peter Hölzle, Die Kreuzzüge in der okzitanischen und deutschen Lyrik des 12. Jahrhunderts. Das Gattungsproblem Kreuzlied im historischen Kontext. 2 Bde, Göppingen 1980. – Roswitha Wisniewski, Kreuzzugsdichtung. Idealität in der Wirklichkeit. Darmstadt 1984. Zum Tagelied: Arthur T. Hatto, Das Tagelied in der Weltliteratur. DVjs. 36 (1962), S. 489–506. – Ulrich Knoop, Das mittelhochdeutsche Tagelied. Inhaltsanalyse und literarhistorische Untersuchung. Marburg 1976. – Alois Wolf, Variation und Integration. Beobachtungen zu hochmittelalterlichen Tageliedern. Darmstadt 1979. – Gerdt Rohrbach, Studien zur Erforschung des mittelhochdeutschen Tageliedes. Ein sozialgeschichtlicher Beitrag. Göppingen 1986. Zum Leich: Karl H. Bertau, Sangverslyrik. Über Gestalt und Geschichtlichkeit mittelhochdeutscher Lyrik am Beispiel des Leichs. Göttingen 1964. – Hugo Kuhn, Leich. In: Reallexikon der deutschen Literaturgeschichte. 2. Aufl. Hrsg. von Werner Kohlschmidt u. Wolfgang Mohr. Bd. 2. Berlin 1965, S. 39–42. Zur Überlieferung: Ewald Jammers, Das Königliche Liederbuch des deutschen Minnesangs. Eine Einführung in die sogenannte Manessische Handschrift. Heidelberg 1965. – Herta-Elisabeth Renk, Der Manessekreis, seine Dichter und die Manessische Handschrift. Stuttgart 1974. – Hugo Kuhn, Die Voraussetzungen für die Entstehung der Manessischen Handschrift und ihre überlieferungsgeschichtliche Bedeutung. In: Ders., Liebe und Gesellschaft. Hrsg. von Wolfgang Walliczek. Stuttgart 1980, S. 80–105, 188–192. – Gisela Kornrumpf, Heidelberger Liederhandschrift A. In: VL

3, 1981, Sp. 577–584. – Dies., Heidelberger Liederhandschrift C. Ebd., Sp. 584–597. – Max Schiendorfer, Beobachtungen zum Aufbau der Minnesanghandschriften sowie ein editorisches Konzept. Das Beispiel Ulrich von Singenberg. ZdfPh. 104 (1985), Sonderheft, S. 18–51.

Friedrich von Hausen und die Hausen-Schule

Die höfische Lyrik im romanischen Stil beginnt mit Friedrich von Hausen. Von ihm sind 17 Lieder überliefert; sieben davon sind Kontrafakturen, und auch die übrigen lassen die Schulung an romanischen Formmustern erkennen. Seine Strophenformen sind sechs verschiedenen Dichtern entlehnt, drei Trobadors und drei Trouvères. Thematisch sind seine Lieder ganz auf die neue Konzeption der höfischen Minne ausgerichtet. Am interessantesten sind die vier Kreuzlieder, vor allem das Lied *Mîn herze und mîn lîp diu wellent scheiden* (Nr. 6), das den inneren Zwiespalt zwischen der Liebesbindung an die *frouwe* und der religiösen Verpflichtung zum Kreuzzug als unüberbrückbar darstellt und mit einer Absage an die Dame und an den Minnedienst endet. Hausen ist von 1171 bis 1190 historisch bezeugt, zuerst in der Umgebung des Bischofs von Worms, später in Italien bei dem jungen Heinrich VI.; zuletzt gehörte er zu dem engsten Kreis der »Vertrauten und Berater« (*familiares et secretarii*) Kaiser Friedrichs I. Er hat den Kaiser 1189 auf den Kreuzzug begleitet und ist 1190 in Kleinasien gefallen. Seit wann er gedichtet hat, ist unsicher; die Kreuzlieder sind wahrscheinlich ans Ende seiner Schaffenszeit zu setzen.

Hausen hat mit seiner Formkunst und seinem Stil eine Reihe südwestdeutscher Minnesänger beeinflußt, die fast alle historisch mit dem staufischen Königshof in Verbindung standen. Ulrich von Gutenburg (urkundlich 1172–1186) hat Hausen wahrscheinlich persönlich gekannt: beide begegnen uns in den siebziger Jahren in Urkunden des Grafen Ludwig von Saarwerden und des Erzbischofs Christian von Mainz, und beide waren 1186 im Gefolge Friedrichs I. und Heinrichs VI. in Italien. Von Gutenburg ist nur ein sechsstrophiges Minnelied überliefert und ein Leich: der erste in deutscher Sprache. Vielleicht ist Gutenburg auch als Leichdichter dem Vorbild Hausens gefolgt; zwar sind von Hausen keine Leichs erhalten, aber in einer Aufzählung des 13. Jahrhunderts wird er unter den älteren Leichdichtern genannt. Gutenburgs Leich ist eine umfangreiche und anspruchsvolle Komposition (343 Verse), die den höfischen Minnedienst zum Thema hat.

Persönlich bekannt mit Hausen war wohl auch Bligger von Steinach (urkundlich 1165/74–1196, vielleicht bis 1209). Er stammte aus einer Pfälzer Freiherrenfamilie, die schon eine Generation früher mit der Familie von Hausen in Verbindung gestanden hat. Bligger ist mehrfach am Kaiserhof bezeugt; 1194 war er mit Heinrich VI. in Italien. Von ihm sind zwei Minnelieder und eine Spruchstrophe überliefert. Gottfried von Straßburg und Rudolf von Ems haben ihn als bedeutenden Dichter gefeiert; dieses Lob bezog sich offenbar auf eine epische Dichtung, die nicht erhalten ist.

Bernger von Horheim wird mit dem Berengerius de Orehem identifiziert, der 1196 in der Umgebung Philipps von Schwaben in Italien bezeugt ist. Von Horheim überliefern die Liederhandschriften sechs Minnelieder. Das originellste ist das Lügenlied *Mir ist alle zît, als ich vliegende var* (Nr. 2): vier Strophen lang malt sich der Sänger das Glück der Liebe aus, und jede Strophe endet mit dem Eingeständnis: »Das ist alles gelogen«.

Hartwig von Raute steht seinem Namen nach – man stellt ihn zu der bayerischen Familie de Route – weitab von Hausen, aber seine poetische Technik und seine Thematik unterscheiden sich nicht von der Hausen-Schule. Vier Minnelieder sind von ihm erhalten, darunter drei einstrophige.

Ohne direkten Kontakt zu Hausen hat Graf Rudolf von Fenis-Neuenburg (urkundlich 1182–1196) in der Schweiz gedichtet. Von seinen acht Liedern sind die Hälfte Kontrafakturen. Kein anderer Minnesänger hat sich so eng an die romanischen Vorbilder angeschlossen.

Texte: Friedrich von Hausen: Minnesangs Frühling, S. 73–96. – Übersetzung von Günther Schweikle (Reclam 8023). Stuttgart 1984; dazu: Günter Schweikle in: VL 2, 1980, Sp. 935–947. – Ulrich von Gutenburg: Minnesangs Frühling, S. 150–162. – Bligger von Steinach: Minnesangs Frühling, S. 233–235; dazu: Herbert Kolb in: VL 1, 1978, Sp. 895–897. – Bernger von Horheim: Minnesangs Frühling, S. 224–229; dazu: Günther Schweikle in: VL 1, 1978, Sp. 749–752. – Hartwig von Raute: Minnesangs Frühling, S. 230–232; dazu: Günther Schweikle in: VL 3, 1981, Sp. 536–538. – Rudolf von Fenis-Neuenburg: Minnesangs Frühling, S. 166–177.

Heinrich von Rugge

»Von Rugge« nannten sich die Mitglieder der hochadligen Familie der Pfalzgrafen von Tübingen; außerdem führten mehrere Tübinger Ministerialenfamilien diesen Namen. Ob der 1175/78 bezeugte Heinricus miles de Rugge der Dichter war, bleibt unsicher. Über Umfang und Eigenart seines lyrischen Werks besteht große Unsicherheit. Die Liederhandschriften überliefern zwölf Minnelieder von ihm; aber acht dieser Lieder werden in den Handschriften auch Reinmar dem Alten zugeschrieben (in der Manessischen Handschrift stehen die meisten dieser Lieder doppelt, unter Rugge und unter Reinmar). Wem diese Lieder gehören und wie die Vermischung der beiden Textcorpora zustande kam, ist ungeklärt. Manches in Rugges Liedern erinnert an Dietmar von Aist. Die Kanzonenstrophen verbinden ihn mit späteren Dichtern; die typischen Formen der Hausen-Schule gibt es bei ihm kaum. In einer theologischen Handschrift des 12. Jahrhunderts ist ein Kreuzzugsleich überliefert, dessen Verfasser sich am Schluß nennt: *Der tumbe man von Rugge* (VIII c 1). Es ist dies die älteste Textüberlieferung aus dem gesamten Bereich der höfischen Lyrik. Daß der Verfasser des Leichs mit dem Liederdichter Rugge identisch war, wird durch eine Liedstrophe (IV, 2) wahrscheinlich gemacht, die sich inhaltlich mit dem Leich berührt. Aus der Klage über den Tod Kaiser Friedrichs I. ergibt sich, daß der Leich nach 1190 gedichtet wurde. Der Leich ist eine religiöse Dichtung; er ruft dazu auf, alles Irdische gering zu achten, auch die Unterhaltung mit schönen Frauen, und auf dem Kreuzzug Gott zu dienen. In der Form ist Rugges Leich (120 Verse) weniger anspruchsvoll gestaltet als Gutenburgs Minneleich.

TEXT: Minnesangs Frühling, S. 196–223; dazu: Günther Schweikle in: VL 3, 1981, Sp. 869–874.

Albrecht von Johansdorf

Man identifiziert den Dichter mit dem Albertus de Janestorf, der von 1185 bis 1209 als Ministeriale der Passauer Kirche urkundlich bezeugt ist. Ob Johansdorf unter dem Bischof Wolfger von Erla am Passauer Hof gesungen hat, muß offenbleiben. Von ihm sind 13 Lieder überliefert. Die langen Verse zeigen, daß Johansdorf den alten Donauländischen Minnesang kannte; aber seine Formkunst ist ganz modern und geht in der konsequenten Anwendung der Kanzonenstrophe über die Hausen-Schule hinaus. Bei Johansdorf begegnet zum ersten Mal das Dialoglied (Nr. 12), das an die provenzalischen Tenzonen anknüpft, sie zugleich aber verändert: Es ist kein wirkliches Streitgedicht, sondern ein höfisches Gesprächslied, in dem ein Ritter und eine Dame über die höfische Liebe diskutieren. Eine noch wichtigere Rolle spielt für Johansdorf das Kreuzlied. Seine fünf Kreuzlieder markieren den künstlerischen Höhepunkt dieser Gattung in Deutschland. Anders als Hausen und Hartmann von Aue hat Johansdorf den Gegensatz zwischen der religiösen Verpflichtung zur Kreuzfahrt und dem höfischen Frauendienst nicht verschärft, sondern harmonisch überbrückt in dem Gedanken, daß auch der höfischen Liebe ein hoher moralischer, ja sogar ein religiöser Wert zukomme.

TEXT: Minnesangs Frühling, S. 178–195; dazu: Karl-Heinz Schirmer in: VL 1, 1978, Sp. 191–195.

Heinrich von Morungen

Dialektspuren in seiner Reimsprache weisen Morungen als Ostmitteldeutschen aus. Man identifiziert ihn mit dem Henricus de Morungen in zwei Urkunden des Markgrafen Dietrich von Meißen aus den Jahren 1217 (Datierung unsicher) und 1218. In der einen Urkunde wird er als »altgedienter Ritter« (*miles emeritus*) bezeichnet, der »wegen der hohen Verdienste in seinem Leben« von dem Markgrafen eine Jahresrente in Höhe von zehn Mark bekommen hat, die er an das Thomaskloster in Leipzig übertragen läßt. Nach späteren Quellen ist Morungen 1222 im Thomaskloster gestorben. Seine Lieder sind wahrscheinlich zwanzig Jahre vor der urkundlichen Bezeugung anzusetzen. Die formalen Beziehungen zur Hausen-Schule und der Einfluß Morungens auf Walther von der Vogelweide sprechen dafür, daß er vor 1200 gedichtet hat.

Morungen hat wahrscheinlich als Hofdichter in Meißen gewirkt. Ob er Berufsdichter war, wissen wir nicht; er war der erste lateinisch gebildete Minnesänger in Deutschland. Von ihm sind 35 Lieder überliefert, fast alles Lieder der hohen Minne. Die zahlreichen Versuche, Morungens Lieder in eine chronologische Reihenfolge zu bringen oder zu einem Zyklus zu ordnen, müssen als gescheitert angesehen werden. Kennzeichnend für Morungen ist eine bis dahin nicht erreichte Höhe der Formkunst, die ihre Anregungen der Trobadorlyrik verdankt. Wieviel davon über die Hausen-Schule vermittelt wurde, ist nicht genau zu sagen. Die durchgereimten Strophen und die Daktylen sind nicht ohne Berührung mit Hausen und seinem Kreis denkbar. In der rhythmischen Gestaltung der Verse ist Morungen jedoch weiter gegangen. Charakteristisch ist der kunstvolle

Wechsel von alternierenden und daktylischen Maßen innerhalb eines Verses. Ebenso wichtig ist der Reimklang als Formelement in Morungens Lyrik. Reim- und Motivresponsionen bestimmen den Aufbau vieler Lieder. Unverwechselbar ist die Melodie seiner Sprache und sein Bilderreichtum. Die meisten Bilder stammen aus dem Bereich der sinnlichen Wahrnehmung, vor allem des Sehens (Gestirne, Tageswechsel, Spiegel, Fenster, Traum, Farben). Sie sind nicht nur poetischer Schmuck, sondern verdeutlichen den Charakter der Liebe. Liebe vollzieht sich bei Morungen als hingebungsvoller Dienst des Sängers, der nur einmal vor Freude jubelt (Nr. 4), sonst aber die Erfolglosigkeit seines Bemühens bitter beklagt und dennoch in seinem vergeblichen Dienst ausharrt. Der ideologische Aspekt – Liebe als höfische Vollkommenheit – tritt bei Morungen zurück. Dafür rücken Motive in den Mittelpunkt, die sonst im Minnesang eine geringe Rolle spielen, in der Epik jedoch, bei Veldeke und bei Gottfried von Straßburg, in ähnlicher Form erscheinen. Liebe ist ein Zauber, eine magische Kraft, die den Menschen in den Bann schlägt. Diese Liebesmagie geht von der strahlenden Schönheit der Frau aus, die mit ihrem Blick den Sänger verzaubert. Sie ist eine mächtige Venus, eine *toeterinne* (Nr. 34), deren Liebesfeuer alles verbrennt. Liebe ist ein gebanntes Hinstarren auf die wunderbare Erscheinung der Frau, ein Aufblicken zu ihr als dem Morgenstern, dem Mond, der Sonne, die aus unerreichbarer Ferne herunterstrahlen. Liebe ist bei Morungen Vision und Kontemplation. Bei der Schilderung dieses Zustands fließt manches aus dem Bereich der religiösen Andacht ein. Einige Lieder besitzen geradezu einen philosophischen Charakter, vor allem *Mir ist geschehen als einem kindelîne* (Nr. 32), worin der Schmerz des Sängers beim Anblick der Frau verglichen wird mit der Erfahrung des Kindes, das den Spiegel zerbricht, in dem es sich selbst erblickt hat, und mit der zerstörenden Selbstliebe des Narziß. Hier wird das eigene Dichten zum zentralen Thema.

Die späteren Minnesänger haben von Morungen gelernt; aber verglichen mit der schulbildenden Wirkung, die Reinmar und Walther hatten, war seine Ausstrahlung gering. Die längste Nachwirkung hatte er als Held der Ballade vom ›Edlen Moringer‹, die seit der Mitte des 15. Jahrhunderts bezeugt ist. Dort wird erzählt, daß der Moringer vor seiner Reise nach Indien (»in Sankt Thomas Land«) seine Ehefrau in der Obhut des jungen Herrn von Nifen zurückläßt und gerade noch rechtzeitig wiederkommt, als die beiden heiraten wollen. Warum diese Heimkehrersage, die schon im hohen Mittelalter nachweisbar ist, auf Morungen übertragen wurde, ist unbekannt. Das Reiseziel Indien ist vielleicht ein Reflex davon, daß Morungen mit dem Leipziger Thomaskloster in Verbindung stand.

TEXT: Minnesangs Frühling, S. 236–282. – ÜBERSETZUNG von Helmut Tervooren (Reclam 9797). Stuttgart 1975. – LITERATUR: Helmut Tervooren in: VL 3, 1981, Sp. 804–815.

Reinmar der Alte

Reinmar war einer der berühmtesten Minnesänger; aber über ihn selbst wußte man offenbar nichts. In den Liederhandschriften und bei den späteren Autoren wird er nur Reinmar (oder Reimar) genannt; in der Großen Heidelberger Liederhandschrift heißt er Reinmar der Alte, offenbar zur Unterscheidung von jüngeren Dichtern gleichen Namens. Die Wissenschaft hat ihn Reinmar von Hagenau genannt. Dieser Name stammt aus dem Literaturexkurs im ›Tristan‹, wo Gottfried unter den »Nachtigallen« *diu von Hagenouwe* (4777) besonders nennt. Daran knüpfen sich verschiedene Fragen: Hat Gottfried Reinmar gemeint? Das ist nicht unwahrscheinlich, da von dem bedeutendsten Lyriker vor Walther die Rede ist. Hieß Reinmar wirklich so? Darauf gibt es keine Antwort. Der Name »von Hagenau« begegnet uns sonst nirgends. Auf welches Hagenau bezieht sich der Name? Orte und Familien dieses Namens gab es in verschiedenen Teilen Deutschlands. Wahrscheinlich hat Gottfried an Hagenau im Elsaß gedacht, wo es eine staufische Kaiserpfalz gab. Reinmars Reimsprache verrät nichts über seine Heimat. Man nimmt wohl mit Recht an, daß Reinmar Hofdichter am Babenberger Hof in Wien war und daß die meisten seiner Lieder dort entstanden sind. Dafür gibt es zwei Anhaltspunkte: Erstens deuten die gegenseitigen Anspielungen in den Liedern Reinmars und Walthers darauf hin, daß beide längere Zeit an demselben Hof gedichtet haben; und für Walther ist es recht wahrscheinlich, daß er seine Dichterlaufbahn in Wien begonnen hat. Zweitens wird in Reinmars sogenannter ›Witwenklage‹ (Nr. 16) ein »Herr Leopold« betrauert, in dem man Herzog Leopold V. von Österreich sieht, der 1194 gestorben ist. Das ist zugleich der einzige chronologische Anhaltspunkt. Walthers Strophen auf Reinmars Tod (82,24 und 83,1) lassen sich nicht genau datieren. Wenn Reinmar die »Nachtigall von Hagenau« war, so war er tot, als Gottfried von Straßburg den Literaturexkurs schrieb (um 1210). Die Beziehung des Klagelieds auf den Babenberger Herzog ist allerdings nicht strikt zu beweisen; und das Verhältnis zu Walther läßt verschiedene Interpretationen zu. Insofern bleiben Zweifel an Reinmars Lokalisierung nach Wien.

Wie viele Lieder Reinmar gedichtet hat, ist eine alte Streitfrage. In den Handschriften werden ihm 53 Lieder zugeschrieben; 29 weitere sind sowohl unter seinem als auch unter anderen Dichternamen überliefert. Offensichtlich bestanden schon früh Unklarheiten über den Umfang seines lyrischen Werks. Besonders häufig sind Überschneidungen mit Heinrich von Rugge und Walther von der Vogelweide. Die Trennung von echten und unechten Liedern ist das Hauptproblem der Reinmarforschung. Großen Einfluß hatte Carl von Kraus mit seiner extremen These, daß nur 34 oder 35 Lieder von Reinmar gedichtet seien. In der neuen Ausgabe von ›Minnesangs Frühling‹ sind die Herausgeber zu der Position von Lachmann und Haupt zurückgekehrt, wonach 60 Lieder von Reinmar stammen. Acht weitere stehen unter dem Titel »Pseudo-Reinmar«. Das ist sicher noch nicht das letzte Wort. Die Frage nach dem Umfang von Reinmars Werk ist deswegen so wichtig, weil daran das ganze Verständnis des Dichters hängt. Unter dem Eindruck einiger besonders durchgeformter Lieder hat man in Reinmar nur den »Scholastiker der unglücklichen Liebe« (Ludwig Uhland) gesehen, der sein vergebliches Dienen zu einer vorbildlichen Haltung stilisiert, einen Meister der leisen Töne, der die feinsten Regungen des Gefühls zergliedert und der sich rühmt, niemand wisse seinen Schmerz so schön zu tragen wie er (Nr. 12). Diese Motive haben die Auffassung von Reinmars Lyrik so sehr bestimmt, daß alles, was nicht dazu passen will, in den Verdacht geriet, unecht zu sein. Folgt man jedoch der Überlieferung und spricht Reinmar nur das ab, was mit großer Wahrscheinlichkeit von anderen Dichtern stammt, dann ergibt sich ein ganz anderes Bild. Kennzeichnend für seine Lyrik ist dann nicht mehr eine bestimmte Art, sondern gerade die Vielfältigkeit seiner Formen und Themen. Bei Reinmar gibt es Lieder der Freude und der Liebeserfüllung, von denen her gesehen die stilisierte Trauer nicht mehr als der Ausdruck von Reinmars wahrem Wesen, sondern als eine angenommene Rolle im Spiel der höfischen Liebe erscheint. Neben der reflektierenden Minnekanzone stehen Kreuzlieder, Frauenlieder, Botenlieder, Preislieder, Gesprächslieder, Wechsel, erzählende Lieder, Pastourellenhaftes, Schwankhaftes, Parodistisches und Gnomisches. Man findet die verschiedensten Stilformen, von Anklängen an den Donauländischen Minnesang bis zu Neidhartschen Tönen. Manches überschreitet schon die Grenzen des konventionellen Minnesangs in Richtung auf das Derb-Komische und Obszöne, das später in der Lyrik des 13. Jahrhunderts immer mehr an Raum gewann. Nur wenige Forscher sind bereit, diese Lieder, die gar nicht zu dem passen, was man als Reinmars Art angesehen hat, Reinmar zuzuschreiben. Es ist zwar nicht unwahrscheinlich, daß sich im Überlieferungsprozeß unter Reinmars Namen Lieder angesammelt haben, die nicht von ihm stammen. Dabei bleibt jedoch unerklärt, warum ihm gerade solche Stücke zugeschrieben wurden. Einige Lieder sind Kunstgebilde von höchstem Anspruch; andere sind in ihrer künstlerischen Gestalt sehr einfach oder geradezu primitiv. Wenn man der Versuchung widersteht, den »echten« Reinmar erst bei einem bestimmten Grad der künstlerischen Durchformung beginnen zu lassen und ihm alles abzusprechen, was dem nicht entspricht, und wenn man sich davon überzeugt, daß die Konstruktion einer künstlerischen Entwicklung nicht ausreicht, um die großen Unterschiede zwischen den Texten begreiflich zu machen, so sieht man sich einem lyrischen Werk von verwirrender Uneinheitlichkeit gegenüber.

Gewiß hat Reinmar mit seinen Liedern des Frauenpreises und des höfisch stilisierten Dienstes den bedeutendsten Beitrag zur Geschichte des Minnesangs geleistet. In Walthers Nachruf auf Reinmar heißt es: »Hättest du nur dies Lied gedichtet: ›Gelobt seist du, Frau! Was für ein hoher Begriff!‹, du hättest so viel zu ihrer Verherrlichung getan, daß alle Frauen für dich beten müßten« (82,34–36). Walther zitiert hier aus Reinmars Lied Nr. 14, das die Philosophie der Entsagung am überzeugendsten darstellt. Reinmars poetische Sprache ist vollkommen bilderlos. Die Gedankenfiguren der Hypothese und der Antinomie bestimmen den Aufbau vieler Strophen; Sentenzen und Antithesen prägen den Stil; hypotaktische Fügungen sind typisch für seine Syntax.

Die meisten späteren Minnesänger sind bei Reinmar in die Schule gegangen. In den Liederhandschriften stehen seine Gedichte öfter neben denen Walthers von der Vogelweide; und auch in den Dichterkatalogen werden die beiden häufig zusammen genannt. In der späteren Überlieferung trat öfter eine Verwechslung mit dem Spruchdichter Reinmar von Zweter ein.

TEXT: Minnesangs Frühling, S. 285–403. – ÜBERSETZUNG von Günther Schweikle (Reclam 8318). Stuttgart 1986. – LITERATUR: Helmut Tervooren, Brauchen wir ein neues Reinmar-Bild? Germanisch-Romanische Monatsschrift N. F. 36 (1986), S. 255–266.

Walther von der Vogelweide

Über Walther ist mehr bekannt als über die meisten mittelalterlichen Dichter; dennoch bleibt seine Biographie in vielen Punkten unklar. Wir wissen nicht, woher er stammt. Seine Reimsprache weist keine Dialektspuren auf. Der Name Vogelweide bezeichnet einen Ort, wo Vögel gejagt wurden. Ländliche Höfe dieses Namens sind (später) in verschiedenen Gegenden bezeugt. Seine adlige Abstammung galt lange als sicher; man berief sich darauf, daß zeitgenössische Dichter ihn als »Herrn« tituliert haben und daß er in der Manessischen Handschrift ein Wappen führt. Eine adlige Familie von der Vogelweide ist jedoch zu Walthers Zeit nicht nachgewiesen. Daß er das Leben eines fahrenden Sängers führte, der auf die Gnade der großen Herren angewiesen war, bestätigt das einzige historische Zeugnis über Walther: im Reiserechnungsbuch des Passauer Bischofs Wolfger von Erla ist zum 12. November 1203 vermerkt, daß »dem *cantor* Walther von der Vogelweide fünf Schillinge für einen Pelzrock« überreicht wurden. Der Titel *cantor* ist am besten als »fahrender Sänger« zu verstehen. Walther war ein fahrender Berufsdichter unbekannter Herkunft: mehr läßt sich nicht sagen. Die ungewöhnliche Höhe des für ihn ausgesetzten Betrags spiegelt das hohe Ansehen, das er genoß. Theologische Kenntnisse, antike Namen und die formalen und thematischen Beziehungen zur Vagantendichtung lassen vermuten, daß Walther lateinisch gebildet war.

Wahrscheinlich hat Walther zuerst in Österreich, am Wiener Hof gedichtet (»in Österreich habe ich singen und sagen gelernt« 32,14). Man nimmt an, daß er 1198, nach dem Tod Herzog Friedrichs I., Wien verließ (oder verlassen mußte) und seitdem das unstete Leben eines Fahrenden führte. In dem Spruch 19,29 hat er den Tod Friedrichs von Österreich beklagt und zugleich seine Freude darüber geäußert, daß der König (Philipp von Schwaben) ihm einen Platz in seinem Haus gegeben habe. Von diesem Zeitpunkt an ist er als politischer Spruchdichter hervorgetreten. Sein weiterer Weg wird an seinem Reichsdienst festgemacht: Walther hat zuerst für König Philipp gedichtet, danach für Kaiser Otto IV., später für Friedrich II. Wie lange er sich in der Umgebung dieser Herrscher aufgehalten hat und in welchem Verhältnis er zu ihnen stand, ist ungewiß. Ebenso große Bedeutung hatten für ihn die Fürsten, mit denen er in Verbindung trat: Landgraf Hermann I. von Thüringen, Markgraf Dietrich von Meißen, Herzog Bernhard II. von Kärnten, Erzbischof Engelbert von Köln, Bischof Wolfger von Passau, der Graf von Katzenelnbogen, wahrscheinlich auch Herzog Ludwig I. von Bayern. Zahlreiche Sprüche auf Herzog Leopold VI. von Österreich bezeugen Walthers vergebliche Bemühungen um eine Rückkehr nach Wien. Der letzte sicher datierbare Spruch bezieht sich auf die Ermordung Engelberts von Köln am 7. November 1225. Einige Strophen im Kaiser-Friedrichs-Ton und die sogenannte ›Elegie‹ werden noch später angesetzt, weil sie auf den Kreuzzug Friedrichs II. von 1227 bis 1229 Bezug zu nehmen scheinen; aber das bleibt unsicher.

In Walthers Spätzeit fällt ein Ereignis, dem eine ähnlich große Bedeutung zugeschrieben wird wie dem Weggang aus Wien: die »Belehnung« durch Friedrich II. In dem Spruch *Ich hân mîn lêhen, al die werlt, ich hân mîn lêhen* (28,31), der vor der Kaiserkrönung Friedrichs II. (22. 11. 1220) gedichtet ist, dankt Walther dem König dafür, daß er nicht mehr auf die Gnade geiziger Herren angewiesen sei. Man stellt sich das Lehen als ein Landgut vor (obwohl der Spruch 27,7 vermuten läßt, daß es sich eher um ein Geldgeschenk gehandelt hat) und glaubt sogar zu wissen, wo es lag: bei Würzburg, wo im 14. Jahrhundert ein Vogelweidehof bezeugt ist. In Würzburg soll Walther auch begraben sein; das berichtet der Würzburger Protonotar Michael de Leone († 1355) und zitiert auch die lateinische Grabinschrift. Um das Grab im Kreuzgang des Neumünsterstifts ranken sich viele Legenden; die historische Wirklichkeit dahinter ist nicht mehr zu erkennen.

Walther hat ein lyrisches Werk von ungewöhnlichem Umfang hinterlassen: über 500 Strophen in mehr als 110 Tönen. Nach Gattungen geordnet zählt man etwa 90 Lieder, 140–150 Sprüche und einen Leich. Genauere Angaben über den Textbestand sind nicht möglich, weil bei Doppelzuschreibungen häufig nicht zu entscheiden ist, welchem Dichter der Text gehört. Echtheitsfragen haben bei Walther nicht dieselbe Bedeutung wie für andere Minnesänger. Immerhin sind in der maßgebenden Ausgabe von Lachmann, Kraus und Kuhn fast 50 Lieder und Sprüche als unecht markiert, und mehrere Texte sind nur in den Anmerkungen oder im Anhang zitiert. Die Waltherforschung leidet darunter, daß Lachmanns kritische Ausgabe seit über 50 Jahren keine wissenschaftliche Bearbeitung mehr erfahren hat.

Lieder

Die Beurteilung und das Verständnis von Walthers Minnesang ist aufs engste mit der Frage nach der Reihenfolge der Lieder verbunden. Grundlegend war die Erkenntnis von Konrad Burdach, daß man dabei nicht vom Erlebnisgehalt der Lieder ausgehen dürfe, wie es die Forschung des 19. Jahrhunderts getan hatte, sondern von der künstlerischen Form. Die Aufdeckung von Walthers künstlerischer Entwicklung wurde zur wichtigsten Aufgabe. Auf der Basis der Untersuchungen von Carl von Kraus ist eine stilistisch-chronologische Ordnung aufgestellt worden, die folgende Gruppen umfaßt: 1. Frühe Lieder, 2. Die Lieder der Reinmar-Fehde, 3. Mädchenlieder oder Lieder der niederen Minne, 4. Lieder der neuen hohen Minne, 5. Alterslieder. Die Auseinandersetzung mit dieser Gruppierung bestimmt die neuere Forschung. Alle wichtigen Punkte werden heute in Frage gestellt, und es setzt sich die Auffassung durch, daß es nicht genügend Anhaltspunkte für eine chronologische Ordnung gibt. Als Alternative bietet sich eine Einteilung nach thematischen Gruppen an.

Vielfach wird angenommen, daß das Verhältnis zu Reinmar dem Alten für das Verständnis von Walthers Liedern von entscheidender Bedeutung sei. Walther habe in Wien als Schüler Reinmars begonnen und habe zunächst Lieder in Reinmars Art gedichtet. Später habe er sich von Reinmars Einfluß freigemacht und sich zugleich immer weiter von der Haltung der hohen Minne, die Reinmar vertrat, entfernt. Dieser Prozeß habe sich in Form einer langen »Fehde« mit Reinmar vollzogen, die in ihrer gemeinsamen Wiener Zeit begonnen und sich bis weit in Walthers Wanderzeit hingezogen habe. Als künstlerische Antwort auf den Minnesang Reinmarscher Prägung habe Walther seine Mädchenlieder gedichtet. Schließlich sei er in den Liedern der neuen hohen Minne zu einer Synthese aus hoher und niederer Minne gelangt. – Ein Schülerverhältnis zu Reinmar ist jedoch nicht nachweisbar. Walther und Reinmar haben wahrscheinlich bis 1198 beide am Wiener Hof gedichtet; eine Konkurrenz mußte sich dabei fast von selbst ergeben. Die Lieder

der beiden nehmen vielfach aufeinander Bezug; eine polemische Absicht ist jedoch nur an einer Stelle sicher: Walther hat in seinem Lied *Ein man verbiutet âne pfliht* (111,22) die Strophenform von Reinmars Lied *Ich wirbe umb allez, daz ein man* (Nr. 10) benutzt und hat darüber gespottet, daß Reinmar seine Dame auf Kosten anderer Frauen in den Himmel gehoben habe. Reinmar hat offenbar in einem anderen Lied auf diesen Angriff geantwortet, und es mag noch weitere Auseinandersetzungen gegeben haben; eine über Jahre laufende literarische Fehde, nach der die Lieder geordnet werden könnten, ist jedoch nicht erkennbar.

Viele Lieder Walthers sind von der Auseinandersetzung mit dem höfischen Minnebegriff geprägt. Seine Kritik richtete sich gegen den Dienstgedanken und die Einseitigkeit der Liebesbindung. Die Auffassung, daß Walther das traditionelle Minnekonzept überwunden habe und zu einer neuen, natürlichen Auffassung der Liebe gelangt sei, trifft aber nicht den Punkt. Walthers Forderung, daß die Liebe durch zwei Herzen gehen müsse, ist keine neue Einsicht in das Wesen der Liebe, sondern ein Programm zur Erweiterung des Rollenspiels in der Minnelyrik.

Zu den Mädchenliedern oder den Liedern der niederen Minne werden alle Lieder gezählt, die sich durch ihren beschwingten Rhythmus und ihre witzigen oder frechen Pointen von den übrigen Minneliedern unterscheiden. Dazu gehört der Preis der körperlichen Schönheit, die Schilderung von Liebesfreuden und Traumerlebnissen sowie die Feier des Frühlings. Den beiden pastourellenhaften Liedern, *Under der linden* (39,11) und *Nemt, frowe, disen kranz* (74,20), wird ein besonderer Rang zuerkannt. Es gibt nur wenige Gedichte des Mittelalters, die so unmittelbar zu uns sprechen. Was wie ein Naturlaut wirkt, ist jedoch in Wirklichkeit anspruchsvoll gestaltete Kunstform. Wann die Mädchenlieder entstanden sind, wissen wir nicht. Ihr neuer Ton und teilweise auch ihre Thematik können durch die lateinische Vagantenlyrik angeregt sein, mit der Walther vielleicht nicht erst als fahrender Dichter, sondern bereits durch seine lateinische Schulbildung bekannt geworden ist.

Die Alterslieder können am ehesten als eine chronologische Gruppe begriffen werden, obwohl nicht auszuschließen ist, daß Walther in der Rolle des Alten mit dem Krückstock und den grauen Haaren auch schon früher aufgetreten ist. Die Altersthematik verbindet sich bei ihm mit einer ätzenden Gesellschaftskritik und vor allem mit religiösen Motiven. In den Frau-Welt-Liedern hat Walther von den höfischen Wertvorstellungen feierlich Abschied genommen, um künftig nur noch in der Sorge um sein Seelenheil zu leben. Lebensrückblick, Weltabkehr und Bekenntnis zum religiösen Leben sind auch die Themen der sogenannten ›Elegie‹ (*Owê war sint verswunden alliu mîniu jâr!* 124,1), deren Langzeilen an das Versmaß des ›Nibelungenlieds‹ erinnern. Dazu kommt hier die Kreuzzugsthematik, die sich nicht an ein bestimmtes Datum binden läßt.

Sprüche

Walther hat der Spruchdichtung ihre hochhöfische Form gegeben, indem er den Strophenbau nach dem Vorbild der Minnelieder umgestaltete. Seine Spruchtöne zeigen teilweise Kanzonenform und sind auch da, wo sie sich von den Liedformen unterscheiden, nach denselben Kunstprinzipien gebaut. Es gibt etwa 30 Spruchtöne von Walther (die für unecht gehaltenen mitgezählt). Einige hat er nur einmal benutzt, die meisten mehrmals: im Ersten Philipps-Ton sind fünf Sprüche gedichtet, im Unmutston 18. Für die mehrfach benutzten Spruchtöne haben sich bestimmte Namen eingebürgert. Walther hat offenbar die einzelnen Spruchtöne nur eine gewisse Zeit lang benutzt, so daß man eine ungefähre chronologische Abfolge angeben kann; im einzelnen bestehen allerdings hinsichtlich der Datierung große Schwierigkeiten. In einigen Fällen ist nicht leicht zu entscheiden, ob es sich um Sprüche oder um Strophen eines Liedes handelt. Die drei Strophen im Reichston werden als Sprüche angesehen, während die drei Strophen der ›Elegie‹ als Teile eines Liedes betrachtet werden. Hier verfließen die Grenzen. Es kommt jedoch selten vor, daß mehrere Sprüche so deutlich aufeinander hin komponiert sind wie die im Reichston. Die These von Friedrich Maurer, daß alle Spruchtöne künstlerisch durchgeformte Einheiten darstellen und als vielstrophige »politische Lieder« zu betrachten seien, hat mit Recht keine Zustimmung gefunden. Grundsätzlich sind Walthers Sprüche einstrophig. Das schließt nicht aus, daß mehrere Sprüche zusammen vorgetragen worden sind.

Die Sprüche auf Philipp von Schwaben, Otto IV. und Friedrich II. bilden nicht nur das Rückgrat der Chronologie, sie sind auch thematisch von größter Bedeutung. Während die ältere Spruchdichtung nur im Gönnerlob und im Tadel gesellschaftlicher Mißstände politische Akzente setzte, hat Walther der Gattung neue Dimensionen eröffnet, indem er aktuelle Fragen der großen Politik zum Thema seiner Sprüche gemacht hat. Ob er die lateinische politische Lyrik aus dem Hofkreis um Kaiser Friedrich I. kannte und ob er mit der politischen Lyrik Bertrans de Born und anderer Trobadors vertraut war, ist nicht bekannt. Die romantische Vorstellung, daß die Sorge um das Wohl des Reiches nach dem Tod Kaiser Heinrichs VI. und nach der Doppelwahl des Jahres 1198 Walther zum politischen Dichter gemacht habe, wirkt bis heute nach. Sie verkennt jedoch die historischen Bedingungen. Für die persönlichen politischen Überzeugungen eines fahrenden Sängers dürfte sich kaum ein Publikum gefunden haben. Der Dichter konnte nur Erfolg haben, wenn er die Interessen derjenigen vertrat, die ihm erlaubten zu singen. Daher geht auch der Vorwurf der Charakterlosigkeit ins Leere, der der Waltherforschung so viel zu schaffen gemacht hat, solange man nach Entschuldigungen dafür suchte, daß Walther im Bürgerkrieg zwischen Staufern und Welfen mehrfach die Seiten gewechselt hat. In Walthers Verhalten spiegelt sich nur der rasche Wechsel der Fürstenkoalitionen, von denen die Bewerber um die Krone unterstützt wurden.

Thematisch steht im Mittelpunkt von Walthers politischer Spruchdichtung das *rîche,* das als ein religiös fundiertes Herrschaftsgebilde in einer von Gott gelenkten Weltordnung dargestellt ist. Politisch aktualisiert wird die Reichsthematik hauptsächlich durch die Frage, wer der richtige Herrscher ist, und durch die Akzentuierung des Gegensatzes zwischen weltlicher und kirchlicher Gewalt, zwischen Kaiser und Papst. Wie Walther die politischen Interessen seiner Auftraggeber wahrgenommen hat, ist daran abzulesen, daß er Motive benutzt, die auch in der aktuellen politischen Auseinandersetzung eine Rolle gespielt haben. Walthers Spruch *Diu krône ist elter danne der künec Philippes sî* (18,29), der den jungen König Philipp im Glanz seiner Krone feiert, enthüllt seine politische Aussage erst vor dem Hintergrund des von der staufischen Partei benutzten Arguments, daß die Legitimität von Philipps Königsherrschaft durch die Echtheit der Kroninsignien gewährleistet sei. So hat Philipp selbst in einem Schreiben an den Papst aus dem Jahr 1206 argumentiert. Burdach hat vermutet, daß Walther geradezu von der Reichskanzlei mit Themen und Begriffen für seine politische Lyrik beliefert worden sei. Das ist jedoch nicht erweislich.

Ein »Sänger des Reiches« ist Walther höchstens gewesen, solange er für Philipp von Schwaben gedichtet hat; vielleicht nur ein Jahr. Der Spruch auf das Weihnachtsfest 1199 in Magdeburg, *Ez gienc, eins tages als unser hêrre wart geborn* (19,5), scheint bereits eher im Interesse der thüringischen und sächsischen Fürsten gedichtet zu sein. Die Sprüche gegen Philipp, die seine mangelnde Freigebigkeit tadeln, sind gewiß nicht mehr am Königshof gesungen worden, wahrscheinlich auch nicht am Hof seines welfischen Gegners Otto IV., denn Walthers Verbindung zu diesem Herrscher beschränkt sich auf die drei Strophen im Ottenton, in denen er den Kaiser – wahrscheinlich bei seiner Rückkehr nach Deutschland im Frühjahr 1212 – feierlich begrüßt, *Hêr keiser, sît ir willekomen* (11,30). Diese Strophen sind jedoch dem Anschein nach im Dienst Dietrichs von Meißen gedichtet. Offenbar hat Walther sich Hoffnung auf eine festere Verbindung mit dem Kaiserhof gemacht; aber die Hoffnung ging nicht in Erfüllung. Davon zeugen zwei Strophen im König Friedrichs-Ton, in denen er »Herrn Ottos« Knausrigkeit verspottet und ihm das leuchtende Beispiel des jungen »Königs Friedrich« entgegenhält. Diese Strophen sind wahrscheinlich 1213 oder 1214 gedichtet worden, als die meisten Fürsten zu Friedrich II. übergingen. Die Sprüche, die an Friedrich II. gerichtet sind, appellieren an dessen Freigebigkeit. Der König hat den Dichter reich beschenkt; aber ein längerer Aufenthalt am Hof Friedrichs II. läßt sich nicht nachweisen. Der historische Bezugspunkt von Walthers politischer Spruchdichtung war offenbar nicht in erster Linie der Königs- oder Kaiserhof, sondern der Fürstenhof. Ein großer Teil seiner Reichsdichtung kann von den politischen Interessen der Fürsten her interpretiert werden; und die große Zahl fürstlicher Gönner, die Walther namentlich genannt hat, bezeugen seine Verbindung zu den verschiedenen Höfen. Von größter Bedeutung scheint für ihn der Thüringer Landgrafenhof gewesen zu sein. Daß die politischen Eigeninteressen der Fürsten in Walthers Spruchdichtung nicht deutlicher artikuliert worden sind, hängt sicherlich damit zusammen, daß der neue Herrschaftsanspruch der Fürsten, der sich im Ausbau ihrer Landesherrschaft manifestierte, damals nur als Teilhabe an der Reichsgewalt formulierbar war.

Das Große an Walthers Spruchdichtung ist nicht die Originalität der politischen Gedanken, auch nicht die Überzeugungskraft der politischen Argumentation, sondern die Art, wie Politik in Dichtung umgesetzt ist, wie mit poetischen Mitteln politische Wirkung erreicht wird. Ein solches Mittel ist die Ausgestaltung der Ich-Rolle. Der Sänger tritt in Walthers Sprüchen als Dichter, als Naturkundiger, als Lehrer der Jugend, als Ankläger, als Ratgeber des Königs, als Erblasser und sogar als Engel auf. Die Rollenstilisierung drückt Betroffenheit und persönliche Beteiligung aus und dient so der Intensivierung der Aussage. Wo der Weitgereiste, der Wanderer, der Spielmann spricht, wird die Rolle transparent, und daraus tritt der Dichter selber hervor mit seiner sozialen Empfindlichkeit, seinem ausgeprägten künstlerischen Selbstbewußtsein und seinem Wissen um die Macht des Wortes, die es ihm erlaubt, mit Kaisern und Königen auf du und du zu verkehren.

Ebenso charakteristisch für Walthers Stil ist die Bildhaftigkeit, die Umsetzung des Abstrakten und Gedanklichen in Anschauung. Die sakrale Würde des Reiches wird im feierlichen Schreiten des Herrscherpaares sichtbar gemacht; die Mücken mit ihrem König repräsentieren die richtige Ordnung; die Legitimität von Philipps Königtum erweist sich darin, daß die alte Krone und der junge König sich gegenseitig anlachen; die Knausrigkeit des Königs ist an dem Braten zu sehen, von dem zu dünne Scheiben geschnitten werden. Ein besonders wirksames Mittel der Konkretisierung ist die Personifikation: Frau Welt, Frau Mâze, Frau Bohne, Herr Stock, Herr Mai bevölkern Walthers Dichtung. Unfriede und Unrecht treten als Wegelagerer auf; der Herzog ist eine blühende Heide, der Teufel ein Kneipwirt; das Recht hinkt, die Zucht trauert, der Neid schielt. Überall ist eine Tendenz zum Dramatisch-Mimischen wirksam. Alles ist auf Eindringlichkeit, Lebendigkeit, Witz und Effekt ausgerichtet. Ein agonales Prinzip scheint in allen Erscheinungen wirksam zu sein, in der Konkurrenz der Thronprätendenten ebenso wie in dem komischen Streit zwischen Blumen und Klee, wer kürzer und wer länger ist. Witz und Effekt bestimmen auch die Bauform vieler Sprüche. Die meisten Strophen sind auf den Schluß hin komponiert, auf eine Pointe, eine überraschende Wende, in der sich häufig die konkrete politische Absicht offenbart.

Walthers politische Dichtung ist auf Wirkung abgestellt; sie will beeinflussen und Stimmung machen; sie soll Emotionen wecken, positive und negative. Wo Walther tadelt und angreift – das sind seine Stärken –, sind ihm alle Mittel recht: Spott, Invektive, Verunglimpfung; der Gegner soll herabgesetzt und lächerlich gemacht, in seinem Ansehen vernichtet werden. Walther konnte sehr scharf und ungerecht sein. Das bezeugen seine maßlosen Angriffe auf den Papst, den er als geldgierigen Unheilstifter und Prasser darstellt. Es ist ein seltener Glücksumstand, daß wir ein zeitgenössisches Zeugnis über die tatsächliche Wirkung dieser antipäpstlichen Propagandastrophen besitzen. »Er hat damit tausend Menschen verwirrt« (11223), schreibt Thomasin von Zerklaere aus der Perspektive der Geistlichen. Man darf dabei nicht an politische Breitenwirkung im modernen Sinn denken. Gemeint ist eher, daß Walthers Dichtung in den deutschen Hofkreisen viel Resonanz gefunden hat.

Überlieferung, Wirkung: Die große Zahl von mehr als 25 Handschriften, in denen Gedichte von Walther von der Vogelweide überliefert sind, ist ein Zeugnis für den ungewöhnlichen Nachruhm des Dichters. Mit knapp 450 Strophen (und dem Leich) ist die Große Heidelberger Liederhandschrift der mit Abstand wichtigste Überlieferungsträger. Trotzdem stand die Walther-Überlieferung unter keinem guten Stern. Die ältesten Sammlungen seiner Gedichte aus dem 13. Jahrhundert sind alle nur fragmentarisch überliefert (Heiligenstädter Fragmente, Berliner Fragmente, Wolfenbütteler Fragmente). Dadurch ist ein großer Teil des wichtigen mittel- oder niederdeutschen Überlieferungszweigs verloren. Ganz schlecht ist die Melodieüberlieferung. Nur die Bruchstücke aus Münster (14. Jahrhundert), die die Melodie zum Palästinalied und zu Teilen von zwei Spruchtönen bewahren, haben Anspruch auf Authentizität. (Die linienlosen Neumen in den Handschriften M und N geben nicht viel her.) Was die Meistersinger-Handschriften des 15. bis 17. Jahrhunderts unter Walthers Namen überliefern, ist zum größten Teil jüngere Erfindung.

Walther hatte einen großen Einfluß auf den Minnesang im 13. Jahrhundert und noch mehr auf die Spruchdichtung, die von ihm die entscheidenden Impulse empfing. Zeugnisse seines Dichterruhms sind die zahlreichen Nennungen bei späteren Autoren. Gottfried von Straßburg hat ihn als den größten lyrischen Dichter seiner Zeit gefeiert. Ulrich von Singenberg hat eine Totenklage auf ihn gedichtet. Von Hugo von Trimberg stammt das Wort: »Herr Walther von der Vogelweide, wer den vergäße, der täte mir leid« (1187f.). Die späteren Spruchdichter haben ihn als ihren *meister* gerühmt. Zitate aus Gedichten Walthers findet man bei Wolfram von Eschenbach, Rudolf von Ems, Ulrich von Liechtenstein und im ›Jüngeren Titurel‹. Im ›Wartburgkrieg‹ ist Walther selber zu einer poetischen Gestalt geworden. Später haben vor allem die Meistersinger, die ihn zu den Gründern ihrer Kunst zählten, sein Andenken bewahrt. Zu Anfang des 17. Jahrhunderts wurde von dem Juristen Melchior Goldast († 1635) zum ersten Mal eine Auswahl aus Walthers Sprüchen gedruckt. Die Ausgaben von Johann J. Bodmer von 1748 und 1758/59 haben die Textkenntnis erweitert. In der zweiten Hälfte des 18. Jahrhunderts begann mit Johann W. L. Gleims ›Gedichten nach Walther von der Vogelweide‹ (1779) auch die produktive künstlerische Rezeption. Seit dem Anfang des 19. Jahrhunderts ist Walther zum Gegenstand wissenschaftlicher Forschung geworden. 1822 erschien das Buch von Ludwig Uhland ›Walther von der Vogelweide, ein altdeutscher Dichter‹; 1827 hat Karl Lachmann die grundlegende kritische Ausgabe vorgelegt.

TEXT: Hrsg. von Karl Lachmann. 13. Ausg. von Hugo Kuhn. Berlin 1965. – ÜBERSETZUNGEN von Peter Wapnewski (Fischer Taschenbuch 6052). Frankfurt a. M. 1962; von Hans Böhm. 3. Aufl. Berlin 1964; von Friedrich Maurer (UTB 167). München 1972. – LITERATUR: Gerhard Hahn, Walther von der Vogelweide. Eine Einführung. München, Zürich 1986.

2. Höfische Epik

Die Ausrichtung nach Frankreich: Abgesehen vom ›Nibelungenlied‹ sind alle großen Epen der Zeit um 1200 nach französischen Vorlagen gedichtet. Bei der Stoffwahl werden deutliche Akzente gesetzt. Die antiken Stoffe fanden vor allem am Thüringer Hof bevorzugte Aufnahme: der ›Roman d'Enéas‹ wurde von Heinrich von Veldeke übertragen, der ›Roman de Troie‹ von Herbort von Fritzlar. Der ›Roman d'Alexandre‹ war schon vorher bekannt. Nur der französische Thebenroman hat keinen Bearbeiter gefunden. Das Hauptinteresse des deutschen Hofpublikums war jedoch auf die »matière de Bretagne« gerichtet, auf die keltischen Erzählungen von König Artus und den Rittern der Tafelrunde und von Tristan und Isolde. Vor allem war man in Deutschland an den Werken von Chrétien de Troyes interessiert. Von seinen fünf Artusromanen sind vier ins Deutsche übertragen worden: ›Erec‹ und ›Yvain‹ von Hartmann von Aue, der ›Conte du Graal‹ von Wolfram von Eschenbach, der ›Cligès‹ wahrscheinlich von Konrad Fleck (dieses Werk ist nicht erhalten). Nur der ›Lancelot‹ wurde nicht rezipiert. Kaum ein »roman courtois« des 12. Jahrhunderts ist in Deutschland unbeachtet geblieben. Dagegen hatte man hier offenbar nur geringes Interesse für die damals in Frankreich blühende »chanson de geste«-Epik. Am Niederrhein sind vielleicht schon bald nach 1200 zwei Stücke aus dem Epenzyklus um Karl den Großen (›Karl und Galie‹, ›Morant und Galie‹) übertragen worden. Sonst hat in dieser Zeit nur Wolfram von Eschenbach für seinen ›Willehalm‹ eine »chanson de geste« als Vorlage benutzt.

Der Vergleich der deutschen Werke mit ihren französischen Quellen gibt Aufschluß über die künstlerische Individualität der Bearbeiter und ihren Anteil an der Durchformung des Stoffs. Das Quellenverhältnis ist neuerdings von der französischen Germanistik unter dem Stichwort der »adaptation courtoise« neu beleuchtet worden. Von ein paar falschen nationalen Obertönen abgesehen, steht dieser Begriff für die zweifellos richtige These, daß es den deutschen Nachdichtern darum ging, ihrem Publikum so viel wie möglich von der Eigenart der französischen Dichtungen zu vermitteln, und daß sich ihre Eigenständigkeit nicht primär in stofflichen Veränderungen, sondern in der künstlerischen Präsentation des Stoffes dokumentiert. Zu den interessantesten Aspekten der »adaptation courtoise«-Forschung gehört die weitere Frage, in welcher Weise die gesellschaftlichen und kulturellen Unterschiede zwischen Deutschland und Frankreich den literarischen Rezeptionsprozeß mitbestimmt haben. Darauf gibt es jedoch bislang noch keine verbindliche Antwort.

Die »matière de Bretagne«: Arthur war ein keltischer Heerführer, der um 500 gegen die in England gelandeten Angelsachsen gekämpft hat. Sein Name Arthur (Artus ist die französische Form) wird zum ersten Mal im 9. Jahrhundert, in der ›Geschichte der Briten‹ von Nennius, genannt. Die Geschichtsschreiber wissen von ihm nur zu berichten, daß er in vielen Schlachten gesiegt habe. Es muß sich schon früh eine keltische Sagentradition herausgebildet haben, die von Arthur als einem gewaltigen Jäger und Krieger erzählte. Textlich bezeugt ist diese keltische Arthurüberlieferung in einigen kymrischen Gedichten und in den kymrischen Prosaerzählungen (»Mabinogion«), die erst sehr viel später aufgeschrieben worden sind. Im 12. Jahrhundert wurde Artus eine europäische Berühmtheit. Offenbar haben keltische Erzähler den Stoff nach Frankreich und in andere Länder getragen. Eine große Wirkung hatte die lateinische ›Geschichte der Könige von Britannien‹ (›Historia regum Britanniae‹), die Geoffrey von Monmouth 1135 vollendet hat. Artus ist hier als ein britischer Großkönig dargestellt, der halb Europa unter seiner Herrschaft vereint und schließlich im Kampf gegen seinen Neffen tödlich verwundet wird. Das Werk fand weiteste Verbreitung (über 200 Handschriften sind erhalten) und wurde bereits im 12. Jahrhundert mehrfach ins Französische übersetzt. Am wichtigsten ist die Übertragung von Wace, der ›Roman de Brut‹ (um 1155), in dem zum ersten Mal das Motiv der Tafelrunde begegnet. Chrétien de Troyes war der erste, der französische Artusromane gedichtet hat. Er kannte Geoffreys ›Historia‹ und den ›Roman de Brut‹ und hatte auch Kontakt mit keltischen Erzählern. Ob er zusammenhängende keltische Vorlagen für seine Artusromane gehabt hat oder ob er – was wahrscheinlicher ist – die Handlung seiner Epen aus keltischen (und anderen) Motiven selbständig zusammengestellt hat, gehört zu den umstrittensten Fragen der Artusforschung. Unbestritten ist, daß Chrétien den Geschichten von den Rittern der Tafelrunde eine künstlerische Gestalt von hohem Rang gegeben hat.

Die auffallendste stoffliche Veränderung gegenüber Geoffrey von Monmouth ist das Zurücktreten von König Artus als Handlungsträger: in den Artusromanen von Chrétien de Troyes ist Artus nur noch eine repräsentative Gestalt, der hochberühmte Mittelpunkt einer nach ihm benannten Hofgesellschaft, ein »träger König« (*»roi fainéant«*), der manchmal geradezu hilflos wirkt und der darauf angewiesen ist, daß die Ritter seiner Tafelrunde an seiner Stelle handelnd hervortreten. Gegenüber der keltischen Sagentradition hat Chrétien die magisch-mythischen Elemente viel stärker reduziert als Marie de France, die in ihren Lais ebenfalls keltische Stoffe verarbeitet hat. Chrétien hat aus den wilden keltischen Kriegern und Jägern höfische Ritter und aus den keltischen Feen höfische Damen gemacht; und nur in manchen Abenteuern gibt es noch Spuren der keltischen Anderwelt (*»l'autre monde«*) in Gestalt von märchenhaft-wunderbaren Motiven, wie dem Zaubergarten von Joie de la cort im ›Erec‹ oder dem Zauberbrunnen im ›Yvain‹.

Bauform: Die künstlerische Leistung von Chrétien de Troyes ist am deutlichsten an der charakteristischen Bauform seiner Romane erkennbar, besonders des ›Erec‹ und des ›Yvain‹; durch Hartmanns Bearbeitung dieser Werke ist diese Form auch zum Grundmuster des deutschen Artusromans geworden. Die Handlung besteht im wesentlichen aus einer Kette von Abenteuern, die der jeweilige Held bestehen muß. Die Abenteuerfahrt nimmt vom Artushof ihren Ausgang und kehrt zuletzt dorthin zurück. Die Hofszenen rahmen die Abenteuerhandlung ein und verleihen ihr einen gesellschaftlichen Sinn: durch seine Siege über Riesen und Unholde erweist der Held die Überlegenheit der höfisch-ritterlichen Gesellschaftsordnung, die von Artus repräsentiert wird; und indem er den Zauber bricht, der so viele Abenteuer magisch in Gang setzt, trägt er dazu bei, daß die höfische Kultur sich ausbreitet. Der Akzent liegt dabei auf der Gestalt des einzelnen Helden, dem die Aufgabe gestellt ist, selber für sich höfische Vorbildlichkeit zu verwirklichen. Für den Helden sind daher die Abenteuer, die er durchläuft, Proben der Bewährung. Kennzeichnend ist dabei, daß der Bewährungsweg des Helden nicht geradlinig verläuft, sondern einen charakteristischen Bruch aufweist, indem der Held einen Rückschlag erfährt, der es notwendig macht, noch einmal neu anzusetzen. Chrétien hat diese entscheidende Kompositionsstelle durch eine weitere Szene am Artushof markiert. Auf diese Weise werden die Hauptmotive gedoppelt: zweimal bricht der Held vom Artushof auf, zweimal muß er eine Reihe von Abenteuern bestehen, zweimal kehrt er zum Artushof zurück. Im ersten Anlauf scheint alles spielend zu gelingen: der Held erweist seine ritterliche Überlegenheit; er gewinnt eine Frau und eine Herrschaft und wird hochgeehrt am Artushof empfangen. Doch dann vernichtet ein gesellschaftliches Fehlverhalten das Ansehen des Helden schlagartig und bringt ihn um alles, was er schon gewonnen glaubte. An dieser Stelle beginnt die zweite Abenteuerkette, die länger und schwieriger ist als die erste und die darauf angelegt ist, dem Helden Gelegenheit zu geben, daß er sich bewährt, wo er vorher versagt hat. Dabei geht es im wesentlichen darum, den gesellschaftlichen Verpflichtungen gerecht zu werden, die das neu gewonnene Herrscheramt dem Helden auferlegt, und die Pflichten der Liebe und Ehe harmonisch damit zu verbinden. Wenn dieses Ziel erreicht ist, kann der Roman mit der Rückkehr zum Hof enden. Für die Bauform ist dabei das wichtigste, daß die Stationen des

Abenteuerwegs so dem Bewährungsgang des Helden zugeordnet sind, daß die erzählte äußere Handlung auf den inneren Prozeß im Helden hinweist und ihn abbildet. Das ist die »Symbolstruktur« (W. Haug) des Artusromans, die Chrétien de Troyes geschaffen hat und die durch Hartmanns Bearbeitungen der beiden Chrétienschen Romane auch für den deutschen Artusroman gattungsbestimmend geworden ist. Allerdings haben die Verfasser der späteren Artusromane in Deutschland gerade den charakteristischen Bruch in der Laufbahn des Helden nicht nachgebildet, so daß den späteren Werken die spezifische Tiefendimension von Hartmanns Epen fehlt.

Überlieferung: Die Epenüberlieferung reicht in einigen Fällen bis in die Lebenszeit der Autoren zurück: Die Regensburger ›Eneit‹-Fragmente stammen noch aus dem 12. Jahrhundert; die Klagenfurter Bruchstücke des ›Nibelungenlieds‹ (Handschrift Z) wahrscheinlich auch; die Gießener ›Iwein‹-Handschrift ist zu Anfang des 13. Jahrhunderts geschrieben. Offenbar hat eine lebhafte Abschreibetätigkeit für die rasche Verbreitung der Werke gesorgt. Daß mit Veldekes ›Eneit‹ ein neuer Abschnitt in der Geschichte der höfischen Epik beginnt, ist auch am Umfang der Überlieferung abzulesen: mit zwölf Handschriften übertrifft die ›Eneit‹ die bis dahin breiteste Epenüberlieferung des ›Rolandslieds‹ um das Doppelte. In der nächsten Generation werden dann bereits Zahlen erreicht, die vorher undenkbar schienen: von Gottfrieds ›Tristan‹ sind 27 Handschriften erhalten, von Hartmanns ›Iwein‹ 32, vom ›Nibelungenlied‹ 35, von Wolframs ›Willehalm‹ mehr als 70, vom ›Parzival‹ fast 90. Nur wenige Epen der Zeit um 1200 haben keinen solchen Erfolg gehabt: das ›Liet von Troye‹ von Herbort von Fritzlar (drei Handschriften) und überraschenderweise auch Hartmanns ›Erec‹, der nur in einer vollständigen Handschrift und drei Fragmenten überliefert ist.

Auch im Erscheinungsbild der Handschriften, in Format und Einrichtung, hat Veldekes ›Eneit‹ neue Maßstäbe gesetzt. Während die älteren Epenhandschriften, in denen die frühhöfische Epik überliefert ist, nur die Größe von Taschenbüchern besitzen und der Text in der Regel fortlaufend in einem Block geschrieben ist, beginnt um oder kurz nach 1200 mit zwei ›Eneit‹-Handschriften (den Meraner Bruchstücken und den Pfeifferschen Bruchstücken) ein neuer Typus der aufwendigeren Handschriften im Quartformat mit zweispaltiger Beschriftung und einzeln abgesetzten Versen. Diese moderne Einrichtung hat sich rasch verbreitet: die meisten Epenhandschriften des 13. Jahrhunderts sehen so aus.

LITERATUR: Zur Rezeption der französischen Literatur vgl. S. 60. Zur höfischen Epik und zum Stoffkreis der Artusepik: Walter F. Schirmer, Die frühen Darstellungen des Artusstoffes. Köln, Opladen 1958. – Arthurian Literature in the Middle Ages. Hrsg. von Roger S. Loomis. Oxford 1959. – Roger S. Loomis, The Development of Arthurian Romance. London 1963. – Erich Köhler, Ideal und Wirklichkeit in der höfischen Epik. Studien zur Form der frühen Artus- und Graldichtung. 2. Aufl. Tübingen 1970. – Karl O. Brogsitter, Artusepik. 2. Aufl. Stuttgart 1971. – Karin R. Gürttler, Künec Artus der guote. Das Artusbild der höfischen Epik des 12. und 13. Jahrhunderts. Bonn 1976. – Kurt Ruh, Höfische Epik des deutschen Mittelalters. 2 Bde (Bd. 1, 2. Aufl.), Berlin 1977–1980. – Beate Schmolke-Hasselmann, The Round Table. Ideal, Fiction, Reality. In: Arthurian Literature 2. Hrsg. von Richard Barber. Cambridge 1982, S. 41–75. – James A. Schultz, The Shape of the Round Table. Structures of Middle High German Arthurian Romance. Toronto, Buffalo, London 1983. – Karl Bertau, Über Literaturgeschichte. Literarischer Kunstcharakter und Geschichte in der höfischen Epik um 1200. München 1983. – Volker Mertens, Artus. In: Epische Stoffe des Mittelalters. Hrsg. von Volker Mertens u. Ulrich Müller. Stuttgart 1984, S. 290–340. – René Pérennec, Recherches sur le roman arthurien en vers en Allemagne aux XIIe et XIIIe siècles. 2 Bde, Göppingen 1984. – Karin R. Gürttler, German Arthurian Literature (Medieval). In: The Arthurian Encyclopedia. Hrsg. von Norris J. Lacy. New York, London 1986, S. 215–221. – Carola L. Gottzmann, Deutsche Artusdichtung. Bd. 1. Frankfurt a. M., Bern 1986. Zur Bauform des Artusromans: Hugo Kuhn, Erec. In: FS Paul Kluckhohn und Hermann Schneider. Tübingen 1948, S. 122–147. – Max Wehrli, Strukturen des mittelalterlichen Romans. In: Ders., Formen mittelalterlicher Erzählung. Zürich, Freiburg i. Br. 1969, S. 25–50. – Hans Fromm, Doppelweg. In: Werk – Typ – Situation. Studien zu poetologischen Bedingungen in der älteren deutschen Literatur. Stuttgart 1969, S. 64 bis 79. – Walter Haug, Die Symbolstruktur des höfischen Epos und ihre Auflösung bei Wolfram von Eschenbach. DVjs. 45 (1971), S. 668–705. – Hugo Kuhn, Tristan, Nibelungenlied, Artusstruktur. (SB Bayer. AW, Phil.-hist. Klasse 1973, Nr. 5) München 1973. Zur Überlieferung der höfischen Epik: Peter Becker, Handschriften und Frühdrucke mittelhochdeutscher Epen. Wiesbaden 1977. – Joachim Bumke, Epenhandschriften. Vorüberlegungen und Informationen zur Überlieferungsgeschichte der höfischen Epik im 12. und 13. Jahrhundert. In: Philologie als Kulturwissenschaft. FS Karl Stackmann. Göttingen 1987, S. 45–59. – Thomas Klein, Ermittlung, Darstellung und Deutung von Verbreitungstypen in der Handschriftenüberlieferung mittelhochdeutscher Epik. In: Deutsche Handschriften 1100–1400. Hrsg. von Volker Honemann u. Nigel F. Palmer. Tübingen 1988, S. 110–167.

Heinrich von Veldeke

Der Ort Veldeke, nach dem der Dichter sich nannte, lag bei Hasselt in der belgischen Provinz Limburg. Dort ist eine Ministerialenfamilie von Veldeke bezeugt, die im Dienst der Grafen von Loon und des Klosters St. Trond stand. Seinem Bildungsstand nach war Veldeke ein *clericus*: er verstand nicht nur Französisch, sondern auch Latein. Wir besitzen von ihm ein höfisches Epos (›Eneit‹), ein Legendenepos (›Servatius‹) und zahlreiche Lieder. Aus den Epilogen zum ›Servatius‹ und zur ›Eneit‹ sind wir über seine Gönner und Auftraggeber außerordentlich gut informiert. Veldeke hat seine literarische Laufbahn in seiner brabantischen Heimat begonnen und ist später am Thüringer Hof zum berühmten Mittelpunkt eines ganzen Literaturkreises geworden. Der ›Servatius‹ ist im Auftrag der Gräfin Agnes von Loon (urkundlich bis 1175) oder ihrer gleichnamigen Tochter gedichtet, die um 1169 den bayerischen Grafen (und späteren Herzog) Otto von Wittelsbach heiratete. Unterstützt wurde die Arbeit am ›Servatius‹ von dem Diakon Hessel (urkundlich 1171–1176), der am Servatiusstift in Maastricht die Aufsicht über die Schatzkammer führte. Die Arbeit an der ›Eneit‹ hat Veldeke wahrscheinlich schon vor 1170 begonnen. Um 1175 war das Werk bereits zu vier Fünfteln vollendet. Auf der Hochzeit der Gräfin Margarete von Kleve mit dem Landgrafen Ludwig III. von Thüringen wurde das unfertige Manuskript, das Veldeke der Gräfin »zum Lesen und zum Anschauen« (352,36) übergeben hatte, vom Grafen Heinrich (wahrscheinlich einem Bruder des Landgrafen) entwendet und nach Thüringen gebracht. Erst neun Jahre später erhielt Veldeke die Handschrift durch die Vermittlung des Pfalzgrafen Hermann, des späteren Landgrafen, zurück. Der Dichter wurde nach Thüringen berufen und mit der Vollendung des Werks beauftragt. Der Abschluß der Arbeit ist um 1185 anzusetzen. Unsicher ist die Reihenfolge der epischen Werke. Der ›Servatius‹ ist eher vor als nach der ›Eneit‹ entstanden; vielleicht ist aber der zweite Teil des ›Servatius‹ (ab Vers 3255) erst nach dem Verlust des ›Eneit‹-Manuskripts gedichtet worden.

Sprache: Der Schlüssel zum Verständnis von Veldekes literarhistorischer Stellung liegt in seiner Sprache. Speziell die Frage, in welcher Sprachform die ›Eneit‹ ursprünglich abgefaßt worden ist, gilt bis heute als das eigentliche Veldekeproblem. Meistens hat man angenommen, daß es eine ›Ur-Eneit‹ in dem niederländischen (maasländischen, limburgischen) Heimatdialekt Veldekes gegeben habe, die später ins Thüringische umgeschrieben worden sei. Auf dieser Prämisse gründeten die ›Eneit‹-Ausgaben von Behaghel (1882) und von Frings-Schieb (1964), die das niederländische Original zu rekonstruieren versucht haben. Die ›Eneit‹-Handschriften bieten jedoch durchweg einen hochdeutschen, sogar überwiegend oberdeutschen Text, während der ›Servatius‹ nur in niederländischer Gestalt überliefert ist. Reimuntersuchungen haben ergeben, daß Veldeke in beiden Werken – in der ›Eneit‹ noch mehr als im ›Servatius‹ – Reime gemieden hat, die in seiner Heimatmundart oder im Mitteldeutschen unrein gewesen wären, wobei er sich überraschenderweise nicht an dem benachbarten Mittelfränkischen, sondern am Rheinfränkischen beziehungsweise am Hessisch-Thüringischen orientiert hat. Das bedeutet (nach den überzeugenden Darlegungen von Thomas Klein), daß es – zumindest für die Reime – überhaupt keinen Gegensatz zwischen einer maasländischen und einer thüringischen ›Eneit‹ gegeben hat, sondern daß der Dichter auf die Sprachgewohnheiten des höfischen Publikums in beiden Bereichen Rücksicht genommen hat. Einen Sonderfall stellen Veldekes Lieder dar. Auch sie sind nur hochdeutsch überliefert; aber im Wortschatz und in der Reimtechnik zeigen sie nicht dieselben Rücksichten auf den hochdeutschen Sprachgebrauch wie die Epen. In der neuen Ausgabe von ›Minnesangs Frühling‹ steht die handschriftliche hochdeutsche Fassung neben der Rückübersetzung ins Altlimburgische (von Th. Frings). Wahrscheinlich hat Veldeke seine Lieder speziell für ein maasländisches Publikum gedichtet.

Lieder

Veldeke war neben Hausen der erste Dichter, der Minnelieder nach französischen Mustern verfaßt hat. Die Handschriften überliefern ein umfangreiches lyrisches Werk: 37 Lieder, darunter zahlreiche einstrophige Stücke, von denen einige als Sprüche angesehen werden können. Veldeke kennt die Motive des vergeblichen Dienens und Werbens; eine größere Rolle spielt in seiner Lyrik jedoch die Freude an der Natur und die Schilderung des Liebesglücks. Den Ton heiterer Geselligkeit, der für seine Lieder kennzeichnend ist, findet man sonst kaum im deutschen Minnesang. Während er mit seinem höfischen Epos der ganzen Gattung den Weg gewiesen hat, blieb seine Lyrik ohne Wirkung.

›Servatius‹

Der historische Servatius war im 4. Jahrhundert Bischof von Tongeren. Die Erinnerung an ihn wurde besonders im Servatiusstift in Maastricht gepflegt. Dort wird Veldeke seine lateinische Quelle kennengelernt haben, eine Kurzfassung der ›Gesta sancti Servatii‹, der er im ganzen getreu gefolgt ist. Der Auftrag zur Abfassung der deutsch-niederländischen Servatiusdichtung stand wahrscheinlich im Zusammenhang mit dem Bau und der Ausschmückung der Servatiuskirche in Maastricht.

Servatius stammt aus Armenien. Von Gott erhält er den Auftrag, das verwaiste Bistum in Tongeren zu übernehmen. Als die Bewohner von Tongeren ihn vertreiben, verlegt er seinen Sitz nach Maastricht. Gegen den drohenden Hunneneinfall sucht er Hilfe in Rom; dort erhält er von Petrus einen silbernen Schlüssel (der noch heute in Maastricht zu sehen ist). Er wird von den Hunnen gefangen; und es gelingt ihm, Attila zum Christentum zu bekehren, wenn auch nur vorübergehend. Die Tongerer empfangen ihren Bischof feierlich, aber das Strafgericht Gottes über die Stadt ist nicht mehr abzuwenden. Servatius stirbt in Maastricht, und sogleich beginnen die Wunder an seinem Grab. Der Einfall der Hunnen vernichtet das ganze Land, das erst von den Karolingern befreit wird. Karl der Große läßt die Gebeine des Heiligen erheben. Die Kette der Wunder reicht bis in die Gegenwart. (6226 Verse)

Das Werk gliedert sich in zwei Teile von etwa gleicher Länge: der erste behandelt die Vita des Heiligen, der zweite die *miracula,* die Wunder, die an seinem Grab geschehen sind. Beide Teile enden mit einem Epilog; diese Textstücke stimmen zum Teil wörtlich überein, was die Vermutung nährt, daß sie aus verschiedenen Bearbeitungsstufen stammen. Der dichterische Reiz des Werkes liegt im Detail, in der begeisterten Beschreibung der Stadt Maastricht (955ff.) – dem ersten Städtelob in deutscher Sprache – oder in der Erzählung von der Herzogin, die heimlich von dem kostbaren Seidenzeug im Maastrichter Kirchenschatz stiehlt, um sich davon ein Festkleid zu machen (5094ff.). Vom ursprünglichen Text des ›Servatius‹ sind nur Fragmente (etwa 350 Verse) einer um 1200 geschriebenen Handschrift erhalten; die übrigen Teile kennen wir nur in einer Bearbeitung, die in einer Handschrift des 15. Jahrhunderts überliefert ist.

›Eneit‹

Veldekes Vorlage war der französische ›Roman d'Eneas‹ (10156 Verse; neun Handschriften; um 1160), der seinerseits Vergils ›Aeneis‹ zur Quelle hatte. Der französische Dichter hat aus dem römischen Staatsepos einen modernen höfischen Minneroman gemacht. Er hat die Reiseabenteuer gekürzt, die religiös-politischen Motive zurückgedrängt und dafür die beiden Liebesepisoden mit Dido und Lavinia herausgehoben. Besonders die Laviniahandlung am Schluß ist gegenüber Vergil breit ausgebaut. Mit den Mitteln Ovids wird hier die Entstehung der Liebe in allen physischen und psychischen Details vorgeführt. Daran war auch der deutsche Bearbeiter in erster Linie interessiert.

Bei der Eroberung Trojas durch die Griechen flieht Eneas, auf Weisung der Götter, mit seiner Familie und dreitausend Kriegern aus der Stadt, um in Italien ein neues Reich zu gründen. Nach siebenjähriger Irrfahrt kommen die Trojaner nach Karthago, wo die Königin Dido herrscht, die mit Eneas ein Liebesverhältnis eingeht und sich selbst tötet, als Eneas Karthago wieder verläßt. Von der Prophetin Sibille geleitet steigt Eneas in die Unterwelt hinab, wo ihm sein Vater Anchises verheißt, daß aus seinem Geschlecht der Begründer Roms hervorgehen werde. In Italien zeigt sich König Latinus bereit, Eneas mit seiner Tochter Lavinia zu vermählen und ihn zu seinem Erben zu machen. Doch Lavinia ist bereits an Herzog Turnus versprochen, der von der Königin favorisiert wird und der den Trojanern kriegerisch entgegentritt. Auf Turnus' Seite kämpft die Amazonenkönigin Camille, während Eneas von dem Königssohn Pallas unterstützt wird. Beide fallen im Kampf und werden mit großem Pomp bestattet. Der Zweikampf zwischen Eneas und Turnus muß die Entscheidung bringen. Inzwischen sind Lavinia und Eneas in Liebe zueinander entbrannt. Eneas besiegt und tötet den Gegner. Ein großes Hochzeitsfest bildet den glücklichen Abschluß. (13528 Verse)

Veldeke hat neben dem französischen Text auch Vergils Epos benutzt, ist aber in allen wesentlichen Punkten nicht dem römischen, sondern dem französischen Dichter gefolgt. Das Mehr an Umfang (Veldekes Dichtung ist 3000 Verse länger als der ›Roman d'Eneas‹) geht nur zum kleineren Teil auf inhaltliche Erweiterungen zurück, zum größeren Teil auf die Vermehrung höfisch-repräsentativer Beschreibungen und die Ausgestaltung der höfischen Etikette. Das wichtigste ist die Schilderung der Liebe mit den neuen Darstellungsmitteln der Reflexion, des Monologs, der Lehrrede und des Gespächs. Liebe ist eine Krankheit und eine magische Gewalt, die den Menschen überfällt und ihn seiner Sinne beraubt. An Dido wird gezeigt, wie man daran zugrunde gehen kann. Eneas und Lavinia leiden an derselben Krankheit, aber sie haben Glück: von einem höheren Willen gelenkt, führt ihre Liebe zum Ehebund eines vorbildlichen Herrscherpaares.

Die ›Eneit‹ ist in 14 Handschriften überliefert (sieben vollständige, sieben Fragmente). Die ältesten Handschriften sind überwiegend oberdeutsch; darin bezeugt sich eine frühe Ausstrahlung nach Süden. Das Werk muß eine literarische Sensation gewesen sein. Die ganze thüringische Epik stand unter Veldekes Einfluß, und auch in Süddeutschland haben ihn die Dichter der nächsten Generation als ihr Vorbild gefeiert. Für Wolfram von Eschenbach war er der Meister der Liebesdarstellung (Parzival 292,18f.); für Gottfried von Straßburg hat mit Veldeke die höfische Dichtung begonnen: er habe auf den Baum deutscher Sprachkunst »das erste Reis gepfropft«, aus dem dann die Zweige und Blüten großer Dichtung hervorgegangen seien (Tristan 4736ff.). Nach Rudolf von Ems hat Veldeke als erster die Kunst der »richtigen Verse« geübt (Alexander 3114f.).

TEXTE: Lieder: Minnesangs Frühling, S. 97–149. – ›Servatius‹: Hrsg. von Theodor Frings u. Gabriele Schieb. Halle 1956. – ›Eneit‹: Hrsg. von Ludwig Ettmüller. Leipzig 1852; von Gabriele Schieb u. Theodor Frings (DTM 58). Berlin 1964. – ÜBERSETZUNG von Dieter Kartschoke (Reclam 8303). Stuttgart 1986. – LITERATUR: Ludwig Wolff u. Werner Schröder in: VL 3, 1981, Sp. 899–918. – Thomas Klein, Heinrich von Veldeke und die mitteldeutschen Literatursprachen (vgl. S. 30).

Die Thüringische Epik nach Veldeke

Um die Jahrhundertwende sind in Thüringen eine Reihe epischer Werke entstanden, die in ihrem Stil von Veldeke beeinflußt sind und die auch insofern der ›Eneit‹ nahestehen, als sie antike Stoffe behandeln. Vermutlich spiegelt diese Stoffwahl die persönlichen literarischen Interessen des Landgrafen Hermann von Thüringen wider, der die meisten dieser Werke angeregt hat.

Herbort von Fritzlar: ›Liet von Troye‹

Herbort hat im Prolog zu seinem ›Liet von Troye‹ den Landgrafen Hermann als seinen Auftraggeber genannt (92f.), und er hat seinen fürstlichen Gönner auch dadurch geehrt, daß er Herkules, dem Anführer der Griechen, das Wappen der Ludowinger, den rot-weiß gestreiften Löwen in blauem Feld, gegeben hat (1328ff.). Die französische Vorlage hat der Landgraf, nach Herborts Angabe (94f.), von dem Grafen von Leiningen erhalten; gemeint ist wahrscheinlich Graf Friedrich I. von Leiningen († vor 1220), dessen Verbindung zum Thüringer Landgrafenhaus historisch bezeugt ist. Herbort hat sich als *ein gelarter schulere* (18451) vorgestellt; vielleicht war er Lehrer am Chorherrenstift in Fritzlar. Die Datierung der Dichtung schwankt zwischen 1190 und 1210; es spricht nichts dagegen, daß der Auftrag an Herbort schon bald nach der Fertigstellung der ›Eneit‹ erging. Der Titel ›Liet von Troye‹ ist dem Prologvers: *Ich spreche von troyge daz lieht* (98) entnommen.

Auf ihrer Fahrt zum Goldenen Vlies werden Herkules und Jason in Troja so schlecht behandelt, daß Herkules aus Wut darüber die Stadt zerstört. Priamus baut Troja wieder auf und beschließt zusammen mit seinen Söhnen, die erlittene Schande zu rächen. Die Entführung Helenas durch Paris bildet den Anlaß zu dem Krieg der Griechen gegen Troja. Die Kämpfe vor der Stadt füllen den größten Teil der Dichtung: in über zehntausend Versen werden 23 Schlachten beschrieben. Schließlich wird Troja mit Hilfe des hölzernen Pferdes erobert. Die letzten zweitausend Verse sind den Schicksalen der in ihre Heimat zurückkehrenden Griechen gewidmet. Mit dem Tod des Odysseus durch die Hand seines Sohnes Telegonus endet das Werk. (18458 Verse)

Herborts französische Vorlage war der ›Roman de Troie‹ von Benoît de Sainte-Maure (30316 Verse; 46 Handschriften; um 1160/65), der der englischen Königin Eleonore von Aquitanien gewidmet ist. Benoît hat hauptsächlich zwei lateinische Prosawerke der nachchristlichen Zeit benutzt, die ›Historia de excidio Troiae‹ von Dares und die ›Ephemeri belli Troiani‹ von Dictys, die beide angeblich als Augenzeugen den Trojanischen Krieg miterlebt hatten und deswegen im Mittelalter hohes Ansehen genossen. Der alte Stoff ist bei Benoît durch eine moderne höfische Gesellschaftsdarstellung aktualisiert, in der die Liebesgeschichten von Jason und Medea, Achilles und Polyxena und Troilus und Briseida breit ausgestaltet sind. Herbort hat viele Einzelheiten verändert. Vor allem hat er den französischen Text fast um die Hälfte gekürzt: ein einzigartiger Fall im Bereich der »adaptation courtoise«. Vielleicht hat man Herborts Werk am Thüringer Hof in erster Linie als eine Vorgeschichte zu Veldekes ›Eneit‹ angesehen und war deswegen nicht an einer ausladenden Darstellung interessiert. Jedenfalls hat Herbort betont, daß er die Erzählung *kvrz enge vñ smal* (6694) halten wolle, und hat ausdrücklich auf die Fortsetzung der Handlung in der ›Eneit‹ verwiesen (17381 ff.). Dazu paßt, daß Herborts Werk in der einzigen vollständigen Handschrift vor der ›Eneit‹ steht. Eine eigene Färbung besitzt Herborts Gesellschaftsdarstellung, da sie nicht von der sonst üblichen höfischen Idealisierungstendenz geprägt ist, sondern grelle und rohe Züge in der Handlungsweise der Personen, ihren Reden und Reaktionen ungeschminkt hervortreten läßt. Früher hat man darin ein Anzeichen für die Rückständigkeit des Dichters gesehen, der als Kleriker aus der thüringischen Provinz dem neuen Gesellschaftsideal fremd geblieben sei. Heute erkennt man einen Zusammenhang mit kritischen Darstellungstendenzen in anderen epischen Werken der Zeit.

Die spärliche Überlieferung (außer der einen vollständigen Handschrift des 14. Jahrhunderts gibt es nur noch zwei Fragmente) zeigt an, daß dem ›Liet von Troye‹ kein großer Erfolg beschieden war.

TEXT: Hrsg. von Karl Frommann. Quedlinburg, Leipzig 1837; dazu: Hans-Hugo Steinhoff in: VL 3, 1981, Sp. 1027–1031.

Albrecht von Halberstadt
war der Verfasser einer deutschen Bearbeitung von Ovids ›Metamorphosen‹. Als direkte Übertragung einer antiken Dichtung steht das Werk in der deutschen Literatur der Zeit ganz alleine. Im Prolog wird Landgraf Hermann von Thüringen genannt; ob er der Auftraggeber war, ist nicht ganz deutlich. Der Dichter kann entweder mit einem Halberstädter Domherrn oder mit einem Lehrer am Chorherrenstift Jechaburg identifiziert werden. Danach wird das Werk entweder um 1190 oder um 1210 datiert. Seiner lateinischen Vorlage ist Albrecht ziemlich genau gefolgt. Seine Dichtung scheint ohne Wirkung geblieben zu sein: es sind nur Bruchstücke einer Handschrift des 13. Jahrhunderts erhalten (668 Verse, zum Teil verstümmelt). Erst im 16. Jahrhundert hat Albrechts ›Metamorphosen‹-Bearbeitung ein breiteres Interesse gefunden: Jörg Wickram hat den alten Text überarbeitet und 1545 zum Druck gebracht. Nur in dieser Fassung, die bis 1631 fünf Auflagen erlebte, ist das Werk als Ganzes bekannt.

TEXT: Hrsg. von Karl Bartsch. Quedlinburg, Leipzig 1861; dazu: Karl Stackmann in: VL 1, 1978, Sp. 187–191.

›Athis und Prophilias‹

Nur mit Vorbehalten kann diese Dichtung hier eingeordnet werden. Der antike Stoff, die Abhängigkeit von einer französischen Vorlage und der ausgeprägt mitteldeutsche Charakter der Sprache passen zum thüringischen Literaturkreis. Es gibt jedoch keine Anhaltspunkte für eine genauere Bestimmung. Insbesondere die Datierung ist völlig offen. Wir besitzen nur Bruchstücke (etwa 1550 Verse) von drei Handschriften des 13. und 14. Jahrhunderts. Anfang und Ende fehlen. Die Handlungsfolge muß aus der französischen Quelle erschlossen werden. Der französische ›Athis et Prophilias‹ von Alixandre (20732 Verse; zwölf Handschriften; um 1200) erzählt eine orientalische Freundschaftssage in antiker Gewandung.

Der Athener Athis tritt seinem Freund Prophilias seine Braut ab, und der vergilt die Freundestat, indem er Athis in Rom vor einem Mordverdacht rettet. Athis wirbt um Prophilias' Schwester Gayte, die bereits dem König Bilas versprochen ist. Gemeinsam erkämpfen die Freunde das Mädchen, und die Hochzeit wird prächtig gefeiert. Dann kehrt Athis nach Athen zurück, wo weitere Kämpfe zu bestehen sind, bis sich alles glücklich löst.

Der deutsche Dichter hat seine Vorlage mit ungewöhnlicher Freiheit behandelt und ist auch in seinem Stil und seiner Darstellungsweise eigene Wege gegangen. Der Verlust großer Teile des Textes ist bedauerlich, weil es sich offenbar um ein Werk von hohem Rang gehandelt hat.

TEXT: Hrsg. von Carl von Kraus. In: Mittelhochdeutsches Übungsbuch. 2. Aufl. Heidelberg 1926, S. 63–82; dazu: Peter Ganz in: VL 1, 1978, Sp. 511–514.

Hartmann von Aue

Hartmann war nach eigener Aussage »Ritter« und »Ministeriale von Aue« (*dienstman zOuwe* Arm. Heinrich 5). Seiner Sprache nach war er Alemanne. In der ersten Hälfte des 12. Jahrhunderts gab es zähringische Ministerialen von Aue (Au bei Freiburg i. Br.). Ob Hartmann zu dieser Familie gehörte, ist jedoch unsicher, da historische Zeugnisse aus seiner Lebenszeit fehlen. Ebensowenig wie seine Herkunft kennen wir seine Wirkungsstätte. Hartmann hat in keinem seiner Werke einen Auftraggeber genannt; daher wissen wir nicht, für welchen Hof er gedichtet hat. Die bedeutendsten Höfe im Südwesten waren der staufische Königshof, der Hof der Herzöge von Zähringen und der Hof der süddeutschen Welfen in Altdorf-Weingarten. Alle drei sind für Hartmann in Anspruch genommen worden. Am wahrscheinlichsten wäre die Verbindung zu den Zähringern, wenn sich Hartmanns Zugehörigkeit zu der Zähringer Ministerialenfamilie sichern ließe. Viel besser sind wir über seine Bildung informiert. Er hat Französisch und Lateinisch gelernt, und er hat es selber als bemerkenswert herausgestellt, daß »ein Ritter so gebildet war, daß er Bücher lesen konnte« (Arm. Heinrich 1f.).

Hartmann hat zwei Artusromane verfaßt (›Erec‹, ›Iwein‹), zwei kleinere legendenhafte Erzählungen (›Gregorius‹, ›Der arme Heinrich‹), eine Minnelehre (die ›Klage‹) und mehrere Lieder. Aus stilistischen Beobachtungen ergibt sich für die epischen Werke die Reihenfolge: ›Erec‹ – ›Gregorius‹ – ›Armer Heinrich‹ – ›Iwein‹. Die ›Klage‹ ist eher früh anzusetzen, die Lieder könnten sich auf einen längeren Zeitraum verteilen. Für die absolute Chronologie gibt es keine sicheren Anhaltspunkte. Früher galt die Erwähnung des Seldschukensultans Saladin († 1193) im Dritten Kreuzlied (Nr. 17) als Angelpunkt der Hartmann-Chronologie; doch ist die Textüberlieferung an dieser Stelle so schlecht, daß sich nicht entscheiden läßt, ob Saladin lebend oder tot gedacht ist. Ebenso unergiebig ist die Vermutung, daß Hartmann selber an einem Kreuzzug teilgenommen hat. Hartmanns Schaffenszeit dürfte in die Jahre 1185–1205 zu setzen sein. Die Anspielung auf den ›Iwein‹ im fünften Buch des ›Parzival‹ (253,10) setzt voraus, daß Hartmanns letztes Epos um 1200 oder bald danach vorgelegen hat. Als Gottfried von Straßburg den Literaturexkurs im ›Tristan‹ verfaßte (um 1210), war Hartmann noch am Leben.

Lieder

Von Hartmann sind 18 Lieder überliefert. Die meisten variieren die Konstellation der hohen Minne; ihre formale Leistung liegt in der kunstvollen Ausgestaltung der Kanzonenstrophe. Einen eigenen Ton gewinnt Hartmanns Lyrik dort, wo der Dichter persönlich wird und sich von den Konventionen des Minnesangs entfernt. Ganz ungewöhnlich ist es, daß Hartmann die Klage über die Erfolglosigkeit seines Minnedienstes mit der persönlichen Betroffenheit über den Tod seines Herrn in Verbindung bringt: *Mich hât beswaeret mînes herren tôt* (1,3,5).

Wer sein Herr war, wissen wir nicht. Im sogenannten ›Unmutslied‹ (Nr. 15) beantwortet der Sänger die Aufforderung seiner Freunde, den Damen aufzuwarten (»Hartmann, komm, wir wollen nach den höfischen Damen Ausschau halten!«), mit dem Vorsatz, sich nicht länger im einseitigen Minnedienst abzumühen, sondern sich lieber »mit armen Frauen« zu vergnügen, die seine Liebe erwidern. Hier vertritt Hartmann dieselbe kritische Position gegenüber dem höfischen Dienstgedanken wie Walther von der Vogelweide in seinen Mädchenliedern. Noch entschiedener ist Hartmanns Ablehnung der Minnekonvention in seinen Kreuzzugsliedern, vor allem im Dritten Kreuzlied *Ich var mit iuweren hulden* (Nr. 17), wo er der einseitigen, unerfüllten Liebe der Minnesänger die Liebe zu Gott gegenüberstellt und den höfischen Minnedienst als »leeren Wahn« verspottet.

›Die Klage‹
(1914 Verse; eine Handschrift) ist ein Lehrgedicht über die hohe Minne, in Form eines allegorischen Streitgesprächs zwischen dem Herzen und dem Leib, wobei das Herz die Forderung der höfischen Liebe gegen die Trägheit des Leibes vertritt. Nach gegenseitigen Vorwürfen und einigem Sträuben unterwirft der Leib sich der Lehre des Herzens, und beide vereinigen sich in dem Entschluß zu unermüdlichem Minnedienst, ohne viel Aussicht auf Lohn. Der Titel ›Die Klage‹ ist dem Prolog entnommen; früher hat man von Hartmanns ›Büchlein‹ gesprochen. Es ist ein stilistisch-rhetorisches Kunstwerk, das an die lateinische Tradition der Streitgespräche zwischen Körper und Seele anknüpft und sie für die moderne Thematik der Minnepsychologie und Minnelehre nutzbar macht. Der letzte, strophische Teil der ›Klage‹ (1645 ff.) mit der Minnebotschaft an die Dame erinnert an die Gattung der Liebesgrüße und Liebesbriefe. Eine französische Quelle ist nicht nachweisbar. Die ›Klage‹ steht in der Literatur der Zeit ganz isoliert, und sie ist ohne Wirkung geblieben; wir wüßten überhaupt nichts von der Existenz dieses Textes, wenn er nicht im 16. Jahrhundert in das ›Ambraser Heldenbuch‹ aufgenommen worden wäre.

›Gregorius‹
Die Geschichte von dem »guten Sünder« Gregorius ist eine Papstlegende; aber der Papst Gregorius ist keine historische Gestalt.

Gregorius stammt aus einem fürstlichen Haus. Seine Eltern waren Geschwister: der Vater ist in sündiger Liebe zu seiner Schwester entbrannt. Das Kind wird ausgesetzt; eine Tafel informiert über seine sündhafte Geburt. Der Vater stirbt auf einer Bußfahrt; die Mutter übernimmt die Herrschaft in Aquitanien und büßt durch Frömmigkeit und Askese. Gregorius wächst als Findelkind in einem Kloster auf; dort studiert er die Wissenschaften, bis er zufällig von der Tafel und seiner Abkunft erfährt. Sofort ist der Entschluß gefaßt, Ritter zu werden. Er kommt in das Land seiner Mutter, befreit sie aus einer bedrängten Lage und heiratet sie. Als die Mutter die Tafel entdeckt, wird ihr klar, wer ihr Ehemann ist. Zur Buße läßt sich Gregorius auf einem wilden Felsen anschmieden und lebt dort 17 Jahre lang nur von dem Wasser, das sich im Stein sammelt. Als ein neuer Papst gewählt werden soll, weist Gott die Römer auf den Büßer in Aquitanien. Er wird feierlich eingeholt und zum Papst geweiht. Als seine Mutter als Büßerin nach Rom kommt, kann der Sohn auch sie von der Sünde lösen. (4006 Verse)

Hartmann hat im Prolog und im Epilog klargemacht, worum es geht. Die Geschichte von Gregorius soll allen Sündern ein Beispiel sein: Keine Sünde ist so groß, daß sie nicht von Gott vergeben werden könnte, wenn nur der Sünder die richtige Bußgesinnung zeigt und nicht an Gottes Gnadenwillen zweifelt. Inzest galt im Mittelalter als schlimmste Verirrung der Natur und als Todsünde. Der doppelte Inzest macht Gregorius zu einem »Faß voll sündhafter Schmach« (3596 f.), wobei der Akzent nicht auf der persönlichen Verschuldung liegt, sondern darauf, in wie furchtbare Sünde die Menschen in der Welt geraten können.

Hartmanns Dichtung unterscheidet sich von den üblichen Heiligenlegenden dadurch, daß sich der Sinn seiner Erzählung nicht in der kontrastierenden Gegenüberstellung von sündhaftem Weltleben und gottgefälligem Bußleben erschöpft. Vielmehr hat Hartmann das weltliche Leben so geschildert, daß der zum Herrscheramt bestimmte junge adlige Ritter in einem freundlichen Licht erscheint. In dem Streitgespräch zwischen Gregorius und dem Abt über die Frage, ob Gregorius lieber ein frommes Leben im Kloster führen oder als Ritter in die Welt ziehen soll (1385 ff.), wird zwar kein Zweifel an der höheren Weisheit des Abts gelassen, aber gleichzeitig erscheint der Drang zum Rittertum als natürlich für einen Abkömmling aus fürstlichem Haus. Die Lebensform des weltlichen Adels ist im ›Gregorius‹ als von Sünde gefährdet, aber nicht als böse dargestellt.

Hartmann hat nach einer französischen Quelle gearbeitet: ›La vie du pape Grégoire‹ (zwei Fassungen, 2076–2736 Verse; sieben Handschriften; Mitte 12. Jahrhundert), der er im ganzen gefolgt ist; aber in der differenzierten Bewertung des ritterlichen Lebens hat er eigene Akzente gesetzt.

Hartmanns Dichtung hatte eine große Wirkung. 11 Handschriften (sechs vollständige, fünf Fragmente) sind erhalten, die im Textbestand zum Teil erheblich voneinander abweichen. Bereits um 1210 ist der ›Gregorius‹ von Arnold von Lübeck ins Lateinische übersetzt worden (›Gesta Gregorii peccatoris‹, 4107 Verse; zwei Handschriften); der Auftraggeber war der Welfe Wilhelm von Lüneburg († 1213), der Bruder Kaiser Ottos IV.

Zwei weitere lateinische Bearbeitungen stammen aus dem 14. Jahrhundert. Die weiteste Verbreitung fand die deutsche Prosafassung (›Von sant Gregorio auf dem stain‹) in der Legendensammlung ›Der Heiligen Leben‹, die um 1400 entstanden ist und von der über 100 Handschriften und zahlreiche Drucke bekannt sind.

›Der arme Heinrich‹
erzählt von der wunderbaren Heilung des Herrn Heinrich von Aue.

Heinrich von Aue stammt aus einer hochadligen Familie und ist ein Muster an ritterlicher Tugendhaftigkeit, bis Gott, um ihn zu prüfen, ihn mit Aussatz schlägt, der ihn den Menschen widerwärtig macht. Nachdem er vergeblich die Kunst der Ärzte angerufen hat, verschenkt Herr Heinrich seine Besitztümer und zieht auf den Hof eines Meiers, wo die achtjährige Tochter sich liebevoll seiner Pflege widmet. Nach drei Jahren kommt das Gespräch zufällig darauf, daß die Ärzte einen Weg genannt haben, wie Heinrich geheilt werden könnte: wenn eine Jungfrau bereit wäre, ihr Leben für ihn zu opfern. Die Meierstochter faßt den Entschluß, ihren Herrn zu retten, und läßt sich durch keine Einwände davon abbringen. Sie reisen nach Salerno, und als der Arzt gerade im Begriff ist, das Mädchen zu töten, wird Heinrich durch den Anblick ihrer Schönheit und Unschuld innerlich verwandelt. Er gebietet Einhalt und will nun lieber auf immer die schwere Krankheit tragen, als den Tod des Mädchens zu verschulden. Da greift Gott wieder ein und läßt ihn gesund werden. Heinrich kehrt in seine alte Stellung zurück und heiratet die Meierstochter. Sie gewinnen beide die ewige Seligkeit. (1520 Verse)

Der ›Arme Heinrich‹ ist eine religiöse Beispielerzählung. Herr Heinrich muß einen schweren Weg der Prüfung gehen; er muß erkennen, daß aller höfischer Glanz vor Gott zu nichts zerfällt. Seine Reaktion auf die Krankheit enthüllt, wie weit er von der Haltung Hiobs entfernt ist, der alles geduldig ertrug, was Gott ihm auferlegte. Doch dann bewegt Heinrich sich in die richtige Richtung: er verteilt seine Habe an die Armen; er erkennt, daß Gott ihm die Krankheit als Strafe geschickt hat; und er tut in Salerno den entscheidenden Schritt der inneren Umkehr, indem er das Opfer des Mädchens zurückweist und sich ganz Gottes Willen unterwirft. Damit hat er die Prüfung bestanden und kann durch ein Wunder gerettet werden.

Daß der ›Arme Heinrich‹ mehr ist als ein frommes Exempel, liegt hauptsächlich an der Gestalt der Meierstochter; durch sie kommt eine innere Spannung in die Erzählung, die bis heute eine Verständigung über die Intention des Dichters erschwert. Hartmann hat der Meierstochter in seiner Erzählung viel mehr Raum gegeben, als die Bekehrungsgeschichte des armen Heinrich es erfordert; und er hat die Figur in einer Weise problematisiert, die fast den religiösen Ernst der Exempelhandlung in Frage stellt. Zunächst scheint die Selbstlosigkeit und Opferbereitschaft des Mädchens jene Haltung zu bezeugen, die Heinrich erst lernen muß: sie achtet alles Weltliche gering und richtet ihr ganzes Streben darauf, in den Himmel zu kommen. Die große Rede, mit der sie ihren Entschluß, für Heinrich zu sterben, begründet (663 ff.), läßt jedoch erkennen, daß ihr unbezähmbarer Drang, durch ihren Opfertod eine Heilige zu werden, durchaus nicht der christlichen Demutshaltung entspricht. Wenn sie dann mit Fluchen und Schreien auf die Zurückweisung ihrer Opfertat reagiert, wird vollends deutlich, daß die radikale Weltabkehr in dieser Form genauso problematisch ist wie die Weltlichkeit, die Heinrich am Anfang an den Tag legt. Hartmann hat die Erzählung zuletzt auf das Exempel vom armen Heinrich zurückgelenkt und die Sonderthematik der Meierstochter nicht weitergeführt. Daher bleibt ein Riß in der Dichtung; aber gerade dieser unaufgelöste Rest macht den ›Armen Heinrich‹ zu einem der interessantesten Texte der höfischen Zeit.

Wir kennen keine Quelle zum ›Armen Heinrich‹. Ein lateinisches Exempel von *Henricus pauper*, das in Handschriften des Spätmittelalters überliefert ist, basiert eher auf Hartmanns Erzählung, als daß es dieser als Vorlage gedient hätte. Die Hauptmotive waren aus der religiösen Literatur bekannt. Merkwürdig ist, daß Hartmann einen hochadligen Herrn von Aue zum Helden der Erzählung gemacht hat. Hartmann hat nicht erkennen lassen, ob er damit die Geschichte seines eigenen Vorfahren erzählen wollte – dann müßte man annehmen, daß die Heirat mit der Bauerstochter die Standesqualität der Familie gemindert und ihren Übergang in die unfreie Ministerialität bewirkt hätte –, oder ob er seinen Dienstherrn damit ehren wollte, daß er die Erzählung von der wunderbaren Heilung in dessen Familie ansiedelte. Ein hochadliges Geschlecht von Aue ist jedoch nicht bezeugt.

Der ›Arme Heinrich‹ ist in sieben Handschriften (drei vollständigen, vier Fragmenten) überliefert; das meiste sind Sammelhandschriften mit kleineren Verserzählungen verschiedenen Inhalts. Zahlreiche Bezugnahmen und Zitate bei späteren Autoren bezeugen die Breite der Rezeption.

›Erec‹

Der erste deutsche Artusroman ist nur verstümmelt überliefert: der Anfang fehlt.

Während König Artus auf der Jagd nach dem weißen Hirsch ist, begleitet der junge Erec die Königin bei einem Ausritt. Unterwegs wird er von einem fremden Ritter (Ider) beleidigt und macht sich alleine auf die Verfolgung des Ritters, um die Schmach zu rächen. Gelegenheit dazu bietet der Kampf um den Sperber, ein Schönheitspreis, den Ider schon zweimal für seine Freundin gewonnen hat. Erec übernachtet bei einem verarmten Grafen (Coralus) und verspricht, dessen Tochter Enite zu heiraten, wenn sie ihn zum Sperberkampf begleitet. Erec besiegt Ider und kehrt, zusammen mit Enite, zum Artushof zurück, wo ihre Hochzeit prächtig gefeiert wird. Dann zieht das junge Paar nach Karnant, wo Erecs Vater zugunsten seines Sohnes auf die Herrschaft verzichtet. Erec liebt seine Frau so sehr, daß er aus Liebe seine Herrscherpflichten vernachlässigt. Als ihm zu Ohren kommt, daß er zum allgemeinen Gespött geworden ist, verläßt er heimlich in ritterlicher Rüstung den Hof. Enite muß ihn begleiten und wird unterwegs den härtesten Bedingungen unterworfen: die eheliche Gemeinschaft ist aufgehoben; Enite darf nicht einmal mit ihrem Mann sprechen und muß, wie ein Knecht, die Pferde versorgen. Erec reitet ohne bestimmtes Ziel von Abenteuer zu Abenteuer. Er besiegt Räuber und Riesen und kämpft zweimal gegen den Zwergenkönig Guivreiz. Auch Enite hat Proben ihrer Standfestigkeit zu bestehen: zweimal ist sie den Nachstellungen begehrlicher Grafen ausgesetzt, läßt sich aber in ihrer Liebe zu Erec nicht beirren. Das bewegt diesen endlich, sie wieder als seine Ehefrau und Freundin zu behandeln. Nachdem Erec auch das Abenteuer Joie de la cort (»die Freude des Hofes«) bestanden hat, indem er den riesenhaften Mabonagrin in seinem Zaubergarten besiegt, ziehen sie zum Artushof, wo ihnen hohe Ehrungen zuteil werden, und dann zurück nach Karnant. Dort leben sie fortan als vorbildliches Herrscherpaar. (10135 Verse plus 57 Verse, die nach Vers 4629 eingeschoben sind)

Interpretationsprobleme: Thema des ›Erec‹ ist der Weg zu höfisch-ritterlicher Vorbildlichkeit, dargestellt an Erec, der am Anfang als junger Ritter den schmachvollen Geißelschlag empfängt und der zuletzt als König von Karnant hohes Ansehen genießt. Es ist ein langer Weg der Erprobung und Bewährung, den Erec geht. Die Stationen des Weges sind in der Hauptsache die Abenteuer, die Erec kraft seiner ritterlichen Tüchtigkeit besteht. Daran fehlt es ihm von Anfang bis zum Ende nicht. Seine Fehler liegen auf anderem Gebiet: er versagt als Herrscher, er scheitert als Ehemann und er erweist sich als unfähig, seine Liebe richtig zu steuern. Diese drei Bereiche – Liebe, Ehe und Herrschaft – werden im ›Erec‹ problematisiert. Das geschieht in der Weise, daß Erec im ersten Anlauf alles erreicht, was ein junger Ritter sich wünscht: er gewinnt die Liebe einer schönen Frau, er heiratet sie und wird König. Doch dann bricht plötzlich alles zusammen: der König verliert alle Achtung, weil er die Tage mit seiner Frau im Bett verbringt, statt seine Herrschaft wahrzunehmen. Schuld daran ist die Liebe, die ihn so völlig in den Bann geschlagen hat, daß er darüber alles andere vergißt. Erec gibt seine Herrschaftsposition auf, setzt seine Ehe außer Kraft und begibt sich auf den langen, beschwerlichen Weg einer neuerlichen Abenteuerfahrt, die so kunstvoll aufgebaut und gegliedert ist, daß dabei die Stationen eines inneren Läuterungsweges sichtbar werden. Daß Erecs Handlungsweise eine neue Qualität gewinnt, ist an der sozialen Motivation seiner Rittertaten zu erkennen: Während er am Anfang, beim Sperberkampf, um sein eigenes Ansehen gekämpft hat, tritt er jetzt für andere ein oder nimmt öffentliche Interessen wahr; er bekämpft Räuber, er befreit einen Ritter aus der Gewalt bösartiger Riesen und er hilft Enite, wenn sie bedrängt wird. In welchen Tiefen der Persönlichkeit die Neubestimmung von Erecs Handlungsweise begründet wird, deutet der symbolische Name Limors (»der Tod«) an; als Toter wird Erec nach Limors gebracht; und als ein neu zum Leben Erweckter erhebt sich der Totgeglaubte und sieht sich und sein Tun mit neuen Augen an: er versöhnt sich mit Enite und bittet sie um Vergebung (6671 ff.).

Besonders deutlich zeigt das letzte Abenteuer, Joie de la cort, worum es im ›Erec‹ geht: die Geschichte von Mabonagrin und seiner Freundin im Zaubergarten ist so erzählt, daß sich darin die Situation von Erec und Enite spiegelt. Auch hier ist es die magische Gewalt der Liebe, die die beiden im Garten gefangenhält und die bewirkt, daß Mabonagrin eine zerstörerische und gesellschaftsfeindliche Tätigkeit ausübt, indem er alle Ritter totschlägt, die in den Garten kommen. Die achtzig aufgespießten Köpfe seiner erschlagenen Gegner sind ein grausiges Abbild einer falsch motivierten Ritterlichkeit. Demgegenüber vertritt Erec jetzt das Prinzip gesellschaftlicher Verantwortlichkeit, das er in die Worte faßt: »Es ist so gut, in Gesellschaft zu sein« (*bî den liuten ist sô guot* 9438). Mit dieser Haltung kann Erec Mabonagrin gegenüber als Befreier auftreten, der ihn aus der magischen Isolation der Liebe erlöst; und diese Erlösungstat gibt dem Hof von Brandigan die Freude zurück, die dort so lange verschwunden war. So erreicht Erec eine Vorbildlichkeit, die nicht mehr gefährdet ist.

Eine große Bedeutung kommt dabei Enite zu. Es ist schon immer aufgefallen, daß die weibliche Hauptfigur im ersten Artusroman eine merkwürdig gedrückte Rolle spielt. In zerrissenen Kleidern, Knechtsdienste leistend: so wird Enite eingeführt; und Erec besteht darauf, daß dieser entwürdigende Aufzug bis zum Empfang am Artushof erhalten bleibt. Nach dem Aufbruch aus Karnant wird Enite erneut in eine erniedrigende Position herabgedrückt, da ihr Ehemann ihr die Gemeinsamkeit von Tisch und Bett verweigert, ihr verbietet, auch nur mit ihm zu sprechen, und ihr den Tod androht, falls sie seinen Anweisungen nicht gehorcht. Und Enite muß noch mehr erdulden: in Limors wird sie von dem Grafen Oringles, der sie bereits als seine Ehefrau betrachtet, blutig geschlagen, weil sie sich nicht seinen Wünschen fügt. Andererseits wird Enite als eine Frau von wunderbarer Schönheit beschrieben, deren Anblick die Welt in Staunen versetzt. Als sie festlich geschmückt vor die Gesellschaft des Artushofs tritt, da »erschraken die Ritter der Tafelrunde vor ihrer Schönheit, so daß sie sich selbst vergaßen und nur die Jungfrau anstarrten« (1737ff.). Der Anblick ihrer betörenden Schönheit weckt in den Männern eine Liebe, die sich als blinde Begierde äußert und sie alle Rücksichten vergessen läßt. Diese Gefahr, die von der schönen Frau ausgeht, wird im ›Erec‹ mehrfach geschildert, und zwar immer im Hinblick auf eheliche Verhältnisse; die Möglichkeit einer freien Liebesbindung wird von Hartmann nicht diskutiert. An Erec und den beiden Grafen zeigt sich, daß die blinde, begehrliche Liebe zu der schönen Frau eine ausgesprochen negative Wirkung hat: Männer, die bis dahin gut und anständig waren, werden durch sie bösartig und gewalttätig; und die blinde Begierde läßt sie vergessen, was sie ihrer adligen Stellung schuldig sind. In diesem Punkt unterscheidet sich Erec nur graduell von dem Grafen Oringles. Die Hofgesellschaft in Karnant gibt Enite die Schuld daran, daß Erec seine Königspflichten vergißt. Das scheint auch die Position des Erzählers zu sein; jedenfalls wird Enite mitverantwortlich gemacht für das Fehlverhalten ihres Ehemannes. Deswegen muß sie mit auf die Bewährungsfahrt und wird dabei ebenso harten Proben ausgesetzt wie Erec. Für Enite geht es aber nicht um die gesellschaftliche Dimension ihrer Handlungsweise, sondern um die Bewährung als Ehefrau. Durch ihre bedingungslose Liebe zu Erec und durch ihr engagiertes Eintreten für ihn, selbst wenn sie sich dabei über sein Gebot hinwegsetzen muß, stellt sie unter Beweis, daß sie Erec »eine gute Ehefrau ist« (6791), die die von einer Ehefrau geforderten Tugenden der Selbstverleugnung, der Unterordnung und der Leidensbereitschaft in hervorragender Weise erfüllt. Wo die Herrschaftsform der Ehe so vorbildlich funktioniert, kann auch die begehrende Liebe einen Platz finden und zu einem wichtigen Faktor werden, indem sie den Ehemann bei seinem gesellschaftlich verantwortlichen Handeln inspiriert: das liebende Hindenken zu seiner Frau während des Kampfes mit Mabonagrin verleiht Erec neue Kräfte und ermöglicht dadurch seinen Sieg. Die Integration der Liebe in die Konzeption des vorbildlichen Herrscherpaares ist wohl der wichtigste gesellschaftskritische Akzent, den der ›Erec‹ setzt. Denn sowohl gegenüber der theologischen Ehelehre als auch gegenüber der feudalen Ehepraxis gewinnt der Gedanke, daß die Ehe des Herrschers in der persönlichen Liebe der Eheleute gründet, eine eigene Dynamik.

Die besondere Leistung des ›Erec‹ liegt nicht so sehr in dem manchmal geradezu thesenhaft herausgearbeiteten Programm einer höfisch-ritterlichen Vorbildlichkeit, als vielmehr darin, daß die verschiedenen Faktoren, die dabei eine Rolle spielen, in solcher Weise problematisiert sind, daß auch die negativen Seiten der adligen Lebensform in den Blick treten, wodurch die Dichtung an Wirklichkeitsgehalt gewinnt gegenüber dem utopischen Charakter des idealen Entwurfs.

Quelle und Bearbeitung: Hartmanns Vorlage war der fanzösische ›Erec et Enide‹ von Chrétien de Troyes (6944 Verse; elf

Handschriften; um 1160/70). In einigen Einzelheiten stimmt Hartmanns Darstellung genauer mit jüngeren Versionen der Erecgeschichte überein: mit dem kymrischen Mabinogi ›Gereint‹ und mit der norwegischen ›Erex saga‹. Die Frage nach Hartmanns Nebenquellen wurde früher als ein Hauptproblem der ›Erec‹-Forschung angesehen. Heute begnügt man sich mit der Vermutung, daß Chrétiens Dichtung wohl nicht die einzige Stoffquelle für Hartmann war; zusätzlich ist an mündliche Überlieferungen zu denken. Die These, daß Hartmann überhaupt nicht nach Chrétien gearbeitet habe, sondern daß seine Vorlage ein niederrheinisch-niederländisches ›Erec‹-Epos gewesen sei, ist in neuerer Zeit nur noch vereinzelt vertreten worden. Sie stützt sich darauf, daß der Truchseß Keie an einer Stelle *der quâtspreche* »das Lästermaul« (4664) (von niederdeutsch *quât* »böse«) genannt wird. Für die Existenz einer (verlorenen) niederrheinischen Artusepik gibt es jedoch nicht genügend Anhaltspunkte.

Hartmann ist seiner Vorlage im ganzen gefolgt, hat aber in vielen Einzelheiten die Akzente anders gesetzt. Die höfisch beschreibenden Passagen haben bei ihm einen größeren Umfang; und auch der Erzählstil ist verschieden: weniger Dialoge bei Hartmann, dafür ein stärkeres Hervortreten des Erzählers, oft reflektierend und kommentierend, mit lehrhafter Tendenz. Wichtige inhaltliche Veränderungen finden sich in der Schlüsselszene in Karnant, wo Hartmann die zweideutigen Worte Enides getilgt hat, durch die sie sich in der französischen Dichtung von ihrem Ehemann distanziert. Das hat eine bedeutsame Umgestaltung der Versöhnungsszene zur Folge: während Erec bei Chrétien seiner Frau ihre frühere Rede verzeiht, bittet Erec bei Hartmann umgekehrt seine Frau um Vergebung für die schweren Prüfungen, die er ihr »ohne Grund« auferlegt habe (6795ff.). Noch einschneidender ist die Änderung am Schluß: Hartmann hat die Joie de la cort-Episode durch das Motiv der achtzig trauernden Witwen erweitert, die es bei Chrétien noch nicht gab. Indem Erec diesen Frauen gegenüber aus Barmherzigkeit und Mitleid handelt, gewinnt seine Ritterlichkeit einen neuen religiös-christlichen Akzent. Außerdem hat Hartmann am Schluß die Handlung über die letzte Szene am Artushof hinaus zurück nach Karnant geführt und hat dadurch die Bedeutung von Erecs Herrscheramt stärker betont.

Überlieferung: Der ›Erec‹ ist auffallend schlecht überliefert. Es gibt nur eine (fast) vollständige Handschrift aus dem 16. Jahrhundert: das ›Ambraser Heldenbuch‹. Außerdem sind Bruchstücke von drei Handschriften aus dem 13. und 14. Jahrhundert vorhanden. Besonders wichtig sind die Wolfenbütteler Fragmente (13. Jahrhundert), die eine Textfassung bezeugen, die zum Teil erheblich von dem ›Erec‹-Text im ›Ambraser Heldenbuch‹ abweicht und in Einzelheiten dem französischen ›Erec‹ von Chrétien de Troyes nähersteht. Dieser Befund stellt die ›Erec‹-Forschung vor Fragen, die noch nicht beantwortet sind: Welcher ›Erec‹ stammt von Hartmann von Aue: der Wolfenbütteler oder der Ambraser? Hat es schon vor Hartmann einen deutschen ›Erec‹ gegeben? Oder ist Hartmanns Text nachträglich überarbeitet worden? Oder hat Hartmann zwei Fassungen des ›Erec‹ gedichtet? Von der Klärung dieser Fragen wird es abhängen, wie die Anfänge des Artusromans in Deutschland zu bewerten sind. Die spärliche Überlieferung ist in diesem Fall kein Indikator dafür, daß der ›Erec‹ ohne Wirkung geblieben ist. Die Kenntnis der Dichtung gehörte im 13. Jahrhundert zum literarischen Gemeingut. Anspielungen darauf finden sich bei Wolfram von Eschenbach, Wirnt von Grafenberg, Heinrich von dem Türlin, Rudolf von Ems und anderen. Einen so großen Einfluß wie der ›Iwein‹ hatte der ›Erec‹ allerdings nicht.

›Iwein‹

Kalogreant, ein Ritter der Tafelrunde, erzählt am Artushof von seinem mißlungenen Abenteuer beim Zauberbrunnen. Daraufhin bricht Iwein alleine auf, findet den Brunnen und setzt das Abenteuer in Gang, kämpft mit Ascalon, dem Herrn des Brunnen, verfolgt den Gegner und tötet ihn beim Eintritt in dessen Burg, wird jedoch selber durch die herabfallenden Gitter in der Torhalle gefangen. Von dort aus sieht er mit an, wie Ascalons Witwe Laudine um ihren Mann trauert, und wird von Liebe zu ihr ergriffen. Laudines Vertraute Lunete weiß ihre Herrin davon zu überzeugen, daß sie rasch einen neuen Ehemann braucht, um den Brunnen zu verteidigen, und daß Iwein der Richtige für sie ist. Nach der Hochzeit erbittet Iwein sich von seiner Frau die Erlaubnis, ein Jahr lang mit den Artusrittern auf Turniere ziehen zu dürfen. Er versäumt jedoch den gelobten Termin, woraufhin Laudine ihn vor der Öffentlichkeit des Artushofs der Untreue bezichtigt und sich feierlich von ihm lossagt. Dieser Bruch treibt Iwein in den Wahnsinn. Längere Zeit lebt er als ein Waldmensch, bis ihn zufällig die Gräfin von Narison schlafend antrifft und ihn mit einer Zaubersalbe heilt. Von nun an zieht Iwein von Abenteuer zu Abenteuer, zusammen mit einem Löwen, den er gerettet hat und der ihm seitdem treu ergeben folgt. Einmal kommt Iwein auch in Laudines Land und besteht dort unerkannt einen Gerichtskampf für Lunete, die wegen Iweins Versäumnis des Verrats beschuldigt und zum Tode verurteilt worden ist. Iwein befreit dreihundert gefangene und in ein Arbeitshaus eingesperrte Damen aus der Gewalt von Riesen und verhilft im Zweikampf mit dem (unerkannten) Freund Gawein der jüngeren Tochter des Grafen vom Schwarzen Dorn zu ihrem Recht. Dann wird er wieder als ein hochgeehrtes Mitglied in die Gesellschaft des Artushofes aufgenommen. Zuletzt begibt er sich erneut in Laudines Land; und durch Lunetes List gelingt es ihm, Laudine zu versöhnen und den Liebes- und Ehebund wiederherzustellen. (8166 Verse)

Interpretationsprobleme: Im Aufbau und in der Thematik ist der ›Iwein‹ dem ›Erec‹ auffallend ähnlich. Auch im ›Iwein‹ geht es darum, daß ein junger Ritter mit spielerischer Leichtigkeit eine schöne Frau und die Herrschaft über ein Land gewinnt; daß dann die Krise eintritt, in der er alles Gewonnene wieder verliert; und daß er einen langen, schweren Weg der Bewährung gehen muß, bis er alles Verlorene wiedergewonnen hat. Auch im ›Iwein‹ ist die Handlungsfolge so strukturiert, daß die beiden Abenteuerreihen durch Szenen am Artushof eingerahmt sind; und wie im ›Erec‹ weist die lange zweite Abenteuerkette eine charakteristische Binnengliederung auf, die darauf angelegt ist, den Läuterungsprozeß des Helden sichtbar zu machen. Auch im ›Iwein‹ steht der Held vor der Aufgabe, Liebe, Ehe und Herrscherpflichten so in Übereinstimmung zu bringen, daß sie Bestand haben. Wie Erec versagt auch Iwein vor den Aufgaben, die die Königsherrschaft ihm stellt, und dieses Versagen hat auch im ›Iwein‹ zur Folge, daß das öffentliche Ansehen des Helden Schaden nimmt. Früher hat man besonders betont, daß Erec sich im Bett »verliegt«, während Iwein sich auf Turnieren »verfährt«. Die weitere Handlung zeigt jedoch, daß es weder Erec an Rittertüchtigkeit noch Iwein an Liebe zu seiner Frau mangelt. Was beiden abgeht, ist die Fähigkeit, den Verpflichtungen, die sie durch die Eheschließung und durch die Übernahme der Herrschaft eingegangen sind, gerecht zu werden und mit den Forderungen der Liebe in Einklang zu bringen. Im Unterschied zum ›Erec‹, wo das Problem der gefährlich-isolierenden, gesellschaftsfeindlichen Liebe im Mittelpunkt steht, liegt im ›Iwein‹ der Akzent mehr auf der Problematik der Ehe, die einerseits als Liebesbund gedacht ist und die andererseits spezifische Herrschaftspflichten einschließt. Die vernichtende Gewalt der Krise ist im ›Iwein‹ noch klarer herausgearbeitet: die Aufkündigung des Ehebundes durch Laudine stürzt Iwein in den Abgrund des Wahnsinns und führt zum Verlust seiner Identität. Als Iwein wieder zu sich kommt, ist er ein neuer Mensch mit einer neuen Gesinnung. Wie im ›Erec‹ liegt der Akzent darauf, daß Iwein im Brunnenabenteuer nur an seinen eigenen Ruhm gedacht hat, während sein Handeln nach der Krise gesellschaftlich motiviert ist, indem er für Bedrängte und Schwache eintritt und unschuldig in Not Geratene daraus befreit. Noch deutlicher ist im ›Iwein‹ der inhaltliche Zusammenhang zwischen dem gesellschaftlichen Fehlverhalten des Helden und den Rittertaten seiner Bewährungsfahrt: jetzt kann Iwein die Verläßlichkeit beweisen, an der er es Laudine gegenüber hatte fehlen lassen; jetzt hält er eingegangene Rechtsverpflichtungen und versäumt keine Termine mehr. Das Motiv der rechtsverbindlichen Fristsetzung und -einhaltung ist im zweiten Teil des ›Iwein‹ so dominierend, daß die Abenteuer zeitlich ineinander verschachtelt sind und der Held von einem Termin zum anderen hetzen muß, um nirgends zu spät zu kommen. Dabei sind komisch-ironische Obertöne kaum zu überhören. Anders als der ›Erec‹ ist der ›Iwein‹ voll von komischen Momenten; man braucht nur an das Herumstochern nach dem unsichtbaren Iwein in der Torhalle zu denken oder an den wahnsinnigen Iwein, der nackend und schwarz im Wald herumläuft, oder an den Selbstmordversuch des Löwen. Durch solche Motive wird die Ernsthaftigkeit des ideellen Programms im ›Iwein‹ weit mehr in Frage gestellt, als das im ›Erec‹ der Fall ist; aber es ist nicht deutlich zu erkennen, ob das den Intentionen Hartmanns entspricht. In Hartmanns Dichtung hat der Held am Schluß die Bewährungsproben bestanden und bietet die Gewähr dafür, daß er auch als Ehemann und Herrscher Vorbild sein kann. Dabei wirkt es eher wie ein Schönheitsfehler, daß es Iwein zuletzt nur durch eine List gelingt, seine Ehefrau zur Versöhnung mit ihm zu bewegen.

Am deutlichsten unterscheiden sich ›Erec‹ und ›Iwein‹ in der Darstellung der Frau. Während die männlichen Protagonisten sich wie Brüder gleichen, scheinen Enite und Laudine geradezu als Gegensatzfiguren konzipiert zu sein: die selbstlose, geduldig leidende, von den Männern erniedrigte Enite auf der einen Seite und die überlegen-abweisende, auf ihre Rechte pochende Laudine auf der anderen. Dennoch geht es beide Male um dasselbe Problem: die Frau soll ihren Platz als geliebte Ehefrau eines verantwortlich handelnden Herrschers finden. So jedenfalls scheint Hartmann die Aufgabe gesehen zu haben. In seinen Artusromanen hat die Frau keine selbständige Position neben dem Mann, sondern ist auf ihn hingeordnet und soll ihm helfen, die erstrebte Vorbildlichkeit zu erlangen. Dabei hat es Enite von vornherein leichter, weil sie mit ihrer Unterordnungsbereitschaft und ihrer Leidensfähigkeit die wichtigsten Qualitäten einer guten Ehefrau mitbringt, während Laudine sich anders verhält, als es ihre Rolle erfordert. Zwar heiratet sie Iwein nicht nur aus politischen Gründen – weil ihr Land einen Herrn braucht, der den Brunnen verteidigt –, sondern sie geht als liebende Frau in die Ehe, die sich den Wünschen ihres Mannes anpaßt. Aber dann passiert etwas in der höfischen Dichtung Einmaliges: Die Ehefrau sagt sich von ihrem Mann los und verweigert ihm die Wahrnehmung seiner Rechte, weil er ein feierlich gegebenes Versprechen nicht gehalten hat. Laudines Vorgehen schafft jedoch der Frau keinen größeren Handlungsspielraum. Nicht nur fehlt dem Land nun ein Herrscher, der über den Brunnen wacht; es zeigt sich auch, daß Laudines Position nicht haltbar ist. Nachdem Iwein durch seine Taten bewiesen hat, daß er sehr wohl in der Lage ist, den Verpflichtungen des Herrscheramts nachzukommen, muß Laudine sich am Schluß zur Versöhnung nötigen lassen und durch einen Fußfall vor ihrem Mann zu erkennen geben, daß sie bereit ist, die Rolle der demütigen Ehefrau zu übernehmen. Nach dem Schmerz und dem Schaden, den ihr Mann ihr zugefügt hat, fragt zuletzt niemand mehr. Das ist ein Grund, warum der ›Iwein‹ im ganzen einen merkwürdig zwiespältigen Eindruck macht, obwohl der Dichter sich bemüht hat, die positive Programmatik herauszuarbeiten.

Vorlage und Bearbeitung: Hartmann ist im ›Iwein‹ seiner französischen Vorlage, dem ›Yvain‹ (›Le chevalier au lion‹) von Chrétien de Troyes (6879 Verse; zehn Handschriften; um 1170/80), viel genauer gefolgt als im ›Erec‹. Die kleineren Abweichungen und Umstellungen stehen fast immer im Dienst der Einzelmotivierung. Inhaltlich neu ist nur die Erzählung von der Entführung der Königin Ginover (4530ff.), die Hartmann nach unbekannter Quelle eingefügt hat. Trotz der textlichen Nähe zu Chrétien hat der deutsche ›Iwein‹ einen anderen Charakter, da Hartmann die ironisch-distanzierende Erzählweise Chrétiens nicht übernommen hat. Das zeigt sich besonders in der Laudinedarstellung. Während Chrétien das schwankhafte Motiv der schnell getrösteten Witwe mit der Bemerkung würzt, »daß eine Frau tausenderlei Launen hat« (1436), versucht Hartmann ernsthaft, die Handlungsweise Laudines zu rechtfertigen, um die ideelle Komponente seiner Romankonzeption nicht zu gefährden. Daß damit ein Verlust an poetischer Substanz verbunden war, ist kaum zu übersehen.

Überlieferung, Wirkung: Mit 32 Handschriften (15 vollständigen, 17 Fragmenten) ist der ›Iwein‹ die am reichsten überlieferte Dichtung vor dem ›Parzival‹. Er ist das einzige höfische Epos, zu dem bereits im 13. Jahrhundert zwei umfangreiche Freskenzyklen gefertigt wurden: in der Südtiroler Burg Rodeneck (bei Brixen) und im sogenannten Hessenhof in Schmalkalden. In beiden Fällen sind relativ kleine Räume, die vielleicht als Trinkstuben dienten, vollständig mit ›Iwein‹-Bildern ausgemalt worden; und in beiden Fällen beziehen sich die Bilder hauptsächlich auf den ersten Teil der Handlung, bis zur Hochzeit mit Laudine. Die Rodenecker Fresken sind wegen ihres Alters (1. Hälfte des 13. Jahrhunderts?) und wegen ihrer hohen künstlerischen Qualität besonders wichtig. Aus dem 14. Jahrhundert stammt der Maltererteppich (in Freiburg), auf dem Iwein als Minnesklave abgebildet ist. Um 1400 ist Iwein auf der Burg Runkelstein (bei Bozen) neben Parzival und Gawein als einer der drei besten Ritter gemalt worden.

Die späteren Verfasser deutscher Artusromane haben alle den ›Iwein‹ zum Vorbild genommen und haben zahlreiche Einzelheiten daraus entlehnt. Im einzelnen ist die literarische Wirkungsgeschichte des ›Iwein‹ noch nicht genügend erforscht. Im 15. Jahrhundert hat Ulrich Füetrer Hartmanns Dichtung in die Strophenform des ›Jüngeren Titurel‹ umgesetzt und stark gekürzt in sein ›Buch der Abenteuer‹ aufgenommen.

Texte: Lieder: Minnesangs Frühling, S. 404–430. – Übersetzung von Ernst von Reusner (Reclam 8082). Stuttgart 1985. – ›Klage‹: Hrsg. von Herta Zutt. Berlin 1968. – ›Gregorius‹: Hrsg. von Hermann Paul. 13. Aufl. besorgt von Burghart Wachinger (ATB 2). Tübingen 1984. – Übersetzung von Burkhard Kippenberg (Reclam 1787). Stuttgart 1963. – ›Der arme Heinrich‹: Hrsg. von Hermann Paul. 15. Aufl. besorgt von Gesa Bonath (ATB 3). Tübingen 1984. – Übersetzung von Hermann Henne (Fischer Taschenbuch 6488). Frankfurt a. M. 1985. – ›Erec‹: Hrsg. von Albert Leitzmann. 6. Aufl. besorgt von Christoph Cormeau u. Kurt Gärtner (ATB 39). Tübingen 1985. – Übersetzung von Thomas Cramer (Fischer Taschenbuch 6017). Frankfurt a.M. 1972. – ›Iwein‹: Hrsg. von Georg F. Benecke u. Karl Lachmann. 7. Aufl. bearbeitet von Ludwig Wolff. Berlin 1968. – ÜBERSETZUNG von Thomas Cramer. 3. Aufl. Berlin 1981; von Max Wehrli. Zürich 1988. – LITERATUR: Peter Wapnewski, Hartmann von Aue. 7. Aufl. Stuttgart 1979. – Christoph Cormeau in: VL 3, 1981, Sp. 500–520. – Christoph Cormeau u. Wilhelm Störmer, Hartmann von Aue. Epoche – Werk – Wirkung. München 1985.

Wolfram von Eschenbach

Wolfram hat sich wahrscheinlich nach dem fränkischen Eschenbach, heute Wolframs-Eschenbach (bei Ansbach), genannt. Ob er ein Vorfahre der kleinadligen Familie war, die dort seit 1268 bezeugt ist, läßt sich nicht feststellen. Seine adlige Abkunft wollte man aus dem Vers: *schildes ambet ist mîn art* (Parz. 115, 11) erschließen. Heißt das: »Ich bin von Geburt ein Ritter« oder eher: »Waffenhandwerk ist meinem Wesen gemäß«? Die Aussage steht im Zusammenhang mit einer ironischen Selbstdarstellung des Dichters, der den Eindruck, den er auf Frauen macht, nicht seinen literarischen Verdiensten, sondern seiner Männlichkeit zuschreiben möchte. Sozial muß Wolfram von Eschenbach als Hofdichter, der das Dichten zum Beruf gemacht hat, eingeordnet werden. Von den anderen höfischen Epikern unterscheidet er sich durch seine geringere Bildung. Seine Behauptung: »Ich kann keinen Buchstaben lesen« (*ine kan decheinen buochstap* Parz. 115, 27) ist zwar in erster Linie aus der Rollenstilisierung des Erzählers zu verstehen, der sich gegen die Buchgelehrsamkeit seiner Berufskollegen abgrenzt, und braucht nicht wörtlich genommen zu werden. Aber bei Wolfram fehlt jegliche Kenntnis lateinischer Schulautoren. Andererseits gibt es viele gelehrte Anspielungen in seinen Werken, die darauf weisen, daß er auch als Ungebildeter Zugang zu schriftlicher Überlieferung hatte. Unsicher ist, wie gut Wolfram Französisch verstand. Man hat ihm Übersetzungsfehler und Mißverständnisse nachgewiesen; aber die abenteuerlichen Wortverdrehungen und die grammatisch höchst zweifelhaften französischen Neubildungen bezeugen eher seinen genialen Sprachwitz als mangelnde Kenntnis der französischen Sprache.

Wolfram hat eine Reihe von Liedern gedichtet und drei epische Werke verfaßt, von denen zwei unvollendet geblieben sind, der ›Willehalm‹ und der ›Titurel‹. Der ›Parzival‹ ist früher entstanden als der ›Willehalm‹, das ist sicher: im ›Willehalm‹-Prolog nimmt Wolfram auf das ältere Werk Bezug. Der ›Titurel‹ wird meistens nach dem ›Willehalm‹ oder parallel dazu angesetzt. Für die absolute Chronologie ist die Erwähnung der zerstörten Weingärten bei Erfurt im siebenten Buch des ›Parzival‹ (379, 18ff.) wichtig, die sich auf die Ereignisse des Jahres 1203 bezieht. Das bedeutet, daß dieser Teil des ›Parzival‹ nach 1203 gedichtet ist. Der ›Willehalm‹ setzt die Kaiserkrönung Ottos IV. im Jahr 1209 voraus (Willeh. 393, 30ff.). Im letzten Buch des ›Willehalm‹ wird des Landgrafen Hermann von Thüringen gedacht, der 1217 gestorben ist (417, 22ff.). Danach datiert man den ›Parzival‹ um 1200/10, den ›Willehalm‹ um 1210/20.

Einen Auftraggeber hat Wolfram nur für den ›Willehalm‹ genannt: den Landgrafen Hermann von Thüringen (3, 8f.). Wo und für wen der ›Parzival‹ gedichtet wurde, ist Gegenstand vieler Spekulationen. Vielleicht hat Wolfram seine ersten Gönner im Umkreis seiner fränkischen Heimat gefunden. Er nennt den Grafen von Wertheim seinen »Herrn« (Parz. 184, 4ff.), und er spielt auf die Verhältnisse »hier auf Wildenberg« an (230, 12f.; wahrscheinlich Burg Wildenberg bei Amorbach, im Besitz der Freiherren von Durne). An anderer Stelle sagt Wolfram: »Wir Bayern« (Parz. 121, 7); das war wohl für ein bayerisches Publikum gemeint.

Lieder

Die Handschriften überliefern neun Lieder von Wolfram. Vier davon sind Minnelieder, die in konventioneller Weise Motive des hohen Minnesangs variieren und die zum Teil für unecht erklärt worden sind, weil sie wenig von Wolframs Stil und Eigenart zeigen. Am interessantesten ist das Lied *Ein wîp mac wol erlouben mir* (Nr. 6), das auf Walthers Reinmar-Parodie (111, 22) anspielt und das zugleich für die Entstehungsgeschichte des ›Parzival‹ wichtig ist, weil es sich mit Aussagen in der sogenannten Selbstverteidigung (Parz. 114, 5ff.) berührt. Die Mehrzahl von Wolframs Liedern sind Tagelieder; es ist kein Zufall, daß gerade diese Gattung mit ihrem erzählenden Charakter sein besonderes Interesse gefunden hat. Wolfram scheint der erste gewesen zu sein, der in Deutschland Wächter-Tagelieder nach dem Vorbild der provenzalischen Alba gedichtet hat. Der Wächter im Tagelied ist eine merkwüdige Figur: einerseits gehört er zu der scheinbar realistischen Feudalkulisse, wenn er auf der Burgmauer das Zusammensein der Liebenden bewacht und sie morgens weckt und zur Trennung mahnt; andererseits soll sein lauter Morgengesang auf der Zinne nur von den Liebenden gehört werden; und es gibt Lieder, in denen er, gegen jede Wahrscheinlichkeit, von der Mauerkrone aus mit der Dame in der Kemenate Gespräche führt. Fast immer formuliert der Wächter Besorgnisse und Gefahren, die den Liebenden drohen, und erinnert dadurch an ihre gesellschaftliche Stellung. Wolframs Tagelieder zeigen alle denselben Handlungsablauf: Morgenanbruch, Weckruf, Trennungsklage, letzte Vereinigung der Liebenden und Abschied. Es sind Variationen eines Themas mit wechselndem Anteil der epischen Partien und jeweils neuer Rollenverteilung. Diese spezifische Bauform ist von den meisten späteren Tagelieddichtern übernommen worden. Daß das Tagelied im 13. Jahrhundert zu einer so beliebten Gattung in Deutschland wurde, ist sicherlich auch dem großen Einfluß Wolframs zuzuschreiben.

›Parzival‹

Die Gahmuret-Vorgeschichte (Buch I–II): Parzivals Vater Gahmuret zieht in den Orient und heiratet dort die schwarze Königin Belakane. Doch es hält ihn nicht in dieser Ehe. Heimlich verläßt er seine Frau, die einen schwarzweiß gescheckten Sohn, Feirefiz, gebiert. Gahmuret kehrt in den Westen zurück, heiratet Herzeloyde, die Schwester des Gralkönigs Anfortas, und fällt im Kampf, bevor sein Sohn Parzival geboren ist.

Die erste Parzival-Partie (Buch III–VI): Herzeloyde zieht ihren Sohn in der Wildnis auf, um ihn vor den Gefahren des Ritterlebens zu bewahren. Einmal trifft Parzival jedoch drei Ritter im Wald, die ihm von König Artus erzählen. Nun will er selber Ritter werden. Beim Aufbruch bemerkt er nicht, daß seine Mutter tot umfällt. Am Artushof wird seine Torheit belacht. Er tötet Ither, den Roten Ritter, und zieht dessen Rüstung an. Bei Gurnemanz wird er höfisch erzogen. In Belrapeire steht er der Königin Condwiramurs gegen ihre Feinde bei und heiratet sie. Nach wenigen Monaten bricht er wieder auf. Er gelangt nach Munsalvaesche, wo er den wunderbaren Aufzug des Grals miterlebt. Aus Anstand fragt er nicht nach den Leiden des Gralkönigs Anfortas. Am nächsten Morgen ist das Schloß leer. Am Artushof wird Parzival in die Tafelrunde aufgenommen; die Festfreude endet, als die Gralsbotin Cundrie erscheint und Parzival vor der Hofgesellschaft verflucht, weil er die Erlösungsfrage nicht gestellt hat. Parzival hadert mit Gott und will nicht ruhen, bis er den Gral wiedergefunden hat. Auch Gawan verläßt den Artuskreis, da ein Bote König Vergulahts ihn zum Gerichtskampf lädt.

Die erste Gawan-Partie (Buch VII–VIII): Die Erzählung folgt nun den Abenteuern Gawans. In Bearosche wird er in den Konflikt zwischen dem Fürsten Lippaut und König Meljanz hineingezogen. Als Frauenritter im Dienst von Lippauts kleiner Tochter Obilot greift er in die Kämpfe ein, und es gelingt ihm, den Streit zu schlichten. In Schampfanzun beginnt er ein Liebesverhältnis mit Vergulahts Schwester Antikonie, wird dabei aber von einer aufgebrachten Menge gestört, die ihn einer Freveltat verdächtigt. Der Gerichtskampf wird verschoben.

Parzival bei Trevrizent (Buch IX): Viereinhalb Jahre lang ist Parzival schon auf der Suche nach dem Gral. Am Karfreitag kommt er in die Klause seines Onkels Trevrizent, des Bruders von Herzeloyde und Anfortas. In langen Gesprächen forscht Trevrizent nach den Ursachen von Parzivals Gotteshaß und öffnet ihm die Augen für seine Sünden: unwissentlich hat er den Tod der Mutter verschuldet und hat in Ither einen Verwandten getötet. Trevrizent belehrt den Neffen über Gottes Barmherzigkeit und berichtet ihm von den Geheimnissen des Grals. Als ein innerlich Verwandelter zieht Parzival weiter.

Die zweite Gawan-Partie (Buch X–XIV): In der Nähe des Zauberschlosses Schastel marveile trifft Gawan die Herzogin Orgeluse und trägt ihr sofort seine Liebe an, wird jedoch mit Spott zurückgewiesen. Er besteht das Abenteuer von Schastel marveile und löst den Zauber, der über der Burg lag: viele Jahre lang haben die Ritter und Damen dort in todesähnlicher Starre gelebt. Gawan bemüht sich weiter um Orgeluse; aber erst nachdem er, auf ihr Verlangen, König Gramoflanz zum Kampf gefordert hat, wandelt sich ihre Ablehnung in Liebe. Das Beilager wird in Schastel marveile festlich begangen. Gawan bereitet nun ein großes Versöhnungsfest vor, zu dem auch König Artus und sein Hof eingeladen werden. Als alle versammelt sind, verläßt Gawan alleine das Lager und trifft auf einen fremden Ritter, den er für Gramoflanz hält. Es ist aber Parzival. Nur das zufällige Dazwischentreten Dritter verhindert Gawans Niederlage. Parzival wird feierlich in den Artuskreis zurückgeführt. Der Diplomatie König Artus' gelingt es, alle Konflikte gütlich beizulegen. Nur Parzival bleibt ohne Frieden und verläßt heimlich das Fest.

Der Abschluß der Parzival-Feirefiz-Handlung (Buch XV–XVI): Parzival trifft auf einen unbekannten Ritter, und zum ersten Mal bleibt er ohne Sieg. Sein Schwert zerbricht, und sein Leben liegt in der Hand seines Gegners. Es ist sein Halbbruder Feirefiz, der den Spuren seines Vaters gefolgt ist. Am Artushof wird Feirefiz festlich empfangen. Da erscheint Cundrie und verkündet, daß Parzival zum Gralkönig berufen worden ist. Mit Feirefiz zusammen zieht Parzival nach Munsalvaesche und erlöst durch seine Frage Anfortas von seinen Leiden. Auch Condwiramurs kommt mit ihrem Sohn Loherangrin nach Munsalvaesche. Feirefiz verliebt sich in die Gralträgerin Repanse de Schoye, Anfortas' Schwester, läßt sich taufen und kehrt in den Orient zurück. Mit einem Ausblick auf die Geschichte Loherangrins endet die Dichtung. (24810 Verse)

Vorlage, Bearbeitung: Wolframs Hauptquelle war die ›Geschichte vom Gral‹ (›Le conte du Graal‹) von Chrétien de Troyes (9234 Verse; 16 Handschriften; um 1180/90). Chrétiens Epos ist unvollendet geblieben und geriet früh in die Hände von Weiterdichtern. Vier Fortsetzungen und zwei Prologe haben aus dem Werk im 13. Jahrhundert ein Textkorpus von 60 bis 70000 Versen gemacht. Was den ›Conte du Graal‹ stofflich von den übrigen Artusromanen unterscheidet, sind die religiösen Motive und der Gral. Der Gral ist bei Chrétien eine goldene Schüssel, die bei der festlichen Mahlzeit im Schloß des »Reichen Fischers« zusammen mit der Blutenden Lanze in feierlicher Prozession herumgetragen wird und die dazu dient, dem alten Gralkönig (Wolframs Titurel) eine geweihte Hostie zu bringen. Es gibt noch eine zweite französische Graldichtung aus derselben Zeit: die ›Estoire dou Graal‹ von Robert de Boron (3514 Verse; eine Handschrift; um 1200/10?). Hier ist der Gral eine Passionsreliquie; es ist der Kelch, den Christus beim letzten Abendmahl benutzt hat und in dem Joseph von Arimathia das Blut Christi am Kreuz aufgefangen hat. Ob Robert de Boron oder Chrétien de Troyes die zeitliche Priorität zukommt, war lange umstritten. Daran knüpft sich die Frage, ob der Gral christlichen oder keltischen Ursprungs ist. Heute nimmt man meistens an, daß Chrétien der erste war, der vom Gral erzählt hat. Sein Gral erinnert an die magischen Kessel und Füllhörner der keltischen Sagen. Es bleibt aber offen, ob es eine keltische Parzival-Gralsage gegeben hat. Das Wort *graal* ist französisch, ebenso der Name *Perceval.*

Wolfram hat seine Quelle in untypischer Weise bearbeitet. Kein anderer Dichter ist mit seiner französischen Vorlage so frei verfahren. Die Handlungsführung entspricht zwar in den Hauptzügen dem ›Conte du Graal‹, ist aber in vielen Details verändert. Wolfram selbst hat behauptet, daß er nicht dem ›Conte du Graal‹ gefolgt sei, sondern der Parzivaldichtung eines sonst unbekannten Kyot. Die Suche nach dieser Kyot-Quelle hat jedoch zu keinem Ergebnis geführt. Vielleicht war Kyot (französisch Guiot) ein mündlicher Gewährsmann, oder Wolfram hat ihn erfunden, um seine stofflichen Freiheiten mit einer Autorität zu decken oder um die Quellenberufungen seiner gelehrten Dichterkollegen zu verspotten. – Dem ›Conte du Graal‹

entsprechen bei Wolfram die Bücher III–XIII, von Parzivals Jugend bis zu Gawans Abenteuern in Schastel marveile. Die Gahmuret-Vorgeschichte (Buch I–II) und der Abschluß der Gawan-Parzival-Handlung (Buch XIV–XVI) sind unabhängig von Chrétien. Woher der Erzählstoff dieser Teile stammt, ist unklar. Eine zusammenhängende Gahmuret-Quelle ist nicht bekannt. Durch die Vorgeschichte und durch das Erscheinen von Feirefiz am Schluß wird die Parzivalhandlung in einen größeren Zusammenhang gestellt, wobei die orientalischen Motive bedeutsam hervortreten. Auch der Gral wird bei Wolfram mit arabischer Sternkunde in Verbindung gebracht. Die Partien, die dem ›Conte du Graal‹ entsprechen, sind mit ca. 18000 Versen fast doppelt so umfangreich wie die Dichtung von Chrétien. Am stärksten verändert ist alles, was mit dem Gral zusammenhängt. Der Gral ist bei Wolfram ein Stein, der wie ein Tischlein-deck-dich alle gewünschten Speisen und Getränke hervorbringt und der jugenderhaltende und lebensverlängernde Kraft besitzt. Jeden Karfreitag kommt eine Taube vom Himmel und legt eine Oblate auf dem Gral nieder; und manchmal erscheint auf dem Gral eine wunderbare Inschrift, die den Willen Gottes offenbart. Die Herkunft dieser Gralvorstellung ist bis heute ungeklärt. Die Tischlein-deck-dich-Funktion stammt sicherlich aus französischer Überlieferung; die Steinform des Grals versucht man aus orientalischen Quellen abzuleiten.

Interpretationsprobleme. Sünde: Durch die Einführung der religiösen Problematik hat Chrétien dem Artusroman eine neue Bedeutungsebene eröffnet. Daß Perceval auf der Gralsburg die Frage nicht stellt, die den kranken Fischer-König erlöst, wird ihm als Sünde angerechnet und mit dem Tod der Mutter in ursächliche Verbindung gebracht. Ritterliche Bewährung rückt im ›Conte du Graal‹ an die zweite Stelle; im Mittelpunkt steht die religiöse *âventiure.* Der Sünder Perceval muß den Weg der Buße, den Weg der inneren Umkehr gehen; der Besuch beim Einsiedler-Oheim wird zur entscheidenden Station für den Helden. Wolfram hat das Gewicht der Sünden anders verteilt. Der Tod der Mutter ist auch bei ihm der erste Schritt in die Sünde; aber auf Parzival lasten, wie Trevrizent dem Neffen eröffnet, »zwei große Sünden« (499, 20): er hat außerdem in Ither einen Verwandten getötet und hat damit den Brudermord Kains an Abel wiederholt. Parzival wußte nicht, daß seine Mutter tot umgefallen ist, als er wegritt; und er wußte nicht, daß

Ither sein Verwandter war, als er ihn erschlug. Parzivals »große Sünden« sind ungewollt und unwissentlich begangen worden. Im Vordergrund steht bei Wolfram nicht das Problem der persönlichen Verantwortung, sondern der menschheitliche Aspekt der Sünde. Wenn Trevrizent dem Neffen den Charakter und das Ausmaß seiner Schuld begreiflich machen will, spricht er vom Sündenfall: die Verwandtschaft mit Adam ist der »Sündenwagen« (465, 5), der die Menschheit immer weiter in die Sünde fährt. Und gerade diejenigen, die von Gott auserwählt sind, stehen in Gefahr, daß der Wagen sie mitreißt.

Wenn der Ritter seine Rüstung ausziehen und Buße tun muß, um das Ziel seiner Bestimmung zu erreichen, dann geht es letztlich um die Frage, wie sich die weltlich-höfischen Wertvorstellungen und die christlichen Glaubensgrundsätze zueinander verhalten. Es geht darum, ob das höfische Gesellschaftsideal vor den religiösen Forderungen des Christentums bestehen kann. Wolfram hat darauf mit dem Harmoniegedanken des ›Parzival‹-Schlusses geantwortet: »Wenn das Leben eines Menschen so ausgeht, daß Gott nicht um seine Seele betrogen wird, weil der Leib gesündigt hat, und daß dieser Mensch dennoch sich die Achtung der Welt durch seine Vorbildlichkeit bewahrt, dann hat sich die Mühe gelohnt« (827, 19–24). Mit diesem harmonischen Schluß hat Wolfram die Sprengkraft, die die religiösen Motive im Artusroman entfalten konnten, reduziert. Ob das den Intentionen Chrétiens entsprach, kann man bezweifeln. Die französischen Fortsetzer und Bearbeiter des ›Conte du Graal‹ haben die Konfrontierung des Artusrittertums mit der christlichen Sündenproblematik anders aufgefaßt. Im großen ›Prosa-Lancelot‹-Zyklus (›Lancelot en prose‹), der bald nach Wolframs ›Parzival‹ entstanden ist, scheitert Perceval bei der Suche nach dem Gral, weil er von Sünde befleckt ist; und der Sündenfall der besten Ritter der Tafelrunde führt dort zum Untergang der ganzen Artusgesellschaft.

Liebe: Die Liebe ist im ›Parzival‹ das übergreifende Thema, das die verschiedenen Teile der Dichtung miteinander verbindet. Die Geschichte von Gahmuret ist die Geschichte seiner beiden Ehen mit Belakane und mit Herzeloyde. Die Handlung der Gawanbücher läßt sich nach Gawans Liebesbeziehungen zu drei Frauen gliedern: zu Obilot, Antikonie und Orgeluse. Im Mittelpunkt der Feirefizhandlung am Schluß steht seine Liebe zu Repanse de Schoye. Auch im Parzivalteil ist die eheliche

Liebe zu Condwiramurs ein zentrales Motiv, das an Bedeutung der Gralsuche gleichgestellt wird. Außerdem kommen in den Neben- und Hintergrundhandlungen zahlreiche Liebesbeziehungen zur Sprache, die zum Teil breit ausgeführt sind. Dabei fällt auf, daß bestimmte Konstellationen immer wieder vorkommen. Häufig reißt der Tod ein junges Liebes- oder Eheglück auseinander. Besonders schmerzlich trifft es die Frau, wenn der Geliebte oder Ehemann in ihrem Dienst umkommt. Die Reaktion auf den Tod ist oft extreme Trauer und Verzweiflung bis zur Selbstvernichtung. Herzeloyde gibt nach Gahmurets Tod ihre höfische Lebensform auf und zieht in die Einöde von Soltane. Belakane stirbt aus Liebe, nachdem Gahmuret sie verlassen hat. An Sigune wird dieser Prozeß des Nachsterbens aus Liebe in aller Breite vorgeführt; und an ihr wird deutlich, daß das Festhalten an der Liebe über den Tod hinaus und die Selbstaufgabe der trauernden Liebenden zugleich ein Weg zu Gott ist. Bei Orgeluse schlägt der Schmerz um den Tod des Geliebten in Haß und Racheverlangen um und führt zu einer vollständigen Entstellung der Persönlichkeit. Die Verwandten von Isenhart machen Belakane für seinen Tod verantwortlich und überziehen ihr Land mit Krieg. Haß und Krieg als Reaktion auf enttäuschte Liebe begegnen uns öfter. Als Clamides Werbung um Condwiramurs zurückgewiesen wird, überfällt er ihr Land und will sie durch militärische Maßnahmen zwingen, seine Frau zu werden. König Meljanz führt gegen seinen Fürsten Lippaut Krieg, weil dessen Tochter sich seinem Liebeswerben verweigert. Am schlimmsten reagiert Clinschor: als er zur Strafe für sein Liebesverhältnis mit Iblis entmannt wird, richtet sich sein Haß gegen die ganze Menschheit, und sein Zauber bewirkt, daß es in Schastel marveile keine Liebe mehr gibt.

Liebe und Tod, Liebe und Haß, Liebe und Krieg, Liebe und Gewalt: diese düstere Motivkette bestimmt die Liebesdarstellung im ›Parzival‹. Überall begegnen verzerrte, verkehrte und überzogene Formen der Liebe, die eine zerstörerische Wirkung nicht nur auf einzelne Menschen, sondern auf die ganze Gesellschaft haben. In mehreren Minneexkursen hat der Erzähler die verderbliche Gewalt der Liebe beklagt und hat dagegen das Programm einer »richtigen« Liebe gestellt, die auf *triuwe* gründet. Der Satz: »Richtige Liebe ist wahre *triuwe*« (*reht minne ist wâriu triuwe* 532, 10) ist ein Schlüsselwort der Dichtung. Solche Liebe begegnet in verschiedener Form: als höfische Dienstminne in Gawans Verhältnis zu Orgeluse, als jungfräuliche Liebe Sigunes zu dem toten Schionatulander und als eheliche Liebe zwischen Parzival und Condwiramur.

Den beiden Helden Parzival und Gawan ist die Aufgabe gestellt, die Erstarrung und Verödung der Gesellschaft, die durch verkehrtes Verhalten in der Liebe entstanden ist, zu überwinden. Gawan versteht es meisterhaft, Konflikte zu lösen und verworrene Verhältnisse in Ordnung zu bringen. Zuletzt gelingt es ihm, Schastel marveile von dem Zwang des Liebesverbots zu erlösen und die Ritter und Damen dort zu einem minnebezogenen Gesellschaftsverhalten zurückzuführen. Das große Friedens- und Versöhnungsfest von Joflanze markiert den Zustand wiedererreichter Harmonie, in der die Liebe eine gesellschaftsstabilisierende Kraft ist. – Auch für Parzival geht es um die Reintegration einer durch verkehrte Liebe gestörten Gesellschaft. Anfortas' Verstoß gegen das Liebesgebot des Grals hat dazu geführt, daß die Gralgesellschaft in Munsalvaesche in einen Zustand schmerzlicher Erstarrung geraten ist. Durch die Beständigkeit seiner ehelichen Liebe zu Condwiramurs kann Parzival die von Gott bestimmte Ordnung wiederherstellen. Die eheliche Liebe des Gralkönigs hat geradezu sakralen Charakter; sie ist mit der Aura religiöser Verdienstlichkeit umgeben.

Gesellschaft: Wolfram hat die Gesellschaftsdarstellung seiner französischen Vorlage tiefgreifend verändert. König Artus und sein Hof sind nicht mehr, wie bei Chrétien, der Bezugspunkt der ganzen Handlung. Daneben und darüber gibt es bei Wolfram einen zweiten Gesellschaftskreis, die Gesellschaft des Grals, die in Munsalvaesche ihren Mittelpunkt hat. Das Verhältnis von Artusgesellschaft und Gralgesellschaft bestimmt die Problematik der Dichtung.

Der Artushof erscheint im Verlauf der Erzählung in verschiedenem Licht. Im dritten Buch, als Parzival zum ersten Mal zu Artus kommt, herrschen dort geradezu chaotische Zustände: der König ist in dumpfe Handlungsunfähigkeit verfallen, die Königin verläßt besudelt den Saal, und das große Wort führt der Truchseß Keie, der sich bösartige Späße ausdenkt und ungestraft eine angesehene Dame schlägt. Dieser Hof steht für eine zutiefst gestörte Gesellschaft, die der Erneuerung und Wiederherstellung bedarf. Im sechsten Buch zeigt sich der Artushof von einer neuen Seite. Jetzt tritt Gawan hervor, und jetzt funktioniert auch die Tafelrunde. Im Erzählerkommentar zur Keiegestalt (296, 13ff.) wird der Perspektivenwechsel deutlich. Aber die entscheidende Leistung steht noch aus. Erst nachdem Gawan Schastel marveile erlöst hat, kann das Fest der gesellschaftlichen Reintegration, das Versöhnungsfest von Joflanze, gefeiert werden, wo König Artus als großer Friedensfürst agiert und die vorher Verfeindeten an seiner Tafelrunde im Zeichen des gemeinsamen Ideals höfischen Rittertums zusammenführt. Beim Abschluß der Artus- und Gawanhandlung ist nichts davon zu spüren, daß die Gültigkeit der gesellschaftlichen Normen, die der Artushof repräsentiert, in Frage gestellt werden soll. Doch alleine durch die Tatsache, daß es in der Dichtung einen zweiten Gesellschaftskreis gibt, der Vorbildlichkeit beansprucht, wird die Verbindlichkeit des Artusideals eingeschränkt. Parzivals Aufstieg vom Ritter der Tafelrunde zum Gralkönig macht deutlich, daß die Gralgesellschaft auf einer höheren Stufe steht. Beides sind höfische Gesellschaftsformen, gemeinsam sind ihnen der materielle Prunk, der Kodex der höfischen Umgangsformen, die Hochschätzung der Damen und die Normen der ritterlichen Moral. Der wichtigste Unterschied liegt darin, daß die Gralgesellschaft unmittelbar von Gott gelenkt wird. Die Wirklichkeitsferne dieses Gesellschaftsentwurfs wird noch dadurch betont, daß man in Munsalvaesche ohne den gesellschaftlichen Unterbau der arbeitenden Landbevölkerung auskommt, da die wunderbare Speisekraft des Grals den Lebensunterhalt für alle besorgt. Der Name »Templeise« für die Gralritter und die Bezeichnung *rîterlîchiu bruoderschaft* (470, 19) lassen erkennen, daß Wolfram sich in Einzelheiten an der gesellschaftlichen Wirklichkeit der religiösen Ritterorden orientiert hat. Dazu paßt, daß den Gralrittern Frauenliebe verboten ist. Nur der König darf die ihm von Gott bestimmte Ehefrau heiraten. Wie problematisch jedoch das Liebesverbot des Grals ist, zeigt die katastrophale Wirkung, die Anfortas' Verstoß gegen dieses Gesetz für die ganze Gralgesellschaft hat. Der Prozeß der Reintegration scheint auch mit der Erhebung Parzivals zum Gralkönig noch nicht abgeschlossen zu sein: Loherangrins Scheitern in Brabant und der Ausblick auf den Priesterkönig Johannes (822, 23ff.) lassen anklingen, daß noch mehr geschehen muß, bis die Gralgesellschaft endgültig mit Gott versöhnt ist.

Einen besonderen Aspekt der Gesellschaftsdarstellung bieten die Hintergrundhandlungen der Gawanbücher. Hier kommen zeitpolitisch relevante Themen zur Sprache. In den Büchern VII und VIII geht es um Auseinandersetzungen zwischen Königen und Fürsten. Dabei vertritt jedesmal der König eine Position des Unrechts, während die Sympathien des Erzählers den Fürsten gehören, mit denen sich Gawan in beiden Fällen gegen den König verbündet. An jedem Fürstenhof wird man einer Darstellung, in der die Fürsten als Bewahrer des alten Rechts und als vorbildliche Vertreter der höfischen Ethik gegenüber einem negativ gezeichneten Königtum erscheinen, gerne zugehört haben. Besonders interessant ist im achten Buch das Streitgespräch zwischen dem Landgrafen Kingrimursel und dem Herzog Liddamus über die Prinzipien fürstlicher Politik, wobei der etwas verächtlich gezeichnete Liddamus den modernen Typ des klug seinen Vorteil berechnenden Landesherrn vertritt, während der sympathische alte Haudegen Kingrimursel mit dem Schwert in der Hand das Recht durchsetzen will.

Verwandtschaft: Gegenüber seiner französischen Vorlage hat Wolfram die Verwandtschaftsmotive in auffälliger Weise ausgebaut. Die meisten Personen, die in der Dichtung auftreten, sind miteinander verwandt. Sie gehören zu zwei Großfamilien, die auf die Stammväter Titurel und Mazadan zurückgeführt werden. Die Familienhandlung läuft in Parzival zusammen; er gehört als einziger beiden Familien an: väterlicherseits stammt er von Mazadan ab, mütterlicherseits von Titurel. Durch seinen Vater ist er mit König Artus verwandt, durch seine Mutter mit dem Gralkönig Anfortas. Väterliches und mütterliches Erbe bestimmen sein Wesen; aber die beiden Linien der Verwandtschaft haben ungleiches Gewicht. Nach den mittelalterlichen Rechtsverhältnissen liefen legitime Herrschaft und genealogische Kontinuität über die männliche Verwandtschaft. Familientraditionen setzten sich vom Vater auf den Sohn fort. Diese Grundlinie ist im ›Parzival‹ fast überall gestört. Gahmuret verliert seinen Vater früh und bleibt als jüngerer Sohn ohne Erbe. Parzival wächst ohne Vater auf und tritt niemals die Herrschaft über die vom Vater ererbten Länder an. König Artus verliert seinen einzigen Sohn. Anfortas hat überhaupt keine Kinder. Überall bricht die genealogische Vater-Sohn-Folge ab. Um so bedeutsamer werden die Familienbeziehungen, die über die mütterliche Seite laufen. Parzivals Weg führt aus dem väterlichen Artuskreis in den mütterlichen Bereich des Grals. Die Vaterwelt steht für vorbildliches Rittertum; die Mutterwelt ist durch das geheimnisvolle Dunkel um Sünde und Gnade, Leidensfähigkeit und Auserwähltheit vor Gott bestimmt. Aber auch im Artusbereich erlangt die mütterliche Linie der Verwandtschaft entscheidende Bedeutung. Gawan steht zu König Artus in demselben Mutterbruder-Schwestersohn-Verhältnis wie Parzival zu Anfortas. Für beide wird es zur Lebensaufgabe, ihre leidenden mütterlichen Verwandten zu erlösen und dadurch die gestörte Ordnung wieder ins Lot zu bringen. Gawan leistet das durch die Befreiung von Schastel marveile, wo seine Großmutter, seine Mutter und seine beiden Schwestern von Clinschor gefangengehalten werden.

Die Verwandtschaftsverhältnisse, in die Parzival hineingeboren ist, enthüllen sich den Zuhörern und auch dem Helden erst allmählich im Verlauf der Erzählung. Als Parzival aus Soltane aufbricht, weiß er nichts über sich, nicht einmal seinen Namen. Den erfährt er von Sigune. Seine väterliche Verwandtschaft mit König Artus wird ihm im sechsten Buch klar, seine mütterliche Verwandtschaft mit der Familie der Gralkönige erst im neunten. Je mehr er über seine Verwandten weiß, um so mehr lernt er sich selbst und seine Bestimmung kennen. Der Prozeß der Selbsterkenntnis steht im Mittelpunkt der Dichtung. Dabei helfen ihm seine Verwandten, denen er begegnet, vor allem die mütterlichen Verwandten Sigune und Trevrizent. Der wichtigste Schritt auf dem Weg zu sich selbst ist die Erkenntnis seiner Sündhaftigkeit. Auch dabei ist das Verwandtschaftsmotiv von zentraler Bedeutung. Parzival versündigt sich an seinen Verwandten: er verschuldet den Tod der Mutter; er tötet in Ither ein Mitglied seiner väterlichen Familie; er wird durch das Frageversäumnis an seinem Oheim Anfortas schuldig. »Verwandtschaft ist das Vehikel der Sünde« (465, 5).

In seinem letzten Kampf mit seinem Bruder Feirefiz kämpft Parzival mit sich selbst. »Sie waren doch untrennbar eins. Mein Bruder und ich, das ist ein Wesen, so wie Mann und Frau eins sind« (740, 28–30). Haß und Zwietracht unter den Menschen, durch den Sündenfall entstanden, sind in der Eintracht der Brüder und der Liebenden aufgehoben. Die eheliche Liebe zu Condwiramurs ist für Parzivals Identität ebenso wichtig wie das Wiederfinden seines Bruders. Feirefiz hat noch eine weitere Bedeutung: durch seine Ehe mit Repanse de Schoye wird zum zweiten Mal eine genealogische Verbindung zwischen der Mazadan- und der Titurelsippe hergestellt. Nicht nur in Parzival, auch in dem Priesterkönig Johannes, dem Sohne von Feirefiz und Repanse, laufen die Fäden der Verwandtschaft zusammen.

Schon im Mittelalter hat man den ›Parzival‹-Schluß so verstanden, daß die Geschichte des Grals sich erst in Indien erfüllen wird.

Erzählstil: Im ›Parzival‹ tritt der Erzähler auf ungewöhnliche Weise hervor. Was er über sich und seine persönlichen Verhältnisse sagt, sollte nicht als autobiographische Bezeugung des Dichters verstanden werden, sondern gehört zur Stilisierung einer sehr farbigen Erzählerrolle. Er nennt Personen und Örtlichkeiten aus seinem engeren Lebensbereich; er verweist auf eigene Erfahrungen und stellt Überlegungen an, wie er sich in der einen oder anderen Situation verhalten würde; er nimmt kommentierend und wertend zu der erzählten Handlung Stellung und schafft auf diese Weise eine zweite Erzählebene, auf der er sich mit seinen Zuhörern unterhält, sie anredet und Fragen an sie stellt oder an ihr Urteil appelliert. Dadurch werden die Zuhörer in die Dichtung hineingezogen und zu Mitspielern gemacht. Der Wechsel der Erzählebenen geschieht an vielen Stellen sprunghaft und scheinbar willkürlich, indem der Erzählfluß immer wieder durch Einschübe und Abschweifungen unterbrochen und zerrissen wird oder indem zwei Erzählstränge ineinandergeschoben werden. Diese unruhig springende, von Gegensätzen lebende und auf Überraschungen zielende Erzählweise hat Wolfram selber im Prolog zum ›Parzival‹ als eine Eigentümlichkeit seiner Dichtung vorgestellt: »Diese Erzählung flieht und jagt, sie entweicht und kehrt zurück« (2, 7ff.). Bei Wolfram wird das erzählende Ich zur zentralen Instanz, die alle Fäden in der Hand hält und souverän damit spielt. Das wichtigste Darstellungsmittel dieser erzählerischen Subjektivität ist die Komik. Komisch sind nicht nur die eingestreuten witzigen Bemerkungen des Erzählers, die besonders gerne die Tabuzone des Sexuellen berühren; komisch ist die ganze Erzählweise, die darauf zielt, die Zuhörer durch unerwartete Wendungen zu überraschen, Zusammenhängendes auseinanderzureißen und zusammenzustellen, was nicht zueinander paßt.

Auch auf der Ebene der Handlungsmotivierung und der Motivverknüpfung greift der Erzähler gestaltend ein und arrangiert seinen Stoff so, daß der Leser oder Zuhörer dauernd beschäftigt und beteiligt wird. Scheinbar nebensächliche Einzelheiten erscheinen im nachhinein als bedeutsam; Personen und Ereignisse, die seltsam oder geradezu rätselhaft anmuten, rücken durch später nachgereichte Erklärungen in ein anderes Licht. Warum die Gralritter im fünften Buch beim Anblick der blutigen Lanze in lautes Weinen und Klagen ausbrechen, wird erst verständlich, wenn man im neunten Buch von Trevrizent erfährt, daß das Blut an der Lanzenspitze aus Anfortas' Wunde stammte und daß der Anblick des blutigen Werkzeugs den Rittern das Leiden des Königs vor Augen geführt hat. Orgeluses unbegreifliches Benehmen gegenüber Gawan, ihre häßlichen und verächtlichen Reden werden erst verständlich, wenn man erfährt, daß der Schmerz über den Tod von Cidegast sie vollkommen entstellt hat. Nachträglich wird klar, daß der sommerliche Schnee, der Parzival in der Nacht nach seinem Besuch in Munsalvaesche überrascht hat, kein meteorologisches Kuriosum war, sondern die Folge einer seltenen Planetenkonstellation, die Anfortas' Wundschmerz ins Unerträgliche gesteigert hat. Zu dieser Erzähltechnik gehört es auch, daß ein und dieselbe Sache im Verlauf der Handlung in verschiedener Beleuchtung erscheint. Im fünften Buch ist der Gral ein geheimnisvolles Märchending, das auf wunderbare Weise Speisen und Getränke hervorbringt. Im neunten Buch, in Trevrizents Gralerzählung, hat der Gral ein ganz anderes Gesicht. Jetzt treten die religiösen Motive in den Vordergrund, die Verbindung mit dem Karfreitagsgeschehen, der Offenbarungscharakter der Inschriften und die lebensspendende Kraft. Außerdem tritt im neunten Buch die Verbindung des Grals mit der orientalischen Sternkunde hervor. Wieder anders erscheint der Gral in Buch XVI, wo zum ersten Mal vom Tempel des Grals die Rede ist und Jerusalem- und Endzeitmotive anklingen. Der ständige Wechsel der Erzählperspektive hat zur Folge, daß immer wieder Positionen aufgegeben oder von einem anderen Standpunkt aus revidiert werden. Die Lehren, die Parzival von seiner Mutter und von Gurnemanz empfängt, erweisen sich im nachhinein als unzureichend. Selbst Trevrizent muß sich zuletzt als Lügner bekennen und seine Aussagen in wichtigen Punkten widerrufen (798, 1ff.). Von Parzival her gesehen wirken Gawans amouröse Abenteuer wie ein Spiel auf der Oberfläche des höfischen Lebens; von Gawan her gesehen erscheint Parzival auf seiner Gralsuche dumpf und verbohrt. Fast scheint es so, als würden sich alle Positionen gegenseitig aufheben oder relativieren, als gäbe es überhaupt nichts Verbindliches mehr außer dem überlegenen Humor des frei schaltenden Erzählers. Aber das wäre zu modern gedacht. Im Wechsel der Perspektiven bleibt eine Ordnung erkennbar, die auf einen doppelten Erkenntnisprozeß ausgerichtet ist: auf die Selbsterkenntnis Parzivals und auf den parallel laufenden Reflexionsprozeß der Zuhörer, die im Mitvollzug der Handlung zu der Einsicht geführt werden, wie eine von Widersprüchen und Gegensätzen zerrissene Welt wieder heil wird.

Überlieferung, Wirkung: Kein anderes höfisches Epos ist so reich überliefert wie der ›Parzival‹. Erhalten sind über 80 Handschriften (16 vollständige, 66 Fragmente) und ein Druck von 1477. Die Handschriften gehören zu zwei Klassen, die nach den Haupthandschriften D (St. Gallen 857) und G (München Cgm 19) bezeichnet werden. Die Frage, ob die Fassung G, der die meisten Handschriften zugehören, ebenfalls auf Wolfram zurückgeht oder ob G eine nachträgliche Bearbeitung darstellt oder nur eine Verschlechterung des D-Textes, ist nicht sicher beantwortet.

Die breite Überlieferung spiegelt die außerordentliche Wirkung der Dichtung wider, die sich in zahlreichen Zitaten und Lobesworten, in der stilistischen Nachahmung späterer Dichter und im Weiterdichten von Wolframs Werk bezeugt. Wolfram selber wurde bereits im 13. Jahrhundert zu einer literarischen Figur: er tritt im ›Wartburgkrieg‹ auf und disputiert dort mit dem Zauberer Clinschor, seiner eigenen Erfindung aus dem ›Parzival‹. Parzivals Sohn Loherangrin wurde zum Helden einer eigenen Dichtung (›Lohengrin‹). Im 14. Jahrhundert haben Claus Wisse und Philipp Colin den ›Nüwen Parzifal‹ verfaßt, eine Erweiterung der zweiten Gawanpartie um fast 37000 Verse, die zwischen Buch XIV und XV des ›Parzival‹ eingeschoben wurde. Im 15. Jahrhundert hat Ulrich Füetrer den ›Parzival‹ in Titurelstrophen umgeschrieben und in sein ›Buch der Abenteuer‹ aufgenommen. Verschiedene Dichter des späten Mittelalters haben unter der Maske Wolframs gedichtet. Die Meistersinger haben ihn als einen der zwölf Alten Meister verehrt. Jakob Püterich von Reichertshausen hat im 15. Jahrhundert Wolframs Grab in der Frauenkirche von Eschenbach besucht. Das Grab war noch im 17. Jahrhundert vorhanden. In der Mitte des 18. Jahrhunderts hat Johann Jakob Bodmer die erste ›Parzival‹-Übersetzung verfaßt. 1784 erschien die erste neuere Ausgabe von Christian H. Myller. Karl Lachmanns kritischer Text von 1833 bildete die Grundlage für die wissenschaftliche Beschäftigung mit der Dichtung.

›Titurel‹

Der ›Titurel‹ erzählt die Geschichte von Sigune und Schionatulander. (Schon im Mittelalter hat man der Dichtung den Titel ›Titurel‹ gegeben, nach dem ersten vorkommenden Personennamen.) Wolfram hat nur zwei inhaltlich nicht zusammenhängende Fragmente des ›Titurel‹ gedichtet.

Das erste Fragment beginnt mit einer Genealogie der Gralkönige. Auf Titurel folgt sein Sohn Frimutel. Dessen Tochter ist Schoysiane, die bei der Geburt ihrer Tochter Sigune stirbt. Sigune wächst bei ihrer Tante Herzeloyde auf und begegnet dort Schionatulander, der bei Gahmuret als Edelknappe dient. Zwischen den Kindern entsteht eine große Liebe, die sich in schmerzlicher Trennung bewährt, als Schionatulander mit Gahmuret in den Orient zieht. (131 Strophen) Das zweite Fragment schildert eine spätere Episode. Sigune und Schionatulander sind alleine auf einer Waldlichtung. Schionatulander fängt einen fremden Jagdhund ein, der seinem Besitzer entlaufen ist. Auf dem Halsband und der Leine ist eine Inschrift angebracht, die von der Liebe der Königin Clauditte erzählt. Bevor Sigune den Text zu Ende gelesen hat, reißt der Hund sich los und entflieht. Sigune fordert Schionatulander in feierlicher Form auf, ihr das Brackenseil zurückzubringen, und verheißt ihm dafür den vollen Lohn ihrer Liebe. (39 Strophen)

Bauplan und Konzeption: Wie die Geschichte von Sigune und Schionatulander weiterging, war Wolframs Zuhörern aus dem ›Parzival‹ bekannt. Parzival begegnet viermal seiner Cousine. Das erste Mal kurz nach Schionatulanders Tod; der ist auf der Suche nach dem Brackenseil im ritterlichen Kampf gefallen. Aus Trauer um den toten Geliebten entsagt Sigune dem höfischen Leben und wird zu einer frommen Klausnerin. Als Parzival das letzte Mal zu ihrer Klause kommt, ist sie tot. Die Anregung zu dieser Nebenhandlung stammte aus dem ›Conte du Graal‹, wo es allerdings nur eine Begegnung Percevals mit seiner »leiblichen Cousine« gab und wo diese ebenso wie ihr toter Geliebter unbenannt blieb. Die Möglichkeit, daß Wolfram für die Geschichte Schionatulanders und die Kämpfe um das Brakkenseil eine französische Quelle hatte, muß offenbleiben. Aus Frankreich stammt Schionatulanders Titel *talfîn ûz Grâswaldân* (92, 2): den Titel »Dauphin« *(talfîn)* führten damals die Grafen von Vienne, die über das Grasivaudan (bei Grenoble) geboten.

Es ist schwer, sich ein Bild vom Bauplan des ›Titurel‹ zu machen. Hat Wolfram vorgehabt, die Geschichte Sigunes von der Geburt bis zum Tod zu erzählen? Welches Gewicht sollten darin die ritterlichen Abenteuer Schionatulanders erhalten?

War das Ganze als großes Epos geplant oder sollte es nur den Umfang einer kürzeren Erzählung haben? Das erste Fragment könnte den Anfang des Ganzen gebildet haben; die Handlung um Sigune und Schionatulander sollte sich offenbar vor dem Hintergrund der Geschichte des Grals und der Gralfamilie abspielen. Zwischen den beiden Fragmenten ist mindestens Schionatulanders Rückkehr aus dem Orient zu ergänzen. Das eigentliche Problem liegt in der Frage, was im Anschluß an das zweite Fragment geplant war. Die ausgearbeiteten Textstücke sind auffallend handlungsarm. In der Jugendgeschichte Sigunes ist der szenische Hintergrund fast gänzlich ausgespart; auch Gahmurets Orientfahrt ist nur mit wenigen Strichen angedeutet. Mehr als die Hälfte des ersten Fragments besteht aus direkten Reden: im Mittelpunkt steht der große Minnedialog zwischen Sigune und Schionatulander, an den sich die Minnegespräche Schionatulanders mit Gahmuret und Sigunes mit Herzeloyde anschließen. Das zweite Fragment bietet mehr epische Details. Aber auch hier geschieht nichts weiter, als daß ein Hund zum Zeltplatz der Liebenden kommt und wieder fortläuft. Schon die Siguneszenen im ›Parzival‹ waren ähnlich strukturiert: auch dort gab es keine durcherzählte Handlung, sondern nur bewegungslose und symbolträchtige Momentbilder. Angesichts dieser Handlungsarmut und des eigentümlich dunklen, bilderreichen und manchmal bis zur Unverständlichkeit verrätselten Stils hat man davon gesprochen, daß hier das Erzählen selbst in eine Krise geraten sei (M. Wehrli). Jedenfalls ist der ›Titurel‹ eine der geheimnisvollsten Dichtungen der höfischen Zeit.

Strophenform: Auch in seiner metrischen Form steht der ›Titurel‹ in der Literatur seiner Zeit ganz alleine. Es ist das erste höfische Epos, das in Strophen gedichtet (und sicherlich gesungen worden) ist. Die Anregung dazu muß vom ›Nibelungenlied‹ gekommen sein. Wie die Nibelungenstrophe besteht die Titurelstrophe aus vier Langzeilen, ist aber viel komplizierter gebaut. Was Wolfram veranlaßt hat, die Geschichte Sigunes und Schionatulanders in Strophen zu erzählen, wissen wir nicht. Vielleicht hat den Ausschlag gegeben, daß der ›Titurel‹ ebenso wie das ›Nibelungenlied‹ auf die Schlußkatastrophe hin konzipiert ist. Jedenfalls hat Wolfram, ähnlich wie der Nibelungendichter, die Strophenform dazu benutzt, durch düstere Vorausdeutungen auf das schlimme Ende den Eindruck des Unausweichlichen und Schicksalhaften zu vermitteln.

Interpretationsprobleme: Worum es in der Dichtung eigentlich geht, ist nur vage zu erkennen. Im Mittelpunkt steht die Liebe, die vom Dichter als eine allgewaltige, beseligende Kraft gefeiert wird, die aber die Menschen nicht nur beglückt, sondern auch gefährdet und vernichtet. Liebe und Tod ist das düstere Generalthema der Dichtung. Immer wieder wird von Liebes- und Ehepaaren berichtet, die der Tod auseinanderreißt: in ihnen spiegelt sich das Geschick von Sigune und Schionatulander, denen es ebenso ergehen wird. Einen Ausweg aus dem Verhängnis scheint nur der Bracke mit seinem allegorischen Namen *Gardevîaz* und der Inschrift auf seinem Seil zu weisen: »Gardeviaz hieß der Hund. Das heißt auf deutsch: Achte auf den Weg!« (143, 4) »Obwohl dies ein Hundename ist, paßt er auch auf edle Menschen, Männer und Frauen: die sollen gut auf den Weg achten, dann erlangen sie die Anerkennung der Welt und im Himmel wird ihnen ewige Seligkeit zum Lohn« (144, 2–4). In der Inschrift des Seils wird diese didaktische Maxime konkretisiert. Von daher ist das Verlangen, den Text zu Ende zu lesen, keine kindische Laune von Sigune, aus der heraus sie den Geliebten um einer Hundeleine willen in den Tod schickt. Ob die Botschaft des Brackenseils einen versöhnlichen Schluß ermöglichen sollte, ist aus den Fragmenten nicht zu erkennen. Ebenso undeutlich ist, ob der Sinn des Geschehens sich aus dem Zusammenhang von Schuld und Sühne ergeben sollte. Die ›Titurel‹-Fragmente bieten höchstens insofern den Ansatz zu einer Schuldproblematik, als Sigune und Schionatulander ihre Liebe von vornherein dem starren Zeremoniell höfischer Lohnverheißung und ritterlicher Dienstbereitschaft unterwerfen. Die höfische Stilisierung der Minne ist so überzogen dargestellt, daß man Distanz und Kritik zu spüren meint. Es gibt im ›Titurel‹ keine explizite Gesellschaftskritik. Aber je deutlicher es wird, daß gerade die strenge Beachtung höfischer Formen in die Katastrophe führt, um so mehr gerät das ganze Gebäude der höfischen Formkultur ins Zwielicht. Deswegen ist es zweifelhaft, ob der Gedanke einer harmonischen Verbindung von weltlichen und religiösen Werten, der in der allegorischen Ausdeutung des Hundenamens Gardeviaz anklingt, in der Geschichte von Sigune und Schionatulander noch einmal verwirklicht werden konnte. Soweit der Text der Fragmente ein Urteil erlaubt, ging es im ›Titurel‹ mehr um die Herausarbeitung der Widersprüche als um ihre Auflösung.

Überlieferung, Wirkung: Die Titurelfragmente sind nur in einer Handschrift, der Münchener Parzivalhandschrift G, vollständig überliefert; Teile sind in zwei weiteren Handschriften erhalten. Es ist sicherlich dem einzigartigen Ruhm Wolframs zuzuschreiben, daß die unfertige Dichtung im 13. Jahrhundert mehrfach abgeschrieben und offenbar in dieser Form auch vorgetragen worden ist. Die große Wirkungsgeschichte des ›Titurel‹ begann jedoch erst, als in der zweiten Hälfte des 13. Jahrhunderts ein Dichter namens Albrecht die alten Fragmente zu einem riesigen Epos, dem ›Jüngeren Titurel‹, ausgestaltete. Der Fortsetzer gab sich als Wolfram aus und hatte damit Erfolg: im Spätmittelalter galt der ›Jüngere Titurel‹ als Wolframs Hauptwerk. Erst August Wilhelm Schlegel hat erkannt, daß Wolfram nur die beiden alten Fragmente gedichtet hat.

›Willehalm‹

Der heidnische Großkönig Terramer ist mit einem riesigen Heer in der Provence gelandet, um den Abfall seiner Tochter Arabel (die sich auf den Namen Gyburg hat taufen lassen) zu rächen. Der Markgraf Willehalm von der Provence hat sie entführt und geheiratet. Auf dem Schlachtfeld Alischanz wird Willehalm vernichtend geschlagen. Ganz alleine kommt er nach Oransche zurück. Er läßt die Stadt in der Obhut seiner Frau und reitet nach Munleun, um vom französischen König Loys Hilfe gegen die Heiden zu erbitten. Dort trifft er seinen Vater und seine Brüder, die ihm sofort ihre Unterstützungen zusagen, während der König erst mühsam dazu bewegt werden muß, den Krieg gegen Terramer zur Reichssache zu machen. Der wichtigste Helfer, den Willehalm in Munleun gewinnt, ist der riesenhafte Rennewart, Terramers Sohn, der unerkannt am Königshof als Küchenjunge dient. Willehalm führt das Heer nach Oransche und von da weiter nach Alischanz, zur zweiten Schlacht gegen Terramer. Die Heiden sind dem Sieg schon nahe, als Rennewart mit seiner Stange die Entscheidung zugunsten der Christen herbeiführt. Die Freude über den Sieg wird jedoch durch das rätselhafte Verschwinden Rennewarts getrübt. Niemand weiß, wo er geblieben ist. Willehalm läßt die im Kampf gefallenen Heidenkönige einbalsamieren und in ihre Heimat überführen. An dieser Stelle bricht die Dichtung ab. (13988 Verse)

Vorlage, Bearbeitung: Die Quelle des ›Willehalm‹ war das französische Epos ›Aliscans‹ (8510 Verse; 13 Handschriften; Ende des 12. Jahrhunderts), eine »chanson de geste« aus dem Epenzyklus um Guillaume d'Orange. Dieser war eine historische Gestalt. Graf Wilhelm von Toulouse war ein Verwandter des karolingischen Königshauses; er hat unter Karl dem Großen und

Ludwig dem Frommen gegen die Sarazenen gekämpft und hat später das Kloster Gellone (heute St. Guilhem-le-desert, bei Montpellier) gestiftet, wo er 812/13 gestorben ist. Die Erzählungen von seinen Taten waren im 12. und 13. Jahrhundert in Frankreich so populär, daß immer neue Epen verfaßt wurden, die zu einem umfangreichen Zyklus zusammenwuchsen. Wie und in welcher Gestalt Wolfram seine französische Quelle kennengelernt hat, ist ungewiß. Hat Landgraf Hermann von Thüringen eine französische Handschrift von ›Aliscans‹ nach Thüringen kommen lassen? Oder ist der Stoff dem deutschen Dichter mündlich vermittelt worden? Kannte Wolfram den ganzen Zyklus oder nur Teile davon? Keine der überlieferten Textfassungen kann seine Stoffkenntnis zureichend erklären. Deswegen führt der Quellenvergleich in manchen Punkten zu keinen gesicherten Ergebnissen. Die Haupttendenzen der Bearbeitung liegen jedoch zutage. Wolfram hat die sangliche Form der »chanson de geste« in die metrische Gestalt des höfischen Epos umgesetzt. Er ist der Handlungsführung in ›Aliscans‹ im wesentlichen gefolgt, hat jedoch die Handlung gestrafft, indem er den epischen Spielraum der Nebenfiguren eingeengt hat; das betrifft vor allem die Vivianzhandlung am Anfang und die Rennewarthandlung am Schluß. Er hat Willehalm entschiedener in den Mittelpunkt gerückt und hat Gyburg ein eigenes Gewicht gegeben. Das wichtigste ist jedoch, daß er die Frage nach dem Sinn des Geschehens neu gestellt hat.

Interpretationsprobleme. Die höfische Gesellschaft: Wolfram hat die rauhe Kriegerwelt der französischen »chanson de geste« in das höfische Gewand der modernen ritterlichen Gesellschaftskultur gekleidet, an der Christen und Heiden gleichermaßen Anteil haben. Prächtig geschmückt, zum Ruhm ihrer Damen, ziehen die Ritter auf beiden Seiten in die Schlacht – und werden zu Tausenden erschlagen. »Wenn man die Ritterschaft auf dem Feld von Alischanz mit dem richtigen Wort benennen soll, so muß man sagen, es war Mord« (10, 17–20). Dem Heidenkönig Arofel nützt seine kostbare Rüstung und sein Gedanke an Minnedienst gar nichts, wenn er auf Willehalm trifft, der ihm erst ein Bein abhaut und dann den wehrlos am Boden liegenden, um sein Leben flehenden König totschlägt. Ritterliche Moral ist außer Kraft gesetzt. Es ist eine verharmlosende Interpretation, wenn man hier von »Schuld« spricht, die später »gesühnt« werden könnte. Niemand macht Willehalm wegen seiner unmenschlichen Tat einen Vorwurf. Der Erzähler merkt nur an, daß durch Arofels Tod der höfische Frauendienst »geschmälert« worden sei (81, 18). Auch am französischen Königshof verletzt Willehalm durch sein wildes Auftreten und seinen maßlosen Zorn alle Gebote des höfischen Anstands. Er erscheint müde und schmutzig vor der feinen Hofgesellschaft, weigert sich, am Festmahl teilzunehmen, springt über den Tisch, beleidigt den König, reißt der Königin, seiner Schwester, die Krone vom Kopf und hätte sie erschlagen, wenn nicht ihre Mutter dazwischengetreten wäre. Dabei ist die Sympathie des Erzählers auf der Seite Willehalms, während der beleidigte König, der auf der Beachtung der höfischen Normen besteht, als verantwortungsloser Schwächling erscheint. Auch die zweite große Hofszene im ›Willehalm‹, die Bewirtung der französischen Fürsten in Oransche, ist auf die Sprengung der höfischen Konventionen angelegt. Die Szene endet in einer wilden Burleske, wenn der betrunkene Rennewart im Festsaal die Knappen jagt. Hier sind die französischen Fürsten die Repräsentanten einer höfischen Scheinwelt. Mit der Devise, lieber auf Turnieren und im Frauendienst Ehre einlegen zu wollen, ziehen sie vom Schlachtfeld ab und lassen die christliche Sache im Stich. Durch ihr Versagen fällt auch auf die höfischen Ideale, zu denen sie sich bekennen, ein tiefer Schatten. Trotzdem werden im ›Willehalm‹ die höfischen Gesellschaftswerte nicht einfach abgelehnt. Die Wörter *höfesch* und *kurteis* haben überall auszeichnenden Klang. Die junge Alyze in ihrer höfischen Erscheinung bleibt von jeglicher Kritik verschont. Es gibt keine Alternative zur höfischen Gesellschaft. Aber für Willehalm und Gyburg ist die Harmonie der höfischen Wertvorstellungen durch die schrecklichen Erfahrungen des Heidenkriegs zerbrochen. Höfische Haltung ist für sie nur noch eine gesellschaftliche Verpflichtung, zu der ihre fürstliche Stellung sie nötigt. »Sie waren in die Fesseln der Trauer und Sorge gebunden. Gebt acht, wie es damit stand: in ihrem Verhalten zeigten sie dennoch Freude« (275, 10–12). Der Gedanke, daß in der Erscheinung sich das Wesen offenbart, war für die höfische Wertlehre von grundlegender Bedeutung. Da im ›Willehalm‹ jedoch *vreude* nicht mehr Ausdruck höfischer Hochgestimmtheit ist, sondern erzwungene Gebärde, die ein Inneres verdeckt, das ganz anders aussieht, besitzt das höfische Ideal keine uneingeschränkte Gültigkeit mehr.

Der Heidenkrieg: Die Frage nach dem Sinn des Krieges steht im Mittelpunkt von Wolframs Dichtung. Zunächst ist es ein Krieg um Gyburg, die ihren heidnischen Ehemann Tybalt verlassen hat und Christin geworden ist. Es ist ein Krieg unter Verwandten: Gyburgs erster Mann kämpft gegen ihren zweiten Mann; ihre Brüder stehen in der Schlacht Willehalms Brüdern gegenüber; ihr Vater Terramer hilft seinem einen Schwiegersohn gegen seinen anderen. Wolfram hat das Verwandtschaftsmotiv bedeutsam ausgebaut: die heidnischen Könige und Anführer sind fast alle mit Terramer und damit auch mit Gyburg verwandt; und auf christlicher Seite spielen Willehalms Vater und seine Brüder eine wichtige Rolle. Gyburg trägt die doppelte Schmerzlast dieses Krieges: sie muß die Toten auf beiden Seiten beklagen. Wie sinnlos und unerträglich dieser Verwandtenkrieg ist, zeigt die Stellung Rennewarts, der für seine Schwester und seinen Schwager gegen seinen Vater und seine Brüder kämpft und einen von ihnen erschlägt.

Durch den religiösen Gegensatz bekommt der Krieg eine neue Dimension: er wird zum Glaubenskrieg. Terramer will nicht nur die Entführung seiner Tochter rächen, sondern auch ihren Abfall von den heidnischen Göttern. Dagegen mobilisieren die Christen den Kreuzzugsgedanken. Der Krieg gegen die Heiden ist im ›Willehalm‹ als Kreuzzug dargestellt: die christlichen Ritter tragen das Zeichen des Kreuzes auf ihren Rüstungen; sie kämpfen als »Gottes Söldner« (19,17); und wenn sie fallen, werden sie »von Engeln in den Himmel geleitet« (14,11), während den Heiden »der Weg zur Hölle« offensteht (38,26). Mit dieser Auffassung hat Wolfram seine Dichtung in die Tradition des ›Rolandslieds‹ gestellt. Bereits das große Prologgebet ist eine literarische Anspielung auf den Anfang des ›Rolandslieds‹; und es gibt auch inhaltliche Verbindungen: Terramer interpretiert seinen Kampf gegen die Christen als eine Fortsetzung des Krieges zwischen Baligan und Karl dem Großen, von dem das ›Rolandslied‹ erzählt. Der Vergleich mit dem ›Rolandslied‹ zeigt aber auch, daß der Kreuzzuggedanke im ›Willehalm‹ einen ganz anderen Charakter hat. Im ›Rolandslied‹ war der Kreuzzug aggressiv und missionarisch: ganz Spanien wird von Karl dem Großen erobert und unter das Kreuz gezwungen. Im ›Willehalm‹ dagegen ist der Kreuzzug nur noch auf die Verteidigung des christlichen Glaubens gerichtet; und es fehlt jegliche Bekehrungsabsicht. Wolfram ist noch weiter gegangen: er läßt die Heiden genauso ernsthaft und überzeugt für ihre Religion kämpfen wie die Christen; und er hat den Tod des Heidenkönigs Tesereiz mit derselben Aura der Heiligkeit umgeben wie den Tod des christlichen Märtyrers Vivianz. Wenn Willehalm zuletzt die gefallenen heidnischen Könige in ihre Heimat überführen läßt, damit sie dort »würdig nach ihrer Religion« bestattet werden (465,19), so liegt darin die Anerkennung, daß die heidnische Religion eine eigene Würde besitzt.

Die zeitgeschichtliche Relevanz des Kreuzzuggedankens im ›Willehalm‹ ist nicht genau zu erkennen. Seitdem Friedrich II. im Jahr 1215, bei seiner Krönung in Aachen, das Kreuz genommen hatte, war das Thema eines neuen Kreuzzugs stets aktuell, auch am Thüringer Hof: der junge Landgraf Ludwig IV. hat einige Jahre später eine prominente Rolle in der Kreuzzugsbewegung gespielt. Man kann jedoch schwerlich den ›Willehalm‹ als ein Dokument der Kreuzzugsverherrlichung betrachten; und es ist kaum denkbar, daß die Dichtung eine werbende Funktion erfüllen sollte. Zu deutlich sind Skepsis und Distanz, mit denen der Erzähler das Geschehen auf dem Schlachtfeld verfolgt.

Der Heidenkrieg im ›Willehalm‹ besitzt noch eine dritte Dimension, die merkwürdig abstrakt bleibt: er ist auch als Reichskrieg und Weltkrieg gedacht. Terramer hat die gesamte Macht des Orients aufgeboten und erklärt es zu seinem Ziel, sich auf den Thron in Aachen zu setzen, Rom zu erobern und das Römische Reich zu zerstören (340,4ff.). Aus dieser Perspektive kämpft Willehalm als Markgraf von der Provence an der Grenze des Reiches um den Bestand des Imperium Romanum. Ein eschatologischer Aspekt ist dabei nicht zu übersehen.

Der religiöse Verwandtschaftsgedanke: Den Schrecken des Heidenkriegs wird im ›Willehalm‹ der Gedanke an Liebe und Versöhnung entgegengestellt, der in der Vorstellung wurzelt, daß alle Menschen durch Gott miteinander verwandt sind. Im Prologgebet ruft der Dichter als »Kind« und *künne* zu Gott (1,16). Indem Gott Menschengestalt angenommen hat, weil er nicht wollte, daß seine »Kinder« verlorengehen, hat er sich ihnen »verwandt« gemacht; und durch die Taufe ist der Mensch zum Christen, zum »Namensbruder« *(genanne)* Christi, geworden (1, 26). In der Handlung selbst hat dieser tröstliche Gedanke an Gottes väterliche Liebe zunächst keinen Platz. Erst in der großen Rede, die Gyburg im Fürstenrat des sechsten Buchs hält, wird die religiöse Verwandtschaft zum zentralen Thema. Dabei verschiebt sich der Akzent auf die Frage, ob die religiöse Menschenbruderschaft auch die Heiden umfaßt. Auch die Heiden sind Geschöpfe Gottes, sind *gotes hantgetât* (306,28), sagt Gyburg, und deswegen sollen sie nicht niedergemetzelt werden. »Hört den Rat einer törichten Frau: schont die Geschöpfe Gottes!« (306, 27–28). Für Gyburg ist es ein unerträglicher Gedanke, daß »der Vater seine eigenen Kinder zum ewigen Verderben bestimmt hat« (307, 27–28). Damit sind auch die Heiden in den Kindschaftsgedanken einbezogen. Theologisch-dogmatisch war diese Position kaum vertretbar. Hier spricht eine religiöse Laienfrömmigkeit, die über theologische Grenzen hinaus zu denken wagt. Der Erzähler greift zuletzt Gyburgs Botschaft auf und verleiht ihr dadurch eine über die Handlung hinausreichende Bedeutung: »Ist es Sünde, daß die, die niemals die Botschaft der Taufe gehört haben, wie Vieh erschlagen werden? Ich erkläre es für eine große Sünde, denn sie sind alle Gottes Geschöpfe« (450, 15–19).

Der Schluß: Der ›Willehalm‹ bricht an einer Stelle ab, wo die Handlung eine neue Richtung nehmen mußte. Wie ist das rätselhafte Verschwinden Rennewarts zu erklären? Ist er wirklich tot, wie Willehalm zuletzt befürchtet? Oder taucht er wieder auf und läßt sich taufen und heiratet Alyze? Was soll aus Willehalm werden? Würden die Heiden erneut in das Land einbrechen? Würden Willehalm und Gyburg schließlich ins Kloster gehen und dort ihren Frieden finden? Im französischen Wilhelmzyklus läuft die Handlung in diese Richtung weiter. Ulrich von Türheim, der im 13. Jahrhundert Wolframs Torso zu Ende gedichtet hat, glaubte sicherlich im Sinne Wolframs zu verfahren, wenn er den französischen Vorlagen bis zu Willehalms frommem Tod im Kloster folgte. Die ›Willehalm‹-Forschung hat immer wieder versucht, sich ein Bild davon zu machen, wie Wolfram das Ganze geplant hatte; und oft genug hat man die Vermutungen über den geplanten Schluß zum Ausgangspunkt für eine Gesamtinterpretation gemacht, wobei der Gedanke, daß sich zuletzt alles versöhnlich lösen müßte, eine große Rolle gespielt hat. Heute gewinnt dagegen die Auffassung Raum, daß der ›Willehalm‹ nicht, wie der ›Parzival‹, auf einen harmonischen Abschluß angelegt war, sondern daß Gegensätze und Disharmonien den inneren Aufbau der Dichtung bestimmen.

Überlieferung, Wirkung: Vom ›Willehalm‹ sind mehr als 70 Handschriften erhalten (zwölf vollständige, 58 Fragmente; die Zahl der neu aufgefundenen Fragmente wächst von Jahr zu Jahr). Die Zahlen belegen, daß das Werk dem ›Parzival‹ an Beliebtheit kaum nachstand. Kein anderes höfisches Epos ist so häufig und so kostbar illustriert worden. Das liegt wohl daran, daß der ›Willehalm‹ im späteren Mittelalter als historische Dichtung betrachtet und in die Nähe der Weltchroniken gestellt wurde. Im 13. Jahrhundert ist Wolframs Torso von Ulrich von Türheim fortgesetzt worden. Einige Jahrzehnte später hat Ulrich von dem Türlin eine Vorgeschichte dazugedichtet, die von Willehalms Taten bis zur Schlacht von Alischanz handelt. So entstand ein Textkorpus von über 60000 Versen; und in dieser zyklischen Gestalt ist Wolframs Dichtung im Spätmittelalter gelesen und verbreitet worden. In acht der zwölf vollständigen Handschriften steht der ›Willehalm‹ zwischen den von Türlin und Türheim gedichteten Teilen. Eine besonders große Wirkung ging vom Prolog zum ›Willehalm‹ aus, der im 13. Jahrhundert vor allem die Legendenepik beeinflußt hat und der auch in lateinische Hexameter übersetzt worden ist. Verschiedene spätmittelalterliche Weltchroniken haben Wolframs Dichtung benutzt, am ausgiebigsten im 14. Jahrhundert Heinrich von München. Im 15. Jahrhundert wurde der ganze ›Willehalm‹-Zyklus in Prosa umgeschrieben.

TEXTE: Lieder: Peter Wapnewski, Die Lyrik Wolframs von Eschenbach. München 1972. – ›Parzival‹: Hrsg. von Karl Lachmann. Berlin 1833. 6. Aufl. Berlin 1926. – ÜBERSETZUNG von Wolfgang Spiewok (Reclam 3681–3682). 2 Bde, Stuttgart 1981; von Dieter Kühn. Frankfurt a. M. 1986. – ›Titurel‹: Hrsg. von Karl Lachmann (s. o.). – ÜBERSETZUNG von Wolfgang Mohr, Göppingen 1978. – ›Willehalm‹: Hrsg. von Karl Lachmann (s. o.); von Werner Schröder. Berlin, New York 1978. – ÜBERSETZUNG von Dieter Kartschoke. Berlin 1968. – LITERATUR: Kurt Ruh, Höfische Epik des deutschen Mittelalters (vgl. S. 138), Bd. 2, S. 50 bis 202. – Joachim Bumke, Wolfram von Eschenbach. 5. Aufl. Stuttgart 1981. – Karl Bertau, Wolfram von Eschenbach. Neun Versuche über Subjektivität und Ursprünglichkeit in der Geschichte. München 1983.

Gottfried von Straßburg und seine Fortsetzer

Über Gottfried von Straßburg ist so gut wie nichts bekannt; selbst sein Name ist nur durch spätere Quellen bezeugt. Er war hochgebildet, also ein *clericus* und *litteratus;* seine Vertrautheit mit der modernen französischen Wissenschaft ist vielleicht darauf zurückzuführen, daß er in Frankreich studiert hat. In späteren Zeugnissen wird er *meister* genannt; falls dieser Titel einen historischen Aussagewert besitzt, zielt er eher auf Gottfrieds Gelehrsamkeit (*magister*) als auf seine Standesverhältnisse. Daß er ein Straßburger »Bürger« war oder gar ein »Patrizier«, ist reine Spekulation. Wir wissen nicht, wo und in wessen Auftrag der ›Tristan‹ gedichtet worden ist. Das Prolog-Akrostichon nennt einen Dieterich, der Gottfrieds Gönner gewesen sein kann, der aber nicht identifiziert ist. Die verbreitete Vorstellung, daß Gottfried in Straßburg gedichtet habe, kann sich nur darauf berufen, daß die Mehrzahl der ›Tristan‹-Handschriften aus dem Elsaß zu stammen scheint. Die Datierung des ›Tristan‹ stützt sich hauptsächlich auf den sogenannten Literaturexkurs (4589ff.), wo Heinrich von Veldeke und Reinmar der Alte als verstorben, Hartmann von Aue und Walther von der Vogelweide als lebend genannt sind. Das führt auf die Zeit bald nach 1200. Meistens nimmt man an, daß das Werk um 1210 abgebrochen wurde.

Die Liederhandschriften kennen Gottfried auch als lyrischen Dichter; sie überliefern unter seinem Namen einen umfangreichen Marienpreis, ein Minnelied und ein lehrhaftes Gedicht. Diese Texte gelten als unecht. Dagegen werden Gottfried zwei Spruchstrophen zugeschrieben, die in der Manessischen Handschrift unter dem Namen Ulrichs von Liechtenstein überliefert sind.

›Tristan‹

Auf dem Frühlingsfest König Markes lernt der junge Fürst Riwalin Markes Schwester Blanscheflur kennen, und sie verlieben sich. Als Blanscheflur schwanger wird, verlassen sie heimlich das Land. Bald darauf fällt Riwalin im Kampf, und Blanscheflur stirbt bei der Geburt Tristans. Tristan wächst als Ziehsohn des treuen Marschalls Rual auf und erhält eine sorgfältige Erziehung. Als er vierzehn Jahre alt ist, wird er von fremden Kaufleuten entführt und an der englischen Küste ausgesetzt. Seine höfischen Fertigkeiten verschaffen ihm Zugang zum Königshof, wo er rasch die Zuneigung König Markes gewinnt. Als Marke in ihm seinen Neffen erkennt, bestimmt er ihn zu seinem Nachfolger. England war damals dem irischen König zinspflichtig. Als Morolt, der Bruder der irischen Königin, kommt, um den Tribut einzufordern, wird er von Tristan im Zweikampf erschlagen. Dabei empfängt Tristan eine Wunde, die nur von Morolts Schwester geheilt werden kann. Als Spielmann verkleidet fährt er nach Irland und erregt durch seine musikalischen Künste die Aufmerksamkeit der Königin. Sie heilt ihn, und dafür unterrichtet Tristan die Königstochter Isolde. Dann kehrt er nach England zurück. Aus Mißgunst gegen Tristan drängen die englischen Hofbarone den König, eine Frau zu nehmen. Isolde von Irland wird vorgeschlagen, und Tristan übernimmt die Werbung. Als Kaufmann verkleidet fährt er wieder nach Irland, wo gerade ein Drache das Land verheert. Wer ihn tötet, soll die Hand der Prinzessin erhalten. Tristan vollbringt die Tat und erwirbt Isolde für seinen Onkel Marke. Auf der Rückfahrt trinken die beiden versehentlich einen Liebestrank, der für Marke und seine Frau bestimmt war. Nun sind sie auf immer aneinander gebunden. Um vor Marke zu verbergen, daß seine Braut nicht mehr Jungfrau ist, nimmt Brangaene, Isoldes Vertraute, in der Hochzeitsnacht die Stelle der Königin ein. In der Folgezeit versuchen die Liebenden, ihre Heimlichkeit vor der Hofgesellschaft zu verbergen. Es gelingt ihnen, den König immer wieder zu täuschen und sein wachsendes Mißtrauen zu zerstreuen. Höhepunkt dieser Kette listiger Verstellungen ist die nächtliche Szene im Burggarten, als König Marke, im Baum versteckt, die Liebenden belauscht, aber wiederum von ihnen genarrt wird. Schließlich erträgt der König die Ungewißheit nicht länger und läßt über Isolde Gericht halten. Sie muß sich dem Gottesurteil mit dem glühenden Eisen unterziehen und besteht die Probe mit Gottes Hilfe ohne Schaden. Doch bald findet der Verdacht gegen die beiden neue Nahrung. Sie werden von Marke vom Hof verbannt und ziehen in die Wildnis; dort finden sie die Minnegrotte, wo sie eine Zeitlang ein idyllisches und paradiesisches Leben führen. Ein Jäger spürt jedoch das Versteck auf und führt Marke heimlich an den Ort. Als dieser das nackte Schwert zwischen ihnen sieht, glaubt er wieder an ihre Unschuld und beruft sie an den Hof zurück. Doch nicht für lange. Als der König die Liebenden eines Tages in inniger Umarmung antrifft, sind alle Zweifel beseitigt. Tristan und Isolde haben gerade noch Zeit, feierlich Abschied voneinander zu nehmen. Tristan flieht aus England und kommt in das Herzogtum Arundel, wo er sich mit Kaedin, dem Sohn des Herzogs, anfreundet. Kaedins Schwester ist Isolde mit den weißen Händen, zu der sich Tristan immer stärker hingezogen fühlt. Seine Treue zu der blonden Isolde und seine Neigung zu der weißhändigen liegen miteinander im Streit. An dieser Stelle bricht Gottfrieds Dichtung ab. (19552 Verse)

Vorlage und Bearbeitung: Gottfrieds französische Quelle war der ›Tristan‹ von Thomas von Britannien (nach 1170), der zu den bedeutendsten Werken der altfranzösischen Literatur gehört. Thomas hat die Geschichte von Tristan und Isolde zu einem Musterfall der höfischen Liebe umgestaltet. Am deutlichsten ist die Neuinterpretation des Stoffes in der Episode vom

Waldleben. Bei Eilhart von Oberg und in dessen französischer Vorlage durchlitten die Liebenden auf ihrer Flucht durch den Wald in Angst und Entbehrung das Elend der nackten Existenz. Thomas hat daraus den idyllischen Höhepunkt ihrer Liebe in der Minnegrotte gemacht. Die Dichtung von Thomas war ein großer Erfolg. Das altfranzösische Original ist jedoch nur fragmentarisch überliefert: erhalten sind Bruchstücke von fünf Handschriften, die zusammen 3144 Verse überliefern (von etwa 18000). Fast alles Erhaltene gehört in die Schlußpartie des Romans, beginnend mit Tristans und Isoldes Trennung. Gottfrieds Dichtung kann deswegen, bis auf zwei kleine Szenen, nicht mit ihrer Vorlage verglichen werden. Daher ist das Ausmaß seiner Änderungen in vielen Einzelheiten unsicher. Alles deutet jedoch darauf hin, daß Gottfried seiner Quelle inhaltlich sehr genau gefolgt ist. Gottfrieds künstlerische Leistung dokumentiert sich zunächst in der sprachlich-stilistischen Durchformung. Kein anderer Dichter der höfischen Zeit hat die Regeln der lateinischen Rhetorik so souverän auf die deutsche Sprache angewandt, kein anderer hat mit sprachlichen Mitteln solchen Wohlklang, so funkelnde Ironie und solche Intellektualität erreicht. Auch in der Großgliederung bezeugt sich die Schulung an der lateinisch-gelehrten Tradition: durch das ganze Werk zieht sich ein Akrostichon mit den Namen der Liebenden.

Interpretationsprobleme: Die Frage nach dem Sinn der Handlung steht im Mittelpunkt einer Forschungsdiskussion, die in den letzten Jahren mit großer Intensität geführt wird, ohne daß es gelungen wäre, eine gemeinsame Basis für das Verständnis der Dichtung zu finden. Die geistesgeschichtliche Interpretation, deren wichtigste Repräsentanten Friedrich Ranke, Julius Schwietering und Gottfried Weber waren, fragte nach der religiösen Position des Dichters und suchte den ›Tristan‹ von den Frömmigkeitsbewegungen des 12. Jahrhunderts her zu verstehen. Aber die Dichtung ist weder vom Geist der Mystik Bernhards von Clairvaux geprägt noch läßt sie sich der häretischen Theologie der Katharer und Manichäer zuordnen. Die geistige Heimat Gottfrieds scheint vielmehr die moderne französische Wissenschaft des 12. Jahrhunderts zu sein. Auch die sozialgeschichtlichen ›Tristan‹-Interpretationen, die nach Spuren einer bürgerlichen Gesinnung in der Dichtung suchen, haben keine durchgreifende Klärung gebracht. Es ist schon lange aufgefallen, daß die spezifischen Formen ritterlicher Bewährung im

›Tristan‹ gegenüber den intellektuellen Fähigkeiten des Helden zurücktreten, daß List und Klugheit höher bewertet werden als Kraft und Mannhaftigkeit. Hand in Hand damit geht eine kritische Darstellung der adligen Gesellschaft, wie sie im höfischen Roman dieser Zeit sonst nicht vorkommt. Der englische Königshof, der am Anfang der Dichtung noch als ein Ort höfischer Vorbildlichkeit erscheint, wird im Verlauf der Handlung immer mehr zum Zielpunkt einer entschiedenen Gesellschaftskritik. König Marke ist so sehr mit den Problemen seiner Ehe beschäftigt, daß seine königliche Würde und Autorität immer mehr abnimmt. Noch negativer ist die englische Hofgesellschaft gezeichnet, deren Denken und Handeln von Neid, Haß, Falschheit und Intrigen bestimmt wird. Der historische Bezugspunkt dieser Kritik ist nicht ein neues bürgerliches Gesellschaftskonzept, sondern die klerikale Hofkritik, die im 12. Jahrhundert in Frankreich ihren bedeutendsten Vertreter in Johannes von Salisbury hatte.

Heute setzt sich die Einsicht durch, daß die Gründe für die Schwierigkeiten der Interpretation in der Dichtung selbst liegen. Dem Bemühen, das Werk als Ganzes zu begreifen, stellt sich schon die Tatsache entgegen, daß der ›Tristan‹ unvollendet geblieben ist. Wir wissen nicht, warum Gottfried die Arbeit abgebrochen hat. Daß dies an einer besonders problematischen Stelle geschah, kurz vor der Hochzeit Tristans mit Isolde Weißhand, ist wohl kein Zufall. Aber die These, Gottfried habe nicht weitergewußt und sei an seinem Stoff gescheitert, entbehrt jeder Grundlage. Die erhaltenen Thomas-Fragmente aus dem Schlußteil der Dichtung zeigen, auf welch hohem künstlerischen Niveau die Geschichte weitererzählt werden konnte. Paradoxerweise wird die ›Tristan‹-Interpretation auch dadurch erschwert, daß Gottfried selber an verschiedenen Stellen reflektierend und kommentierend seine Kunstabsicht erläutert und zu der erzählten Handlung Stellung genommen hat. Das geschieht zuerst im Prolog und dann in einer Reihe von umfangreichen Exkursen, die an markanten Stellen die Handlung unterbrechen und die dadurch auch eine kompositorische Bedeutung besitzen. Die Deutung der Exkurse ist umstritten, und das Verhältnis von Reflexion und Handlung wird ganz verschieden beurteilt. Unstrittig ist nur, daß die künstlerische Eigenart des ›Tristan‹ darin liegt, daß die Geschichte auf zwei Ebenen gestaltet ist, der Handlungsebene und der Exkursebene, und daß in den Exkursen die Akzente zum Teil anders gesetzt sind als in der

Handlung. Am deutlichsten wird dieser Widerspruch darin, daß der Liebe Tristans und Isoldes auf der Ebene der Reflexion eine hohe Werthaftigkeit zugesprochen wird, die Gottfried in die höfischen Tugend- und Gesellschaftsbegriffe *triuwe, staete, êre, tugent* gefaßt hat, daß die Liebenden jedoch durch die ehebrecherische Konstellation ihrer Beziehung genötigt werden, ständig gegen diese Werte zu verstoßen. Nur für einen kurzen Moment, in der Utopie der Minnegrotte, sind die Gegensätze aufgehoben.

Zu den literarischen Darstellungsmitteln, die Gottfried der geistlich-gelehrten Literatur entlehnt hat, gehört auch die Allegorese. Gottfried war der erste höfische Dichter, der die aus der Bibelexegese entwickelte Methode der allegorischen Schriftauslegung auf weltliche Themen und Gegenstände übertragen und in den Dienst höfischer Sinngebung gestellt hat. Wie weit Thomas von Britannien ihm darin vorausgegangen war, läßt sich nicht genau feststellen. Am eindrucksvollsten ist das allegorische Auslegungsverfahren in der Deutung der Minnegrotte angewandt. Dem Schema der christlichen Gebäudeallegorie folgend, hat Gottfried die ganze Architektur der Grotte auf das Ideal höfischer Tugend und Vollkommenheit hin ausgelegt. Gottfrieds allegorisches »Haus der Liebe« (17033) ist sicherlich im Zusammenhang mit der französischen Minnedidaktik zu sehen, die in ähnlicher Weise allegorische Techniken zur Darstellung des höfischen Liebesideals benutzt hat. In der Minnegrotte gewinnt die Liebe den Charakter einer Gesellschaftsutopie. Liebe ist der zentrale Wert einer neuen Lebensordnung, die alles ausklammert, was die adlige Hofgesellschaft am Markehof so korrupt erscheinen läßt: Mißtrauen, Betrug, Gewalt und Haß. Nur wer vollkommene Aufrichtigkeit und reine Treue besitzt, gelangt in die Grotte. Tristan und Isolde erreichen diesen Grad an Vollkommenheit, wenn auch nur für einen kurzen Moment märchenhafter Entrücktheit. Selbst in der Abgeschiedenheit der Minnegrotte bleibt jedoch die Rücksicht auf ihre *êre* (16881), ihr Ansehen in der Hofgesellschaft, wach. Den Liebenden deswegen Versagen und Verrat an dem Ideal ihrer Liebe vorzuwerfen, lag sicherlich nicht in Gottfrieds Absicht. Für Tristan und Isolde gibt es keine Selbstverwirklichung außerhalb der höfischen Gesellschaft. Vielmehr geht es darum, die bestehende Ordnung so zu verändern, daß der neue Mensch Wirklichkeit werden kann. Dabei spielen Bildung, Kunst und Musik eine entscheidende Rolle. In keinem anderen Epos der Zeit ist der intellektuellen Erziehung so viel Raum gegeben. Tristan und Isolde lernen lesen, dichten und singen, lernen Latein und andere fremde Sprachen, werden in schöner Literatur und Rhetorik unterrichtet und bringen es in der Kunst des Saitenspiels zu höchster Vollendung. Wie eng für sie Erziehung und Liebe verbunden sind, zeigt sich in der Minnegrotte: im gemeinsamen Singen und Musizieren der Liebenden und im Vorlesen antiker Liebesgeschichten erweist sich die Qualität und Intensität ihrer Beziehung. Nur der literarisch und künstlerisch Gebildete ist in der Lage, das Ideal höchster Liebe und höfischer Vollkommenheit zu erreichen.

Überlieferung, Wirkung: Vom ›Tristan‹ sind 27 Handschriften bekannt (elf vollständige, 16 Fragmente). Die ältesten aus dem 13. Jahrhundert zeigen zum größten Teil alemannische Sprachmerkmale. Von F. Ranke stammt die These, daß Straßburg das Zentrum der Gottfriedrezeption gewesen sei und daß der Straßburger Stadtschreiber Hesse einen bestimmenden Einfluß auf die handschriftliche Verbreitung des ›Tristan‹ gehabt habe. Dagegen erheben sich jedoch viele Einwände. Gottfried wurde im 13. Jahrhundert vor allem als Meister des höfischen Stils gefeiert. Rudolf von Ems und Konrad von Würzburg haben sich als seine Schüler bekannt. Zweimal ist Gottfrieds ›Tristan‹ im 13. Jahrhundert zu Ende gedichtet worden, zuerst von Ulrich von Türheim und dann noch einmal von Heinrich von Freiberg. Von den elf vollständigen ›Tristan‹-Handschriften überliefern sechs auch die Fortsetzung von Ulrich von Türheim, drei die Fortsetzung von Heinrich von Freiberg; in einer Handschrift folgt auf Gottfrieds Dichtung der Schluß von Eilharts ›Tristrant‹. Nur einmal steht Gottfrieds Fragment alleine. Im 15. Jahrhundert ging das Interesse an Gottfrieds Dichtung zurück. Der Tristanstoff hat später hauptsächlich in Eilharts Version weitergelebt. Den Philologen des 19. Jahrhunderts schien Gottfrieds Ehebruchsgeschichte moralisch so anstößig, daß man sich wenig damit beschäftigt hat. Bis heute gibt es keine zuverlässige kritische Ausgabe.

Text: Hrsg. von Karl Marold. Leipzig 1906. 3. Abdruck besorgt von Werner Schröder. Berlin 1969; von Friedrich Ranke. Berlin 1930, 15. Aufl. Dublin, Zürich 1978. – Übersetzung von Rüdiger Krohn. 3 Bde (Reclam 4471–4473), Stuttgart 1980. – Literatur: Hugo Kuhn in: VL 3, 1981, Sp. 153–168. – Christoph Huber, Gottfried von Straßburg: Tristan und Isolde. Eine Einführung. München, Zürich 1986.

Ulrich von Türheim: ›Tristan‹
Die Handlung setzt da ein, wo Gottfrieds Dichtung abbricht.

Tristan heiratet Isolde Weißhand, ohne die Ehe zu vollziehen. Als ihr Bruder Kaedin den Schwager zur Rede stellt, erzählt Tristan ihm von der blonden Isolde. Gemeinsam fahren sie nach England, wo die Königin die beiden heimlich trifft. Während die Liebenden eine Nacht zusammen verbringen, wird Kaedin von der Hofdame, die er sich zur Bettgefährtin erbeten hat, zum Narren gehalten. Weil Tristan fälschlich beschuldigt wird, im Dienst der Königin versagt zu haben, läßt Isolde ihn mit Schlägen wegjagen, als er in der Verkleidung eines Aussätzigen am Hof erscheint. Die Liebenden versöhnen sich jedoch wieder, und in der Maske eines Narren kann Tristan längere Zeit am Hof bleiben, bis er entdeckt wird und mit Kaedin nach Arundel zurückkehrt. Später wird auch die Ehe mit der zweiten Isolde vollzogen. Als Kaedin ein Liebesverhältnis mit Nampotenis' Frau eingeht, hilft Tristan ihm dabei. Sie werden jedoch von dem Ehemann überrascht; Kaedin wird erschlagen und Tristan schwer verwundet. Er schickt einen Boten an die blonde Isolde und bittet um ihre Hilfe; bei der Ankunft soll sie weiße Segel setzen. Als das Schiff einläuft, meldet Isolde Weißhand ihrem Mann, daß es schwarze Segel habe. Da stirbt Tristan, und die blonde Isolde stirbt ihm nach. König Marke läßt die beiden zusammen beerdigen und pflanzt auf ihre Gräber einen Rosenstock und eine Weinrebe, die ineinanderwachsen. (3730 Verse; sieben Handschriften)

Ulrich von Türheim hat sich nicht an die französische Vorlage gehalten, nach der Gottfried gearbeitet hatte, sondern hat auf den ›Tristrant‹ von Eilhart von Oberg zurückgegriffen. Die Abweichungen von Eilhart sind nicht so gravierend, daß man genötigt wäre, außerdem eine unbekannte französische Quelle anzusetzen. Türheim hat die verschiedenen Reisen nach England, zum Stelldichein mit Isolde, zu einem einzigen Unternehmen zusammengezogen; er hat dabei in Kauf genommen, daß die Motivierung der Handlung an einigen Stellen unklar wirkt. Offenbar sollte die Geschichte zu einem baldigen Abschluß gebracht werden. In Stil und Versbau hat Türheim sich an Gottfried geschult, ohne ihn im entferntesten zu erreichen. Das höfische Publikum hat sein Werk offenbar als eine gelungene Fortsetzung betrachtet, obwohl von der künstlerischen Problematisierung des Stoffes nichts übriggeblieben ist.

Außer der ›Tristan‹-Fortsetzung hat Türheim eine ›Willehalm‹-Fortsetzung (›Rennewart‹, vgl. S. 258f.) und wahrscheinlich auch einen ›Cligès‹ verfaßt. Ein Ulrich von Türheim kommt 1236 und 1244 in Urkunden des Bischofs und des Domkapitels von Augsburg vor; in ihm vermutet man den Dichter. Seine

Auftraggeber hat Türheim im schwäbischen Hofkreis um Heinrich (VII.) und Konrad IV. gefunden. Der ›Tristan‹ ist dem Reichsschenken Konrad von Winterstetten († 1243) gewidmet; im ›Rennewart‹ beklagt Türheim dessen Tod. Daraus ergibt sich die Datierung: der ›Tristan‹ ist vor 1243 entstanden, der ›Rennewart‹ danach. Rudolf von Ems, der für dieselben Gönner gedichtet hat und ohne Zweifel persönlich mit Türheim bekannt war, hat ihn im ›Wilhelm von Orlens‹ als Dichter des ›Cligès‹ erwähnt (2256ff., 4390ff.). Deswegen hält man den ohne Autornamen fragmentarisch überlieferten ›Cligès‹ für ein Werk Türheims.

Text: Hrsg. von Thomas Kerth (ATB 89). Tübingen 1979. – Literatur: Klaus Grubmüller, Probleme einer Fortsetzung. Anmerkungen zu Ulrich von Türheims Tristan-Schluß. ZfdA 114 (1985), S. 338–348.

Heinrich von Freiberg: ›Tristan‹

Im Gang der Handlung stimmt Freibergs Fortsetzung mit der von Türheim überein, ist aber doppelt so umfangreich (6890 Verse; drei vollst. Handschriften, zwei Fragmente). Die wichtigste Abweichung ist ein längerer Einschub in der Anfangspartie.

Nach der Hochzeit mit Isolde Weißhand folgt Tristan einer Einladung an den Artushof, und zusammen mit den Artusrittern kommt er an den englischen Hof, wo König Marke ihm eine Sensenfalle stellt, durch die sein Liebesverhältnis mit der blonden Isolde fast verraten worden wäre. Nachdem Markes Verdacht beruhigt worden ist, bleibt Tristan am englischen Hof und trifft sich heimlich mit Isolde. Doch einmal werden sie überrascht und gefangen genommen und zum Tode verurteilt. Es gelingt Tristan, sich zu retten und auch Isolde zu befreien. Sie fliehen in den Wald, finden die Grotte aber nicht, sondern bauen sich eine Laubhütte und ernähren sich dürftig. Als Tristan gerade auf der Jagd ist, kommt König Marke zu der Hütte und läßt sich von Isoldes Klage, daß er ihnen mit seinem Verdacht Unrecht getan habe, täuschen. Er nimmt Isolde wieder als seine Ehefrau auf, und Tristan kehrt nach Arundel zurück.

Die stoffliche Grundlage dieser Erweiterung war sicherlich der ›Tristrant‹ von Eilhart von Oberg, wo sowohl die Sensenfalle als auch das Waldleben in der Laubhütte vorkommen. Freiberg ist mit der Türheim-Fortsetzung und dem Eilhart-Text so frei umgegangen, daß es keine wörtlichen Berührungen gibt. Er selber behauptet allerdings, der ›Tristan‹-Version von Thomas von Britannien »in lombardischer Sprache« (6844) gefolgt zu sein;

die Übereinstimmungen mit Thomas sind jedoch so gering, daß man lieber an eine Quellenfiktion glaubt. Heinrich von Freiberg hat noch zwei kleinere Werke verfaßt: eine Legende vom heiligen Kreuz (vgl. S. 390) und ›Die Ritterfahrt des Johann von Michelsberg‹ (vgl. S. 341 f.). Die ›Tristan‹-Fortsetzung ist im Auftrag des böhmischen Adligen Reimund von Lichtenburg (urkundlich 1278–1329) gedichtet, wahrscheinlich um 1280/90. Freiberg hat den Vorgänger vor allem in der sprachlichen Realisierung übertroffen, die eine sorgfältige Schulung an Gottfrieds Stilkunst und eine hohe Eigenbegabung bezeugt. Auf die Problematik von Gottfrieds Liebesdarstellung ist er so wenig eingegangen wie Türheim; aber die Absage an die weltliche Liebe im Epilog und der Aufruf, sich *der wâren minne* (6858) zuzuwenden, verrät einen grundsätzlich anderen Standpunkt.

Freibergs Dichtung hat die Fortsetzung von Türheim nicht verdrängen können, aber sie hat ihr im Spätmittelalter Konkurrenz gemacht.

TEXT: Hrsg. von Alois Bernt. Halle 1906; dazu: Hans-Hugo Steinhoff in: VL 3, 1981, Sp. 723–730.

3. Heldenepik: Das ›Nibelungenlied‹

Mündlichkeit und Schriftlichkeit: Während in Frankreich die Heldenepik der »chansons de geste« ebenso reich ausgebildet war wie der höfische Roman, scheint das ›Nibelungenlied‹ ganz isoliert in der Literaturgeschichte der höfischen Zeit zu stehen. Das Bild ändert sich jedoch, wenn man die Dichtung im Zusammenhang mit den mündlichen Überlieferungen sieht. Heldensagen und Heldendichtung erfreuten sich auch in Deutschland großer Beliebtheit, vor allem die Sagen um Dietrich von Bern. In welcher Gestalt die Geschichten von den Helden der Vorzeit tradiert wurden, ist nicht sicher. Erzählende Lieder haben wahrscheinlich die größte Rolle gespielt; manches wird auch in Prosa überliefert worden sein. Mit mündlicher Großepik ist dagegen für Deutschland nicht zu rechnen. Im Lichte der intakten mündlichen Kultur, die im Analphabetentum der Laiengesellschaft ihr Fundament hatte, ist es eher verwunderlich, daß bereits um 1200 die Verschriftlichung der Heldendichtung begann. Welche geschichtlichen Kräfte diesen Prozeß in Gang gebracht haben, ist nur zu vermuten. Offenbar sollten die alten Heldengeschichten dieselbe literarische Dignität erhalten, wie sie die aus schriftlichen Vorlagen gearbeitete Hofepik besaß. Die schriftliche Abfassung des ›Nibelungenlieds‹ blieb jedoch ein isolierter Vorgang, der zunächst keine Nachahmung fand. Erst im Verlauf des 13. Jahrhunderts ist die mittelhochdeutsche Heldenepik zu einer eigenen Gattung geworden.

Die eigentümliche Stellung zwischen Mündlichkeit und Schriftlichkeit kennzeichnet die literarische Eigenart des ›Nibelungenlieds‹. Ob die Dichtung mehr auf die eine oder mehr auf die andere Seite gehört, war in der Forschung strittig. Die Versuche, das ›Nibelungenlied‹ auf Grund seiner starken Formelhaftigkeit als mündliche Komposition in Anspruch zu nehmen, haben jedoch nicht überzeugt; und auch die Vorstellung, daß die Dichtung durch das Zusammentreffen verschiedener Sagenüberlieferungen sozusagen von selbst entstanden sei, wird durch die ausgeprägte künstlerische Individualität des Nibelungendichters widerlegt. Es kann nicht zweifelhaft sein, daß dieser Dichter ein Schriftwerk verfaßt hat, wobei er sich allerdings die Eigenheiten der mündlichen Erzähltradition vielfach zu Nutze machte.

Stoffgeschichte: Die Nibelungensage umfaßt 1. die Jung Siegfried-Abenteuer, 2. die Siegfried-Brünhild-Sage (Siegfrieds Tod), 3. den Untergang der Burgunden und 4. Attilas Tod. Im ›Nibelungenlied‹ sind die Teile 2 und 3 eng miteinander verknüpft; von Siegfrieds Jugendabenteuern ist nur am Rande die Rede; Etzels Tod ist ganz ausgespart. In der reicheren skandinavischen Nibelungenüberlieferung treten andere Verbindungen auf. Diese Sagen müssen jahrhundertelang mündlich weitergegeben worden sein, bevor sie aufs Pergament gelangten. Das ›Nibelungenlied‹ ist der früheste Textzeuge. Die skandinavischen Denkmäler sind erst im 13. Jahrhundert aufgeschrieben worden: die Prosa-›Edda‹ von Snorri Sturluson nach 1220, die Lieder-›Edda‹ im Codex Regius nach 1250, die ›Thidrekssaga‹ um die Mitte des 13. Jahrhunderts, die ›Vǫlsungasaga‹ etwas später. Einige Stücke der Lieder-›Edda‹ sind lange vor ihrer Niederschrift entstanden; besonders altertümlich wirkt das ›Alte Atlilied‹. Der wichtigste Anhaltspunkt für die mündliche Sagentradition sind historische Einzelheiten, von denen man auf anderen Wegen keine Kenntnis haben konnte. Historisch sind die Namen der Burgundenkönige Gundaharius (= Gunther) und Gislaharius (= Giselher), die im burgundischen Stammesrecht (›Lex Burgundionum‹) aus dem 6. Jahrhundert vorkommen, sowie die Namen der hunnischen Brüder Attila (= Etzel) und Bleda (= Bloedelin). Historisch ist auch der Untergang der Burgunden: Prosper Aquitanus (5. Jahrhundert) berichtet in seiner Weltchronik, daß die Burgunden unter König Gundahar im Jahr 437 von den Hunnen vernichtend geschlagen worden sind. In diesem Ereignis sieht man den Ausgangspunkt der Sagenbildung. Viel weniger deutlich sind die historischen Grundlagen der Siegfriedsagen. Die Geschichte seiner Ermordung erinnert an Vorgänge in der merowingischen Königsgeschichte des 6. Jahrhunderts. Für die Jung Siegfried-Abenteuer hat man immer wieder mythologische Ursprünge erwogen. Die ältere Sagenforschung (die hauptsächlich durch Andreas Heuslers Theorien geprägt war) glaubte, ganz genau zu wissen, wie die germanischen Urlieder aussahen und wie sich die Ausformung der Sagen vollzogen hat. Das Haltlose dieser Konstruktionen ist deutlich geworden, nachdem die »Oral Poetry«-Forschung neue Einsichten in die Eigengesetzlichkeit mündlicher Überlieferung eröffnet hat.

Die deutsche und die skandinavische Nibelungenüberlieferung unterscheiden sich am auffälligsten in der Motivierung des Burgundenuntergangs. Im Norden bewirkt die Goldgier des Hunnenkönigs Atli (= Etzel) den Tod der Burgundenkönige, und anschließend rächt Gudrun (= Kriemhild) den Tod ihrer Brüder an ihrem Mann. Im deutschen ›Nibelungenlied‹ fallen die Burgunden der Rache Kriemhilds für die Ermordung Siegfrieds zum Opfer. Die skandinavische Version ist offensichtlich die ältere: sie steht den geschichtlichen Ereignissen näher; und in ihr spiegeln sich frühe Überlieferungen vom Tod Attilas. Die Umformung des Stoffes in Deutschland hat man, sicherlich zu Unrecht, damit erklärt, daß die Ehebindung der Frau nach der Christianisierung stärker geworden sei als ihre Sippenbindung. Wichtiger waren vermutlich literarische Gründe: durch die Ummotivierung wurden die Sagen von Siegfrieds Tod und vom Burgundenuntergang enger miteinander verknüpft.

In welcher Gestalt der Nibelungendichter seinen Stoff kennengelernt hat, ist ganz ungewiß. Heuslers These, daß dem ersten Teil des ›Nibelungenlieds‹ ein längeres Brünhildlied zugrunde gelegen habe und daß die Quelle des zweiten Teils ein

Epos, die sogenannte ›Ältere Not‹, gewesen sei, hat viel Zustimmung gefunden. Heusler hat seine Anschauung vor allem durch einen Vergleich des ›Nibelungenlieds‹ mit den entsprechenden Partien der ›Thidrekssaga‹ gewonnen. Die ›Ältere Not‹ bleibt jedoch eine hypothetische Größe. Den Schritt zum Epos hat wohl erst der Nibelungendichter vollzogen, der wahrscheinlich aus einer vielgestaltigen Sagentradition geschöpft hat.

Siegfried von Xanten ist durch seine Jugendabenteuer ein berühmter Held. Er zieht nach Worms, um die burgundische Prinzessin Kriemhild zu freien. Gunther und seine Brüder nehmen ihn freundlich auf, halten aber ihre Schwester von ihm fern. Schließlich kommt es zu einer Vereinbarung: Siegfried soll Gunther bei der Werbung um die starke Brünhild helfen und dafür Kriemhild zur Frau erhalten. Der Betrug bei den Freierproben gelingt: in der Tarnkappe verborgen, verhilft Siegfried Gunther zum Sieg. Anschließend wird in Worms die Doppelhochzeit gefeiert. Doch in der Hochzeitsnacht verweigert sich Brünhild ihrem Mann, und noch einmal muß Gunther seinen Schwager um Hilfe bitten. Siegfried und Kriemhild ziehen nach Xanten zurück, wo Siegfried König wird. In Brünhild bleibt jedoch die Unklarheit über Siegfrieds Rolle bei der Werbung als ein Stachel zurück. Nach Jahren veranlaßt sie ihren Mann, Siegfried und Kriemhild nach Worms einzuladen. Während der Festlichkeiten dort kommt es zu einem Streit zwischen Brünhild und Kriemhild, in dessen Verlauf die burgundische Königin von ihrer Schwägerin öffentlich beleidigt wird. Das ist für Hagen der Anlaß zu einem Mordplan gegen Siegfried, dem schließlich auch Gunther zustimmt. Auf der Jagd im Odenwald wird Siegfried heimtückisch von Hagen ermordet. Für Kriemhild wird von nun an die Trauer um Siegfried und der Gedanke an Rache zum Lebensinhalt. Die Feindschaft zu Hagen verschärft sich noch, als dieser ihr den großen Nibelungenhort raubt und ihn in den Rhein versenkt. Jahre später wirbt der Hunnenkönig Etzel durch den Markgrafen Rüdiger von Bechlarn um Kriemhilds Hand. In Wien wird die Hochzeit gefeiert. Viele Jahre bleibt der Gedanke an Rache in Kriemhild wach. Sie bittet Etzel, ihre Brüder und Hagen einzuladen. Hagen besteht darauf, daß sie mit großer Kriegsmacht ins Hunnenland ziehen. Bei ihrer Ankunft werden sie von Dietrich von Bern vor Kriemhilds Plänen gewarnt. Während die Gäste festlich zu Tisch sitzen, läßt Kriemhild den burgundischen Troß überfallen. Daraufhin erschlägt Hagen den kleinen Ortliep, den Sohn Etzels. Nun gibt es kein Zurück mehr. Ganze Völkerschaften werden gegen die Burgunden aufgeboten, die der Übermacht heroisch standhalten. Kriemhild läßt den Saal anzünden, und viele kommen im Feuer um. Auch Rüdiger muß gegen die Helden vom Rhein antreten und findet mit allen seinen Mannen den Tod. Als von den Burgunden nur noch Gunther und Hagen am Leben sind, greift Dietrich von Bern ein, überwindet die ermüdeten Helden und übergibt sie Kriemhild. Kriemhild läßt erst den Bruder umbringen und schlägt dann, als Hagen sich weigert, das Geheimnis des Hortes preiszugeben, eigenhändig dem alten Feind den Kopf ab. Hildebrand springt vor und schlägt auch Kriemhild tot. »Hier hat die Geschichte ein Ende: *daz ist der Nibelunge nôt.«* (2379 Strophen)

Die künstlerische Form: Das ›Nibelungenlied‹ ist in 39 »Aventiuren« eingeteilt, die den einzelnen Stationen der Handlung ein eigenes Gewicht geben. Wie weit dieses blockhafte Erzählen an mündliche Kunstformen anknüpft, ist nicht zu erkennen. Eindeutig von der mündlichen Dichtungstradition geprägt ist die metrische Gestalt des ›Nibelungenlieds‹, durch die sich die Dichtung äußerlich von der höfischen Epik abhebt. Das ›Nibelungenlied‹ ist in Strophen gedichtet und hat in diesem Punkt gattungsprägend auf die spätere Heldenepik gewirkt. Jede Strophe besteht aus vier Langzeilen, die in der Mitte eine Zäsur haben (*uns íst in álten maérèn* || *wúnders víl geseít*). Die metrische Gestalt hat auch die Aufführungsform bestimmt: die strophische Heldenepik ist gesungen worden. Allerdings ist in keiner Handschrift des ›Nibelungenlieds‹ die Melodie notiert.

Der Anschluß an die mündliche Erzähltradition erklärt wohl auch eine gewisse Unbesorgtheit in der Motivverknüpfung, die für das ›Nibelungenlied‹ kennzeichnend ist. Dazu gehört Dancwarts Ausspruch, er sei »ein kleines Kind« gewesen, als Siegfried ermordet wurde (1924,3), während er doch schon bei der Werbung um Brünhild ein erwachsener Mann war. An nicht wenigen Stellen bleibt der Hörer darüber im unklaren, wie der Zusammenhang der Handlung zu verstehen ist. Der Nibelungendichter hat seine Gestalten nicht über ihre Handlungsweise reflektieren lassen, wie es in der höfischen Epik üblich war. Das hat zur Folge, daß seine Figuren wie aus Holz geschnitzt wirken und wie unter einem Zwang zu handeln scheinen. Nur einmal hat der Nibelungendichter die Not eines inneren Konflikts geschildert: als Rüdiger von Etzel und Kriemhild gedrängt wird, gegen die Burgunden zu kämpfen.

Es ist sicherlich kein Zufall, daß wir den Namen des Nibelungendichters nicht kennen. Anonymität war ein Kennzeichen mündlichen Erzählens. Während die höfische Epik von dem künstlerischen Selbstbewußtsein ihrer Autoren geprägt ist, tritt der Nibelungendichter ganz hinter der erzählten Handlung zurück. Eine Strategie des Erzählers ist jedoch in den zahlreichen Vorausdeutungen auf das düstere Ende zu erkennen, die den Eindruck erwecken, die Handlung laufe schicksalhaft und unausweichlich auf die Katastrophe zu.

Ebenso deutlich wie die Anknüpfung an die Tradition des mündlichen Erzählens ist die Schulung am höfischen Epos. Von dort hat der Nibelungendichter die ganze Gesellschaftsdarstellung übernommen. Aus den germanischen Helden sind im ›Nibelungenlied‹ höfische Ritter geworden. Am Hof zu Worms geht es nicht weniger prächtig und nicht weniger vornehm zu als bei König Artus. Der Nibelungendichter hat auch die höfische Beschreibungstechnik in den Dienst der Gesellschaftsschilderung gestellt. Besonders ausführlich sind die Kleiderbeschreibungen. Für alle, die im ›Nibelungenlied‹ germanischen Geist gesucht haben, waren diese »Schneiderstrophen« ein Stein des Anstoßes. Sogar die ganz modernen Motive des Frauendienstes und der höfischen Liebe hat der Dichter zur höfischen Umgestaltung der alten Heldengeschichten genutzt.

Die Orientierung am Kunstbegriff der schriftlich konzipierten Epik zeigt sich vor allem in dem Ansatz zu einer neuen Gesamtkonzeption. Wir wissen zwar nicht, wie weit der Nibelungendichter das Handlungsgefüge umgestaltet hat, da wir seine Quellen nicht kennen; aber es ist ziemlich sicher, daß die Vereinheitlichung der Handlung auf ihn zurückgeht. Im Mittelpunkt steht der Gegensatz zwischen Kriemhild und Hagen, der sich durch die ganze Dichtung zieht. Das ist um so auffälliger, als diese Konstellation nicht im Stoff angelegt war. Ursprünglich haben Siegfried und Brünhild die Handlung des ersten Teils beherrscht, während im zweiten Teil Gunther und Etzel die Hauptfiguren waren. Da die Dichtung mit der Kindheit Kriemhilds beginnt (»In Burgund wuchs eine vornehme Jungfrau heran« 2,1) und mit dem Tod Kriemhilds endet, kann man das ›Nibelungenlied‹ auch als Kriemhild-Epos betrachten.

Interpretationsprobleme: Solange das ›Nibelungenlied‹ als nationales Kulturdenkmal verstanden wurde, hat man den Sinn der Dichtung hauptsächlich in der Darstellung von Eigenschaften gesehen, die man in einem spezifischen Sinn als »deutsch« ansprechen zu können glaubte. Am weitesten verbreitet war die Vorstellung, daß es im ›Nibelungenlied‹ um die Verherrlichung der Treue gehe, die man in ihrer männlichen Spielart, als Mannentreue, an Hagen, in ihrer weiblichen, als Bindung an den geliebten Ehemann, an Kriemhild festmachen wollte. In der Größe der Charaktere sehen auch manche neueren Betrachter die bedeutendste Leistung des ›Nibelungenlieds‹. Die meisten Interpretationen gehen heute jedoch von den dargestellten Spannungen und Widersprüchen in der Gesellschaft aus. Bei näherer Betrachtung bietet das ›Nibelungenlied‹ ein bedrükkend negatives Gesellschaftsbild. Mord, Betrug, Haß, Rache, Machtgier und Hinterlist bestimmen die Handlung vom Anfang bis zum Schluß. Selbst die positiv gezeichneten Gestalten geraten in ein merkwürdiges Licht. Der strahlende Siegfried beteiligt sich an dem Betrug an Brünhild und bleibt bis zu seinem Tod eigentümlich blind für die Konsequenzen seines Handelns. Kriemhild zeigt nicht erst als gnadenlose Rächerin, sondern schon zu Siegfrieds Lebzeiten in ihren Machtansprüchen und in ihrem Vorgehen gegen Brünhild wenig schöne Züge. Zweimal läuft die Handlung auf eine Katastrophe zu: auf den Mord an Siegfried und auf den Untergang der Burgunden. Die Frage nach dem Sinn dieses Geschehens steht im Mittelpunkt der Interpretationsbemühungen. Offenbar wollte der Dichter zeigen, daß eine ganze Welt, eine ganze Gesellschaftsordnung zugrunde geht. Aber welche? Und von welchem Standpunkt aus wird der Untergang gesehen? Vielfach ist man von der Erwartung ausgegangen, daß in den Gestalten Rüdigers von Bechlarn und Dietrichs von Bern am Schluß positive Gegenkräfte sichtbar würden. Die Vorstellung, daß der untergehenden Welt der Germanen in Rüdiger und Dietrich die Repräsentanten des Christentums gegenübertreten, scheint von Hebbels Nibelungendrama inspiriert zu sein und findet in dem mittelalterlichen Text keine Stütze. Karl Heinz Ihlenburg hat die zum Untergang bestimmte Welt als die anarchische Feudalgesellschaft des Mittelalters gedeutet und die von Rüdiger und Dietrich vertretene positive Gegenkraft als höfische Humanität bestimmt. Nach der Auffassung von Gottfried Weber wird im ›Nibelungenlied‹ der Untergang der höfischen Kultur geschildert; als Gegenkraft soll Dietrich von Bern ein heldisches Rittertum vertreten. Demgegenüber ist zu betonen, daß Rüdiger und Dietrich nicht grundsätzlich anders dargestellt sind als die übrigen Figuren.

Das ›Nibelungenlied‹ kann nicht wie ein höfisches Epos interpretiert werden. Eine durchgehende Sinnstruktur, wie in den Epen Chrétiens de Troyes und seiner deutschen Bearbeiter, gibt es im ›Nibelungenlied‹ nicht. Daher sind den Bemühungen um ein Gesamtverständnis enge Grenzen gesetzt. Am deutlichsten ist die Problematisierung der Handlung in dem Widerspruch zwischen den höfischen Umgangsformen und den ganz anders gearteten Handlungsantrieben, besonders in der Wormser Hofgesellschaft. Dieser Gegensatz kann moralische Verworfenheit offenbaren, wenn es um Mord und Betrug geht; er kann auch desillusionierend wirken und Lächerlichkeit erzeugen, wenn die herrlich geschmückten Helden in Island um ihr Leben zittern oder wenn der höfisch-vorbildliche König die Hochzeitsnacht am Nagel hängend verbringt. Der Dichter betont die Diskrepanz zwischen höfischem Erscheinungsbild und fragwürdigen Motiven, indem er seine Gestalten auch dort mit den Prädikaten höfischer Vorbildlichkeit bedacht hat, wo ihr Handeln eine gänzlich unhöfische Denkweise anzeigt. An einigen Stellen hat der Dichter auch moralische Urteile ausgesprochen; aber eine durchgehende und einheitliche Linie der Wertung gibt es im ›Nibelungenlied‹ nicht. Allerdings verschiebt sich im zweiten Teil die Sympathie des Erzählers immer deutlicher zugunsten der Burgunden, so daß am Ende der Mörder Hagen fast wie ein unschuldiges Opfer vor einer Kriemhild steht, die keine menschlichen Züge mehr besitzt. Es muß offenbleiben, ob die Darstellung darauf abzielt, vor den unheilvollen Folgen des Auseinanderfallens von Sein und Schein zu warnen, oder ob der Dichter darin einen grundlegenden Widerspruch der höfischen Gesellschaftsordnung enthüllen wollte. Positive Gegenkräfte sind nirgends zu erkennen. Gerade die Gnadenlosigkeit und Konsequenz, mit der alles in den Untergang gerissen wird, verleiht der Dichtung Größe.

Der ursprüngliche Sinn der Heldendichtung war die Darstellung großen Heldentums. Davon ist im ›Nibelungenlied‹ nicht mehr viel zu spüren. Heroische Motive sind ins Märchenhafte umgewandelt (Tarnkappe), ins Komisch-Lächerliche gezogen (Freierkämpfe, Hochzeitsnacht) oder ins Grausig-Groteske (Bluttrinken). Heldentum stellt sich als tapsige Bärenhaftigkeit dar (Siegfried), heroische Untergangsbereitschaft erscheint als Engstirnigkeit (Hagen). Nur die Waffenbrüderschaft von Hagen und Volker ist mit einem Schauer heldischer Größe umgeben. Noch schlechter ergeht es den Frauen. Brünhild wird als Kraftweib lächerlich gemacht und als Königin herabgewürdigt; Kriemhild, die kalt und einsam ihren Weg geht, steht zuletzt als Teufelin da. Den Zuhörern, die nach einer Identifikationsfigur suchten, hat der Nibelungendichter es nicht leicht gemacht.

Autor, Datierung: Über den Dichter des ›Nibelungenlieds‹ ist viel spekuliert worden; er bleibt jedoch eine unbekannte Größe. Früher dachte man ihn sich als Spielmann oder als Ritter; heute überwiegt die Vorstellung, daß er ein *clericus* gewesen ist. Für seine Lateinkenntnisse gibt es jedoch keinen eindeutigen Beweis. Seiner Sprache nach war er Oberdeutscher; die wenigen Dialektspuren in seinen Reimen erlauben keine nähere Lokalisierung. Auffallend sind die geographischen Angaben: im ›Nibelungenlied‹ werden entlang der Donau, zwischen Donauwörth und Wien, eine Reihe von kleineren Ortschaften genannt: Moeringen, Vergen, Everdingen, Medelike, Mûtâren, Tulne, die alle identifiziert werden können. Diese geographischen Lokalkenntnisse sind um so bemerkenswerter, als sie für die Handlung keine wichtige Rolle spielen. Man vermutet daher, daß das ›Nibelungenlied‹ an der mittleren Donau entstanden ist, wahrscheinlich in Passau: dafür sprechen die sehr genauen Angaben über die Lage der Stadt (1295,4) und die Gestalt des Bischofs Pilgrim von Passau, die offenbar aus einer Passauer Lokaltradition stammt: im 10. Jahrhundert hat es dort einen berühmten Bischof dieses Namens gegeben. In dem Bischof Pilgrim könnte der Nibelungendichter seinen fürstlichen Auftraggeber verherrlicht haben. Bischof von Passau war von 1191 bis 1204 Wolfger von Erla, der Gönner Walthers von der Vogelweide. Nach den Angaben in der ›Klage‹ hat Bischof Pilgrim seinen Notar, *meister Kuonrât,* beauftragt, die Geschichte der Nibelungen in lateinischer Sprache aufzuschreiben (4295 ff.). Ob diese Notiz auf die Abfassung des ›Nibelungenlieds‹ zu beziehen ist und ob der Nibelungendichter vielleicht tatsächlich ein bischöflich Passauer Notar namens Konrad war, ist jedoch ganz unsicher.

Für die Datierung des ›Nibelungenlieds‹ gibt es nur einen verläßlichen Anhaltspunkt: Wolfram von Eschenbach hat im achten Buch des ›Parzival‹ den burgundischen Küchenmeister Rumolt erwähnt (420,26). Wolfram kannte also das ›Nibelungenlied‹, und zwar in der Fassung C, wie der Wortlaut eindeutig ergibt. Da der ›Parzival‹ um 1200/10 entstanden ist, ist das ›Nibelungenlied‹ davor anzusetzen. Die hochentwickelte Reimtechnik läßt eine Entstehung vor 1190 schwerlich zu. 1190–1200 ist daher der wahrscheinlichste Entstehungszeitraum.

Überlieferung, Wirkung: Das ›Nibelungenlied‹ ist in 35 Handschriften überliefert (elf vollständigen, 24 Fragmenten). Die kritische Bewertung der Handschriften ist bis heute umstritten. Im Mittelpunkt der Diskussion standen die drei ältesten vollständigen Handschriften: die Hohenems-Münchener Handschrift A (Ende des 13. Jahrhunderts), die St. Galler Handschrift B (Mitte des 13. Jahrhunderts) und die Donaueschinger Handschrift C (1. Hälfte des 13. Jahrhunderts). Über die Frage, welche dieser drei Handschriften dem Original am nächsten steht, ist im 19. Jahrhundert ein erbitterter Streit geführt worden. Lachmann hat seiner kritischen Ausgabe von 1826 die Handschrift A zugrunde gelegt; Zarncke und Holtzmann traten für C ein; seit den Untersuchungen von Braune und Bartsch galt B als die beste Handschrift. Die meisten heute gebräuchlichen Ausgaben bieten im wesentlichen den B-Text. Über dem Nibelungenstreit ist die Germanistik in feindliche Schulen zerfallen, die sich jahrzehntelang erbittert bekämpft haben. In neuerer Zeit ist die Handschriftenfrage unter anderen Gesichtspunkten wieder aktuell geworden. Helmut Brackert hat die Frage aufgeworfen, ob die handschriftliche Überlieferung des ›Nibelungenlieds‹ überhaupt auf ein »Original« zurückgeführt werden könne, ob nicht vielmehr im Prozeß der Verschriftlichung mit verschiedenen Versionen zu rechnen sei, die erst allmählich festere Textgestalt angenommen haben. Die Diskussion darüber ist noch nicht abgeschlossen. Es scheint jedoch nicht zu gewagt, an dem einen Nibelungendichter und der festen Textform seines Werks festzuhalten. Daß es trotz der reichen Überlieferung nicht gelingt, die ursprüngliche Textgestalt zu rekonstruieren, liegt eher daran, daß das ›Nibelungenlied‹ schon bald nach seiner Entstehung eine tiefgreifende Bearbeitung erfahren hat, die in der Handschrift C (und den mit C verwandten Handschriften) vorliegt, und daß diese Bearbeitung auf die gesamte handschriftliche Überlieferung des ›Nibelungenlieds‹ zurückgewirkt hat.

Der C-Bearbeiter hat den Text metrisch geglättet, hat den Wortschatz modernisiert, hat an vielen Stellen Strophen dazugedichtet, um die Handlung besser zu motivieren. Am wichtigsten ist, daß er auch die Handlungsweise der Hauptpersonen anders akzentuiert hat. Dabei zeigt sich die Tendenz, Kriemhild zu entschuldigen und die Verantwortung für das schreckliche Geschehen Hagen anzulasten. Zeitlich ist die C-Bearbeitung kaum vom ›Nibelungenlied‹ zu trennen, da bereits der ›Parzival‹ die C-Fassung voraussetzt. Die älteste Nibelungenhandschrift Z, die um 1200 geschrieben worden ist, bezeugt die C-Bearbeitung; und auch die übrigen alten Handschriften (C, E,

R, S) vertreten alle den C-Text. Offenbar war das ›Nibelungenlied‹ zunächst hauptsächlich in der C-Fassung bekannt.

In engem Zusammenhang mit der C-Bearbeitung steht die ›Klage‹. Das ist eine umfangreiche Fortsetzung des ›Nibelungenlieds‹ in Reimpaarversen (4360 Verse in B), die in allen vollständigen Handschriften des ›Nibelungenlieds‹ (mit Ausnahme der späten Handschrift k) auf das Epos folgt. Für die Rezeptionsgeschichte des ›Nibelungenlieds‹ muß man davon ausgehen, daß die Dichtung im Mittelalter immer zusammen mit der ›Klage‹ gelesen und verstanden worden ist. Die ›Klage‹ bringt zunächst einen kurzen Rückblick auf das Geschehen seit Kriemhilds Hochzeit mit Etzel. Im Hauptteil werden dann die auf beiden Seiten gefallenen Helden beklagt und gerühmt. Zuletzt wird die Handlung zu einem neuen Abschluß gebracht: die Toten werden bestattet; Boten bringen die Nachricht von der Katastrophe nach Bechlarn, nach Passau und nach Worms. Dort empfängt Gunthers und Brünhilds Sohn den Rittergürtel und wird zum König gekrönt. Auch Dietrich kehrt in seine Heimat zurück. Offensichtlich hat der ›Klage‹-Dichter den abrupten Schluß des ›Nibelungenlieds‹ als unbefriedigend empfunden; und der Erfolg, den seine (künstlerisch anspruchslose) Zudichtung hatte, ist ein Indiz dafür, daß das Publikum seine Einstellung teilte. Durch den versöhnlichen Ausblick wurde die Hoffnungslosigkeit, in der der Nibelungendichter seine Hörer entlassen hatte, aufgehoben. In der ›Klage‹ ist aber nicht nur der Schluß verharmlost, sondern das ganze Geschehen ist anders aufgefaßt, wobei sich eine auffallende Übereinstimmung mit der C-Bearbeitung zeigt. Der Untergang der Burgunden wird als Strafe für ihre »alte Sünde« (196) gesehen, die sie durch die Ermordung Siegfrieds auf sich geladen hatten. Hagen ist »der Teufel« (1250), der alles angestiftet hat, während Kriemhild als unschuldig hingestellt wird. Durch diese vereinfachende Moralisierung geht viel von dem Unbegreiflichen und Schrecklichen, das über der Handlung des ›Nibelungenlieds‹ lastet, verloren.

Wir wissen nicht, wann die ›Klage‹ entstanden ist. Sie erscheint zuerst in den Handschriften C und S, die aus der ersten Hälfte des 13. Jahrhunderts stammen. Wahrscheinlich ist die ›Klage‹ schon bald nach dem ›Nibelungenlied‹ gedichtet worden. Daß der ›Klage‹-Dichter und der C-Bearbeiter identisch waren, ist ein naheliegender Gedanke, für den es jedoch keinen positiven Beweis gibt.

Das ›Nibelungenlied‹ hat vor allem auf die spätere Heldenepik gewirkt. Die ›Kudrun‹ schließt am engsten daran an. Auch die Dietrichepik bezeugt seinen Einfluß; der ›Rosengarten‹ nimmt inhaltlich auf die alte Dichtung Bezug. Das ›Nibelungenlied‹ ist zum letzten Mal zu Anfang des 16. Jahrhunderts abgeschrieben worden. Dann verschwindet der Text für zweieinhalb Jahrhunderte aus dem literarischen Bewußtsein. Neben und nach dem ›Nibelungenlied‹ muß es eine mündliche Stofftradition gegeben haben. Daraus ist das ›Lied vom hürnen Seyfrid‹ erwachsen, das auch Motive aus dem ›Nibelungenlied‹ aufgenommen hat. Der ›Hürnen Seyfrid‹ erzählt in 179 Strophen von Siegfrieds Jugend, vor allem von seinem Drachenkampf, und endet mit einem Ausblick auf seinen Tod. Teile davon sind vielleicht schon im 13. Jahrhundert entstanden. Wir kennen das Lied jedoch nur aus Drucken des 16. und 17. Jahrhunderts (der älteste um 1530). 1557 hat Hans Sachs daraus eine »Tragödie« gemacht (›Der hůrnen Sewfrid‹). 1641 erschien eine niederdeutsche Prosabearbeitung des ›Hürnen Seyfrid‹; 1659 ist eine hochdeutsche Prosa bezeugt. Der erste erhaltene Druck des Volksbuchs (›Eine Wunderschöne Historie von dem gehörnten Siegfried‹) stammt erst von 1726. Dreißig Jahre später, 1757, ist die erste, von Johann Jakob Bodmer veranstaltete Teilausgabe des ›Nibelungenlieds‹ erschienen (›Chriemhilden Rache, und die Klage; zwey Heldengedichte aus dem schwäbischen Zeitpuncte‹). Die erste vollständige Ausgabe (von Christoph Heinrich Myller) erschien 1782. Die erste ausführliche literarische Würdigung hat August Wilhelm Schlegel 1802/03 (im Rahmen seiner Berliner ›Vorlesungen über schöne Literatur und Kunst‹) gegeben. Doch erst die nationale Bewegung, die nach 1810 in Deutschland um sich griff, hat ein breites Interesse für das ›Nibelungenlied‹ geweckt.

Text: Hrsg. und übersetzt von Helmut Brackert. 2 Bde (Fischer Bücherei 6038–6039), Frankfurt a. M. 1970–1971. – ›Klage‹: Hrsg. von Karl Bartsch. Leipzig 1875. – Literatur: Michael Curschmann in: VL 6, 1987, Sp. 926–969. – Joachim Heinzle, Das Nibelungenlied. München, Zürich 1987. – Otfrid Ehrismann, Nibelungenlied. Epoche – Werk – Wirkung. München 1987.

Stilwandel: Um 1220 hat sich in der deutschen Literatur ein so tiefgreifender Wandel vollzogen, daß man versucht sein könnte, bereits hier die Grenze zwischen hohem und spätem Mittelalter anzusetzen. Betroffen waren die ästhetischen Grundlagen und die gesellschaftliche Funktion der Literatur. Dieser literarische Prozeß steht in einem – allerdings nur undeutlich erkennbaren – Zusammenhang mit grundlegenden Veränderungen sowohl der staatlich-politischen Verhältnisse als auch des religiösen Lebens. Dahinter wird eine neue Einstellung zur Wirklichkeit sichtbar: die Bereitschaft, sich auf die wirkliche Welt konkret einzulassen und sie so zu sehen, wie sie ist, auch ihre Häßlichkeit und Fragwürdigkeit.

Die literarische Umorientierung zeigt sich im Verhältnis zu den französischen Vorlagen, vor allem im Bereich des höfischen Romans. Um 1220 ging das Interesse an der modernen französischen Literatur rapide zurück. Von den zahlreichen französischen Versromanen des 13. Jahrhunderts hat kein einziger mehr einen deutschen Bearbeiter gefunden, während vorher alle wichtigeren Werke mit großem Interesse aufgenommen worden waren. Zwar sind auch nach 1220 noch einige französische Epen übertragen worden; aber dabei handelt es sich hauptsächlich um ältere Werke, die vorher noch nicht bearbeitet worden waren (Ottes ›Eraclius‹ nach dem ›Eracle‹ von Gautier d'Arras; Konrad von Würzburgs ›Partonopier und Meliur‹ nach dem ›Partonopeus de Blois‹), oder um Neuübertragungen von französischen Epen, deren erste deutsche Bearbeitung ohne Erfolg geblieben war (Konrad Flecks ›Flore und Blanscheflur‹). Die Mehrzahl der deutschen Versromane ist im 13. Jahrhundert ohne französische Quellen ausgekommen. Statt nach Frankreich zu blicken, suchte man jetzt seine Vorbilder in der deutschen Dichtung der Zeit um 1200. Die großen Dichter dieser Zeit rückten in die Position von verehrten Meistern, denen man nacheiferte. In den traditionellen höfischen Gattungen ging es von nun an nicht mehr um die Eroberung von Neuland und die Erweiterung des literarischen Erfahrungsbereichs, sondern um den Nachvollzug des als vorbildlich Erkannten, meistens gepaart mit dem Bewußtsein der geringeren eigenen Fähigkeiten.

Man wird aber der Dichtung des 13. Jahrhunderts nicht gerecht, wenn man die Bezugnahme auf die ältere Literatur nur als Ausdruck poetischer Unselbständigkeit wertet. In ihr spiegelt sich auch ein neues Literaturverständnis. Denn die Anspielungen auf die Werke der Zeit um 1200 sollten vom Publikum verstanden und gewürdigt werden. Damit appellierten die Dichter nicht nur an die literarischen Kenntnisse ihrer Zuhörer, sondern zogen sie in ein Gespräch hinein, in dem es um die Verbindlichkeit literarischer Normen ging. Auch bei der stilistischen Nachahmung traten neue Züge hervor: in der Häufung rhetorischer Schmuckformen bei den Gottfriedschülern und in der Intensivierung der dunklen, bilderreichen Sprache bei den Wolframschülern kündigte sich eine Stilhaltung an, die später zur »geblümten Rede« entwickelt wurde und die eine neue ästhetische Konzeption des meisterlichen Dichtens bezeugt.

Noch bedeutungsvoller war die komisch-parodistische Bezugnahme auf das Stilvorbild der höfischen Blütezeit, die in den Minnesangparodien Neidharts, Tannhäusers und Steinmars hervortritt. Komische Darstellungstendenzen zeigen sich ebenso in den Schwankerzählungen, die im 13. Jahrhundert zu einer beliebten Gattung wurden, sowie in den Pastourellen und Herbstliedern; auch in der späten Heldenepik spielt die groteske Komik eine wichtige Rolle. Selbst der höfische Roman kennt so merkwürdige Gestalten wie das bauchlose Ungeheuer in Strickers ›Daniel‹. Die Durchsetzung des komischen Stils ist der originellste Zug in der Literatur des 13. Jahrhunderts.

Gleichzeitig trat die Gebrauchsfunktion der Literatur stärker in Erscheinung als früher. Ein Indikator dafür ist das Anwachsen der didaktischen und religiösen Literatur sowie der Sachliteratur im 13. Jahrhundert. Aber auch in den traditionellen höfischen Gattungen zeigt sich diese Tendenz. Die kritische Auseinandersetzung mit den höfischen Werten und Normen, die in der Zeit um 1200 eine so große Rolle gespielt hatte, wurde im 13. Jahrhundert nicht fortgesetzt. Man wollte nur noch die positiven Züge des höfischen Idealbilds sehen. Wie die Turniere im 13. Jahrhundert ihre alte Gefährlichkeit verloren und in den höfischen Festbetrieb integriert wurden, so ist auch die höfische Literatur immer mehr zum Bestandteil einer festlichen Selbstinszenierung des weltlichen Adels geworden.

Verschiebungen im Gattungsgefüge: Ihrem Sozialprestige nach sind die traditionellen Formen des höfischen Romans und des

Minneliedes im 13. Jahrhundert die führenden Gattungen geblieben. Obwohl darin noch bedeutende Leistungen hervorgebracht wurden, ist die Innovationskraft der alten Gattungen immer geringer geworden. Auf die weitere Entwicklung der Literatur hatten sie nur insofern einen größeren Einfluß, als das Konzept von höfischer Vorbildlichkeit, das in diesen Gattungen zur Darstellung kam, für die weltliche Adelsgesellschaft noch lange verpflichtend blieb.

Die Namen Neidhart und Der Stricker stehen für die wichtigsten Neuerungen im Bereich der weltlichen Dichtung. Neidhart hat den komisch-satirischen Stil in der Lyrik begründet; Der Stricker war der erste, der Verserzählungen schwankhaften Charakters gedichtet hat. Neben der Schwankdichtung entwikkelte sich die höfische Versnovelle im 13. Jahrhundert zu einer eigenen Gattung. In der Lyrik treten, im Gefolge von Neidhart, eine Fülle neuer Liedformen hervor: Romanzen und Pastourellen, Tanzlieder, Klagelieder, Dialoglieder und Streitgedichte. Besonders reich hat sich das Tagelied im 13. Jahrhundert entwickelt. Daneben gibt es schwankhafte, derb-erotische und parodistische Lieder; gegen Ende des Jahrhunderts kommen die Herbst- und Zechlieder dazu.

Der Übergang zur deutschen Sprache in Bereichen der Literatur, die bis dahin ausschließlich dem Lateinischen vorbehalten waren, ist vor dem Hintergrund der wachsenden Bedeutung der Schriftlichkeit in verschiedenen Lebensbereichen der Laiengesellschaft zu sehen. Besonders eng ist der Zusammenhang mit älteren lateinischen Gattungstraditionen dort, wo die deutschen Texte direkt aus dem Lateinischen übersetzt sind. Das gilt für die theologische Traktatliteratur und für einen großen Teil des Fachschrifttums. Die geistliche Lyrik des 13. Jahrhunderts ist ohne die lateinischen Vorbilder nicht denkbar. Bei den geistlichen Spielen ist der Übergang vom Latein zur Volkssprache gut zu verfolgen. Die erste deutschsprachige Szene, der Auftritt der Maria Magdalena im ›Großen Benediktbeurer Passionsspiel‹, steht im Kontext eines lateinischen Spiels. Auch bei der Ausbildung der deutschen Rechtsprosa hat das Lateinische eine wichtige Rolle gespielt. Das erste Reichsgesetz in deutscher Sprache, der Mainzer Reichslandfriede von 1235, ist auf lateinisch und auf deutsch veröffentlicht worden. Die deutschsprachigen Urkunden, die gegen Ende des 13. Jahrhunderts zahlreicher werden, sind im Aufbau und im Protokoll den lateinischen nachgebildet. Komplizierter ist das Abhängigkeitsverhältnis bei der

Geschichtsschreibung. Die gereimten deutschsprachigen Weltchroniken des 13. Jahrhunderts knüpfen an die Gattungstradition der lateinischen Weltchronik an; die gereimten Landes- und Städtechroniken besitzen dagegen eine größere Selbständigkeit gegenüber der lateinischen Geschichtsschreibung.

Die bedeutendste Veränderung im Gesamtbild der Literatur ist das Vordringen der Prosa. Im 13. Jahrhundert haben neue Formen der Fachprosa, der Rechtsprosa, der Geschichtsprosa, der Erzählprosa und vor allem der geistlichen Prosa das Erscheinungsbild der Literatur mitgeprägt. Das Verhältnis von Vers und Prosa muß unter verschiedenen Gesichtspunkten gesehen werden. Gegenüber der lateinischen Sprache mit ihrem festen grammatischen Bau konnte die Volkssprache nur dadurch literarische Dignität gewinnen, daß man sie den Regeln des Versbaus unterwarf und mit Reimen schmückte. So sind in deutscher Sprache zahlreiche Reimchroniken, Reimpredigten, Reimgebete und gereimte Lehrgedichte entstanden, denen lateinische Prosawerke als Vorlagen dienten. Die Vorstellung, daß ein Werk mit literarischem Anspruch in Versen gedichtet sein müsse, hat sich bis weit in die Neuzeit hinein gehalten. Andererseits war es ein Gemeinplatz, daß die Dichter lügen und mit ihrem poetischen Schmuck die Menschen verblenden, und daß nur die Prosa die Würde der Wahrheit besitze. Es war ein doppelter Aspekt von Wahrheit, der die Überlegenheit der Prosa begründete: historische Wahrheit und christliche Glaubenswahrheit. Das ist vor allem der Geschichtsschreibung und der geistlichen Prosa zugute gekommen.

Die Verschriftlichung von Verwaltung und Wirtschaft hat ebenfalls dazu beigetragen, daß der Anteil der Prosa an der Gesamtproduktion der Literatur seit dem 13. Jahrhundert ständig zunahm.

Einige der bedeutendsten Prosawerke des 13. Jahrhunderts sind auf niederdeutschem Sprachgebiet oder an der Grenze zum Niederdeutschen entstanden. Die Gründe für diese Sonderentwicklung sind noch nicht hinreichend geklärt. Wahrscheinlich hat dabei eine Rolle gespielt, daß der hochdeutsche Literatureinfluß und damit die Ausstrahlungskraft der höfischen Versdichtung in Norddeutschland nur an den größeren Höfen wirksam geworden ist. In diesem Zusammenhang ist auch zu beachten, daß in der niederdeutschen Reimdichtung Versformen begegnen, die sich den Normen der hochdeutschen höfischen Metrik entziehen. Ob Verbindungen zur niederländischen Literatur dabei eine Rolle gespielt haben, bedarf der Prüfung. Die Eigenentwicklung der niederdeutschen Literatur im 13. Jahrhundert verdient mehr Aufmerksamkeit, als ihr bisher zuteil geworden ist.

Im Verlauf des 13. Jahrhunderts treten nichtfiktionale Formen der Literatur stärker hervor. Wie der wachsende Anteil der didaktischen Literatur und der Fachliteratur zeigt, wird die Literatur immer mehr zu einem Instrument der Wissensvermittlung und der Belehrung. Noch wichtiger ist die Literarisierung des religiösen Lebens: persönliche Frömmigkeit suchte einen literarischen Ausdruck; religiöse Unterweisung und Erbauung zielten auf eine bis dahin nie erreichte Breitenwirkung. Bereits um 1300 dürfte der Umfang der religiösen Literatur alle anderen Bereiche übertroffen haben. Einen weiteren quantitativen Schwerpunkt bilden seit dem Ende des 13. Jahrhunderts die Schriftzeugnisse aus dem Wirtschafts-, Verwaltungs- und Rechtsleben, die meistens von der Literaturgeschichte nicht mehr erfaßt werden, die aber berücksichtigt werden müssen, wenn man sich ein Bild vom Umfang des deutschsprachigen Schrift- und Literaturbetriebs in dieser Zeit machen will.

Veränderungen im Literaturbetrieb: Die Literaturproduktion blieb auch im 13. Jahrhundert punktuell; aber die Zahl der Punkte, der Orte, wo Literatur entstand, hat sich im Verlauf des Jahrhunderts bedeutend erhöht. Maßgebend waren nach wie vor die großen Höfe, vor allem für die traditionellen Formen der höfischen Literatur. In der ersten Hälfte des 13. Jahrhunderts haben der staufische Königshof in Schwaben und der Hof der Herzöge von Österreich die größte Rolle gespielt. Die literarischen Interessen waren sehr unterschiedlich: während am staufischen Hof die Tradition der höfischen Epik und Lyrik gepflegt wurde, hatte am Wiener Hof der Gegengesang Neidharts und Tannhäusers sein Zentrum. Im weiteren Verlauf des 13. Jahrhunderts sind die ostdeutschen Fürstenhöfe für die Literaturgeschichte immer wichtiger geworden. Hier ist ein Zusammenhang zwischen der politischen und der literarischen Entwicklung deutlich zu erkennen; denn die ostdeutschen Territorien haben auch politisch in dieser Zeit immer mehr an Bedeutung gewonnen. Hervorzuheben sind die Höfe der Wittelsbacher in Bayern und der Wettiner in Meißen. Herzog Ludwig II. von Oberbayern und Markgraf Heinrich III. von Meißen gehörten nicht nur zu den mächtigsten Fürsten in Deutschland, sondern auch zu den einflußreichsten Mäzenen der Literatur und Kunst. Den größten Glanz entfaltete in der zweiten Hälfte des 13. Jahrhunderts jedoch der Hof der böhmischen Könige in Prag. Unter Ottokar II. und besonders unter Wenzel II., der selber ein Minnesänger war, wurde Prag ein blühender Mittelpunkt höfischer Dichtung, wo wieder vor allem die traditionellen Formen des höfischen Romans und der Minnelyrik gefördert wurden.

Neben den großen Fürstenhöfen sind auch die kleineren Adelssitze im 13. Jahrhundert für die Literaturgeschichte wichtig geworden. Das bezeugen die zahlreichen Preisstrophen auf Grafen und Herren. In der Mitte des 13. Jahrhunderts scheint sich in der Steiermark ein adliger Literaturkreis um Ulrich von Liechtenstein und seinen Schwiegersohn Herrand von Wildonie gebildet zu haben, der von den politischen und literarischen Interessen der steirischen Landherrenfamilien getragen wurde. Noch deutlicher werden die literarischen Aktivitäten des ländlichen Adels in dem Kreis um die Grafen von Sayn und von Katzenelnbogen, der um 1300 bestand und für den eine Reihe von Texten gedichtet worden ist, die direkt auf die geselligen Veranstaltungen dieser Familien Bezug nehmen. Beim Landadel waren anscheinend vor allem Verserzählungen und Schwänke, Minnereden und Zeitgedichte beliebt, alles Formen von relativ geringem Umfang, die durch ihre größere Wirklichkeitsnähe und ihre Variabilität gekennzeichnet sind.

Die Anfänge des städtischen Literaturbetriebs fallen in die letzten Jahrzehnte des 13. Jahrhunderts. In Basel und Zürich hat das Literaturinteresse der städtischen Oberschicht am frühesten ein eigenes Profil gewonnen. In beiden Städten haben Mitglieder des weltlichen Stadtadels und hochgestellte Geistliche bei der Förderung literarischer Projekte zusammengewirkt; und in beiden Fällen war das Interesse in erster Linie auf die traditionellen Formen der höfischen Literatur gerichtet; in Basel standen die epischen Werke Konrads von Würzburg im Mittelpunkt, in Zürich wurden hauptsächlich Minnelieder gesammelt und gefördert. In Bezug auf den finanziellen Aufwand standen die reichen Stadtherren nicht hinter den großen Fürstenhöfen zurück: in Basel wurden umfangreiche Epen wie der ›Trojanerkrieg‹ von Konrad von Würzburg in Auftrag gegeben; in Zürich ist die kostbare und aufwendige Sammlung höfischer Lyrik, die in der Großen Heidelberger Liederhandschrift erhalten ist, von Mitgliedern des Stadtadels veranlaßt worden.

LITERATUR: Hugo Kuhn, Aspekte des dreizehnten Jahrhunderts in der deutschen Literatur (SB Bayr. AW, Phil.-hist. Klasse 1967, Nr. 5). München 1968. – Rüdiger Schnell, Zum Verhältnis von hoch- und spätmittelalterlicher Literatur. Versuch einer Kritik. Berlin 1978. – Ursula Peters, Literatur in der Stadt. Studien zu den sozialen Voraussetzungen und kulturellen Organisationsformen städtischer Literatur im 13. und 14. Jahrhundert. Tübingen 1983. – Joachim Heinzle, Wann beginnt das Spätmittelalter? ZfdA 112 (1983), S. 207–223. – Thomas Cramer, Über Perspektiven in Texten des 13. Jahrhunderts – oder: Wann beginnt in der Literatur die Neuzeit? In: Wege in die Neuzeit. Hrsg. von Thomas Cramer. München 1988, S. 100–121.

1. Höfische Epik

Die höfische Epik des 13. Jahrhunderts stand ganz im Bann der großen Werke aus der Zeit um 1200. Die Fortsetzung und Ergänzung der unvollendet gebliebenen Epen von Wolfram von Eschenbach und Gottfried von Straßburg wurde als eine wichtige Aufgabe betrachtet. Manche Dichter, wie Ulrich von Türheim, scheinen sich ganz darauf konzentriert zu haben. In vielen Fällen nahmen sich die Epiker einen der alten Dichter in besonderer Weise zum Vorbild, so daß sich im 13. Jahrhundert eine Hartmannschule, eine Wolframschule und eine Gottfriedschule gebildet haben; auch Wirnt von Grafenberg hat als Muster gewirkt. Nicht selten kreuzen oder addieren sich die Einflüsse. An der frühhöfischen Epik wurde ebenfalls weitergedichtet, allerdings nicht aus einer Haltung der Verehrung heraus, sondern mit der Absicht der Korrektur, vor allem im Hinblick auf die unvollkommene Reim- und Verstechnik der älteren Epen. So ist das ›Rolandslied‹ vom Stricker modernisiert worden; der alte ›Herzog Ernst‹ hat im ›Herzog Ernst B‹ eine neue Gestalt gewonnen; auch Eilharts ›Tristrant‹ und der ›Reinhart Fuchs‹ wurden höfisch überarbeitet.

Interessante Verschiebungen zeigen sich in der Stoffwahl. Der Artusroman blieb auch im 13. Jahrhundert ein Schwerpunkt der Epik; daneben gibt es jedoch eine Vielzahl neuer Stoffe. Noch immer sind thematische Anregungen aus Frankreich gekommen. Die Epen mit antiken Stoffen und die legendenhaften Romane sind hauptsächlich nach lateinischen Quellen gearbeitet. Für die Mehrzahl der Epen läßt sich jedoch keine bestimmte Vorlage mehr angeben. Die Dichter haben die Handlung ihrer Romane selber modelliert, unter ausgiebiger Verwendung von allem, was die literarische Tradition ihnen bereitstellte. Dabei beobachtet man einerseits einen Hang zum Märchenhaften und Phantastischen, andererseits die Tendenz zu mehr historischer Wirklichkeit. Einige der Liebes- und Abenteuerromane und der legendenhaften Erzählungen benutzen eine reale Geographie oder verknüpfen die Handlung mit Kaisern und Königen, die aus der Geschichte bekannt waren, offenbar in dem Bestreben, dadurch mehr Nähe und Anschaulichkeit zu gewinnen. Außerdem macht sich in der Epik des 13. Jahrhunderts eine sentimentale Gefühlskultur breit, sicherlich nicht unabhängig von entsprechenden Erscheinungen im religiösen Leben. Manche Erzählungen sind ganz auf Rührung und Innigkeit abgestellt. Im Zusammenhang damit wird eine verfeinerte literarische Psychologie entwickelt, die besonders der Liebesdarstellung zugute gekommen ist. In diesem Punkt ist die spätere Epik sogar über die Werke der berühmten Meister hinausgelangt.

Nach wie vor erwartete man von den Epikern eine ausführliche Darstellung der höfischen Gesellschaftskultur. Die langen Beschreibungen von Hoffesten und Turnieren, Empfängen und Mahlzeiten, Waffen und Kleidern, Pferden und Zelten durften weiterhin in keinem Epos fehlen. Dabei liegt der Akzent auf der Pracht der materiellen Ausstattung und auf dem höfischen Protokoll der gesellschaftlichen Umgangsformen. Im Mittelpunkt steht das Ideal höfischer Vollkommenheit, das der jeweilige Held der Geschichte verwirklicht. Je reiner diese Vorbildlichkeit zutage tritt, um so deutlicher wird der ideologische Grundzug der höfischen Unterhaltungsliteratur: sie will dem adligen Publikum die Gewißheit vermitteln, daß ihre eigene Gesellschaftsform durch das höfische Ideal veredelt und gerechtfertigt wird.

Nur für wenige Werke gibt es konkrete Gönnernachrichten, die eine Zuordnung zu bestimmten Höfen erlauben. Rudolf von Ems und Ulrich von Türheim haben für den staufischen Königshof gedichtet; Ulrich von dem Türlin, Ulrich von Etzenbach und vielleicht auch Heinrich von Freiberg können dem böhmischen Hof in Prag zugeordnet werden. Herzog Johann I. von Lüneburg wird von Berthold von Holle als Gönner genannt. An Herzog Ludwig II. von Bayern hat sich der Dichter des ›Jüngeren Titurel‹ mit der Bitte um Unterstützung gewandt. Konrad von Würzburg hat seine Gönner und Auftraggeber in Straßburg und in Basel gefunden.

Merkwürdig undeutlich ist die Chronologie. Die meisten Epen des 13. Jahrhunderts können nicht genau datiert werden; die Ansätze schwanken in vielen Fällen um mehrere Jahrzehnte. Manchmal bleibt man völlig im Ungewissen. Das hat verschiedene Gründe: einmal liefern die spärlichen Gönnernachrichten nur wenige historische Anhaltspunkte; auch fehlt es in der Epik des 13. Jahrhunderts fast völlig an Anspielungen auf Personen und Ereignisse der Zeitgeschichte; außerdem war die poetische Technik derart stabil, daß sich eine chronologische Reihung nach der künstlerischen Form verbietet; und schließlich haben die Epiker so gut wie nie auf literarische Werke ihrer Zeitgenossen Bezug genommen.

Überlieferung: Die meisten Epen des 13. Jahrhunderts sind ausgesprochen spärlich überliefert. Das mag in einigen Fällen auf Zufall beruhen; im ganzen muß man jedoch daraus schließen, daß die Mehrzahl der Epen keine große Verbreitung gefunden hat. Fast die Hälfte der epischen Werke ist nur durch eine einzige Handschrift bekannt. Im günstigsten Fall ist die einzige Handschrift vollständig erhalten (›Die gute Frau‹, Pleiers ›Meleranz‹, ›Reinfried von Braunschweig‹, ›Göttweiger Trojanerkrieg‹); viel öfter sind nur Fragmente übrig (Ulrich von Türheim: ›Cligès‹, Berthold von Holle: ›Darifant‹ sowie die anonymen Epen ›Segremors‹, ›Parcheval‹, ›Edolanz‹, ›Manuel und Amande‹, ›Loccumer Artusroman‹, ›Blanschandin‹, ›Portimunt‹, ›Ainune‹, ›Arbor und das Meerweib‹, ›Flors inde Blanzeflors‹, ›Alischanz‹, ›Marburger Alexander‹). Zu den wenigen reicher überlieferten Werken gehören der ›Trojanerkrieg‹ von Konrad von Würzburg (15 Handschriften) und Ulrich von Etzenbachs ›Alexander‹ (16 Handschriften). Nur sechs Epen des 13. Jahrhunderts reichen im Umfang der Überlieferung an die großen Werke der Zeit um 1200 heran. Drei davon gehören in den unmittelbaren Zusammenhang der Wolframnachfolge, nämlich die beiden ›Willehalm‹-Fortsetzungen von Ulrich von dem Türlin (26 Handschriften) und Ulrich von Türheim (42 Handschriften) und der ›Jüngere Titurel‹ (56 Handschriften und ein Druck). Auch Strickers ›Karl‹ (45 Handschriften) gehört in den Traditionszusammenhang der älteren Epik. Ohne solche thematischen Anknüpfungspunkte sind nur zwei Werke zum großen Erfolg geworden: der ›Wigalois‹ von Wirnt von Grafenberg (41 Handschriften) und der ›Wilhelm von Orlens‹ von Rudolf von Ems (42 Handschriften).

Der Artusroman

Die Artusromane des 13. Jahrhunderts waren besonders eng in die Tradition eingebunden. Keiner der späteren Dichter verleugnet die Kenntnis des ›Iwein‹ und des ›Parzival‹; für die meisten war die Vertrautheit mit diesen Werken die wichtigste Quelle der Inspiration. Die Stoffe sind zum Teil aus französischen Vorlagen genommen. Wo eine direkte Übertragung vorzuliegen scheint, sind jedoch entweder die französischen Werke nicht erhalten – das gilt für die Vorlagen des ›Lanzelet‹ von Ulrich von Zatzikhoven und des ›Wigalois‹ von Wirnt von Grafenberg –, oder die deutschen Bearbeitungen sind nur in Bruchstücken überliefert, wie der ›Cligès‹ von Ulrich von Türheim, der nach dem ›Cligès‹ von Chrétien de Troyes gedichtet zu sein scheint, oder der ›Segremors‹, nach dem französischen ›Meraugis de Portlesguez‹ von Raoul de Houdenc. So kommt es, daß kein einziger Artusroman des 13. Jahrhunderts in ganzem Umfang mit einer französischen Vorlage verglichen werden kann. Die Mehrzahl der späteren Artusromane ist ohne französische Quellen gedichtet. Eine Sonderstellung nimmt der ›Prosa-Lancelot‹ ein, der nicht den Gattungsbedingungen der Versepik unterworfen war.

Überall erscheinen Personen, Motivreihen und Konstellationen, die dem Publikum aus den Werken Hartmanns und Wolframs bekannt waren. Die Bauform der klassischen Werke mit dem charakteristischen »Doppelweg« und der Zuordnung der Abenteuer zum Läuterungsprozeß des Helden ist dagegen von den späteren Dichtern nicht übernommen worden. Aus diesem Grund hat man die späteren Werke lange für flach und profillos gehalten. Im Aufbau der Handlung haben sich die späteren Autoren eher an den ›Wigalois‹ gehalten, wo der Held von Anfang an als vollkommener Ritter erscheint und die Handlung so angelegt ist, daß sich seine Überlegenheit in den verschiedensten Situationen bestätigen kann. Auch bei der inhaltlichen Ausgestaltung des Abenteuerwegs hat der ›Wigalois‹ vielfach die Richtung gewiesen: die Kämpfe und Proben, die die Helden zu bestehen haben, werden nicht nur immer zahlreicher und gefährlicher, sondern nehmen oft einen ausgesprochen zauberhaften und übernatürlichen Charakter an. In einigen Werken erscheint die Abenteuerwelt so grotesk verzerrt, daß man sich fragt, ob hier nur das Bestreben, durch grelle Effekte den Unterhaltungswert des Textes zu steigern, Regie geführt hat oder ob ein parodierendes Spiel mit der Gattungstradition am Werk war. Einige Partien der ›Krone‹ von Heinrich von dem Türlin und vor allem Strickers ›Daniel‹ wirken in dieser Weise parodistisch. Aber anders als in der höfischen Lyrik haben die komischen Momente im Artusroman keine Schule gemacht.

LITERATUR: Walter Haug, Paradigmatische Poesie. Der spätere deutsche Artusroman auf dem Weg zu einer nachklassischen Ästhetik. DVjs. 54 (1980), S. 204–231. – Artusrittertum im späten Mittelalter. Hrsg. von Friedrich Wolfzettel. Gießen 1984. – Spätmittelalterliche Artusliteratur. Hrsg. von Karl H. Göller. Paderborn, München 1984. – Walter Haug, Moral, Dämonie und Spiel: Der Übergang zum nachklassischen Artusroman. In: Ders., Literaturtheorie im deutschen Mittelalter (vgl. S. 105), S. 250–278. – Carola L. Gottzmann, Aspekte der Staatsauffassung des Thomas von Aquin und die nachhöfische Artusepik. In: Thomas von Aquin. Werk und Wirkung im Licht neuerer Forschungen. Hrsg. von Albert Zimmermann. Berlin, New York 1988, S. 286–303.

Ulrich von Zatzikhoven: ›Lanzelet‹

Lanzelet wächst auf einer Feeninsel auf, ohne etwas von Ritterschaft zu wissen. Mit fünfzehn Jahren bricht er auf, von der Herrin der Insel herrlich ausgestattet. Ein Ritter lehrt ihn, die Waffen zu gebrauchen; und gleich beweist Lanzelet seine Überlegenheit in einer Reihe von Abenteuern, wobei ihm jedes Mal die Hand einer schönen Frau und die Herrschaft über ein Land zufallen. Erst die dritte Station bringt für ihn die Erfüllung: den Sieg über Iweret in Dodone und die Verbindung mit dessen Tochter Iblis. Jetzt kommt Lanzelet an den Artushof, und es gelingt ihm, die Königin Ginover aus der Gewalt Valerins zu befreien. Ein großes Hoffest und Lanzelets Aufnahme in die Tafelrunde beschließen den ersten Teil der Dichtung. – Im Mittelpunkt des zweiten Teils steht die abermalige Entführung Ginovers durch Valerin, der die Königin auf seine durch böse Magie geschützte Burg bringt. König Artus selber bricht mit einem großen Heer zur Befreiung auf. Zuerst muß der Zauberer Malduk als Helfer gewonnen werden. Dann wird Valerin besiegt und Ginover wiedergewonnen. Nachdem Lanzelet noch Erec und Walwein befreit hat, die an Malduk als Preis für seine Hilfe übergeben worden waren, werden seine Hochzeit mit Iblis und sein Herrschaftsantritt in Dodone festlich begangen. (9444 Verse; zwei Handschriften, drei Fragmente)

Der Dichter hat ein »französisches Buch von Lanzelet« (9341) als Vorlage benutzt, das nicht identisch war mit dem ›Lancelot‹ von Chrétien de Troyes. In Zatzikhovens Vorlage fehlte das, was bei Chrétien im Mittelpunkt steht: die ehebrecherische Liebe Lancelots zur Königin Guenievre. Ob das *welsche buoch* eine Fassung der Lancelotsage vor Chrétien repräsentiert, ist strittig. Die auffallenden Übereinstimmungen mit Chrétien in zahlreichen Einzelheiten lassen sich am besten erklären, wenn man annimmt, daß der Verfasser der Vorlage mit den Werken Chrétiens vertraut war. Zatzikhoven scheint seiner Quelle ziemlich genau gefolgt zu sein. Den literarischen Rang seiner Dichtung hat man früher ziemlich niedrig angesetzt; heute erkennt man ein eigenes thematisches Konzept in Lanzelets Namens- und Identitätssuche, seiner Liebesbewährung und Herrschertüchtigkeit.

Ganz unklar ist die zeitliche Einordnung der deutschen Dichtung. Nach Zatzikhovens Angaben stammt die französische Vorlage aus dem Besitz von Huc de Morville, einem normannischen Adligen, der 1194 nach Deutschland kam, als der englische König Richard Löwenherz bei seiner Freilassung aus der Gefangenschaft dem Kaiser zahlreiche Geiseln stellen mußte. Wenn dieser Herr von Morville das französische Buch bei seiner Rückkehr nach England wieder mitgenommen hat, müßte der ›Lanzelet‹ bereits um 1195 gedichtet sein. Das ist jedoch ganz unwahrscheinlich; denn der ›Lanzelet‹ enthält so viele Anspielungen auf den ›Parzival‹, daß die Dichtung erst nach Wolframs Werk, also nach 1210, entstanden sein kann. Dazu würde passen, daß im Jahr 1214 ein »Kaplan Ulrich von Zatzikhoven, Pfarrer in Lommis« (*capellanus V̊lricus de Cecinchouin plebanus Lŏmeissae*) in einer Urkunde des Grafen Diethelm von Toggenburg bezeugt ist. Daß dieser Schweizer Landpfarrer der Dichter war, ist allerdings nicht zu beweisen. Möglicherweise ist der ›Lanzelet‹ noch später entstanden.

TEXT: Hrsg. von K. A. Hahn. Frankfurt a.M. 1845. – LITERATUR: Kurt Ruh, Höfische Epik (vgl. S. 138). Bd. 2, S. 34–49.

Wirnt von Grafenberg: ›Wigalois‹

Gawein war einst mit Florie verheiratet; ihr Sohn heißt Wigalois. Der zieht aus, seinen Vater zu suchen, und kommt an den Artushof, wo er, ohne um die Verwandtschaft zu wissen, von Gawein ritterlich erzogen wird. Als die Jungfrau Nereja von Artus Hilfe für ihre Herrin erbittet, wird Wigalois damit beauftragt. Auf der Reise hat er Gelegenheit, seine ritterliche Tüchtigkeit in zahlreichen Abenteuern zu beweisen. Nerejas Herrin ist Larie, die von dem bösen Roaz aus ihrem Erbland Korntin vertrieben worden ist und die nur den Ritter heiraten will, der Roaz besiegt. Geführt von einem wunderbaren Hirsch gelangt Wigalois nach Korntin, wo er zunächst mit einem furchtbaren Drachen kämpfen muß, der ihn schwer verwundet. Nachdem eine heilkundige Gräfin ihn gesundgepflegt hat, sind weitere Kämpfe zu bestehen. Wigalois gerät in die Gewalt der häßlichen Riesin Rual, kann jedoch durch ein Gebet seine Fesseln lösen und entkommen. Christus hilft ihm auch, den Weg zu Roaz' Burg zu finden. Dort muß er erst ein Feuerwesen und dann die Wachen besiegen, bevor er auf Roaz trifft, dem eine Zauberwolke voranschwebt, in der sich der Teufel verbirgt. Nach schwerem Kampf wird Roaz getötet und das Land Korntin befreit. Auf einem großen Krönungsfest in Joraphas reicht Larie ihrem Befreier die Hand und krönt ihn zum Herrn des Landes. Auf die Nachricht, daß ein Gast auf dem Weg zum Krönungsfest bei Namur überfallen worden ist, unternimmt Wigalois einen Kriegszug gegen Lion von Namur und übergibt die eroberte Stadt einem Getreuen. Von dort statten Wigalois und Larie dem Artushof einen Besuch ab. Dann kehren sie in ihr Reich zurück. (11708 Verse; 13 Handschriften, 28 Fragmente)

Der ›Wigalois‹ ist sicherlich nach einer französischen Vorlage gearbeitet. Der erste Teil stimmt bis in Einzelheiten mit ›Le Bel Inconnu‹ von Renaut de Beaujeu (6266 Verse; eine Handschrift; Ende des 12. Jahrhunderts) überein. Früher hat man angenommen, daß Grafenberg eine Dichtung dieses Typs ziemlich genau übertragen habe. Heute hält man es für möglich, daß er Anregungen aus verschiedenen französischen Texten selbständig montiert hat. Die Ähnlichkeiten mit anderen Artusromanen stammen wohl zum Teil aus den französischen Vorlagen, zum Teil erklären sie sich als Anleihen, die Grafenberg bei Hartmann und Wolfram gemacht hat.

Hinter der bunten Fülle der phantastischen Abenteuer ist ein klar durchgeführtes Programm zu erkennen: Wigalois ist von vornherein der vollkommene Repräsentant des Artusrittertums, das durch ihn seine Überlegenheit gegen die Welt des bösen Zaubers beweist. Auf dem Höhepunkt der Abenteuerhandlung, im Kampf gegen Roaz, siegt der durch priesterlichen Segen geschützte Held über die Macht des Teufels. Als christlicher Streiter für das Gute und als gerechter Herrscher erfüllt sich die Bestimmung des höfischen Ritters. Grafenberg hat dieses Programm durch eine Reihe zeitkritischer Exkurse aktualisiert, die deutlich machen, wie weit die Wirklichkeit des adligen Lebens hinter dem geschilderten Ideal höfischer Vollkommenheit zurückblieb. Besonders interessant ist die Schlußepisode, der Kampf um Namur, wo die Darstellung aus der Fiktionalität der Artuswelt herausgeführt wird in die Realität feudaler Kriege.

Über die Lebensverhältnisse des Dichters ist nichts bekannt. Die Geschichte, die er erzählt, verdankte er angeblich der mündlichen Mitteilung eines *knappen* (11686 ff.). Vielleicht war er Illiterat wie Wolfram von Eschenbach, den er als den größten Laiendichter gefeiert hat. Da Grafenberg den ›Parzival‹ kannte, setzt man den ›Wigalois‹ um 1210 an. Die Klage über den Tod des »edlen Fürsten von Meran« (8063 f.) wird auf Herzog Berthold IV. von Andechs-Meran bezogen, der 1204 gestorben ist. Es könnte aber auch Bertholds Sohn Otto I. († 1234) gemeint sein; dann wäre der ›Wigalois‹ erst um 1235 entstanden. Die sehr reiche Überlieferung bezeugt die Beliebtheit der Dichtung. Bereits im 13. Jahrhundert wurde Grafenberg zu einer literarischen Gestalt: Konrad von Würzburg hat ihn in ›Der Welt Lohn‹ als ritterlichen Diener der allegorischen Frau Welt beschrieben. Viele spätere Dichter haben den ›Wigalois‹ gekannt und benutzt. Im 15. Jahrhundert wurde er von Ulrich Füetrer in das ›Buch der Abenteuer‹ aufgenommen. Von 1472 datiert eine Prosabearbeitung, die bald zum Volksbuch wurde: von 1493 bis 1664 sind neun Drucke nachgewiesen. Die Prosa wurde ins Dänische und Isländische übersetzt. Eine jiddische Versfassung des 16. Jahrhunderts ist am Ende des 17. Jahrhunderts ins Hochdeutsche übertragen worden. Der letzte Ausläufer dieses Überlieferungszweiges war die satirische Prosa ›Vom König Artus und von dem bildschönen Ritter Wieduwilt. Ein Ammenmärchen‹ von 1786.

TEXT: Hrsg. von J.M.N. Kapteyn. Bonn 1926. – TEILÜBERSETZUNG von Karl Langosch in: König Artus und seine Tafelrunde (Reclam 9945). Stuttgart 1980, S. 307–356. – LITERATUR: Neil Thomas, A German View of Camelot. Wirnt von Grafenberg's Wigalois and Arthurian Tradition. Bern, Frankfurt a.M. 1987.

Heinrich von dem Türlin: ›Die Krone‹

König Artus hat mit sechs Jahren seinen Vater verloren. Mit fünfzehn hat er geheiratet. Jetzt ist er ein berühmter König. Er trifft auf Gasozein, der behauptet, ältere Rechte auf die Königin Ginover zu besitzen. Ein Zweikampf wird verabredet, zu dem alle Ritter den König begleiten, außer Gawein, der ausgeritten ist, um König Flois gegen einen Riesen beizustehen. Unterwegs hat er eine Reihe von Abenteuern zu bestehen, geht verschiedene Liebesverhältnisse ein und heiratet, unter dem Einfluß eines Zaubers, die Königin Amurfina. Unterdessen ist es Gasozein gelungen, die Königin in seine Gewalt zu bringen. Er wird jedoch von Gawein besiegt, und die Königin ist wieder frei. Dann erscheint Amurfinas Schwester Sgoidamur am Hof und bittet um Hilfe gegen ihre Schwester, die ihr ihren Anteil an der Herrschaft verweigert. Gawein übernimmt die Aufgabe und wird in verschiedene Abenteuer verwickelt, bis er feststellt, daß er ja mit Amurfina verheiratet ist. Noch einmal wird die Hochzeit gefeiert; Sgoidamur wird mit Gasozein vermählt. Auf dem Weg zu einem Turnier gerät Gawein in neue seltsame Abenteuer, die ihn erst in das Land der Frau Saelde führen und dann auf die Insel der Jungfrauen, deren Königin ihm ewige Jugend schenkt. Währenddessen ist die falsche Botschaft von Gaweins Tod an den Artushof gelangt und löst dort große Trauer aus. Gawein besteht jetzt die Abenteuer, die aus den Gawanbüchern des ›Parzival‹ bekannt sind: er kämpft als Ritter einer kleinen Dame; er muß sich mit dem Schachbrett gegen die Angriffe eines Schloßherrn verteidigen; er bricht den Zauber einer Burg, in der seine Schwester und Artus' Mutter leben; und er schickt – wie im ›Parzival‹ – Boten an König Artus, um ein Versöhnungsfest zu veranstalten. Am Artushof herrscht Jubel darüber, daß Gawein noch am Leben ist. Nach dem Fest bricht Gawein zur Gralsuche auf, begleitet von Lanzelet, Kalocreant und Keii. Unterwegs warten wieder viele Abenteuer auf den Helden. Keii wird gefangengenommen; die anderen drei erreichen das Gralschloß und erleben dort die Prozession des Grals. Der Gral ist eine Schüssel aus Gold, in der drei Blutstropfen sichtbar sind. Was Parzival versäumte, leistet Gawein: er fragt nach dem Gral und erlöst damit die Gralgesellschaft, die daraufhin verschwindet, ohne daß die Geheimnisse des Grals offenbart werden. Die Helden kehren zum Artushof zurück, wo ein großes Fest die Handlung beschließt. (30041 Verse; eine Handschrift, sechs Fragmente)

Diese Inhaltsangabe kann keine hinreichende Vorstellung von der verwirrenden Fülle der Einzelhandlungen und der bunten Vielgestaltigkeit der Erzählstoffe geben. In Türlins Dichtung wechseln konventionelle Motive des Artusromans mit ausgefallenen Szenen von rätselhaftem, bizarrem oder grauenhaftem Charakter, von denen man nicht weiß, ob sie der überraschenden Wirkung wegen da sind oder ob sich in ihnen ein komisch-parodistisches Element verbirgt. In den burlesken Tugendproben, denen sich die Artusgesellschaft unterziehen muß, ist der komisch-kritische Impetus unübersehbar. Die Liebesdarstellung ist stellenweise so gewagt, daß die Grenzen höfischer Konventionen überschritten werden. Im Umgang mit der Tradition des Artusromans beweist Türlin eine souveräne Art. Er hat die älteren Werke nicht einfach als Steinbruch benutzt, wie die meisten Artusepiker nach ihm, sondern er zitiert sie so, daß die literarischen Anspielungen für die Zuhörer erkennbar bleiben. Im Wiedererkennen des Bekannten lag sicherlich ein großer Reiz. Der Dichter kannte sich auch in der französischen Literatur sehr gut aus. Er hat vor allem die französischen Fortsetzungen des ›Conte du Graal‹ von Chrétien de Troyes benutzt, in denen von den Abenteuern Gauvains und von seiner Gralsuche erzählt wurde. Die Verbindung der verschiedenen Handlungsstränge ist sicherlich Türlins eigenes Werk. Daß es ihm dabei nicht nur auf eine farbige Handlung ankam, zeigt die Gestalt der Frau Saelde, der eine sinnstiftende Bedeutung für die ganze Dichtung zuzukommen scheint. Das Anhalten des Glücksrades bei Gaweins Eintritt in ihr Reich zeigt an, daß seine ritterliche Vollkommenheit dem Wechsel der Fortuna entzogen ist. Durch die Glücksgaben der Frau Saelde wird der Artushof zu einer Instanz irdischen Heils.

Ob Heinrich von dem Türlin zu der Familie *de Portula* oder *von dem Turlin* in St. Veit (Kärnten) gehörte, ist unsicher. Im Epilog der ›Krone‹ wird ein Gönner (*dises buoches herre* 30001) gefeiert, aber nicht namentlich genannt. Die ›Krone‹ ist vor dem ›Alexander‹ von Rudolf von Ems entstanden, vermutlich um 1220/30. Von Türlin stammt vielleicht auch die Verserzählung ›Der Mantel‹ (vgl. S. 279).

Text: Hrsg. von Gottlob H.F. Scholl. Stuttgart 1852; dazu: Christoph Cormeau in: VL 3, 1981, Sp. 894–899.

Der Stricker: ›Daniel vom blühenden Tal‹

Am Artushof erscheint ein Bote des Königs Matur von Cluse, der Artus' Unterwerfung fordert. Als Antwort rüstet Artus zu einem Feldzug gegen Matur. Daniel, ein Ritter der Tafelrunde, bricht jedoch vorher heimlich auf, um den Kampf alleine zu bestehen. Auf dem Weg nach Cluse wird er in andere Abenteuer hineingezogen. Er befreit die Herzogin vom Trüben Berge und kämpft für die Gräfin vom Lichten Brunnen. Er tötet auch den Riesen, der den Eingang zum Land Cluse bewacht. Inzwischen ist das Artusheer dort angelangt, und in einer ersten Schlacht siegen die Artusritter. König Matur wird von Artus erschlagen. Daniel macht sich auf die Suche nach dem Grafen vom Lichten Brunnen und findet ihn im Land zur Grünen Aue, wo die Tochter des Landesherrn seinen Beistand gegen einen blutrünstigen Unhold erbittet. Nachdem auch dieses Abenteuer siegreich bestanden ist, kommt Daniel wieder nach Cluse, wo die Artusritter jeden Tag gegen eine neues Heer von Cluse kämpfen, bis es Daniel gelingt, alle Feinde durch einen Zauber kampfunfähig zu machen. Auf einem großen Siegesfest wird Daniel mit der Witwe des Königs Matur vermählt und zum Herrn von Cluse gekrönt. Das Fest wird durch einen alten Riesen gestört, der Artus und Parzival entführt und sie auf einer Felsenspitze aussetzt. Daniel schafft es jedoch, den Riesen in einem Zaubernetz zu fangen und die beiden zu befreien. Als noch die Königin Ginover mit ihren Damen nach Cluse kommt, erreicht das Fest seinen Höhepunkt. (8482 Verse; fünf Handschriften)

Der Stricker hat diese Geschichte nach eigenen Angaben aus einer französischen Quelle übersetzt. Heute gilt jedoch als sicher, daß der deutsche Dichter die Handlung des Romans selber zusammengefügt hat. Dabei hat er nicht nur die älteren deutschen Artusromane benutzt; einige Motive stammen aus der frühhöfischen Epik, aus der Legendendichtung und aus der antiken Literatur. Von besonderer Bedeutung ist die Beziehung zu Hartmanns ›Iwein‹, der für den Aufbau des Ganzen und für die Technik der ineinander verschachtelten Abenteuer als Modell gedient hat. Der Stricker hat Hartmanns Dichtung nicht einfach nachgeahmt, sondern er hat die Handlungsmotive und Bauformen des ›Iwein‹ burlesk übersteigert und ins Komische verdreht, so daß der ›Daniel‹ insgesamt wie eine Persiflage auf den klassischen Artusroman wirkt. Dieses Spiel mit dem literarischen Modell und mit der Gattungstradition verträgt sich überraschend gut mit der positiven Idealität des Helden, für den die Verbindung von Rittertum, Landesherrschaft und Ehe das Handlungsziel bildet. Seine Überlegenheit zeigt Daniel allerdings auf eine Weise, die ihn von Hartmanns Helden und von anderen Artusrittern unterscheidet: es sind nicht so sehr ritterliche als vielmehr intellektuelle Fähigkeiten, die ihn auch die gefährlichsten Abenteuer leicht bestehen lassen. Mit Klugheit und List erringt Daniel seine Siege. Das verbindet ihn mit dem Pfaffen Amis, dem Helden von Strickers Schwankroman.

Über den Stricker ist so gut wie nichts bekannt, obwohl er ein umfangreiches literarisches Œuvre geschaffen hat. Seinen Namen, »Der Strickaere«, hat er selber mehrfach genannt. Er war offenbar Berufsdichter. Seiner Sprache nach stammt er aus Mitteldeutschland; er scheint jedoch hauptsächlich in Österreich gedichtet zu haben. Darauf deuten kritische Bemerkungen über die Zustände des österreichischen Adels und ein paar niederösterreichische Lokalnamen (Kierling, Rastenfeld). Ein

Gönner oder Auftraggeber ist in keinem seiner Werke genannt. Wir besitzen vom Stricker zwei umfangreiche Versromane: den ›Daniel‹ und den ›Karl‹ (vgl. S. 256f.), ferner den ›Pfaffen Amis‹ (vgl. S. 294f.). Die theologischen Kenntnisse in einigen Stücken machen es sicher, daß der Stricker lateinisch gebildet war. Über die Reihenfolge der Werke und ihre Datierung gibt es viele Spekulationen. Die beiden großen Romane gelten als Frühwerke, ohne daß sich dafür durchschlagende Argumente anführen lassen. Der ›Daniel‹ ist nach dem ›Wigalois‹ entstanden und vor dem ›Wilhelm von Orlens‹ von Rudolf von Ems. Strickers Schaffenszeit fällt wahrscheinlich in die Jahre 1220–1250.

TEXT: Hrsg. von Michael Resler (ATB 92). Tübingen 1983. – LITERATUR: Walter Haug, Paradigmatische Poesie (vgl. S. 217), S. 216ff.

›Prosa-Lancelot‹

Lancelot wird als Kind von einer Fee entführt und wächst bei der Dame vom See auf, bis er achtzehn Jahre alt ist; dann soll er Ritter werden. Er kommt zu König Artus und ist überwältigt von der Schönheit der Königin Ginevra. Nach der Schwertleite tritt er als Ritter der Königin auf. Er besteht das Abenteuer der verwunschenen Burg Dolorose-Garde und bleibt Sieger in vielen Kämpfen. Mehrmals trifft er unerkannt mit den Rittern des Artushofs zusammen; der Anblick der Königin versetzt ihn jedesmal in einen Zustand der Entrücktheit. Er gerät in die Gefangenschaft der Herrin von Maloant und darf drei Tage lang an einem Turnier der Artusritter teilnehmen, jeden Tag in einer andersfarbigen Rüstung. Dann kommt es zu einer Begegnung mit Ginevra, bei der Lancelot ihr seine Liebe gesteht und sie ihn zum ersten Mal küßt. Lancelot folgt seinem Freund Galahot in dessen Land. Auch Gawain und Hector kommen auf langen Abenteuerwegen dorthin. Gemeinsam stehen sie Artus im Kampf gegen die Sachsen bei. Artus wird von der Zauberin Camille gefangen und verführt. In derselben Nacht geben sich Lancelot und Ginevra zum ersten Mal ihrer Liebe hin. Während Lancelot wieder bei Galahot ist, wird die Königin von einer falschen Ginevra verdrängt. Lancelot rettet die echte Ginevra im Gerichtskampf und bringt sie in Galahots Land. Später nimmt Artus die richtige Königin wieder zu sich. Lancelot gerät in die Gefangenschaft der Fee Morgane, die vergeblich versucht, ihn zu verführen. Ihre Botin meldet am Artushof, daß Lancelot tot sei, und beschuldigt die Königin öffentlich des Ehebruchs. Während Lancelots Abwesenheit wird Ginevra von Meleagant entführt. Auf der Verfolgung verliert Lancelot sein Pferd und muß die schmachvolle Fahrt in einem Schinderkarren ertragen. Über die Schwertbrücke gelangt er in das Land Gorre und besiegt Meleagant im Zweikampf. Die befreite Königin behandelt ihren Ritter jedoch sehr kühl; erst als sie um sein Leben fürchtet, siegt die

Liebe, und es kommt zur Versöhnung und Vereinigung der beiden. (Sieben Handschriften, drei Fragmente)

In der Ausgabe von Reinhold Kluge füllt der ›Prosa-Lancelot‹ drei große Bände von zusammen 2258 Druckseiten. Hier ist nur der Inhalt des ersten Bandes referiert, der 642 Seiten umfaßt. Der deutsche ›Prosa-Lancelot‹ ist eine ziemlich genaue Übersetzung des französischen ›Lancelot en prose‹, eines Prosazyklus aus der ersten Hälfte des 13. Jahrhunderts, der in über 100 Handschriften (und sieben Drucken) überliefert ist. Der französische Zyklus besteht aus fünf Teilen: 1. ›L'Estoire del Saint Graal‹, 2. ›Vulgate Merlin‹, 3. ›Lancelot propre‹, 4. ›La Queste del Saint Graal‹, 5. ›La Mort Artu‹. Es ist eine Gesamtgeschichte des höfischen Rittertums, die mit dem Untergang der Artuswelt endet. Die Entstehungsgeschichte des deutschen ›Prosa-Lancelot‹, der nur die Teile 3 bis 5 umfaßt, ist noch nicht restlos geklärt. Im ganzen Umfang ist das Werk nur in Handschriften des 15. Jahrhunderts überliefert. Erst die Auffindung von zwei Bruchstücken aus dem 13. Jahrhundert hat zu der Erkenntnis geführt, daß Teile des Werks so früh entstanden sind. Wahrscheinlich ist im 13. Jahrhundert nur die erste Hälfte des ›Lancelot propre‹ (= Band 1 von Kluges Ausgabe) übertragen worden; der Rest ist erst im 14. Jahrhundert dazugekommen. Über die äußeren Umstände der Abfassung (Verfasser, Entstehungsort, Auftraggeber) ist nichts bekannt. Der Prosaroman steht vollkommen isoliert in der Literaturgeschichte des 13. Jahrhunderts. Im Gegensatz zu dem französischen Zyklus ist die deutsche Übersetzung in ihrer Zeit ohne erkennbare Wirkung geblieben. Da die beiden alten Fragmente um die Mitte des 13. Jahrhunderts geschrieben worden sind, ist die Übertragung schon vor 1250 entstanden. Es wird vermutet, daß der Verfasser nicht direkt aus dem Französischen übersetzt hat, sondern aus einer mittelniederländischen Zwischenfassung, die nicht erhalten ist.

Kennzeichnend für die Erzählweise des ›Prosa-Lancelot‹ ist die Technik des »Entrelacement«, der Verschachtelung verschiedener Erzählstränge. Im Mittelpunkt steht die verbotene Liebe zwischen Lancelot und Ginevra, die sich in den späteren Teilen des Zyklus als eine Ursache für den Untergang des Artusrittertums erweist. Zunächst fällt jedoch auf Lancelots Rittertum noch kein Schatten. In seiner Liebe zur Königin, seiner Freundschaft mit Galahot und seinem Eintreten für das Gute und Gerechte ist er *der best ritter von der welt* (I, 218). Später tritt in der Gestalt von Lancelots Sohn Galaat ein geistlich akzentuiertes Ritterideal an die Stelle des höfisch-weltlichen.

TEXT: Hrsg. von Reinhold Kluge. 3 Bde (DTM 42, 47, 63), Berlin 1948–1974; dazu: Uwe Ruberg in: VL 5, 1985, Sp. 530–546.

Albrecht: ›Der Jüngere Titurel‹

Die Familiengeschichte der Gralkönige beginnt mit Titurels Urgroßvater, der noch Heide war. Ein Engel beruft Titurel zur Gralherrschaft. Er zieht nach Munt Salvasch und baut dort eine Burg und einen Tempel für den Gral. Der Tempelbau wird mit vielen architektonischen Einzelheiten beschrieben. Titurels Enkeltochter ist Tschoisiane, die bei der Geburt ihrer Tochter Sigune stirbt. Sigune wächst bei Herzeloude auf, wo ihr Tschinotulander begegnet; die beiden geraten schon als Kinder in den Bann der Minne. Einmal machen Tschinotulander und Sigune auf einer Waldlichtung halt; dort läuft ihnen ein Jagdhund zu, auf dessen Leine eine Liebesgeschichte geschrieben steht. Als der Hund sich losreißt, schickt Sigune den Freund auf die Suche nach dem Brakkenseil. Herzog Orilus gelangt in den Besitz des Hundes und schenkt ihn seiner Frau Jeschute. Tschinotulander bewährt sich im Kampf mit den Rittern des Artushofs; es wird verabredet, daß Ekunat mit Orilus um das Brackenseil kämpfen soll. Vorher veranstaltet König Artus ein Fest zu Floritschanze, wo die Inschrift des Brackenseils der festlichen Versammlung vorgelesen wird. Sie enthält außer der Liebesgeschichte eine umfassende Tugendlehre. Auf einer Fahrt in den Orient erwirbt Tschinotulander ritterlichen Ruhm. Als Orilus und Lähelin Herzeloudes Länder mit Gewalt in ihren Besitz zu nehmen suchen, beginnen langwierige Kämpfe, in deren Verlauf es auch zum Zweikampf zwischen Tschinotulander und Orilus kommt, der ohne Entscheidung endet. Bei einer zweiten Begegnung wird Tschinotulander tödlich verwundet. Sigunes Klage ruft den jungen Parzival herbei, der auf dem Weg zum Artushof ist. Zusammen mit dem Leichnam ihres Freundes wird Sigune nach Salvaterre gebracht, wo sie ihrer Trauer und Klage lebt. So trifft Parzival sie zum zweiten Mal, nachdem er in Munt Salvasch die Erlösungsfrage versäumt hat. Später wird eine Klause für Sigune gebaut. Dann folgt die Erzählung für eine Weile Parzival und berichtet von seiner Gralsuche und den Abenteuern, die er nach der Verfluchung durch Cundrie bestanden hat. Nicht lange nach Parzivals Berufung zum Gral stirbt Sigune. Ekunat tötet Orilus in ritterlichem Kampf. Weil allenthalten die Sünde zunimmt, wird der Gral in den Orient überführt. Zu Schiff reisen Parzival und Titurel mit dem Gral nach Indien, in das Land des Priesters Johannes. Durch ein Wunder wird dem Gral dort ein neuer Tempel erbaut. Bevor er stirbt, enthüllt Titurel das Geheimnis des Grals: es ist die Schüssel, aus der Jesus beim letzten Abendmahl gespeist hat. Joseph von Arimathia hat sie in Besitz gehabt, von ihm hat der Engel sie an Titurel überbracht. Parzival bleibt noch zehn Jahre lang Herr des Grals. Dann wird Johannes sein Nachfolger. (6207 Strophen; elf Handschriften, 45 Fragmente, ein Druck)

Auf kurze Reimpaarverse umgerechnet, hat der ›Jüngere Titurel‹ einen Umfang von annähernd 50000 Versen und ist damit das umfangreichste weltliche Erzählwerk des 13. Jahrhunderts. Den Ausgangspunkt und die stoffliche Grundlage bildeten die ›Titurel‹-Fragmente von Wolfram von Eschenbach, die der jüngere Dichter wörtlich in sein Werk aufgenommen hat. Dem ersten Fragment gehen ca. 500 Strophen voraus, in denen der Dichter die bereits bei Wolfram angelegte Genealogie der Gralkönige breit ausgebaut hat. Zwischen den beiden Fragmenten stehen gut 350 Strophen, die den epischen Zusammenhang der Handlung herstellen. Einen eigenen Charakter gewinnt der ›Jüngere Titurel‹ durch die 5000 Strophen, die sich an Wolframs zweites Fragment anschließen. Das Handlungsgerüst dazu hat der ›Parzival‹ geliefert, vor allem die vier Siguneszenen. Für die epische Ausgestaltung hat der Dichter auch verschiedene lateinische Schriften benutzt, vor allem die ›Historia regum Britanniae‹ von Geoffrey von Monmouth und den Brief des Priesterkönigs Johannes an den Kaiser von Byzanz. Die Identifizierung des Grals mit der Abendmahlschüssel stammt sicherlich aus dem französischen ›Lancelot en prose‹. Die Wolfram-Nachfolge des ›Jüngeren Titurel‹ beschränkt sich nicht auf den Stoff; auch im Stil, in der Wortwahl und in der Erzähltechnik hat sich der Dichter eng an sein großes Vorbild angeschlossen. Er hat diese Abhängigkeit nicht etwa verschwiegen, sondern hat sie offenkundig gemacht, indem er selber unter dem Namen Wolfram auftrat (*Ich Wolfram* 2867, 1). Erst ganz zum Schluß hat er seinen eigenen Namen genannt (*ich albreht* 5883, 1). Die ältere Forschung vermochte darin nur den Beweis für die künstlerische Unselbständigkeit des Dichters zu erblicken. Heute sieht man, daß Albrecht ein Kunstwerk von eigenem Rang geschaffen hat. Es ging ihm darum, der Geschichte von Sigune und Tschinotulander eine universalhistorische Dimension zu geben. Dabei kommt dem Brackenseil eine zentrale Bedeutung zu; denn die Tugendlehre der Brackenseilinschrift formuliert ein Ideal ritterlicher Vollkommenheit, das allgemeine Gültigkeit beansprucht. Kennzeichnend ist die religiöse Fundierung der ritterlichen Moral. Repräsentiert wird dieser religiöse Aspekt des Rittertums durch den Gral, der mit der Geschichte des

Gralkönigtums den Rahmen und den heilsgeschichtlichen Bezugspunkt für die Abenteuerhandlung bildet. Der ›Jüngere Titurel‹ ist das einzige höfische Epos, das das Scheitern und den Tod seiner Helden zum Thema hat. Obwohl die Tragik dieses persönlichen Geschicks durch die Heilsgewißheit der Gralsutopie aufgehoben ist, gewinnt die Dichtung dadurch einen eigenen Ernst.

Der Dichter Albrecht war lateinisch gebildet. Seine Sprache ist bairisch oder ostmitteldeutsch. Ob er mit Albrecht von Scharfenberg identisch war, den Ulrich Füetrer im 15. Jahrhundert unter den Dichtern der alten Zeit nennt, ist unsicher. Über den Auftraggeber des ›Jüngeren Titurel‹ gibt das Heidelberger Verfasserbruchstück Auskunft, ein loses Blatt mit 23 Strophen, das keiner bekannten Handschrift zugeordnet werden kann. Darin nennt sich der Dichter und feiert den Fürsten von Bayern: *duc loys et palatinus* (20, 6). Damit kann nur Herzog Ludwig II. von Bayern gemeint sein. Wie sich hiermit die Angabe im Prolog vereinbaren läßt, daß »drei Fürsten« (64, 1) den Dichter zu dem Werk veranlaßt hätten, ist unklar. Der ›Jüngere Titurel‹ ist vor 1294 entstanden (Tod Ludwigs II.). Meistens setzt man die Dichtung bereits um 1260/70 an. Ob eine Anspielung auf Richard von Cornwall († 1272) in Strophe 2997 einen sicheren Terminus ante quem abgibt, bleibt zu prüfen.

Mit 57 Textzeugen ist der ›Jüngere Titurel‹ das am reichsten überlieferte Epos des 13. Jahrhunderts. Die Überlieferung teilt sich in zwei etwa gleich große Handschriftengruppen, wovon die zweite das Werk eines Redaktors zu sein scheint, der bereits um 1300 den alten Text bearbeitet hat. Besondere Erwähnung verdient eine Einzelstrophe mit Melodienotation auf dem Vorsatzblatt der Wiener Handschrift A, die eine Vorstellung davon vermittelt, wie die Dichtung gesungen worden ist. Die große Wirkung der Dichtung ist wohl hauptsächlich auf die Überzeugungskraft der Wolfram-Rolle zurückzuführen. Der ›Jüngere Titurel‹ galt im späten Mittelalter als ein Werk Wolframs. Püterich von Reichertshausen, der im 15. Jahrhundert dreißig ›Titurel‹-Handschriften gesehen haben will, hat ihn als *das haubt ab teutschen puechen* (Ehrenbrief, Str. 100) gefeiert. Am stärksten hat der ›Jüngere Titurel‹ durch seine Strophenform gewirkt: nicht weniger als 23 spätere Dichtungen haben diese Form übernommen, darunter so bedeutende Werke wie die ›Jagd‹ von Hadamar von Laber und das ›Buch der Abenteuer‹ von Ulrich Füetrer. Die Dichter des geblümten Stils haben an den ›Jüngeren Titurel‹ angeknüpft.

Text: Hrsg. von Werner Wolf u. Kurt Nyholm. (Bisher:) 3 Bde (bis Str. 5417), (DTM 45, 55/61, 73). Berlin 1955–1984; für den Schluß gilt noch die alte Ausgabe von K. A. Hahn. Quedlinburg, Leipzig 1842; dazu: Dietrich Huschenbett in: VL 1, 1978, Sp. 158–173.

Der Pleier: ›Garel vom blühenden Tal‹

Ein Bote meldet am Artushof, daß König Ecunaver von Kanadic im nächsten Jahr gegen Artus Krieg führen werde. Während am Hof die Rüstung für den Feldzug beginnt, folgt Garel alleine dem Boten auf dem Weg nach Kanadic. Unterwegs hat er viele Abenteuer zu bestehen. In Anferre heiratet er Laudamie und wird König des Landes. Dann verpflichtet er alle, denen er geholfen hat, zur Heerfahrt gegen Ecunaver. In einer großen Schlacht wird dieser besiegt und gefangengenommen. Auf dem Rückweg nach Britannien treffen sie König Artus, der sich mit seinem Heer auf dem Weg nach Kanadic befindet. Auf einem großen Fest am Artushof wird die Versöhnung zwischen Artus und Ecunaver mit zahlreichen Eheschließungen gefeiert. Ecunaver stiftet auf dem Schlachtfeld ein Kloster, das von Garel reich beschenkt wird. Mit einem Ausblick auf die Herrschaft Garels und Laudamies in Anferre endet die Dichtung. (21310 Verse; eine Handschrift, ein Fragment)

›Tandareis und Flordibel‹

Am Artushof erscheint Flordibel von India und erlangt vom König das Versprechen, daß derjenige Ritter, der mit Erfolg um ihre Liebe wirbt, mit dem Tod bestraft werde. Tandareis von Tandernas wird zu ihrem Dienst bestimmt, und bald schlägt die Liebe die beiden in ihren Bann; aber Tandareis verspricht, die Geliebte nicht zu berühren. Sie fliehen nach Tandernas und werden von König Artus verfolgt. Flordibel kehrt an den Artushof zurück, während Tandareis sich in vielen ritterlichen Abenteuern bewährt. Zuletzt vereinigen sich alle am Artushof zu einem großen Fest. Zwei Frauen, denen er vorher begegnet war, erheben Anspruch auf Tandareis, doch der entscheidet sich für Flordibel und wird mit ihr vermählt. (18339 Verse; vier Handschriften, ein Fragment)

›Meleranz‹

Auf seinem Weg zum Artushof trifft Meleranz die Königin Tydomie von Kamerie beim Baden, und in beiden erwacht die Liebe. Am Artushof dient Meleranz zwei Jahre bis zu seiner Schwertleite. Dann bricht er auf, um Tydomie zu suchen. Unterwegs warten viele Abenteuer auf ihn. Endlich kommt es zum glücklichen Wiedersehen der Liebenden. Zum Hochzeitsfest werden Artus und Meleranz' Eltern eingeladen.

Tydomies Onkel Malloas versucht, die Hochzeit mit Gewalt zu verhindern, gibt aber sein Einverständnis, als er von Meleranz' hoher Abkunft erfährt. Die Hochzeit wird mit großer Pracht gefeiert. (12834 Verse; eine Handschrift)

Der Pleier stammt seiner Reimsprache nach aus Österreich. Nur im ›Meleranz‹ ist ein Auftraggeber genannt: *der frum edel Wîmar* (12775), der jedoch nicht sicher identifiziert werden kann. Für die Datierung der drei Romane gibt es keine konkreten Anhaltspunkte. Die übliche Eingrenzung auf die Zeit von 1250 bis 1280 stellt nur einen Annäherungswert dar. Der ›Garel‹ ging dem ›Tandareis‹ voraus. Im ›Tandareis‹ (4066 ff.) und im ›Meleranz‹ (101 ff.) behauptet Der Pleier, eine französische Quelle übersetzt zu haben. Wahrscheinlich hat er jedoch die Handlungen selbst erfunden, wobei er in großem Umfang Motive aus der älteren deutschen Artusepik verarbeitet hat. Besonders eng ist die Verbindung des ›Garel vom blühenden Tal‹ mit Strickers ›Daniel vom blühenden Tal‹, wie schon die Namen der Helden bezeugen. Die Auffassung, daß der ›Garel‹ als ›Anti-Daniel‹ konzipiert sei und daß Der Pleier damit die untypischen Züge des ›Daniel‹ korrigieren und die Gattungsgesetzlichkeit des Artusromans wieder zur Geltung bringen wollte, trifft jedoch kaum die Intention des Nachdichters. Wahrscheinlich gehörte für ihn auch der ›Daniel‹ zu den vorbildlichen Dichtungen der älteren Zeit, und vermutlich hat er gar nicht bemerkt, daß Der Stricker wesentliche Voraussetzungen des Artusromans in Frage gestellt hatte.

Die Verteilung der Handschriften (drei aus dem 14. Jahrhundert, fünf aus dem 15. Jahrhundert) bezeugt, daß Pleiers Artusromane noch lange gelesen wurden. Um 1400 ist im Sommerhaus der Burg Runkelstein ein Freskenzyklus nach dem ›Garel‹ angefertigt worden. Eine tschechische Bearbeitung des ›Tandareis‹ ist in zwei Handschriften erhalten. Im 15. Jahrhundert wurde der ›Meleranz‹ von Ulrich Füetrer für sein ›Buch der Abenteuer‹ in Titurelstrophen umgearbeitet.

TEXTE: ›Garel‹: Hrsg. von Wolfgang Herles. Wien 1981. – ›Tandareis‹: Hrsg. von Ferdinand Khull. Graz 1885. – ›Meleranz‹: Hrsg. von Karl Bartsch. Stuttgart 1861.

Konrad von Stoffeln: ›Gauriel von Muntabel‹

Der Ritter Gauriel von Muntabel erfreut sich der Gunst einer Liebesgöttin unter der Bedingung, daß er niemals von ihr spricht. Als er dagegen verstößt, entzieht sie sich ihm und straft ihn mit einem entstellten Aussehen. Zusammen mit seinem Bock zieht er auf Abenteuer aus, um durch ritterliche Taten die Huld der Göttin zurückzugewinnen. Sie läßt ihn wissen, er werde sie wiedersehen, wenn er die besten Ritter des Artushofs als Gefangene in ihr Land Fluratrone bringe. Gauriel besiegt zahlreiche Artusritter, darunter Iwein und Gawan. Gegen Drachen und Riesen müssen sie den Weg nach Fluratrone erkämpfen. Dort werden sie von der Göttin prächtig empfangen; Gauriel wird wieder ihr Geliebter und erhält seine alte Schönheit zurück. Er folgt auf ein Jahr den Rittern zum Artushof; als die Zeit herum ist, erscheint seine Herrin dort, und ihre Ankunft wird mit einem großen Hoffest gefeiert. (4172 Verse; zwei Handschriften, zwei Fragmente)

Der Dichter könnte dem Freiherrengeschlecht von (Hohen-) Stoffeln im Hegau angehört haben. Der Sprache nach war er Alemanne. Seine Angabe, ein Buch aus Spanien als Quelle benutzt zu haben (4164f.), ist mit Skepsis zu betrachten. Die Geschichte von Gauriels Feenliebe hat seine nächsten Verwandten in zwei französischen Lais von Marie de France, ›Lanval‹ und ›Graelent‹. Bei der epischen Ausgestaltung hat Konrad von Stoffeln die ältere deutsche Artusepik ausgiebig genutzt, vor allem Hartmanns ›Iwein‹. Die Datierung ist unsicher. Da Garel und Meleranz, die Helden von Pleiers Romanen, erwähnt werden (3857h und j), ist die Entstehung in die zweite Hälfte des 13. Jahrhunderts zu setzen. Die beiden Handschriften, die im Textbestand stark voneinander abweichen (5634 und 3807 Verse), bezeugen, daß der ›Gauriel‹ noch im 15. Jahrhundert Interesse fand.

Text: Hrsg. von Ferdinand Khull. Graz 1885; dazu: Christoph Cormeau in: VL 5, 1985, Sp. 254–255.

›Wigamur‹

Wigamur wird als Kind von einem Meerungeheuer geraubt. Von Ritterschaft erfährt er erst, als er einmal miterlebt, wie eine Burg erstürmt wird. Auf dem Weg zum Artushof rettet er einen Adler und heißt von nun an der Ritter mit dem Adler. Er kämpft für verschiedene Damen, zeigt sich aber an einer ehelichen Bindung nicht interessiert. Im Land Deleferant, um dessen Besitz die Könige Atroklas und Paltriot sich streiten, nimmt Wigamur für Atroklas Partei und tritt zum Zweikampf gegen Paltriot an, ohne zu wissen, daß dieser sein Vater ist. Doch die beiden erkennen sich rechtzeitig, und es wird vereinbart, daß Wigamur Atroklas' Tochter Dulcaflur heiratet, die er erst noch aus der Gewalt eines Entführers befreien muß. Ihr Sohn heißt Dulciwigar: darin sind die Namen der Eltern und des Adlers vereinigt. (6106 Verse; eine Handschrift, zwei Fragmente)

Eine Quelle für diese Geschichte ist nicht nachgewiesen. Wahrscheinlich hat der Dichter die Handlung nach dem Muster der älteren Artusepik erfunden, wobei ihm hauptsächlich der ›Wigalois‹ und Zatzikhovens ›Lanzelet‹ als Muster dienten. Wigamur scheint geradezu als ein Gegenbild zu dem *wîpsaeligen* Lanzelet konzipiert zu sein. Eine Auseinandersetzung mit der literarischen Tradition bezeugen auch die bizarren Namen Gysmasmalein, Grabalmontoys, Affrosydones usw., die wie eine Parodie auf die ausgefallenen Namen bei Wolfram klingen. Der Sprache nach gehört der ›Wigamur‹ ins Ostfränkische oder Ostschwäbische. Ein Auftraggeber ist nicht genannt. Wenn der Name des Helden eine Erfindung des Dichters war, könnte man aus der Erwähnung Wigamurs beim Tannhäuser und im ›Jüngeren Titurel‹ schließen, daß die Dichtung bereits um 1250 entstanden ist. Sonst würde man sie eher in die zweite Hälfte des 13. Jahrhunderts setzen.

TEXT: Hrsg. von Danielle Buschinger. Göppingen 1987. – LITERATUR: Alfred Ebenbauer, Wigamur und die Familie. In: Artusrittertum im späten Mittelalter (vgl. S. 217), S. 28–46.

›Lohengrin‹

Der Herzog von Brabant überträgt auf dem Totenbett dem Grafen Friedrich von Telramunt die Sorge für das Land und für seine Tochter Elsam. Telramunt stellt das als ein Eheversprechen hin und klagt, als Elsam ihn zurückweist, vor dem Kaiser sein Recht ein. Als auf dem Gral eine Inschrift kundtut, daß die Herzogin von Brabant in Bedrängnis sei, wird Parzivals Sohn Lohengrin dazu bestimmt, ihr beizustehen. Ein Schwan bringt ihn in einem kleinen Schiff nach Antwerpen. Zu Pfingsten hält Kaiser Heinrich einen Reichstag in Frankfurt, und dort findet der Gerichtskampf statt, in dem Lohengrin siegt. Er heiratet Elsam und wird vom Kaiser mit Brabant belehnt. Elsam muß ihrem Mann versprechen, niemals nach seiner Herkunft zu fragen. Lohengrin leistet dem Kaiser wirksame Hilfe im Kampf gegen die Ungarn und begleitet ihn auf dem Feldzug gegen die heidnischen Sarazenen. Durch die Zweifel an Lohengrins adliger Abkunft wird Elsam dazu verleitet, das Frageverbot zu durchbrechen. Darauf enthüllt Lohengrin in feierlicher Versammlung seine Abstammung und verschwindet mit dem Schwan. Die Dichtung endet mit einem Ausblick auf die Herrschergeschichte des ottonischen Kaiserhauses. (767 Strophen; drei Handschriften, ein Fragment)

Wolfram von Eschenbach hatte Parzivals Sohn Loherangrin zum Helden der Schwanrittersage gemacht (Parzival 823, 27ff.). Der ›Lohengrin‹-Dichter muß daneben noch andere Fassungen der Sage gekannt haben, die nicht überliefert sind. Seine historischen Kenntnisse verdankte er hauptsächlich der ›Sächsischen Weltchronik‹; die romanhafte Ausgestaltung ist sicherlich sein eigenes Werk. Stilistisch steht er in der Nachfolge Wolframs und des ›Jüngeren Titurel‹. Besonders wichtig ist die Beziehung zum ›Wartburgkrieg‹, dessen Strophenform der ›Lohengrin‹-Dichter übernommen hat. Seiner Sprache nach war der Dichter Bayer. Die Datierung, auf Grund von zeitgeschichtlichen Anspielungen, ist umstritten: Ende des 13. Jahrhunderts (Cramer) oder erste Hälfte des 14. Jahrhunderts (Thomas). Der Kaiser und die Reichsgeschichte spielen in der Dichtung eine auffallend große Rolle; es ging dem Dichter offenbar um die Verherrlichung eines religiös legitimierten Kaisertums. Im 15. Jahrhundert ist der ›Lohengrin‹ in Ulrich Füetrers ›Buch der Abenteuer‹ aufgenommen worden. Wohl ebenfalls aus dem 15. Jahrhundert stammt der ›Lorengel‹ (207 Strophen; unvollständig; zwei Handschriften), ein Seitenstück zum ›Lohengrin‹, in welchem die Gralsage mit der Legende der elftausend Jungfrauen von Köln verknüpft ist.

TEXT: Hrsg. von Thomas Cramer. München 1971; dazu: Thomas Cramer in: VL 5, 1985, Sp. 899–904.

Liebes- und Abenteuerromane

In Frankreich hatte sich der »roman courtois« bereits im 12. Jahrhundert neben den keltischen Erzählungen von König Artus und Tristan und Isolde zahlreicher anderer Stoffe bemächtigt, von denen nur die Geschichte von Flore und Blanscheflur früh in Deutschland rezipiert worden ist. Erst im 13. Jahrhundert haben sich die Liebes- und Abenteuerromane auch hier reicher entfaltet. Dabei wurde vielfach auf französische Vorlagen und Anregungen zurückgegriffen, und zwar fast ausschließlich auf ältere französische Werke. Der anonyme ›Blancandin‹ (5548–6520 Verse; fünf Handschriften; Anfang des 13. Jahrhunderts) war einer der letzten französischen Romane, die ins Deutsche übertragen wurden (von dem deutschen ›Blanschandin‹ sind allerdings nur Fragmente erhalten). In mehreren Fällen ist die genaue französische Vorlage nicht nachweisbar oder nicht erhalten; das könnte ein Indiz dafür sein, daß die deutschen Dichter ziemlich frei mit ihrem Quellenmaterial umgegangen sind. Das selbständige Montieren neuer Handlungsreihen, wie es im Artusroman seit dem Stricker die Regel war, scheint jedoch im Bereich der Liebes- und Abenteuerromane kaum vorgekommen zu sein.

Während die Handlung der Artusromane in einem fernen Märchenreich angesiedelt war, besitzen die Liebes- und Abenteuerromane fast immer konkrete historische Bezugspunkte. Wilhelm von Orlens ist ein Graf von Hennegau, der um die Liebe einer englischen Prinzessin wirbt; Partonopier ist ein Graf von Anjou und von Blois; Reinfried ist ein Herzog von Braunschweig und liebt die Tochter des Königs von Dänemark. Damit war sicherlich ein Anspruch auf historische Wahrheit verbunden; doch ist nur selten jene Wirklichkeitsdichte erreicht worden, die den französischen »realistischen« Roman des 13. Jahrhunderts, in der Nachfolge von Jean Renart, auszeichnet.

Eine einheitliche Handlungsstruktur besitzen die Liebes- und Abenteuerromane nicht. Einige Werke erinnern in der Bauform und im Motivbestand an den griechischen Liebesroman, der von Liebespaaren erzählte, die durch widrige Geschicke getrennt wurden und erst nach vielen Abenteuern wieder glücklich zusammenfanden.

Konrad Fleck: ›Flore und Blanscheflur‹

Der spanische Königssohn Flore wird zur selben Stunde geboren wie Blanscheflur, die Tochter einer Sklavin. Bereits in der Wiege lachen die Kinder sich an; später lieben sie sich in unwandelbarer Treue bis zum Tod. Um eine unstandesgemäße Ehe zu verhindern, wird Blanscheflur an orientalische Händler verkauft und nach Babylon verschlagen, wo sie in die Gewalt des Amirals gerät, der sie als seine zukünftige Gemahlin in einen Turm einsperrt. Flore zieht der Geliebten nach, kommt nach Babylon und gelangt in einem Blumenkorb versteckt zu Blanscheflur. Ein paar Wochen leben sie in Freuden, bis sie entdeckt und zum Scheiterhaufen verurteilt werden. Doch gerührt von ihrer Liebe und Opferbereitschaft schenkt der Amiral ihnen das Leben. Als Flores Vater stirbt, wird Flore König und heiratet Blanscheflur. Sie werden beide hundert Jahre alt und sterben am selben Tag. (8006 Verse; zwei Handschriften, zwei Fragmente)

Über den Dichter und seine Auftraggeber ist nichts bekannt. Seine Sprache ist alemannisch; sein Stilvorbild war Hartmann von Aue. Er hat nach einer französischen Vorlage (›Floire et Blancheflor‹, version aristocratique) gearbeitet und hat diese durch Beschreibungen, Reflexionen und psychologisierende Ausmalungen stark erweitert. Einziger Anhaltspunkt für die Datierung: vor dem ›Wilhelm von Orlens‹ von Rudolf von Ems, denn dort wird Konrad Fleck unter den Verstorbenen genannt.

TEXT: Hrsg. von Emil Sommer. Quedlinburg, Leipzig 1846; dazu: Peter Ganz in: VL 2, 1980, Sp. 744–747.

Rudolf von Ems: ›Wilhelm von Orlens‹

Wilhelm ist der Sohn des Grafen von Hennegau, der im Kampf gegen seinen Nachbarn, Jofrit von Brabant, sein Leben verliert. Wilhelms Mutter stirbt ihm aus Kummer nach. Jofrit von Brabant nimmt sich des Waisenkindes an und gibt ihm eine gute Erziehung. Anschließend dient Wilhelm am englischen Königshof als Edelknappe. Dort verliebt er sich in die englische Prinzessin Amelie, die ihn zunächst zurückweist, sich dann jedoch heimlich mit ihm verlobt und ritterliche Bewährung von ihm verlangt. Wilhelm kehrt in seine Heimat zurück und zeichnet sich nach seiner Schwertleite auf verschiedenen Turnieren aus. Inzwischen hat der englische König seine Tochter dem König von Spanien versprochen. Wilhelm fährt nach England und entführt die Geliebte; aber ihre Flucht wird entdeckt, sie werden gefangen genommen, und der englische König verbannt Wilhelm aus England und erlegt ihm auf, nicht mehr zu sprechen, bis Amelie ihm die Erlaubnis dazu gibt. Als stummer Ritter gelangt er an den norwegischen Königshof und vollbringt dort große Taten im Kampf gegen die Feinde Norwegens. Die Äbtissin Savene, die Schwester des englischen Königs, erfährt in London von der Liebe Wilhelms und Amelies und reist mit Amelie an den norwegischen Hof. So finden die Liebenden sich wieder, und ihre Hochzeit wird prunkvoll gefeiert. Dann begeben sie sich nach England, wo die Versöhnung mit dem König besiegelt wird, und anschließend nach Brabant, wo Jofrit zu Gunsten von Wilhelm auf seine Herrschaft verzichtet. Später tritt Wilhelm auch in England die Nachfolge an. Sein Nachfahre ist Gottfried von Bouillon, der erste König von Jerusalem. (15689 Verse; 17 Handschriften, 25 Fragmente)

Rudolf von Ems hat den ›Wilhelm von Orlens‹ nach einer französischen Vorlage gedichtet, die nicht erhalten ist. Eine Vorstellung von der Quelle gibt der ›Jehan et Blonde‹ von Philippe de Beaumanoir (6262 Verse; eine Handschrift; 2. Hälfte des 13. Jahrhunderts), der wahrscheinlich auf dieselbe Vorlage zurückgeht. Im Mittelpunkt der Handlung steht die außerordentliche Liebe Wilhelms und Amelies, die über alle Gefahren und Anfechtungen triumphiert, die aber dem Paar auch die größten Opfer und Entbehrungen abverlangt. Daneben gewinnt die Darstellung vorbildlichen Herrschertums eigenes Gewicht. Von der Erziehung des Kindes an bis zum Antritt der Herrschaft in Brabant und in England am Schluß ist der ganze Weg des Helden darauf angelegt, sich in allen Fähigkeiten und Tugenden auszuzeichnen, die den guten Herrscher ausmachen.

Der ›Wilhelm von Orlens‹ ist in fünf Bücher eingeteilt; jedes Buch beginnt mit einem Prolog; jeder Prologanfang ist durch ein Akrostichon ausgezeichnet. Die Akrosticha nennen die Namen der Hauptfiguren. In der literarischen Technik offenbart sich der hohe Kunstanspruch, den Rudolf von Ems an seine Dichtung gestellt hat; sein Formvorbild war Gottfried von Straßburg.

Rudolfs Familiennamen kennen wir nur aus der Fortsetzung seiner ›Weltchronik‹: *Ruodolf von Ense was er genant* (33496). Die Herren von Ems (= Hohenems bei Bregenz) waren Reichsministerialen. Der Dichter nennt sich selbst »Dienstmann zu Montfort« (W. v. Orlens 15629): offenbar ist ein Zweig der Familie in die Ministerialität der Grafen von Montfort eingetreten. Man kann sich Rudolf als jüngeren Sohn denken, der eine wissenschaftliche Ausbildung erhalten hatte. Wir besitzen von ihm fünf epische Werke von zusammen fast 95000 Versen: das Legendenepos ›Barlaam und Josaphat‹ (vgl. S. 394f.), die legendenhafte Erzählung ›Der gute Gerhard‹ (vgl. S. 244f.), den ›Wilhelm von Orlens‹, ein ›Alexander‹-Epos (vgl. S. 250f.) und die ›Weltchronik‹ (vgl. S. 348f.). Eine Eustachiuslegende ist nicht erhalten. ›Alexander‹ und ›Weltchronik‹ sind unvollendet. Durch Rückverweise auf frühere Dichtungen ist die Werkfolge ›Guter Gerhard‹ – ›Barlaam‹ – ›Wilhelm von Orlens‹ gesichert. Sicher ist auch, daß die ›Weltchronik‹ ganz ans Ende gehört. Unklar ist nur der Platz des ›Alexander‹: wahrscheinlich hat Rudolf von Ems die Arbeit daran schon vor dem ›Wilhelm von Orlens‹ begonnen und erst später fortgesetzt. Der ›Gute Gerhard‹ ist vermutlich um 1220 entstanden; gestorben ist der Dichter zwischen 1250 und 1254.

Rudolf von Ems hat seine Werke ungewöhnlich reich mit Gönnernachrichten versehen, die es erlauben, die literarische Laufbahn des Dichters nachzuzeichnen und sein Publikum genauer zu bestimmen, als es sonst möglich ist. Nur der unvollendete ›Alexander‹ enthält keinen Hinweis auf einen Auftraggeber. Seine ersten Gönner hat Rudolf von Ems in Konstanz (›Guter Gerhard‹) und im Schweizer Kloster Kappel (›Barlaam und Josaphat‹) gefunden. Die späteren Werke sind für den staufischen Hofkreis geschrieben. Im ›Wilhelm von Orlens‹ hat er den Reichsministerialen Konrad von Winterstetten als seinen Auftraggeber genannt. Ein anderer Reichsministeriale, Johannes von Ravensburg, hat ihm die französische Vorlage vermittelt. Die Dichtung ist zwischen 1235 und 1243 entstanden. Auf 1235 weist die Klage über den Tod des Grafen Konrad von Öttingen (2084 ff.), der bis 1231 urkundlich bezeugt ist und einige Jahre später gestorben sein muß. 1243 ist das Todesjahr von Konrad von Winterstetten. Diese zeitliche Fixierung der Dichtung läßt Raum für die Vermutung, daß die Fürstenlehre des ›Wilhelm von Orlens‹ speziell im Hinblick auf die Erziehung des jungen Königs Konrad IV. konzipiert worden ist, unter dessen Ratgebern Konrad von Winterstetten eine hohe Stellung einnahm. Die genealogische Verknüpfung der Romanhandlung mit dem König von Jerusalem würde so einen besonderen Sinn bekommen: als Sohn Isabellas von Jerusalem führte Konrad IV. den Titel eines Königs von Jerusalem.

Die große Wirkung, die der ›Wilhelm von Orlens‹ hatte, ist an der Zahl der erhaltenen Handschriften abzulesen. Um 1400 wurden Wilhelm und Amelie als eines der drei berühmtesten Liebespaare in der Burg Runkelstein (bei Bozen) gemalt. Im 15. Jahrhundert entstand eine kürzende Nacherzählung in Reimpaaren (drei Handschriften und ein Druck von 1491); im 16. Jahrhundert wurde eine Kurzfassung in Strophen hergestellt. 1559 hat Hans Sachs, auf der Grundlage des Drucks von 1491, eine »Comedi« daraus gemacht.

Text: Hrsg. von Victor Junk (DTM 2). Berlin 1905. – Literatur: Helmut Brackert, Rudolf von Ems. Dichtung und Geschichte. Heidelberg 1968. – Walter Haug, Literaturtheorie im deutschen Mittelalter (vgl. S. 105), S. 320–334.

Berthold von Holle: ›Demantin‹

Der junge Demantin von Antriun wirbt um Sirgamot, die Tochter des Königs von Griechenland, wird jedoch vom Vater abgewiesen. Der Sieger im Turnier von Erramon soll für die Herzogin Beamunt von Brabant kämpfen, die Nichte und Erbin des englischen Königs, die sich gegen die gewaltsame Werbung des Fürsten Firganant wehrt. Demantin siegt und überwindet Firganant im Zweikampf. Aus Liebe zu Sirgamot verzichtet er auf die Ehe mit Beamunt und stiftet Frieden zwischen ihr und Firganant. Als Demantin erfährt, daß Sirgamot dem König von Antioch vermählt worden sei, macht er sich auf die Suche nach ihr und hat unterwegs viele Abenteuer zu bestehen. Schließlich findet er Sirgamot, entführt sie, kehrt mit ihr nach Antriun zurück und heiratet sie. Die Könige von Antioch und von Griechenland überziehen das Land mit Krieg, werden aber mit Unterstützung von Firganant und Beamunt besiegt, und der Konflikt wird beigelegt: der König von Antioch verzichtet auf Sirgamot, und der König von Griechenland verzichtet zugunsten seines Schwiegersohnes auf die Herrschaft. (11761 Verse; eine Handschrift, drei Fragmente)

›Crane‹

Gayol, der Sohn des Königs von Ungarn, kommt an den Kaiserhof, wo er unter dem Namen Crane lebt und sich in die Kaisertochter Acheloyde verliebt, die seine Zuneigung erwidert. Der Kaiser bestimmt, daß der Sieger in einem extra dafür veranstalteten Turnier die Hand seiner Tochter erhalten soll. Inzwischen ist Cranes Vater gestorben, und Assundin, sein Markschalk, ist König von Ungarn geworden. In Assundins Rüstung nimmt Crane am Turnier teil und gewinnt den Sieg. Daraufhin wird Acheloyde Assundin zugesprochen, dieser überläßt ihr jedoch die Gattenwahl, und Acheloyde wählt Crane. Nachdem Assundin zugunsten von Crane auf die Krone von Ungarn verzichtet hat, wird die Hochzeit prächtig gefeiert. Danach schickt Crane seine Frau in Assundins Obhut nach Ungarn und begleitet die Jungfrau Sekurie, die ihn als ihren Ritter erbeten hat. Er erkämpft ihr Recht gegen den Markgrafen Acurteis und gibt Sekurie seinem Freund Valke zur Ehe. Dann kehrt er nach Ungarn zurück, wo er festlich empfangen wird. (4919 Verse; eine Handschrift, drei Fragmente)

In beiden Romanen geht es um die Bewährung eines jungen Fürsten durch vorbildliche Rittertat und beständige Liebe, worin sich die Eignung zum Herrscheramt manifestiert. Der Handlungstyp beider Romane weist eine gewisse Ähnlichkeit mit dem ›Wilhelm von Orlens‹ von Rudolf von Ems auf. Es finden sich auch Reminiszenzen an Hartmann und Wolfram. Sonst sind keine Quellen und Vorlagen bekannt. Der Dichter gibt an, daß der Herzog Johann von Braunschweig ihm den Stoff zum ›Crane‹ vermittelt habe. Der Welfe Johann I. hat von 1252 bis 1277 regiert (ab 1267 als Herzog von Lüneburg). Wahrscheinlich war auch der ›Demantin‹ für den Welfenhof bestimmt. Ein Berthold von Holle ist 1251–1270 urkundlich bezeugt; die Holles waren Ministerialen der Bischöfe von Hildesheim und der Welfen. Der ›Demantin‹ ist vor dem ›Crane‹

entstanden. Ein drittes Versepos, ›Darifant‹, ist nur fragmentarisch überliefert (265 Verse). Holle hat in einer hochdeutsch-niederdeutschen Mischsprache gedichtet, die in dieser Form sicherlich nirgends gesprochen worden ist. Die Überlieferung zeigt, daß seine Romane bis ins 15. Jahrhundert rezipiert wurden. Die größte Wirkung hatte der ›Crane‹: er ist im 15. Jahrhundert in Prosa aufgelöst worden (nur fragmentarisch erhalten) und wurde zu einem Fastnachtspiel umgearbeitet, das 1444 in Lübeck aufgeführt wurde (der Text ist nicht überliefert).

TEXTE: ›Demantin‹: Hrsg. von Karl Bartsch. Tübingen 1875. – ›Crane‹: Hrsg. von Karl Bartsch. Nürnberg 1858; dazu: Hans Fromm in: VL 1, 1978, Sp. 813–816.

Konrad von Würzburg: ›Partonopier und Meliur‹

Partonopier, der Sohn des Grafen von Blois, verirrt sich auf der Jagd und kommt in eine menschenleere Stadt, wo alles herrlich geschmückt ist. Er wird von unsichtbaren Händen bedient; und als er sich zu Bett legt, kommt es zu einer Liebesvereinigung mit einer unsichtbaren Frau, die ihm eröffnet, daß sie ihn in zwei Jahren heiraten werde. Bis dahin dürfe er sie nicht sehen; nur nachts werde sie bei ihm sein. Es ist Meliur, die zauberkundige Tochter des Kaisers von Konstantinopel. Nach einem Jahr verlangt es Partonopier nach Hause, wo inzwischen sein Vater gestorben ist und seine Mutter von Feinden bedrängt wird. Partonopier befreit das Land und kämpft anschließend mit dem französischen König gegen die Heiden. Seine Mutter versucht vergeblich, ihn von der Liebe zu Meliur abzubringen; er kehrt zu ihr zurück. Bei einem erneuten Besuch in der Heimat wird ihm vom Erzbischof von Paris auferlegt, seine Geliebte heimlich zu betrachten, um festzustellen, ob sie eine Teufelserscheinung sei. Als er das mit Hilfe einer Zauberlampe tut, wird durch seinen Ungehorsam der Zauber gebrochen. Er muß Meliur verlassen, verfällt in dumpfe Trauer und zieht als Einsiedler in die Wüste. Inzwischen wird Meliur gedrängt, einen Ehemann zu nehmen: auf einem Turnier soll der beste Ritter ermittelt werden. Partonopier nimmt daran teil und bleibt Sieger. Meliur ist glücklich über diesen Ausgang, und die Hochzeit der beiden wird prächtig gefeiert. Der Sultan von Persien, der im Turnier unterlegen war, fällt mit einem Heer ein, um Meliur mit Gewalt zu gewinnen. Mitten in der Schilderung der Schlacht bricht der Text ab. (21784 Verse; eine Handschrift, zwei Fragmente)

Aus der Vorlage ergibt sich, daß nur ein kurzer Schluß fehlt: der Sultan kehrt in sein Land zurück, und Partonopier und Meliur bleiben im Besitz des Kaisertums. Die Vorlage war der französische ›Partonopeus de Blois‹ (18855 Verse; zehn Handschriften, um 1180/90), der in mehrere Sprachen übersetzt worden ist. Wahrscheinlich hat Konrad von Würzburg eine Handschrift benutzt, die am Ende unvollständig war: so erklärt sich wohl der abbrechende Schluß. Konrad ist dem französischen Text ziemlich genau gefolgt.

›Partonopier und Meliur‹ ist das erste höfische Epos, das für ein städtisches Publikum gedichtet wurde. Die Ausrichtung auf die alten Ideale von Rittertum und Liebe zeigt, daß die städtische Oberschicht am Ende des 13. Jahrhunderts dieselben Literaturinteressen hatte wie das Publikum an den großen Höfen. Die Versuche, im ›Partonopier‹ Spuren einer bürgerlichen Gesinnung aufzudecken und die Dichtung als Stellungnahme zu innerstädtischen Auseinandersetzungen zu interpretieren, haben zu keinen greifbaren Ergebnissen geführt.

Konrad von Würzburg war ein Berufsdichter unbekannter Herkunft, dem spätere Autoren den Titel *meister* gegeben haben. Er war lateinisch gebildet, verstand jedoch nach eigener Aussage kein Französisch und war daher bei der Übertragung französischer Texte auf Dolmetscher angewiesen. Man vermutet, daß er zuerst am Mittel- und Niederrhein, im Auftrag der Grafen von Rieneck und Kleve, gedichtet hat. Nachweisbar ist er erst in Straßburg und Basel, etwa ab 1260. Er scheint in Basel zu Wohlstand gelangt zu sein: in einer Urkunde von 1295 wird ein Haus in guter Gegend erwähnt, das früher dem Magister Konrad von Würzburg gehört habe. Die ›Kolmarer Annalen‹ melden seinen Tod zum Jahr 1287. Er war ein sehr produktiver Dichter, der sich in vielen literarischen Gattungen betätigt hat. Er hat drei umfangreiche Versromane von zusammen fast 70000 Versen verfaßt, zwei nach französischen Quellen (›Partonopier‹ und ›Trojanerkrieg‹, vgl. S. 253f.), einen nach einer lateinischen Vorlage (›Engelhard‹, vgl. S. 246f.), ferner drei Legenden (vgl. S. 398f.) und vier Verserzählungen (vgl. S. 281f., 285, 403f.), eine Turnierdichtung (vgl. S. 342), einen Marienpreis (vgl. S. 377), eine ›Klage der Kunst‹ (vgl. S. 326f.), 23 Minnelieder, über 50 Sprüche und zwei Leichs (vgl. S. 312). Die Reihenfolge und Datierung der Werke ist wenigstens in groben Umrissen deutlich. Als das älteste datierbare Werk gilt das ›Turnier von Nantes‹, das wahrscheinlich 1257/58 entstanden ist. In die Frühzeit werden auch die meisten Erzählungen gesetzt. Die übrigen Werke sind zwischen 1260 und 1287 in Straßburg und Basel entstanden, ›Partonopier und Meliur‹ in den siebziger Jahren, der ›Trojanerkrieg‹ in den achtzigern. Die Einordnung des ›Engelhard‹ und der ›Klage der Kunst‹ ist strittig. Die Werke der Straßburger und Basler Zeit enthalten viele Gönnernachrichten, die ein genaues Bild von den Auftraggebern und dem Publikum, für das Konrad von Würzburg gedichtet hat, erkennen lassen. Es sind geistliche und weltliche Herren, die alle zur adligen Oberschicht gehörten. Der ›Partonopier‹ wurde im Auftrag des Basler Bürgermeisters Peter Schaler (urkundlich 1258–1307) verfaßt; außerdem haben Heinrich Merschent (urkundlich 1273 bis 1296) und Arnold Fuchs (urkundlich 1237–1255) den Dichter dabei unterstützt.

Nach dem Vorbild von Gottfrieds kunstvollem Stil hat Konrad von Würzburg eine virtuose Sprach- und Verstechnik entwickelt, in der sich der Kunstanspruch meisterlichen Dichtens verwirklichte. Mit der formalen Artistik verbindet sich eine neue Einstellung zur Wirklichkeit, die sich in den sehr genauen Beschreibungen gesellschaftlicher Details ebenso bezeugt wie in der psychologischen Analyse der Handlungsmotive.

Konrad von Würzburg hat bereits zu Lebzeiten ungewöhnlichen Dichterruhm erlangt. Rumelant von Sachsen und Hermann Damen haben seine Kunst gerühmt, Frauenlob und Boppe haben seinen Tod beklagt. Er war der einzige Dichter der höfischen Zeit, dessen poetische Verdienste auch von lateinischen Geschichtsschreibern gewürdigt wurden: in den ›Kolmarer Annalen‹ ist er als »Verfasser vieler schöner Gedichte in deutscher Sprache« verewigt. Seine Wirkung auf die spätere Literatur ist erst unzureichend erforscht. In viel größerem Umfang als die Zahl der erhaltenen Handschriften vermuten läßt, hat Konrad von Würzburg die literarische Entwicklung beeinflußt. Neben Frauenlob hat er am stärksten den Stil der spätmittelalterlichen Dichtung geprägt. Sein Name blieb im 14. und 15. Jahrhundert lebendig; die Meistersinger haben ihn als einen der zwölf Alten Meister verehrt.

TEXT: Hrsg. von Karl Bartsch. Wien 1871. – LITERATUR: Horst Brunner in: VL 5, 1985, Sp. 272–304. – Rüdiger Brandt, Konrad von Würzburg. Darmstadt 1987.

›Reinfried von Braunschweig‹

Der junge Reinfried von Braunschweig erhält als Preis für seinen Sieg im Turnier von Linion einen Kuß der dänischen Prinzessin Irkane. Das ist der Anfang ihrer Liebe. Während Reinfried eine ritterliche Abenteuerfahrt unternimmt, verleumdet ein Ritter die Prinzessin mit falschen

Beschuldigungen; und weil er ein gefürchteter Kämpfer ist, findet sich niemand, der für Irkane eintritt. Gerade noch rechtzeitig kommt Reinfried zurück und besiegt den Gegner. Vom Kampfplatz weg entführt er die Geliebte und nimmt ihren Vater, der sie verfolgt, gefangen, versöhnt sich dann jedoch mit ihm und hält um die Hand Irkanes an. Die Hochzeit wird prächtig gefeiert. Die Ehe bleibt jedoch kinderlos. Im Traum wird Reinfried offenbart, daß er einen Kreuzzug unternehmen müsse, um einen Erben zu gewinnen. Er übergibt die Herrschaft an Irkane und zieht mit 800 Rittern ins Heilige Land, wo er große Taten vollbringt und Jerusalem befreit. Auf Einladung des Königs von Persien reist er tiefer in den Orient und erlebt dort Abenteuer mit menschlichen Fabelwesen. Er kämpft auch gegen die Amazonen, findet den Magnetberg und fährt zu den Sirenen. Unterdessen hat Irkane einen Knaben geboren. Als die Nachricht davon Reinfried erreicht, tritt er, von den Königen des Orients hoch geehrt und reich beschenkt, die Heimreise an. Unterwegs kämpft er gegen Räuber, erleidet Schiffbruch und wird auf eine ferne Insel verschlagen. Hier bricht der Text ab. (27627 Verse; eine Handschrift)

Wieviel am Schluß fehlt, ist nicht sicher. Stofflich scheint der ›Reinfried von Braunschweig‹ an die Sage von Heinrich dem Löwen anzuknüpfen, die sonst erst in viel späteren Texten bezeugt ist. Auf Heinrich den Löwen weist die Lokalisierung nach Braunschweig und das Löwenwappen des Helden. Die Sage erzählt von der Orientfahrt des Herzogs und seiner verzögerten Heimkehr, gerade als seine Frau einen anderen heiraten will. Daß Reinfried seiner Frau beim Abschied einen halben Ring als Erkennungszeichen gibt, deutet auf einen solchen Schluß. Bei der Ausarbeitung hat der Dichter ständig auf die ältere Literatur Bezug genommen, so daß die Handlung auf weite Strecken aus literarischen Reminiszenzen zusammengesetzt ist; außerdem werden häufig Gestalten aus der älteren Dichtung zum Vergleich zitiert. Besonders eng sind die Beziehungen zu Konrad von Würzburg, der auch das Stilvorbild war. Der erste Teil des ›Reinfried von Braunschweig‹ ist dem ›Engelhard‹ nachgebaut. Im zweiten Teil sind viele Motive aus dem ›Herzog Ernst‹ benutzt. Der unbekannte Dichter war seiner Sprache nach Schweizer; er war gebildet und muß sein Werk nach 1291 (Anspielung auf die Eroberung von Akkon) verfaßt haben. Ein Auftraggeber ist nicht genannt. Bemerkenswert ist die scharfe Zeitkritik, die sich in erster Linie gegen die Fürsten und den Adel richtet.

TEXT: Hrsg. von Karl Bartsch. Tübingen 1871. – LITERATUR: Beat Koelliker, Reinfried von Braunschweig. Bern 1975.

Legendenhafte Stoffe

Nahe verwandt mit den Liebes- und Abenteuerromanen und von diesen nicht klar zu trennen sind eine Reihe von Epen, in denen die Liebes- und Abenteuerhandlung mit Legendenmotiven durchsetzt ist. Mehrfach wurde das Handlungsschema der Eustachiuslegende benutzt: ein Ehepaar entsagt aus religiösen Gründen seiner hohen Stellung und zieht in die Welt, wird unterwegs getrennt und findet erst nach verwickelten Abenteuern wieder zusammen (›Die gute Frau‹, ›Wilhelm von Wenden‹). Auch das Legendenschema der unschuldig verfolgten Frau fand Verwendung (›Mai und Beaflor‹). Die dominierende Stellung der Frau in mehreren dieser Epen kommt in den Titeln nicht genügend zum Ausdruck. Der ›Wilhelm von Wenden‹ sollte ›Bene‹ heißen, ›Mai und Beaflor‹ nur ›Beaflor‹. Im ›Guten Gerhard‹ wird ein Beispiel christlicher Demut vorgeführt. Im ›Engelhard‹ sind Legendenmotive in das weltliche Thema der Freundestreue eingearbeitet. Der ›Eraclius‹ verbindet die Kreuzlegende mit einer Ehebruchsgeschichte.

Für mehrere Werke dieser Gruppe ist mit französischen Vorlagen zu rechnen; direkt nachweisbar ist eine französische Quelle allerdings nur für Ottes ›Eraclius‹. Ebenso wichtig scheint die lateinische Stofftradition für die legendenhaften Romane gewesen zu sein; auch hier ist man jedoch vielfach auf Vermutungen angewiesen. Fest steht nur, daß Konrad von Würzburg für den ›Engelhard‹ eine lateinische Vorlage benutzt hat.

Otte: ›Eraclius‹

Der junge Eraclius besitzt wunderbare Kenntnisse von Steinen, Pferden und Frauen. Er wird als Sklave an den Kaiserhof verkauft und legt dort Proben seiner Fähigkeiten ab. Unter den Frauen des Landes wählt er Athanais dem Kaiser Focas zur Ehefrau. Als der Kaiser in den Krieg zieht und seine Frau aus Mißtrauen einsperren läßt, bricht sie die Ehe mit Parides. Auf Eraclius' Rat werden die beiden nicht bestraft, sondern der Kaiser läßt sich scheiden, und die Ehebrecher werden ein glückliches Paar. – Nach Focas' Tod wird Eraclius Kaiser von Byzanz. Damals hat der Perserkönig Cosdroas das heilige Kreuz aus Jerusalem geraubt. Eraclius gebietet einen Kreuzzug, besiegt die Perser und bringt das Kreuz nach Jerusalem zurück. Im Alter verfällt er dem Irrglauben, tut jedoch Buße und stirbt in Frieden mit Gott. (5392 Verse; drei Handschriften)

Der Dichter war lateinisch gebildet (*ein gelerter man hiez Otte* 140). Seiner Sprache nach war er Mitteldeutscher. Sonst ist nichts über ihn bekannt. Sichere Anhaltspunkte für die Datierung fehlen. Daß das Werk bereits vor 1210 entstanden sei, hat man daraus geschlossen, daß im ›Parzival‹ ein Eraclius erwähnt wird (773,22); der Schluß ist jedoch nicht zwingend. Otte hat seine französische Vorlage (Gautier d'Arras: ›Eracle‹, 6590 Verse; drei Handschriften; 1160–1180) ziemlich frei bearbeitet und gekürzt. Im Schlußteil hat er außerdem die lateinische Weltchronik Ottos von Freising und die deutsche ›Kaiserchronik‹ benutzt.

TEXT: Hrsg. von Winfried Frey. Göppingen 1983; dazu: Wolfgang Walliczek in: VL 7, 1989, Sp. 199–203.

Rudolf von Ems: ›Der gute Gerhard‹

Nachdem Kaiser Otto das Erzbistum Magdeburg gegründet hat, rühmt er sich dieser *guottât* (265) und bittet Gott, ihm schon gleich den himmlischen Lohn zu gewähren. Ein Engel eröffnet ihm jedoch, daß sein Selbstruhm ihn um die Früchte seiner guten Taten gebracht habe, und verweist ihn auf den Kaufmann Gerhard in Köln, von dem er erfahren könne, was wahre Güte sei. Otto begibt sich nach Köln und läßt sich von Gerhard dessen Geschichte erzählen. Gerhard kam einst auf einer Handelsfahrt nach Marokko, wo einige Adlige gefangen gehalten wurden; darunter war die norwegische Prinzessin Erene, die von ihrem Bräutigam, dem englischen Kronprinzen Wilhelm, getrennt worden war. Vom Schicksal der Gefangenen gerührt, gibt Gerhard sein gesamtes Handelsgut für ihre Freiheit hin. Er nimmt Erene mit nach Köln, und als auch nach zwei Jahren kein Lebenszeichen von ihrem Bräutigam gekommen ist, gibt er sie seinem Sohn zur Frau. Auf dem Hochzeitsfest erscheint der verschollene Wilhelm jedoch gerade noch rechtzeitig und erhält von Gerhard seine Braut zurück. In England sucht man inzwischen nach einem neuen Herrscher, da der Kronprinz als verschollen gilt. Als Gerhard an den englischen Hof kommt, will man ihm die englische Krone aufsetzen. Aber Gerhard verzichtet zu Gunsten von Wilhelm und kehrt nach Köln zurück, wo er fortan als reicher und hochgeachteter Bürger lebt. Kaiser Otto ist beschämt von diesem Bericht und muß erkennen, daß er sich durch seine Ruhmsucht versündigt hat. (6920 Verse; zwei Handschriften)

Die Lehre der Geschichte vom guten Gerhard lautet: Wer Gutes tut, kann Reichtum, Ansehen und Gottes Huld erringen, wenn er »in großer Demut« (6888) handelt und sich nicht selbst seiner Taten rühmt, wie es der Kaiser Otto getan hat. Offenbar empfand der Dichter es nicht als Ironie, daß die Geschichte von

Gerhards Güte diesem selbst in den Mund gelegt ist. Daß ein Kaiser von einem Kaufmann lernen muß, ist die Lehre der Demut. Der ›Gute Gerhard‹ wurde als »Patrizierdichtung« interpretiert oder auf die Interessenlage der Ministerialität festgelegt. Die Dichtung sperrt sich jedoch gegen solche Deutungen. Wohl steht hier zum ersten Mal ein Kaufmann im Mittelpunkt eines höfischen Romans, und er erlangt eine Vorbildlichkeit, wie sie sonst nur hohen Adligen zukommt. Darin spiegelt sich gewiß die Entwicklung der Stadtwirtschaft und der Stadtgesellschaft in dieser Zeit. Aber es geht im ›Guten Gerhard‹ nicht um das Selbstbewußtsein des reich gewordenen Bürgertums. Gerhards Handeln ist darauf gerichtet, die feudale Ordnung zu bewahren oder wiederherzustellen.

Eine literarische Vorlage ist nicht nachgewiesen. Der Umriß der Handlung – ein Frommer muß von einem anderen Frommen wahre Frömmigkeit lernen – ist aus lateinischen Legenden und Predigtexempeln bekannt. Nach den Angaben im Epilog hat ein Mann aus Österreich die Geschichte Herrn Rudolf von Steinach erzählt, der den Dichter gebeten hat, daraus eine Dichtung zu machen (6818ff.). Rudolf von Steinach ist 1209–1221 als Ministeriale des Bischofs von Konstanz urkundlich bezeugt. Ob er der Auftraggeber des Dichters war oder ob er seinem Standesgenossen und »Namensbruder« (6827) persönlich nahestand, ist nicht zu entscheiden. Wahrscheinlich ist die Dichtung um 1220 entstanden.

TEXT: Hrsg. von John A. Asher (ATB 56). 2. Aufl. Tübingen 1971.

›Die gute Frau‹

Die Tochter des französischen Grafen von Berry und der Sohn seines Lehnsmannes lieben sich schon als Kinder. Nachdem die Tochter die Erbschaft angetreten und ihr Freund sich ritterlich bewährt hat, heiraten die beiden und sind ein glückliches Paar. Der Anblick einer elenden Schar von Lahmen und Blinden bewirkt ihre religiöse Umkehr. Sie verzichten auf ihre Herrschaftsstellung und ihren Besitz und ziehen als Bettler in die Welt. Unterwegs gebiert die Frau zwei Knaben. Hunger und Krankheit zwingen sie, sich in den Dienst einer Bürgersfrau zu verkaufen. Der Vater verliert die beiden Söhne bei der Durchquerung eines Flusses und zieht alleine als Bettler weiter. Die Kinder werden von fremden Leuten gefunden und aufgezogen. Die Mutter erweist sich als geschickte Handarbeiterin und wird durch ihre Kunstfertigkeit berühmt. Der Graf von Blois zahlt einen hohen Preis für sie und macht sie zu seiner Ehefrau; doch Gott bewirkt den Verlust seiner Männlichkeit, so daß die Ehe keusch bleibt. Nach dem Tod des Grafen heiratet der König von Frankreich die gute Frau, und auch in dieser Ehe kommt es zu keiner körperlichen Liebe. Wieder stirbt der Ehemann nach kurzer Zeit, und die Frau erbt die Herrschaft. Bei einem Fest erkennt die gute Frau unter den Bettlern ihren ersten Mann. Er wird zum König gewählt, und auf wunderbare Weise kehren am selben Tag auch ihre beiden Söhne wieder; sie heißen Karl und Pippin. (3058 Verse; eine Handschrift)

Der zweite Teil der ›Guten Frau‹ ist mit dem ›Guillaume d'Angleterre‹ von Chrétien de Troyes (3310 Verse; zwei Handschriften; um 1170/80) verwandt. Ob die genealogische Verknüpfung mit dem karolingischen Herrscherhaus durch die Namen der Kinder bereits in der Quelle gestanden hat, ist unsicher. Auch zum ersten Teil der Handlung gibt es Parallelen in der französischen Literatur; doch ist die Verbindung hier weniger eng. Der deutsche Dichter wollte, wie er am Schluß sagt, die eheliche Treue der guten Frau verherrlichen. Wichtiger ist, daß in der ›Guten Frau‹ die Idee von vorbildlicher Herrschaft um die Dimension der religiösen Armut erweitert ist und von daher eine neue Begründung erfährt. – Ein »Markgraf« (8) hat den Dichter mit der Abfassung beauftragt; wer er war, wissen wir nicht. Man denkt an Markgraf Hermann V. von Baden († 1243); aber dafür gibt es keine Gewähr. Sichere Anhaltspunkte für die Datierung fehlen. Die vermuteten literarischen Beziehungen sind alle ohne Beweiskraft.

TEXT: Hrsg. von Emil Sommer. ZfdA 2 (1842), S. 385–481; dazu: Denis J. B. Mackinder-Savage in: VL 3, 1981, Sp. 328–330.

Konrad von Würzburg: ›Engelhard‹

Engelhard und Dietrich, zwei junge Adlige am dänischen Hof, sind Freunde und sehen sich zum Verwechseln ähnlich. Als Dietrich nach dem Tod seines Vaters Herzog von Brabant wird, bleibt Engelhard alleine in Dänemark. Seine heimliche Liebe zu der Prinzessin Engeltrud wird von dieser erwidert; und sie verspricht, seine Frau zu werden, wenn er sich als Ritter bewährt hat. Ein heimliches Zusammensein der Liebenden wird von einem Ritter entdeckt und verraten. Engelhard wird gefangen gesetzt, beteuert jedoch seine Unschuld und erbietet sich, sein Recht im Kampf zu beweisen. Um nicht wortbrüchig in einen Gerichtskampf zu gehen, reist er heimlich nach Brabant und bittet Dietrich, an seiner Stelle den Kampf zu übernehmen. Dietrich siegt, und der König gibt dem vermeintlichen Engelhard seine Tochter zur Frau. Die Freunde wechseln wieder ihre Plätze, und nach dem Tod des dänischen Königs wird Engelhard sein Nachfolger. Später erkrankt

Dietrich am Aussatz. Im Traum wird ihm offenbart, er könne genesen, wenn er sich im Blut von Engelhards Kindern bade. Er fährt nach Dänemark, und als Engelhard erfährt, auf welche Weise der Freund gerettet werden kann, bringt er heimlich seine beiden Kinder um und läßt Dietrich in ihrem Blut baden, wovon dieser gesund wird. Als Engelhard in seinen Palast zurückkommt, sind die Kinder durch ein Wunder wieder lebendig. (6504 Verse; ein Druck)

Der Stoff gehört zur Freundschaftssage von Amicus und Amelius, die seit dem 11. Jahrhundert in lateinischer und später auch in französischer Sprache verbreitet war. Kennzeichnend ist die Verbindung der Freundschaftsprobe (Stellvertretung im Gerichtskampf) mit der Heilung vom Aussatz durch das Blut unschuldiger Kinder. Konrad von Würzburg kannte die Geschichte aus einer lateinischen Quelle, die nicht erhalten ist. Er hat das Motiv der Freundestreue in den Mittelpunkt gestellt, wie der Prolog ausführlich darlegt. Die Liebeshandlung mit der heimlichen Liebe im Baumgarten und dem betrügerischen Gottesurteil ist an Gottfrieds ›Tristan‹ orientiert, während es im zweiten Teil Anklänge an den ›Armen Heinrich‹ gibt. Die schlechte Überlieferung – der ›Engelhard‹ ist nur in einem Druck vom Jahr 1573 erhalten – braucht kein Indiz dafür zu sein, daß die Dichtung ohne Wirkung geblieben ist.

TEXT: Hrsg. von Paul Gereke (ATB 17). 2. Aufl. bearbeitet von Ingo Reiffenstein. Tübingen 1963.

›Mai und Beaflor‹

Beaflor ist die Tochter des Königs von Rom, der in sündiger Liebe zu ihr entbrennt. Um seinen Nachstellungen zu entgehen, läßt sie von ihren Zieheltern ein kleines Schiff ausrüsten, mit dem sie aufs Meer hinausfährt. Sie kommt nach Griechenland, in das Land des Fürsten Mai, der sie gegen den Willen seiner Mutter heiratet. Als Mai zum Kampf gegen die Heiden nach Spanien gezogen ist, gebiert Beaflor einen Sohn und schickt einen Brief mit dieser Nachricht an ihren Mann. Der Brief wird jedoch von Mais Mutter abgefangen und gegen die Nachricht vertauscht, daß Beaflor Ehebruch begangen und einen Wolf geboren habe. Auch Mais Antwort wird von seiner Mutter mit dem Befehl vertauscht, Beaflor zu töten. Sie wird jedoch gerettet und zusammen mit dem Kind wieder in ihr Schifflein gesetzt, das nach Rom zurücktreibt, wo Beaflor wieder bei ihren Zieheltern aufgenommen wird. Als Mai zurückkehrt und der Betrug offenbar wird, bringt er seine Mutter um und beschließt, seine Schuld als Pilger zu büßen. Als Beaflors Sohn acht Jahre alt ist, kommt Mai nach Rom, um vom Papst Absolution zu erlangen. Beaflors Ziehvater weiß es so einzurichten, daß die Eheleute sich wiederfinden und alles sich in Freuden löst. Mai wird Kaiser von Rom; sein Sohn tritt die Nachfolge in Griechenland an. (9638 Verse; zwei Handschriften)

Der Dichter will die Geschichte von Mai und Beaflor von einem Ritter erfahren haben, der sie in einer Prosachronik gelesen habe (3, 10ff.). Die Erzählung von der unschuldig verleumdeten und verfolgten Frau war im Mittelalter in verschiedenen Versionen verbreitet. Eine bestimmte Quelle läßt sich nicht nachweisen. Die Reimsprache weist oberdeutsche Züge auf; die Datierung in die zweite Hälfte des 13. Jahrhunderts kann sich auf keine konkreten Anhaltspunkte berufen. Der Dichter legt viel Wert auf Einzelheiten der adligen Gesellschaftskultur, wobei auch Kritisches zu den zeitgenössischen Verhältnissen des adligen Lebens einfließt. Gleichzeitig werden die religiös-erbaulichen Momente betont, vor allem die demütige Frömmigkeit und die Leidensbereitschaft der Frau.

TEXT: Hrsg. von Alois J. Vollmer. Leipzig 1848; dazu: Werner Fechter in: VL 5, 1985, Sp. 1163–1166.

Ulrich von Etzenbach: ›Wilhelm von Wenden‹

Der heidnische Herzog Wilhelm von Wenden heiratet die Fürstentochter Bene. Der Anblick einer Schar christlicher Pilger weckt in ihm den Wunsch, selber Christ zu werden. Er will alleine in die Fremde ziehen, doch seine schwangere Frau besteht darauf mitzugehen. Unterwegs gebiert sie zwei Knaben. Wilhelm verkauft die Kinder an christliche Kaufleute, verläßt seine Frau und fährt alleine nach Jerusalem, wo er getauft wird und sich im Kampf gegen die Heiden auszeichnet. Das Land, in dem er Bene zurückgelassen hat, ist von inneren Kämpfen zerrissen. Man wählt Bene zur Landesherrin, und sie erweist sich als eine kluge und umsichtige Herrscherin. Die Kinder sind inzwischen herangewachsen. Der Wunsch, ihre Herkunft aufzuklären, führt sie in das Land, in dem ihre Mutter herrscht; und dort treiben sie zunächst als Räuber ihr Unwesen. Auch Wilhelm kehrt nach 24 Jahren in Pilgerkleidung in das Land seiner Frau zurück. Bene empfängt ihn freundlich, ohne ihn zu erkennen, und läßt sich von ihm über den christlichen Glauben belehren. Wilhelm erkennt in den beiden Räubern seine Söhne und erzählt Bene seine ganze Geschichte. Auf einem Hoftag, zu dem auch ihre Eltern und der Adel des Wendenlandes eingeladen werden, gibt Bene sich zu erkennen. Wilhelm wird zum Herrscher des Landes bestimmt, und alle lassen sich taufen. Später gehen Wilhelm und Bene ins Kloster. (8358 Verse; zwei Handschriften)

Dem ›Wilhelm von Wenden‹ liegt derselbe Legendentyp zugrunde wie der ›Guten Frau‹. Es ist nicht auszumachen, ob Etzenbach eine französische oder eine lateinische Quelle benutzt hat. Nach seiner Angabe hat ein Dominikanermönch aus Wendenland die Vorlage nach Böhmen geschickt, wo »Meister Heinrich der Walsch« sie dem Dichter vermittelt habe (77ff.). Damit ist wahrscheinlich Henricus Italicus († 1310), der Leiter der Prager Hofkanzlei, gemeint. Gewidmet ist das Werk König Wenzel II. von Böhmen und seiner Frau Guta, der Tochter König Rudolfs von Habsburg. Die Entstehungszeit läßt sich auf die Jahre zwischen 1287 (Guta kommt nach Prag) und 1297 (Tod Gutas) begrenzen. Über die persönlichen Verhältnisse des Dichters ist nur bekannt, daß er lateinisch gebildet war. Etzenbach hat außerdem ein Alexanderepos verfaßt (vgl. S. 251f.), das dem ›Wilhelm von Wenden‹ vorausging. Ob auch der ›Herzog Ernst D‹ von ihm stammt, ist unsicher (vgl. S. 78).

Durch Anspielungen auf die Familienverhältnisse im böhmischen Königshaus hat Etzenbach seiner Dichtung eine aktuelle Bedeutung gegeben. Was am Anfang über den jungen Wilhelm erzählt wird, erinnert an die Situation Wenzels II. beim Antritt seiner Herrschaft; und die Hervorhebung von Wilhelms Schwiegervater kann als Hinweis auf Rudolf von Habsburg verstanden werden. Daß solche Verbindungen zwischen Personen der Handlung und Mitgliedern der königlichen Familie gesehen werden sollten, hat der Dichter deutlich gemacht, indem er den Namen der Herzogin Bene mit dem der Königin Guta in eins setzte (Bene = Guote = Guta, 4661ff.). Vielleicht sollte auch das Motiv der Zwillingsgeburt einen aktuellen Bezug erhalten: 1289 oder 1290 hat Guta Zwillinge geboren. Die Geschichte des heiligen Wilhelm, der das Christentum ins Wendenland gebracht hat, ist offenbar zur Verherrlichung des böhmischen Königshauses konzipiert.

TEXT: Hrsg. von Hans-Friedrich Rosenfeld (DTM 49). Berlin 1957. – LITERATUR: Hans-Joachim Behr, Literatur als Machtlegitimation. Studien zur Funktion der deutschsprachigen Dichtung am böhmischen Königshof im 13. Jahrhundert. München 1989.

Antike Stoffe

Die Geschichten von Alexander und vom Kampf um Troja sind im 13. Jahrhundert mehrmals neu bearbeitet worden, während die Äneassage nur durch Veldekes ›Eneit‹ bekannt war und die Thebensage überhaupt keinen deutschen Bearbeiter fand. Alexander war in erster Linie als vorbildlicher Herrscher interessant: die ›Alexander‹-Epen von Rudolf von Ems und von Ulrich von Etzenbach können geradezu als Fürstenspiegel gelesen werden. Es hat noch zwei weitere ›Alexander‹-Epen gegeben, von Berthold von Herbolzheim und von Biterolf, die nicht erhalten sind. Außerdem sind Bruchstücke eines sonst unbekannten ›Alexander‹-Epos des 13. Jahrhunderts in einer fragmentarischen Marburger Handschrift überliefert. Die Geschichte vom Trojanischen Krieg ist gegen Ende des 13. Jahrhunderts auf sehr unterschiedliche Weise von Konrad von Würzburg und von einem Unbekannten im ›Göttweiger Trojanerkrieg‹ erzählt worden.

LITERATUR: Herwig Buntz, Die deutsche Alexanderdichtung des Mittelalters. Stuttgart 1973. – Gerhard P. Knapp, Hector und Achill. Die Rezeption des Troajstoffes im deutschen Mittelalter. Personenbild und struktureller Wandel. Bern, Frankfurt a. M. 1974.

Rudolf von Ems: ›Alexander‹

Olimpias, die Gemahlin König Philipps von Makedonien, wird von dem zauberkundigen Nektanabus verführt, der ihr vorgaukelt, der Gott Amon wolle sich mit ihr vereinigen. Aus dieser Verbindung geht Alexander hervor, der von Philipp als sein Sohn anerkannt und von Aristoteles sorgfältig erzogen wird. Nach dem Tod seines Vaters übernimmt er die Herrschaft. Damit beginnt die Zeit seiner großen Kriegszüge und Eroberungen. Zunächst unterwirft er ganz Griechenland. Dann folgt der Kampf gegen das persische Weltreich, der den thematischen Schwerpunkt der Dichtung bildet. In einer ersten Schlacht werden die Perser geschlagen. Nach der Eroberung von Tyrus kommt es zur zweiten Schlacht bei Arbela; wieder bleibt Alexander Sieger. Darius muß fliehen und wird von zwei seiner Vertrauten gefangengenommen und tödlich verwundet. Der sterbende Kaiser setzt Alexander zu seinem Erben ein und gibt ihm seine Tochter Rosane zur Frau. Nach der Hochzeit führt ein neuer Feldzug Alexander zu den Israeliten vom Stamm Gog und Magog. Es folgt die Liebesepisode mit der Amazonenkönigin Talistria, die sich eine Tochter von Alexander wünscht. Dann wird die Perserhandlung fortgesetzt: um den Tod des Kaisers Darius zu rächen, unternimmt Alexander einen Feldzug gegen die Verräter. Bevor es zur Entscheidungsschlacht kommt, bricht die Dichtung ab. (21643 Verse; zwei Handschriften, ein Fragment)

Der Stoff stammt im wesentlichen aus zwei lateinischen Prosawerken: aus der ›Historia de preliis‹ (bis Vers 5014) und aus dem Geschichtswerk von Curtius Rufus (1. oder 2. Jahrhundert n. Chr.), das die Grundlage für das Weitere bildete. Außerdem hat Rudolf von Ems die ›Alexandreis‹ von Walter von Châtillon benutzt. Besonders interessant ist der Vergleich mit Curtius Rufus, weil dies der einzige Fall ist, daß ein deutscher Epiker der höfischen Zeit unmittelbar nach einer antiken Quelle gedichtet hat (wenn man von der ›Metamorphosen‹-Bearbeitung Albrechts von Halberstadt absieht). Was die Darstellung des römischen Autors auszeichnet – die Lebendigkeit der Erzählung, die Charakterisierungskunst und das historische Detail –, findet man in dem deutschen Text nicht. Dem höfischen Dichter kam es auf etwas anderes an: er wollte in der Geschichte Alexanders die Vorbildlichkeit des Herrschers darstellen. Das Leben des Makedonenkönigs ist als Fürstenlehre konzipiert.

Der ›Alexander‹ ist in Bücher eingeteilt, die durch umfangreiche Prologe eingeleitet werden. Im sechsten Buch bricht der Text ab. Ein Akrostichon der Buchanfänge läßt erkennen, daß zehn Bücher geplant waren, offenbar im Anschluß an Curtius Rufus, dessen Geschichtswerk ebenfalls in zehn Bücher eingeteilt ist. Unterschiede in der Akrostichontechnik und im Stil sowie der Quellenwechsel im zweiten Buch sind Indizien dafür, daß der ›Alexander‹ nicht in einem Zug entstanden ist. Der Anfangsteil ist wahrscheinlich vor dem ›Wilhelm von Orlens‹ gedichtet worden; der größere Teil später. Die Arbeit daran hat den Dichter wahrscheinlich bis zuletzt beschäftigt, vielleicht noch über den Abbruch der ›Weltchronik‹ hinaus. Da Rudolf von Ems seine letzten Werke für den staufischen Hofkreis gedichtet hat, liegt es nahe, daß die Fürstenlehre des ›Alexander‹ für den jungen König Konrad IV. bestimmt war.

TEXT: Hrsg. von Victor Junk. 2 Bde, Leipzig 1928–1929. – LITERATUR: Walter Haug, Literaturtheorie im deutschen Mittelalter (vgl. S. 105), S. 290–306.

Ulrich von Etzenbach: ›Alexander‹

Von der Zeugung Alexanders durch den Zauberer Neptanabus bis zu Alexanders Sieg über Darius und seiner Hochzeit mit Roxane entspricht die Handlung im wesentlichen dem ›Alexander‹ von Rudolf von Ems. Dann folgt die Liebesepisode mit der Königin Candacis und der Zug nach Indien. Porus wird besiegt und mit den unterworfenen Ländern belehnt. Danach beschließt Alexander, das Weltmeer zu befahren und bis zu den Antipoden vorzudringen. Das führt ihn in eine Fabelwelt, die von merkwürdigen Tieren und seltsam gestalteten Menschen bevölkert wird. Alexander macht sich alle Inseln des Weltmeeres untertan, er erforscht die Tiefe des Meeres in einer Taucherglocke und läßt sich von einem Greifen durch die Lüfte tragen. Er steigt in die Hölle hinab und gelangt bis an die Pforten des Paradieses. Erst als ihm sein Tod verkündet wird, kehrt er um. Zuletzt huldigen ihm die Länder Europas und tragen ihm die römische Kaiserkrone an. Auf dem Höhepunkt seiner Macht wird er vergiftet. Das Gift hat die Natur auf Bitten des Leviathan hergestellt. Mit einer großen Klage von acht Meistern, die Alexanders Tugenden preisen, zugleich aber seine Maßlosigkeit bedauern und an die Vergänglichkeit der Welt erinnern, endet die Dichtung. (28000 Verse; sechs Handschriften, acht Fragmente)

Etzenbachs Hauptquelle war das lateinische Hexameterepos von Walter von Châtillon, das er um ein Vielfaches erweitert hat. Der Stoff zu den Büchern I und X, in denen die Geschichte von Alexanders Eltern und die fabelhaften Abenteuer nach der Eroberung Indiens erzählt werden, stammt im wesentlichen aus der ›Historia de preliis‹. Die Übereinstimmungen mit Rudolf von Ems erklären sich aus der gemeinsamen Benutzung von Curtius Rufus; auf Rudolfs Dichtung selbst hat Etzenbach merkwürdigerweise nirgends Bezug genommen. Während bei Rudolf von Ems das historische Geschehen im Vordergrund steht, hat Etzenbach die höfisch-ritterlichen Züge stärker betont, die in den Schilderungen von Festen und Einzelkämpfen und vor allem in den Minneepisoden zum Ausdruck kommen. Gegen Ende der Dichtung wird das Alexanderbild immer negativer: in seiner Maßlosigkeit erschüttert der Welteroberer die Ordnung der Natur und erhebt sich damit gegen Gott.

Etzenbach hat seine Vorlage von Erzbischof Friedrich II. von Salzburg († 1284) erhalten, zusammen mit einer Einladung an den Salzburger Hof (27597ff.). Er ist aber in Prag geblieben, bei König Wenzel II. von Böhmen, dem er sein Werk gewidmet hat. Die Abfassungszeit wird um 1275/85 angesetzt.

Die Überlieferungsgeschichte des ›Alexander‹ gibt Probleme auf, die noch ungelöst sind. Offenbar ist das Werk bald nach der Entstehung mehrfach bearbeitet worden. Die Redaktion B' (eine Handschrift, zwei Fragmente) gibt sich als ein Werk Wolframs von Eschenbach aus; in der Redaktion C' (vier Handschriften, zwei Fragmente) ist die Dichtung an Ulrich von Neuhaus (urkundlich 1281–1303) umgewidmet. In drei Handschriften (die zu B' und C' gehören) folgt auf den ›Alexander‹

ein Textstück, in dem erzählt wird, wie Alexander die (allegorische) Stadt Tritonia belagert und nach der Übergabe feierlich in die Stadt einzieht (2100 Verse). Der Text, der mitten in der Darstellung abbricht, ist Borso von Riesenburg (urkundlich 1295–1312) gewidmet. Ob dieser sogenannte ›Anhang‹ zum ›Alexander‹ von Ulrich von Etzenbach stammt oder nicht, ist umstritten. Ein Teil von Etzenbachs ›Alexander‹ ist im 14. Jahrhundert in die Weltchronik-Kompilation Heinrichs von München aufgenommen worden.

TEXT: Hrsg. von Wendelin Toischer. Tübingen 1888. – LITERATUR: vgl. S. 249.

Konrad von Würzburg: ›Trojanerkrieg‹

Paris wird von seinem Vater, König Priamus von Troja, ausgesetzt und wächst als Hirte auf. Bei der Götterhochzeit von Peleus und Thetis kommt es zu einem Schönheitsstreit zwischen den Göttinnen, den Paris zugunsten von Venus entscheidet. Achill wird geboren und zusammen mit Patroklus von den Kentauren erzogen. Jason wird nach dem Goldenen Vlies ausgesandt und wird unterwegs in Troja unfreundlich behandelt. An Stelle von Jason rächt Herkules die Unfreundlichkeit der Trojaner, erobert die Stadt, erschlägt König Lamedon, Priamus' Vater, und entführt seine Tochter Esiona. Troja wird von Priamus herrlich wieder aufgebaut. Um die Schmach Esionas zu rächen, wird Helena von Paris entführt. Menelaus und Agamemnon bieten die Griechen zum Kampf gegen Troja auf. Die Völker des Orients kommen den Trojanern zu Hilfe. Die Griechen holen Achill, den seine Mutter unter den Töchtern des Lykomedes versteckt hatte. Vor Troja kommt es zur großen Schlacht, in der Hektor und Achill die größten Taten vollbringen. Patroklus wird von Hektor erschlagen. Mit der Begegnung Hektors und Achills bricht die Dichtung ab. (40424 Verse; sechs Handschriften, neun Fragmente)

Als Vorlage hat Konrad von Würzburg den französischen ›Roman de Troie‹ von Benoit de Sainte-Maure benutzt. Er hat offenbar nicht gewußt, daß Herbort von Fritzlar das französische Werk schon einmal übertragen hatte. Seine Bearbeitungstendenz ging in die entgegengesetzte Richtung: während Herbort den Text um die Hälfte gekürzt hatte, hat Konrad von Würzburg den Umfang fast vervierfacht. Kennzeichnend für Konrads Kunst ist ein ausladender Stil von hohem Formanspruch; vor allem die Reden sind zu rhetorischen Prunkstücken ausgestaltet. Charakteristisch ist auch die genrehafte Ausmalung der Einzelszenen, besonders der Liebeshandlung. Inhaltlich neu gegenüber dem ›Roman de Troie‹ ist die ganze Vorgeschichte; Konrad kannte verschiedene lateinische Versionen des Trojastoffs (›Ilias latina‹, ›Excidium Troiae‹) und Werke der römisch-antiken Literatur. Der ›Trojanerkrieg‹ ist im Auftrag des Basler Domkantors Dietrich am Orte (in dieser Würde urkundlich 1281–1289) gedichtet worden; offenbar hat der Tod den Dichter an der Vollendung gehindert.

Abgesehen von der ›Goldenen Schmiede‹ hat kein anderes Werk von Konrad von Würzburg so weite Verbreitung gefunden. Gleich nach Konrads Tod hat ein Fortsetzer die unvollendete Dichtung in knapp 10000 Versen zum Abschluß gebracht. Diese Fortsetzung schließt in allen vollständigen Handschriften an Konrads Torso an, so daß das ganze Werk in den Handschriften 49855 Verse umfaßt. Die Dichtung hatte einen großen Einfluß auf die Trojaliteratur des Spätmittelalters. Sie ist im 14. und 15. Jahrhundert in Prosa aufgelöst worden (›Buch von Troja‹ I und II); außerdem ist sie in verschiedene Weltchroniken eingegangen.

TEXT: Hrsg. von Adelbert von Keller. 2 Bde, Stuttgart 1858. LITERATUR: vgl. S. 241.

›Göttweiger Trojanerkrieg‹

Die Dichtung (25156 Verse) wird nach dem Aufbewahrungsort der einzigen Handschrift, dem Stift Göttweig in Österreich, benannt. Die Handlungsfolge entspricht dem Erzählaufbau der meisten mittelalterlichen Trojaromane. Der Dichter hat jedoch den traditionellen Stoff in vielen Einzelheiten stark verändert. Manche Abweichungen sind so auffällig, daß man den Grund dafür nicht in einer mangelnden Vertrautheit mit der Überlieferung sehen möchte, sondern in einem mutwilligen Spiel mit den überkommenen Motiven. Im ›Göttweiger Trojanerkrieg‹ ist Helena die Tochter des Kaisers Agamemnon, prophezeit Medea den Sieg Achills, wird Achill zu klösterlichem Leben erzogen, wird Agamemnon von dem König von Saba erschlagen usw. Noch stärker hat der Dichter in das traditionelle Handlungsgefüge dadurch eingegriffen, daß er seine Helden – vor allem Paris und Hektor – zahllose Abenteuer im Stil der Artus- und Abenteuerromane bestehen läßt. In der Partie vom Parisurteil bis zur Entführung Helenas, die mehr als 11000 Verse füllt, stammt kaum eine Einzelheit aus der Stoffgeschichte des Trojanerkriegs. Aus welchen Quellen der Dichter die Trojasage kannte, ist ungewiß. Die Ausgestaltung der Abenteuerhandlung ist sicher sein Werk. Dabei hat er den ›Wigalois‹ von Wirnt von Grafenberg und andere ältere Epen benutzt. Stilistisch stand er unter dem Einfluß Konrads von Würzburg. Wolfram von Eschenbach wird mehrfach als Gewährsmann und Vorbild erwähnt. Der Dichter selber nennt sich ebenfalls Wolfram (*Ich Wolfram* 3576), und es ist nicht ganz klar, ob das eine Erzählermaske ist oder ob er wirklich so hieß. Seiner Sprache nach war er Schweizer. Für die Datierung (Ende 13. Jahrhundert) fehlen sichere Anhaltspunkte.

TEXT: Hrsg. von Alfred Koppitz (DTM 29). Berlin 1926; dazu: Hans-Hugo Steinhoff in: VL 3, 1981, Sp. 199–201.

Stoffe der französischen Heldenepik

Wolfram von Eschenbach hatte seiner Übertragung der französischen ›Willehalm‹-Vorlage die metrische Form des höfischen Romans gegeben. Ebenso sind die späteren Bearbeiter von französischen Heldenepen verfahren, weswegen diese Werke im Gattungszusammenhang der höfischen Epik und nicht der Heldenepik zu behandeln sind. Im ganzen blieb die Ausstrahlungskraft der »chanson de geste«-Epik nach Deutschland im 13. Jahrhundert gering. Das meiste gehört in den Umkreis der ›Willehalm‹-Rezeption. Das französische ›Aliscans‹-Epos, Wolframs Quelle, ist im 13. Jahrhundert noch einmal ins Deutsche übertragen worden (›Alischanz‹); davon sind jedoch nur Fragmente erhalten (ca. 700 Verse). Unklar ist, ob zwei Stücke aus dem französischen Epenzyklus um Karl den Großen – ›Karl und Galie‹ und ›Morant und Galie‹ – schon vor dem ›Willehalm‹ oder erst danach entstanden sind. Diese beiden Dichtungen aus dem Rhein-Maas-Gebiet sind im ganzen Umfang nur im ›Karlmeinet‹, einer mittelfränkischen Epenkompilation über das Leben Karls des Großen aus dem 14. Jahrhundert, überliefert. Auch das neue Interesse am ›Rolandslied‹, das Strickers Neubearbeitung der alten Dichtung bezeugt, dürfte auf den großen Erfolg des ›Willehalm‹ zurückzuführen sein. In der St. Galler Handschrift Nr. 857 stehen die beiden Werke hintereinander.

›Karl und Galie‹

Der junge Karl wird beim Tod seines Vaters Pippin um die Herrschaft betrogen. Er flieht mit einigen Getreuen vor den Nachstellungen seiner Feinde nach Spanien zu dem heidnischen König Galafer von Toledo, dem er im Kampf gegen den König von Afrika beisteht. Zum Dank dafür hilft ihm Galafer mit Heeresmacht, die Krone in Frankreich zu gewinnen. In Toledo hat Karl einen heimlichen Liebesbund mit Galafers Tochter Galie geschlossen. Als Bettler verkleidet kehrt er dorthin zurück und entführt die Geliebte. Auf dem Rückweg nach Frankreich haben sie noch verschiedene Gefahren zu überwinden. In Paris wird Galies Taufe und die Hochzeit des Königspaares festlich begangen. (13971 Verse; eine Handschrift, vier Fragmente)

Das Werk ist in ripuarischem Dialekt gedichtet. Seine französische (oder niederländische) Vorlage war mit dem ›Mainet‹-Epos verwandt, von dem nur Bruchstücke erhalten sind. Wie selbständig der deutsche Bearbeiter verfahren ist, bleibt undeutlich. Auch die Datierung ist unsicher. Die vier Fragmente vom Ende des 13. Jahrhunderts bezeugen, daß die Dichtung im 13. Jahrhundert am Niederrhein verbreitet war.

TEXT: Hrsg. von Dagmar Helm (DTM 74). Berlin 1986; dazu: Hartmut Beckers in: VL 4, 1983, Sp. 1013–1016.

›Morant und Galie‹

Morant von Rivere, der Bannerträger Karls des Großen, wird von seinen Feinden verleumdet, ein Liebesverhältnis mit der Königin Galie zu unterhalten. Der König glaubt den Beschuldigungen und läßt die beiden gefangennehmen. Das komplizierte Gerichtsverfahren endet mit einem gottesgerichtlichen Zweikampf, in dem Morant siegt und seine Feinde als Verräter entlarvt. Ein großes Versöhnungsfest beschließt die Handlung. (5581 Verse; zwei Handschriften, ein Fragment)

Der Dichter war offenbar nicht mit dem Verfasser von ›Karl und Galie‹ identisch; darauf weisen sprachliche und stilistische Unterschiede. Er hat jedoch im selben Dialektgebiet gedichtet, nicht viel später und ebenfalls nach einer französischen Quelle, die nicht erhalten ist.

TEXT: Hrsg. von Theodor Frings u. Elisabeth Linke (DTM 69). Berlin 1976; dazu: Hartmut Beckers in: VL 4, 1983, Sp. 1016–1018.

Der Stricker: ›Karl‹

Strickers Neudichtung des ›Rolandsliedes‹ folgt dem Handlungsverlauf der Vorlage (vgl. S. 67) ziemlich genau. Größere inhaltliche Zusätze gibt es nur am Anfang und am Schluß. Der ›Karl‹ beginnt mit einem Rückblick auf die Jugend Karls des Großen:

Karl muß vor einem Komplott seiner Stiefbrüder nach Spanien fliehen, zu König Marsilies, dessen Schwester seine Liebe zu gewinnen sucht. Mit Hilfe des getreuen Grafen Diepolt gelingt es Karl, nach Frankreich zurückzukehren und die Anerkennung seiner Königsherrschaft zu erlangen.

Am Schluß sind die Handlungen um die getaufte Heidenkönigin Juliane, um Rolands Braut Alite und um den Verräter Genelun erweitert. Für seine Zusätze hat Der Stricker französisches »chanson de geste«-Material benutzt, das ihm mündlich oder schriftlich zugekommen sein kann. Im ganzen zählt Strickers ›Karl‹ 12206 Verse, ca. 3000 Verse mehr als das ›Rolandslied‹. Davon entfällt etwa die Hälfte auf die Erweiterungen am Anfang und am Schluß; die andere Hälfte kommt einer sorgfältigeren Motivierung und einer engeren Verknüpfung des Handlungszusammenhangs zugute. Der Stricker hat nicht nur die altertümliche Reim- und Verstechnik des ›Rolandsliedes‹ modernisiert, sondern hat dem ganzen Werk in vielen Einzelheiten und in seiner Gesamtkonzeption neue Akzente gegeben. Im ›Karl‹ steht die Gestalt Kaiser Karls noch mehr im Mittelpunkt als im ›Rolandslied‹. Die Karlsverehrung ist im 13. Jahrhundert vor allem durch die Translation seiner Gebeine im Jahr 1215, in Anwesenheit Kaiser Friedrichs II., gefördert worden. Die verschiedenen Versuche, Strickers Dichtung konkret in die Zeitgeschichte einzuordnen und sie geradezu als ein Propagandawerk, entweder für die Politik Friedrichs II. oder für die Ausbreitung des Karlskultes, zu erweisen, haben jedoch zu keinen greifbaren Ergebnissen geführt. Am Schluß (12196 ff.) scheint Der Stricker auf Wolframs ›Willehalm‹ zu verweisen; das würde bedeuten, daß der ›Karl‹ nach 1220 entstanden ist. Zur Person des Dichters vgl. S. 223 f. Strickers Werk wurde ein großer Erfolg. Davon zeugt die ungewöhnlich reiche Überlieferung (24 Handschriften, 21 Fragmente) und die Aufnahme in die Weltchronik Heinrichs von München.

TEXT: Hrsg. von Karl Bartsch. Quedlinburg, Leipzig 1857. – LITERATUR: Rüdiger Brandt, erniuwet. Studien zu Art, Grad und Aussagefolgen der Rolandsliedbearbeitung in Strickers Karl. Göppingen 1981.

Ulrich von Türheim: ›Rennewart‹
Die Handlung setzt da ein, wo Wolframs ›Willehalm‹ abbricht: beim Sieg der Christen über die Heiden in der zweiten Schlacht von Alischanz.

Nachdem Rennewart noch die letzten Kämpfe bestanden hat und nachdem sein Zorn darüber, daß man ihn alleine auf dem Schlachtfeld zurückgelassen hat, besänftigt worden ist, wird er getauft und zum Ritter gemacht. In Munleun wird er mit König Loys' Tochter Alise vermählt und erhält vom König die Herrschaft über Portebaliart; dort kämpft er weiter gegen die Heiden. Alise stirbt bei der Geburt ihres riesenhaften Sohnes Malefer. Als das Kind entführt wird, geht Rennewart ins Kloster und lebt dort noch zwanzig Jahre. Zweimal erhält er in dieser Zeit vom Abt die Erlaubnis, das Kloster zu verlassen, um Willehalm im Kampf gegen Terramer beizustehen. Beim ersten Mal ist auch sein Sohn Malefer unter den Heiden. In der Schlacht begegnen sich Vater und Sohn, erkennen sich aber rechtzeitig, und Malefer übernimmt die Herrschaft in Portebaliart. Später zieht er in den Orient, um seinem Großvater Terramer sein ganzes Reich wegzunehmen, was ihm auch gelingt. Getrieben von der Liebe zu der Amazonenkönigin Penteselie, bricht er ins Innere Asiens auf. Er findet sie, sie heiraten, und Penteselie gebiert einen Sohn, der auf den Namen Johannes getauft wird. Inzwischen sind Willehalm und Gyburg alt geworden und ins Kloster gegangen. Nach Gyburgs Tod wird Willehalm Einsiedler. Als Terramers Sohn Matribuleiz wieder in Frankreich einfällt, erhält Willehalm von einem Engel den Befehl, seinem Schwager Loys beizustehen. Schon die Nachricht von seinem Erscheinen genügt, um die Heiden zum Abzug zu bewegen. Willehalm baut bei Muntbasiliere ein Kloster und bleibt dort bis zu seinem Tod. (36518 Verse; 13 Handschriften, 29 Fragmente)

Ulrich von Türheim hat offenbar den ganzen französischen Epenzyklus um Guillaume d'Orange gekannt und hat sich vor allem an die Epen ›La bataille Loquifer‹, ›Le moniage Rainouart‹ und ›Le moniage Guillaume‹ gehalten. Zu Anfang ist er seinen Vorlagen ziemlich genau gefolgt, doch im Verlauf der Arbeit wird der Umgang mit dem Stoff so frei, daß man zweifeln kann, ob Türheim kontinuierlich nach einer schriftlichen Vorlage gearbeitet hat. In der Darstellung des Mönchslebens von Rennewart und Willehalm sind die komischen und burlesken Motive stark zurückgedrängt. Die Umgestaltung zur Heiligenlegende wird bei Türheim gegen Ende zum beherrschenden Konzept. Neben den französischen Quellen hat er vielleicht auch die lateinische ›Vita Wilhelmi‹ benutzt.

Türheim erhielt seine französischen Quellen durch den Augsburger Bürger Otto den Bogner (urkundlich 1237–1246). Ein Auftraggeber ist im ›Rennewart‹ nicht genannt; aber die Klage über den Tod König Heinrichs (VII.), Konrads von Winterstetten und der Herren von Neifen läßt vermuten, daß die Dichtung, wie Türheims ›Tristan‹-Fortsetzung (vgl. S. 194), für den staufischen Hofkreis verfaßt wurde, mit dem auch Otto der Bogner in Verbindung stand. Das Werk wird um 1250 abgeschlossen worden sein. Die ungewöhnlich große Zahl erhaltener Handschriften bezeugt die weite Verbreitung, vor allem in Verbindung mit Wolframs ›Willehalm‹.

TEXT: Hrsg. von Alfred Hübner (DTM 39). Berlin 1938. – LITERATUR: Christa Westphal-Schmidt, Studien zum Rennewart Ulrichs von Türheim. Frankfurt a. M. 1979.

Ulrich von dem Türlin: ›Willehalm-Arabel‹

Graf Heinrich von Naribon und Irmentschart von Pavie haben sieben Söhne. Der älteste, Willehalm, wird am Kaiserhof aufgezogen und zum Ritter gemacht. Er bewährt sich im Kampf gegen die Heiden und sichert nach Kaiser Karls Tod dessen Sohn Loys die Nachfolge. Als der Heidenkönig Terramer in Spanien einfällt, wird er bei Runzeval von Loys besiegt. Bei der Verfolgung der Feinde gerät Willehalm in Gefangenschaft und wird bei König Tibalt in Todjerne eingekerkert. Acht Jahre verbringt er im Gefängnis; die Liebe zu Tibalts Frau Arabel hilft ihm, die Not zu ertragen. Als Tibalt auf einem Kriegszug ist, läßt Arabel den Gefangenen zu sich kommen, und ihre Zuneigung wandelt sich in Liebe. Sie fliehen zu Schiff und kommen glücklich in die Provence. In Avenjun wird Arabel von Papst Leo auf den Namen Gyburg getauft, und anschließend wird die Hochzeit gefeiert. Hier endet der Text in den meisten Handschriften. Die Redaktion A überliefert eine Fortsetzung, in der erzählt wird, daß Vivianz bei Willehalm und Gyburg aufwächst und dort den Rittergürtel empfängt. Während eines Besuchs in Munleun erhält Willehalm die Nachricht, daß die Heiden unter Tibalt in der Provence gelandet sind, um Rache für die Entführung Gyburgs zu nehmen. Er kehrt nach Oranse zurück und bereitet sich auf den Kampf vor. Damit ist der Anschluß an den Anfang von Wolframs ›Willehalm‹ gefunden. (9641 Verse plus 930 Verse Fortsetzung; elf Handschriften, 16 Fragmente)

Ulrich von dem Türlin hat für die Vorgeschichte des ›Willehalm‹ offenbar keine französischen Quellen benutzt. Wahrscheinlich hat er die ganze Handlung aus Wolframs verstreuten Andeutungen auf die Vorgeschichte der Schlacht von Alischanz rekonstruiert. Auch stilistisch hat sich Türlin eng an Wolfram angeschlossen. In der Ausmalung höfischer Einzelheiten und in der Darstellung der Minnehandlung gewinnt seine Dichtung ein eigenes Gewicht. Ob die Fortsetzung auch von ihm stammt oder ob Türlin sein Werk unvollendet abgebrochen hat und die Überleitung zu Wolframs Dichtung von einem Nachdichter ergänzt wurde, ist unsicher. In neun der elf vollständigen Handschriften steht Türlins Werk vor Wolframs ›Willehalm‹. Über den Dichter und seinen Auftraggeber gibt ein Akrostichon Auskunft: »Meister Ulrich von dem Türlin hat mich geschaffen, für den edlen König von Böhmen« (7,1–8,31). Gemeint ist Ottokar II., an dessen Hof Türlin gedichtet hat. Ulrich von Etzenbach hat ihn als sein Vorbild gefeiert (Alexander 16225ff.). Die Abfassungszeit ergibt sich aus den Regierungsdaten Ottokars II.: 1253–1278.

TEXT: Hrsg. von Samuel Singer. Prag 1893; von Werner Schröder (noch nicht abgeschlossen). – LITERATUR: Werner Schröder, Der Wolfram-Epigone Ulrich von dem Türlin und seine Arabel (SB Wissensch. Gesellsch. an der J. W. Goethe-Universität Frankfurt a.M. 22, Nr. 1). Stuttgart 1985.

2. Heldenepik

Stoffe und Fassungen: Die Heldenepen stammen aus dem Stoffbereich der germanisch-deutschen Heldensagen, die jahrhundertelang mündlich tradiert worden sind. Wie das ›Nibelungenlied‹ sind auch die späteren Epen im Prozeß der Verschriftlichung mündlicher Erzähltraditionen entstanden; und wie das ›Nibelungenlied‹ haben sie Eigenheiten mündlichen Erzählens bewahrt. Allerdings sind die stofflichen Grundlagen für viele Epen schwer zu fassen; manches, was aus mündlicher Überlieferung zu stammen scheint, könnte nachträglich ausgebildet sein. Die märchenhaften Dietrichepen knüpfen überhaupt nicht an alte Stofftraditionen an, sondern sind in ihrem Handlungsgerüst Erfindungen des 13. Jahrhunderts. Die Verfasser haben dabei aus dem Vorrat literarischer Motive geschöpft, den ihnen die ältere Spielmannsepik, aber auch der höfische Roman zur Verfügung stellte. Außerdem ist mit Anregungen durch die französische »chanson de geste«-Epik zu rechnen. Der Wortschatz und der Stil der späteren Heldenepik ist stark vom ›Nibelungenlied‹ beeinflußt. Neu ist die burleske Komik, die sicherlich viel zur Beliebtheit dieser Texte beigetragen hat.

Die meisten Heldenepen sind anonym; nur für den ›Goldemar‹ ist ein Verfassername überliefert. Offenbar haben die Autoren nicht denselben individuellen Kunstanspruch gestellt wie die Dichter höfischer Epen. Damit hängt wohl auch die Unfestigkeit der Texte zusammen. Von einigen Epen existieren verschiedene Fassungen, die zum Teil stark voneinander abweichen. Ähnliches begegnet bei den Spielmannsepen, den Schwankerzählungen und überall dort, wo mit der Einwirkung mündlicher Überlieferungsformen zu rechnen ist.

Strophenform: Die meisten Heldenepen sind in Strophen gedichtet. Es gibt zwar auch Heldenepen in Reimpaaren (›Rabenschlacht‹, ›Laurin‹, ›Biterolf und Dietleib‹) und es gibt umgekehrt höfische Epen in Strophen (›Titurel‹); aber im ganzen hat die Strophenform für die Heldenepik gattungsbestimmende Bedeutung. Am häufigsten sind Langzeilenstrophen: der Hildebrandston, die Walther und Hildegund-Strophe, die Kudrunstrophe und die Rabenschlachtstrophe sehen alle der Nibelungenstrophe sehr ähnlich und bestehen wie diese aus vier Langzeilen, die in der Mitte eine Zäsur haben und am Ende paarweise gereimt sind (die Rabenschlachtstrophe hat nur drei Langzeilen). Die Abweichungen von der Nibelungenstrophe betreffen hauptsächlich die Hebungszahl im letzten Vers. So bezeugen auch diese Strophenformen, wie sehr das ›Nibelungenlied‹ das Erscheinungsbild der Gattung geprägt hat. Anders ist der Bernerton gebaut, der aus 13 Kurzversen mit komplizierter Reimstellung besteht; er ist in einigen aventiurehaften Dietrichepen verwendet worden.

Überlieferung: Die Überlieferung der Heldenepik zeigt von Anfang an die Tendenz zur Zyklusbildung; das gilt insbesondere für den Epenkreis um Dietrich von Bern. Schon in den ältesten Handschriften stehen mehrere dieser Werke zusammen, wobei sich früh enge Verbindungen zwischen bestimmten Epen zeigen. Solche Gruppen sind seit dem Ende des 13. Jahrhunderts wiederholt in Sammelhandschriften aufgenommen worden, die auch höfische Epen enthalten, manchmal auch Werke aus anderen Gattungen. Ein später Nachfahre dieses Überlieferungstyps ist das Ambraser Heldenbuch, das Kaiser Maximilian I. in den Jahren 1504–1516 schreiben ließ. Es enthält zwischen höfischer Epik acht Heldenepen und ist für die Kenntnis der Heldenepik von besonderem Wert, weil mehrere Werke nur hier überliefert sind (›Kudrun‹, ›Biterolf und Dietleib‹, ›Wolfdietrich A‹). Der Schwerpunkt der Überlieferung liegt im 15. Jahrhundert. In dieser Zeit wurden die alten Epen mehrfach zu umfangreichen Sammlungen vereinigt, den sogenannten Heldenbüchern. Die älteste Handschrift dieses Typs, das Dresdner Heldenbuch von 1472, das offenbar für Herzog Balthasar von Mecklenburg († 1507) geschrieben wurde, ist mit elf Werken die reichste Sammlung von Heldenepik überhaupt. Die weiteste Verbreitung fand dieser Überlieferungstyp in Gestalt des Gedruckten Heldenbuchs, das zum ersten Mal nach 1480 erschien und das bis 1590 sechs Auflagen erlebte. Einige Heldenepen sind auch einzeln gedruckt worden. Es bestand also noch im 16. Jahrhundert, als die höfische Literatur des hohen Mittelalters bereits zum größten Teil vergessen war, eine Nachfrage nach den alten Heldenepen. Am längsten blieb das Interesse an den märchenhaften Geschichten wach (›Ortnit‹, ›Wolfdietrich‹, ›Rosengarten‹, ›Laurin‹).

Chronologisch-geographischer Überblick: Es hat den Anschein, daß die Produktion von Heldenepen sich über das ganze 13. Jahrhundert verteilt. ›Walther und Hildegund‹, ›Ortnit‹, ›Wolfdietrich‹, ›Eckenlied‹, ›Goldemar‹ und ›Dietrich und Wenezlan‹ könnten bereits in der ersten Hälfte des 13. Jahrhunderts entstanden sein, ›Kudrun‹ und ›Biterolf und Dietleib‹ etwa in der Mitte, die übrigen in der zweiten Hälfte. Im einzelnen ist die Chronologie der Werke jedoch höchst unsicher; entsprechend breit schwanken die zeitlichen Ansätze.

Ganz anders verhält es sich mit der räumlichen Verteilung. Wie schon das ›Nibelungenlied‹ sind auch die späteren Heldenepen fast alle auf bayerisch-österreichischem Sprachgebiet entstanden. Keine andere Gattung der höfischen Literatur zeigt eine so enge räumliche Begrenztheit. Einige der aventiurehaften Dietrichepen (›Eckenlied‹, ›Laurin‹) weisen nach Tirol. Einige andere (›Sigenot‹, ›Virginal‹) stammen wahrscheinlich aus dem schwäbisch-alemannischen Raum. Einige Texte sind nach Mitteldeutschland und bis an den Rhein gelangt; der ›Laurin‹ ist sogar ins Dänische übersetzt worden. Aber der Schwerpunkt der Verbreitung lag immer in Süddeutschland, bis in die Zeit der gedruckten Heldenbücher.

Dietrich von Bern: Dietrich von Bern war im Mittelalter der berühmteste deutsche Sagenheld. Neben ihm stand sein alter Waffenmeister Hildebrand, und um die beiden sammelte sich ein ganzer Heldenkreis mit eigenen Geschichten. Ausgangspunkt der Sagenbildung war die historische Gestalt des Ostgotenkönigs Theoderich († 526), der gegen Ende des 5. Jahrhunderts Italien erobert hat. Merkwürdigerweise hat die Sage die historischen Vorgänge umgekehrt: Dietrich verliert seine Herrschaft über Italien und muß zu den Hunnen fliehen; dabei ist er zu einem Zeitgenossen seines Vorfahren Ermanarich († 375) und des Hunnenkönigs Attila-Etzel († 453) gemacht worden. Weil unter den Verfassern der Dietrichepen kein Künstler vom Format des Nibelungendichters war, wird diesen Epen in der Literaturgeschichte nur ein bescheidener Platz eingeräumt. Nach der Anzahl der Texte und ihrer Wirkungsgeschichte gehört der Epenzyklus um Dietrich von Bern jedoch zu den bemerkenswertesten Erscheinungen im 13. Jahrhundert. Man kann die Epen in zwei Gruppen teilen: die historischen und die märchenhaften (oder aventiurehaften) Dietrichepen. Die einen erzählen von den Kriegen um Italien, die anderen von Abenteuern und Kämpfen gegen Zwerge und Unholde.

LITERATUR: Werner Hoffmann, Mittelhochdeutsche Heldenepik. Berlin 1974. – Joachim Heinzle, Mittelhochdeutsche Dietrichepik. Untersuchungen zur Tradierungsweise, Überlieferungskritik und Gattungsgeschichte später Heldendichtung. München 1978. – Ders.: Dietrich von Bern. In: Epische Stoffe des Mittelalters. Hrsg. von Volker Mertens u. Ulrich Müller. Stuttgart 1984, S. 141–155.

Die historischen Dietrichepen

Der historische Theoderich hat seinen Gegner Odoaker in Ravenna (= Raben) belagert und hat ihn anschließend ermordet. In den Epen herrscht Dietrich über Norditalien (Bern = Verona) und muß sich gegen die Nachstellungen seines bösartigen Onkels Ermenrich wehren, der als König von Rom die Herrschaft über ganz Italien erstrebt.

›Dietrichs Flucht‹

Ermenrich plant, den Neffen in einen Hinterhalt zu locken und zu vernichten. Dietrich entgeht dem Anschlag und siegt in den anschließenden Kämpfen; doch Hildebrand und andere Dietrichrecken geraten in Gefangenschaft. Um sie auszulösen, verzichtet Dietrich auf seine Herrschaft und geht ins Exil zum Hunnenkönig Etzel. Mit einem neuen Heer besiegt er Ermenrich und belagert ihn in Raben. Der Verrat seines früheren Gefährten Witege bringt ihn jedoch um die Früchte des Sieges. Noch einmal rüstet ihm Etzel ein Heer aus, und wieder wird Ermenrich besiegt. Doch Dietrich kehrt zuletzt zu Etzel zurück. (10152 Reimpaarverse; vier Handschriften, ein Fragment; zweite Hälfte des 13. Jahrhunderts)

›Die Rabenschlacht‹

Bei einem erneuten Versuch, seine Herrschaft in Italien zurückzugewinnen, wird Dietrich von den beiden Söhnen Etzels und seinem eigenen Bruder Diether begleitet. Die Kinder entziehen sich der Aufsicht, reiten alleine aus und werden von Witege erschlagen. Inzwischen wird Ermenrich in der großen Schlacht bei Raben besiegt. Als Dietrich von dem Tod der Kinder erfährt, macht er sich auf die Verfolgung Wigeges, erreicht ihn aber nicht. Etzel und seine Frau Helche sind kaum in ihrem Schmerz und Zorn zu besänftigen. Dietrich kehrt an den Hunnenhof zurück. (1140 Strophen im Rabenschlachtton; vier Handschriften, ein Fragment; zweite Hälfte des 13. Jahrhunderts)

In allen vier vollständigen Handschriften folgt die ›Rabenschlacht‹ auf ›Dietrichs Flucht‹; sie ist offenbar als Fortsetzung konzipiert worden. Auffällig ist jedoch, daß der ›Rabenschlacht‹-Dichter eine andere metrische Form gewählt hat. Der Tod der Etzelsöhne ist ein sehr altes Sagenmotiv, das hier in eine rührend-traurige Kindergeschichte verwandelt ist.

›Alpharts Tod‹

Dietrich wird von Ermenrich angegriffen. Auf einem Wachritt trifft der junge Alphart die beiden von Dietrich abgefallenen Recken Witege und Heime, besiegt sie einzeln, wird aber von ihnen gemeinsam erschlagen. Hildebrand kommt mit einem Ersatzheer nach Bern, und in einer großen Schlacht wird Ermenrich besiegt. Witege und Heime entziehen sich der Rache Dietrichs, indem sie ihre Waffenzeichen unkenntlich machen. (469 Strophen, zum Teil im Nibelungen-, zum Teil im Hildebrandston; eine Handschrift, unvollständig; zweite Hälfte des 13. Jahrhunderts)

›Dietrich und Wenezlan‹ (Fragment)

König Wenezlan von Polen hat einige von Dietrichs Gefährten gefangengenommen und fordert Dietrich zum Kampf heraus. Dietrich bricht mit einem Heer auf; doch der Kampf wird in höfischer Form wie ein Turnier ausgetragen. Der Ausgang ist offen. (499 Reimpaarverse; ein Fragment; erste Hälfte des 13. Jahrhunderts)

Die märchenhaften oder aventiurehaften Dietrichepen

Diese Epen besitzen eine weniger feste Textgestalt und sind zumeist reicher überliefert. Man nennt sie märchenhaft, weil sie oft von Kämpfen gegen Riesen, Zwerge oder Drachen erzählen; man kann sie auch aventiurehaft nennen, weil der Aufbau der Geschichten an die Abenteuerstruktur der späthöfischen Romane erinnert. Die stofflichen Grundlagen dieser Epen sind unsicher. Im angelsächsischen ›Waldere‹ aus dem 9./10. Jahrhundert ist davon die Rede, daß Dietrich von Witege (Widia) aus der Gewalt von Unholden befreit wurde. Danach gab es sehr alte Erzählungen von seinen märchenhaften Kämpfen. Wieviel davon in die Epen des 13. Jahrhunderts eingegangen ist, läßt sich nicht ermitteln. Unklar ist auch, wie groß der Einfluß der französischen »chanson de geste«-Epik auf die deutschen Texte war. Mit ihrer bunten Handlungsfülle, ihrem grotesken Humor und ihrer naiven Frömmigkeit trafen diese Werke einen breiten Publikumsgeschmack, der über Jahrhunderte gleichblieb.

›Eckenlied‹

Der junge Riese Ecke soll Dietrich zu den Königinnen auf Jochgrimm bringen. Er wird von ihnen mit kostbaren Waffen ausgerüstet und trifft Dietrich in den Bergen. Der Kampf endet mit Eckes Tod. Von nun an führt Dietrich Eckes Waffen. Dietrich rettet eine Dame, die von Eckes Bruder Fasolt verfolgt wird, und zwingt diesen dazu, ihm Mannschaft zu leisten. Fasolt bricht jedoch sein Wort und wird von Dietrich getötet. Dieses Schicksal teilen noch andere Riesen und Riesinnen aus Eckes Verwandtschaft, die dessen Tod rächen wollen. Am Schluß gehen die verschiedenen Fassungen auseinander. Nach der einen kommt Dietrich nach Jochgrimm und wirft den Königinnen Eckes Kopf vor die Füße; nach der anderen befreit er die Königinnen auf Jochgrimm aus der Gewalt der Riesen. (Drei Fassungen, zwischen 244 und 311 Strophen im Bernerton; zwei Handschriften, fünf Fragmente, elf Drucke bis ca. 1590; Anfang des 13. Jahrhunderts)

Die ›Eckenlied‹-Strophe in der Münchener Handschrift der ›Carmina Burana‹ (1. Hälfte des 13. Jahrhunderts) ist die älteste textliche Bezeugung der Dietrichepik. Der Riese Ecke verdankt seinen Namen und seine Existenz offenbar Dietrichs berühmtem Schwert Eckesachs: das ›Eckenlied‹ erzählt, wie Dietrich zu dieser Waffe gekommen ist. In den Königinnen auf Jochgrimm und dem Riesen Fasolt vermutet man Wetterhexen und Sturmdämonen aus der Tiroler Volkssage. Auffällig sind höfische Motive – Ecke zieht als Frauenritter gegen Dietrich – und Berührungen mit der französischen Literatur.

›Sigenot‹

Dietrich trifft im Wald den Riesen Sigenot, der ihn niederschlägt und ihn in ein Felsenloch wirft. Hildebrand ist Dietrich nachgeritten und wird ebenfalls von Sigenot überwältigt; es gelingt ihm jedoch, mit Dietrichs Schwert Sigenot zu töten und Dietrich mit Hilfe des Zwergenfürsten Eggerich zu befreien.

Der ›Ältere Sigenot‹ aus dem 13. Jahrhundert ist ein kurzer Text (44 Strophen im Bernerton; eine Handschrift), der als Einleitung zum ›Eckenlied‹ überliefert ist. Im 14. Jahrhundert entstand der ›Jüngere Sigenot‹, der die Kämpfe viel breiter erzählt und der bis ins 17. Jahrhundert gelesen wurde (ca. 200 Strophen; vier Handschriften, drei Fragmente, 20 Drucke bis 1661).

›Goldemar‹ (Fragment)

Dietrich trifft im Wald Zwerge, die ein Mädchen wegführen. Auf Dietrichs Frage antwortet der Zwergenkönig Goldemar, daß er nicht mit ihm kämpfen wolle.

Nach zehn Strophen (im Bernerton) bricht der Text ab. Aus späteren Zeugnissen ergibt sich, daß Goldemar die Prinzessin Hertlin von Portugal entführt hat und daß Dietrich sie in schweren Kämpfen befreit und schließlich heiratet. Dietrich tritt hier als höfischer Frauenritter auf. Als Dichter nennt sich Albrecht von Kemenaten. Wenn er derselbe war, den Rudolf von Ems genannt hat (Alexander 3252; W. v. Orlens 2244f.), so ist der ›Goldemar‹ vor 1240 entstanden.

›Virginal‹

Zur Zeit, als Dietrich noch kein erprobter Kämpfer war, wird die Zwergenkönigin Virginal von dem Heidenkönig Orkise angegriffen. Hildebrand erschlägt ihn, Dietrich muß sich gegen Orkises Gefolge wehren. Sie folgen der Einladung Virginals und müssen auf dem Weg dorthin viele Kämpfe mit Drachen und Riesen bestehen. An Virginals Hof wird ein großes Fest gefeiert. Zuletzt gehen die Fassungen auseinander: nach der einen wird Dietrich nach Bern zurückgerufen; nach der anderen nimmt er Virginal zur Frau. (Mehrere Fassungen, zwischen 130 und 1097 Strophen im Bernerton; drei Handschriften, neun Fragmente; zweite Hälfte des 13. Jahrhunderts)

Die Dichtung steht deutlich unter dem Einfluß des höfischen Romans, vielleicht speziell Konrads von Würzburg. Wie im ›Goldemar‹ werden Heldentum und höfisches Minnewesen miteinander verbunden.

›Laurin‹

Dietrich und seine Gesellen zerstören mutwillig den Rosengarten des Zwergenkönigs Laurin, der sich dafür rächen will, aber in schwerem Kampf von Dietrich besiegt wird. Sie folgen der Einladung des Zwergenkönigs in sein Reich, wo sie zunächst freundlich bewirtet werden. Laurin hat Dietleibs Schwester Künhild in seiner Gewalt. Es kommt zum Kampf mit den Zwergen, in dem die Dietrichhelden Sieger bleiben. Künhild wird befreit, und Laurin wird als Gefangener nach Bern geführt. In einer Fassung läßt Laurin sich in Bern taufen und wird Dietrichs Freund. (Mehrere Fassungen, zwischen 838 und 2830 Reimpaarverse; eine strophische Fassung: 326 Strophen in der Heunenweise; 13 Handschriften, fünf Fragmente, elf Drucke bis 1590; zweite Hälfte des 13. Jahrhunderts)

In einer Fassung folgt auf den ›Laurin‹ eine Fortsetzung (›Walberan‹, 1256 Reimpaarverse, unvollständig), die von dem Rachefeldzug erzählt, den Laurins Onkel Walberan gegen Dietrich unternimmt, der aber friedlich endet. Man nimmt an, daß das Rosengarten-Motiv aus Tiroler Volksüberlieferung stammt und daß es dort den Sinn hatte, das Alpenglühen zu erklären. Für die übrige Handlung ist keine sagengeschichtliche Grundlage zu erkennen. Kein anderes Epos des Dietrichkreises hat eine so weite Verbreitung gefunden.

›Der Rosengarten zu Worms‹ (Fassung A)

Kriemhild hat in Worms einen herrlichen Rosengarten, der von zwölf Helden bewacht wird. Sie fordert Dietrich auf, mit seinen Gefährten gegen ihre Helden anzutreten, und verspricht jedem Sieger einen Rosenkranz und einen Kuß. Die Berner bringen Hildebrands Bruder, den streitbaren Mönch Ilsan, mit. In den zwölf Einzelkämpfen siegt jedesmal der Berner Held, nur der Kampf zwischen Walther und Dietleib geht unentschieden aus. Einige der Wormser werden getötet, andere werden durch Kriemhilds Dazwischentreten gerettet. Der Höhepunkt ist der Schlußkampf zwischen Dietrich und Siegfried, der durch Dietrichs Feueratem entschieden wird. Zuletzt besiegt Ilsan 52 Gegner, was ihm 52 Rosenkränze für seine Klosterbrüder einbringt. Kriemhilds Rosengarten bleibt auf immer zerstört. In der Fassung D geht die Einladung zum Kampf von Kriemhilds Vater Gibich aus; die Berner ziehen mit einem von König Etzel ausgerüsteten und von Rüdiger geführten Heer nach Worms. Die Paarung der Kämpfer ist dort anders, aber der Ausgang ist derselbe. (Mehrere Fassungen, zwischen 364 und 633 Strophen im Hildebrandston und in der Heunenweise; zwölf Handschriften, acht Fragmente, sechs Drucke bis 1590; Mitte oder zweite Hälfte des 13. Jahrhunderts)

Anklänge an das ›Nibelungenlied‹ finden sich öfter in der Dietrichepik; im ›Rosengarten zu Worms‹ ist die Bezugnahme auf das alte Epos handlungsbestimmend (in der Fassung D noch verstärkt). Der ›Rosengarten‹-Dichter hat auch andere, vermutlich mündliche, Nibelungenüberlieferungen gekannt, wie der Name Gibich für Kriemhilds Vater zeigt. Im Mittelpunkt steht Kriemhild. Der positiven Wertung Kriemhilds, wie sie in der C-Bearbeitung des ›Nibelungenlieds‹ und in der ›Klage‹ zum Ausdruck kam, stellte der ›Rosengarten‹-Dichter ein ganz negatives Kriemhildbild gegenüber, das an das *vâlandinne*-Motiv im ›Nibelungenlied‹ anknüpfen konnte. Durch die Konfrontierung mit der lauteren Heldenhaftigkeit der Berner und dem komischen Haudegentum des Mönchs Ilsan gerät das höfische Minnewesen in ein ironisches Licht.

›Biterolf und Dietleib‹

König Biterolf hat Frau und Kind verlassen, um bei König Etzel Ritterschaft zu üben. Als sein Sohn Dietleib herangewachsen ist, macht er sich auf die Suche nach dem Vater. In Worms wird er von Gunther und Hagen angegriffen. Dann kommt er zu Etzel: Rüdiger bringt Vater und Sohn zusammen. Etzel führt einen Rachefeldzug gegen Worms; auch Dietrich von Bern mit seinen Helden ist dabei. Zuerst findet ein Vorturnier statt, dann die eigentliche Schlacht und zuletzt ritterliche Einzelkämpfe. Dietleib tritt gegen Gunther an, Dietrich gegen Siegfried. Dietrich muß erst in Kampfstimmung gebracht werden, gerät aber dann in solche Glut, daß Siegfried vor ihm zurückweicht. Die Wormser Damen, die zugesehen haben, schlichten den Streit, und die Gegner versöhnen sich. (13510 Reimpaarverse; eine Handschrift; Mitte oder zweite Hälfte des 13. Jahrhunderts)

Deutlich ist im zweiten Teil die Beziehung zum ›Rosengarten zu Worms‹. Ebenso deutlich ist die Bezugnahme auf das ›Nibelungenlied‹, das gewissermaßen umgekehrt wird: nicht die Burgunden ziehen nach Etzelburg, sondern Etzel kommt mit einem Heer an den Rhein. Auch der Ausgang der Kämpfe kann als Kontrafaktur zum ›Nibelungenlied‹ aufgefaßt werden: allgemeine Versöhnung statt gegenseitiger Vernichtung. Der Dichter war bemüht, Bausteine der Heldenepik mit Strukturelementen des Aventiureromans zu verbinden.

TEXTE: ›Dietrichs Flucht‹: Hrsg. von Ernst Martin. In: Deutsches Heldenbuch. Bd. 2. Berlin 1866, S. 55–215; dazu: Hugo Kuhn in: VL 2, 1980, Sp. 116–127. – ›Rabenschlacht‹: Hrsg. von Ernst Martin (s. oben), S. 217–326. – ›Alpharts Tod‹: Hrsg. von Uwe Zimmer. Göppingen 1972; dazu: Hellmut Rosenfeld in: VL 1, 1978, Sp. 258–261. – ›Dietrich und Wenezlan‹: Hrsg. von Julius Zupitza. In: Deutsches Heldenbuch. Bd. 5. Berlin 1870, S. 265–274; dazu: Joachim Heinzle in: VL 2, 1980, Sp. 149–151. – ›Eckenlied‹: Hrsg. von Julius Zupitza (s. oben), S. 217–264; dazu: Joachim Heinzle in: VL 2, 1980, Sp. 323–327. – ›Älterer Sigenot‹: Hrsg. von Julius Zupitza (s. oben), S. 205–215. – ›Jüngerer Sigenot‹: Hrsg. von A. Clemens Schoener. Heidelberg 1928. – ›Goldemar‹: Hrsg. von Julius Zupitza (s. oben), S. 201–204; dazu: Joachim Heinzle in: VL 1, 1978, Sp. 195–198. – ›Virginal‹: Hrsg. von Julius Zupitza (s. oben), S. 1–200. – ›Laurin‹: Hrsg. von Georg Holz. Halle 1897; dazu: Joachim Heinzle in: VL 5, 1985, Sp. 625–630. – ›Rosengarten zu Worms‹: Hrsg. von Georg Holz. Halle 1893. – ›Biterolf und Dietleib‹: Hrsg. von André Schnyder. Bern, Stuttgart 1980; dazu: Michael Curschmann in: VL 1, 1978, Sp. 879–883.

Andere Stoffkreise

›Ortnit‹ und ›Wolfdietrich‹

In den Handschriften sind ›Ortnit‹ und ›Wolfdietrich‹ öfter mit den märchenhaften Dietrichepen zusammengestellt worden, vor allem mit ›Laurin‹ und dem ›Rosengarten zu Worms‹, obwohl sie stoffgeschichtlich nichts mit dem Dietrichkreis zu tun haben. ›Ortnit‹ und ›Wolfdietrich‹ hängen auch untereinander stoffgeschichtlich nicht zusammen, sondern sind erst von den Dichtern des 13. Jahrhunderts in eine enge Handlungsfolge gebracht worden. Die stofflichen Grundlagen des ›Ortnit‹ sind undeutlich. Es gab eine niederdeutsche Ortnit-Hertnitsage, die in der norwegischen ›Thidrekssaga‹ einen Niederschlag gefunden hat und die offenbar von der altrussischen Heldendichtung beeinflußt war. Wieviel der oberdeutsche ›Ortnit‹-Dichter des 13. Jahrhunderts davon gekannt hat, bleibt offen. Der ›Wolfdietrich‹ wird auf eine fränkisch-merowingische Stofftradition zurückgeführt; doch ist davon im 13. Jahrhundert kaum noch etwas zu erkennen.

›Ortnit‹

König Ortnit von Lamparten wirbt um die Tochter des Heidenkönigs Machorel. Er wird dabei von seinem Vater, dem Zwergenkönig Alberich, unterstützt. Mit Alberichs List gelingt die Entführung der Prinzessin. Um sich zu rächen, schickt Machorel zwei Dracheneier nach Lamparten, aus denen Drachen schlüpfen, die das Land verwüsten. Ortnit zieht gegen die Drachen aus, wird jedoch von ihnen im Schlaf überrascht und aufgefressen. (Mehrere Fassungen, zwischen 297 und 597 Strophen im Hildebrandston; elf Handschriften, ein Fragment, sechs Drucke bis 1590; erste Hälfte des 13. Jahrhunderts)

Der erste Teil, die Entführungsgeschichte, erinnert an die Spielmannsepen, mit denen der ›Ortnit‹ auch das negative Heidenbild und den Kreuzzugsgedanken teilt. Besonders interessant sind zeitgeschichtliche Anspielungen auf den Kreuzzug von 1217. Der zweite Teil mit dem unheroischen Tod des Helden ist offenbar schon auf die Fortsetzung der Handlung im ›Wolfdietrich‹ hin angelegt.

›Wolfdietrich‹

Es existieren mehrere Fassungen, die inhaltlich weit auseinandergehen. Als älteste Fassung (›Wolfdietrich A‹) gilt der im Ambraser Heldenbuch überlieferte Text.

Wolfdietrich ist der Sohn König Hugdietrichs von Konstantinopel. Als dessen Gemahlin der Untreue bezichtigt wird, soll das Kind von Berhtung getötet werden; der versteckt es jedoch und übernimmt seine Erziehung. Nach dem Tod des Königs bemächtigen sich die beiden älteren Brüder der Herrschaft und verstoßen ihre Mutter und Wolfdietrich, die bei Berhtung Zuflucht finden. Später geht Wolfdietrich außer Landes, gelangt nach Lamparten, tötet dort die Drachen, die König Ortnit umgebracht haben, und heiratet dessen Witwe. Mit einem großen Heer kehrt er nach Konstantinopel zurück, läßt seine Brüder töten und macht Berhtungs Söhne zu Herren über das Land. Wolfdietrich und seine Frau beenden ihr Leben im Kloster. (606 Strophen im Hildebrandston, unvollständig; inhaltlich ergänzt nach der Kurzfassung im Dresdner Heldenbuch, 334 Strophen; erste Hälfte des 13. Jahrhunderts)

Der ›Wolfdietrich A‹ stammt vielleicht von demselben Dichter wie der ›Ortnit‹. Im ›Wolfdietrich B‹ ist die Geschichte von der Geburt des Helden anders erzählt: hier wirbt der Vater Hugdietrich um eine Prinzessin, die in einem Turm eingeschlossen ist; das heimlich empfangene Kind wird ausgesetzt und nachträglich vom Vater anerkannt. Später hat Wolfdietrich viele märchenhafte Abenteuer zu bestehen. In Lamparten trifft er Ortnit noch lebendig an (932 Strophen im Hildebrandston; drei Handschriften). Der ›Wolfdietrich C‹ ist nur fragmentarisch durch eine Handschrift aus der Zeit um 1300 bezeugt. Der ›Wolfdietrich D‹ (der ›Große Wolfdietrich‹), ein Epos im Umfang des ›Nibelungenlieds‹ (2242 Strophen im Hildebrandston; acht Handschriften, ein Fragment, sechs Drucke bis 1590), gibt sich als ein Werk Wolframs von Eschenbach aus und ist vielleicht erst im 14. Jahrhundert entstanden. Hier wird Wolfdietrich als Kind von Wölfen entführt und lebt sieben Jahre in der Wildnis.

Der ›Wolfdietrich‹ ist fast immer zusammen mit dem ›Ortnit‹ überliefert; nur der ›Wolfdietrich B‹, in den die Ortnitgeschichte eingearbeitet ist, steht allein. Die bunte Mischung von Motiven der Heldendichtung, des höfischen Romans und der Legendenepik entsprach den Erwartungen des Publikums.

Texte: ›Ortnit‹: Hrsg. von Arthur Amelung. In: Deutsches Heldenbuch. Bd. 3. Berlin 1871, S. 1–77; dazu: Wolfgang Dinkelacker in: VL 7, 1989, Sp. 58–67. – ›Wolfdietrich A‹: Hrsg. von Hermann Schneider (ATB 28). Halle 1931.

›Walther und Hildegund‹

Die Geschichte von Walthers und Hildegunds gemeinsamer Flucht aus dem Hunnenland, von Walthers Kämpfen gegen Gunther und die Wormser Helden und von ihrer glücklichen Heimkehr, ist zuerst im lateinischen ›Waltharius‹ (9./10. Jahrhundert) bezeugt. Die mündlich weitertradierte Sage ist im 13. Jahrhundert zu einem Heldenepos ausgestaltet worden, von dem nur so geringe Reste (57 Strophen, zum Teil verstümmelt) erhalten sind, daß eine Rekonstruktion des Handlungsgangs nicht möglich ist.

Text: Hrsg. von W. Eckerth. 2. Aufl. Halle 1909.

›Kudrun‹

Kudruns Großvater Hagen wird als Kind von Greifen auf eine Insel entführt, wo drei Königstöchter gefangen sind. Als er stark genug geworden ist, tötet er die Greifen, kehrt nach Irland zurück, heiratet eine der drei Prinzessinnen, Hilde von Indien, und wird ein mächtiger König. Seine Tochter Hilde wird von König Hetel von Dänemark entführt. Hagen verfolgt die Entführer, und es kommt zu einer Schlacht, die jedoch mit einer Versöhnung und der Zustimmung Hagens zu der Ehe endet. Hetels und Hildes Tochter ist Kudrun, um die später drei Könige werben, Siegfried von Morland, Hartmut von Ormanie und Herwig von Seeland, die alle abgewiesen werden. Herwig erzwingt durch einen Krieg Hetels Zustimmung. Doch bevor die Ehe geschlossen ist, überfällt Hartmut Hetels Burg und entführt Kudrun und ihre Mädchen. Auf dem Wülpensant kommt es zu einer verlustreichen Schlacht zwischen den Entführern und den Verfolgern; dabei wird Hetel getötet, und Hartmut entkommt. Ein Rachezug Herwigs wird aufgeschoben, bis die nächste Kriegergeneration herangewachsen ist. Kudrun weigert sich inzwischen, einer Ehe mit Hartmut zuzustimmen, und wird deswegen von Hartmuts Mutter, der bösen Königin Gerlind, dazu gezwungen, niedrige Magddienste zu leisten. Nach dreizehn Jahren kommt Herwig mit einem Heer nach Ormanie und trifft Kudrun und die treue Hildeburg beim Wäschewaschen am Strand. Beim Sturm auf die Burg wird König Ludwig, Hartmuts Vater, erschlagen; die böse Gerlind wird von Wate getötet. Als Herwigs Gemahlin kehrt Kudrun nach Dänemark zurück. (1705 Strophen; eine Handschrift)

Die stoffgeschichtlichen Grundlagen der ›Kudrun‹ sind nur undeutlich zu erkennen. Es gab eine germanische Hildesage, die durch skandinavische Quellen bezeugt ist. Danach ist Hilde, König Högnis (= Hagens) Tochter, mit Hedin entflohen, wurde von Högni verfolgt, und es kam zur Schlacht, in der Högni und Hedin sich gegenseitig töteten. Hilde soll die am Tag Gefallenen nachts wieder zum Leben erweckt haben, so daß der Kampf immer von neuem begann. Ob es daneben eine eigene Kudrunsage gab oder ob der ›Kudrun‹-Dichter die Handlung des Hauptteils selbständig komponiert hat, ist umstritten. Auffällig ist die Doppelung und Verdreifachung des Werbungs- und Entführungsmotivs, das die ›Kudrun‹ mit der Spielmannsepik verbindet. Es gibt auch Beziehungen zum höfischen Roman, sowohl in der Handlungsführung als auch in der psychologischen Gestaltung. Dominierend ist jedoch der Einfluß des ›Nibelungenlieds‹, dem der ›Kudrun‹-Dichter in der Strophenform, im Aufbau und im Erzählstil gefolgt ist. Die leidende und zur Versöhnung bereite Kudrun wirkt wie ein Gegenbild zu der gnadenlosen Rächerin Kriemhild, und das friedliche Ende ist dem Vernichtungsschluß des ›Nibelungenlieds‹ entgegengesetzt. Diese Antithetik spiegelt aber weniger das eigene Programm des ›Kudrun‹-Dichters als einen geringeren Widerstand gegen den Zeitgeschmack. Die Ausgestaltung der ergreifenden

Handlung scheint dem Dichter wichtiger gewesen zu sein als die Problematisierung des Stoffes.

Über den Verfasser ist nichts bekannt. Anhaltspunkte für eine genauere Datierung (Mitte des 13. Jahrhunderts) fehlen. Das Werk ist offenbar gänzlich unbekannt geblieben.

TEXT: Hrsg. von Karl Bartsch. 5. Aufl. bearbeitet von Karl Stackmann. Wiesbaden 1965; dazu: Karl Stackmann in: VL 5, 1985, Sp. 410–426.

3. Fiktive Autobiographie: Ulrich von Liechtenstein: ›Frauendienst‹

Mit dreizehn Jahren kommt Liechtenstein an einen Fürstenhof und dient dort als Edelknappe der Herrin des Hofes. Nachdem er den Rittergürtel empfangen hat, beschließt er, sich ganz dem Dienst dieser Dame zu widmen. Er dichtet Minnelieder für sie, die er ihr durch Boten überbringen läßt, und bittet sie, ihn als ihren Ritter anzunehmen. Die Dame lehnt das ab, unter anderem mit dem Hinweis auf seine Hasenscharte, was ihn veranlaßt, sich diese Verunstaltung wegoperieren zu lassen. Er zieht von Turnier zu Turnier, kämpft zum Ruhm seiner Dame, dichtet zwischendurch Lieder und fleht um die Erhörung seiner Liebe. Schließlich unternimmt er eine große Demonstration seines Minnerittertums: als Frau Venus verkleidet zieht er durch Friaul und Österreich bis nach Böhmen und fordert überall die Ritter zum Kampf heraus. Seine Dame ist davon so beeindruckt, daß sie ihn zum Stelldichein einlädt. Als Aussätziger verkleidet muß er zwei Tage vor ihrer Burg warten; dann wird er mit einem Ziehkorb in das Zimmer der Dame befördert. Als er dort auf seinem Minnelohn besteht und zudringlich wird, weiß die Dame es so zu arrangieren, daß man ihn wieder im Korb hinunterläßt. Auch dieser Mißerfolg bringt ihn aber nicht davon ab, weiter durch Lieder und Rittertaten um die Gunst seiner Dame zu werben. Schließlich ist das Verhältnis jedoch zerbrochen, ohne daß wir erfahren, woran. Nachdem er einige Jahre als minneloser Mann gelebt hat, wählt Liechtenstein sich eine neue Herrin, für die er fortan singt und kämpft. Noch einmal veranstaltet er ein großes Spektakel: er zieht als König Artus durchs Land und versticht zahlreiche Speere mit adligen Standesgenossen.

Gegen Ende des Werks wird der epische Bericht immer magerer. Das zweite Minneverhältnis scheint noch bestanden zu haben, als Liechtenstein seine merkwürdige Lebensgeschichte verfaßt hat. Er war inzwischen ein Mann von über fünfzig Jahren.

Der epische Bericht umfaßt 14800 Verse, in 1850 Strophen zu je acht Reimpaarversen. In die Erzählung eingeschoben sind 58 Lieder und ein Leich von Liechtenstein, außerdem drei Büchlein von jeweils über 300 Versen und mehrere Briefe, zum Teil in Versen, zum Teil in Prosa.

Abgesehen von den fürstlichen Minnesängern gibt es keinen Dichter des 13. Jahrhunderts, der historisch so gut bezeugt ist wie Ulrich von Liechtenstein. Die Liechtensteiner gehörten zu den mächtigen Landesministerialen der Steiermark. Ulrich ist von 1227 bis 1274 urkundlich bezeugt; er ist wahrscheinlich 1275 gestorben. Er kommt in 95 Urkunden vor, wovon acht von ihm selbst ausgestellt sind. Er ist seit 1244 als Truchseß, seit 1267 als Marschall der Steiermark bezeugt. 1272 tritt er als Landrichter in bedeutender Stellung auf. Nach der Schilderung Ottokars von Steiermark hat Ulrich von Liechtenstein eine führende Rolle in der Landespolitik gespielt. Von seiner politischen Tätigkeit ist im ›Frauendienst‹ mit keinem Wort die Rede. In der Dichtung werden nur zwei historische Ereignisse erwähnt, die auch anderweitig dokumentiert sind: die Hochzeit der Herzogstochter Agnes mit Albrecht von Sachsen im Jahr 1222 und der Tod Herzog Friedrichs II. im Jahr 1246. Historisch verifizierbar sind außerdem die meisten der mehr als 160 namentlich genannten Personen der Zeitgeschichte, hauptsächlich Mitglieder des österreichischen und steirischen Adels, mit denen Liechtenstein persönlich bekannt war. Diese Namen sollten offenbar die Faktizität der dargestellten Ereignisse verbürgen, vor allem der beiden großen ritterlichen Unternehmen. Ob diese Ereignisse tatsächlich so stattgefunden haben, wie Liechtenstein sie beschreibt, wissen wir nicht. Früher hat man den ›Frauendienst‹ als kulturgeschichtliche Quelle wörtlich genommen; inzwischen ist klar geworden, daß Liechtensteins Darstellung seines Minnedienstes im wesentlichen aus literarischen Motiven zusammengesetzt ist. Der dokumentarische Wert der Dichtung wird nicht mehr darin gesehen, daß man ihr entnehmen könnte, wie im 13. Jahrhundert ein Minnesänger gelebt hat; vielmehr bezeugt der Text, welche Bedeutung das Nachspielen literarischer Motive für die Geselligkeitspraxis des Adels in dieser Zeit besaß.

Was der Sinn und Zweck dieser fiktiven Autobiographie war, ist schwer zu erkennen. Die Dichtung verdankt ihre Entstehung wahrscheinlich in erster Linie der Tatsache, daß Ulrich von Liechtenstein ein Minnesänger war. Der ›Frauendienst‹ ist zunächst eine kommentierte Sammlung seiner Lieder, bereichert um die eingelegten Turnierbeschreibungen und die minnetheoretischen Reflexionen der Büchlein und Briefe. Die Lieder werden in der (angeblichen) Reihenfolge ihrer Entstehung zitiert, und der verbindende Text gibt an, unter welchen Umständen sie entstanden sind. Im letzten Teil, wo der epische Bericht immer kürzer wird und streckenweise ganz wegfällt, tritt der Charakter der Liedersammlung am deutlichsten hervor. Das Interesse an einer biographischen Erklärung von Minneliedern war im 13. Jahrhundert weit verbreitet. In Frankreich und Italien entstanden damals die fiktiven Trobadorbiographien (Vidas) und die Kommentare zu einzelnen Liedern (Razos), in denen die Liebesgeschichten erzählt wurden, die angeblich den erlebten Hintergrund der Liebeslieder bildeten. Was den ›Frauendienst‹ von den provenzalischen Vidas unterscheidet, ist, außer dem Umfang, die Ichform der Erzählung. Vielleicht wurde Liechtenstein durch die minnetheoretische Dichtung zu dieser Darstellungsform angeregt. In den französischen Minneallegorien und im ›Rosenroman‹ von Guillaume de Lorris erzählt ein fiktives Ich von seinen Erlebnissen im Reich der Liebe. Im ›Frauendienst‹ sind die didaktischen und minnetheoretischen Elemente eng mit der Ichrolle verbunden, da das erzählende Ich sich immer wieder in typische Situationen des Minneverhaltens begibt, die aus der höfischen Literatur bekannt waren und die durch den gespielten Nachvollzug neu reflektiert und zur Diskussion gestellt wurden.

Während die eingelegten Lieder, Büchlein und Briefe das Idealkonzept der höfischen Liebe und das Zeremoniell des vorbildlichen Minneverhaltens abbilden, sind die epischen Teile durchgängig komisch akzentuiert. Vom ersten Schlürfen des Waschwassers bis zu dem geplatzten Stelldichein besteht die erlebte Minnehandlung aus einer Kette von Mißgeschicken und komischen Situationen, durch die das erzählende Ich sich der Lächerlichkeit preisgibt. Auch die beiden großen Verkleidungsabenteuer sind auf komische Effekte angelegt. Wenn Liechtenstein im Gewand der Frau Venus auftritt, erregt er überall laute Heiterkeit bei seinen adligen Standesgenossen. Die Komik verstärkt aber nicht nur den Unterhaltungswert, sondern ist auch ein didaktisches Instrument. Allerdings gibt es noch keinen Konsens darüber, wie das didaktische Programm des ›Frauendienstes‹ zu verstehen ist. Die komische Selbstentlarvung des Ich-Erzählers fördert jedenfalls die Einsicht in den künstlichen, theoretischen und unwirklichen Charakter des Minnesangs und der Minneidee. Ob das zu einem besseren Verständnis des spezifischen Kunstcharakters der höfischen Lyrik führen sollte, oder ob das Scheinhafte des Minnegedankens enthüllt werden sollte, bleibt offen. Offen bleibt auch, ob die komischen Motive dazu dienten, eine politische Sinngebung des ›Frauendienstes‹ zu verhüllen. An mehreren Stellen ist davon die Rede, daß es zu einer Interessenkollision zwischen dem Landadel und dem Herzog von Österreich gekommen sei. Auch in der politischen Wirklichkeit hat Liechtenstein die Interessen seiner adligen Standesgenossen gegenüber dem Landesherrn wahrgenommen.

Die Datierung der Dichtung stützt sich auf Liechtensteins Angabe, er habe sein Werk vollendet, als er 33 Jahre Ritter war (1845,1 ff.). Da seine Schwertleite 1222 stattgefunden hat, fällt der Abschluß ins Jahr 1255, sofern man den Dichter beim Wort nehmen darf. Der ›Frauendienst‹ ist nur in einer Handschrift und zwei Fragmenten überliefert, die alle vor 1300 geschrieben worden sind. Offenbar hat das Werk später kein Interesse mehr gefunden.

TEXT: Hrsg. von Reinhold Bechstein. 2 Bde, Leipzig 1888; von Franz V. Spechtler. Göppingen 1987. – LITERATUR: Ursula Peters, Frauendienst. Untersuchungen zu Ulrich von Lichtenstein und zum Wirklichkeitsgehalt der Minnedichtung. Göppingen 1971. – Klaus Grubmüller, Minne und Geschichtserfahrung. Zum Frauendienst Ulrichs von Liechtenstein. In: Geschichtsbewußtsein in der deutschen Literatur des Mittelalters. Hrsg. von Christoph Gerhardt u.a. Tübingen 1985, S. 37 bis 51.

4. Höfische Verserzählungen

Die Gattungsgeschichte der höfischen Verserzählungen zeichnet sich nur in vagen Umrissen ab. Die meisten Texte sind anonym in späten Sammelhandschriften überliefert und widersetzen sich einer genaueren zeitlichen und örtlichen Fixierung. Sicher ist nur, daß diese Erzählungen im 13. Jahrhundert zur höfischen Literatur gehörten und für dasselbe Publikum bestimmt waren wie die höfischen Romane.

In der Zeit um 1200 hatte nur Hartmann von Aue kürzere

Verserzählungen gedichtet, die aber wegen ihrer religiösen Thematik eher zu den Legenden und frommen Erzählungen zu stellen sind und die keinen gattungsprägenden Einfluß auf die novellenhaften Erzählungen des 13. Jahrhunderts hatten. Man hat versucht, den ›Moriz von Craûn‹ und ›Aristoteles und Phyllis‹ bis in die Zeit um 1200 zurückzudatieren; das bleibt jedoch ohne Gewähr. Nur wenige Stücke werden vor der Mitte des 13. Jahrhunderts gedichtet worden sein. Unklar ist auch, in welchem Umfang französische Anregungen eingewirkt haben. In Frankreich ist die höfische Verserzählung (der »Lai«) bereits im 12. Jahrhundert voll entwickelt. Die Lais der Marie de France sind jedoch nicht ins Deutsche übertragen worden; und die keltischen Motive, die für die französischen Texte kennzeichnend sind, spielen in den deutschen Versnovellen keine Rolle. Andererseits kann man einige deutsche Stücke mit französischen Erzählungen in Verbindung bringen (›Aristoteles und Phyllis‹, ›Der Mantel‹) oder man rechnet mit einer verlorenen französischen Vorlage (›Moriz von Craûn‹). Für die exemplarisch-moralischen Erzählungen ist mit Anregungen durch lateinische Predigtexempel zu rechnen.

Von den Schwankerzählungen unterscheiden sich die höfischen Verserzählungen durch ihren ernsten Charakter (häufig auch durch ihren größeren Umfang). Erzählt werden rührende und ergreifende Beispiele von großer Liebe, die oft traurig enden. Es geht meistens um einen bestimmten Fall der höfischen Liebe, der durchgespielt wird und an dem sich die Regeln und Gesetze ablesen lassen, denen sich der höfisch Liebende unterwerfen muß. Es sind exemplarische Geschichten, Exempel der höfischen Liebe, in Handlung umgesetzte Minnelehre, Minnekasuistik. In diesem Sinn besitzen die Verserzählungen einen ausgeprägt didaktischen Charakter. Es ist zu vermuten, daß das Interesse des höfischen Publikums gerade auf diesen Punkt gerichtet war. Dabei wurden auch heikle und pikante Konstellationen angesprochen, vor allem der Ehebruch, der in den Verserzählungen eine viel größere Rolle spielt als im höfischen Roman. Die Autoren haben dieses Thema allerdings sehr behutsam behandelt und weitgehend moralisch entschärft. In fast allen Verserzählungen kommen Schwankelemente vor, die den rührend-traurigen Charakter der meisten Geschichten nicht in Frage stellen, sondern die dazu dienen, den Fall, um den es geht, möglichst scharf zu beleuchten und gleichzeitig die Lehre unterhaltsam zu machen.

Die Unfestigkeit der Texte ist für die ganze Kleinepik charakteristisch. Die meisten Verserzählungen liegen in mehreren Fassungen vor, deren Verhältnis zueinander selten genau bestimmt werden kann. Daher ist es auch in den meisten Fällen nicht möglich, einen kritischen Text herzustellen. Nur wenn ein prominenter Dichter, wie Konrad von Würzburg, diese Form benutzt hat, blieben die Texte im Rezeptionsprozeß fest.

›Moriz von Craûn‹

Herr Moriz von Craûn hat schon lange um die Gunst der Gräfin von Beaumont geworben. Sie verspricht ihm den ersehnten Lohn, wenn er ihr zu Ehren ein Turnier veranstaltet. Das geschieht mit großem Aufwand. Doch als Herr Moriz anschließend zum Stelldichein kommt und die Dame ihn warten läßt, schläft er vor Müdigkeit ein. So findet ihn die Gräfin und läßt ihm ausrichten, daß er den Lohn verwirkt habe. Als er das erfährt, dringt Herr Moriz gewaltsam in das gräfliche Schlafzimmer ein, nimmt sich den verheißenen Lohn und kündigt dann der Gräfin den Dienst auf. Sie muß erkennen, daß sie Unrecht getan hat. (1784 Verse; eine Handschrift)

Bemerkenswert ist, daß diese Erzählung eine Persönlichkeit der Zeitgeschichte zum Helden hat. Graf Morisses II. von Craon († 1196) war ein Vertrauter König Heinrichs II. von England und ein Nachbar des Vizegrafen von Beaumont. Daß eine Liebesgeschichte von ihm erzählt wurde, hängt sicherlich damit zusammen, daß der Graf von Craon ein Minnesänger, ein Trouvère, war: den Dichtern von Liebesliedern hat man öfter Liebesgeschichten angehängt. Man nimmt an, daß der deutsche Text auf einer verlorenen französischen Vorlage beruht. Über die Eigenleistung des deutschen Bearbeiters gehen die Ansichten auseinander. Umstritten ist auch die Datierung. Es geht im ›Moriz von Craûn‹ um das richtige Verhalten nach dem Kodex der höfischen Liebe. Ist es zu entschuldigen, wenn ein Ritter einschläft, der auf seine Dame wartet? Darf eine Frau den versprochenen Lohn verweigern, weil ihr Freund eingeschlafen ist? In dem französischen Fablel ›Du chevalier qui recovra l'amour de sa dame‹, das im Handlungsverlauf weitgehend mit dem ›Moriz von Craûn‹ übereinstimmt, wird das Einschlafen als eine Verfehlung aufgefaßt, für die der Ritter um Verzeihung bitten muß. In der deutschen Dichtung dagegen fällt der Dame die Schuld zu. Durch mancherlei komische Motive wird jedoch die Verbindlichkeit der höfischen Normen, nach denen hier das Verhalten in der Liebe bemessen wird, gelockert oder sogar in Frage gestellt.

TEXT: Hrsg. von Ulrich Pretzel (ATB 45). 4. Aufl. Tübingen 1973. – ÜBERSETZUNG von Ulrich Pretzel. In: Deutsche Erzählungen des Mittelalters. München 1971, S. 24–54; dazu: Hans-Joachim Ziegeler in: VL 6, 1987, Sp. 692–700.

Heinrich von dem Türlin: ›Der Mantel‹

Am Artushof erscheint ein Knappe mit einem Zaubermantel, der nur derjenigen Frau paßt, die vollkommen tugendhaft ist. Die Damen des Hofes probieren der Reihe nach den Mantel an, und es zeigt sich, daß er keiner paßt, auch nicht der Königin Ginover. Das Ergebnis der Anprobe wird von dem Truchseß Keie bitterböse kommentiert. Der Text bricht vor dem Ende ab. (994 Verse; eine Handschrift)

Komische Tugendproben dieser Art sind vom Stoff her eher zu den Schwänken zu stellen. Die Lokalisierung der Handlung an den Artushof verbindet den ›Mantel‹ mit dem höfischen Roman. Ähnliche Proben kommen im ›Lanzelet‹ Ulrichs von Zatzikhoven und in der ›Krone‹ Heinrichs von dem Türlin vor. Aus einer Bemerkung in der ›Krone‹ (23502 ff.) schließt man, daß der ›Mantel‹ ein Frühwerk Heinrichs von dem Türlin war. Stimmt das, so ist die Erzählung um 1220 zu datieren (vgl. S. 222). Der deutsche Text ist eine freie Bearbeitung des französischen Fablel ›Du mantel mautaillié‹.

TEXT: Hrsg. von Otto Warnatsch. Breslau 1883.

›Aristoteles und Phyllis‹

Aristoteles bemerkt, daß sein Schüler Alexander mehr an der schönen Phyllis als am Lernstoff interessiert ist, und sorgt dafür, daß die beiden getrennt werden. Phyllis rächt sich, indem sie Aristoteles verliebt macht und ihn für die Aussicht, eine Nacht mit ihr zu verbringen, dazu veranlaßt, ihr als Reittier zu dienen und mit ihr auf dem Rücken durch den Garten zu traben, was dem weisen Lehrer den Spott des ganzen Hofes einträgt. (Zwei Fassungen; die ältere fragmentarisch; die jüngere 554 Verse; drei Handschriften)

Auch hier dominieren die schwankhaften Elemente. Vom Personal her ergibt sich eine Nähe zu den Alexanderromanen. Ulrich von Etzenbach hat die Episode, in veränderter Form, in seinem ›Alexander‹ nacherzählt. In der jüngeren Fassung ist die Verbindung zum höfischen Roman durch die wörtliche Übernahme mehrerer Passagen aus Gottfrieds ›Tristan‹ verstärkt. Eine direkte Abhängigkeit von dem französischen ›Lai d'Aristote‹ von Henri d'Andeli (um 1230) läßt sich nicht nachweisen; doch ist eine französische Vorlage nicht unwahrscheinlich. Von der Beliebtheit des Stoffes im Spätmittelalter zeugen bildliche Darstellungen und verschiedene literarische Bearbeitungen.

TEXT: Hrsg. von Heinrich Niewöhner. In: Neues Gesamtabenteuer. Bd. 1. 2. Aufl. Dublin, Zürich 1967, S. 234–243. – ÜBERSETZUNG von Manfred Lemmer. In: Deutschsprachige Erzähler des Mittelalters. Bremen 1983, S. 279–288. – LITERATUR: Hellmut Rosenfeld in: VL 1, 1978, Sp. 434–436.

›Die Heidin‹

Ein christlicher Ritter hört von der außerordentlichen Schönheit einer heidnischen Königin und beschließt, um ihre Minne zu werben. Er verschafft sich Zugang bei ihr, wird jedoch abgewiesen. Jahrelang beweist er seine ritterliche Tüchtigkeit, bis die Königin ihn zurückruft. Sie gibt ihm die Wahl zwischen ihrer oberen und ihrer unteren Hälfte. Der Ritter wählt die obere Hälfte und befiehlt »seiner« Hälfte, sich gegenüber dem Ehemann widerspenstig zu verhalten. Als die Heidin deswegen von ihrem Mann geschlagen wird, gibt sie ihren Widerstand auf. Am Schluß weichen die Fassungen voneinander ab. In der einen kehrt der Ritter alleine in seine Heimat zurück; in der anderen flieht die Heidin mit dem Ritter, läßt sich taufen und wird seine Frau. In zwei Fassungen unternimmt der Heidenkönig einen Rachezug, der aber versöhnlich endet. (Vier Fassungen, 1172 bis 4628 Verse; zehn Handschriften)

Die ›Heidin‹ verbindet Romanmotive (ritterliche Orientfahrt; Werbung um eine heidnische Königin) mit Schwankelementen (die geteilte Frau; die widerspenstige Ehefrau). Es geht wieder um einen Fall aus dem Verhaltenskodex der höfischen Liebe. Soll man die obere oder die untere Hälfte wählen? Diese Frage ist bereits bei Andreas Capellanus diskutiert worden. Die erste Fassung der ›Heidin‹ ist wahrscheinlich um die Mitte des 13. Jahrhunderts entstanden. Künstlerisch am bedeutendsten ist die ›Heidin IV‹ (1902 Verse; um 1300), die zum großen Teil aus geschliffenen Dialogen zwischen dem Ritter und der Heidenkönigin besteht, in denen sich die Heidin als intellektuell überlegene Partnerin im Minnespiel erweist.

TEXT: Hrsg. von Erich Henschel u. Ulrich Pretzel. Leipzig 1957. – ÜBERSETZUNG von Ulrich Pretzel. In: Deutsche Erzählungen des Mittelalters. München 1971, S. 135–163. – LITERATUR: Karl-Heinz Schirmer in: VL 3, 1981, Sp. 612–615.

Konrad von Würzburg: ›Herzmaere‹

Ein Ritter liebt die Frau eines anderen. Um den Verdacht des Ehemannes zu zerstreuen, schickt die Frau den Ritter auf eine Fahrt ins heilige Land. Unterwegs stirbt der Ritter aus Liebesschmerz. Vor seinem Tod hat er befohlen, daß sein Herz der Geliebten überbracht werde. Der Ehemann fängt die Sendung ab, läßt das Herz braten und gibt es seiner Frau zu essen. Als sie erfährt, was sie gegessen hat, verweigert sie jede weitere Nahrung und stirbt. (588 Verse; elf Handschriften, ein Fragment)

Die Geschichte vom gegessenen Herzen war im Mittelalter weit verbreitet. Ursprünglich tötete der eifersüchtige Ehemann den Liebhaber seiner Frau. Konrad von Würzburg erzählt ein Minneexempel von der überwältigenden Macht der Liebe; am nächsten verwandt ist der ›Roman du Castelain de Couci et de la Dame de Fayel‹ von Jakemes Sakesep (um 1285). Wahrscheinlich kannte Konrad eine französische Erzählung dieses Typs. Das ›Herzmaere‹, das um 1260 datiert wird (vgl. S. 240), hatte eine große Wirkung auf die späteren Verserzählungen.

TEXT: Hrsg. von Edward Schröder. In: Konrad von Würzburg: Kleinere Dichtungen. Bd. 1, 3. Aufl. Berlin 1959, S. 12–40. – ÜBERSETZUNG von Ulrich Pretzel. In: Deutsche Erzählungen des Mittelalters. München 1971, S. 120–127.

Konrad von Würzburg: ›Der Schwanritter‹

(Der Anfang fehlt.) Die Witwe des Herzogs Gottfried von Brabant erhebt vor dem Kaiser Klage gegen Gottfrieds Bruder, den Herzog von Sachsen, der das Herzogtum Brabant mit Gewalt eingenommen hat. Ein unbekannter Ritter kommt in einem Boot, das von einem Schwan gezogen wird, tritt im Gerichtskampf gegen den Herzog an, besiegt ihn und heiratet die Tochter Gottfrieds unter der Bedingung, daß niemand nach seinem Namen und seiner Herkunft fragt. Nach Jahren bricht die Herzogin das Verbot, und der Ritter verschwindet in dem Boot, das ihn einst brachte. (1358 Verse; eine Handschrift)

Konrads Version der Schwanrittersage steht dem französischen ›Chevalier du Cygne‹ (Anfang des 13. Jahrhunderts) nahe, wo der Schwanritter der Vorfahre des berühmten Kreuzfahrers Gottfried von Bouillon ist; bei Konrad ist er dessen Schwiegersohn. In Konrads Dichtung bleibt er namenlos; auch über seine Herkunft wird nichts gesagt; es heißt nur, er sei von Gott geschickt worden. Am Schluß werden die Grafen von Geldern, Kleve und Rieneck als Nachkommen des Schwanritters genannt (1318 ff.). In der Verherrlichung dieser (miteinander verschwägerten) Häuser wird der Zweck von Konrads Erzählung gesehen. Ein Graf von Kleve oder ein Graf von Rieneck könnte der Auftraggeber gewesen sein (vgl. S. 240).

TEXT: Hrsg. von Edward Schröder. In: Konrad von Würzburg: Kleinere Dichtungen. Bd. 2, 3. Aufl. Berlin 1959, S. 1–41. – ÜBERSETZUNG von Hans J. Gernentz. In: Der Schwanritter. Deutsche Verserzählungen des 13. und 14. Jahrhunderts. Berlin 1979, S. 109–201.

›Tristan als Mönch‹

Tristan täuscht seinen eigenen Tod vor, tritt als Mönch in ein Kloster ein und begleitet die falsche Leiche nach Cornwall. Dort gibt er sich Isolde zu erkennen und wird ihr als Arzt zugeteilt, als sie sich krank stellt. So können die beiden ihre Liebe ungestört genießen. (2705 Verse; zwei Handschriften)

Neben den großen Tristanromanen sind in Frankreich früh novellenhafte Episodengedichte entstanden, in denen erzählt wurde, wie Tristan in verschiedenen Verkleidungen an den Hof König Markes zurückkam. Die Verkleidung als Mönch ist sonst nicht bezeugt. Ob der deutsche Dichter eine französische Quelle hatte, ist unklar. Stilistisch hat Gottfried von Straßburg als Vorbild gedient. In beiden Handschriften steht die Novelle zwischen Gottfrieds ›Tristan‹ und der ›Tristan‹-Fortsetzung von Ulrich von Türheim. Die Datierung ist unsicher.

TEXT: Hrsg. von Betty C. Bushey. Göppingen 1974.

›Der Schüler von Paris‹

›Der Schüler von Paris‹ liegt in drei Fassungen vor, die zum Teil erheblich voneinander abweichen. Gemeinsam ist ihnen:

Ein Student liebt eine Pariser Bürgerstochter, die von ihrem Vater unter scharfer Bewachung gehalten wird, gewinnt heimlich Zugang zu ihr, genießt ihre Liebe und stirbt dabei. Das Mädchen kann ihre Beteiligung zunächst verbergen; doch bei der Totenfeier bricht sie über dem Sarg zusammen und stirbt dem Geliebten nach. (702 bis 1116 Verse; acht Handschriften)

In der Münchener Fassung treffen die Liebenden sich heimlich im Garten; in der Gesamtabenteuer-Fassung verkleidet der Student sich als Mönch; in der Wiener Fassung ist das Mädchen in einen Turm eingeschlossen, und der Student wird an einem Seil hinaufgezogen. Hier ist die Geschichte als eine Warnung vor maßloser Liebe aufgefaßt. Die älteste Fassung wird ans Ende des 13. Jahrhunderts datiert.

TEXT: Hrsg. von Hans-Friedrich Rosenfeld. In: Mittelhochdeutsche Novellenstudien. Leipzig 1927, S. 207–230, 270–293, 394–449.

›Frauentreue‹

Ein Ritter kommt auf der Suche nach schönen Frauen in eine Stadt, wo er eine Bürgersfrau erblickt, der er in Liebe verfällt. Um ihr zu dienen, kämpft er ohne Rüstung und wird schwer verwundet. Als die geliebte Frau, von ihrem Ehemann dazu gedrängt, die abgebrochene Speerspitze herauszieht, wird er wieder gesund. Der Ritter dringt nachts in das eheliche Schlafgemach ein und umarmt die Frau so heftig, daß seine Wunde wieder aufbricht und er stirbt. Die Frau schafft die Leiche heimlich in sein Quartier zurück; doch als der Tote in der Kirche aufgebahrt ist, geht sie hin, entledigt sich ihrer Kleider bis aufs Hemd und stirbt über der Leiche. (Ca. 400 Verse; vier Handschriften, zwei Fragmente)

Die Ähnlichkeit mit dem ›Schüler von Paris‹ ist auffallend; aber eine Abhängigkeit läßt sich nicht nachweisen. Die ›Frauentreue‹ ist wohl um 1300 entstanden. Die Kunst des Dichters zeigt sich besonders in der Ausgestaltung der Frauenrolle. Daß die Handlung in der Stadt spielt, ändert nichts an dem höfischen Charakter des Textes.

TEXT: Hrsg. von Kurt Burchardt. Diss. Berlin 1910. – ÜBERSETZUNG von Ulrich Pretzel. In: Deutsche Erzählungen des Mittelalters. München 1971, S. 128–134. – LITERATUR: Kurt Ruh in: VL 2, 1980, Sp. 880 bis 882.

Zu den höfischen Verserzählungen lassen sich auch einige Stükke stellen, in denen es um Tugenden und Laster und um die richtige Ordnung in der Familie und in der Gesellschaft geht.

Wernher der Gartenaere: ›Helmbrecht‹

Helmbrecht ist ein junger Bauernsohn, der Ritter werden will und der sich davon auch durch die Vorhaltungen seines Vaters, des alten Meiers Helmbrecht, nicht abbringen läßt. Er verläßt den väterlichen Hof und tritt in den Dienst eines Raubritters, der mit seinen Leuten die Landbevölkerung ausplündert. Nachdem er ein Jahr lang so als Räuber gelebt hat, kehrt Helmbrecht nach Hause zurück und spielt sich dort als höfischer Ritter auf. Sein Vater versucht vergeblich, ihn dazu zu bewegen, wieder seinen angestammten Platz als Bauer einzunehmen. Helmbrecht überredet seine Schwester Gotelind, auch die Eltern zu verlassen und seinen Kumpanen Lemberslint zu heiraten. Während des Hochzeitsmahls erscheint der Richter mit seinen Schergen: neun Räuber werden gehenkt, dem zehnten, Helmbrecht, werden die Augen ausgestochen, die rechte Hand und der linke Fuß abgeschlagen. Als blinder Krüppel kommt Helmbrecht wieder zum väterlichen Hof zurück; aber jetzt weist der Vater ihn mit Spott ab. Ein Jahr lang zieht Helmbrecht noch im Land herum; dann entdecken ihn die Bauern, die er früher gequält hat, und hängen ihn auf. (1934 Verse; zwei Handschriften)

Über den Dichter, der seiner Sprache nach aus Bayern oder Österreich stammte, ist nichts bekannt. In der einen Handschrift spielt die Handlung im bayerischen Innviertel, zwischen Passau und Salzburg; in der anderen Handschrift im österreichischen Traungau, bei Linz. Durch Veränderung der Namen konnte man der Geschichte einen aktuellen oder lokalen Bezug geben. Entstanden ist der ›Helmbrecht‹ in der zweiten Hälfte des 13. Jahrhunderts, zwischen Neidharts Tod und dem ›Seifried Helbling‹. Eine Quelle ist nicht bekannt; vielleicht liegt ein lateinisches Predigtexempel zu Grunde. Früher hat man geglaubt, die Geschichte sei dem wirklichen Leben nacherzählt. Heute versteht man den ›Helmbrecht‹ als Parabel, in der menschliches Fehlverhalten exemplarisch aufgezeigt wird. Vor allem die langen Dialoge zwischen dem jungen und dem alten Helmbrecht, die über die Hälfte des Textes ausmachen, dienen zur Herausarbeitung der Lehre. Der Bauernsohn, der Ritter werden will und dabei zum Räuber und Mörder wird, verstößt gegen die Ordnung der Familie, indem er das vierte Gebot mißachtet, und gegen die Ordnung der Gesellschaft, indem er seinen angestammten Platz als Bauer verläßt. Dem jungen Helmbrecht steht in der Gestalt seines Vaters ein positiv gezeichneter Bauer gegenüber, der eine im Mittelalter selten zu hörende Gesellschaftslehre vertritt, daß nämlich die Bauern eine eigene Würde besitzen, weil sie das Fundament der Gesellschaft bilden (543 ff.). Sehr kritisch ist demgegenüber das Bild des Adels akzentuiert: während in den Reden des alten Helmbrecht das alte Ritterideal beschworen wird, besteht die Wirklichkeit des zeitgenössischen Adelslebens, zu dem der junge Helmbrecht sich bekennt, nur aus Unrecht, Gewalt, Raub und Prasserei. Mit dieser Thematik steht der ›Helmbrecht‹ im 13. Jahrhundert ziemlich alleine.

TEXT: Hrsg. von Friedrich Panzer. 8. Aufl. besorgt von Kurt Ruh (ATB 11). Tübingen 1968. – ÜBERSETZUNG von Helmut Brackert u. a. (Fischer Taschenbuch 6024). Frankfurt a. M. 1972. – LITERATUR: Anton Schwob, Das mittelhochdeutsche Märe vom Helmbrecht vor dem Hintergrund der mittelalterlichen Ordolehre. In: Geistliche und weltliche Epik des Mittelalters in Österreich. Hrsg. von David McLintock u. a. Göppingen 1987, S. 1–17.

Konrad von Würzburg: ›Heinrich von Kempten‹

Heinrich von Kempten muß mitansehen, wie sein adliger Zögling von dem Truchseß Kaiser Ottos blutig geschlagen wird, weil er ein Stück Brot von der kaiserlichen Tafel genommen hat. Heinrich erschlägt den Truchseß und kann nur mit Mühe der Rache des Kaisers entkommen. Zehn Jahre später muß Heinrich als Dienstmann des Abts von Kempten zum kaiserlichen Heer nach Italien. Während er in der Badekufe sitzt, beobachtet er einen Überfall auf den Kaiser, ergreift nackend sein Schwert und rettet den Kaiser. Dieser verzeiht ihm die frühere Tat und beschenkt ihn reich. (770 Verse; sechs Handschriften, ein Fragment)

Als Quelle hat Konrad von Würzburg eine lateinische Erzählung benutzt, die ähnlich im ›Pantheon‹ von Gottfried von Viterbo (um 1190) begegnet. Die Dichtung ist dem Straßburger Dompropst Berthold von Tiersberg (urkundlich 1261–1277) gewidmet; sie ist jedoch nicht auf ein geistliches Interesse ausgerichtet, sondern verherrlicht Tapferkeit und Ritterlichkeit und richtet sich damit in erster Linie an »Ritter« (744).

TEXT: Hrsg. von Edward Schröder. In: Konrad von Würzburg: Kleinere Dichtungen. Bd. 1, 3. Aufl. Berlin 1959, S. 41–68. – ÜBERSETZUNG von Heinz Rölleke (Reclam 2855). Stuttgart 1968.

Rüdiger der Hunchover: ›Der Schlegel‹

Ein reicher Kaufmann verteilt seinen Besitz unter seinen fünf Kindern. Als er sie das erste Mal reihum besucht, wird er noch freundlich aufgenommen. Beim zweiten Mal machen die Kinder keinen Hehl mehr daraus, daß ihnen der Alte lästig ist. Auf den Rat eines Freundes läßt der Vater eine große Kiste mit fünf Schlössern machen. Da die Kinder glauben, daß darin ein großer Schatz verborgen ist, wetteifern sie miteinander um die Gunst des Vaters. Als er tot ist, wird die Kiste geöffnet. Darin ist ein Schlegel und ein Brief, in dem steht: Wer so dumm ist, seinen Besitz seinen Kindern zu geben, soll damit erschlagen werden. (1199 Verse; fünf Handschriften)

Die Erzählung mahnt dazu, »daß die Jugend nach Gottes Lehre Vater und Mutter ehre« (9–10). Der international verbreitete Stoff (›König Lear‹) ist dem Dichter vielleicht durch ein lateinisches Predigtexempel bekannt geworden. Die Datierung ans Ende des 13. Jahrhunderts stützt sich auf den Namen des Dichters: denselben Namen (*Rvdger hvͤnchovaer*) trägt ein Regensburger Urkundenschreiber, der um 1286 gearbeitet hat. Ob beide identisch sind, bleibt offen.

Text: Hrsg. von Ludwig Pfannmüller. In: Mittelhochdeutsche Novellen. Bd. 2. Bonn 1912, S. 27–63. – Übersetzung von Ulrich Pretzel. In: Deutsche Erzählungen des Mittelalters. München 1971, S. 84–103.

›Kotzenmaere‹ (›Die halbe Decke‹)

Ein reicher Bürger übergibt sein Hab und Gut im Alter seinem Sohn. Als dieser heiratet, wird dem Vater ein Platz unter der Treppe, neben den Schweinen, angewiesen. Nur der kleine Enkelsohn nimmt sich des Alten an. In einem kalten Winter bittet der Alte um eine Decke (eine *kotze*). Der Sohn schneidet die Decke durch und gibt dem Alten nur die Hälfte. Da bittet der Enkel seinen Vater um die andere Hälfte, mit der Begründung, er wolle sie aufheben, bis auch der Vater alt geworden sei. Da erkennt dieser sein Unrecht und hält fortan den Alten wieder in Ehren. (Mehrere Fassungen; 155–370 Verse; zehn Handschriften)

Nur die Gesamtabenteuer-Fassung (304 Verse; drei Handschriften) stammt aus der Zeit vor oder um 1300; die anderen Versionen, in denen die Handlung zum Teil in ein adliges Milieu verlegt ist, sind jünger. Ob der Dichter ein französisches Fablel (›C'est de la houce‹, ›La housse partie‹) oder ein lateinisches Predigtexempel als Vorlage benutzt hat, ist nicht zu entscheiden. Die Geschichte ist später auch zu Meisterliedern verarbeitet und in Prosa erzählt worden.

Text: Hrsg. von Lutz Röhrich. In: Erzählungen des späten Mittelalters und ihr Weiterleben in Literatur und Volksdichtung bis zur Gegenwart. Bd. 1. Bern, München 1962, S. 93–97. – Übersetzung von Manfred Lemmer. In: Deutschsprachige Erzähler des Mittelalters. Bremen 1983, S. 312–318. – Literatur: Ulla Williams in: VL 3, 1981, Sp. 405 bis 411.

5. Schwankerzählungen und andere Formen der Kleinepik

Gattungsbegriff: Es gibt im 13. Jahrhundert eine Vielzahl kürzerer Texte, die nur das eine gemeinsam haben, daß sie in Reimpaaren verfaßt sind und daß ihr Umfang nicht das Maß der Romane und der großen Lehrgedichte erreicht. Ordnung in diese Vielfalt zu bringen, ist schwer, da es sowohl an einer klaren Terminologie als auch an einem ausgeprägten Gattungsbewußtsein gefehlt hat. Am wenigsten problematisch ist die

Unterscheidung von fiktionalen Stücken, die eine Geschichte erzählen, und nicht-fiktionalen, die (meist in lehrhafter Absicht) ein Thema behandeln; für diese hat sich der Begriff »Rede« eingebürgert (die Reden werden im Zusammenhang der didaktischen Literatur behandelt). Die fiktionalen Verserzählungen kann man in geistliche und weltliche trennen; doch gibt es eine Reihe von Texten, die sich dagegen sperren. Zu den weltlichen Erzählungen gehören die höfischen Versnovellen und die Schwänke, die, einem Vorschlag von Hanns Fischer folgend, häufig unter dem Gattungsbegriff »das Märe« zusammengefaßt werden. Fischer hat drei »Grundtypen« der Mären unterschieden: das höfisch-galante Märe, das moralisch-exemplarische Märe und das schwankhafte Märe. Es mag als ein Streit um des Kaisers Bart erscheinen, ob man dieser Typologie folgt oder – wie es hier geschieht – die ersten beiden als höfische Verserzählungen von den Schwänken trennt. Nach Thematik, Stil und Erzählabsicht sind höfische Erzählungen und Schwänke deutlich unterschieden.

In den Handschriften sind die Schwankerzählungen häufig mit Fabeln und Bispeln vermischt. Die Fabel steht in Traditionszusammenhängen, die bis in die Antike zurückreichen. Fabeln in deutscher Sprache kommen seit dem 12. Jahrhundert in der Spruchdichtung, in der ›Kaiserchronik‹ und im Lehrgedicht vor. Die selbständige Reimpaarfabel begegnet zuerst im 13. Jahrhundert beim Stricker. Durch ihr nichtmenschliches Personal und die konkrete Lehrabsicht unterscheidet sie sich von anderen weltlichen Erzählungen. Nicht selten nimmt die lehrhafte Ausdeutung der erzählten Handlung mehr Raum ein als die Erzählung selbst. Solche zweiteiligen Texte mit (meistens kürzerer) Erzählung und (meistens längerer) Auslegung nennt man Bispel.

Schwanktypen: Die bunte Vielfalt der Schwankhandlungen läßt sich auf wenige Grundmuster aus dem Themenkomplex Liebe – Ehe – Ehebruch zurückführen. Am häufigsten ist der Ehebruchsschwank mit der typischen Dreieckssituation zwischen der listigen Ehefrau, dem Liebhaber und dem betrogenen Ehemann. Eine dominierende Rolle spielt die Frau, der es selbst in den unwahrscheinlichsten Situationen gelingt, ihre Wünsche zu befriedigen und ihren Mann zu übertölpeln. Liebe ist in den Schwänken nicht als große Passion dargestellt, sondern als sinnliche Begierde; nicht selten ist die sexuelle Befriedigung mit

Schlemmerei und Völlerei gepaart. Das Gesellschaftsbild der Schwänke ist ganz negativ: die Ehefrau ist lüstern, verschlagen, genußsüchtig und geldgierig; der Ehemann dumm, mißtrauisch (oder gutgläubig) und rachsüchtig; der Liebhaber – oft ein Pfaffe oder ein Student – ist nur auf seine sexuelle Befriedigung aus. Die komischen Konstellationen überdecken jedoch die negativen Züge. – Das Gegeneinander von Ehefrau und Ehemann ist auch ohne sexuelle Thematik behandelt worden, als Kampf um die Herrschaft im Haus. Meistens endet dieser Kampf mit der Unterdrückung der Frau und der Wiederherstellung der »natürlichen« Ordnung. Wo die Frau in wilden Prügelszenen die Oberhand behält, erscheint sie als das *übele wîp.* – In einer Reihe von Schwänken geht es um Liebe und Sexualität ohne Beziehung auf die Ehe. Das sind Geschichten von der sexuellen Naivität junger Frauen, obszöne Geschichten wie ›Die halbe Birne‹ und sogenannte Priapeia, in denen Geschlechtsteile als redende und handelnde Personen auftreten. – Es gibt auch einige Schwänke, die nicht von Ehe und Sexualität handeln, sondern von schlauen Streichen, Betrügereien, komischen oder peinlichen Situationen und von den Freuden des Weins.

Unterhaltung und Belehrung: Schwänke sind Geschichten zum Lachen; alles ist auf komische Effekte abgestellt. Komisch ist das Personal: die listige und lüsterne Frau, der betrogene Ehemann, der liebestolle Pfaffe, der dumme oder gewalttätige Bauer, das verführte Nönnchen. Komisch ist der ganze Bereich der Sexualität. Komisch ist die Überlistung der Dummheit. Komisch sind die Situationen, in die die Ehebrecher geraten, wenn plötzlich der Mann erscheint. Komische Wirkungen werden auch mit sprachlichen Mitteln erreicht, durch Wortwitz und Pointen, durch witzige Dialoge und komische Umschreibungen der sexuellen Vorgänge. Komik schloß jedoch den Ernst nicht aus, und Unterhaltung bedeutete keinen Verzicht auf Belehrung. Fast zwei Drittel der Schwänke enden (oder beginnen) mit einer *moralisatio,* die die Lehre aus der Geschichte zieht. Manchmal sind diese Nutzanwendungen so ironisch formuliert, daß auch hier eine komische Absicht unverkennbar ist. Bei anderen kann man sich fragen, ob die angehängte Moral nicht einfach dazu dient, das Unanständige der Schwankgeschichte zu bemänteln. In vielen Fällen ist jedoch kaum zu bezweifeln, daß es den Autoren tatsächlich um eine Rechtfertigung zu tun war. Komische Literatur unterlag im Mittelalter besonderen

Rechtfertigungszwängen, weil alles Komische vom christlichen Standpunkt aus als unfromm oder sündhaft erschien. Die beste Rechtfertigung war der Nachweis, daß die Komik eine lehrhafte Absicht verfolgte. Die didaktische Literatur des Mittelalters hat davon vielfach Gebrauch gemacht. Auch die Schwankerzählungen ließen sich unschwer so interpretieren; denn aus der Schilderung der komisch-verkehrten Verhältnisse, etwa zwischen den Ehepartnern, ließ sich ersehen, wie es »richtig« sein sollte. Selbst die Ausmalung deftiger Details kann einen nützlich-lehrhaften Sinn gehabt haben. Ob sich die Lehre immer dem Publikum mitgeteilt hat, hing weniger von der Intention der Autoren ab als davon, wie man die Geschichten aufnehmen wollte. Dabei ist sicherlich mit einer ganzen Skala von Einstellungen zu rechnen, die vom Vergnügen am Obszönen bis zu dem intellektuellen Spaß an der Aufdeckung verborgener Lehrgedanken reichte.

Quellen und Vorlagen: Woher die Schwankdichter ihre Stoffe hatten, ist weitgehend unbekannt. Anregungen dürften sowohl von der französischen als auch von der lateinischen Literatur gekommen sein. In Frankreich gab es Schwankerzählungen (Fabliaux) bereits im 12. Jahrhundert. In mehreren Fällen sind deutsche Schwänke mit französischen Fabliaux so eng verwandt, daß an einer direkten oder indirekten Beziehung kaum zu zweifeln ist. Es ist jedoch kaum damit zu rechnen, daß Fabliaux-Handschriften nach Deutschland gebracht und dort literarisch ausgewertet worden sind; eher ist an mündliche Vermittlung zu denken. Für die Fabeln und Bispel kommen in erster Linie lateinische Vorlagen in Frage. Für manche Schwankerzählungen dürften lateinische Sammlungen von Predigtexempeln den Stoff geliefert haben. Außerdem muß es mündliche Erzähltraditionen gegeben haben, über die den Schwankdichtern orientalische und andere international verbreitete Erzählmotive zugekommen sind.

Dichter – Gönner – Publikum: Früher hat man die Schwankerzählungen für eine typisch bürgerliche Literaturform gehalten; heute weiß man, daß die Schwänke im 13. Jahrhundert für ein adliges Publikum bestimmt waren. Erst im 15. Jahrhundert ist der Versschwank zu einer auch in Handwerkerkreisen beliebten Form städtischer Literatur geworden. Über die Schwankdichter des 13. Jahrhunderts ist wenig bekannt, weil die meisten Texte anonym überliefert sind. Wo Autorennamen auftauchen, handelt es sich entweder um typische Fahrenden- und Spielmannsnamen (Der Freudenleere, Volrat) oder um Namen mit Herkunftsbezeichnungen, die nichts über den Träger aussagen (Dietrich von der Glezze, Der Vriolsheimer). Etwas mehr weiß man über Jacob Appet, der als Fachmann für Schwankfragen im ›Reinfried von Braunschweig‹ genannt wird, und über Sibote, der vielleicht mit dem am Hof König Manfreds († 1266) bezeugten Berufsmusiker gleichen Namens identisch war. Als Berufsdichter unbekannter Herkunft ist auch Der Stricker, der erste namentlich bekannte Schwankautor, anzusprechen. Daß aber nicht nur Fahrende Schwänke verfaßt haben, wird durch Herrand von Wildonie sichergestellt, sofern der Dichter mit dem steiermärkischen Landesministerialen dieses Namens identisch war.

Gönnernachrichten sind in der Schwankdichtung des 13. Jahrhunderts sehr selten. Der Freudenleere hat im Auftrag des Burggrafen Hermann von Dewin (urkundlich 1267) gedichtet; Dietrich von der Glezze nennt den Vogt Wilhelm von Weidenau († vor 1296) als seinen Gönner. Ist es ein Zufall, daß keine Beziehung zu den großen Höfen nachzuweisen ist? Vieles deutet darauf, daß der nichtfürstliche Adel großen Anteil an der Förderung der kleineren Verserzählungen hatte.

Chronologie: Der Stricker war offenbar der erste, der in der ersten Hälfte des 13. Jahrhunderts Schwankerzählungen, Fabeln und Bispel gedichtet hat. Er hatte damit einen ähnlich großen Erfolg wie gleichzeitig Neidhart mit seiner Bauernlyrik. Wieviel an Kleinepik im weiteren Verlauf des 13. Jahrhunderts entstanden ist, läßt sich nur vage abschätzen, da die meisten Texte erst spät überliefert sind und weil meistens konkrete Datierungshilfen fehlen. Nur die wenigen Stücke, die entweder durch Autorennamen oder durch Gönnernamen datierbar sind, können mit Sicherheit für das 13. Jahrhundert in Anspruch genommen werden. Dazu kommen die anonymen Stücke in der Wiener Stricker-Handschrift 2705, die am Ende des 13. Jahrhunderts geschrieben worden ist. Dabei handelt es sich um eine Reihe von Bispeln und um zwei Schwankerzählungen, ›Das Schneekind‹ und ›Der Liebhaber im Bade‹. Ein viel reicheres Bild von der Kleinepik des 13. Jahrhunderts ergäbe sich, wenn man davon ausgehen dürfte, daß die Heidelberger Sammelhandschrift Cpg 341, die nach dem paläographischen Befund in der ersten Hälfte des 14. Jahrhunderts geschrieben worden ist, in der Hauptsache Texte des 13. Jahrhunderts enthält. In dieser Handschrift sind 213 kleinere Texte überliefert, darunter 39 Schwankerzählungen.

Verbreitung und Überlieferung: Die meisten Schwänke sind in Sammelhandschriften aus dem 14. und 15. Jahrhundert überliefert, in denen geistliche und weltliche Texte, Reden und Erzählungen, Schwänke, Fabeln und Bispel nebeneinander und manchmal durcheinander stehen. Man rechnet damit, daß Schwankerzählungen zuerst einzeln auf kleinen Pergamentblättern aufgeschrieben worden sind; aus dem 13. Jahrhundert sind solche Aufzeichnungen jedoch nicht erhalten. In der Frühzeit hat die mündliche Verbreitung der Texte sicherlich eine große Rolle gespielt. Schwankerzählungen konnten im Textbestand verändert und umgestaltet werden: viele Schwänke liegen in mehreren Fassungen vor, die sich, im Umfang und im Motivbestand, zum Teil erheblich voneinander unterscheiden, ohne daß es möglich ist, die verschiedenen Versionen auf ein festumrissenes Original zurückzuführen. Wie der Veränderungsprozeß konkret ablief, entzieht sich unserer Kenntnis. Die Verbreitung, Reproduktion und Umgestaltung der Texte lag offenbar zum großen Teil in den Händen von berufsmäßigen Literaten; unter dem Namen »Sprecher« (oder »Reimsprecher«) werden sie im 14. Jahrhundert als eine Art Berufsstand faßbar.

LITERATUR: Grundlegend: Hanns Fischer, Studien zur deutschen Märendichtung. 2. Aufl. besorgt von Johannes Janota. Tübingen 1983. – Außerdem: Karl-Heinz Schirmer, Stil- und Motivuntersuchungen zur mittelhochdeutschen Versnovelle. Tübingen 1969. – Hans-Joachim Ziegler, Erzählen im Spätmittelalter. Mären im Kontext von Minnereden, Bispeln und Romanen. München 1985. – Einen Querschnitt durch die neuere Forschung bietet der Band: Das Märe. Die mittelhochdeutsche Versnovelle des späteren Mittelalters. Hrsg. von Karl-Heinz Schirmer. Darmstadt 1983; darin besonders der Aufsatz von Joachim Heinzle, Märenbegriff und Novellentheorie. Überlegungen zur Gattungsbestimmung der mittelhochdeutschen Kleinepik, S. 91–110. – Zur Fabel: Klaus Grubmüller, Meister Esopus. Untersuchungen zu Geschichte und Funktion der Fabel im Mittelalter. München 1977. – Zur Überlieferung: Arend Mihm, Überlieferung und Verbreitung der Märendichtung im Spätmittelalter. Heidelberg 1967.

Der Stricker
Der erste und bedeutendste Verfasser von Schwänken, Bispel und Fabeln war Der Stricker. Die heute herrschende Ansicht über die Anzahl seiner kleineren Reimpaardichtungen – die neue Ausgabe von Moelleken zählt 167 Stücke – beruht auf einer Zusammenstellung von Konrad Zwierzina aus dem Jahr 1926, die durch spätere Mitteilungen Zwierzinas ergänzt wird. In der Strickerforschung herrscht eine heilige Scheu, an Zwierzinas Entscheidungen über Echtheit oder Unechtheit der zum großen Teil anonym überlieferten Stücke zu rühren; sonst könnte das ganze Gebäude ins Wanken geraten. Vielleicht sollte man mit de Boor lieber von einer »Strickerschule« sprechen, aus der die Texte hervorgegangen sind. Es ist noch nicht gelungen, den historischen Ort von Strickers Kleindichtung genauer zu bestimmen. Daß er von einem bürgerlichen Standpunkt aus Kritik an der feudalen Gesellschaftsordnung geübt habe, wird weder durch die geschichtlichen Umstände noch durch den literarischen Befund bestätigt. In neueren Interpretationen wird mit Recht das religiöse Engagement des Strickers betont; doch läßt sich weder erweisen, daß er ein Anwalt der Reformen Papst Innozenz' III. war, noch lassen sich Verbindungen zum Franziskanerorden sichern. Die Annahme, daß seine Kleindichtung hauptsächlich in Österreich entstanden ist, kann sich darauf berufen, daß an einigen Stellen der österreichische Adel direkt angesprochen wird. Als Wirkungsstätten kommen der Herzogshof in Wien oder Landherrensitze in Frage; es ist auch möglich, daß Der Stricker im Auftrag kirchlicher Kreise gedichtet hat.

Thematisch ist die Reimpaardichtung des Strickers ungemein reich und vielgestaltig. Das meiste gehört zur religiösen und didaktischen Literatur und behandelt den ganzen Umkreis des menschlichen Lebens, von Alltagserfahrungen bis hin zu schwierigen Fragen der Theologie. Viel Raum nimmt die Thematik Sünde, Beichte und Buße ein. Die Warnung vor den Verlockungen der Welt ist in ›Der Gast und die Wirtin‹ (158 Verse; elf Handschriften) als Allegorie dargestellt: die Welt ist ein Wirtshaus, in dem der Gast von Frau Welt bedient wird, solange er bezahlen kann. Wenn er sein Gut vertan hat, wird er vor die Tür geworfen, in eine große Lache, »das ist die tiefe Hölle« (135). Öfter werden einzelne Verfehlungen und Laster gegeißelt: Trunksucht, Geiz, Spielleidenschaft. Vor dem Aberglauben an die Heilkraft der Steine warnt die Rede ›Von Edelsteinen‹ (220 Verse; zwei Handschriften), in der ein »Herzog Heinrich« (207) erwähnt wird, der in Venedig Heilung für sein Augenleiden suchte. Leider ist es nicht gelungen, die einzige Persönlichkeit der Zeitgeschichte, die vom Stricker genannt wird, sicher zu identifizieren. In vielen Fällen hat Der Stricker die Form des Bispels benutzt; mit seiner kurzen pointierten Erzählung und der präzisen Auslegung entsprach das Bispel offenbar seiner poetisch-didaktischen Intention am meisten. ›Der Weidemann‹ (158 Verse; zwei Handschriften) ist die erste Jagdallegorie in deutscher Sprache. Sie erzählt von der Hirschjagd mit reinrassigen Hunden und mit Bastarden. Die Jagdhunde stehen für die echten Ritter, die Mischlinge für die, die »halb Ritter und halb Bauern« (126) sind. Die ›Helmbrecht‹-Thematik vom Bauern, der Ritter werden will, wird auch in ›Hofhund und Jagdhunde‹ (100 Verse; vier Handschriften) behandelt. Um Fragen der ritterlichen Moral, vor allem um die richtige Art der Freigebigkeit, geht es in mehreren Stücken. Das Bispel ›Die Herren zu Österreich‹ (202 Verse; eine Handschrift) erzählt von einem Fresser, der sich überfrißt und zuletzt nur noch fastet. Die Auslegung deutet den Fresser als den österreichischen Adel, der früher mit seinem Hab und Gut zu freigebig umging und der jetzt geizig geworden ist. Zwischen Bispel und Parabel steht die Erzählung von den ›Gäuhühnern‹ (166 Verse; drei Handschriften), die gegen den Machtmißbrauch des Adels gerichtet ist. Die Gäuhühner sind feuerspeiende Wesen, die die Zwingburgen des Adels niederbrennen, »wie in Kirchling« (60), und den Frieden im Land wiederherstellen. Ganz in den Bahnen der höfischen Minneideologie bewegt sich ›Die Frauenehre‹ (vgl. S. 339). Selbstironisch enthüllt der Dichter hier seine niedrige soziale Stellung: »Das ist eine schöne Geschichte, daß jetzt auch Der Stricker die Damen kennen will. Er sollte sie in seinen Stücken nicht erwähnen, wenn er klug wäre. Sein Leben und Frauenpreis passen nicht zueinander. Er sollte lieber ein Pferd und getragene Kleider rühmen« (137–45). Ein merkwürdiges Gegenstück stellen ›Die Minnesänger‹ (324 Verse; vier Handschriften) dar, in denen die hohen Gedanken der höfischen Minne als billige Sprüche eines Minnesängers hingestellt werden, der nichts anderes im Sinn hat, als damit die Ehefrau seines Gastwirtes zu verführen. Ein düsteres Zeitgemälde hat Der Stricker in der ›Klage‹ (708 Verse; drei Handschriften) entworfen, wo die tristen politischen Zustände, die herrschende Rechtlosigkeit, der Sittenverfall am Hof, die allgemeine Geldgier, das falsche Verhalten zwischen Mann und Frau und die religiöse Entartung der Ketzerei angeprangert werden.

Nur ein kleiner Teil von Strickers Reimpaardichtungen sind Schwankerzählungen. Das wichtigste Thema seiner Schwänke ist die Ehe; aber das sonst so beliebte Motiv des Ehebruchs spielt bei ihm nur eine untergeordnete Rolle. Meistens geht es darum, wer in der Ehe die Oberhand hat; und diese Thematik ist mit grausiger Konsequenz behandelt. ›Die eingemauerte Frau‹ (400 Verse; vier Handschriften) erzählt von einem Ritter, der seine widerspenstige Frau einmauern läßt, bis ihr Widerstandsgeist gänzlich gebrochen ist. Den umgekehrten Fall schildert ›Der begrabene Ehemann‹ (248 Verse; drei Handschriften): ein Mann wird von seiner Frau dazu gebracht, alles zu glauben, was sie sagt. Er glaubt ihr auch, als sie ihm einredet, er liege im Sterben. Erst als das Grab zugeschaufelt wird, in dem er liegt, protestiert er; aber da ist es zu spät. Neben der Ehe ist das Trinkvergnügen ein bevorzugtes Thema. Mit der ›Martinsnacht‹ (214 Verse; sieben Handschriften), dem ›Durstigen Einsiedel‹ (392 Verse; eine Handschrift) und dem ›Unbelehrbaren Zecher‹ (136 Verse; zwei Handschriften) ist Der Stricker zum Begründer der später sehr beliebten Spezies der Sauf- und Zechreden geworden.

Der Stricker hat nicht nur Einzelschwänke verfaßt, sondern auch ein ganzes Schwankbuch: ›Der Pfaffe Amis‹. Damit ist er der literarhistorischen Entwicklung weit vorausgeeilt: die nächsten Schwankbücher in deutscher Sprache stammen erst aus dem 15. und 16. Jahrhundert.

Der englische Pfarrer Amis erregt durch seine Freigebigkeit den Neid seines Bischofs, doch kann er der drohenden Amtsenthebung entgehen, indem er eine Überprüfung seiner Amtsfähigkeit fordert und die verfänglichen Fragen und Aufgaben, die der Bischof ihm stellt, so listig löst, daß dieser ihm nichts anhaben kann. Als ihm das Geld für seine aufwendige Lebensführung ausgeht, begibt er sich auf Reisen. Es gelingt ihm unterwegs immer wieder, mit List und Betrug die Menschen zu übertölpeln und ihnen ihr Geld abzunehmen. Einmal will er für seine Predigt nur von denjenigen Frauen Opfergaben annehmen, die ihren Männern treu geblieben sind, woraufhin natürlich alle gerne bezahlen. Einmal macht er den französischen Hof glauben, daß nur derjenige, der ehelich geboren ist, ein Gemälde sehen könne, das er angeblich gemalt hat, das aber gar nicht existiert, woraufhin alle seine Kunst bewundern. Mehrmals gaukelt er den Leuten Wunder vor, die er listig arrangiert hat; er erweckt ein Huhn zum Leben und heilt Krüppel, die in Wirklichkeit seine verkleideten Knechte sind; und immer empfängt er gute Bezahlung. Dann zieht er nach Konstantinopel und betrügt dort einen Tuchhändler und einen Juwelenhändler. Zuletzt kehrt er nach England zurück, tritt in ein Zisterzienserkloster ein und stirbt einen frommen Tod. (Zwei Fassungen; 2510 Verse; zehn Handschriften, zwei Fragmente, ein Druck vom Ende des 15. Jahrhunderts)

Woher der Stoff stammt, ist unklar. Eine französische Quelle, mit der man früher gerechnet hat, ist nicht erweislich. Für einzelne Episoden hat der Stricker weit verbreitete Erzählmotive benutzt; anderes stammt vielleicht aus Predigtexempla. Der Gedanke, eine Reihe von Schwänken zu einer Lebensgeschichte zusammenzufügen, könnte von der lateinischen Schwankdichtung (›Unibos‹) oder vom ›Reinhart Fuchs‹ angeregt sein. Die zwölf Schwänke des Pfaffen Amis folgen alle demselben Schema: durch Betrug und falsche Vorspiegelungen gelingt es Amis, den Menschen Geld und Gut abzunehmen. Die Geschädigten sind die Dummen, die sich von dem klugen und listigen Helden betrügen lassen und dafür ausgelacht werden. Das ist der Grundgedanke: die Dummheit, Leichtgläubigkeit und Schlechtigkeit der Menschen wird entlarvt. Die List des Pfaffen Amis deckt diese Defekte auf; seine eigene Unmoral wird nicht zum Thema gemacht, im Gegenteil, er wird als Vorbild der Freigebigkeit gefeiert und erringt zuletzt das ewige Leben. Diese hintergründige Ironie prägt das Werk.

Texte: Die Kleindichtung des Strickers. Hrsg. von Wolfgang W. Moelleken. 5 Bde, Göppingen 1973–1978. – ›Der Pfaffe Amis‹: Hrsg. von K. Kamihara. Göppingen 1978. – Literatur: Hedda Ragotzky, Gattungserneuerung und Laienunterweisung in Texten des Strickers. Tübingen 1981.

Herrand von Wildonie

Die vier Erzählungen Herrands von Wildonie repräsentieren vier verschiedene Formen der Kleinepik. ›Der betrogene Gatte‹ (364 Verse) ist ein Ehebruchschwank von einer Rittersfrau, die ihren Mann mit einem Liebhaber betrügt und es so geschickt einzufädeln weiß, daß der Ehemann mit seinen Verdächtigungen zuletzt als ein böswilliger Verleumder dasteht.

›Die treue Gattin‹ gehört zu den höfischen Verserzählungen:

Ein Ritter verliert bei einer Fehde ein Auge und will wegen dieses körperlichen Makels nicht zu seiner schönen Frau zurückkehren. Als diese davon erfährt, sticht sie sich ebenfalls ein Auge aus und läßt ihrem Mann sagen, daß sie nun gleich seien. (276 Verse)

Nah verwandt ist die anonyme Erzählung ›Das Auge‹ (274 Verse; drei Handschriften), die vielleicht schon in der ersten Hälfte des 13. Jahrhunderts entstanden ist. Es handelt sich um einen Kasus der höfischen Liebe, der bereits bei Andreas Capellanus diskutiert wurde, nämlich die Frage, ob ein Ritter, der im Kampf eine körperliche Entstellung erlitten hat, deswegen von seiner Dame zurückgewiesen werden darf.

›Der nackte Kaiser‹ ist eine Parabel:

Kaiser Gorneus von Rom ist so reich, daß er glaubt, sein Reichtum könne niemals vergehen. Seine Überheblichkeit führt dazu, daß er seine Herrscherpflichten vernachlässigt. Als er einmal nackend im Bade sitzt, erscheint ein Engel, der ihm seine Kleider wegnimmt und in seiner Gestalt aus dem Bad tritt. Er übt an seiner Stelle Gerechtigkeit und herrscht so weise, daß er hohes Lob gewinnt, während der nackte Kaiser von den Badeknechten weggejagt wird und alle Erniedrigungen und Demütigungen eines Namenlosen erdulden muß, bis der Engel ihm sein Amt und seine Kleider zurückgibt; von nun an ist er ein demütiger und gerechter Herrscher. (668 Verse)

Dieselbe Geschichte ist im 13. Jahrhundert von einem unbekannten Dichter noch einmal erzählt worden, und dieser Text hat, in verschiedenen Fassungen, sehr weite Verbreitung gefunden (›Der König im Bad‹, 362 Verse; 21 Handschriften, drei Drucke).

›Die Katze‹ ist ein Tierbispel:

Ein Kater kommt sich so großartig vor, daß er seine Frau verläßt, um sich eine angemessenere Gemahlin zu suchen. Zuerst wirbt er um die Sonne, die ihn an den Nebel verweist, der noch mächtiger sei, da er die Sonne verdunkelt. Der Nebel weist ihn an den Wind, der den Nebel vertreibt; der Wind schickt ihn zur Mauer, die den Wind bricht; die Mauer schickt ihn zur Maus, die die Mauer untergräbt. Die Maus endlich weist ihn an ihre Herrin, die Katze. So kehrt der Kater reumütig zu seiner Frau zurück. (302 Verse)

Herrand hat diese Fabel politisch ausgelegt; sie zielt auf die Vasallen, die ihren Herrn verlassen, weil sie glauben, sie seien zu höherem Dienst berufen, die aber nach schlechten Erfahrungen zu ihrem Herrn zurückkehren.

Herrands Erzählungen sind nur im Ambraser Heldenbuch überliefert. Vom ›Nackten Kaiser‹ gibt es außerdem eine Prosafassung aus dem 15. Jahrhundert. Der Dichter wird mit dem steirischen Landesministerialen Herrand II. von Wildonie (urkundlich 1248–1278) identifiziert, der eine bedeutende Rolle in der österreichischen Landespolitik gespielt hat. Herrand war der Schwiegersohn Ulrichs von Liechtenstein, mit dem er auch literarisch in Verbindung stand: er nennt ihn als Gewährsmann im ›Betrogenen Gatten‹. Herrand war vermutlich auch der Verfasser von drei Minneliedern, die in der Großen Heidelberger Liederhandschrift unter dem Namen »Der von Wildonie« stehen.

TEXTE: Herrand von Wildonie. Hrsg. von Hanns Fischer. 3. Aufl. besorgt von Paul Sappler (ATB 51). Tübingen 1984; dazu: Michael Curschmann in: VL 3, 1981, Sp. 1144–1147. – ›Das Auge‹: Hrsg. von Heinrich Niewöhner. In: Neues Gesamtabenteuer. Bd. 1, 2. Aufl. Dublin, Zürich 1967, S. 244–250; dazu: Werner Williams-Krapp in: VL 1, 1978, Sp. 516–517. – ›Der König im Bad‹: Hrsg. von Hermann-Josef Müller. Berlin 1983; dazu: Michael Curschmann in: VL 5, 1985, Sp. 72–75.

6. Höfische Lyrik: Minnesang

Die beiden Hauptrichtungen: Nach Walther von der Vogelweide tritt der Minnesang in verschiedene Schulen auseinander. Zwei Hauptrichtungen bestimmen das Bild: die eine baut auf dem poetischen Fundament weiter, das von Reinmar und Walther geschaffen worden war. Die andere, die mit dem Namen Neidharts verknüpft ist, gewinnt durch die Einführung der Bauernthematik und durch die Verwendung parodistischer, komisch-satirischer oder derb-obszöner Darstellungsmittel ein eigenes Gesicht. Einige Minnesänger des 13. Jahrhunderts haben sowohl in der einen als auch in der anderen Weise gedichtet. Zahlenmäßig blieb die traditionelle Richtung dominierend; interessanter und literarhistorisch bedeutender ist die andere.

Der Minnesang, der in den alten Bahnen weiterlief, wurde in der Hauptsache von adligen Dilettanten getragen, von denen nur wenige eine so hohe poetische Begabung besaßen wie Burkhart von Hohenfels und Gottfried von Neifen. Die meisten Lieder wirken stereotyp und klischeehaft, und es fällt schwer, künstlerische Individualität zu erkennen. Mit nur ästhetischen Kategorien ist dieser Lyrik nicht beizukommen. Den großen

Herren, die ein paar Minnekanzonen im konventionellen Stil erfanden, wird es in erster Linie darum gegangen sein, durch die Lieder der hohen Minne sich selbst und ihr adliges Publikum auf eine Haltung höfischer Vorbildlichkeit zu verpflichten, für die der Frauenpreis und der Dienstgedanke die anerkannten Ausdrucksformen waren. Diese Minnelieder müssen von ihrem gesellschaftlichen Gebrauch her verstanden werden: sie sind Teil des höfischen Repräsentationsstils, der das Selbstbewußtsein der adligen Gesellschaft spiegelt. Daher sind die kritischen Töne, die von Friedrich von Hausen bis zu Walther von der Vogelweide die Rezeption der romanischen Minneidee begleitet hatten, im 13. Jahrhundert fast völlig verstummt. Radikale Kritik am Minnesang ist in dieser Zeit nicht von den adligen Liederdichtern formuliert worden, sondern kam von außen, von den geistlichen Didaktikern und von den fahrenden Spruchdichtern: »Prügeln wir die Minnesänger, die heimlich mit den Frauen tuscheln!« (Gedrut-Geltar II, 10)

Für die anspruchsvolleren Lyriker des 13. Jahrhunderts war auch der Minnesang im traditionellen Stil eine künstlerische Herausforderung, der sie sich mit neuen Mitteln stellten. Es ging dabei in erster Linie um Probleme der Formgebung, und zwar sowohl um den metrisch-musikalischen Bau der Strophen als auch um die rhetorisch-stilistische Ausformung der überkommenen Themen und um eine neue Motivierung des Rollenverhaltens. Der Minnesang ist im 13. Jahrhundert immer mehr zur Formkunst geworden; die Entwicklung ging zu immer kunstvolleren Bauplänen, immer komplizierteren Reimgebilden. Mit seiner virtuosen Strophenkunst hat Gottfried von Neifen beinahe ebenso großen Einfluß auf die spätere Lyrik ausgeübt wie Neidhart mit seiner dörperlichen Thematik.

Neidhart hat einen neuen Stil begründet, der zunächst in Konkurrenz zum traditionellen Minnesang auftrat, aber schließlich alles andere in den Schatten gestellt hat. Im 15. Jahrhundert, als der Minnesang bereits vergessen war und nur noch die Meistersinger die Namen der alten Dichter kannten, wurden Neidharts Lieder noch immer gesungen, und immer noch wurde in seinem Stil weitergedichtet. Neidhart hat nicht nur durch die Einführung der Bauernthematik als Neuerer gewirkt; er hat der ganzen parodistischen Richtung die Bahn gebrochen. Indirekt unterliegen auch Neifens zotiges Büttnerlied, die dörperliche Variante des Tagelieds und die Herbstlieder von Steinmar und Hadloub seinem Einfluß. Auch dieser »Gegengesang« war für ein höfisches Publikum bestimmt, das an solchen Liedern offenbar ebenso viel Gefallen fand wie an den Schwankerzählungen.

Gattungen und Aufführungsformen: Die reflektierende Minnekanzone, in der ein Ich-Sprecher werbend oder preisend von seiner Dame spricht und klagend oder hoffnungsvoll über seine eigene Position und über das Wesen der Minne reflektiert, blieb im 13. Jahrhundert die Hauptform des Minnesangs. Neben dem mehrstrophigen Lied hatte der Leich einen eigenen Platz. Es gibt etwa zwei Dutzend Stücke dieser anspruchsvollen musikalisch-metrischen Großform aus dem 13. Jahrhundert. Der Tannhäuser und Rudolf von Rotenburg waren die produktivsten Leichdichter. Die Aufführung solcher Prunkstücke muß nicht nur von dem Sänger, sondern auch von den Zuhörern höchste Konzentration gefordert haben. Inhaltlich blieben die beiden Typen dominierend, die schon vorher ausgebildet waren: der Minneleich und der religiöse Leich (hauptsächlich als Marienleich, vgl. S. 378). Die wichtigste Neuerung war die Erfindung des Tanzleichs durch Tannhäuser. Daß die Leichs tatsächlich getanzt wurden, stellt allerdings an die Vorstellungskraft noch größere Ansprüche als das getanzte Minnelied. Von den alten Sonderformen des Liedes begegnet das Kreuzlied nur noch bei einigen Minnesängern, die wahrscheinlich schon in den ersten Jahrzehnten des 13. Jahrhunderts gedichtet haben (Otto von Botenlouben, Hiltbolt von Schwangau, Rubin). Neidhart und Tannhäuser haben Kreuzzugsmotive in parodistischer Form im Rahmen von Sommerliedern und Reiseliedern verwendet. Dagegen hat sich die andere Sonderform des Liedes, das Tagelied, im 13. Jahrhundert reich entfaltet; es gibt etwa 50 Tagelieder aus dieser Zeit. Die Gattung war auch später noch produktiv und hat sich über die Liederbücher des 15. Jahrhunderts bis in die Volkslieder hinein weiterentwickelt.

Nicht nur im Tagelied macht sich in der Lyrik des 13. Jahrhunderts die Tendenz zu einer erzählenden Darstellungsweise bemerkbar. Auch in Neidharts Liedern wird die dörperliche Szenerie mit vielen Details ausgemalt. Eine Hauptform des sogenannten »genre objectif« war die Pastourelle, die von der Liebesbegegnung im Freien erzählte. Deutschsprachige Pastourellen gibt es in den ›Carmina Burana‹, beim Kol von Niunzen, bei Neifen und beim Herzog von Brabant. Verwandt damit sind Lieder von sexuellen Heldentaten. Bei Hadloub ist selbst das

Minnelied zu einem Erzähllied umgestaltet. Die erzählenden Elemente in der Lyrik des 13. Jahrhunderts haben oft einen komischen Unterton. Von daher ergeben sich Zusammenhänge mit Liechtensteins komischen Erzählungen im ›Frauendienst‹.

Liechtenstein hat die meisten seiner Gedichte als »Tanzlieder« bezeichnet; und er hat wiederholt versichert, daß sie tatsächlich zum Tanzen bestimmt waren. Dabei handelt es sich um Minnekanzonen im traditionellen Stil, von denen man im allgemeinen annimmt, daß sie für den Einzelvortrag gedacht waren. Wahrscheinlich hat bereits Walther von der Vogelweide Minnetanzlieder komponiert. Seit Neidhart, dessen Lieder offenbar alle zum Tanzen bestimmt waren, hat diese Aufführungsform immer mehr an Boden gewonnen.

Dichter und Dichterkreise; historisch-geographische Verteilung: Etwa neunzig Minnesänger des 13. Jahrhunderts sind namentlich bekannt. Von den meisten sind nur wenige Lieder erhalten. Das umfangreichste lyrische Œuvre gehört Neidhart (70–90 Lieder); es folgen Ulrich von Liechtenstein (57 Lieder, ein Leich), Hadloub (51 Lieder, drei Leichs), Gottfried von Neifen (51 Lieder), Ulrich von Winterstetten (40 Lieder, fünf Leichs) und Ulrich von Singenberg (31 Lieder, elf Sprüche). Lied und Spruch blieben im 13. Jahrhundert im allgemeinen getrennt. Gelegentlich haben adlige Minnesänger ein paar Sprüche gedichtet und fahrende Spruchdichter ein paar Lieder; im gleichen Umfang sind die beiden Gattungen, dem Beispiel Walthers von der Vogelweide folgend, nur von Konrad von Würzburg (23 Lieder, 49 Sprüche, zwei Leichs) und dem Kanzler (14 Lieder, 48 Sprüche) benutzt worden.

Etwa zwanzig Minnesänger gehören mit einiger Wahrscheinlichkeit der ersten Hälfte des 13. Jahrhunderts an; über siebzig haben in der zweiten Hälfte oder in der Zeit um 1300 gedichtet. Ob sich darin eine Zunahme der lyrischen Produktion spiegelt oder ob die Redaktoren der Manessischen Handschrift, die für den späteren Minnesang unsere wichtigste Quelle ist, mehr Dichter aufgenommen haben, die ihnen zeitlich nahestanden, muß offenbleiben. Jedenfalls war der Minnesang um 1300 eine lebendige und vielfach praktizierte Kunst, auch nach der Fertigstellung der großen Liederhandschriften.

Die geographische Verteilung der Dichter ist ebenfalls durch die Überlieferungsverhältnisse geprägt. Die drei großen Liederhandschriften A, B und C stammen alle aus dem Südwesten.

Die Züricher Sammler haben sich offenbar bemüht, auch Liedgut aus weit entfernten Gegenden zusammenzutragen; aber es ist kein Wunder, daß sie über das, was in ihrer Nähe gedichtet wurde, besser unterrichtet waren. Die Mehrzahl der Minnesänger des 13. Jahrhunderts, die in der Manessischen Handschrift stehen, gehören in den schwäbisch-alemannischen Südwesten und in die Schweiz. Daneben ist nur noch Österreich mit etwa 15 Dichtern einigermaßen gut vertreten. Für Bayern lassen sich höchstens vier bis fünf Dichter in Anspruch nehmen, für Rheinfranken drei, für Thüringen und den ganzen ostmitteldeutschen Bereich vielleicht sieben. Norddeutschland und die nordwestlichen Territorien fallen völlig aus, abgesehen von einigen dichtenden Fürsten: dem Herzog Johann von Brabant, dem Grafen von Anhalt und dem Markgrafen Otto von Brandenburg. Der Meißner Hof und der böhmische Hof, die beiden bedeutendsten literarischen Zentren in der zweiten Hälfte des 13. Jahrhunderts, sind in den Lyriksammlungen nur durch ein paar Lieder Markgraf Heinrichs III. und König Wenzels II. vertreten. Wahrscheinlich ist ein großer Teil der höfischen Lyrik verloren gegangen.

In der ersten Hälfte des 13. Jahrhunderts waren der Herzogshof in Wien und der staufische Königshof in Schwaben die wichtigsten Sammelpunkte lyrischer Dichtung. In Wien hat Neidhart und später auch Tannhäuser gedichtet. Zum schwäbischen Dichterkeis gehörten Burkhart von Hohenfels und Gottfried von Neifen, vielleicht auch Ulrich von Winterstetten. Um die Mitte des 13. Jahrhunderts ist in der Steiermark, im Kreis um Ulrich von Liechtenstein und Herrand von Wildonie, Minnesang im traditionellen Stil gepflegt worden. Gegen Ende des 13. Jahrhunderts zeichnen sich zwei Lyrikerkreise in der Schweiz ab: in Basel um Walther von Klingen, in Zürich um Hadloub. Ob auch die Schweizer Minnesänger Kraft von Toggenburg, Jakob von Warte und von Trostberg zu dem Züricher Kreis gehörten, bleibt unsicher. Wie lebhaft der Kontakt zwischen den Dichterkreisen selbst über weite Entfernungen war, bezeugen die literarischen Beziehungen: Liechtenstein kannte die Lieder Neifens; Hohenfels und Neifen haben Anleihen bei Neidhart gemacht, Winterstetten auch bei Tannhäuser und Liechtenstein. Hadloub war mit der ganzen lyrischen Tradition vertraut.

LITERATUR: Hugo Kuhn, Minnesangs Wende. 2. Aufl. Tübingen 1967. – Walter Raitz, Minnesang im späteren 13. Jahrhundert. In: Einführung in die deutsche Literatur des 12. bis 16. Jahrhunderts (vgl. S. 54). Bd. 2, S. 9–40. – Ingeborg Glier, Konkretisierung im Minnesang des 13. Jahrhunderts. In: From Symbol to Mimesis. The Generation of Walther von der Vogelweide. Hrsg. von Franz H. Bäuml. Göppingen 1984, S. 150–168. – Claudia Händl, Rollen und pragmatische Einbindung. Analysen zur Wandlung des Minnesangs nach Walther von der Vogelweide. Göppingen 1987.

Neidhart

Biographie: Über Neidharts Leben ist nur bekannt, daß er Hofsänger in Wien unter Herzog Friedrich II. war. Von seiner Herkunft und seinen Standesverhältnissen wissen wir nichts. Die verifizierbaren zeitgeschichtlichen Anspielungen in seinen Liedern fallen in die Jahre 1234–1237. Er muß aber schon früher ein bekannter Dichter gewesen sein, denn Wolfram von Eschenbach hat »Herrn Nithart« bereits im ›Willehalm‹ (312,12) erwähnt. Seine Schaffenszeit dürfte etwa von 1210/15 bis 1240/45 anzusetzen sein. Vielleicht hat er, bevor er an den Wiener Hof kam, in Bayern gedichtet. Eine Beziehung zum bayerischen Herzogshof in Landshut ist jedoch nicht nachweisbar.

Um diese wenigen Anhaltspunkte hat sich eine Dichterlegende gerankt, die noch in neueren Darstellungen nachwirkt. Die Vorstellung, daß Neidhart ein bayerischer Ritter gewesen sei, stützt sich vor allem auf den Namen Reuental (*Riuwental*). Der Ritter von Reuental ist die traurige Hauptfigur in Neidharts Liedern. Er wird als ein Landjunker und als Besitzer des heruntergewirtschafteten Hofs Riuwental geschildert, der die Tanzvergnügungen der Bauern in den umliegenden Dörfern besucht, dort den Dorfmädchen nachstellt und sich mit den Bauernburschen um die Gunst der Mädchen prügelt, wofür die Bauern ihm seine Wiesen zertrampeln und ihm sogar den Hof anzünden. Im Urbar des Klosters Tegernsee aus der Mitte des 13. Jahrhunderts ist ein Hof Rewental zwischen München und Landshut bezeugt. Ob Neidhart den Namen Riuwental von einem wirklichen Ort genommen hat, oder ob es ein erfundener allegorischer Name (»Jammertal«) ist, muß offenbleiben. Jedenfalls ist der Ritter von Reuental in Neidharts Liedern eine fiktive Gestalt, die nicht autobiographisch interpretiert werden darf. Der Dichter hieß nur Neidhart. Die Namensform Neidhart von Reuental begegnet vereinzelt im 15. Jahrhundert und ist erst im 19. Jahrhundert zu einem festen Dichternamen zusammengefügt worden. Im Winterlied 24 klagt der Sänger darüber, daß er die Huld seines Herrn verloren und seinen ganzen Besitz in Bayern zurückgelassen habe. Wer der frühere Herr war und ob Neidhart tatsächlich in Bayern begütert war, ist ebenso ungesichert wie die Vermutung, Neidhart habe in Österreich zuerst in Melk und später in dem Dorf Lengbach (westlich von Wien) gewohnt. Man hat alle Lieder, in denen der Name Reuental vorkommt, für bayerisch erklärt, und alle, in denen er fehlt oder in denen österreichische Namen begegnen, für österreichisch. Gegenüber diesem Verfahren sind jedoch grundsätzliche Zweifel angebracht, zumal der Name Reuental auch in Liedern mit österreichischen Ortsnamen vorkommt (Sommerlied 26). Unsicher ist auch, ob die beiden Kreuzlieder (Sommerlieder 11 und 12) die persönliche Teilnahme Neidharts an einem Kreuzzug voraussetzen.

Die wichtigste zeitpolitische Anspielung in Neidharts Liedern ist »das Kommen des Kaisers«, das er einmal im Hinblick auf die traurigen Verhältnisse in Österreich herbeiwünscht (Sommerlied 27), während er ein anderes Mal dem Kaiser rät, am Rhein zu bleiben (Winterlied 36). Das bezieht sich auf die Ächtung Herzog Friedrichs durch Kaiser Friedrich II. im Jahr 1236 und die Besetzung Wiens durch den Kaiser im Winter 1236/37. Neidharts Stellungnahmen zu diesem Konflikt können verschieden interpretiert werden; es ist auch möglich, daß er in den Wirren dieser Zeit selber die Akzente einmal so und einmal anders gesetzt hat.

Bauernthematik und satirische Absicht: Neidhart hat die Bauern in die höfische Lyrik eingeführt: das ist die auffallendste Neuerung in seinen Liedern. Die Bauern werden von dem Ritter von Reuental, der in vielen Liedern als Ich-Sprecher auftritt, mit einer Mischung von Verachtung, Haß, Neid und Angst betrachtet. Vom ländlichen Arbeitsalltag hören wir so gut wie nichts. Den szenischen Hintergrund bilden meistens die dörflichen Tanzvergnügungen, die in der schönen Jahreszeit im Freien, im Winter in der Stube stattfinden. Dabei treten die Bauernburschen oft als höfisch herausgeputzte Gecken auf, mit breiten Schwertern und mit Gewändern aus kostbaren Stoffen.

Der Kontrast zwischen ihrer höfischen Ausstaffierung und der ungeschlacht-gewalttätigen Art, in der sie mit den Mädchen umgehen oder den Reuentaler bedrohen, wirkt zugleich lächerlich und furchterregend. Die Mädchen lassen die grobschlächtigen Annäherungen der Bauernburschen ebenso über sich ergehen wie das höfische Werben des Reuentalers, aber oft sind die Bauern dabei erfolgreicher. Wo die Frauen selber zu Worte kommen, offenbart sich eine blinde Vergnügungssucht, die auf höfischen Flitter und ausgelassene Spiele gerichtet ist und die taub bleibt für die Warnungen vor den bösen Folgen eines zu freien Umgangs mit den Männern.

Wie Neidhart darauf gekommen ist, seine Lieder mit Bauern zu bevölkern, wurde im 19. Jahrhundert aus der Dichterbiographie beantwortet: Neidhart habe selber unter den Bauern des Tullner Feldes gelebt und habe dort die Dorfmädchen besungen. Man sah in Neidhart den Begründer der höfischen Dorfpoesie. Als Indizien für den Erlebnisgehalt seiner Lieder galten die echten Dorfnamen aus dem Gebiet um Tulln und die sogenannten Trutzstrophen, in denen die Bauern das Wort ergreifen. Seitdem jedoch klargestellt wurde, daß Neidhart für ein adliges Publikum gedichtet hat, erscheint seine Bauerndarstellung in einem anderen Licht. Neidharts Bauern sind aus höfischer Perspektive konstruierte und in satirischer Absicht überzeichnete Kunstfiguren, denen höchstens insofern ein Realsubstrat zukommt, als es im 13. Jahrhundert reich gewordene Bauern gab, die sich mit adligen Attributen schmücken konnten, und wirtschaftlich heruntergekommene Landadlige, die den gesellschaftlichen Kontakt zu ihren Standesgenossen verloren hatten. Für das höfische Publikum war der Bauer allemal eine komische und lächerliche Gestalt. Neidhart hat sich jedoch nicht damit begnügt, die unhöfische Dummheit und Grobheit der Bauern dem Gelächter seiner adligen Zuhörer preiszugeben, sondern er hat den komisch-satirischen Gegensatz zwischen Höfischem und Unhöfischem in die dörfliche Szenerie transponiert. Dabei hat er sich am traditionellen Minnelied orientiert. Aus dem adligen Sänger ist bei ihm ein schäbiger Dorfritter geworden, der die Bauernmädchen wie höfische Damen besingt und dabei immer wieder auf den komischen Kontrast zwischen dieser Rolle und der dörperlichen Erscheinung der Mädchen aufmerksam macht: »Sie ist in jeder Beziehung zu preisen, nur daß ihre Füßchen zerschunden sind« (Winterlied 9); »Wer sie liebt, ist sorgenfrei. Sie ist makellos: ein ganzes Rübenfeld erntet sie ab« (Winterlied 5); »Schön stand ihr das Haar und das rosenfarbige Maul« (Winterlied 2). In diesem parodierenden Spiel mit dem herkömmlichen Minnelied steckte sicher auch eine satirische Absicht. Über die Zielrichtung der Satire herrscht in der neueren Neidhartforschung nur insofern Einigkeit, als man davon ausgeht, daß der Angriff letztlich nicht gegen die Bauern, sondern gegen die adlige Hofgesellschaft gerichtet war. Ob es Neidhart eher darum zu tun war, auf diese Weise den Sinn für die alten höfischen Werte neu zu wecken, oder ob seine komisch-satirische Darstellung darauf zielte, die überkommene Minneideologie in Frage zu stellen, ist nicht ganz klar.

Das Liedcorpus: Man teilt Neidharts Lieder in Sommerlieder und Winterlieder ein. Die Begriffe zielen zunächst auf den sogenannten Natureingang. Fast alle Sommerlieder beginnen mit Frühlingsmotiven; viele Winterlieder setzen mit der Klage über das Ende der schönen Jahreszeit und das Verstummen der Vögel ein. Der Naturtopos bestimmt auch die Szenerie: Die meisten Sommerlieder erzählen vom Tanz im Freien, während die dörflichen Vergnügungen in den Winterliedern in die Stube verlegt sind. Der Unterschied zwischen den beiden Liedtypen reicht jedoch noch weiter. In den Sommerliedern haben vor allem die Frauen das Wort. In den Gesprächen zwischen Mutter und Tochter oder zwischen zwei Gespielinnen geht es meistens darum, daß die jungen Mädchen zum Tanz auf den Anger hinaus wollen und dabei alle Bedenken in den Wind schlagen. Einige Lieder kennen auch das Motiv der tanzlustigen Alten. In den Reden der Frauen geht es meistens um den Reuentaler, der von den Dorfmädchen umschwärmt und als Tanz- und Liebespartner gesucht wird und vor dem die Mütter ihre Töchter vergeblich warnen. Das Sommerlied 22 erzählt davon, daß der Bauer Engelmar beim Tanzen Vriderun »ihren Spiegel von der Seite brach«. Der geraubte und zerbrochene Spiegel zieht sich wie ein Leitmotiv durch Neidharts Lieder; er steht für die Pervertierung des höfischen Minnewesens durch die Dörper. Gegenüber der ausgelassenen Fröhlichkeit der meisten Sommerlieder sind die Winterlieder fast alle von einem bitteren Klageton beherrscht, der manchmal auf aggressive Gehässigkeit, manchmal mehr auf Resignation gestimmt ist. In den Winterliedern beherrschen die Bauernburschen mit ihrem prahlerischen Auftreten und ihrem wüsten Treiben die Szene. Eine Sonderstellung nehmen die beiden Preislieder auf Herzog Friedrich II. ein (Winterlieder 29 und 36) sowie die sogenannten *werltsüeze*-Lieder (Winterlieder 28, 30 und 34), in denen der Sänger dem weltlichen Minnedienst entsagt und sich der Gnade Gottes anbefiehlt.

Sommerlieder und Winterlieder unterscheiden sich auch im Strophenbau. Die Winterlieder sind alle (bis auf Nr. 28) in Kanzonenstrophen gedichtet, während die meisten Sommerlieder unstollige Reienstrophen aufweisen (drei Sommerlieder haben Kanzonenform). Die Reienstrophen haben in der Forschung besondere Aufmerksamkeit gefunden, weil man einen Zusammenhang mit der Bauform volkstümlicher Tanzlieder vermutet. Wahrscheinlich sind nicht nur die Sommerlieder, sondern auch die Winterlieder zum Tanz gesungen worden, und diese Aufführungsform hat sicher nicht unerheblich zum Erfolg von Neidharts Lyrik beigetragen. Eine Bestätigung dafür sucht man in den Melodien, die zu Neidhart reicher als zu jedem anderen Minnesänger des 13. Jahrhunderts überliefert sind. Wir kennen die Melodien zu 56 Liedern (darunter sind 17 »echte« Lieder: zwei Sommerlieder, 15 Winterlieder).

Überlieferung, Wirkung: Mit 27 Handschriften und den drei Drucken des ›Neidhart Fuchs‹ übertrifft die Neidhart-Überlieferung im Umfang sogar die handschriftliche Bezeugung der Gedichte Walthers von der Vogelweide. Neben der Handschrift C sind für Neidhart zwei Textsammlungen aus Bayern und Österreich von größter Bedeutung:

R: die Riedegger Handschrift (um 1300), eine Sammelhandschrift, die zwischen höfischen Epen und dem ›Pfaffen Amis‹ eine große Neidhartsammlung (56 Lieder mit 383 Strophen) enthält.

c: die Berliner Handschrift (2. Hälfte des 15. Jahrhunderts), wahrscheinlich aus Nürnberg, die umfangreichste Neidharthandschrift (127 Lieder mit 1068 Strophen; Melodien zu 45 Liedern). Das größte Problem der Neidhartphilologie ist die Frage der Echtheit. Die Handschriften überliefern insgesamt 148 Lieder unter Neidharts Namen. In der bis heute maßgebenden kritischen Ausgabe von Moriz Haupt aus dem Jahr 1858 findet man jedoch nicht einmal die Hälfte des Überlieferten. Haupt ist von dem Grundsatz ausgegangen, daß alles, was nicht in R steht, der Unechtheit verdächtig sei. So kam er zu einem Corpus von 66 »echten« Liedern (55 aus R und elf aus C). Alles andere galt ihm als »unecht«: nicht nur die 82 Lieder, die noch unter Neidharts Namen überliefert sind, sondern auch die 123 »unechten« Strophen, die nach Haupts Einschätzung nachträglich zu den »echten« Liedern hinzugedichtet worden sind. Diese »Pseudoneidharte« wurden als das Werk anonymer Nachdichter betrachtet. Haupts Prinzipien der Textkritik sind heute fragwürdig geworden. Niemand wird bestreiten, daß im Stil Neidharts weitergedichtet wurde und daß die Handschriften unter seinem Namen Lieder und Strophen überliefern, die nicht von ihm stammen. Das philologische Instrumentarium reicht jedoch nicht aus, um mit Sicherheit Echtes von Unechtem zu scheiden. Für die Annahme, daß alles spät Überlieferte unecht sei, gibt es keine Grundlage. Daher ist eine Ausgabe nötig, die das gesamte Neidhart-Corpus bietet, ohne die Echtheitsfrage zu präjudizieren, und die die Veränderungen des Textes im Prozeß der Überlieferung sichtbar macht.

Kein anderer Dichter der höfischen Zeit hat die Nachwelt so beeindruckt wie Neidhart. Der komisch-parodistische Gegengesang, den er etablierte, hat sich im Spätmittelalter reich entfaltet; dabei wurde Neidharts Name zum Gattungsbegriff (»Ein Neidhart«). Bereits im 13. Jahrhundert hat seine Lyrik auch auf die epische Dichtung (›Helmbrecht‹) und die didaktische Literatur (›Seifried Helbling‹) gewirkt. In Heinrich Wittenwilers ›Ring‹ (um 1400) tritt Neidhart als Ritter auf, der mit den Bauern seine derben Scherze treibt. Das setzt eine Legendenbildung voraus, die ihren literarischen Niederschlag vor allem in zahlreichen Schwankliedern gefunden hat, in denen Neidhart zum Typ des Bauernfeindes wurde. Die ersten Schwänke müssen bereits im 13. Jahrhundert gedichtet worden sein, denn schon die Weingartener Liederhandschrift enthält ein solches Lied (›Neidhart im Faß‹). Den Endpunkt dieser Entwicklung bildet der ›Neidhart Fuchs‹, eine biographisch angelegte Sammlung von 37 Schwankliedern, die 1491/1500 im Druck erschien und bis 1566 drei Auflagen erlebte. Von der Popularität der Schwänke zeugen auch die Bilderzyklen in der Schweiz und in Wien. Außerdem wurden die Schwänke, insbesondere der Veilchenschwank, dramatisiert: Es gibt sechs Neidhartspiele aus dem 14. bis 16. Jahrhundert. Das älteste, das ›St. Pauler Neidhartspiel‹, umfaßt nur 58 Verse, die von zwei Personen, von Neidhart und der Herzogin, gesprochen werden; außerdem tritt ein Proclamator auf. Das ›Große Neidhartspiel‹ des 15. Jahrhunderts hat dagegen 68 Sprecherrollen und 2268 Verse. Mit Hans Sachs'

Fastnachtspiel ›Der Neidhart mit dem Veilchen‹ von 1557 endet diese Tradition.

TEXT: Hrsg. von Moriz Haupt. 2. Aufl. bearbeitet von Edmund Wiessner. Leipzig 1923; von Edmund Wiessner, fortgeführt von Hanns Fischer. 4. Aufl. revidiert von Paul Sappler (ATB 44). Tübingen 1984. – ÜBERSETZUNG von Helmut Lomnitzer (Reclam 6927). Überarbeitete Ausgabe Stuttgart 1984; von Siegfried Beyschlag. Darmstadt 1975. – LITERATUR: Siegfried Beyschlag in: VL 6, 1987, Sp. 871–893. – Dieter Kühn, Neidhart aus dem Reuental. Frankfurt a. M. 1988.

Ulrich von Singenberg

Der Dichter stammte aus der begüterten Ministerialenfamilie der Truchsessen von St. Gallen und wird mit dem Ulrich von Singenberg identifiziert, der 1209–1228 urkundlich bezeugt ist, obwohl der Vorname des Dichters nicht überliefert ist. Vielleicht hat Singenberg seine Lieder selber gesammelt; jedenfalls ist ungewöhnlich viel von ihm erhalten (32 Lieder, sieben Sprüche). Die Minnelieder zeigen ihn als Schüler Walthers von der Vogelweide, den er mehrmals zitiert und liebevoll parodiert hat, den er als seinen *meister* gefeiert und für den er einen Nachruf gedichtet hat. Er hat Walthers Vokalspiel nachgemacht, hat Walthers Klage über den Niedergang höfischer Freude übernommen und hat im Ton von Walthers Frau Welt-Liedern weitergedichtet. Auch seine politischen Sprüche sind von Walther angeregt. Der »König«, den Singenberg mahnend anredet, war offenbar der junge Heinrich (VII.), mit dem der Dichter über seinen Dienstherrn, den Abt von St. Gallen, in Berührung gekommen sein kann. Diese Sprüche werden um 1228 datiert. Ein Dialog zwischen dem Dichter und seinem Sohn Rüedelin, der den Vater als Minnesänger ablösen möchte, von ihm jedoch als »vierschrötiger Bauer« verspottet wird (Lied 26), deutet darauf hin, daß Singenberg auch mit Neidharts Lyrik bekannt war.

TEXT: Hrsg. von Karl Bartsch. In: Die Schweizer Minnesänger. Frauenfeld 1886, S. 12–58. – LITERATUR: Max Schiendorfer, Ulrich von Singenberg, Walther und Wolfram. Zur Parodie in der höfischen Literatur. Bonn 1983.

Burkhart von Hohenfels

Die Ministerialen von Hohenfels waren am Bodensee beheimatet. Ein Burkhart von Hohenfels ist 1212–1242 urkundlich bezeugt; er kommt 1222–1228 in der Umgebung König Heinrichs (VII.) vor; in ihm sieht man den Dichter. Wir kennen 18 Lieder von ihm, die sich in zwei Gruppen teilen: die meisten sind im traditionellen Minneton gedichtet; vier Lieder zeigen den Einfluß Neidharts. Es sind Tanzlieder mit Sommer- und Wintermotiven und Gespielinnendialoge, die den Neidhartschen Typus selbständig weiterbilden. Auch in seinen konventionellen Minneliedern hat Hohenfels einen eigenen Stil entwickelt, der sich durch kunstvoll-gesuchte Formulierungen und einen ungewöhnlichen Reichtum an Bildern und Metaphern auszeichnet. Er ist damit der erste Vertreter des »geblümten« Stils in der Lyrik, der später für die meisterliche Liedkunst richtungsweisend wurde.

TEXT: Deutsche Liederdichter des 13. Jahrhunderts. Bd. 1, S. 33–51; dazu: Hugo Kuhn in: VL 1, 1978, Sp. 1135–1136.

Gottfried von Neifen

Aus der schwäbischen Freiherren-Familie von Neuffen stammend, ist der Dichter 1234–1255 urkundlich bezeugt. Er stand in enger Beziehung zum staufischen Königshof. Die Handschrift C überliefert von Neifen 51 Lieder, von denen Carl von Kraus nur 27 als echt anerkannt hat. Wie in anderen Fällen sind auch hier die Echtheitskriterien fragwürdig. Inhaltlich teilen sich die Lieder, wie bei Hohenfels, in zwei Gruppen: den 45 Liedern der hohen Minne stehen sechs erzählende Lieder erotischen Charakters gegenüber, von denen einige dem Pastourellentyp folgen, andere so zotig-derb sind (wie das Büttnerlied, Nr. 39), daß ihre Bestimmung für ein höfisches Publikum in Zweifel gezogen wurde. Es ist jedoch eine Tatsache, daß die adlige Hofgesellschaft im 13. Jahrhundert an deftigen Schwänken ebenso viel Spaß hatte wie an der Minne- und Ritterthematik im alten Stil.

Das Eigene und Neue von Neifens Lyrik liegt darin, daß er die überkommenen Motive und Ausdrucksformen des hohen Minnesangs auf ein einfaches Schema reduziert hat, das mit einer begrenzten Zahl von stereotypen Wendungen und Versatzstücken auskommt, unter denen der »rote Mund« der geliebten Dame geradezu zum Kennwort der Neifenschen Dichtung geworden ist. Damit verbindet sich bei Neifen ein hohes formales Können, das in der kunstvollen metrischen Gestaltung der Strophen und in einer virtuosen Reimtechnik und der Erzeugung ungewöhnlicher Klangeffekte seinen Ausdruck gefunden hat. Neifen war einer der einflußreichsten Dichter des

13. Jahrhunderts: fast alle Späteren haben von ihm gelernt. Als »Der Nîfer« oder »Der von Nîfen« wurde er zum exemplarischen Minnesänger. Auch die Sagenbildung hat sich seiner bemächtigt. In der Ballade vom edlen Möringer tritt »der junge Herr von Nîfen« in der Rolle des ungetreuen Frauenhüters auf.

TEXT: Deutsche Liederdichter des 13. Jahrhunderts. Bd. 1, S. 82–127; dazu: Volker Mertens in: VL 3, 1981, Sp. 147–151.

Ulrich von Liechtenstein

Als Minnesänger war Liechtenstein weniger originell als in seinem ›Frauendienst‹ (vgl. S. 273ff.). Seine Lieder sind an Reinmar und Walther geschult und bleiben ganz im Stil der traditionellen Minnedichtung. Neu sind nur ein paar preziöse Formulierungen, wie der *kleinvelhitzerôte* Mund (»der zartlippige brennend rote Mund«). Wir besitzen von Liechtenstein 58 Lieder und einen Leich. Liechtenstein war der erste, der seine Lieder selber gesammelt hat, so daß kaum mit Verlusten zu rechnen ist. Als er den ›Frauendienst‹ dichtete, lag bereits die Sammlung seiner Lieder vor. Ob diese Sammlung tatsächlich, wie die Erzählung des ›Frauendienstes‹ vorgibt, chronologisch geordnet war, entzieht sich der Überprüfung. Wichtig (aber ebensowenig überprüfbar) ist, was Liechtenstein im ›Frauendienst‹ über die Entstehung und Verbreitung seiner Lieder berichtet: er hat in winterlichen Mußestunden gedichtet, auf Reisen, auf dem Krankenbett und im Gefängnis; die Lieder wurden einzeln aufgeschrieben und in Briefen verschickt; man konnte sie lesen und singen, und viele von ihnen waren zum Tanzen bestimmt.

TEXT: Deutsche Liederdichter des 13. Jahrhunderts. Bd. 1, S. 428–494.

Tannhäuser

Neben und nach Neidhart repräsentiert der Tannhäuser den neuen lyrischen Stil des Wiener Hofs. Über seine Herkunft ist nichts bekannt. Er hat noch unter Herzog Friedrich II. in Wien gedichtet und hat später bei verschiedenen ostmitteldeutschen Fürsten, besonders in Meißen, um Unterstützung geworben. Zeitgeschichtliche Anspielungen bezeugen seine Schaffenszeit von 1245 bis 1260/65. Der Einfluß Neidharts zeigt sich in manchen Motiven und im Stil; den Haupttyp des Neidhartschen Winterlieds mit dem Bauernpersonal hat Tannhäuser aber nicht übernommen. Sein lyrisches Werk ist relativ schmal (sechs Leichs, neun Lieder, ein Spruch; zwei der Lieder bestehen aus spruchartigen Strophenreihen). Wenn er Berufsdichter war, hat er sicherlich mehr gedichtet. Der Tannhäuser erzählt von seinen Reisen und seinen Lebensverhältnissen in einem Ton, der schon an Oswald von Wolkenstein denken läßt. Außer den Armutsklagen sind seine autobiographischen Aussagen nicht wörtlich zu nehmen. Das auffallendste Stilmittel ist die häufende Reihung, oft in Form von Namenskatalogen, die zur Erzeugung komischer Effekte benutzt werden, in denen sich aber zugleich ein lehrhafter Zug durchsetzt. Manchmal wird die Häufung auch zu parodistischen Zwecken eingesetzt, wenn der Sänger die Leistungen aufzählt, die er im Minnedienst vollbringen soll, oder wenn durch die Häufung französischer Wörter der höfische Sprachstil parodiert wird. Am interessantesten sind die vier Tanzleichs, die den Themenbereich des Leichs auf originelle Weise erweitern. Hier tritt der Dichter als Vorsänger und Vortänzer auf, der den gesprungenen Reien der Damen und Mädchen anführt.

Tannhäusers Gedichte sind nur in der Großen Heidelberger Liederhandschrift überliefert. Umstritten ist, ob ein unter seinem Namen überliefertes didaktisches Gedicht, die ›Hofzucht‹, von ihm stammt (vgl. S. 336). Bezweifelt wird auch die Echtheit eines Bußliedes, das in der Jenaer Liederhandschrift unter der Überschrift »Der tanvser« steht. Dieses Bußlied könnte der Ausgangspunkt einer Sagenbildung gewesen sein, die aus dem höfischen Dichter einen sündigen Venusdiener gemacht hat, der zur Buße nach Rom zieht, wo ihm der Papst die Lossprechung verweigert, woraufhin der Tannhäuser auf immer in den Venusberg zurückkehrt. Davon erzählt die Tannhäuser-Ballade, die seit der Mitte des 15. Jahrhunderts in Handschriften und Drukken verbreitet wurde.

TEXT: Hrsg. von Johannes Siebert. Halle 1934; von J. W. Thomas. Chapel Hill 1974.

Ulrich von Winterstetten

Die Reichsschenken von Tanne-Winterstetten-Schmalnegg gehörten zu den größten Ministerialenfamilien in Schwaben. Konrad von Winterstetten hat als Auftraggeber von Rudolf von Ems und Ulrich von Türheim eine Rolle gespielt (vgl. S. 194, 237). Sein Enkel, Ulrich von Winterstetten-Schmalnegg, der 1241–1258 in weltlicher Position, 1258–1280 als kirchlicher Amtsträger bezeugt ist, wird meistens für den Minnesänger gehalten. Winterstettens lyrisches Werk (fünf Leichs, 40 Lieder) knüpft an Neifen an, dessen formale Virtuosität er noch zu übertreffen suchte. Die meisten seiner Lieder sind Variationen des hohen Sangs. Seine Tagelieder setzen den von Wolfram von Eschenbach entwickelten Typ voraus und bezeugen Bekanntschaft mit Liechtenstein. Es gibt von ihm auch ein Lied in Neidharts Manier. Von Tannhäuser hat er die neue Form des Tanzleichs übernommen. Die meisten seiner Minnelieder bestehen aus Strophen mit Refrain: darin liegt Winterstettens wichtigster Beitrag zur Geschichte der höfischen Lyrik.

TEXT: Deutsche Liederdichter des 13. Jahrhunderts. Bd. 1, S. 495–554.

Konrad von Würzburg

Als Lyriker hatte Konrad von Würzburg keinen so großen Einfluß wie mit seinen epischen Werken (vgl. S. 241). Wir kennen von ihm zwei Leichs, 23 Lieder und 49 Sprüche. Die Thematik des Gegengesangs hat er gemieden. Seine Lieder sind, bis auf zwei Tagelieder, im konventionellen Stil gedichtet; es sind Minnelieder, die an Neifen und Winterstetten geschult sind. In der Virtuosität der rhythmischen Formen und der komplizierten Reimstellungen hat er eine kaum noch zu überbietende Kunstfertigkeit erreicht. Kennzeichnend für seine Lyrik ist, daß das Ich des Sängers fast ganz verschwindet. An die Stelle der persönlichen Minne-Betroffenheit tritt ein reflektierend-lehrhaftes Sprechen über das Thema Minne. Damit verwischen sich die Grenzen zwischen Lied und Spruch.

TEXT: Hrsg. von Edward Schröder. In: Konrad von Würzburg: Kleinere Dichtungen. Bd. 3, 2. Aufl. Berlin 1959, S. 9–68. – LITERATUR: Thomas Cramer, Minnesang in der Stadt. Überlegungen zur Lyrik Konrads von Würzburg. In: Literatur – Publikum – historischer Kontext. Hrsg. von Gert Kaiser. Bern, Frankfurt a. M. 1977, S. 91–108.

Steinmar

Über Steinmar ist kaum etwas bekannt. Seine Identifizierung mit Berthold Steinmar von Klingenau aus einer Thurgauer Bürgerfamilie (urkundlich 1253–1293) ist ebenso unsicher wie andere Anknüpfungen. Wenn sich die Anspielung auf den Winterfeldzug des Königs nach Meißen (12,34 ff.) auf das Unternehmen König Adolfs I. im Jahr 1294/95 oder 1295/96 bezieht, war Steinmar ein Zeitgenosse Hadloubs. Unter den späten Minnesängern ist er der originellste. Von seinen 14 Liedern sind etwa die Hälfte Lieder der hohen Minne, die an der Formkunst Neifens und Winterstettens geschult sind; der Refrain weist die meisten als Tanzlieder aus. Der eigene Stil Steinmars zeigt sich in ihnen an den Stellen, wo die Minnethematik durch Übertreibungen oder durch drastische Bilder und Vergleiche parodistisch gebrochen wird: »Wie ein Schwein im Sack zuckt mein Herz hin und her« (4,31f.). Die andere Hälfte der Lieder erweist Steinmar als einen Meister des Gegengesangs. Es sind zumeist derb-erotische Lieder erzählenden Charakters, die parodierend auf Themen und Formen des hohen Minnesangs Bezug nehmen, vor allem durch die Übertragung in ein dörperliches Milieu, ohne daß sich ein direkter Einfluß Neidharts nachweisen läßt. Am wichtigsten ist Steinmars Herbstlied (Nr. 1), das eine neue lyrische Gattung begründet hat. Hier sagt der Sänger dem höfischen Minnedienst Ade und bekennt sich zu den Schlemmereien und Trinkgelagen, die der Herbst mit sich bringt. Anregungen zu diesem neuen Liedtyp können aus der lateinischen Vagantendichtung oder aus Frankreich gekommen sein. Die Freuden des Weins, als Alternative zu Rittertum und Frauendienst, waren seit Strickers ›Weinschlund‹ ein Thema der Zechreden.

TEXT: Hrsg. von Karl Bartsch. In: Die Schweizer Minnesänger. Frauenfeld 1886, S. 170–188; dazu: Karl Stackmann in: VL (1. Aufl.) 4, 1953, Sp. 267–271.

Hadloub

Johannes Hadloub ist 1302 als Bürger in Zürich urkundlich bezeugt. In der Manessischen Handschrift stehen von ihm drei Leichs und 51 Lieder. Sein Loblied auf Rüdiger Manesse und dessen Liedersammlungen (Nr. 8) ist ein wichtiges Zeugnis für die Entstehungsgeschichte dieser Handschrift, an der Hadloub vielleicht als Schreiber seiner eigenen Lieder mitgewirkt hat. Die Lieder der hohen Minne folgen meistens dem üblichen Schema mit Natureingang und Minneklage. Hadloub hat von Neifen, Winterstetten und Konrad von Würzburg gelernt, ohne deren formale Meisterschaft zu erreichen. Einen eigenen Ton besitzen seine erzählenden Minnelieder, die von den komisch-verzweifelten Erfahrungen im Frauendienst berichten: wie er seiner Dame, als Pilger verkleidet, beim morgendlichen Kirchgang nachschlich und ihr einen Liebesbrief an den Mantel heftete (Nr. 1); oder wie seine Freunde und Gönner ein Zusammentreffen mit der geliebten Dame veranstalteten und diese ihn dabei in die Hand biß (Nr. 2). Bei dieser Gelegenheit nennt Hadloub die Namen der Damen und Herren aus der Züricher Gesellschaft, die sein Minnewerben unterstützt haben: das ist ein einmaliger Fall im Minnesang. Nicht wenige von Hadloubs Liedern gehören thematisch zum Gegengesang. Er hat fast alles aufgegriffen und abgewandelt, was es vor ihm gab: Walthers Mädchenlieder, Neidharts Bauernlieder, Steinmars Minneparodien. Er hat auch Herbstlieder im Stil von Steinmar gedichtet und Erntelieder, die an Neidhartmotive anknüpfen. Neu ist das Lied von der Haussorge (Nr. 7), in dem ein Familienvater schildert, wie schwer es ihm wird, Frau und Kinder zu ernähren.

Text und Übersetzung von Max Schiendorfer. Zürich, München 1986; dazu: Günther Schweikle in: VL 3, 1981, Sp. 379–383.

7. Spruchdichtung

Thematik: Die erste Aufgabe der fahrenden Spruchdichter war es, Lob und Ansehen ihrer adligen Gönner zu verbreiten. Die Fähigkeit, Lobsprüche und Preisgedichte zu verfassen, öffnete ihnen die großen und die kleinen Höfe. Immer mehr Herren erkannten im 13. Jahrhundert, wie nützlich und gewinnbringend es für sie war, wenn ihr Lob im Land gesungen wurde. Entsprechend groß ist die Zahl der Herrensprüche, während es merkwürdigerweise aus dem 13. Jahrhundert keinen einzigen Spruch auf eine Dame gibt: das Lob der Frauen wurde offenbar den Minnesängern überlassen. Wie ein Dichter loben sollte, konnte man aus den lateinischen Poetiken lernen. Man benutzte dabei gerne eine blumige, mit Metaphern und Bildern reich geschmückte Sprache; oft wurde der Name des Gefeierten mit besonderer Kunstfertigkeit in den Text gesetzt. Das höchste Lob galt der *milte,* der Freigebigkeit: das entsprach der Topik des mittelalterlichen Herrscherideals; aber für die fahrenden Berufsdichter besaß dieses Thema zugleich eine unmittelbar persönliche Bedeutung, weil sie von der Freigebigkeit der Herren lebten.

Ein Spruchdichter mußte nicht nur loben, sondern auch tadeln können. Die Herrenschelte mit dem Hauptvorwurf mangelnder *milte* nimmt in der Spruchdichtung des 13. Jahrhunderts breiten Raum ein. Dabei ist jedoch in auffallender Weise vermieden worden, Namen zu nennen, so daß der Tadel unbestimmt und allgemein blieb und niemanden verletzte. Nur in Bezug auf König Rudolf von Habsburg wurde diese Vorsicht außer acht gelassen. Der Spott über seinen Geiz und seine Knausrigkeit wurde offenbar an verschiedenen Höfen gerne gehört.

Die großen Themen der Reichspolitik, die Walther von der Vogelweide behandelt hatte, haben in der Spruchdichtung nach ihm nur ein geringes Echo gefunden. Das beherrschende politische Thema war die Klage über den Verfall der öffentlichen Ordnung und den Niedergang von Frieden und Recht. Auch diese Thematik wurde meistens so allgemein behandelt, daß unklar bleibt, woran die Verfasser im einzelnen gedacht haben. Nur selten sind konkrete politische Ereignisse angesprochen worden. Die größte Resonanz fand der Regierungsantritt Rudolfs von Habsburg im Jahr 1273. Friedrich von Suonenburg und Rumslant haben seine Krönung in Aachen gefeiert; Meister Boppe hat den König mit Karl dem Großen verglichen; Konrad von Würzburg hat ihn nach dem Sieg über Ottokar von Böhmen als neuen Friedenskönig begrüßt.

Tugend- und Sittenlehre nehmen in der Spruchdichtung des 13. Jahrhunderts breiten Raum ein. An das adlige Publikum richtete sich vor allem die Klage, daß die höfischen Tugenden nicht mehr geachtet würden und daß die moralischen Grundlagen der Gesellschaftsordnung ins Wanken geraten seien. Diese Klagen sind in der Forschung als Indiz für den Niedergang der höfischen Kultur im 13. Jahrhundert gewertet worden. Das ist sicher falsch. Die Verherrlichung der Vergangenheit war ein Mittel der Zeitkritik; die Maßstäbe dafür gewannen die Dichter nicht aus der Wirklichkeit des früheren Adelslebens, sondern aus dem poetischen Idealbild höfischer Vollkommenheit, das die Dichter der Zeit um 1200 entworfen hatten. Mit besonderer Schärfe wurden die sittlichen Mängel des Hoflebens getadelt, wo Schmeichler und Intriganten den Ton angeben, wo die Bösen mehr geachtet werden als die Guten und wo schlechte Ratgeber den größten Einfluß haben.

Spruchdichtung war auch religiöse Dichtung. Es gibt zahlreiche Gebetssprüche aus dem 13. Jahrhundert, Sprüche zur Feier der Trinität, zum Lob der Majestät Gottes, seiner Schöpfung und seines Heilsplans und vor allem zur Verherrlichung der

Jungfrau Maria. Sie sind Ausdruck einer Laienfrömmigkeit, die in der adligen Hofgesellschaft wahrscheinlich in erster Linie von Frauen getragen wurde.

Ein Zug zur Gelehrsamkeit kennzeichnet die Spruchdichtung der späthöfischen Zeit. Neben theologischen Fragen sind es vor allem naturwissenschaftliche Themen aus dem Bereich der Kosmologie, der Astronomie und der Elementenlehre, die von den Dichtern behandelt wurden, wobei sie sich häufig der gelehrten allegorischen Auslegungsmethode bedienten. Die Autorität, die dieses Wissen den Dichtern in der Laiengesellschaft verlieh, kommt am deutlichsten in dem *meister*-Titel zum Ausdruck, der ihnen zugelegt wurde und den sie offenbar mit besonderem Stolz getragen haben.

Meisterliche Kunst: Das Wissen um ihre gesellschaftliche Inferiorität verband sich bei den Spruchdichtern mit einem hochentwickelten Selbstbewußtsein, das sich auf ihre gelehrten Kenntnisse und auf ihre dichterischen Fähigkeiten gründete. Sie sahen sich als Sachwalter einer Kunst, die in Gott ihre Wurzeln hatte und die sich in der Weisheit des Dichters ebenso wie in der handwerklichen Beherrschung der künstlerischen Form manifestierte. Die Spruchdichter nahmen einen spezifischen Begriff von Meisterschaft und meisterlichem Singen für sich in Anspruch und begegneten den weniger gebildeten Unterhaltungskünstlern mit Spott und Verachtung. Auch untereinander haben sie um den Rang ihrer Kunst gestritten und haben sich gegenseitig die Befähigung zur Meisterschaft abgesprochen. Die Spruchdichtung des 13. Jahrhunderts ist voll von persönlichen Auseinandersetzungen, die zum Teil mit äußerster Schärfe und Erbitterung geführt wurden; darin kam nicht nur das unterschiedliche Kunstverständnis zum Ausdruck, sondern auch die Konkurrenzsituation, die für die fahrenden Dichter von existentieller Bedeutung war.

Geographisch-chronologische Verteilung: Die Geographie der Spruchdichtung zeigt interessante Unterschiede gegenüber dem Minnesang und der höfischen Epik. Die Spruchdichter haben in ganz Deutschland gesungen, und ihre Wege haben sie nicht selten kreuz und quer herumgeführt. In der zweiten Hälfte des 13. Jahrhunderts nimmt die Zahl der Zeugnisse aus Norddeutschland und aus den östlichen Reichsteilen in auffallender Weise zu. Durch die Sprüche auf norddeutsche Fürsten und

Herren wissen wir, wie weit verbreitet damals die hochdeutsche Dichtersprache auf niederdeutschem Gebiet war und wieviel Anteil der Adel dort an der höfischen Dichtung nahm.

Den wenigen Autoren, die in der ersten Hälfte des 13. Jahrhunderts gedichtet haben, stehen die zahlreichen Dichter gegenüber, die ans Ende des Jahrhunderts gesetzt werden. Man muß daraus schließen, daß die Nachfrage nach Spruchdichtung in dieser Zeit immer größer wurde. Allerdings kann das Bild durch die Überlieferungsverhältnisse getrübt sein: vielleicht ist von der älteren Spruchdichtung mehr verloren gegangen, weil das Interesse an den zeitbezogenen Strophen später zurückgegangen ist.

Überlieferung und Wirkung: Wie für den Minnesang ist auch für die Spruchdichtung die Große Heidelberger Liederhandschrift (C) von besonderer Wichtigkeit: 15 fahrende Sänger sind nur durch diese Handschrift bekannt. Neben C ist die Jenaer Liederhandschrift (J), die um die Mitte des 14. Jahrhunderts auf niederdeutschem Boden, wahrscheinlich in fürstlichem Auftrag, geschrieben worden ist, die wichtigste Quelle. 16 Spruchdichter sind nur in J vertreten, darunter der Meißner und Hermann Damen. Besonders wertvoll sind die Melodieaufzeichnungen zu 75 Spruchtönen in J. Die Spruchdichtung unterlag offenbar von Anfang an anderen Überlieferungsbedingungen als der Minnesang. Aus dem 13. Jahrhundert sind drei fragmentarische Buchrollen mit Sprüchen erhalten. Rollen wurden im Mittelalter hauptsächlich zur Aufzeichnung von unliterarischen, vor allem dokumentarischen Texten, wie Rechnungsbüchern und Nekrologien, verwendet. Die Rollenaufzeichnung ist wohl ein Indiz dafür, daß die Sprüche im 13. Jahrhundert noch weitgehend mündlich gelebt haben und daß ihr literarischer Charakter noch nicht so ausgeprägt war. Andererseits ist damit zu rechnen, daß die Sprüche der berühmteren Dichter schon früh gesammelt wurden; Reinmar von Zweter hat vielleicht selber eine Sammlung seiner Sprüche angelegt.

Die Spruchdichtung des 13. Jahrhunderts fand im Spätmittelalter neues Interesse. Man gab den alten Strophenformen eigene Namen (Marners »Langer Ton«, Regenbogens »Briefweise« usw.), formte die Einzelsprüche zu mehrstrophigen Liedern (»Baren«) um und dichtete neue Texte in alten Tönen. So gelangte ein Teil der alten Spruchdichtung in die Meistersinger-Handschriften des 15. und 16. Jahrhunderts. Bereits im 14. Jahrhundert bildete sich ein Kanon von zwölf Dichtern heraus, die von den Meistersingern später als die Begründer ihrer Kunst verehrt wurden. Dazu gehörten Walther von der Vogelweide, Reinmar von Zweter, Der Marner und Regenbogen, meistens auch Boppe, Stolle, Konrad von Würzburg und Der Kanzler; außerdem die Dichter, die aus dem ›Wartburgkrieg‹ bekannt waren: Wolfram von Eschenbach, Klingsor und Heinrich von Ofterdingen. Der berühmteste von allen war Frauenlob, der der spätmittelalterlichen Kunst des meisterlichen Singens den Weg gewiesen hat. Die Töne der alten Meister sind in den Meistersingerschulen zum Teil bis ins 18. Jahrhundert weitergepflegt worden.

LITERATUR: Karl Stackmann, Der Spruchdichter Heinrich von Mügeln. Vorstudien zur Erkenntnis seiner Individualität. Heidelberg 1958. – Burghart Wachinger, Sängerkrieg. Untersuchungen zur Spruchdichtung des 13. Jahrhunderts. München 1973. – Ulrich Müller, Untersuchungen zur politischen Lyrik des deutschen Mittelalters. Göppingen 1974. – Rainer Ilgner, Scheltstrophen in der mittelhochdeutschen Spruchdichtung nach Walther. Diss. Bonn 1975. – Gisela Kornrumpf u. Burghart Wachinger, Alment. Formentlehnung und Tönegebrauch in der mittelhochdeutschen Spruchdichtung. In: Deutsche Literatur im Mittelalter. Hugo Kuhn zum Gedenken. Hrsg. von Christoph Cormeau. Stuttgart 1979, S. 356–411. – Horst Brunner, Die alten Meister. Studien zur Überlieferung und Rezeption der mittelhochdeutschen Sangspruchdichter im Spätmittelalter und in der frühen Neuzeit. München 1975. – Dieter Seitz, Politische Spruchdichtung im 13. Jahrhundert. In: Einführung in die deutsche Literatur des 12. bis 16. Jahrhunderts (vgl. S. 54). Bd. 2, S. 41–79. – Frieder Schanze, Meisterliche Liedkunst zwischen Heinrich von Mügeln und Hans Sachs. 2 Bde, München 1983–1984.

Bruder Wernher

Der Dichter war sicherlich kein Ordensgeistlicher, sondern ein »Wallbruder« aus der großen Schar der Fahrenden. Zeitgeschichtliche Anspielungen grenzen seine Schaffenszeit etwa auf die Jahre 1225–1250 ein. Er hat hauptsächlich in Österreich gedichtet, stand aber auch mit dem staufischen Königshof in Verbindung und hatte Beziehungen zum bayerischen Herzogshof und zu den Grafen von Henneberg. Der Höhepunkt seines öffentlichen Wirkens lag in den Jahren 1235–1237, als Heinrich (VII.) abgesetzt wurde und als der Herzog von Österreich der Reichsacht verfiel. Bruder Wernhers Stellungnahmen zu den Vorgängen in Österreich sind offenbar von den politischen Interessen der österreichischen Landherren inspiriert, die damals gegen ihren Herzog vorgingen. Auch die Lobsprüche auf Graf Wilhelm von Heunburg und den Herrn von Orte zeugen von solchen Verbindungen. Bruder Wernhers Dichtung steht ganz unter dem Einfluß Walthers von der Vogelweide, dem er noch persönlich begegnet sein kann. Er hat Wörter und Wendungen von Walther in so auffallender Weise aufgenommen, daß man fast von Parodien sprechen kann oder jedenfalls von einem literarischen Spiel, das von den Zuhörern verstanden werden sollte.

Von Bruder Wernher sind ein religiöses Kreuzlied und 74 Sprüche in sieben Tönen erhalten. J überliefert die Melodien zu sechs Tönen. Der Nürnberger Meistersinger Konrad Nachtigall († 1484/85) hat ihn zu den zwölf Alten Meistern gezählt.

Text: Hrsg. von Anton E. Schönbach (SB AW Wien, Phil.-hist. Klasse 148, Nr. 7; 150, Nr. 1). Wien 1904. – Literatur: Udo Gerdes, Zeitgeschichte in der Spruchdichtung. Beobachtungen an der Lyrik Bruder Wernhers. Euphorion 67 (1973), S. 117–156.

Reinmar von Zweter

Reinmar war ein Fahrender, wie die anderen Spruchdichter. Nach eigenem Zeugnis wurde er am Rhein geboren, ist in Österreich aufgewachsen und hat in Böhmen einen königlichen Gönner gefunden (Nr. 150). Das war König Wenzel I., dessen Kunstverstand von Reinmar gerühmt wird (Nr. 149). Wann und wie lange er in Prag war, wissen wir nicht. Er hat etwa in den Jahren 1225–1250 gedichtet und ist weit herumgekommen. Davon zeugen die Lobsprüche auf König Erich IV. von Dänemark, Markgraf Heinrich III. von Meißen, Erzbischof Siegfried von Mainz und den Grafen Heinrich von Sayn. Die meisten seiner politischen Sprüche gelten Kaiser Friedrich II., den er zuerst gefeiert und verteidigt hat; später – wahrscheinlich nach der neuerlichen Bannung des Kaisers im Jahr 1239 – hat er die Fürsten zur Absetzung des Kaisers und zur Wahl eines neuen Königs aufgefordert (Nr. 146).

Roethes Reinmar-Ausgabe enthält einen Leich und 329 Sprüche (dazu kommen ein paar später gefundene Strophen). Davon gelten etwa hundert als zweifelhaft oder unecht. Mehr als 270 Sprüche sind in derselben Strophenform gedichtet, dem Frau-Ehren-Ton; der Rest verteilt sich auf drei Töne, für die Reinmars Autorschaft nicht gesichert ist. Welche Themen Reinmar behandelt hat, zeigt die Heidelberger Handschrift D (Ende des 13. Jahrhunderts), die nach Sachgruppen geordnet ist: 1. Gott und die Jungfrau Maria; 2. Höfische Liebe; 3. Ritter- und Herrenlehre; 4. Kaiser und Papst; 5. Fürsten und Höfe. Im Mittelpunkt steht die Ritterlehre, die sowohl höfische Tugendlehre als auch praktische Anstands- und Verhaltenslehre ist. In seiner sachlich-nüchternen Art hat Reinmar hier sein Bestes gegeben.

Kein Spruchdichter zwischen Walther von der Vogelweide und Frauenlob hat solchen Ruhm erlangt wie Reinmar von Zweter. Seine Sprüche sind in mehr als zwanzig Handschriften überliefert; die wichtigsten sind die Handschriften C (219 Sprüche, ein Leich) und D (215 Sprüche). Der Redaktor von D muß ein guter Kenner von Reinmars Dichtung gewesen sein. Die Texttradition setzt sich in den Meistersinger-Handschriften fort; dort ist auch die Melodie zum Frau-Ehren-Ton überliefert. Die Meistersinger haben ihn als einen der zwölf großen Meister verehrt.

TEXT: Hrsg. von Gustav Roethe. Leipzig 1887. – LITERATUR: Volker Schupp, Reinmar von Zweter, Dichter Kaiser Friedrichs II. Wirkendes Wort 19 (1969), S. 231–244.

Der Marner

Er stammte aus Schwaben und hat ungefähr von 1230 bis 1265 gedichtet, vielleicht noch länger. Sicher datierbar ist nur ein lateinisches Preislied auf den Propst des Kärntner Klosters Maria Saal von 1230/31. Von seinem Wanderleben und seinem Werben um die Gunst mächtiger Gönner zeugt ein lateinisches Lied auf den Bischof Bruno von Olmütz († 1281) und ein deutscher Lobspruch auf den Grafen Hermann I. von Henneberg († 1290). Aus dem Nachruf von Rumslant erfahren wir, daß Der Marner als »kranker, blinder, alter Mann« schmählich ermordet wurde. Der Marner war einer der wenigen Dichter, die lateinisch und deutsch gedichtet haben. Er hat seine geistlichen Gönner lateinisch besungen und die weltlichen auf deutsch. Wir besitzen fünf lateinische Lieder von ihm; eins ist eine Polemik gegen die neuen Bettelorden. Seine deutschsprachige Lyrik umfaßt acht Lieder und 47 Sprüche in sieben Tönen. Berühmt geworden ist er als Spruchdichter wegen seiner Gelehrsamkeit und seines kunstvollen Strophenbaus. Seine Dichtung ist voll von literarischen Anspielungen; und nur selten war ein Verhältnis so ungetrübt wie das zu Walther von der Vogelweide, den er als seinen Meister gefeiert hat (XIV, 18). Er kannte auch Neidhart und Neifen. Mit seinen Spruchdichter-Kollegen hat er sich manche Fehde geliefert. Ein maßloser Angriff gegen Reinmar von Zweter (XI, 3) zeigt, mit welchen Mitteln die Spruchdichter ihre Rangstreitigkeiten austrugen. Der Meißner und Rumslant haben Spottstrophen auf den Marner verfaßt; Fegefeuer hat ihn verteidigt. Daß man zwischen persönlicher Rivalität und Anerkennung der Kunstleistung zu trennen wußte, zeigen die Klagestrophen, die Der Meißner und Rumslant nach dem Tod des Marners gedichtet haben. Von den Späteren ist Der Marner oft unter den großen Dichtern der alten Zeit genannt worden. Am schönsten hat ihn Hugo von Trimberg gefeiert: »Allen anderen rennt Der Marner voraus, der lustiges Deutsch und schönes Latein in seiner lieblichen Dichtung gemischt hat wie frisches Wasser und starken Wein« (Der Renner 1198–1201). Die Meistersinger haben ihn als einen Begründer ihrer Kunst verehrt. Marners Gedichte sind in zwölf Handschriften überliefert; die wichtigste Quelle ist C mit 81 deutschen Strophen und einer lateinischen. In den späten Meistersinger-Handschriften stehen unter Marners Namen auch Texte, die nicht durch ältere Überlieferung bezeugt sind und deren Echtheit daher zweifelhaft ist.

TEXT: Hrsg. von Philipp Strauch. Straßburg, London 1876; dazu: Burghart Wachinger in: VL 6, 1987, Sp. 70–79.

Sigeher

Mehr als andere Spruchdichter des 13. Jahrhunderts hat Meister Sigeher die Reichspolitik zum Thema seiner Sprüche gemacht. Aus der Klage über die trostlosen Zustände im Reich erwächst die Forderung nach einer starken Königsgewalt. An die Fürsten ergeht die Mahnung, sich dem Reichsinteresse unterzuordnen. Quelle des Unfriedens ist der Papst, der ein verderbliches Doppelkönigtum fördert und die Fürsten gegeneinander ausspielt. Die Sprüche stammen aus der Zeit Konrads IV. und aus dem Interregnum. Ob Sigeher am Hof des Staufers war, ist unsicher. Seine Lobsprüche führen nach Österreich und nach Böhmen, an den Prager Hof, wo er offenbar längere Zeit tätig war. Er hat König Ottokar II. als neuen Alexander gefeiert (Nr. 18) und hat ihn auf dem Kreuzzug gegen die Preußen (1254/55 oder 1267/68) begleitet. Die datierbaren Sprüche fallen in die Zeit zwischen 1250 und 1270.

Das schmale Werk Sigehers (ein geistliches Lied und 18 Sprüche in fünf Tönen) ist nur in C überliefert.

TEXT: Hrsg. von Heinrich P. Brodt. Breslau 1913.

Friedrich von Suonenburg

Ob der Dichter einer Ministerialenfamilie entstammte, die sich nach dem Südtiroler Kloster Sonnenburg bei Brixen nannte, ist ungewiß. Auf eine Wirksamkeit in Tirol deutet nur der Lobspruch auf den Herrn von Rifenberg (Nr. 41). Die übrigen zeitgeschichtlichen Anspielungen, die den Zeitraum von ungefähr 1250–1275 umspannen, bezeugen sein Wanderleben. In Bayern hat er Preisstrophen auf Herzog Otto II. und seinen Sohn Heinrich XIII. verfaßt, außerdem einen ungewöhnlichen Spruch auf die Damen des bayerischen Hofs (Nr. 65). In Thüringen hat er den Grafen Friedrich von Beichlingen besungen; in Böhmen hat er König Ottokar II. im Jahr 1271 auf dem Ungarnfeldzug begleitet. Mehrere Sprüche aus den Jahren 1273–1275 gelten König Rudolf von Habsburg; dabei zitiert Suonenburg ausführlich und wörtlich-genau aus Briefen des Papstes an den König (Nr. 28 und 29). Neben Herrenlob und Herrenschelte, ritterlicher Tugendlehre und Zeitklage nehmen religiöse Themen bei Suonenburg viel Raum ein. Kein anderer Spruchdichter des 13. Jahrhunderts hat so offen und so engagiert die entwürdigende Situation der Fahrenden angesprochen: »Da ich trotz guter Kunst ohne Gabe und ohne Besitz bin, will ich noch schlimmer lügen als alle meine Genossen« (Nr. 18).

Von Suonenburg sind 73 Strophen in vier Tönen überliefert, hauptsächlich in J (63 Strophen, Melodien zu drei Tönen) und in C (26 Strophen). Sein Name erscheint noch in den Meisterkatalogen von Hans Folz und Konrad Nachtigall.

Text: Hrsg. von Achim Masser (ATB 86). Tübingen 1979; dazu: Gisela Kornrumpf in: VL 2, 1980, Sp. 962–965.

Rumslant

Rumslant war Niederdeutscher und hat seine Gönner hauptsächlich an den norddeutschen Fürstenhöfen gefunden. Zwei Lobsprüche auf Herzog Ludwig II. von Bayern zeigen jedoch, daß er auch in Süddeutschland war. Preisstrophen auf Herzog Albrecht I. von Braunschweig († 1279) und auf die Mecklenburger Herren von Riddagsdorf und von Plawe und Klagen über den Tod des Grafen Gunzelin III. von Schwerin († 1274) und des Herzogs Barnim I. von Pommern († 1278) sind Belege eines Fahrendendaseins, das sich etwa von 1270 bis 1290 verfolgen läßt. Die letzte Spur führt nach Dänemark, an den Hof des jungen Königs Erich VI. Menved († 1319). Im literarischen

Konkurrenzkampf mit seinen Standesgenossen hat Rumslant gegen den Marner und gegen Singuf polemisiert und hat sich dabei auf den Meißner und auf Konrad von Würzburg als Muster der gelehrten Poesie berufen. Auch in den literarischen Streit zwischen Regenbogen und Frauenlob hat er eingegriffen, wenn die Zuweisung in der Jenaer Handschrift stimmt. Neben religiösen Themen nimmt die Klage über den Verfall der öffentlichen Ordnung und die Unsitten der adligen Gesellschaft breiten Raum ein. Öfter hat Rumslant mehrere Strophen thematisch verkettet, eine Technik, die später weite Verbreitung fand.

J überliefert 105 Sprüche in zehn Tönen; dazu kommen drei oder vier Sprüche unter fremdem Namen und drei Lieder, die nur in C stehen.

TEXT: Hrsg. von Friedrich H. von der Hagen. In: Minnesinger. Leipzig 1838. Bd. 2, S. 367–371; Bd. 3, S. 52–68.

Der Meißner

Der Meißner war ein gelehrter Dichter, der voll Verachtung auf die weniger Gebildeten unter seinen Standesgenossen herabblickte. Er dichtete etwa zwischen 1270 und 1300 und hat seine Gönner vor allem an den ost- und norddeutschen Höfen gesucht. Er besang den König von Böhmen und verfaßte Lobsprüche auf den Bischof Hermann von Kammin († 1289) und auf die Markgrafen von Brandenburg. Es gibt auch eine Preisstrophe auf den Reichsministerialen Herdegen von Gründlach. In seinen zahlreichen religiösen Sprüchen beweist Der Meißner gute theologische und naturwissenschaftliche Kenntnisse sowie eine Vertrautheit mit den Methoden der Bibelexegese. Sein Vorbild war Reinmar von Zweter. Die Polemik gegen den Marner (XIII, 1–4) ist wahrscheinlich durch dessen Angriff auf Reinmar veranlaßt worden. Fegefeuer hat daraufhin den Marner gegen den Meißner verteidigt. Auch Konrad von Würzburg hat eine Spottstrophe auf den Meißner verfaßt. Welches Ansehen Der Meißner als Dichter besaß, zeigt das Lob, das Rumslant und Hermann Damen seiner künstlerischen Meisterschaft gezollt haben.

J überliefert eine umfangreiche Meißner-Sammlung (128 Strophen in 20 Tönen, 16 mit Melodie; ca. 15 Strophen sind durch Blattverlust verloren gegangen). Sein Name war noch den Meistersingern bekannt.

TEXT: Hrsg. von Georg Objartel. Berlin 1977; dazu: Georg Objartel in: VL 6, 1987, Sp. 321–324.

Hermann Damen

Hermann Damen (oder Hermann der Damen) war Niederdeutscher und hat eine Reihe norddeutscher Fürsten besungen: den Grafen Heinrich I. von Holstein und dessen Vetter, den Grafen Adolf V. von Holstein-Segeberg, einen Herzog von Schleswig, ferner Johann II. von Gristow (urkundlich bis 1331), den Grafen von Ravensberg und die Markgrafen von Brandenburg. Seine Sprüche sind etwa zwischen 1280 und 1310 anzusetzen. Hermann Damen ist der einzige Spruchdichter, der das Los der Fahrenden nicht zu seinem Thema gemacht hat: keine Armutsklage, kein Hinweis auf unstete Wanderschaft, keine Bitte um Aufnahme und Unterstützung. In Rostock ist eine begüterte Bürgerfamilie Damen bezeugt, in der 1302–1307 auch ein Hermann Damen vorkommt. Wenn er der Dichter war, könnte er der erste Vertreter einer städtisch-seßhaften Spruchdichtung gewesen sein, die später zum Meistergesang geführt hat. Hermann Damen hat sich auch nicht an der sonst üblichen Polemik gegen Standesgenossen beteiligt; sein Lob für den Meißner und Konrad von Würzburg ist frei von Konkurrenzneid; und seine Strophe an Frauenlob zeugt von persönlicher Zuneigung.

J überliefert einen Leich und 39 Sprüche in fünf Tönen, mit Melodien. Später hat nur Frauenlob den Dichter erwähnt.

TEXT: Hrsg. von Paul Schlupkoten. Diss. Marburg 1913; dazu: Eva Kiepe-Willms in: VL 2, 1980, Sp. 36–39.

Regenbogen

Regenbogen ist als Person und als Dichter kaum zu fassen, obwohl er vielleicht der erste Spruchdichter nach Walther von der Vogelweide war, der urkundlich bezeugt ist. Im August 1302 wurde bei Sterzing in Tirol »einem fahrenden Sänger namens Regenbogen« (*cuidam cantori dicto Regenpogen*) im Auftrag Herzog Ludwigs II. von Kärnten († 1305) ein Betrag von zwei Pfund übergeben. Regenbogen hat um und nach 1300 gedichtet; darauf führt der literarische Wettkampf mit Frauenlob über die Frage, ob *wîp* oder *vrouwe* die angemessenere Bezeichnung für die Frau sei. Die Meistersinger haben ihm den Vornamen Barthel gegeben. Er war nach eigener Aussage ein Schmied (*Ich Regenbog, ich was ein smyt*), den die Hoffnung auf reichen

Lohn zur Sangeskunst geführt hat. Die »Schmiedegedichte«, in denen Regenbogen von seinen Erfahrungen am Amboß und dann als fahrender Sänger erzählt, sind jedoch erst im 15. und 16. Jahrhundert aufgezeichnet worden und stammen wahrscheinlich nicht von ihm. Da Regenbogen aber schon auf dem Dichterbild der Manessischen Handschrift mit Schmiedewerkzeugen dargestellt ist, kann man nicht ausschließen, daß er tatsächlich der erste Handwerker-Poet unter den Spruchdichtern war. Bei den Meistersingern genoß er später einen geradezu legendären Ruhm.

C überliefert fünf Sprüche in einem Ton: nur für diese fünf Strophen ist Regenbogens Autorschaft sicher. Im ganzen sind jedoch ca. 1500 Strophen in 18 Tönen unter seinem Namen in 38 Handschriften überliefert, hauptsächlich aus dem 15. und 16. Jahrhundert. Das meiste davon ist noch nicht ediert. Wieviel von der jüngeren Überlieferung dem Dichter Regenbogen zugeschrieben werden kann, ist vorerst ganz unsicher.

Text (der fünf Strophen in C): Hrsg. von Friedrich H. von der Hagen. In: Minnesinger. Leipzig 1838. Bd. 2, S. 309. – Literatur: Reinhold Schröder, Die Regenbogen zugeschriebenen Schmiedegedichte. Zum Problem des Handwerkerdichters im Spätmittelalter. In: Literatur und Laienbildung im Spätmittelalter und in der Reformationszeit. Hrsg. von Ludger Grenzmann u. Karl Stackmann. Stuttgart 1984, S. 289–313.

›Der Wartburgkrieg‹

›Der Wartburgkrieg‹ ist ein Corpus von Spruchstrophen, das in C unter dem Namen »Klingsor von Ungerland« steht und in J »Dem von Ofterdingen« und »Herrn Wolfram« zugeschrieben ist. Es handelt sich um eine Reihe unabhängig voneinander entstandener Spruchgedichte in zwei Tönen, die als Thüringer Fürstenton und Klingsors Schwarzer Ton bezeichnet werden. Die ältesten dieser Gedichte sind wahrscheinlich um die Mitte des 13. Jahrhunderts in Thüringen entstanden; sie sind später erweitert, umgearbeitet und nachträglich in einen lockeren Zusammenhang miteinander gebracht worden.

Der Titel ›Wartburgkrieg‹ bezieht sich speziell auf das ›Fürstenlob‹ (24 Strophen im Thüringer Fürstenton), das in den Handschriften den Anfang des Corpus bildet. Es beschreibt einen Sängerwettkampf am Thüringer Landgrafenhof, der von der thüringischen Geschichtsschreibung des Spätmittelalters für historische Wirklichkeit gehalten und auf das Jahr 1206 oder 1207 datiert wurde. Beweise dafür, daß dieser Sängerwettkampf tatsächlich stattgefunden hat, gibt es nicht. Das ›Fürstenlob‹ ist wahrscheinlich nach der Mitte des 13. Jahrhunderts gedichtet worden. Es geht darum, den besten Fürsten zu preisen. Heinrich von Ofterdingen gibt dem Herzog von Österreich das höchste Lob; Walther von der Vogelweide und Der tugendhafte Schreiber streiten für den Landgrafen von Thüringen; Biterolf tritt für den Grafen von Henneberg ein; Reinmar von Zweter und Wolfram von Eschenbach stimmen in das Lob des Landgrafen ein. Heinrich von Ofterdingen wird besiegt und soll dem Henker von Eisenach übergeben werden, wird aber auf Fürsprache der Landgräfin verschont. Am Schluß des ›Fürstenlobs‹ wird Klingsor eingeladen, den Wettkampf für Heinrich von Ofterdingen weiterzuführen. Damit ist eine Überleitung zum ›Rätselspiel‹ im Schwarzen Ton geschaffen, das in der Handschrift C an das ›Fürstenlob‹ anschließt. Dieses Gedicht, das die Handschriften in sehr unterschiedlicher Gestalt überliefern, erzählt vom Wettstreit zwischen dem gelehrten Klingsor und dem Laien Wolfram, der alle ihm von Klingsor aufgegebenen Rätsel löst. Das ›Rätselspiel‹ muß im Zusammenhang der Wolfram-Rezeption im 13. Jahrhundert gesehen werden.

Zum ›Wartburgkrieg‹-Komplex gehören außerdem noch folgende Stücke: ›Die Totenfeier‹, eine Totenklage auf einen Thüringer Fürsten und einen Grafen von Henneberg; ›Aurons Pfennig‹, ein Gedicht über den Streit zwischen Weltgeistlichen und Bettelmönchen in Mainz, der wahrscheinlich um 1239 stattgefunden hat, beide im Schwarzen Ton; ›Zabulons Buch‹, eine Fortsetzung des Streits zwischen Klingsor und Wolfram, im Thüringer Fürstenton.

Die Überlieferung des ›Wartburgkriegs‹ setzt bereits im 13. Jahrhundert ein (zwei Fragmente). Mehr als zehn Handschriften stammen aus dem 14. und 15. Jahrhundert. Seinen größten Umfang hat das Textcorpus in der Kolmarer Meistersinger-Handschrift erreicht (179 Strophen im Schwarzen Ton, 116 Strophen im Thüringer Fürstenton).

Text: Hrsg. von T. A. Rompelman. Amsterdam 1939. – Literatur: Burghart Wachinger, Sängerkrieg (vgl. S. 318), S. 1–89.

Konrad von Würzburg: ›Klage der Kunst‹

Dieses Gedicht (32 achtzeilige Strophen; eine Handschrift), das eine allegorische Gerichtsverhandlung beschreibt, steht in lockerem Zusammenhang mit der Spruchdichtung. Vor dem Tribunal der Gerechtigkeit und der höfischen Tugenden erhebt die Kunst in zerrissenem Gewand Klage gegen die *valsche Milte*, die daran schuld sei, daß niemand mehr die Kunst achte. Der Urteilsspruch verschafft ihr Genugtuung: nur der, der die Kunst schätzt, soll sich der höfischen Tugenden erfreuen dürfen. Der Dichter soll das Urteil bekannt machen. Die Bedeutung des Textes liegt in der allegorischen Einkleidung: Die ›Klage der Kunst‹ ist eine der ersten durchgeführten Allegorien in deutscher Sprache.

TEXT: Hrsg. von Edward Schröder. In: Konrad von Würzburg: Kleinere Dichtungen. Bd. 3, 2. Aufl. Berlin 1959, S. 1–8.

8. Didaktische Literatur

Literatur als Lehre: Was Literatur leisten sollte, ließ sich im Mittelalter am einfachsten mit der Horazischen Formel ausdrücken, daß die Dichter »nützen oder erfreuen« wollten »oder beides zugleich«. Der Akzent lag meistens auf dem »zugleich«: das Unterhaltsame sollte einen ernsten Kern haben, und die Lehre sollte auf eine angenehme Weise dargeboten werden. So gesehen ist fast alle Literatur im Mittelalter didaktische Literatur; selbst die Zote konnte noch den Anspruch stellen, nützliche Einsichten zu vermitteln. In der höfischen Dichtung tritt das lehrhafte Element nicht nur an den Stellen hervor, wo die Erziehung junger Adliger zum Thema gemacht ist, sondern überall, wo es um höfische Vorbildlichkeit geht. Außerdem wurde Lehrgut verschiedenster Art in den Erzählzusammenhang eingebaut, zum Beispiel die Kräuter- und Edelsteinverzeichnisse im ›Parzival‹ oder die Schilderung der Jagdkunst (*Ars venandi*) in Gottfrieds ›Tristan‹. Bei der Kleindichtung ist eine klare Grenzziehung zwischen unterhaltenden und lehrhaften Stücken gar nicht möglich. Fabel und Bispel gehören sowohl dem einen wie dem anderen Bereich an. Die gesungene Spruchdichtung ist fast ganz der didaktischen Literatur zuzurechnen. Deren Anteil an der literarischen Gesamtproduktion ist seit dem 13. Jahrhundert ständig gestiegen.

Laiendidaktik: Das Hauptthema der lehrhaften Literatur waren die christlichen Glaubenswahrheiten und die Forderungen des religiösen Lebens. Dieser Teil wird im Zusammenhang mit der religiösen Literatur behandelt (S. 407ff.); hier soll nur von der Laienlehre die Rede sein. Die Abgrenzung zwischen geistlicher und weltlicher Didaktik stößt allerdings manchmal auf Schwierigkeiten, weil in den Lehrgedichten, die sich an Laien richten, meistens auch das religiöse Verhalten mitbehandelt wird. Wichtig ist jedoch, daß im hohen Mittelalter eine spezifische Laiendidaktik entstanden ist.

Laiendidaktik war in erster Linie Tugendlehre. Das Material dafür lieferte die lateinische Literatur. Auf der Grundlage des philosophischen Schrifttums der Antike hatten die Theologen, schon seit der Zeit der Kirchenväter, eine christliche Tugendlehre ausgearbeitet, die im 12. Jahrhundert unter verschiedenen Gesichtspunkten systematisiert wurde. Den deutschsprachigen Autoren kam es weniger auf die Systematik der Tugenden an als auf die Umsetzung der Tugendbegriffe in praktische Handlungsanweisungen. Diese sind in manchen Fällen so allgemein gehalten, daß sie für alle gelten konnten, die ein weltliches Leben führten. Öfter jedoch wird durch die Auswahl und Akzentuierung der Tugendbegriffe erkennbar, daß sich die Lehre an bestimmte soziale Gruppen, vor allem an den Adel, wendete. Die ständische Bindung ist noch deutlicher, wenn die Tugendlehre durch eine Anstands- und Verhaltenslehre ergänzt wird. Die Vorschriften über das gesellschaftliche Benehmen sind besonders aufschlußreich, wo sie sich auf spezifische Gegebenheiten des höfischen Lebens beziehen. Das geschieht hauptsächlich in Form der Ritterlehre und der Minnelehre, wobei die Unterweisung manchmal gesondert an Männer und an Frauen gerichtet ist. Die umfassendste Darstellung hat die Hoflehre im ersten Buch des ›Welschen Gastes‹ von Thomasin von Zerklaere gefunden. In Frankreich war die Hofliteratur reicher ausgebildet, und auch die allegorische Minnelehre ist dort früher zur Entfaltung gelangt. In Deutschland haben sich erst am Ende des 13. Jahrhunderts die Minnerede und die Ehrenrede zu eigenen Gattungen entwickelt.

Formen der Lehre: Die traditionsreichste Form der didaktischen Literatur, das große Lehrgedicht, dessen Geschichte bis in die Frühzeit der griechischen Literatur zurückreicht, ist im 13. Jahrhundert nur einmal für die Laienlehre benutzt worden:

von Thomasin von Zerklaere. Die Hauptform der didaktischen Dichtung war in dieser Zeit das kürzere Reimpaargedicht, für das sich die Gattungsbezeichnung »Rede« eingebürgert hat. Die Autoren selber haben ihre Stücke gelegentlich so bezeichnet; daneben kommt »Büchlein« (*büechel*) öfter als Bezeichnung für kürzere didaktische Texte vor. Auffällig ist, daß die meisten lehrhaften Werke von ihren Verfassern richtige Titel erhalten haben (*Mîn buoch heizt der welhisch gast; Ditz buchel heizet der jungelinch*), während die gleichzeitige fiktionale Literatur in der Regel keine Titel kennt.

Neben der didaktischen Reimpaardichtung gibt es Lehrgedichte in Strophen (die Winsbekischen Gedichte, ›Tirol und Fridebrant‹): hier ist die Grenze zur Spruchdichtung und zu den Spruchgedichten vom Typ des ›Wartburgkriegs‹ fließend. Sehr beliebt war im 13. Jahrhundert die Verknappung der Lehre zu einer spruchhaften und sprichwortartigen Formulierung. Diese pointierte Form, die wahrscheinlich durch die lateinische Lehrdichtung in Distichen (›Disticha Catonis‹) angeregt wurde, hat ihren künstlerischen Höhepunkt in Freidanks ›Bescheidenheit‹ gefunden.

Die didaktische Dichtung hat gerne Einkleidungen benutzt, die geeignet erschienen, die Lehrrede eindringlicher zu gestalten. Öfter wurde die Lehre einem Vater in den Mund gelegt, der zu seinem Sohn sprach (›Der Winsbeke‹, ›Tirol und Fridebrant‹, ›Der Magezoge‹, ›Cato‹). Seltener ist der lehrhafte Dialog (›Diu Winsbekin‹, ›Seifried Helbling‹). Die allegorischen Einkleidungen des Spaziergangs (der Autor gelangt auf einem Spaziergang in die Welt der Allegorien und empfängt dort Lehren) und der Vision (der Autor erblickt im Traum allegorische Gestalten, die ihn belehren), die in der lateinischen und französischen Literatur schon früh in Erscheinung getreten sind, wurden in Deutschland erst seit dem Ende des 13. Jahrhunderts für die didaktische Dichtung genutzt.

Autoren und Publikum: Thomasin von Zerklaere war Geistlicher und gehörte als Domherr zu den hohen kirchlichen Würdenträgern. Er ist der einzige Verfasser lehrhafter Dichtung im 13. Jahrhundert, dessen Standesverhältnisse bekannt sind. Die meisten Didaktiker waren lateinisch gebildet. Sie könnten Hofkleriker gewesen sein oder fahrende Berufsdichter, wie es für den Größten unter ihnen, für Freidank, wahrscheinlich ist. Unter den Dichtern der Minne- und Ehrenreden und ihren Vorformen begegnen uns bekannte Namen: Der Stricker, Ulrich von Liechtenstein, Heinrich von Freiberg. Johannes von Konstanz war Bürger in Zürich.

In der Lehrdichtung des 13. Jahrhunderts ist nirgends ein Gönner oder Auftraggeber genannt. Über Zweck und Bestimmung der Texte gibt es nur Vermutungen. Wurden sie für die Unterweisung junger Adliger benutzt? Sind sie im Zusammenhang mit konkreten Erziehungsaufträgen entstanden? Daß Fahrende und Berufsdichter an den Höfen als Lehrer tätig waren, ist bezeugt. Die Lehrgedichte waren offensichtlich in der Mehrzahl für ein adliges Publikum bestimmt. Ob es bereits im 13. Jahrhundert auch außerhalb der Höfe eine Zuhörerschaft für didaktische Dichtung gab, ist unsicher. Für die geistliche Lehre und für die Predigt rechnet man mit einem breiteren Publikum. Für die weltliche Lehre stellt sich diese Frage besonders im Hinblick auf das Werk von Freidank.

LITERATUR: Bernhard Sowinski, Lehrhafte Dichtung des Mittelalters. Stuttgart 1971. – Bruno Boesch, Lehrhafte Literatur. Lehre in der Dichtung und Lehrdichtung im deutschen Mittelalter. Berlin 1977. – Ingeborg Glier, Kleine Reimpaargedichte und verwandte Großformen. In: Die deutsche Literatur im späten Mittelalter (vgl. S. 54). 2. Teil, S. 18–141.

Thomasin von Zerklaere: ›Der Welsche Gast‹

Das umfangreichste Lehrgedicht des 13. Jahrhunderts (14752 Verse) ist von einem italienischen Geistlichen verfaßt worden. Die Familie Zerklaere gehörte zum Stadtadel von Cividale. Thomasin selber war Domherr in Aquileja; dort stand er sicherlich mit Wolfger von Erla in Verbindung, dem Gönner Walthers von der Vogelweide, der von 1204 bis 1218 Patriarch von Aquileja war. Thomasin hat sein Werk genau datiert: es ist 28 Jahre nach dem Verlust des Heiligen Grabes entstanden (11717f.), also im Jahr 1215; den größten Teil hat er in nur acht Monaten vollendet. Die Dichtung trägt den Titel ›Der Fremdling aus Italien‹ (*Der welhisch gast*). Sie wendet sich an *vrume rîtr und guote vrouwen und wîse phaffen* (14695f.), also an die adlige Hofgesellschaft; an mehreren Stellen werden die Fürsten und Herren besonders angesprochen.

Der ›Welsche Gast‹ ist in zehn »Teile« gegliedert; jeder Teil besteht aus etwa zehn »Kapiteln«, jedes Kapitel aus einer Anzahl von Abschnitten (*liumunte*). Der erste Teil richtet sich speziell an die adlige Jugend und bringt eine »Hofzucht« – die erste in deutscher Sprache –, mit genauen Verhaltensvorschriften und Anstandsregeln für junge Herren und junge Damen. Dazu gehört auch eine Minnelehre, für die sich Thomasin auf sein ›Buch von der Höfischeit‹ beruft, das er früher in provenzalischer Sprache verfaßt hatte. Im zweiten Teil beginnt die Tugendlehre, die den Begriff der *staete* (»Beständigkeit«) in den Mittelpunkt stellt. Beständigkeit ist für Thomasin die Grundlage aller anderen Tugenden, weil *staete* die von Gott gesetzte Ordnung aller Dinge bezeichnet. Die Menschen stören diese Ordnung durch ihre *unstaete* und müssen zum Guten und Richtigen zurückgeführt werden. Im siebenten Teil wird die Tugendlehre durch eine Wissenschaftslehre ergänzt. Die letzten Teile sind unter die Begriffe *mâze, reht* und *milte* gestellt und sprechen zentrale Aspekte der traditionellen Fürstenlehre an. Die Materialien zu seinem Lehrgedicht hat Thomasin verschiedenen lateinischen Schriften entnommen; als einzige Quelle nennt er Gregor den Großen († 604), dessen ›Moralia‹ zu den meistgelesenen Büchern des Mittelalters gehörten. Er war aber auch mit der französischen Wissenschaft des 12. Jahrhunderts vertraut. Sein geistiger Standort wird am deutlichsten im achten Teil, wo er die Autorität des Papstes gegen die Polemik Walthers von der Vogelweide verteidigt. Thomasins Warnung vor der Ausbreitung des Ketzertums und sein Aufruf zum Kreuzzug an die *tiusche rîterschaft* (11347) sind ein direkter Reflex der Beschlüsse, die Ende 1215 auf dem Vierten Laterankonzil gefaßt wurden. Weltliches Rittertum hat für Thomasin nur dann einen eigenen Wert, wenn es sich auf seine religiösen Aufgaben besinnt. Dem höfischen Ritterideal begegnet er mit einer Abwertung von Reichtum, Macht, Adel, Stand und Herrschaft als »Haken des Teufels« (5919). Andererseits war er kein fanatischer Prediger. Er hat sogar den didaktischen Wert der höfischen Dichtung anerkannt, wenigstens für die Kindererziehung, und hat den jungen Adligen die Ritter der Tafelrunde als Vorbilder empfohlen (1041 ff.).

Der ›Welsche Gast‹ war ein großer Erfolg. 24 Handschriften sind erhalten (13 vollständige, neun Fragmente). Bereits im 13. Jahrhundert ist das Werk zweimal überarbeitet worden, hauptsächlich um die Mängel in der Reimtechnik zu beseitigen. Die zweite Bearbeitung, zu der 18 Handschriften gehören, hat die weiteste Verbreitung gefunden. Fast alle Handschriften sind bebildert; wahrscheinlich war bereits das Original mit über hundert Bildern geschmückt. Ähnlich wie in den Bilderhandschriften des ›Sachsenspiegels‹ sind die Bilder zum ›Welschen Gast‹ in einigen Handschriften seitlich neben den Text gestellt.

TEXT: Hrsg. von Heinrich Rückert. Quedlinburg, Leipzig 1852; von F. W. von Kries. 4 Bde, Göppingen 1984–1985. – LITERATUR: Friedrich Neumann, Einführung. In: Der Welsche Gast des Thomasîn von Zerclaere. Codex Palatinus Germanicus 389 der Universitätsbibliothek Heidelberg. Wiesbaden 1974. Kommentarband, S. 1–65.

Freidank: ›Bescheidenheit‹

Ob Frîdanc (oder Frîgedanc) ein Familienname war oder der Berufsname eines Fahrenden, ist unsicher. Als Fahrenden nennt ihn ein (um 1300 entstandener) Bericht über die Zustände im Elsaß: »Der *vagus* Freidank hat hübsche deutsche Gedichte gemacht.« Die Annalen des Klosters Kaisheim melden zum Jahr 1233 seinen Tod. Aus den Akkon-Sprüchen (154, 18ff.) ergibt sich, daß Freidank 1228/29 auf dem Kreuzzug Friedrichs II. im Heiligen Land war. Danach ist die ›Bescheidenheit‹ um 1230 zu datieren. Der Titel bedeutet »Urteilsfähigkeit«, »Klugheit«. Es ist eine Sammlung von Reimpaarsprüchen, deren wichtigstes Kennzeichen ihre pointierte Kürze ist. Meistens genügen zwei Verse, um sprichwortartig eine Lehre oder Einsicht zu formulieren. Freidank war ein Meister der kleinen Form des Sinnspruchs, der an das antike Epigramm erinnert. Und er war ein scharfer Beobachter der Menschen, vor allem ihrer Laster und Schwächen. Der Akzent liegt auf dem religiösen Appell: er mahnt zur Umkehr und zur Erkenntnis der Sündenverfallenheit. An zeitgeschichtlichen Themen wird vor allem das Verhältnis zwischen Kaiser und Papst angesprochen und mit scharfer Kritik gegenüber dem weltlichen Machtanspruch des Papstes behandelt. Die Akkon-Sprüche geben ein düsteres Bild von den Zuständen im Heiligen Land. Kritik übt Freidank auch an den Fürsten, die die Interessen ihrer Landespolitik über die Belange des Reiches stellen.

Unsicher ist, welche Ordnung Freidank seinem Werk gegeben hat. In einigen Handschriften sind die Sprüche thematisch geordnet, in anderen nicht. Geht diese Ordnung auf den Dichter zurück oder ist sie das Werk späterer Redaktoren? Die ›Bescheidenheit‹ ist jedenfalls kein durchorganisiertes Werk wie der ›Welsche Gast‹. Es ist durchaus möglich, daß Freidank die Spruchreihen in verschiedener Folge vorgetragen hat und daß es überhaupt kein genau fixiertes Original gegeben hat.

Die sehr verwickelte Überlieferungs- und Wirkungsgeschichte der ›Bescheidenheit‹ ist noch nicht genügend erforscht. Die jüngste Zusammenstellung nennt 136 Textzeugen. Aber nur relativ wenige Handschriften überliefern das ganze Textcorpus (das in Bezzenbergers Ausgabe knapp 5000 Verse umfaßt); die meisten enthalten nur Teile oder Auszüge oder überhaupt nur einzelne Verspaare oder Versgruppen. Die meisten Spruch- und Sprichwörtersammlungen des Spätmittelalters und des 16. Jahrhunderts haben aus der ›Bescheidenheit‹ geschöpft. Im 14. Jahrhundert ist ein Teil der Sprüche ins Lateinische übersetzt und neben den deutschen Text gestellt worden. Dieser lateinisch-deutsche Freidank wurde um 1500 auch gedruckt. 1508 erschien Sebastian Brants Umdichtung der ›Bescheidenheit‹ (›Der Freidanck‹), die bis 1583 mehrmals aufgelegt worden ist.

TEXT: Hrsg. von H. E. Bezzenberger. Halle 1872. – TEILÜBERSETZUNG von Wolfgang Spiewok (Reclam 1105). Leipzig 1985. – LITERATUR: Friedrich Neumann in: VL 2, 1980, Sp. 897–903.

›Der Winsbeke‹ und ›Diu Winsbekin‹

Der Name »Der Winsbeke« steht in der Manessischen Handschrift über einem Lehrgedicht, das eine andere Handschrift dem »Tugendhaften Schreiber« zuschreibt und das in den übrigen Handschriften anonym überliefert ist. Ob Winsbeke ein wirklicher Dichtername ist, ob der Dichter nach dem fränkischen Städtchen Windsbach hieß oder gar ein Mitglied der adligen Familie von Windesbach war, ist alles ganz unsicher. Das Gedicht (80 Strophen in einem zehnzeiligen spruchartigen Ton) besteht aus zwei unterschiedlichen Teilen. Im ersten Teil (Str. 1–56) belehrt ein Vater seinen Sohn über moralische und gesellschaftliche Pflichten des Ritters, über höfische Umgangsformen und über die richtige Führung des Hauses. Im zweiten Teil (Str. 57–80) macht der Sohn dem Vater den Vorwurf, sich durch weltliche Gesinnung versündigt zu haben; daraufhin läßt der Vater seine Eigenleute frei, verzichtet auf die Einkünfte aus seinem Grundbesitz und widmet sich, zusammen mit dem Sohn, fortan der Armenpflege. Man nimmt meistens an, daß die beiden Teile von verschiedenen Verfassern stammen, weil die Einstellung zur Welt und zur höfischen Adelskultur so verschieden ist. Zwingend ist diese Annahme jedoch nicht; auch in anderen didaktischen Werken des Mittelalters wird ein und dieselbe Sache einmal positiv und einmal negativ dargestellt. Stilistisch steht ›Der Winsbeke‹ unter dem Einfluß Wolframs von Eschenbach. Zeitlich läßt sich das Werk nicht genau fixieren.

In den meisten Handschriften folgt ›Diu Winsbekin‹ (45 Strophen) unmittelbar dem ›Winsbeken‹. Es ist ein Dialoggedicht zwischen Mutter und Tochter über die Liebe und über das Verhalten der Frauen in der Gesellschaft. Die Dialogform ist vielleicht von den Minnedialogen zwischen Mutter und Tochter im höfischen Epos angeregt. Wer der Verfasser (oder die Verfasserin) war und wo und wann der Text entstand, ist unbekannt.

Im Zusammenhang mit den Winsbekischen Gedichten ist (fragmentarisch) auch eine Parodie überliefert (17 Strophen, verstümmelt), in der die Handlungsanweisungen des ›Winsbeken‹ in komischer Weise ins Gegenteil verdreht sind (»Befleißige dich der Unzucht und der Untugend« 17, 3). Wie beliebt der ›Winsbeke‹ im Spätmittelalter war, bezeugt die reiche handschriftliche Überlieferung (›Der Winsbeke‹: elf Handschriften, davon vier vollständige; ›Diu Winsbekin‹: sechs Handschriften, davon vier vollständige; ›Winsbeken-Parodie‹: zwei Fragmente) und die ungewöhnliche Wirkungsgeschichte, die ihren Höhepunkt erst im 17. und 18. Jahrhundert hatte. Seitdem Melchior Goldast die beiden Winsbekischen Gedichte 1604 neu publiziert hatte, galten sie bis gegen Ende des 18. Jahrhunderts als Hauptwerke der mittelalterlichen Literatur. In Johann J. Bodmers gereimter Literaturgeschichte von 1734 ist »Weinsbecks Frau« die zentrale literarische Gestalt der Stauferzeit.

TEXTE: Hrsg. von Albert Leitzmann. 3. Aufl. von Ingo Reiffenstein (ATB 9). Tübingen 1962; dazu: Hugo Kuhn in: VL (1. Aufl.) 4, 1953, Sp. 1011–1016. – Zur Wirkungsgeschichte: Wolfgang Harms, Des Winsbeckes Genius. Zur Einschätzung didaktischer Poesie des deutschen Mittelalters im 17. und 18. Jahrhundert. In: Mittelalter-Rezeption. Hrsg. von Peter Wapnewski. Stuttgart 1986, S. 46–59.

›Tirol und Fridebrant‹

Unter diesem Titel überliefert die Manessische Handschrift ein Rätselgedicht (Str. 1–24) und ein Lehrgedicht (Str. 25–45), in welchem König Tirol seinen Sohn Fridebrant über Herrscherpflichten belehrt. Dieselbe Strophenform zeigen epische Fragmente (57 Strophen, verstümmelt; eine Handschrift), die von Tirol und Fridebrant erzählen. Ob die drei Teile ursprünglich zusammengehörten, ist nicht erkennbar. Entstanden sind sie wahrscheinlich um die Mitte des 13. Jahrhunderts. Zusammenhänge der lehrhaften Teile mit der Spruchdichtung und mit dem ›Wartburgkrieg‹ ergeben sich aus der Benutzung des Rätselgedichts in ›Zabulons Buch‹ und bei Boppe.

TEXT: Hrsg. von Albert Leitzmann. 3. Aufl. von Ingo Reiffenstein (ATB 9). Tübingen 1962; dazu: Ingo Reiffenstein in: VL 5, 1985, Sp. 94–98.

›Der Magezoge‹

Diesen Titel trägt ein Reimpaargedicht (508 Verse), in dem ein Vater seinen Sohn belehrt; es geht um das richtige Verhalten des adligen Herrn in der Welt und gegenüber Gott. Der Text hat weite Verbreitung gefunden (sieben Handschriften, mit abweichendem Textbestand; dazu Auszüge in spätmittelalterlichen Spruchsammlungen).

TEXT: Hrsg. von Gustav Rosenhagen. In: Die Heidelberger Handschrift Cod. Pal. Germ. 341 (DTM 17). Berlin 1909, S. 21–29; dazu: Kurt Gärtner in: VL 5, 1985, Sp. 1153–1155.

Der deutsche ›Cato‹

Die lateinischen ›Disticha Catonis‹ sind eine spätantike Sammlung praktischer Lebensregeln, die ein Vater seinem Sohn gibt. Sie gehörten im Mittelalter zu den meistbenutzten Schulbüchern und wurden in viele Sprachen übersetzt. Die erste deutsche Übersetzung entstand um die Mitte des 13. Jahrhunderts (705 Verse; 14 Handschriften, 30 Drucke). Der Übersetzer hat sich ziemlich getreu an die Vorlage gehalten und hat sich bemüht, die zugespitzten Formulierungen des lateinischen Textes spruchartig verknappt in Reimpaaren wiederzugeben. In der ältesten Handschrift steht der deutsche Text neben dem lateinischen. Der große Erfolg des deutschen ›Cato‹ erklärt sich daraus, daß seine Lebenslehre für Laien von allen verstanden werden konnte. Gegen Ende des 13. Jahrhunderts entstand eine kürzende Bearbeitung, die ebenfalls weite Verbreitung fand (ca. 30 Handschriften und zahlreiche Drucke). Im 14. und 15. Jahrhundert ist der lateinische Text noch mehrfach neu übertragen worden. Es gibt auch eine Parodie auf den ›Cato‹, die zum lasterhaften Leben anhält. Der ganze Umfang der ›Cato‹-Überlieferung ist noch nicht überschaubar.

TEXT: Hrsg. von Leopold Zatočil. Brünn 1952; dazu: Peter Kesting in: VL 1, 1978, Sp. 1192–1196.

Tannhäuser: ›Hofzucht‹

Die erste selbständige Tischzucht in deutscher Sprache (261 Verse, die meisten mit Kreuzreimen; zwei Handschriften) gibt die Regeln an, wie der Adlige sich bei Tisch benehmen soll. Er soll nicht in das Tischtuch schneuzen, nicht die abgegessenen Knochen wieder in die Schüssel legen, nicht mit den Fingern in den Senf greifen, sich nicht über den Tisch legen usw. Viele Tischregeln lassen sich als Hygienevorschriften erklären; andere bezeugen eine hohe Tischkultur. Die Vorschriften stammen aus einer lateinischen Tradition, die bis zur ›Disciplina clericalis‹ von Petrus Alfonsi (Anfang des 12. Jahrhunderts) zurückreicht. Ob der Minnesänger Tannhäuser tatsächlich der Verfasser des Textes war, ist nicht zu entscheiden.

TEXT: Hrsg. von Andreas Winkler. In: Selbständige deutsche Tischzuchten des Mittelalters. Texte und Studien. Diss. Marburg 1982, S. 32 bis 39.

Konrad von Haslau: ›Der Jüngling‹

Der Name des österreichischen Dichters, der dieses Lehrgedicht für junge Adlige (1264 Verse; zwei Handschriften, ein Fragment) wahrscheinlich in der zweiten Hälfte des 13. Jahrhunderts verfaßt hat, ist nur aus dem ›Seifried Helbling‹ bekannt. Es ist eine Anleitung zum guten Benehmen, die ganz auf das Praktische abgestellt ist: wie der junge Herr sich kleidet, wie er die Haare trägt, wie er speist, wie er vor den Damen erscheint. Gewarnt wird vor Würfelspiel und dem Besuch von Trinkstuben. Durch seine deftige, stark dialektgefärbte, bilderreiche Sprache und die vielen Schimpfwörter gewinnt der Text einen eigenen Charakter.

TEXT: Hrsg. von Walter Tauber (ATB 97). Tübingen 1984; dazu: Hans-Friedrich Rosenfeld in: VL 5, 1985, Sp. 194–198.

›Diu Mâze‹

Das Gedicht (218 Verse; zwei Handschriften) ist für ein Werk des 12. Jahrhunderts gehalten worden, wird aber eher gegen Ende des 13. Jahrhunderts entstanden sein. Unter dem Gesichtspunkt der *mâze* (der Mäßigung und des Maßhaltens) werden zuerst junge Herren und dann junge Damen über gutes Benehmen und tugendhafte Gesinnung belehrt.

TEXT: Hrsg. von Heinrich Meyer-Benfey. In: Mittelhochdeutsche Übungsstücke. 2. Aufl. Halle 1920, S. 24–30; dazu: Walter Blank in: VL 6, 1987, Sp. 248–249.

›Buch der Rügen‹

Das ›Buch der Rügen‹ (1646 Verse; zwei Handschriften) ist eine Art Ständepredigt. Zuerst werden die geistlichen Stände, vom Papst bis zu den Laienbrüdern und den »Lotterpfaffen«, dann die weltlichen Stände, vom Kaiser über die Ritter und Knappen bis zu den Schergen und den Bauern, auf ihre Sünden und Verfehlungen angesprochen. Dabei entsteht ein düsteres Zeitbild mit manchen kulturgeschichtlich interessanten Details. Am Ende der beiden Ständereihen ist jeweils den Frauen ein eigener Abschnitt gewidmet. Die ganze Ständelehre ist als Predigtanweisung eingekleidet: ein Predigermönch gibt seinen Mitbrüdern Ratschläge und Anweisungen, wie sie die verschiedenen Stände ansprechen sollen. Zugrunde liegt ein lateinisches Gedicht (›Sermones nulli parcentes‹), das der deutsche Bearbeiter sehr frei übertragen hat. Den im deutschen Text erwähnten Papst Johannes hat man früher für Johannes XXI. († 1277) gehalten; neuerdings wird an Johannes XXII. († 1334) gedacht; dann würde die Dichtung ins 14. Jahrhundert gehören.

TEXT: Hrsg. von Theodor von Karajan. ZfdA 2 (1842), S. 6–92. – LITERATUR: Karin Schneider in: VL 1, 1978, Sp. 1096–1097. – Nikolaus Henkel, Sermones nulli parcentes und Buch der Rügen. Überlegungen zum Gattungscharakter und zur Datierung. In: Zur deutschen Literatur und Sprache des 14. Jahrhunderts. Hrsg. von Walter Haug u. a. Heidelberg 1983, S. 115–140.

›Seifried Helbling‹

Dieser Name steht für das literarische Werk eines (unbekannten) Dichters, das zu den bedeutendsten Erscheinungen in der Literaturgeschichte des 13. Jahrhunderts gezählt werden muß. Es handelt sich um eine Sammlung von 15 Gedichten, die nur durch eine Handschrift des 16. Jahrhunderts bekannt ist (dazu ein Fragment). Die Gedichte unterscheiden sich im Umfang (50 bis 1560 Verse), in der Form (Reimpaar- und Strophendichtung) und in der Thematik (Geistliches und Weltliches). Stilistisch gehören sie jedoch so eng zusammen, daß nie bezweifelt wurde, daß sie von einem Dichter stammen. Acht Gedichte sind durch eine gemeinsame Einkleidung verbunden: ein Ritter und ein Knecht werden in verschiedenen Gesprächssituationen vorgeführt. Einmal wird aus einem Brief des »alten Hofnarren« Helblinc Sîfrit zitiert. Dieser Name ist das Kennwort für die ganze Sammlung geblieben, obwohl die einmal geäußerte Vermutung, der Dichter habe so geheißen, schon lange aufgegeben wurde. Über die Person des Dichters ist nichts bekannt. Die Gedichte sind, wie sich aus zeitgeschichtlichen Anspielungen ergibt, zwischen 1280 und 1305 in Österreich entstanden. Sein Publikum hat der Dichter offenbar hauptsächlich an den Sitzen der großen Landherrenfamilien gefunden. Leutold von Kuenring († 1312), der mit besonderem Lob bedacht wird, war vielleicht sein Gönner.

In der Handschrift trägt die ›Seifried Helbling‹-Sammlung die Überschrift: »Dacz ist der junge Lucidarius«. Dem ›Lucidarius‹ hat der ›Helbling‹-Dichter die Gesprächseinkleidung und die Aufteilung des Stoffes in Fragen und Antworten nachgebildet. Ob die Gedichte, die diese Einkleidung aufweisen, bereits vom ›Helbling‹-Dichter zu einem Zyklus zusammengestellt wurden, wissen wir nicht. Ihrer literarischen Gestalt nach können die ›Helbling‹-Gedichte der antiken Gattung der Satire zugeordnet werden. Thematischer Schwerpunkt ist die politische Situation in Österreich unter den ersten Habsburger Herzögen. Vor der Folie eines ideal verklärten Bildes der guten alten Babenbergerzeit wird die eigene Gegenwart in den düstersten Farben gemalt: Sitte und Ordnung sind verschwunden, Recht ist zu Unrecht geworden, das Gesellschaftsgefüge ist gestört, und die neuen Herren plündern das Land aus. Die Polemik gegen die Habsburger, die auch vor persönlichen Verunglimpfungen nicht zurückschreckt, diente wohl in erster Linie den Interessen der Landherren, in deren Auftrag der ›Helbling‹-Dichter vermutlich gearbeitet hat. Was seinen Gedichten den besonderen Rang verleiht, ist die Schärfe und Kraft seiner satirisch verzerrten Zeitbilder. Eine größere Wirkung scheinen die Texte nicht gehabt zu haben.

TEXT: Hrsg. von Joseph Seemüller. Halle 1886. – LITERATUR: Ursula Liebertz-Grün, Seifried Helbling. Satiren kontra Habsburg. München 1981.

Minnereden

Der Gedanke, daß Liebe lehrbar und lernbar sei, stammte aus der Antike. Für die höfische Liebe war diese Auffassung von grundlegender Bedeutung, weil der höfische Charakter der Liebe darin bestand, daß das Verhalten der Liebenden den Normen der höfischen Anstands- und Tugendlehre unterworfen wurde. In Frankreich hat die theoretisch-didaktische Beschäftigung mit dem Thema Liebe bereits im 12. und 13. Jahrhundert eine umfangreiche Literatur hervorgebracht, der es darum ging, Regeln und Gesetze der Liebe zu formulieren und »Fälle« von richtigem oder falschem Liebesverhalten zu diskutieren. Es ist bezeichnend für die unterschiedliche gesellschaftliche Situation in Frankreich und in Deutschland, daß von diesem minnetheoretischen Schrifttum kaum etwas an die deutschen Höfe gelangt ist. Der lateinische Traktat ›Über die Liebe‹ von Andreas Capellanus ist erst im 15. Jahrhundert ins Deutsche übersetzt worden; und das Hauptwerk der französischen Minnedidaktik, der ›Rosenroman‹ (›Roman de la rose‹) von Guillaume de Lorris (erste Hälfte des 13. Jahrhunderts) hat kaum nach Deutschland gewirkt. Daß Minnelehre jedoch auch beim deutschen Hofpublikum Interesse fand, bezeugen die minnetheoretischen Exkurse und Erörterungen in den höfischen Romanen und Erzählungen. Seit dem Ende des 13. Jahrhunderts hat sich die Minnedidaktik dann auch in Deutschland reich entwickelt: aus dem Spätmittelalter sind mehrere hundert Minnereden bekannt.

Erste Vorläufer der Minnereden waren ›Der heimliche Bote‹ (vgl. S. 91) und das ›Klage-Büchlein‹ von Hartmann von Aue. Aus der ersten Hälfte des 13. Jahrhunderts stammt das sogenannte ›Zweite Büchlein‹ (826 Verse; eine Handschrift), das im Ambraser Heldenbuch auf Hartmanns ›Klage‹ folgt und deswegen lange für ein Werk Hartmanns gehalten wurde. Es ist die Minneklage eines Ritters, dessen Liebe zu einer jungen Dame durch die gesellschaftlichen Umstände behindert wird und der seine betrübliche Situation mit den Mitteln der Rhetorik und Dialektik poetisch analysiert.

Zur selben Zeit ist ›Die Frauenehre‹ des Strickers (1902 Verse; vier Handschriften) entstanden, in der die Verherrlichung der höfischen Dame und die Anpreisung des ritterlichen Frauendienstes mit der Klage über den Verlust der höfischen Freude verbunden ist. Der Text ist merkwürdig locker konstruiert; auch im Überlieferungsprozeß erscheint er nicht als Einheit, sondern ist durch eine Überschrift nach Vers 1614 in zwei Stükke zerlegt.

Etwas jünger ist das ›Frauenbuch‹ von Ulrich von Liechtenstein (2134 Verse; eine Handschrift), das wahrscheinlich im Jahr 1257 abgeschlossen worden ist. Es ist ein Streitgespräch zwischen einem Ritter und einer Dame, die die traurigen gesellschaftlichen Verhältnisse ihrer Zeit beklagen und jeweils das andere Geschlecht für den Niedergang der höfischen Gesinnung verantwortlich machen. Zuletzt tritt der Dichter als

Schiedsrichter auf und gibt den Frauen recht. Am eindrucksvollsten ist die schonungslose Schilderung des adligen Alltagslebens, in dem Liebe und Frauenverehrung keinen Platz haben (606,7ff.).

Aus der zweiten Hälfte des 13. Jahrhunderts stammen die minnetheoretischen Stücke in der Wiener Stricker-Handschrift 2705. In ›Die beiden ungleichen Liebhaber‹ (80 Verse) wird eine Dame vor die Wahl gestellt, ob sie lieber einen vornehmen Reichen, für den alles käuflich ist, zum Freund haben wolle, oder einen armen Jüngling, der sie aufrichtig liebt. Ähnlich werden die Frauen in ›Liebe und Reichtum‹ (36 Verse) gemahnt, ihre Gunst eher einem höfischen als einem reichen Werber zuzuwenden. ›Frauenschönheit‹ (54 Verse) ist eine Musterbeschreibung einer schönen Frau, von der weißen Stirn bis zu den schmalen Füßen. ›Frauenminne und Gottesminne‹ (40 Verse) warnt vor den Frauen, die über der weltlichen Liebe die Liebe zu Gott vergessen. Für sich steht der ›Weiberzauber‹ von Walther von Griven (52 Verse), in dem den Frauen eine allegorische Kräutermischung aus Demut, Güte, Freundlichkeit und Sittsamkeit empfohlen wird; über den Verfasser ist nichts bekannt.

Gegen Ende des 13. Jahrhunderts ist eine Sammlung von sechs Reimpaargedichten entstanden (alle nur fragmentarisch überliefert), die ohne Gewähr dem Spruchdichter Zilies von Seine zugeschrieben worden sind und die daher in der Forschung unter dem Namen Pseudo-Zilies von Seine geführt werden. In diesen Gedichten haben die gesellschaftlichen und literarischen Interessen und Veranstaltungen der Grafen von Katzenelnbogen und der mit ihnen befreundeten rheinischen Adelsfamilien einen Niederschlag gefunden. Zwei der Gedichte behandeln Fragen der Minnelehre. Im ›Minnehof‹ (176 Verse; eine Handschrift) wird die Frage einer Dame, ob sie dem Drängen ihres Ritters nachgeben müsse, dahingehend beantwortet, daß sie dem Ritter ihre Liebe schenken müsse, sich ihm aber nicht hinzugeben brauche. In der ›Ritterfahrt‹ (184 Verse; zwei Handschriften) wird ein Feldzug der Minne gegen die »schöne Frau von Limburg« geschildert, die ihre Liebe einem Unwürdigen zugewandt hat.

Aus der Zeit um 1300 stammt die ›Minnelehre‹ des Johann von Konstanz (2550 Verse; sechs Handschriften), mit der die Gattungsgeschichte der Minnerede eigentlich erst beginnt. Der Verfasser ist wahrscheinlich identisch mit dem in Zürich 1281–1312 urkundlich bezeugten Johann von Konstanz, der in persönlichen Beziehungen zu Mitgliedern des Züricher Kreises um die Manesse und den Bischof Heinrich von Klingenberg stand. Dazu paßt, daß die ›Konstanzer Minnelehre‹ in der Weingartener Liederhandschrift überliefert ist, die vielleicht noch zu Lebzeiten des Autors geschrieben wurde. Die Dichtung schildert den Fall einer erfolgreichen Werbung um ein junges Mädchen, mit dem der Ich-Erzähler zuerst Briefe wechselt und dann Gespräche führt, bis das nächtliche Zusammentreffen im Schlafzimmer des Mädchens zu dem gewünschten Ziel führt. Eingeschoben ist eine allegorische Traumerzählung von Cupido und Venus, die fast ein Drittel des Textes ausmacht.

TEXTE: ›Das zweite Büchlein‹: Hrsg. von Herta Zutt. Berlin 1968. – Der Stricker: ›Frauenehre‹: Hrsg. von Klaus Hofmann. Marburg 1976. – Ulrich von Liechtenstein: ›Frauenbuch‹: Hrsg. von Karl Lachmann. Berlin 1841. – ›Die beiden ungleichen Liebhaber‹, ›Liebe und Reichtum‹, ›Frauenschönheit‹: Hrsg. von Arend Mihm. In: Aus der Frühzeit der weltlichen Rede. Inedita des Cod. Vindob. 2705. PBB 87 (1965), S. 406–433. – ›Frauenminne und Gottesminne‹: Hrsg. von Friedrich H. von der Hagen. Germania 8 (1848), S. 301–302. – Walther von Griven: ›Weiberzauber‹: Hrsg. von Moriz Haupt. ZfdA 15 (1872), S. 245–246 (jüngere Fassung). – ›Minnehof‹, ›Ritterfahrt‹: Hrsg. von Adolf Bach. In: Die Werke des Verfassers der Schlacht bei Göllheim. Bonn 1930, S. 220–226, 230–233; dazu: ZfdA 69 (1932), S. 90–96. – Johann von Konstanz: ›Minnelehre‹: Hrsg. von Frederic E. Sweet. Boston 1933. – LITERATUR: Walter Blank, Die deutsche Minneallegorie. Gestaltung und Funktion einer spätmittelalterlichen Dichtungsform. Stuttgart 1970. – Ingeborg Glier, Artes amandi. Untersuchungen zu Geschichte, Überlieferung und Typologie der deutschen Minnereden. München 1971.

Ehrenreden und Heroldsdichtung

In den Herrensprüchen, mit denen die fahrenden Dichter ihre adligen Gönner feierten, wurde manchmal ein bestimmtes Ereignis in den Mittelpunkt gerückt, eine höfische Veranstaltung oder ein kriegerisches Unternehmen. Sprüche dieser Art können als Vorläufer der neuen Spezies der Ehrenrede gelten, die gegen Ende des 13. Jahrhunderts in Erscheinung trat. Ehrenreden sind Reimpaargedichte, in denen die Tugend und Ritterlichkeit von Persönlichkeiten der Zeitgeschichte und adligen Herren verherrlicht werden, wobei meistens der Wappenbeschreibung breiter Raum eingeräumt wird.

Zu den frühesten Ehrenreden gehört ›Die Ritterfahrt des Johann von Michelsberg‹ von Heinrich von Freiberg (330 Verse;

eine Handschrift), die von der Turnierreise des böhmischen Adligen Johann I. von Michelsberg (urkundl. 1283–1294) erzählt, der in Paris zwei französische Hofritter im Kampf besiegt.

Als Ehrenrede kann auch das Gedicht ›Die Rittertugenden des Herrn von Kronberg‹ (289 Verse, unvollständig; eine Handschrift) betrachtet werden, das sich wahrscheinlich auf den 1298 in der Schlacht von Göllheim gefallenen Wilhelm von Kronberg bezieht.

Weiter sind zwei Stücke aus der Sammlung des Pseudo-Zilies von Seine zu nennen: ›Das Turnier‹ (57 Verse, unvollständig; eine Handschrift) feiert die Tugenden des rheinischen Adligen Adolf von Windhövel (urkundlich 1296–1303); ›Der Ritterpreis‹ (586 Verse, unvollständig; zwei Handschriften) erzählt von der Preisverteilung an verschiedene rheinische Herren, unter denen Rüdiger von dem Werde (urkundlich 1280–1305) und Heinrich von Montabaur (urkundlich 1285–1312) besonders hervorgehoben werden.

Eine Sonderstellung nimmt das ›Turnier von Nantes‹ von Konrad von Würzburg ein.

König Richard von England übertrifft an Ritterlichkeit und Freigebigkeit alle anderen. Als seine Hofbeamten ihn verpflichten, ein Jahr lang keine Geschenke zu machen, umgeht er das Verbot, indem er den bedürftigen Rittern aus den Fenstern seines Festsaales goldene und silberne Tischgefäße zuwirft. Mit hundert Rittern zieht er zum Turnier nach Nantes und kämpft dort als Anführer der »Deutschen« gegen die »Welschen« unter dem König von Frankreich und erringt den Turniersieg. Er verschenkt alles, was er erbeutet hat, und wird als der beste Ritter gefeiert. (1156 Verse; eine Handschrift)

Mit den genauen Wappenbeschreibungen der fürstlichen Turnierteilnehmer steht das ›Turnier von Nantes‹ am Anfang der deutschen Wappen- und Heroldsdichtung, die sich im Spätmittelalter reich entwickelt hat. Die verschiedenen Versuche, einen aktuellen politischen Zweck der Erzählung aufzuweisen, haben zu keinen greifbaren Ergebnissen geführt. Die Zuhörer werden bei dem Helden der Geschichte an den englischen König Richard Löwenherz († 1199) gedacht haben, dessen Freigebigkeit und Ritterlichkeit zur Legende geworden waren.

Texte: Heinrich von Freiberg: ›Die Ritterfahrt des Johann von Michelsberg‹: Hrsg. von Alois Bernt. In: Heinrich von Freiberg. Halle 1906, S. 239–248. – ›Die Rittertugenden des Herrn von Kronberg‹: Hrsg. von Edmund E. Stengel u. Friedrich Vogt. In: Zwölf mittelhochdeutsche Minnelieder und Reimreden. Köln, Graz 1956, S. 37–47. – ›Das Turnier‹, ›Der Ritterpreis‹: Hrsg. von Adolf Bach In: Die Werke des Verfassers der Schlacht bei Göllheim. Bonn 1930, S. 227–229, 234 bis 254. – Konrad von Würzburg: ›Das Turnier von Nantes‹: Hrsg. von Edward Schröder. In: Konrad von Würzburg: Kleinere Dichtungen. Bd. 2, 3. Aufl. Berlin 1959, S. 42–75.

9. Sachliteratur

Geschichtsschreibung und Geschichtsdichtung

Die Geschichtsschreibung lag im 13. Jahrhundert fast ausschließlich in den Händen von Mönchen und Geistlichen, die lateinisch schrieben. Nur in Ausnahmefällen wurden historische Werke auf deutsch verfaßt. Die lateinische Geschichtsschreibung war ganz überwiegend Prosaliteratur. Dagegen haben diejenigen, die deutsch schrieben, in den meisten Fällen die Versform gewählt, hauptsächlich wohl, um der Volkssprache Würde und Form zu verleihen. In der Versform wurde sicherlich keine Einschränkung des historischen Wertes gesehen; es kam allerdings vor, daß mit der Verifizierung auch Elemente des poetischen Wortschatzes und des höfischen Stils in den Dienst der Geschichtsschreibung gestellt wurden. Daneben entstand bereits im 13. Jahrhundert eine hochstehende Geschichtsprosa, hauptsächlich in niederdeutscher Sprache und meistens in enger Verbindung mit Rechtsbüchern in Prosa. Das Hauptwerk der deutschen Prosageschichtsschreibung im 13. Jahrhundert ist die ›Sächsische Weltchronik‹. Ob diese von Anfang an als Prosawerk konzipiert war oder ob das Original ein Prosimetrum (ein Prosawerk mit eingelegten Verspartien) war, ist heute strittig.

Chronologisch-geographische Übersicht: Aus der ersten Hälfte des 13. Jahrhunderts stammen nur die ›Gandersheimer Reimchronik‹ und die ›Sächsische Weltchronik‹, falls die herkömmliche Datierung zuverlässig ist. Um 1250 hat Rudolf von Ems seine ›Weltchronik‹ verfaßt. Alles andere gehört in die zweite Hälfte oder ans Ende des Jahrhunderts.

Die geographische Verteilung der Texte ist ungewöhnlich. Der Schwerpunkt liegt auf niederdeutschem und mitteldeutschem Gebiet. Das gilt in gleicher Weise sonst nur noch für die Rechtsliteratur. Während an den norddeutschen Fürstenhöfen der Anschluß an die hochdeutsche Dichtersprache gesucht wurde (›Braunschweigische Reimchronik‹), hat man sich in den Städten (›Magdeburger Weichbildchronik‹, die ›Chronik‹ Albrechts von Bardewik) und in den Klöstern (›Gandersheimer Reimchronik‹) der heimischen niederdeutschen Mundart bedient. Für welches Publikum der Verfasser der ›Sächsischen Weltchronik‹ sein Werk in niederdeutscher Sprache geschrieben hat, wissen wir nicht. Stark mundartlichen Charakter hat auch Gottfried Hagens ›Buch von der Stadt Köln‹ in mittelfränkischem Dialekt, während die ostmitteldeutsche Geschichtsdichtung (›Christherre-Chronik‹, ›Livländische Reimchronik‹) mehr von der hochdeutschen Literatursprache geprägt ist. Demgegenüber fällt die süddeutsche Geschichtsschreibung zahlenmäßig kaum ins Gewicht. Rudolf von Ems (im Südwesten) und das ›Buch der Könige‹ (in Augsburg) sind geographisch isoliert. Ein neuer Schwerpunkt hat sich gegen Ende des 13. Jahrhunderts in Österreich gebildet, wo die Babenberger-Genealogien und die Werke von Jans Enikel entstanden sind und wo Ottokar von Steiermark die Arbeit an der ›Österreichischen Reimchronik‹ sicherlich schon vor 1300 begann.

Autoren und Publikum: Die ›Gandersheimer Reimchronik‹ ist von einem Stiftsgeistlichen verfaßt. Das ›Buch der Könige‹ stammt aus den Kreisen der Augsburger Franziskaner. Die ›Braunschweigische Reimchronik‹ dürfte das Werk eines Hofklerikers sein. Der Verfasser der ›Livländischen Reimchronik‹ ist wahrscheinlich ein Deutschordensritter gewesen. Jans Enikel, Gottfried Hagen und Albrecht von Bardewik gehörten zur städtischen Oberschicht. Alle diese Autoren haben nur das eine gemeinsam, daß sie lateinisch gebildet waren (nur für den Deutschordensritter ist das nicht ganz sicher).

Die historischen Werke waren einerseits für die großen Fürstenhöfe, andererseits für die reichen Bürgerfamilien bestimmt. Für fürstliche Auftraggeber haben Rudolf von Ems und die Verfasser der ›Christherre-Chronik‹ und der ›Braunschweigischen Reimchronik‹ gearbeitet. Während das adlige Hofpublikum vor allem an universaler und dynastischer Geschichtsschreibung interessiert war, sind in den Städten eher lokale Darstellungen verfaßt worden. Die ›Livländische Reimchronik‹ war vielleicht zur Tischlektüre in den Deutschordenskonventen bestimmt. Das ›Buch der Könige‹ sollte zusammen mit dem ›Schwabenspiegel‹ gelesen werden.

Überlieferung und Gebrauch: Die große Zahl der erhaltenen Handschriften zeigt, daß insbesondere die Weltchroniken weite Verbreitung gefunden haben. Aber nur ein kleiner Teil der Handschriften überliefert die historischen Werke in der Gestalt, in der ihre Verfasser sie geschaffen haben. So bietet keine der über achtzig Handschriften der ›Weltchronik‹ von Rudolf von Ems dieses Werk in der originalen Form. Die Weltchroniken sind fortgesetzt und bearbeitet worden, was durch den Umstand begünstigt wurde, daß mehrere dieser Werke unvollendet geblieben waren. Entsprechend den Interessen der späteren Benutzer und Besteller wurden die verschiedenen Chroniken häufig miteinander in Verbindung gebracht und zu umfangreichen Kompendien zusammengestellt, oder es wurden Auszüge daraus unter verschiedenen Gesichtspunkten kompiliert. Dabei ergaben sich wirkungsvolle Kombinationen zwischen der ›Sächsischen Weltchronik‹ und der alten ›Kaiserchronik‹, zwischen der ›Weltchronik‹ von Rudolf von Ems und der ›Christherre-Chronik‹, zwischen der ›Christherre-Chronik‹ und der ›Weltchronik‹ von Jans Enikel. Welche Absichten die Redaktoren im einzelnen damit verfolgt haben, ist weitgehend unbekannt, da die Überlieferungsgeschichte der historischen Werke nur erst zum Teil erforscht ist.

Die Geschichtsschreibung war natürlich darauf angelegt, historische Informationen zu vermitteln. Aber die Tatsache, daß in den Weltchroniken die Geschichten der Patriarchen und der Könige aus dem Alten Testament meist ausführlicher dargestellt wurden als die Profangeschichte der neueren Zeit, läßt erkennen, daß die Geschichtswerke auch andere Interessen ansprachen. Besonders wichtig war die Verbindung von Geschichte und Recht. Das ›Buch der Könige‹ ist als Einleitung und Ergänzung zum ›Schwabenspiegel‹ verfaßt worden. Ähnliches gilt für die ›Magdeburger Weichbildchronik‹ und die ›Chronik‹ Albrechts von Bardewik. Außerdem hatte die Geschichtsschreibung auch eine erbaulich-lehrhafte Tendenz, die im 13. Jahrhundert immer mehr hervortrat, besonders in den zahlreichen Erzählungen exempelhaften Charakters, die in das historische Faktengerüst eingeschoben wurden. Die Darstellungen der biblischen Geschichte haben davon am häufigsten Gebrauch gemacht.

LITERATUR: Horst Wenzel, Höfische Geschichte. Literarische Tradition und Gegenwartsdeutung in den volkssprachigen Chroniken des hohen und späten Mittelalters. Bern, Frankfurt a.M. 1980. – Ursula Liebertz-Grün, Das andere Mittelalter. Erzählte Geschichte und Geschichtserkenntnis um 1300. Studien zu Ottokar von Steiermark, Jans Enikel, Seifried Helbling. München 1984. – Geschichtsbewußtsein in der deutschen Literatur des Mittelalters. Hrsg. von Christoph Gerhardt u.a. Tübingen 1985. – Peter Johanek, Weltchronistik und regionale Geschichtsschreibung im Spätmittelalter. In: Geschichtsschreibung und Geschichtsbewußtsein im späten Mittelalter. Hrsg. von Hans Patze. Sigmaringen 1987, S. 287–330.

Klostergeschichte

Eberhard: ›Gandersheimer Reimchronik‹

Im 13. Jahrhundert ist nur einmal Klostergeschichte auf deutsch geschrieben worden, in der ›Gandersheimer Reimchronik‹ des Pfaffen Eberhard (1954 Verse; eine Handschrift), deren Bedeutung vor allem darin liegt, daß es eines der ersten Werke in mittelniederdeutscher Sprache ist. Der Verfasser ist als *notarius* im Stift Gandersheim (bei Hildesheim) 1204–1216 bezeugt. Die Chronik ist im Jahr 1216 entstanden. Im Epilog wird die Äbtissin Mechthild von Wöltingerode (1196–1223) verehrungsvoll genannt, der es gelang, Gandersheim der Jurisdiktion des Bischofs von Hildesheim zu entziehen und direkt dem Papst zu unterstellen. Mit seiner Chronik wollte Eberhard diese Politik rechtfertigen, indem er darlegte, daß die Ansprüche des Stifts historisch begründet waren. Er wandte sich damit an die Ungebildeten, speziell offenbar an die adlige Ministerialität des Stiftes. Der erste Teil, der sich auf eine verlorene Gandersheimer Quelle stützt, berichtet von der Gründung des Klosters durch Herzog Liudolf von Sachsen im 10. Jahrhundert; der zweite Teil folgt im wesentlichen der ›Sachsengeschichte‹ von Widukind von Corvey und behandelt vor allem die Familiengeschichte der Liudolfinger. Merkwürdig ist die metrische Form der Chronik: es sind vierhebige Reimpaarverse, die sich durch ihre Silbenfülle allen Regeln der höfischen Metrik entziehen. Das Werk hat keine weite Verbreitung gefunden; nur der Verfasser der ›Braunschweigischen Reimchronik‹ hat es benutzt.

TEXT: Hrsg. von Ludwig Wolff (ATB 25). 2. Aufl. Tübingen 1969; dazu: Volker Honemann in: VL 2, 1980, Sp. 277–282.

Weltgeschichte

Die Weltchronik, in der Geschichte als Heilsgeschichte beschrieben wurde, war im 13. Jahrhundert eine Hauptform der Geschichtsschreibung. Als Grundlage diente meistens die ›Weltchronik‹ von Frutolf von Michelsberg und Eckehard von Aura (erste Hälfte des 12. Jahrhunderts). Für die ersten fünf Weltalter, bis zur Geburt Christi, wurde außerdem die ›Historia scholastica‹ von Petrus Comestor (zweite Hälfte des 12. Jahrhunderts) benutzt. Die Geschichte des sechsten Zeitalters, von Christi Geburt an, wurde gerne anhand von Kaiser- und Papstreihen dargestellt. Die meisten deutschsprachigen Weltchroniken des 13. Jahrhunderts haben ihren Schwerpunkt in der Geschichte des Alten Testaments. Nur die ›Sächsische Weltchronik‹ setzt erst mit der Gründung des Römischen Reichs zu breiterer Darstellung an. Der historische Quellenwert der meisten Werke ist gering; für das Geschichtsverständnis der Laiengesellschaft sind sie jedoch von großer Bedeutung.

›Sächsische Weltchronik‹

Die ›Sächsische Weltchronik‹ (215 Seiten in Weilands Ausgabe; 35 Handschriften) in niederdeutscher Prosa ist eine Universalchronik von der Erschaffung der Welt bis zur Gegenwart. Im Mittelpunkt steht die Geschichte des Römischen Reiches, die nach den Kaisern und Päpsten gegliedert ist. Die Hauptquellen waren Frutolf-Eckehard und die ›Pöhlder Annalen‹. Der Chronist berichtet sachlich und distanziert und hat eine Parteinahme in den politischen Streitfragen seiner Zeit vermieden.

Eine genauere literarhistorische Standortbestimmung der ›Sächsischen Weltchronik‹ ist derzeit nicht möglich, weil alle wichtigen Fragen strittig sind. Das liegt hauptsächlich an der unterschiedlichen Beurteilung der Überlieferung. Der Text ist in zwei kürzeren Fassungen (A und B) und zwei längeren Fassungen (C^1, C^2) überliefert. Die längeren Fassungen haben umfangreiche Partien aus der alten ›Kaiserchronik‹ aufgenommen, teils in Versform, teils in Prosa. In den kürzeren Fassungen endet die Chronik mit Ereignissen der Jahre 1225/1230 (A) und 1235/1238 (B); in den längeren Fassungen ist die Geschichte bis 1248 geführt. Lange galt als sicher, daß A zwischen 1230 und 1250 entstanden ist und die ursprüngliche Form der Chronik repräsentiert. B und C wurden als spätere Bearbeitungen betrachtet. Dagegen steht die These von Hubert Herkommer, daß das Prosimetrum der Fassung C^1, das um 1270 verfaßt wurde, die älteste Gestalt der Chronik bilde und daß die Fassungen A und B durch nachträgliche Kürzungen entstanden seien. An diesem Punkt hängt die Einschätzung und Bewertung des Werks. Mit der Spätdatierung (für die aber doch wohl die weniger guten Argumente sprechen) wäre auch die Verfasserfrage erledigt. Solange die Chronik vor 1250 datiert wurde, hat man sie häufig Eike von Repgow, dem Verfasser des ›Sachsenspiegels‹, zugeschrieben, ohne jedoch einen Beweis dafür zu finden. Die ›Sächsische Weltchronik‹ ist früh ins Hochdeutsche übertragen worden und hat in ganz Deutschland weite Verbreitung gefunden. Sie ist mehrfach fortgesetzt, ergänzt, umgearbeitet und erweitert worden. Die meisten deutschsprachigen Chroniken des späten Mittelalters haben das Werk benutzt. Von einer Übersetzung ins Lateinische (13. Jahrhundert) sind nur Reste erhalten.

TEXT: Hrsg. von Ludwig Weiland. In: MGH. Deutsche Chroniken. Bd. 2. Hannover 1877, S. 1–384. – LITERATUR: Hubert Herkommer, Überlieferungsgeschichte der Sächsischen Weltchronik. München 1972. – Michael Menzel, Die Sächsische Weltchronik. Quellen und Stoffauswahl. Sigmaringen 1985.

Rudolf von Ems: ›Weltchronik‹

Die ›Weltchronik‹ von Rudolf von Ems (33478 Verse; über 80 Handschriften und Fragmente) ist nach den sechs Zeitaltern gegliedert. Der Dichter ist aber nur bis zur Geschichte Salomos gekommen; an dieser Stelle steht in der Wernigcroder Handschrift die Nachricht, daß Rudolf von Ems »über Salomo gestorben« sei (33491). Unsicher ist, in welchen Dimensionen das Ganze geplant war und in welchem Umfang Rudolf von Ems die Profangeschichte des sechsten Zeitalters zu behandeln gedachte. Die Heilsgeschichte war für den Dichter »der wahre Weg der wahren Geschichte« (3103), während die Profangeschichte nur den »Nebengang« (3117) bilden sollte. Trotzdem hat Rudolf der weltlichen Geschichte ein eigenes Gewicht gegeben. Sie ist vor allem Herrschergeschichte und führt von den Königen des Alten Testaments über die Geschichte Trojas und Roms zum Kaisertum der Staufer. Den Gegenwartsbezug hat Rudolf im Prolog zum fünften Weltalter hergestellt, wo er den Namen Davids mit einem großen Fürstenpreis auf die Stauferherrscher seit Konrad III. verknüpft. Die genealogische Folge reicht bis zu Konrad IV., der dem Dichter den Auftrag zur Abfassung der ›Weltchronik‹ erteilt hat. Diese Partie muß zwischen 1250 und 1254 geschrieben worden sein. Die Hauptquellen der ›Weltchronik‹ waren die Bibel und Petrus Comestor. Wahrscheinlich hat Rudolf von Ems außerdem die ›Weltchronik‹ von Otto von Freising gekannt.

Rudolfs Werk hatte eine ungemein große Wirkung: die gesamte spätmittelalterliche Weltchronistik in deutscher Sprache geht darauf zurück. Schon früh wurde der Text fortgesetzt und mit anderen gereimten Chroniken in Verbindung gebracht, vor allem mit der ›Christherre-Chronik‹. Eine Prosaauflösung hat als Historienbibel weitergelebt.

TEXT: Hrsg. von Gustav Ehrismann (DTM 20). Berlin 1915.

›Christherre-Chronik‹

Die ›Christherre-Chronik‹ (nur teilweise ediert; über 100 Handschriften und Fragmente) ist eine unvollendete Reimchronik, die in der zweiten Hälfte des 13. Jahrhunderts im Auftrag des Markgrafen Heinrich III. von Meißen verfaßt wurde. Sie behandelt die alttestamentliche Geschichte bis zum ›Buch der Richter‹. Der Autor kannte die ›Weltchronik‹ von Rudolf von Ems und hat dieselben lateinischen Quellen benutzt. Typisch für die Überlieferung der ›Christherre-Chronik‹ sind zahlreiche Mischredaktionen, in denen der Text mit den Weltchroniken von Rudolf von Ems, Jans Enikel und Heinrich von München zusammengestellt wurde.

TEXT: Hrsg. von Hans F. Massmann. In: Der keiser und der kunige buoch oder die sogenannte Kaiserchronik. Bd. 3. Quedlinburg, Leipzig 1854, S. 118–150 (2200 Verse); dazu: Norbert H. Ott in: VL 1, 1978, Sp. 1213–1217.

›Buch der Könige alter und niuwer ê‹

Das ›Buch der Könige alter und niuwer ê‹ ist eine Prosa-Chronik, die um 1270/80 im Kreis der Augsburger Franziskaner als geschichtliche Einleitung zum ›Schwabenspiegel‹ verfaßt wurde. Das Werk besteht aus zwei Teilen, die zwei verschiedenen Autoren zugeschrieben werden: dem ›Buch der Könige‹ (87 Spalten in Massmanns Ausgabe), das auf der Grundlage der Bibel und der ›Historia scholastica‹ von den Königen und Richtern des Alten Testaments erzählt, und der sogenannten ›Prosa-Kaiserchronik‹ (103 Spalten), die im wesentlichen eine kürzende Prosaauflösung der alten ›Kaiserchronik‹ ist. Sieben Handschriften überliefern beide Teile, bis auf eine Ausnahme immer zusammen mit dem ›Schwabenspiegel‹. Außerdem gibt es 58 Textzeugen für das ›Buch der Könige‹ und vier für die ›Prosa-Kaiserchronik‹; und auch die Einzelteile sind meistens mit dem ›Schwabenspiegel‹ verbunden, das ›Buch der Könige‹ auch mit dem ›Deutschenspiegel‹.

TEXT: Hrsg. von Hans F. Massmann. In: Land- und Lehenrechtbuch. Sächsisches Land- und Lehenrecht. Hrsg. von Alexander von Daniels. Bd. 1. Berlin 1860, Sp. XXXIII–CCXXIV; dazu: Hubert Herkommer in: VL 1, 1978, Sp. 1089–1092.

›Magdeburger Weichbildchronik‹

Als Einleitung zu einem Rechtsbuch ist auch die kleine ›Magdeburger Weichbildchronik‹ (14 Spalten in der Ausgabe von Daniels-Gruben) aus der zweiten Hälfte des 13. Jahrhunderts konzipiert. Es ist eine Prosachronik, die bis zur Zeit König Wilhelms von Holland († 1256) reicht und in die die wichtigsten Daten der Magdeburger Stadtgeschichte eingearbeitet sind. Das Werk ist im Zusammenhang mit der Kodifizierung des Magdeburger Rechts (›Magdeburger Weichbild‹) entstanden.

TEXT: Hrsg. von Alexander von Daniels u. Friedrich von Gruben. In: Das sächsische Weichbildrecht. Berlin 1858, Sp. 9–52.

Jans Enikel: ›Weltchronik‹

Aus derselben Zeit stammt die gereimte ›Weltchronik‹ von Jans Enikel (28958 Verse; 39 Handschriften). Der Verfasser gehörte wahrscheinlich zur adligen Oberschicht in Wien und dürfte sich mit seiner Geschichtsdichtung in erster Linie an das gehobene Wiener Bürgertum gewandt haben. Der Schwerpunkt liegt auf der Zeit des Alten Testaments; nur das letzte Drittel behandelt die Geschichte seit der Gründung Roms. Die eigene Gegenwart ist ausgespart. Das historische Gerüst hat der Verfasser der ›Imago mundi‹ von Honorius Augustodunensis entnommen. Kennzeichnend für seine Behandlung der Weltgeschichte sind die eingeschobenen Erzählungen, die oft nur locker mit den großen historischen Gestalten verknüpft sind und die dem Werk einen unterhaltsamen Charakter verleihen. Das hat sicherlich zum Erfolg beigetragen. Die meisten Handschriften bezeugen Mischredaktionen, in denen Teile von Enikels Chronik in unterschiedlicher Weise mit Auszügen aus anderen Weltchroniken verbunden sind.

TEXT: Hrsg. von Philipp Strauch. In: MGH. Deutsche Chroniken. Bd. 3,1. Hannover 1891, S. 1–596; dazu: Karl-Ernst Geith in: VL 2, 1980, Sp. 565–569.

Landesgeschichte und Stadtgeschichte

In der Geschichtsschreibung des 13. Jahrhunderts haben sich regionale Gesichtspunkte immer stärker durchgesetzt. Man darf jedoch den Unterschied zwischen universaler und regionaler Geschichtsschreibung nicht zu stark betonen. Es gab Weltchroniken, deren Gegenwartsdarstellung in Regionalgeschichte überging oder die regional begrenzte Fortsetzungen erfuhren; und es gab regionale Geschichtswerke mit universalhistorischen Aspekten. Wo die Impulse zur Abfassung historischer Werke vom Hof ausgingen, nahm die Geschichtsschreibung dynastische Züge an und diente vielfach der Verherrlichung des regierenden Hauses.

›Braunschweigische Reimchronik‹

Das bedeutendste Werk der deutschsprachigen Landesgeschichtsschreibung im 13. Jahrhundert ist die ›Braunschweigische Reimchronik‹ (9339 Verse; zwei Handschriften), die nach 1279 von einem Braunschweiger Geistlichen verfaßt worden ist. Es ist eine Geschichte des welfischen Fürstenhauses und seiner sächsischen Vorfahren und zugleich eine Geschichte der Stadt Braunschweig. Im Mittelpunkt steht Herzog Albrecht I., der als ritterlicher Fürst und Kriegsheld gefeiert wird. Mit der Klage über seinen Tod endet die Dichtung. Am Schluß wendet sich der Verfasser an die sechs Söhne des Herzogs und seine Tochter Mechthild und fordert sie auf, dem Vorbild des Vaters nachzueifern; insofern hat das Werk den Charakter eines Fürstenspiegels. Die Widmung muß vor 1292, dem Todesjahr des dritten Sohnes, geschrieben sein. Da im Text aber die Jahreszahl 1298 genannt wird (1439f.), rechnet man damit, daß einzelne Partien später ergänzt wurden. Der Verfasser hat außerordentlich sorgfältig gearbeitet. Seine Hauptquelle war die Weltchronik Martins von Troppau; an deutschsprachigen Werken hat er die ›Sächsische Weltchronik‹ und die ›Gandersheimer Reimchronik‹ benutzt. Die ›Braunschweigische Fürstenchronik‹, auf die er sich mehrfach beruft, ist nicht erhalten. Ungewöhnlich ist die kritische Abwägung des Wahrheitsgehalts verschiedener Nachrichten. Sprachlich und stilistisch hat sich der Verfasser an der hochdeutschen Dichtungspraxis orientiert. Sein Hochdeutsch ist allerdings mit manchen niederdeutschen Elementen durchsetzt, und der Versbau erreicht nicht die strenge Form der höfischen Dichtung. Eine weitere Verbreitung scheint das Werk nicht gefunden zu haben. Nur Konrad Bote hat es im 15. Jahrhundert für seine ›Sachsenchronik‹ benutzt.

TEXT: Hrsg. von Ludwig Weiland. In: MGH. Deutsche Chroniken. Bd. 2. Hannover 1877, S. 430–574; dazu: Thomas Sandfuchs in: VL 1, 1978, Sp. 1007–1010.

›Livländische Reimchronik‹

Gegen Ende des 13. Jahrhunderts begann die Geschichtsschreibung des Deutschen Ordens mit der ›Livländischen Reimchronik‹ (12017 Verse; zwei Handschriften, ein Fragment). Gegenstand der Chronik ist die Christianisierung und Unterwerfung Livlands durch den Schwertbrüderorden und anschließend durch den Deutschen Orden bis zum Jahre 1290. Die Darstellung stützt sich auf mündliche Berichte; in welchem Umfang schriftliche Aufzeichnungen benutzt wurden, ist unsicher. Der Verfasser war offenbar selber ein Ordensbruder. Seine Sprache ist mitteldeutsch. Er kannte die Heldenepik und Wolfram von Eschenbach. Die Wirkung der Chronik auf die spätere Geschichtsschreibung des Deutschen Ordens bedarf noch genauerer Untersuchung.

TEXT: Hrsg. von Leo Meyer. Paderborn 1876; dazu: Udo Arnold in: VL 5, 1985, Sp. 855–862.

Jans Enikel: ›Fürstenbuch‹

Jans Enikel hat neben seiner ›Weltchronik‹ auch das ›Fürstenbuch‹ verfaßt (4258 Verse, unvollendet; sechs Handschriften, ein Fragment). Darin behandelt er die Geschichte der Babenberger Herzöge von Österreich seit der Gründung der Stadt Wien. Im Mittelpunkt stehen die beiden letzten Herzöge, Leopold VI. und Friedrich II. Sehr ausführlich ist die Schlacht von Laa geschildert, in der Friedrich II. 1246 die Böhmen besiegte. Mit der Überleitung zur Schlacht an der Leitha, in der der Herzog den Tod fand, bricht der Text ab. Das historische Gerüst lieferte die ›Babenberger-Genealogie‹, die Jans Enikel einem Buch entnahm, das ihm der Abt des Wiener Schottenklosters zugänglich gemacht hat (1089 ff.). Das ›Fürstenbuch‹ ist kein Geschichtswerk im strengen Sinn. Es ist geprägt von den zahlreichen novellenhaften Einlagen, in denen die Babenberger

Fürsten in einem eher zweifelhaften Licht erscheinen. Offenbar ist die Schilderung ihrer moralischen Schwächen weder vom Dichter noch von seinem Publikum als ein Widerspruch zur Verherrlichung der Babenbergerzeit empfunden worden.

In mehreren Handschriften geht dem ›Fürstenbuch‹ das ›Landbuch von Österreich und Steier‹ voraus; in zwei Handschriften folgt auf das ›Fürstenbuch‹ eine ›Babenberger-Genealogie‹ (›Der fursten geslechte‹), zum Teil in Prosa, zum Teil in Versen, die bis zum Jahr 1270 reicht. Diese Texte sollten offenbar das unvollendete ›Fürstenbuch‹ ergänzen. In der österreichischen Landesgeschichtsschreibung hat Jans Enikels Werk bis ins 16. Jahrhundert nachgewirkt.

TEXT: Hrsg. von Philipp Strauch. In: MGH. Deutsche Chroniken. Bd. 3, 2. Hannover 1900, S. 597–679.

Gottfried Hagen: ›Buch von der Stadt Köln‹

Eine eigenständige städtische Geschichtsschreibung in deutscher Sprache beginnt mit Gottfried Hagens ›Buch von der Stadt Köln‹ (6288 Verse; eine Handschrift, zwei Fragmente). Der Verfasser dieser Reimchronik ist wahrscheinlich identisch mit dem Kölner Stadtschreiber Gottfried, der von 1268 bis 1299 bezeugt ist. Als Abfassungszeit ist das Jahr 1270 angegeben.

Nach einem kurzen Rückblick auf die Geschichte der Stadt seit ihrer Christianisierung durch den heiligen Maternus kommt der Verfasser zu seinem Thema: den Auseinandersetzungen und Kämpfen zwischen der Kölner Bürgerschaft und den Kölner Erzbischöfen in den Jahren 1252–1270. Für diese Zeit ist Gottfried Hagens Buch eine Geschichtsquelle von hohem Rang. Der Verfasser war ein engagierter Verfechter der städtischen Belange gegen den geistlichen Stadtherrn. Seine politische Stellungnahme tritt am schärfsten hervor, wo innerstädtische Gegensätze berührt werden. Da erweist er sich als entschiedener Parteigänger der großen Geschlechter gegen die »Gemeinde« der kleineren Bürger. Bei Auseinandersetzungen der Geschlechter untereinander steht der Verfasser auf der Seite der mächtigen Familie Overstolz, der er sicherlich auch persönlich verbunden war.

Die Reimchronik ist im Kölner Dialekt verfaßt. Wortschatz, Stil und Metrik sind unbeeinflußt von der höfischen Dichtungstradition. Außerhalb Kölns ist das Werk offenbar nicht bekannt geworden; die spätere Kölner Geschichtsschreibung hat jedoch Gebrauch davon gemacht.

Text: Hrsg. von Eberhard von Groote. Köln 1834; dazu: Hartmut Beckers in: VL 3, 1981, Sp. 384–387.

Albrecht von Bardewik: ›Chronik‹

Anders sehen die Anfänge der städtischen Geschichtsschreibung in Lübeck aus. Der Leiter der städtischen Ratskanzlei und spätere Bürgermeister Albrecht von Bardewik († um 1310) hat 1298 eine (offenbar von Albrecht selbst redigierte) Chronik aufschreiben lassen, die im wesentlichen Ereignisse der Jahre 1297–1298 behandelt. Der erste Teil (der auf einen Bericht des Ratsschreibers Alexander Hunos vom Jahr 1298 zurückgehen soll) erzählt von der Rückkehr Herzog Heinrichs I. von Mecklenburg († 1302) aus heidnischer Gefangenschaft; der zweite Teil berichtet von der Reise des Ratsschreibers Luder von Ramesloh nach Livland im Jahr 1297. Die Chronik ist in niederdeutscher Prosa geschrieben und zeichnet sich durch eine lebendige Darstellungsweise aus.

Text: Hrsg. von Wilhelm Mantels. In: Chroniken deutscher Städte. Bd. 26. Leipzig 1899, S. 285–316; dazu: Gundolf Keil in: VL 1, 1978, Sp. 174–175.

Zeitgeschichte

Die lateinische Geschichtsschreibung hat von der Möglichkeit, Ereignisse der Zeitgeschichte in kürzeren Hexametergedichten zu schildern, öfter Gebrauch gemacht. Seit dem Ende des 13. Jahrhunderts begegnen solche Gedichte, die sich nur schwer gegenüber den panegyrischen Ehrenreden abgrenzen lassen, auch in deutschen Reimpaarversen.

›Böhmenschlacht‹ und ›Schlacht bei Göllheim‹

Zu den ältesten Zeitgedichten gehören zwei Stücke aus dem Textcorpus des Pseudo-Zilies von Seine. Die ›Böhmenschlacht‹ (185 Verse, unvollständig; zwei Handschriften) hat die Schlacht bei Dürnkrut im Jahre 1278 zum Thema, in der Rudolf von Habsburg über Ottokar II. von Böhmen siegte. Von den historisch-politischen Zusammenhängen sagt der Dichter nichts; auch der Verlauf der Schlacht bleibt ganz undeutlich. Alles Licht ist auf die beiden Könige gerichtet, deren Zweikampf (entgegen der historischen Wahrheit) mit Ottokars Tod endet. Kennzeichnend für den Darstellungsstil ist die Allegorisierung der Wappenbilder: Der Reichsadler und der weiße Habsburger Löwe erkämpfen den Sieg über den roten Löwen Böhmens.

Ganz anders wird in der ›Schlacht bei Göllheim‹ (302 Verse, unvollständig; eine Handschrift) über die Entscheidungsschlacht zwischen König Adolf von Nassau und dem Habsburger Herzog Albrecht von Österreich im Jahre 1298 berichtet. Der Dichter beklagt den Tod König Adolfs und schildert ausführlich den heldenhaften Kampf seiner Anhänger, von denen viele namentlich genannt werden. Das höchste Lob wird dem Grafen Eberhard von Katzenelnbogen erteilt. Die Dichtung war offensichtlich für die Anhänger König Adolfs in den Kreisen des mittelrheinischen Adels bestimmt.

Aus der Perspektive der habsburgischen Gegenseite hat ein Dichter namens Hirzelin die ›Schlacht bei Göllheim‹ geschildert (314 Verse, unvollständig; drei Handschriften). In dem erhaltenen Textstück werden Herzog Heinrich von Kärnten und Ulrich von Walsee besonders gefeiert. Der Dichter war Augenzeuge der Schlacht und hat die Rolle, die er als Bote und Herold gespielt hat, genau dargestellt: er war es, der Herzog Albrecht die Nachricht von seiner Wahl zum deutschen König überbrachte und der den Österreichern die Aufstellung des gegnerischen Heeres meldete. In der Antwort auf die Frage der Damen, wer sich in der Schlacht besonders hervorgetan habe, beweist er seine Wappenkenntnisse. Beide Gedichte werden bald nach 1298 entstanden sein.

TEXTE: ›Böhmenschlacht‹ und ›Schlacht bei Göllheim‹: Hrsg. von Adolf Bach. In: Die Werke des Verfassers der Schlacht bei Göllheim Bonn 1930, S. 210–219, 193–209. – Hirzelin: ›Schlacht bei Göllheim‹: Hrsg. von Rochus von Liliencron. In: Die historischen Volkslieder der Deutschen vom 13. bis 16. Jahrhundert. Bd. 1. Leipzig 1865, S. 11–21; dazu: Erich Kleinschmidt in: VL 4, 1983, Sp. 51–53.

›Landgraf Ludwigs Kreuzfahrt‹

Auf der Grenze zwischen Geschichtsdichtung und höfischem Roman steht die umfangreiche Erzählung von ›Landgraf Ludwigs Kreuzfahrt‹

Zuerst wird die Geschichte des Königreichs Jerusalem in knappem Überblick rekapituliert. Den ganzen Hauptteil füllt die Belagerung von Akkon durch die Christen. Der Held der Dichtung ist Landgraf Ludwig von Thüringen, der sich durch Tapferkeit und ritterliche Gesinnung vor allen anderen auszeichnet. Er wird schließlich durch einen Steinwurf aus der belagerten Stadt verwundet und stirbt an dieser Wunde auf der Rückfahrt. Seine Gebeine werden nach Thüringen überführt. (8176 Verse; eine Handschrift)

Der Dichter war ein lateinisch gebildeter Kleriker, der mit dem Prager Hof in Verbindung stand. Er feiert das böhmische Königshaus (5410ff.) und spricht voll Verehrung von Ulrich von Neuhaus und dessen Familie (1050ff.). Als seinen Gönner nennt er Herzog Bolko I. von Schweidnitz-Jauer († 1301) aus dem schlesischen Fürstengeschlecht der Piasten (5570ff.). Die zeitgeschichtlichen Anspielungen ergeben eine Datierung auf das Jahr 1301. Für die Geschichte des Heiligen Landes hat der Verfasser lateinische Geschichtsquellen benutzt. Für den Hauptteil beruft er sich auf Berichte verschiedener adliger Herren. Historisch ist die Belagerung von Akkon 1189–1191 und die Teilnahme des Landgrafen Ludwig III. von Thüringen an diesen Kämpfen sowie sein Tod auf der Rückfahrt vom Kreuzzug. Im übrigen ist die Dichtung jedoch voller historischer Fehler: Kaiser Friedrich I. nimmt an der Belagerung von Akkon teil, obwohl er schon vorher gestorben ist. Der Dichter verwechselt den Kreuzzug von 1189/91 mit dem Kreuzzug von 1228/29; und er verwechselt Ludwig III. mit Ludwig IV. Offenbar ging es ihm nicht um historische Wahrheit, sondern um die Verherrlichung eines Fürsten aus der Verwandtschaft der böhmischen Könige und der schlesischen Herzöge, der höfische Gesinnung und Kreuzrittertum repräsentierte und der außerdem der Gemahl der heiligen Elisabeth war. Erst durch die Vermischung der beiden Ludwige ist diese für den böhmischen und schlesischen Hof so attraktive Fürstengestalt zustande gekommen.

Stilistisch steht das Werk unter dem Einfluß der Prager Hofdichtung, vor allem Ulrichs von Etzenbach. Für die Darstellung der Heiden hat Wolframs ›Willehalm‹ als Vorbild gedient.

Text: Hrsg. von Hans Naumann. In: MGH. Deutsche Chroniken. Bd. 4, Teil 2. Hannover 1923, S. 179–332; dazu: Dietrich Huschenbett in: VL 5, 1985, Sp. 372–376.

Rechtsliteratur

Das mittelalterliche Rechtswesen funktionierte im wesentlichen schriftlos. Zwar hatten die Franken von den Römern die Praxis übernommen, Rechtsgeschäfte schriftlich bestätigen zu lassen; aber davon machte man nur in beschränktem Umfang Gebrauch. Erst in der zweiten Hälfte des 12. Jahrhunderts begann der Prozeß der Verschriftlichung des Rechts, ausgelöst durch grundlegende Veränderungen in Wirtschaft und Verwaltung. Die sprunghafte Erhöhung der Zahl der ausgestellten Urkunden und die Einrichtung eigener Kanzleien an den weltlichen Fürstenhöfen und in den Städten sind Anzeichen dieser Entwicklung, die im 13. Jahrhundert zur Ausbildung eines umfangreichen Rechtsschrifttums geführt hat. Dabei wurde noch vielfach lateinisch geschrieben, vor allem bei der Ausfertigung von Urkunden; aber im Verlauf des 13. Jahrhunderts nahm der Anteil der deutschsprachigen Rechtsaufzeichnungen ständig zu.

Es ist nicht einfach, sich einen Überblick über die deutschsprachige Rechtsliteratur des 13. Jahrhunderts zu verschaffen, weil diese Texte noch niemals systematisch erfaßt und beschrieben worden sind. Nur die kürzeren deutschen Rechtsdokumente, die in Originalfassungen vorliegen, sind im ›Corpus der altdeutschen Originalurkunden‹ gesammelt; für die nur in Abschriften überlieferten Texte und für die umfangreicheren Rechtsaufzeichnungen in deutscher Sprache (Urbare, Landfrieden, Stadtbücher etc.) fehlt jede Zusammenstellung. Kein anderes Gebiet ist von der Literaturgeschichte so sehr vernachlässigt worden, obwohl die Rechtsliteratur große Bedeutung für die Ausbildung der deutschen Prosa besitzt. Auffällig ist die große Zahl niederdeutscher Texte, vor allem im Bereich städtischer Rechtsaufzeichnungen. Darin spiegelt sich die führende Rolle Magdeburgs und Lübecks bei der Ausbildung und Verbreitung der Stadtrechte. In diesem Zusammenhang ist auch ein Hinweis auf die sehr reiche friesische Rechtsliteratur am Platz, deren handschriftliche Bezeugung gegen Ende des 13. Jahrhunderts einsetzt.

Im folgenden kann nur ein kurzer Überblick nach Gattungen und Sachgruppen gegeben werden, ohne Anspruch auf Vollständigkeit und in dem Bewußtsein, daß bei dieser Einteilung viele interessante Einzelstücke unberücksichtigt bleiben.

LITERATUR: Die rechtsgeschichtlichen Darstellungen, z.B. Richard Schröder u. Eberhard von Künßberg, Lehrbuch der deutschen Rechtsgeschichte. 7. Aufl. Berlin, Leipzig 1932, S. 707ff., unterscheiden in der Regel nicht zwischen lateinischen und deutschen Rechtsquellen. Eine Zusammenstellung der niederdeutschen Rechtsquellen gibt Gustav Korlén, Die mittelniederdeutschen Texte des 13. Jahrhunderts. Lund, Kopenhagen 1945. – Außerdem: Recht und Schrift im Mittelalter. Hrsg. von Peter Classen. Sigmaringen 1977.

Rechtsbücher

Rechtsbücher nennt man die ersten umfangreichen Kodifikationen deutschen Rechts aus der Feder von juristisch gebildeten Privatpersonen. Die Autoren selber haben ihre Werke als »Spiegel« bezeichnet, ein Begriff, der an die lateinische *speculum*-Tradition anschließt und der den lehrhaften Charakter der Texte hervorhebt.

Eike von Repgow: ›Sachsenspiegel‹

Am Anfang dieser Spiegelliteratur steht die überragende Leistung von Eike von Repgow. Sein ›Sachsenspiegel‹ ist eine Darstellung des alten sächsischen Rechts in niederdeutscher (ostfälischer) Prosa. Über den Geltungsbereich des sächsischen Rechts hinaus zielen die reichsrechtlichen und universalgeschichtlichen Bestimmungen, mit denen der Text beginnt: das Verhältnis von Kaiser und Papsttum, die Verteilung von weltlichem und geistlichem Recht, die Lehre von den sechs Weltaltern und die Einteilung der Feudalgesellschaft nach den sieben Heerschilden. Das ganze Werk gliedert sich in Landrecht und Lehnrecht. Das Landrecht beschreibt das Recht der freien Leute und umfaßt Erbrecht, Familienrecht, Prozeßrecht und Strafrecht. Im Lehnrecht wird die Lehnsgerichtsbarkeit besonders ausführlich besprochen. Die Schilderung von Land und Leuten ist von ungewöhnlicher Ausdruckskraft.

Eike von Repgow stammte aus einer sächsischen Adelsfamilie (Repichau bei Dessau), die in Beziehung zu den Erzbischöfen von Magdeburg und den Grafen von Anhalt stand. Eike selbst ist zwischen 1209 und 1233 in sechs Urkunden als Zeuge genannt. Er war lateinisch gebildet und besaß umfangreiche juristische Kenntnisse. Nach den Angaben in der (hochdeutschen) Reimvorrede hat er den ›Sachsenspiegel‹ zunächst lateinisch geschrieben und erst nachträglich, auf Veranlassung des Grafen Hoyer von Falkenstein († 1251), ins Deutsche übertragen. Ob der lehnsrechtliche Teil der lateinischen Urfassung im ›Auctor vetus de beneficiis‹ (einem erst seit dem 16. Jahrhundert im Druck verbreiteten lateinischen Lehnsrechtsbuch) erhalten ist, bleibt umstritten. Der ›Sachsenspiegel‹ wurde zwischen 1220 und 1235 verfaßt und ist offenbar von Eike selbst mehrfach ergänzt und überarbeitet worden. Deswegen fällt es trotz der reichen Überlieferung sehr schwer, einen kritischen Text herzustellen.

Das Werk hatte eine Wirkung wie kein anderer deutschsprachiger Text des hohen Mittelalters. 315 Handschriften sind bekannt, und seit dem 15. Jahrhundert gibt es zahlreiche Drucke. Sehr interessant sind die Bilderhandschriften, die auf eine Stammhandschrift vom Ende des 13. Jahrhunderts zurückgehen. Die Verbreitung des Textes ist zuerst von den Schöffenkollegien in Magdeburg und Halle gefördert worden, durch deren Tätigkeit Bestimmungen aus dem ›Sachsenspiegel‹ in zahlreiche ost- und norddeutsche Stadtrechte eingegangen sind. In der zweiten Hälfte des 13. Jahrhunderts ist in Magdeburg eine Übertragung ins Hochdeutsche angefertigt worden. Gegen Ende des 13. Jahrhunderts entstand die erste lateinische Übersetzung, der später weitere folgten. Im 14. Jahrhundert begann die wissenschaftliche Kommentierung des ›Sachsenspiegels‹ mit der ›Glosse‹ zum Landrecht von Johann von Buch († nach 1356). Als ›Gemeines Sachsenrecht‹ blieb der ›Sachsenspiegel‹ in einigen Teilen Deutschlands bis ins 19. Jahrhundert in Kraft.

TEXT: Hrsg. von Karl A. Eckhardt. 2 Bde, Göttingen 1955–1956. – ÜBERSETZUNG von Ruth Schmidt-Wiegand u. Clausdieter Schott. Zürich 1984. – LITERATUR: Ruth Schmidt-Wiegand in: VL 2, 1980, Sp. 400–409. – Peter Johanek, Eike von Repgow, Hoyer von Falkenstein und die Entstehung des Sachsenspiegels. In: Civitatum communitas. FS Heinz Stoob. Köln, Wien 1984, S. 716–755.

›Deutschenspiegel‹

Der ›Deutschenspiegel‹ ist eine oberdeutsche Bearbeitung des ›Sachsenspiegels‹, die wahrscheinlich um 1275 in Augsburg entstand. Der Verfasser gehörte vermutlich dem Augsburger Franziskanerkonvent an. Grundlage der Bearbeitung war die Magdeburger Übertragung des ›Sachsenspiegels‹ ins Hochdeutsche sowie eine zweite hochdeutsche Fassung, der sogenannte ›Augsburger Sachsenspiegel‹. Der ›Deutschenspiegel‹ ist nur in einer Handschrift überliefert, aus der hervorgeht, daß die Bearbeitung unvollständig geblieben ist. Nur der erste Teil des Landrechts hat eine neue Gestalt bekommen; der ganze Rest entspricht wörtlich dem hochdeutschen ›Sachsenspiegel‹. Die Absicht des Bearbeiters war es offenbar, das Sachsenrecht zum Kaiserrecht umzugestalten. Daher sind Einzelheiten des römischen und kanonischen Rechts sowie Bestimmungen aus dem Mainzer Reichslandfrieden von 1235 in den ›Deutschenspiegel‹ eingearbeitet worden. Außerdem hat der Redaktor das Rechtsbuch mit einer welthistorischen Darstellung

(›Buch der Könige‹) verbunden, in der die Könige des Alten Testaments als vorbildliche Verwalter des Richteramts erscheinen.

TEXT: Hrsg. von Karl A. Eckhardt u. Alfred Hübner. Hannover 1933.

›Schwabenspiegel‹

Der Titel ›Schwabenspiegel‹ ist im 17. Jahrhundert einem Rechtsbuch gegeben worden, das in den Handschriften als ›Kaiserrecht‹ oder ›Kaiserliches Land- und Lehnrecht‹ bezeichnet wird und das zeitlich und räumlich in die Nähe des ›Deutschenspiegels‹ gehört. Den Verfasser sucht man ebenfalls im Augsburger Franziskanerkloster, und das Werk wird um 1275 datiert, weil das Augsburger Stadtrecht von 1276 die Kenntnis des ›Schwabenspiegels‹ voraussetzt. Das Verhältnis zum ›Deutschenspiegel‹ ist unterschiedlich beurteilt worden. Heute überwiegt die Meinung, daß der fragmentarische ›Deutschenspiegel‹ vorausging und daß der Verfasser des ›Schwabenspiegels‹ bei der Umarbeitung des ›Sachsenspiegels‹ zum ›Kaiserrecht‹ im wesentlichen den Intentionen des ›Deutschenspiegels‹ gefolgt ist. Er hat zum Teil dieselben Quellen benutzt und hat die universalgeschichtliche Einleitung durch eine Prosaauflösung der alten ›Kaiserchronik‹ erweitert. Wie die originale Gestalt des Werkes aussah, ist nicht mehr festzustellen. Es gibt Kurzformen und Langformen, Vulgataformen und systematische Formen des ›Schwabenspiegels‹, deren Verhältnis zueinander sich nicht genau bestimmen läßt. Offenbar sind in den letzten Jahrzehnten des 13. Jahrhunderts mehr als ein Dutzend Ausgaben des Textes erschienen.

Der ›Schwabenspiegel‹ hatte eine ähnlich große Wirkung wie der ›Sachsenspiegel‹. Die Zahl der erhaltenen Handschriften wird auf etwa 350 geschätzt; dazu kommen fünf Drucke bis 1480. Im 14. Jahrhundert ist das Werk ins Lateinische und ins Französische übersetzt worden; eine tschechische Übersetzung ist in über 30 Handschriften erhalten.

TEXT: Hrsg. von Friedrich L. A. von Lassberg. Tübingen 1840. Neuere Ausgaben verschiedener Fassungen des Textes von Karl A. Eckhardt. – LITERATUR: Winfried Trusen, Die Rechtsspiegel und das Kaiserrecht. Zeitschrift der Savigny-Stiftung für Rechtsgeschichte. Germanistische Abt. 102 (1985), S. 12–59.

›Österreichisches Landrecht‹

Zu den Rechtsbüchern des 13. Jahrhunderts gehört auch das ›Österreichische Landrecht‹ (sechs Handschriften), das sich als babenbergisches Gewohnheitsrecht ausgibt, aber wahrscheinlich erst 1278, auf Veranlassung König Rudolfs von Habsburg, aufgeschrieben worden ist. Es gibt eine kürzere und eine längere Fassung des Textes; welcher die Priorität gebührt, ist bis heute strittig.

TEXT: Hrsg. von Victor Hasenöhrl. In: Österreichisches Landesrecht im 13. und 14. Jahrhundert. Wien 1867, S. 236–278; dazu: Max Weltin in: VL 7, 1989, Sp. 117–119.

Landfrieden

Im Gegensatz zu den Rechtsbüchern standen die Landfrieden des 13. Jahrhunderts in einer lateinischen Tradition, die bis in die Salierzeit zurückreichte. Es war ein höchst ungewöhnlicher Vorgang, daß Kaiser Friedrich II. im Jahr 1235 auf dem Reichstag in Mainz einen Frieden erließ, der – wie die ›Kölner Königschronik‹ meldete – »in deutscher Sprache aufs Pergament geschrieben und allen bekannt gemacht wurde«. Der Mainzer Reichslandfriede von 1235 ist in doppelter Form ausgefertigt worden, lateinisch und deutsch. Die lateinische Fassung wird als die originale betrachtet; daß aber auch der deutsche Text offiziellen Charakter besaß, zeigt die Rezeptionsgeschichte. König Rudolf von Habsburg hat den Mainzer Frieden mehrfach erneuert und hat dabei stets auf die deutsche Fassung zurückgegriffen, die auf diese Weise die Gültigkeit eines Reichsgesetzes erlangte. Inzwischen gab es bereits territoriale Landfrieden in deutscher Sprache, zuerst in Österreich (Landfriede König Ottokars II. vom Jahr 1254) und in Bayern (Landfriede Herzog Heinrichs XIII. von 1256). Der Bayerische Landfriede enthält die Bestimmung, daß jeder Richter den deutschen Text in schriftlicher Form bei sich haben sollte (§ 32); danach muß der deutsche Text in zahlreichen Abschriften verbreitet gewesen sein.

TEXTE: Mainzer Reichslandfriede: Hrsg. von Friedrich Wilhelm. In: Corpus der altdeutschen Originalurkunden. Bd. 1. Lahr 1932, S. 5–17. – Österreichischer Landfriede von 1254: Hrsg. von Ludwig Weiland. In: MGH. Constitutiones. Bd. 2. Hannover 1896, S. 604–608. – Bayerischer Landfriede von 1256: Hrsg. von Franz M. Wittmann. In: Monumenta Wittelsbacensia. Abt. 1. München 1857, S. 140–151. – LITERATUR: Ekkehard Kaufmann, Landfrieden I. In: Handwörterbuch zur deutschen Rechtsgeschichte. Bd. 2. Berlin 1978, Sp. 1451–1465.

Güterverzeichnisse

Verzeichnisse von Einkünften und Besitztümern wurden im 12. Jahrhundert lateinisch geschrieben. Der ›Codex Falkensteinensis‹, das älteste Traditionsbuch einer deutschen Hochadelsfamilie, das ein Lehnsverzeichnis und ein Urbar (Güterverzeichnis) der bayerischen Grafen von Falkenstein enthält, ist offenbar schon bald nach seiner Entstehung (vor 1170) ins Deutsche übersetzt worden. Diese Übersetzung ist nicht erhalten; es gibt aber einige deutsche Textstücke in dem lateinischen Codex.

Nur fragmentarisch überliefert ist ein deutschsprachiges Urbar der Marschälle von Pappenheim, das vor 1215 datiert wird. Das Älteste bayerische Herzogsurbar ist in den Jahren 1221 bis 1237 aufgezeichnet worden. Etwas jünger ist das Lehnsverzeichnis der Grafschaft Zweibrücken (um 1250). Um dieselbe Zeit sind wahrscheinlich die ersten österreichischen Landesurbare in deutscher Sprache entstanden.

TEXTE: ›Codex Falkensteinensis‹: Hrsg. von Elisabeth Noichl. München 1978. – Urbar der Marschälle von Pappenheim: Hrsg. von Wilhelm Kraft. München 1929. – Ältestes bayerisches Herzogsurbar: In: Monumenta Boica. Bd. 36, Teil 1. München 1852, S. 1–130. – Lehnsverzeichnis der Grafschaft Zweibrücken: In: Corpus der altdeutschen Originalurkunden. Bd. 1, S. 24–25.

Stadtrechte und Stadtbücher

Die größeren Städte haben im 13. Jahrhundert eigene Schreibstuben eingerichtet, in denen zwar auch lateinisch geschrieben wurde, wo aber der Gebrauch der deutschen Sprache von Anfang an eine größere Rolle gespielt hat als in den fürstlichen Kanzleien. Einer der ältesten und (auch sprachgeschichtlich) interessantesten städtischen Rechtstexte ist das Mühlhäuser Reichsrechtsbuch in thüringischem Dialekt, das zwischen 1220 und 1230 in der Reichsstadt Mühlhausen verfaßt wurde. Es ist kein reines Stadtrecht, sondern enthält auch Landfriedensbestimmungen, die aus älteren Reichslandfrieden übernommen sind. Deswegen trägt das Werk in der Handschrift den Titel: ›Rechtsbuch nach dem Reichsrecht‹.

Die deutschsprachigen Stadtrechte des 13. Jahrhunderts kann man danach einteilen, ob sie zunächst lateinisch abgefaßt und erst nachträglich ins Deutsche übertragen wurden – wie die Kulmer Handfeste – oder ob es keine lateinische Vorlage gab. Dies gilt für das Braunschweiger Stadtrecht (›Ottonianum‹), das im Original erhalten ist und das zu den ältesten Stadtrechten in deutscher Sprache gehört, auch wenn die Datierung auf das Jahr 1227 umstritten ist.

Um die Mitte des 13. Jahrhunderts wurde Magdeburg zum Zentrum der Ausarbeitung von städtischem Recht. Aus den Rechtssprüchen der städtischen Schöffen erwuchs eine Sammlung von Rechtstexten, die in einem mehrteiligen Stadtrechtsbuch, dem ›Magdeburger Weichbild‹, zusammengestellt wurde. Dazu gehörten das Magdeburger Schöffenrecht und die Magdeburger Weichbildchronik. Diese Magdeburger Rechtsaufzeichnungen wurden zur Grundlage zahlreicher Stadtrechtsbücher in Ost- und Norddeutschland.

Neben Magdeburg war Lübeck der wichtigste Ausgangspunkt städtischer Rechtstexte. Dort wurde 1294 von dem Kanzler Albrecht von Bardewik ein großes Rechtsbuch angelegt, das eine deutsche Neufassung des (zuerst lateinisch formulierten) Lübecker Stadtrechts enthält. Wenige Jahre später hat Albrecht von Bardewik die Aufzeichnung einer Chronik (vgl. S. 354) und des Lübecker Schiffsrechts veranlaßt. Ein ähnliches Werk war bereits 1270 in Hamburg vorhanden (›Ordeelbook‹); es ist von dem dortigen Stadtschreiber Jordan von Boizenburg redigiert worden; das darin kodifizierte Hamburger Stadtrecht geht auf einen älteren Lübecker Text zurück.

Die ältesten hochdeutschen Stadtrechte stammen aus Straßburg (1270), Freiburg i. Br. (1275) und Augsburg (1276). Was sonst in den Städten aufgeschrieben wurde – geschäftliche Vereinbarungen, Testamente, Handlungsbücher usw. –, wurde in Stadtbüchern gesammelt. Die ersten deutschsprachigen Stadtbücher sind in der zweiten Hälfte des 13. Jahrhunderts in Wismar, Aken und Halle entstanden. Bis in die Mitte des Jahrhunderts reichen Einzelstücke zurück wie der Geschworen Brief der Stadt Luzern (1252), die Öhringer Stadtordnung (1253), das Züricher Ratsweistum (1254), die Freiburger Münzverordnung (1258), die Regensburger Tuchmachersatzung (1259) usw.

TEXTE: Mühlhäuser Reichsrechtsbuch: Hrsg. von Herbert Meyer. 2. Aufl. Weimar 1934; dazu: Peter Johanek in: VL 6, 1987, Sp. 719–721. – Braunschweiger Stadtrecht: In: Corpus der altdeutschen Originalurkunden. Bd. 1, S. 1–5. – Magdeburger Weichbild: Hrsg. von Alexander von Daniels u. Friedrich von Gruben. Berlin 1858. – Lübecker Stadtrecht: Hrsg. von Johann F. Hach. Lübeck 1839; dazu: Gundolf Keil in: VL 1, 1978, Sp. 174–175. – Hamburger Stadtrecht:

Hrsg. von Johannes M. Lappenberg. Hamburg 1845; dazu: Hans-Friedrich Rosenfeld in: VL 4, 1983, Sp. 849–852.

Urkunden

Erst gegen Ende des 13. Jahrhunderts sind städtische und fürstliche Kanzleien in größerem Umfang dazu übergegangen, Urkunden auf deutsch zu schreiben. Die Reichskanzlei hat diesen Schritt erst im 14. Jahrhundert vollzogen. Nur ganz vereinzelt sind Urkunden schon in der ersten Hälfte des 13. Jahrhunderts in deutscher Sprache ausgestellt worden. Im Aufbau und im Formular folgten die deutschen Urkunden den lateinischen; manchmal wurden sie auch zweisprachig ausgefertigt. Am frühesten sind einige westdeutsche Grafenhäuser (Habsburg, Freiburg, Sayn, Jülich, Berg) und einige südwestdeutsche Städte (Zürich, Basel, Straßburg) zur deutschen Urkundensprache übergegangen, während die fürstlichen Kanzleien gegenüber den sprachlichen Neuerungen sehr zurückhaltend waren. Unter den Gründen für den Übergang zur deutschen Sprache haben sicherlich die Bildungsverhältnisse eine Rolle gespielt: ob eine Urkunde auf deutsch oder auf lateinisch abgefaßt wurde, hing oft von den Urkundenempfängern ab. Die Grafen von Freiburg haben im 13. Jahrhundert ihre Rechtsgeschäfte mit Orden und Kirchen lateinisch beurkundet, mit Laien dagegen auf deutsch.

TEXTE: Corpus der altdeutschen Originalurkunden bis zum Jahr 1300. Hrsg. von Friedrich Wilhelm (ab Bd. 3 von Helmut de Boor u. Diether Haacke). 5 Bde, Lahr 1932–1968. – LITERATUR: Ingeborg Stolzenberg, Urkundsparteien und Urkundensprache. Ein Beitrag zur Frage des Aufkommens der deutschsprachigen Urkunde am Oberrhein. Archiv für Diplomatik 7 (1961), S. 214–289; 8 (1962), S. 147–269. – Ingo Reiffenstein, Zur Begründung der Schriftlichkeit in deutschen Urkunden des 13. Jahrhunderts. In: Sprache und Recht. FS Ruth Schmidt-Wiegand. Berlin, New York 1986. Bd. 2, S. 659–669.

Fachschrifttum

Bereits im 12. Jahrhundert hat es ein fachwissenschaftliches Schrifttum in deutscher Sprache gegeben, das seine Schwerpunkte in der Kosmologie (›Lucidarius‹), in der Naturkunde (›Physiologus‹) und in der Medizin (Arzneibücher, Kräuterbücher, Steinbücher, Rezepte) hatte. Während der ›Lucidarius‹, in modernisierter Gestalt, im 13. Jahrhundert weite Verbreitung fand, sind die meisten anderen älteren Werke bald in Vergessenheit geraten, weil sie sprachlich veraltet und sachlich überholt waren. Im 13. Jahrhundert entstanden zahlreiche neue Sachbücher, vor allem medizinische Schriften, die zur Grundlage für die gesamte volkstümliche Medizin des späten Mittelalters wurden. Die folgende Übersicht hebt nur die wichtigsten Werke hervor.

LITERATUR: Gerhard Eis, Mittelalterliche Fachliteratur. 2. Aufl. Stuttgart 1967. – Peter Assion, Altdeutsche Fachliteratur. Berlin 1973. Gundolf Keil, Arzneibücher. In: Lexikon des Mittelalters. Bd. 1. München, Zürich 1980, Sp. 1091–1094. – Waltraut F. Dubé, Medieval Medicine in Middle High German Epics. Indiana University Ph. D. Diss. (masch.) 1981.

Steinkunde

Edelsteine waren im Mittelalter nicht nur wegen ihrer Kostbarkeit begehrt, sondern auch wegen der magischen und heilenden Kräfte, die man ihnen zuschrieb. Einen kritischen Standpunkt vertritt Der Stricker in seiner Reimpaarrede ›Von den edelen steinen‹ (220 Verse; zwei Handschriften), in der er über die Leichtgläubigkeit der Menschen spottet und den Steinen jegliche magische Fähigkeiten abspricht. Dagegen wendet sich Volmars ›Steinbuch‹ (1008 Verse; 14 Handschriften und Fragmente, ein Druck von 1498), das wohl um die Mitte des 13. Jahrhunderts entstanden ist. Volmar behandelt eine große Zahl von Edelsteinen und legt das Schwergewicht überall auf die medizinische Wirkung und die magische Kraft. Über den Verfasser ist nichts bekannt. Das Gedicht hat, wie die zahlreichen Textzeugen belegen, weite Verbreitung gefunden und ist noch im 16. Jahrhundert von Andreas Jessner in Prosa bearbeitet worden.

TEXTE: Der Stricker: ›Von den edelen steinen‹. In: Die Kleindichtung des Strickers (vgl. S. 295). Bd. 4, S. 206–214. – Volmar: ›Steinbuch‹: Hrsg. von Hans Lambel. Heilbronn 1877.

Medizin

Die wissenschaftliche Medizin hatte ihr Zentrum an der Schule von Salerno, wo seit dem 11. Jahrhundert die medizinischen Schriften der Antike rezipiert und verarbeitet wurden; seit dem 12. Jahrhundert kamen wichtige Anregungen aus der arabischen Medizin dazu.

›Bartholomäus‹

Das erste deutschsprachige Werk, das unter dem Einfluß der salernitanischen Wissenschaft stand, war der ›Bartholomäus‹, ein Arzneibuch in Prosa (36 Seiten in der Ausgabe von Pfeiffer), das aus einer Harnlehre – die Untersuchung des Urins spielte in der mittelalterlichen Diagnostik eine große Rolle –, einer Rezeptsammlung und einer pharmazeutischen Abhandlung besteht. Der deutsche Verfasser beruft sich auf die ›Practica Bartholomaei‹, ein Lehrbuch des salernitanischen Arztes Bartholomäus aus der Mitte des 12. Jahrhunderts, dem er einige Rezepte entnommen hat. Auch die Harnlehre stammt aus salernitanischen Quellen. Den größeren Teil seines Materials verdankt der deutsche Bearbeiter jedoch der älteren Klostermedizin. Der ›Bartholomäus‹ ist wahrscheinlich bereits am Ende des 12. Jahrhunderts entstanden (die älteste Handschrift wird um 1200 datiert). Auch die erste niederdeutsche Fassung reicht bis in diese Zeit zurück. Das Werk hatte einen ungewöhnlichen Erfolg: man schätzt die Zahl der erhaltenen Handschriften auf über zweihundert. Im Prozeß der Rezeption ist der Text vielfach aufgelöst, bearbeitet und ergänzt worden; einzelne Teile haben gesondert gewirkt und sind ins Dänische und Tschechische übersetzt worden. Die Harnlehre wurde mehrmals ins Lateinische zurückübersetzt. Rezepte aus dem ›Bartholomäus‹ finden sich in Hausbüchern bis in die Neuzeit hinein.

TEXT: Hrsg. von Franz Pfeiffer. In: Zwei deutsche Arzneibücher aus dem 12. und 13. Jahrhundert. SB AW Wien, Phil.-hist. Klasse 42. Wien 1863, S. 127–162; dazu: Gundolf Keil in: VL 1, 1978, Sp. 609 bis 615.

›Macer‹

Nicht viel jünger scheint der ›Ältere deutsche Macer‹ zu sein, eine Prosabearbeitung des lateinischen Hexametergedichts ›Macer Floridus‹ (2269 Verse; Ende des 11. Jahrhunderts) über die Heilkräuter, das im Mittelalter weit verbreitet war und in viele Sprachen übersetzt wurde. In 77 Abschnitten (die Zahl wechselt in den Handschriften) wird die Heilkraft der verschiedenen Pflanzen behandelt. Die älteste deutsche Handschrift (Wien 2524, Fragment) stammt aus dem 13. Jahrhundert. Der deutsche Bearbeiter ist recht frei mit seiner lateinischen Vorlage umgegangen, hat Kapitel umgestellt, Material aus anderen Quellen ergänzt und eine Reimvorrede dazugedichtet. Der deutsche Text wurde später mehrfach weiterbearbeitet und hat seine größte Wirkung erst im 15. Jahrhundert erreicht.

TEXT: Eine zusammenfassende Ausgabe fehlt. Die Wiener Fragmente sind im Auszug gedruckt von Joseph Haupt: Über das mitteldeutsche Arzneibuch des Meisters Bartholomaeus. SB AW Wien, Phil.-hist. Klasse 71. Wien 1872, S. 530–540; dazu: William C. Crossegrove in: VL 5, 1985, Sp. 1109–1116.

›Deutsches salernitanisches Arzneibuch‹

Aus dem 13. Jahrhundert stammt das ›Deutsche salernitanische Arzneibuch‹ (188 Seiten in der Ausgabe von Külz; fünf Handschriften und Fragmente), in dem fünf salernitanische Schriften aus dem Lateinischen übersetzt und zu einem medizinischen Kompendium für Wund- und Laienärzte zusammengestellt sind. Ein weiteres Kompendium dieser Art ist das ›Corpus der Klostermedizin‹ (acht Handschriften und Streuüberlieferung; Ausgabe in Vorbereitung), in dem ältere deutschsprachige medizinische Texte mit neu aus dem Lateinischen übersetzten Stücken verbunden sind.

TEXT: Hrsg. von C. Külz u. E. Külz-Trosse. In: Das Breslauer Arzneibuch. Teil 1. Dresden 1908; dazu: Gundolf Keil in: VL 2, 1980, Sp. 69 bis 71.

Ortolf von Baierland: ›Arzneibuch‹

Das einflußreichste medizinische Handbuch des Spätmittelalters war das ›Arzneibuch‹ Ortolfs von Baierland (96 Seiten in der Ausgabe von Follan), das wahrscheinlich in der zweiten Hälfte des 13. Jahrhunderts entstanden ist. Der Verfasser war Arzt in Würzburg. Er kannte die wichtigsten antiken, arabischen und zeitgenössischen medizinischen Autoren und hat deren Schriften zu einer umfassenden Darstellung des damaligen medizinischen Wissens vereinigt. Das Werk ist in drei Teile gegliedert, eine Elementenlehre, eine Diagnostik (Harnlehre, Pulslehre) und eine therapeutische Lehre (Behandlung der Krankheiten von Kopf bis Fuß). Mit diesem reichhaltigen Programm übertraf Ortolfs ›Arzneibuch‹ den älteren ›Bartholomäus‹ und hat ihn allmählich verdrängt. Die Zahl der erhaltenen Handschriften wird auf etwa neunzig geschätzt; dazu kommen zahlreiche Drucke, die 1477 beginnen. Das Werk ist ins Tschechische, Italienische, Niederländische und Lateinische übersetzt worden.

TEXT: Hrsg. von James Follan. Stuttgart 1963; dazu: Gundolf Keil in: VL 7, 1989, Sp. 67–82.

Hiltgart von Hürnheim: ›Secretum secretorum deutsch‹

Für das medizinische Schrifttum wurde auch das pseudoaristotelische ›Secretum secretorum‹ wichtig, eine arabische Enzyklopädie, die sich als ein Brief des Aristoteles an Alexander den Großen ausgibt. Das Werk handelt über Herrschertugenden, Kriegskunst und Physiognomie und enthält auch eine umfangreiche Gesundheitslehre, die bereits im 12. Jahrhundert gesondert ins Lateinische übertragen wurde. Das ganze Werk ist um 1200 in Spanien ins Lateinische übersetzt worden. Die ältesten deutschen Bearbeitungen beruhen auf der Teilübersetzung des 12. Jahrhunderts. Die erste vollständige Prosaübersetzung ins Deutsche hat die Zisterzienserin Hiltgart von Hürnheim im Jahr 1282 abgeschlossen (›Secretum secretorum deutsch‹, 66 Seiten in Möllers Ausgabe; drei Handschriften). Die Verfasserin, die aus einer bedeutenden Adelsfamilie im fränkischen Ries stammte, ist der lateinischen Vorlage genau gefolgt.

TEXT: Hrsg. von Reinhold Möller (DTM 56). Berlin 1963; dazu: Gundolf Keil in: VL 4, 1983, Sp. 1–4.

›Mainauer Naturlehre‹

Aus der ›Secretum secretorum‹-Tradition stammt auch die sogenannte ›Mainauer Naturlehre‹ in Prosa (19 Seiten in Wackernagels Ausgabe; eine Handschrift), die um 1300 datiert wird. Der deutsche Bearbeiter hat aus seiner lateinischen Vorlage hauptsächlich die Teile ausgewählt, die sich mit Astronomie und Kosmologie beschäftigen und die für die Zeitberechnung wichtig sind. Schüler-Anreden deuten darauf, daß der gut geschriebene Traktat im Unterricht Verwendung finden sollte.

TEXT: Hrsg. von Wilhelm Wackernagel. Stuttgart 1851; dazu: Gundolf Keil in: VL 5, 1985, Sp. 1175–1178.

Tiermedizin

Der älteste und wichtigste Zweig der volkssprachlichen Veterinärmedizin war die Pferdeheilkunde. Da der mittelalterliche Herrscher und sein Hof fast ständig zu Pferd unterwegs waren, haben Fragen der Roßmedizin gerade in höfischen Kreisen viel Interesse gefunden.

Meister Albrant: ›Roßarzneibuch‹

Aus diesem Bereich stammt auch der erste deutschsprachige Text, Meister Albrants ›Roßarzneibuch‹ (sechs Seiten in der Ausgabe von Eis), das zu den einflußreichsten Werken der mittelalterlichen Fachprosa gehört. Es ist im Grundbestand eine Sammlung von 36 Rezepten gegen Pferdekrankheiten, ganz auf den praktischen Gebrauch ausgerichtet. Nach einer Notiz in der Prager Handschrift (13. Jahrhundert) war Meister Albrant »Kaiser Friedrichs Schmied und Marstaller von Neapel«. Wenn das zutrifft, war Meister Albrant ein gebildeter Schmied, der in der ersten Hälfte des 13. Jahrhunderts gelebt hat. Das kleine Werk hatte einen ungeheuren Erfolg: über 200 Handschriften sind bekannt; die Druckgeschichte begann 1485 und reicht bis ins 18. Jahrhundert. Albrants Schrift wurde in viele Sprachen übersetzt und ist wiederholt bearbeitet und erweitert worden.

TEXT: Hrsg. von Gerhard Eis. Konstanz 1960; dazu: Rainer Rudolf in: VL 1, 1978, Sp. 157–158.

10. Religiöse Literatur

Laienfrömmigkeit: Die Entwicklung der religiösen Literatur im 13. Jahrhundert stand im Zusammenhang mit tiefgreifenden Veränderungen des kirchlichen und religiösen Lebens. Ein wichtiger Faktor war der wachsende Anteil, den die Laien an der Erörterung religiöser Fragen nahmen. Bereits im 12. Jahrhundert entstand, hauptsächlich in wirtschaftlich entwickelten Gebieten, eine religiöse Laienbewegung, die von dem Gedanken der Nachfolge Christi und der Forderung nach einem apostolischen Leben in Armut inspiriert war. Besonders groß war die Zahl religiös motivierter Frauen, die ein frommes Leben in Keuschheit und Armut führen wollten. Sie schlossen sich entweder zu freien religiösen Gemeinschaften zusammen oder traten in den Zisterzienserorden ein. Von den im 12. Jahrhundert neu gegründeten Reformorden hatten die Zisterzienser den größten Einfluß auf das religiöse Leben in Deutschland. Der Zustrom von Frauen wurde jedoch so groß, daß der Orden 1220 beschloß, keine neuen Frauenklöster mehr aufzunehmen.

Die Bettelorden: Die neuen Bettelorden der Franziskaner und Dominikaner unterschieden sich von den alten Orden vor allem dadurch, daß sie nicht ein frommes Leben hinter Klostermauern erstrebten, sondern allen Menschen die Botschaft Christi predigen wollten. Sie siedelten sich deswegen hauptsächlich in den Städten an und sahen den Schwerpunkt ihrer Arbeit in der Predigt und in der Seelsorge. Für beide Orden war der Armutsgedanke von zentraler Bedeutung. Franz von Assisi († 1226) begann als Laienprediger und hat die Umwandlung seiner rasch wachsenden Anhängerschaft in einen Mönchsorden nur widerstrebend gebilligt. Der Orden des heiligen Dominikus († 1221) ist dagegen aus der Bekämpfung der Ketzerbewegung in Südfrankreich entstanden. Die Abwehr häretischer Gedanken durch die Verkündung der wahren Glaubenslehre wurde für die Dominikaner zur wichtigsten Aufgabe. Fast gleichzeitig entstanden 1220 und 1221 die ersten Niederlassungen der neuen Orden in Deutschland, nachdem ein Vorstoß der Franziskaner im Jahr 1219 ohne Erfolg geblieben war. Die ersten Franziskanerklöster wurden in Augsburg, Regensburg und Würzburg gegründet, die Dominikaner hatten ihre ersten Niederlassungen in den Städten des Rheinlands. Beide Orden wuchsen sehr schnell. Um 1300 gab es in Deutschland mehr als zweihundert Franziskanerkonvente und etwa hundert Dominikanerklöster. Besonders stark war der Zustrom von Frauen zu den neuen Orden, vor allem seit die Zisterzienser keine Frauen mehr aufnehmen wollten. Die Dominikaner übernahmen auch die seelsorgerische Betreuung von religiösen Frauengemeinschaften, die ohne feste Ordensregel lebten, und gestalteten sie zu Ordenskonventen um. Bis zum Ende des 13. Jahrhunderts sind in Deutschland etwa achtzig Dominikanerinnenklöster und etwa vierzig Franziskanerinnenklöster gegründet worden.

Die neuen Orden gewannen im 13. Jahrhundert einen großen Einfluß auf das Bildungswesen. Die Dominikaner brauchten für die Ketzerbekämpfung gute theologische Kenntnisse. Daher hat schon der heilige Dominikus angeordnet, daß es in jedem Konvent einen Lektor geben sollte, der die theologische Unterweisung der Brüder leitete. Die Lektoren erhielten ihre Ausbildung am Generalstudium St. Jacques in Paris. Die Pariser Universität wurde bald das Zentrum der dominikanischen Theologie; seit 1229 besaß der Orden dort einen theologischen Lehrstuhl. 1248 wurde eine Ordenshochschule in Köln gegründet, deren Leitung Albertus Magnus († 1280) übernahm. Im Verlauf des

13. Jahrhunderts kamen Ordensstudien in anderen Städten dazu. Für die Franziskaner haben wissenschaftliche Studien am Anfang eine geringere Rolle gespielt. Das änderte sich jedoch bald, weil der Priestermangel eine bessere Organisation des Schulwesens erforderte. Auch die Franziskaner hatten ihren wissenschaftlichen Schwerpunkt in Paris und außerdem in Oxford. 1228 wurde der erste theologische Lektor für die deutsche Ordensprovinz ernannt, der seinen Sitz in Magdeburg hatte. Nach der Aufteilung der Ordensprovinz Deutschland im Jahr 1239 wurden neue Studien in Köln und in Straßburg eingerichtet.

Für die deutsche Literaturgeschichte haben die Franziskaner im 13. Jahrhundert eine ungleich größere Rolle gespielt als die Dominikaner. Das franziskanische Schrifttum in deutscher Sprache nahm offenbar seinen Ausgang von dem Ordensstudium in Magdeburg und trat am produktivsten in den Franziskanerklöstern in Augsburg und Regensburg hervor. In Regensburg reicht die literarische Tätigkeit der Franziskaner bis in die erste Hälfte des 13. Jahrhunderts zurück: der Regensburger Minderbruder Lamprecht hat wahrscheinlich in den Jahren 1237–1239 ›Sanct Franzisken Leben‹ gedichtet. In der zweiten Hälfte des 13. Jahrhunderts waren der Volksprediger Berthold von Regensburg und der Theologe David von Augsburg die überragenden Persönlichkeiten des Franziskanerordens in Süddeutschland. Aus dem Augsburger Franziskanerkreis stammen die Übertragungen der Klarissenregel von 1263 und der Ordensregel von 1289. Augsburger Franziskaner waren auch an der Abfassung des ›Deutschenspiegels‹, des ›Schwabenspiegels‹ und des ›Buchs der Könige‹ beteiligt. Schüler oder Schülerinnen Davids von Augsburg haben zwischen 1270 und 1290 den ›Baumgarten geistlicher Herzen‹ zusammengestellt, das erste Erbauungsbuch in deutscher Sprache.

Autoren und Publikum: Die Verfasser von religiöser Literatur waren zum größten Teil lateinisch gebildete Geistliche, die die deutsche Sprache hauptsächlich dann benutzt haben, wenn sie sich an Ungebildete wandten, wozu nicht nur die weltlich lebenden Laien gehörten, sondern auch religiöse Bruderschaften und vor allem die Frauen in den zahlreichen Nonnenklöstern. Ein großer Teil der religiösen Literatur war offenbar für ein städtisches Publikum bestimmt, über dessen Zusammensetzung jedoch wenig bekannt ist. Es ist nur scheinbar ein Widerspruch, daß an den Höfen, wo die weltliche Dichtung blühte, auch die religiöse Literatur besondere Pflege fand. Die religiöse Lyrik des 13. Jahrhunderts, soweit sie einen eigenen künstlerischen Anspruch stellte, ist weitgehend Hofdichtung gewesen, und auch ein bedeutender Teil der religiösen Erzählliteratur ist an den Fürstenhöfen entstanden. Vielfach sind fürstliche Frauen als Auftraggeberinnen von Legendenepen hervorgetreten. Die Verfasser der religiösen Hofliteratur waren zum größten Teil dieselben Dichter, die auch die weltliche Literatur getragen haben. Minnesänger und Spruchdichter haben religiöse Lyrik gedichtet; Legendenepen sind von höfischen Epikern verfaßt worden.

LITERATUR: Herbert Grundmann, Religiöse Bewegungen im Mittelalter. Untersuchungen über die geschichtlichen Zusammenhänge zwischen der Ketzerei, den Bettelorden und der religiösen Frauenbewegung im 12. und 13. Jahrhundert und über die geschichtlichen Grundlagen der deutschen Mystik. 2. Aufl. Darmstadt 1961. – Gottfried Koch, Frauenfrage und Ketzertum im Mittelalter. Die Frauenbewegung im Rahmen des Katharismus und des Waldensertums und ihre sozialen Wurzeln (12.–14. Jahrhundert). Berlin 1962. – John B. Freed, The Friars and German Society in the Thirteenth Century. Cambridge, Mass. 1977. – Kaspar Elm, Die Stellung der Frau in Ordenswesen, Semireligiosentum und Häresie zur Zeit der heiligen Elisabeth. In: Sankt Elisabeth. Fürstin – Dienerin – Heilige. Sigmaringen 1981, S. 7–28. – Zum Bildungswesen im 13. Jahrhundert: Dieter Berg, Armut und Wissenschaft. Beiträge zur Geschichte des Studienwesens der Bettelorden im 13. Jahrhundert. Düsseldorf 1977. – Schulen und Studium im sozialen Wandel des hohen und späten Mittelalters. Hrsg. von Johannes Fried. Sigmaringen 1986. – Zur franziskanischen Literatur in deutscher Sprache: Franziskanisches Schrifttum im deutschen Mittelalter. Hrsg. von Kurt Ruh. 2 Bde, München 1965–1985. – Kurt Ruh, David von Augsburg und die Entstehung eines franziskanischen Schrifttums in deutscher Sprache. In: Ders., Kleine Schriften. Bd. 2. Berlin, New York 1984, S. 46–67. – Joachim Heinzle, Deutsche Literatur der Franziskaner. In: Ders., Wandlungen und Neuansätze im 13. Jahrhundert (vgl. S. 54), S. 89–103.

Religiöse Lyrik

Die religiösen Lieder, die während des Gottesdienstes gesungen wurden, sind gekennzeichnet durch ihre Nähe zum liturgischen Gesang; sie stehen textlich und musikalisch in enger Verbindung mit den lateinischen Hymnen, Sequenzen und Cantiones.

Diese deutschsprachigen Gemeindelieder werden mit einem mittelalterlichen Terminus »Leisen« genannt (nach dem ›Kyrie eleison‹, das von der Gemeinde gesungen wurde). Die älteste textliche Bezeugung der Osterleise ›Christ ist erstanden‹ stammt aus dem 12. Jahrhundert. Etwas jünger ist die Überlieferung des Liedes ›Es gingen drei Frauen zum Grab des Herrn‹. Die Handschriften teilen meistens nur die erste Zeile mit; offenbar waren die Lieder allgemein bekannt. Von der Pfingstleise ›Nun bitten wir den heiligen Geist‹ wird in einer Predigt Bertholds von Regensburg eine ganze Strophe zitiert. Aus der Zeit um 1300 ist eine Strophe des Osterprozessionsliedes ›Also heilig ist der Tag‹ überliefert.

Neben den Festtagsleisen wird auch das Predigtlied, der »Ruf«, als eine Form des Gemeindeliedes angesehen. Der Gattungsbegriff »Ruf« stammt ebenfalls aus den mittelalterlichen Quellen. Seit dem 12. Jahrhundert ist bezeugt, daß die Prediger am Schluß ihrer Predigt die Gemeinde aufforderten, einen »Ruf« anzustimmen. So heißt es in den Grieshaberschen Predigtbruchstücken aus dem 13. Jahrhundert: »Erhebt euren Ruf: ›Alle Heiligen mögen uns helfen!‹«. Es ist jedoch nicht damit zu rechnen, daß diese Rufe immer die ersten Zeilen eines Liedes waren.

Der weitaus größte Teil der religiösen Lyrik war aber nicht für den Gottesdienst bestimmt. Diese Lieder kennen wir nur aus den großen Liederhandschriften, die in erster Linie Minnesang und Spruchdichtung überliefern. Wenn es daneben eine volkstümliche religiöse Lyrik gegeben hat, wie sie für die spätmittelalterlichen Jahrhunderte bezeugt ist, so ist sie vollständig verlorengegangen. Der größte Teil der religiösen Hoflyrik im 13. Jahrhundert war Marienlyrik (sie wird im Zusammenhang der Mariendichtung besprochen). Eine Gruppe für sich bilden die Lieder der Weltabsage, die in der Nachfolge der Frau Welt-Lieder von Walther von der Vogelweide stehen und die meistens die allegorische Gestalt der »Frau Welt« in den Mittelpunkt rücken. Neidhart und Ulrich von Singenberg haben solche Lieder gedichtet; von Reinmar von Zweter und Walther von Mezze gibt es Frau Welt-Sprüche, die zur religiösen Umkehr aufrufen. Friedrich von Suonenberg hat einen ganzen Block von Frau Welt-Strophen gedichtet, die sich zu einem Lied (oder zu zwei Liedern) zusammenfügen. Auch die fünf Frau Welt-Strophen des Spruchdichters Guoter können als ein Lied betrachtet werden.

Wenig zahlreich sind die rein religiösen Kreuzzugslieder, die das Kreuzzugsthema nicht mit dem Thema der höfischen Liebe verknüpfen. Zwei Kreuzzugsstrophen von Bruder Wernher fügen sich zu einem Lied zusammen; von Hawart gibt es zwei mehrstrophige Lieder, die zum Kreuzzug aufrufen und die Zustände im Heiligen Land beklagen. Der religiöse Kreuzleich Heinrichs von Rugge ist ohne Nachfolge geblieben.

Der bedeutendste religiöse Liederdichter des 13. Jahrhunderts war Der wilde Alexander. Diesen Namen überliefern die Manessische Handschrift und eine Wiener Handschrift, während die Jenaer Liederhandschrift ihn »Meister Alexander« nennt. Er war ein Fahrender, der in der zweiten Hälfte des 13. Jahrhunderts gedichtet hat. Erhalten sind von ihm fünf Lieder, 24 Sprüche und ein Leich. Am interessantesten sind die drei religiösen Lieder: ein Palästinalied (*Sîôn, trûre,* Nr. 4), ein Weihnachtslied (*Herre got, dir sungen schône,* Nr. 1) und das berühmte Kindheitslied (*Hie vor dô wir kinder wâren,* Nr. 5), das von den heiter-harmlosen Vergnügungen der Kinder beim Blumenlesen, beim Tanz auf der Wiese und beim Erdbeerenpflücken im Wald erzählt und das gegen Ende immer deutlicher zu einer geistlichen Allegorie wird, die vor den Verführungen der Sünde warnt und dazu aufruft umzukehren, bevor es zu spät ist.

Einige religiöse Lieder sind Kontrafakturen zu weltlichen Liedern. Eine geistliche Strophe des Minnesängers Heinrich von der Muore (*Uf zwêne wege ich hân geriten,* Nr. 1) ist nach einem Lied Reinmars des Alten (Nr. 53) gedichtet; in der ›Seifried Helbling‹-Sammlung steht ein geistliches Vokalspiel (*Diu êrst vocalis ist daz â,* Nr. 12) nach dem Muster von Walthers Vokalspiel *Diu welt was gelf, rôt unde blâ* (75,25); im Freidank-Anhang der Heidelberger Handschrift 349 gibt es eine geistliche Strophe (*Got herre, verre mane ich dich,* Namenlos h 23), die einem Minnelied Walthers (47,16) nachgeformt ist; zu Steinmars *Sumerzît, ich fröwe mich dîn* (Nr. 7) hat ein Unbekannter das religiöse Lied *Himelriche, ich frowe mich din* gedichtet; der religiöse Leich *Daz êrste leit daz êrste wîp* Rudolfs von Rotenburg (Nr. 6) ist formal eine Kontrafaktur zu Rotenburgs Minneleich *Kund ich geloben die frouwen mîn* (Nr. 1).

Weitaus umfangreicher als die religiöse Lieddichtung war die religiöse Spruchlyrik im 13. Jahrhundert. Nach Walther von der Vogelweide haben fast alle Spruchdichter religiöse Themen behandelt. In den Handschriften stehen die religiösen Sprüche meistens am Anfang eines neuen Tons; vielleicht geht diese

Ordnung auf die Dichter selbst zurück. Es gibt mehr als 250 religiöse Spruchstrophen aus dem 13. Jahrhundert. Auch hier ist der Anteil der Marienlyrik sehr groß. Daneben begegnen uns Gebete, Gotteslob und Schöpferpreis, Anrufungen der Trinität und viel religiöse Lehre und Mahnung. Gegen Ende des 13. Jahrhunderts verschwindet der Unterschied zwischen Liedern und Sprüchen: bei Hermann Damen, Reinolt von der Lippe und dem Kanzler sind Sprüche mit religiösen Themen wiederholt zu dreistrophigen Baren zusammengestellt.

TEXTE: Hrsg. von Philipp Wackernagel. In: Das deutsche Kirchenlied von der ältesten Zeit bis zu Anfang des XVII. Jahrhunderts. Bd. 2. Leipzig 1867. – Der wilde Alexander: Deutsche Liederdichter des 13. Jahrhunderts. Bd. 1, S. 1–19; dazu: Ingeborg Glier in: VL 1, 1978, Sp. 213–218. – LITERATUR zu den gottesdienstlichen Liedern: Johannes Janota, Studien zu Funktion und Typus des deutschen geistlichen Liedes im Mittelalter. München 1968. – Über die religiöse Lyrik der Minnesänger gibt es keine zusammenfassende Arbeit.

Mariendichtung

Mariendichtung in deutscher Sprache gibt es seit der zweiten Hälfte des 12. Jahrhunderts; im 13. Jahrhundert nimmt sie einen immer größeren Umfang an. Der folgende Überblick geht von den metrischen Formen und den literarischen Gattungen aus.

LITERATUR: Hans Fromm, Mariendichtung. In: Reallexikon der deutschen Literaturgeschichte. 2. Aufl. Bd. 2. Berlin 1965, S. 271–291. – Dieter Lorenz, Studien zum Marienbild der deutschen Dichtung des hohen und späten Mittelalters. Diss. München 1970. – Karl Stackmann, Magd und Königin. Deutsche Mariendichtung des Mittelalters. Göttingen 1988.

Marienlyrik

Die Marienlyrik ist am schwersten zu überschauen. Wie viele von den anonymen Stücken, die Wackernagel im zweiten Band des ›Deutschen Kirchenliedes‹ dem 13. Jahrhundert zugewiesen hat, tatsächlich diesem Zeitraum angehören, bedarf genauer Prüfung. Die strophischen *Marienlieder,* deren Verfasser bekannt sind, gehören fast alle in den Umkreis der höfischen Literatur und sind hauptsächlich in den großen Liederhandschriften überliefert. Aus der ersten Hälfte des 13. Jahrhunderts stammt die Spruchreihe *Marîa ist ein süezer nam* (fünf Strophen) von

Reinmar von Zweter. Jünger sind die Lieder von Sigeher: *Maria, muoter unde meit* (sechs Str.), Walther von Brisach: *Von gote ein magt erkorn* (zehn Str., unvollständig) und von Boppe: *Avê Marîa, muoter aller saelikeit* (neun Str.). Auffallend ist, daß die meisten strophischen Marienlieder von Spruchdichtern verfaßt worden sind. Tatsächlich stehen diese Lieder formal und thematisch in naher Verbindung zu den zahlreichen *Mariensprüchen,* die den größten Teil der Marienlyrik im 13. Jahrhundert ausmachen. Es sind Gebetsprüche und Lobsprüche, die Maria als Himmelskönigin und jungfräuliche Gottesmutter feiern oder sie um Hilfe und Fürbitte anflehen.

Seit dem Ende des 13. Jahrhunderts gibt es vielstrophige *Marienpreislieder,* die die heilige Jungfrau in einer Fülle von Bildern und Symbolen verherrlichen. Sie ist die Rose ohne Dorn, die Taube, die Lilie, der Meeresstern, der Brunnen, der verschlossene Garten, der brennende Dornbusch und vieles mehr. Die Manessische Handschrift überliefert einen 20strophigen Marienpreis (*Künde ich wol mit worten schône*) des Dominikaners Eberhard von Sax (urkundlich 1309). Noch umfangreicher ist der Marienpreis, der in der Handschrift C Gottfried von Straßburg zugeschrieben wird (*Dû rôsenbluot, dû liljenblat*) und der in zwei anderen Handschriften anonym überliefert ist. In C hat die Dichtung 63 Strophen, in B 36 Strophen (und in K 11), wovon nur sechs identisch sind; daher ist es zweifelhaft, ob es das 94strophige Lied, das Haupt und Wolff erschlossen haben, in dieser Form je gegeben hat. Gegen die Verfasserschaft Gottfrieds von Straßburg wurden schon früh metrische und stilistische Bedenken geltend gemacht. Wahrscheinlich ist die Dichtung erst gegen Ende des 13. Jahrhunderts, unter dem Einfluß Konrads von Würzburg, entstanden. Ein 42strophiger Marienpreis in Albrechts ›Jüngerem Titurel‹ ist nur in der zweiten Handschriftenklasse dieser Dichtung überliefert (nach Str. 439). Ob er von Albrecht selber stammt oder später zugedichtet wurde, ist unsicher.

Das *Marienlob* war an keine bestimmte metrische Form gebunden. Ein unbekannter Geistlicher hat bereits in der ersten Hälfte des 13. Jahrhunderts das ›Rheinische Marienlob‹ (5144 Verse; eine Handschrift) gedichtet, das in der Hauptsache in Reimpaaren abgefaßt ist; nur der Eingangsteil ist strophisch gegliedert, und die Marienklage (897–1313) hat eine eigene metrische Form. Es ist ein einziger Lobgesang auf die heilige Jungfrau und eine der schönsten Mariendichtungen des 13. Jahrhunderts. Im Mittelpunkt, fast die Hälfte des Ganzen umfassend, steht der Preis der Erhabenheit Marias über alle Chöre der Engel (1954–4184). Die Dichtung war für geistliche Frauen bestimmt, die vom Verfasser »die reinen Täubchen« (2405) genannt werden. Offenbar war er als Seelsorger in einem rheinischen Nonnenkonvent tätig. Seine Sprache ist ripuarisch. Er hat sich an Gottfried von Straßburg geschult, aber die metrische Form seiner Verse weicht vom Vorbild der höfischen Dichtung ab. Ein größerer Erfolg war der Dichtung wohl nicht beschieden.

Viel einflußreicher war das Marienlob von Konrad von Würzburg (200 Verse; 20 Handschriften, 14 Fragmente), das im 14. Jahrhundert den Titel ›Die goldene Schmiede‹ erhielt. Im Prolog sagt der Dichter, daß er in der Schmiede seines Herzens der Himmelskaiserin ein Gedicht aus Gold und Edelsteinen verfertigen wolle. Das Gedicht besteht aus einer Kette von Marienbildern und Mariensymbolen, deren einzelne Glieder durch die Technik der Reimbrechung aneinandergefügt sind. Dabei ging es dem Dichter nicht um eine planvolle Ordnung, sondern darum, einen kostbaren Bilderkranz von funkelndem Glanz zu schaffen. Die ›Goldene Schmiede‹ ist ein Werk von höchstem Kunstanspruch in Formulierung und Reim, das von den Zeitgenossen und Nachfahren bewundert und nachgeahmt wurde. Davon zeugt die reiche Überlieferung und die Ausstrahlung auf einen großen Teil der späteren Mariendichtung. Die Vermutung, daß die ›Goldene Schmiede‹ im Auftrag des Straßburger Bischofs Konrad von Lichtenberg († 1299), zur Förderung des Münsterbaus in Straßburg, gedichtet wurde, hat viel Zustimmung gefunden, obwohl es dafür keine sachliche Grundlage gibt.

Unsanglich sind auch die *Mariengrüße*, *Mariengebete* und *Rosenkranzgedichte* in Reimpaaren oder in kurzen unstolligen Vierheberstrophen, die durchweg anonym überliefert sind und nicht demselben Kunstanspruch unterliegen wie die Mariengedichte der höfischen Dichter. Mariengrüße nennt man die Gedichte, die im Zusammenhang mit dem ›Ave Maria‹ stehen und deren Strophen oder Abschnitte jeweils mit der Grußformel *Avê Marîa* oder *Wis gegrüezet Marîa* beginnen. Rosenkränze sind Gedichte mit dreimal fünfzig Anrufungen Marias. Der älteste Mariengruß in deutscher Sprache ist wahrscheinlich das Gedicht *Aue ma[ria] an endis zcil*, das nur fragmentarisch (25 Str.) überliefert ist. Aus dem 13. Jahrhundert stammen noch die drei sechsstrophigen Mariengrüße in der Münchener Handschrift Cgm 73, vielleicht auch das Rosenkranzgedicht *In drin persônen ein starker got* (836 Verse) und das Mariengebet *Avê Marîâ, lebe* (122 Verse) in der Heidelberger Handschrift Cpg 341. Diese Handschrift enthält am Anfang eine umfangreiche Sammlung von Mariengedichten. Gereimte Mariengebete gibt es schon aus der ersten Hälfte des 13. Jahrhunderts (Der Stricker: ›Marienlitanei‹, 234 Verse; ›Gebet von den Freuden Marias‹, 396 Verse; ›Mariengruß‹, 36 Verse).

Eine besonders anspruchsvolle Form der Marienlyrik waren die *Marienleichs*. Walther von der Vogelweide hat als erster einen Leich zur Verherrlichung der heiligen Jungfrau gedichtet (192 Verse). Er beginnt mit einem Anruf der Trinität und endet mit einem Gebet an Maria; den Hauptteil bildet ein Marienlob und eine Sündenklage. Dieses Aufbauschema haben die späteren Leichdichter übernommen und variiert. Die Marienleichs von Reinmar von Zweter (233 Verse), Konrad von Würzburg (244 Verse) und Hermann Damen (212 Verse) sind alle von Walther beeinflußt und zeigen eine auffallende Ähnlichkeit in der thematischen Struktur. Neben den Marienteil tritt seit Reinmar von Zweter ein Christusteil. Nur bei Konrad von Würzburg wird die Marienthematik etwas zurückgenommen. Den künstlerischen Höhepunkt dieser Tradition bildet der Marienleich von Frauenlob.

Texte: Die meisten Texte sind gesammelt bei Philipp Wackernagel, Das deutsche Kirchenlied. Bd. 2 (vgl. S. 375). – Pseudo-Gottfried von Straßburg: Hrsg. von Ludwig Wolff. Jena 1924; dazu: Peter Kesting in: VL 5, 1985, Sp. 884–886. – ›Rheinisches Marienlob‹: Hrsg. von Adolf Bach. Leipzig 1934. – Konrad von Würzburg: ›Die goldene Schmiede‹: Hrsg. von Edward Schröder. Göttingen 1926. – Literatur: Gerhard M. Schäfer, Untersuchungen zur deutschsprachigen Marienlyrik des 12. und 13. Jahrhunderts. Göppingen 1971. – Zu den Mariengrüßen: Peter Appelhans, Untersuchungen zur spätmittelalterlichen Mariendichtung. Die rhythmischen mittelhochdeutschen Mariengrüße. Heidelberg 1970. – Burghart Wachinger in: VL 6, 1987, Sp. 1–7. – Zu den Marienleichs: Karl Bertau, Über Themenanordnung und Bildung inhaltlicher Zusammenhänge in den religiösen Leichdichtungen des XIII. Jahrhunderts. ZfdPh. 76 (1957), S. 129–149.

Marienklagen

Auf der Grenze zwischen lyrischer, epischer und dramatischer Form stehen die Marienklagen, in denen Maria die Schmerzen, die sie bei der Passion Christi erleidet, in Worte faßt. Die Mehrzahl der deutschen Marienklagen beruht auf der lateinischen Sequenz ›Planctus ante nescia‹ von Gottfried von Breteuil († um 1198). Die erste Übertragung in deutsche Reimpaarverse ist die ›Ältere niederrheinische Marienklage‹ (153 Verse; eine Handschrift), ein mittelfränkisches Gedicht, das vielleicht schon am Anfang des 13. Jahrhunderts verfaßt wurde.

Künstlerisch bedeutender ist die umfangreiche Marienklage (417 Verse) im ›Rheinischen Marienlob‹ (Vers 897–1313). Die Klage Marias ist hier ein großer Monolog aus zwei-, drei- und vierhebigen Versen mit unterschiedlichen Reimstellungen, die zu Strophen verschiedener Länge zusammengefügt sind. Offenbar hat die lateinische Sequenzform dabei als Vorbild gedient.

Ein zweiter Ausgangspunkt der deutschen Marienklagen war der (fälschlich Bernhard von Clairvaux zugeschriebene) ›Bernhardstraktat‹ des Zisterziensers Oglerius von Trino († 1214) in lateinischer Prosa. Hier ist die Klage Marias in die Form eines Gesprächs des Verfassers mit der heiligen Jungfrau gekleidet. Eine frühe deutsche Reimpaarübertragung aus der ersten Hälfte des 13. Jahrhunderts ist nur bruchstückhaft (93 Verse) erhalten.

Der ›Bernhardstraktat‹ war auch die Quelle des Gedichts ›Unser vrouwen klage‹ (1657 Verse; mehr als 20 Handschriften), das wahrscheinlich um die Mitte des 13. Jahrhunderts oder schon vorher in Südwestdeutschland entstanden ist. Der Dichter wendet sich bittend und fragend an die Jungfrau Maria, die ihm mit einer Schilderung des Passionsvorgangs und ihrer Leiden antwortet. Darauf folgt ein Bericht über den Tod Christi, die Trauer Marias und das Geschehen bis zur Auferstehung. Ein Gebet an Maria bildet den Abschluß. Das Gedicht ist in zwei Fassungen überliefert, die sich am Anfang und am Schluß bedeutend unterscheiden. Die zweite Fassung ist von der Mystik beeinflußt und wendet sich an religiöse Frauen, denen der Bearbeiter das Werk als Spiegel der Gotteserkenntnis widmet (127 ff.). Die handschriftliche Tradition des Textes reicht bis ins 16. Jahrhundert.

Die meisten dramatischen Marienklagen, die entweder im Rahmen größerer Passionsspiele begegnen oder selbständig im Anschluß an die Anbetung des Kreuzes am Karfreitag aufgeführt wurden, beruhen auf dem ›Planctus ante nescia‹. Der älteste deutsche Text ist wahrscheinlich die bayerische ›Lichtenthaler Marienklage‹ aus dem 13. Jahrhundert, die nur fragmentarisch erhalten ist (146 Verse). Die mehrstrophigen Klagegesänge Marias werden von Troststrophen des Johannes unterbrochen.

Ob es sich um eine selbständige Marienklage oder um das Fragment eines lateinisch-deutschen Osterspiels handelt, ist nicht deutlich.

Aus dem 13. Jahrhundert stammt auch die Marienklage *Awe, awe, mich hůt vnde immer we!* im ›Großen Benediktbeuerer Passionsspiel‹. Maria singt hier vier deutsche Klagestrophen (248–264) und die Sequenz ›Planctus ante nescia‹.

TEXTE: ›Ältere niederrheinische Marienklage‹: Hrsg. von Oskar Schade. In: Geistliche Gedichte des XIV. und XV. Jahrhunderts vom Niederrhein. Hannover 1854, S. 208–212; dazu: Hans Eggers in: VL 1, 1978, Sp. 294–295. – Übertragung des ›Bernhardstraktats‹: Hrsg. von Edward Schröder. In: Fragment einer frühen Bearbeitung der Interrogatio Anshelmi. ZfdA 68 (1931), S. 249–254; dazu: Hans Eggers in: VL 1, 1978, Sp. 793–794. – ›Unser vrouwen klage‹: Hrsg. von Gustav Milchsack. PBB 5 (1878), S. 193–357. – ›Lichtenthaler Marienklage‹: Hrsg. von Franz J. Mone. In: Schauspiele des Mittelalters. Bd. 1. Karlsruhe 1846, S. 31–37; dazu: Hans Eggers in: VL 5, 1985, Sp. 776–777. – ›Großes Benediktbeurer Passionsspiel‹ (vgl. S. 405 f.). – LITERATUR: Anton E. Schönbach, Über die Marienklagen. Graz 1874. – Walther Lipphardt, Studien zu den Marienklagen. PBB 58 (1934), S. 390–444. – Hans Eggers in: VL (1. Aufl.) 5, 1955, Sp. 654–665.

Marienspiele

Das einzige deutschsprachige Marienspiel des 13. Jahrhunderts ist das ›Amorbacher Spiel von Mariae Himmelfahrt‹, von dem nur ein Bruchstück erhalten ist. Es besteht aus lateinischen und deutschen Textteilen (181 deutsche Verse) und verbindet die Darstellung von Tod und Himmelfahrt Marias mit einem von der mystischen ›Hohenlied‹-Auslegung geprägten Wettstreit zwischen Ecclesia und Synagoga um die Gunst des Bräutigams Christus. Auch das Verhältnis zwischen Christus und Maria ist im Sinne der Brautmystik des ›Hohenliedes‹ gesehen.

TEXT: Hrsg. von Rudolf Heym. ZfdA 52 (1910), S. 1–56; dazu: Bernd Neumann in: VL 1, 1978, Sp. 332–333.

Marienleben

Vom Leben und Tod Marias und ihrer Himmelfahrt erzählen die Marienleben. Die wichtigste Quelle war das sogenannte ›Pseudo-Matthäusevangelium‹, das wahrscheinlich aus dem 5. Jahrhundert stammt. Danach hat Konrad von Fußesbrunnen ›Die Kindheit Jesu‹ gedichtet (3027 Verse; zehn Handschriften). Den ganzen ersten Teil der Lebensgeschichte Marias hat der

Dichter ausgespart: darüber gebe es bereits ein deutsches Gedicht von »Meister Heinrich« (98). Davon fehlt jedoch jede Spur. Die Erzählung setzt erst bei der Vermählung Marias mit Josef ein und endet mit den Wundertaten des Jesuskindes in Nazareth. Ein Adliger Konrad von Fußesbrunnen (heute Feuersbrunn in Niederösterreich, bei Krems), der um 1182 urkundlich bezeugt ist, wird für den Dichter gehalten, und danach wird die ›Kindheit Jesu‹ schon vor oder um 1200 angesetzt. Es ist aber möglich, daß das Werk erst gegen 1220 entstanden ist. Der Dichter war lateinisch gebildet und hat wahrscheinlich für ein höfisches Publikum gedichtet. Darauf deutet die höfische Ausgestaltung mancher Szenen sowie die Tatsache, daß die ›Kindheit Jesu‹ in einigen Handschriften neben höfischen Epen steht. Von der Beliebtheit des Werks zeugt die reiche Überlieferung. Schon im 13. Jahrhundert ist die ›Kindheit Jesu‹ ins Lateinische übersetzt worden. Gegen 1300 wurde sie in das ›Passional‹ eingearbeitet. Im 14. Jahrhundert hat Bruder Philipp in seinem ›Marienleben‹ darauf zurückgegriffen.

Das ›Grazer Marienleben‹ (958 Verse, unvollständig; eine Handschrift) besteht aus drei Teilen: einer Erzählung von der Geburt und Kindheit Marias nach dem ›Pseudo-Matthäusevangelium‹, einem kurzen Stück über Marias Verwandtschaft und einem theologischen Gespräch zwischen Christus und Maria. Ob es sich dabei um ursprünglich selbständige Stücke oder um Teile eines Ganzen handelt, ist nicht sicher. Der dritte Teil beruht auf der ›Vita beatae virginis Mariae et salvatoris rhythmica‹, einem lateinischen Gedicht von über 8000 Versen aus der ersten Hälfte des 13. Jahrhunderts. Der deutsche Text wird in die Mitte oder in die zweite Hälfte des 13. Jahrhunderts datiert.

Die umfangreichste Mariendichtung des 13. Jahrhunderts ist das ›Marienleben‹ von Walther von Rheinau (16263 Verse; zwei Handschriften, zwei Fragmente), das gegen Ende des 13. Jahrhunderts entstanden sein wird. Es ist eine ziemlich genaue Übertragung der ›Vita rhythmica‹. Der Dichter, der mit der höfischen Epik bekannt war, nennt am Schluß seinen Namen und seine Herkunft aus Bremgarten (im Schweizer Kanton Aargau). Ob er mit dem 1278 in Schaffhausen urkundlich bezeugten Walter der Rinower identisch war, ist unklar. Seine Versicherung, daß er alles, was er habe, »der Mühe des Schreibens« verdanke (16253), läßt vermuten, daß er Berufsschreiber war.

Aus dem 13. Jahrhundert stammt wohl auch das ›Königsberger Marienleben‹ (1393 Verse, unvollständig; eine Handschrift), das seiner Sprache nach in der Gegend von Köln entstanden ist. Der Dichter hat das Leben Marias von der Geburt bis zur Himmelfahrt erzählt. Für die Himmelfahrt, die als einziger Teil vollständig erhalten ist, hat er den lateinischen ›Liber de transitu Mariae virginis‹ benutzt, der Melito von Sardes (2. Jahrhundert n. Chr.) zugeschrieben wurde (daher ›Pseudo-Melito‹). Die Herkunft der Handschrift aus Königsberg deutet vielleicht darauf, daß die Dichtung beim Deutschen Orden Interesse gefunden hat.

Die Himmelfahrt Marias ist auch gesondert dargestellt worden, zuerst von dem Geistlichen Konrad von Heimesfurt (›Unser vrouwen hinvart‹, 1130 Verse; drei Handschriften, sieben Fragmente), der sich selbst als *armer pfaffe* vorstellt und der auch ein Gedicht über die Auferstehung Christi verfaßt hat (vgl. S. 388). Eine Identifizierung mit dem 1198–1212 urkundlich bezeugten Konrad von Heimesfurt (Hainsfarth, nordöstlich von Nördlingen) aus einer Eichstätter Ministerialenfamilie ist nicht nur aus chronologischen Gründen schwierig. Die Selbstcharakterisierung des Dichters (22ff.) deutet nicht auf adlige Abkunft. Er scheint aber für ein höfisches Publikum gedichtet zu haben; dafür spricht seine Schulung an Hartmann und Gottfried. Stilistisch steht ›Unser vrouwen hinvart‹ der ›Kindheit Jesu‹ von Konrad von Fußesbrunnen nahe. Entstanden ist die Dichtung etwa zwischen 1220 und 1250. Als Quelle hat Heimesfurt den ›Transitus Mariae‹ des Pseudo-Melito benutzt.

Die ›Rheinfränkische Himmelfahrt Mariae‹ (1844 Verse; eine Handschrift), die ebenfalls nach Pseudo-Melito gearbeitet ist, stellt die Handlung in einen heilsgeschichtlichen Rahmen: sie beginnt mit der Schöpfung und endet mit dem Aufruf, von weltlicher Liebe abzulassen und nicht für die höfischen Damen im Turnier das Leben aufs Spiel zu setzen, sondern sich ganz der Liebe zur Himmelskönigin hinzugeben. Offenbar hat der Dichter an ein höfisches Adelspublikum gedacht.

Im Zusammenhang mit den Marienleben muß auch das erste Buch des ›Passional‹ (13817 Verse, vgl. S. 401f.) genannt werden, das in den Gattungszusammenhang der Legendare gehört, aber auch als eine umfangreiche Marien- oder Maria-und-Jesus-Dichtung betrachtet werden kann. Der Verfasser erzählt die heilige Geschichte von der Geburt Marias bis zu ihrem Tod. Dann folgen 25 Marienmirakel. Den Abschluß bildet ein großes Marienlob (145,12–154,58). Der ›Passional‹-Dichter hat hauptsächlich nach der Bibel gearbeitet, benutzte aber auch andere

Quellen, darunter die ›Kindheit Jesu‹ von Konrad von Fußesbrunnen.

Ganz für sich stehen zwei niederdeutsche Mariendichtungen aus der zweiten Hälfte des 13. Jahrhunderts: das ›Ave Maria‹ von Brun von Schönebeck und ›Der Wurzgarten Marias‹ von Könemann. Über Brun von Schönebeck berichtet die ›Magdeburger Schöppenchronik‹, daß er aus einer angesehenen Magdeburger Familie stammte und daß er in Magdeburg ein prächtiges Turnierfest veranstaltet habe, das »Der Gral« genannt wurde. Ein *dudisch bok* über dieses Fest ist nicht erhalten. Der Magdeburger Chronist sagt auch, daß Brun »ein gelehrter Mann« gewesen sei, der »viele deutsche Bücher verfaßt hat, die ›Cantica canticorum‹, das ›Ave Maria‹ und andere gute Gedichte«. Die Auslegung des ›Hohenliedes‹ (vgl. S. 410f.) ist vollständig erhalten. Das ›Ave Maria‹, das wahrscheinlich vor dem ›Hohenlied‹ entstanden ist, galt als verschollen, bis größere Bruchstükke davon gefunden wurden (1008 Verse, zum Teil verstümmelt). Es ist nicht leicht, sich daraus ein Bild vom Aufbau des merkwürdigen Werks zu machen, in dem erzählende Partien mit theologischen Darlegungen und hymnischen Gesängen zum Lob Marias abwechseln. Die erzählenden Teile reichen von der Erschaffung der Welt bis zur Wiederkunft Christi. Zur Erläuterung von Marias Gnadenfülle wird die Geschichte von Theophilus erzählt. Diese Theophiluslegende und das Stück ›Vom Almosen‹ sind außerdem gesondert überliefert, zusammen mit einigen anderen Gedichten, die vielleicht auch zum ›Ave Maria‹ gehörten. Die Lunder Fragmente bewahren das Werk in niederdeutscher Sprache; es wird jedoch angenommen, daß Brun von Schönebeck bemüht war, hochdeutsch zu schreiben. Stilistisch hat er sich an Wolfram von Eschenbach orientiert; ganze Verse sind wörtlich übernommen.

Der Dichter Könemann war ein hochgestellter Geistlicher aus der sächsischen Adelsfamilie von Jerxheim. Er ist zuerst als Pfarrer in Dingelstedt bezeugt, später als Dekan, Domherr und Schulleiter am kaiserlichen Stift in Goslar. 1316 ist er gestorben. Wir besitzen drei Gedichte von ihm. Von seiner ›Reimbibel‹ ist nur ein kurzes Fragment (350 Verse) erhalten. ›Der Kaland‹ (1422 Verse; vier Handschriften) ist ein gereimtes Statutenbuch für die Kalandbruderschaft in Eilenstedt. Religiöse Gemeinschaften von Geistlichen und Laien, die »Kalande« genannt wurden, gab es in mehreren nord- und mitteldeutschen Städten. Das dritte Werk, ›Der Wurzgarten Marias‹ (6586 Verse; eine

Handschrift), wurde 1304 in Goslar vollendet. Es ist ein allegorischer Garten, in dem die Ungelehrten spazierengehen und geistliche Blumen pflücken sollen. Der erste Teil behandelt den Entschluß Gottes, Mensch zu werden und die Menschheit zu erlösen, und zwar in Form eines allegorischen Streites zwischen den vier Töchtern Gottes: Gerechtigkeit und Wahrheit treten für eine strenge Bestrafung der Menschen ein, während Barmherzigkeit und Friede an die Gnade Gottes appellieren. Der Mittelteil des ›Wurzgartens‹ ist ein großer Marienpreis. Im dritten Teil wird die Passion Christi dargestellt, wobei der Marienklage der meiste Platz eingeräumt ist. Mit einem Gebet an Maria endet die Dichtung. Könemann hat sich, ähnlich wie Brun von Schönebeck, an der hochdeutschen Reimsprache orientiert; aber die niederdeutschen Elemente treten bei ihm viel stärker hervor.

TEXTE: Konrad von Fußesbrunnen: ›Kindheit Jesu‹: Hrsg. von Hans Fromm u. Klaus Grubmüller. Berlin, New York 1973; dazu: Hans Fromm in: VL 5, 1985, Sp. 172–175. – ›Grazer Marienleben‹: Hrsg. von Anton E. Schönbach. ZfdA 17 (1874), S. 519–560; dazu: Werner Fechter in: VL 3, 1981, Sp. 229–230. – Walther von Rheinau: ›Marienleben‹: Hrsg. von Edit Perjus. 2. Aufl. Åbo 1949. – ›Königsberger Marienleben‹: Hrsg. von Diemut Hinderer. ZfdA 77 (1940), S. 108–142; dazu: Werner Fechter in: VL 6, 1987, Sp. 14–15. – Konrad von Heimesfurt: ›Unser vrouwen hinvart‹: Hrsg. von Kurt Gärtner u. Werner I. Hoffmann (ATB 99). Tübingen 1989; S. 156–200; dazu: Werner Fechter in: VL 5, 1985, Sp. 198–202. – ›Rheinfränkische Himmelfahrt Mariae‹: Hrsg. von Karl L. Weigand. ZfdA 5 (1845), S. 515–564; dazu: Peter Kern in: VL 5, 1985, Sp. 1271–1273. – ›Passional‹ vgl. S. 401 f. – Brun von Schönebeck: ›Ave Maria‹: Hrsg. von W. Nordlind. Niederdeutsches Jahrbuch 53 (1924), S. 59–87; dazu: Ludwig Wolff in: VL 1, 1978, Sp. 1056–1061. – Könemann: ›Wurzgarten Marias‹: Hrsg. von Ludwig Wolff. Neumünster 1953; dazu: Hartmut Beckers in: VL 5, 1985, Sp. 64–68. – LITERATUR: Monika Haibach-Rheinisch, Ein neuer Transitus Mariae des Pseudo-Melito. Rom 1962. – Achim Masser, Bibel, Apokryphen und Legenden. Geburt und Kindheit Jesu in der religiösen Epik des deutschen Mittelalters. Berlin 1969.

Marienlegenden und Marienmirakel

Die Marienlegenden und Marienmirakel erzählen von dem wunderbaren Wirken der Himmelskönigin, ihrem Mitleid mit den Sündern, ihrer Hilfe und Fürsprache für die, die scheinbar rettungslos verloren sind. Wenn man den Begriff der Legende an die Lebensgeschichte der Heiligen bindet, sollte man nur von Marienmirakeln sprechen. Die frommen Geschichten von Gebetserhörungen und Gnadenerweisen stehen häufig in Verbindung mit bestimmten Marienfesten; manchmal wird die Hilfe der heiligen Jungfrau von bestimmten Gebetsleistungen abhängig gemacht. Lateinische Marienmirakel hat es in großer Zahl gegeben; seit dem 11. Jahrhundert wurden sie in Sammlungen vereinigt und hauptsächlich zu Predigtzwecken benutzt. Die deutschen Marienmirakel gehen in der Regel auf lateinische Vorlagen zurück.

Die Mirakelerzählung ›Bischof Bonus‹ stammt vielleicht noch aus dem 12. Jahrhundert. Umstritten ist die Datierung des ›Thomas von Kandelberg‹ (350 Verse; drei Handschriften):

Ein armer Schüler erhält von Maria ein kostbares Meßgewand und wird darin zum Bischof geweiht.

Der arme Schüler ist hier der spätere Erzbischof Thomas Becket von Canterbury († 1170).

In die erste Hälfte des 13. Jahrhunderts gehört vielleicht ›Das Jüdel‹ (458 Verse; eine Handschrift, zwei Fragmente):

Ein jüdischer Schüler, der an einem christlichen Abendmahl teilnimmt, wird dafür in einen Backofen geworfen, aber von Maria gerettet.

Umfangreicher ist das Marienmirakel ›Vom armen Schüler‹ von Heinrich Cluzenere (1364 Verse; eine Handschrift), das dem »jungen König von Böhmen« (1355), wahrscheinlich Wenzel II., gewidmet ist.

Ein Schüler ist Maria treu ergeben, obwohl sie seine Bitte um ein Paar Schuhe nicht erhört. Nachdem er sechshundert Ave Maria gebetet hat, um die heilige Jungfrau damit zu schmücken, erscheint sie ihm in einem herrlichen Gewand, auf das alle seine Mariengrüße aufgestickt sind. Vor die Wahl gestellt, ob er Bischof werden oder gleich in die ewige Seligkeit eingehen wolle, wählt er das himmlische Glück und wird nach dem Tod von Maria im Himmel empfangen.

Es geht in diesem Gedicht, das für ein höfisches Publikum bestimmt war, um die Gnadenwirkung des Mariengebets und um die Lehre von der leiblichen Himmelfahrt Marias.

Aus dem 13. Jahrhundert stammt wahrscheinlich noch die Marienerzählung ›Der vrouwen trost‹ von Siegfried dem Dörfer (647 Verse, drei Handschriften):

Eine Rittersfrau erträgt die Bosheit und Gewalttätigkeit ihres Ehemannes lange Zeit, bis sie schließlich doch verzweifelt und sich das Leben nehmen will. Da erscheint ihr Maria und tröstet sie; als sie davon ihrem Mann erzählt, wird dieser zum Guten bekehrt.

Die Schulung am höfischen Sprachstil läßt vermuten, daß auch dieser Text für ein adliges Publikum gedichtet ist.

Die erste Sammlung von deutschen Marienmirakeln steht im ersten Buch des ›Passional‹. Es sind 25 Erzählungen im Umfang zwischen 62 und 646 Versen, die alle mit den Worten *des si gelobet di kunigin!* enden und sich so zu einem Kranz verbinden. Die Hauptquelle war die ›Legenda aurea‹; der Dichter hat aber auch deutsche Einzelmirakel, wie ›Das Jüdel‹, als Vorlagen benutzt. In ihrer schlichten Art bezeugen diese frommen Geschichten eine hohe Erzählkunst. Die Beliebtheit der Texte spiegelt sich in der reichen Überlieferung (13 Handschriften, elf Fragmente). Die Heidelberger Handschrift Cpg 341 bezeugt, daß die Marienmirakel schon bald aus dem ›Passional‹ herausgelöst und mit anderen Mariendichtungen zusammengestellt wurden.

TEXTE: ›Thomas von Kandelberg‹: Hrsg. von Friedrich H. von der Hagen. In: Gesammtabenteuer. Bd. 3. Stuttgart, Tübingen 1850, S. 573–586. – ›Das Jüdel‹: Hrsg. von Heinrich Meyer-Benfey. In: Mittelhochdeutsche Übungsstücke. 2. Aufl. Halle 1920, S. 84–96; dazu: Hans-Friedrich Rosenfeld in: VL 4, 1983, Sp. 891–893. – Heinrich Cluzenere: ›Vom armen Schüler‹: Hrsg. von Karl Bartsch. In: Mitteldeutsche Gedichte. Stuttgart 1860, S. 1–39; dazu: Hans-Georg Richert in: VL 3, 1981, Sp. 758–759. – Siegfried der Dörfer: ›Der vrouwen trôst‹: Hrsg. von Friedrich H. von der Hagen. In: Gesammtabenteuer. Bd. 3. Stuttgart, Tübingen 1850, S. 429–450. – Marienlegenden aus dem Alten Passional: Hrsg. von Hans-Georg Richert (ATB 64). Tübingen 1965. – LITERATUR: Hannelore Bühler: Die Marienlegenden als Ausdruck mittelalterlicher Marienverehrung. Diss. Köln 1965. – Hans H. Weber: Studien zur deutschen Marienlegende des Mittelalters am Beispiel des Theophilus. Diss. Hamburg 1966. – Hardo Hilg in: VL 6, 1987, Sp. 19–42.

Religiöse Epik

Bibeldichtung

Es gibt nur wenige Bearbeitungen alttestamentlicher Stoffe aus dem 13. Jahrhundert.

›Adam und Eva‹

Die kurze mitteldeutsche Erzählung von ›Adam und Eva‹ (›Adams Klage‹) (426 Verse; drei Handschriften) berichtet von den Ereignissen nach der Vertreibung aus dem Paradies:

Zur Buße wollen Adam und Eva über einen Monat lang im Wasser stehen und beten. Eva läßt sich jedoch vom Teufel dazu verleiten, die Buße vorzeitig abzubrechen. Sie trennt sich von Adam und gebiert Kain; der Erzengel Michael hilft bei der Geburt. Adam kommt wieder zu ihr, und sie haben noch dreißig Töchter und dreißig Söhne.

Der Dichter ist seiner lateinischen Quelle, der ›Vita Adae et Evae‹ aus dem 4. Jahrhundert, ziemlich genau gefolgt. Sichere Anhaltspunkte für die Datierung fehlen. Eine kürzere Fassung des deutschen Textes wurde in die ›Weltchronik‹ von Rudolf von Ems eingearbeitet.

TEXT: Hrsg. von Friedrich H. von der Hagen. In: Gesammtabenteuer. Bd. 1. Stuttgart, Tübingen 1850, S. 1–16; dazu: Brian Murdoch in: VL 1, 1978, Sp. 45–47.

›Judith‹

Die ostmitteldeutsche ›Judith‹ (2834 Verse; eine Handschrift) ist angeblich 1221 Jahre nach Christi Tod entstanden (2768 ff.), das heißt im Jahr 1254. Man hat diese Angabe in Zweifel gezogen und die Dichtung ins 14. Jahrhundert versetzt, weil die Überlieferungsgeschichte des Textes darauf deutet, daß die ›Judith‹ für den Deutschen Orden gedichtet wurde, die Anfänge der Ordensdichtung aber nicht über das Ende des 13. Jahrhunderts zurückreichen. In der Stuttgarter Handschrift, einem Prachtcodex, der im Auftrag des Ordens geschrieben wurde, steht die ›Judith‹ zwischen den alttestamentlichen Ordensdichtungen des 14. Jahrhunderts. Der ›Passional‹-Dichter und Nikolaus von Jeroschin, die ebenfalls für den Orden arbeiteten, haben die ›Judith‹ gekannt. Im 15. Jahrhundert ist das Werk von dem Deutschordensritter Jörg Stuber in Prosa aufgelöst und in sein ›Historienbuch‹ aufgenommen worden.

TEXT: Hrsg. von Hans-Georg Richert (ATB 18). Tübingen 1969; dazu: H.-G. Richert in: VL 4, 1983, Sp. 899–900.

Zahlreicher sind die neutestamentlichen Dichtungen des 13. Jahrhunderts, zu denen auch die Marienleben (vgl. S. 380 ff.) gehören, die häufig die ganze Lebens- und Passionsgeschichte Christi einschließen.

›Niederdeutsche Apokalypse‹

Chronologisch steht die ›Niederdeutsche Apokalypse‹ (2566 Verse; neun Handschriften, fünf Fragmente) am Anfang. Sie ist vielleicht schon um 1200 entstanden und spielt in der Diskussion über die Ausbildung der mittelniederdeutschen Literatur eine wichtige Rolle. Es ist eine Reimbearbeitung der ›Johannes-Apokalypse‹, die in Stil und Verstechnik der rheinischen Geistlichendichtung des 12. Jahrhunderts verwandt ist. Wie die reiche Überlieferung bezeugt, ist das Werk bis ins 15. Jahrhundert gelesen worden. In einigen Handschriften steht es neben einem niederdeutschen ›Apostelleben‹ (398 Verse, unvollständig), einem ›Antichrist‹ (235 Verse) und mehreren eschatologischen Stücken, die vielleicht von demselben Dichter stammen.

TEXT: Hrsg. von Hjalmar Psilander. Uppsala 1901; dazu: Hartmut Beckers in: VL 1, 1978, Sp. 408–410.

Konrad von Heimesfurt: ›Diu Urstende‹

Aus der ersten Hälfte des 13. Jahrhunderts stammt die ›Urstende‹ von Konrad von Heimesfurt (2161 Verse; eine Handschrift). Der Dichter hatte vorher bereits ›Unser vrouwen hinvart‹ verfaßt (vgl. S. 382). Jetzt erzählt er die heilige Geschichte von der Gefangennahme Jesu bis zur Himmelfahrt. Seine Quelle war die Bibel und das apokryphe ›Evangelium Nicodemi‹, aus dem die Szenen um Pilatus und Joseph von Arimathia stammen, die selbständig ausgestaltet sind. Das Werk hat stärker gewirkt als die schmale Überlieferung vermuten läßt: Gundacker von Judenburg und Havich der Kellner haben es benutzt; Heinrich von München nahm im 14. Jahrhundert Teile daraus in seine ›Weltchronik‹ auf.

TEXT: Hrsg. von Kurt Gärtner u. Werner I. Hoffmann (ATB 99). Tübingen 1989; dazu: Werner Fechter in: VL 5, 1985, Sp. 198–202.

Gundacker von Judenburg: ›Christi Hort‹

Die übrigen neutestamentlichen Dichtungen gehören ans Ende des Jahrhunderts. ›Christi Hort‹ von Gundacker von Judenburg (5320 Verse; eine Handschrift) besteht aus verschiedenen Teilen, die so wenig zusammenpassen, daß man sich gefragt hat, ob mehrere Dichter daran gearbeitet haben oder ob mehrere Werke von Gundacker darin vermengt sind. Es spricht aber mehr dafür, daß die Dichtung so geplant wurde, wie sie überliefert ist. Zuerst spricht der Dichter zu Jesus und erinnert ihn an die Ereignisse bis zur Gefangennahme; im Hauptteil wird die Passionsgeschichte erzählt; daran schließt sich die Veronikalegende und die Geschichte von Pilatus' Ende an. Über den Dichter, der offenbar aus Judenburg in der Steiermark stammte, ist sonst nichts bekannt. Er war vermutlich ein Geistlicher und hat sein Werk um oder gegen 1300 verfaßt. Seine Hauptquelle war, neben der Bibel, das ›Nikodemusevangelium‹. Für die Marienklage hat er offenbar eine dramatische Osterfeier benutzt. Das Schlußgebet stammt wörtlich aus Freidanks ›Bescheidenheit‹. Teile des Werks wurden von Heinrich von München in seine ›Weltchronik‹ eingefügt; eine spätere Pilatusdichtung hat einzelne Verse entlehnt.

TEXT: Hrsg. von J. Jaksche (DTM 18). Berlin 1910; dazu: Werner Fechter in: VL 3, 1981, Sp. 303–306.

›Der Saelden Hort‹
Die umfangreichste und auch die interessanteste und eigenwilligste Bibeldichtung des 13. Jahrhunderts ist ›Der Saelden Hort‹ (11304 Verse; eine Handschrift, zwei Fragmente) eines unbekannten Schweizer Dichters. Er erzählt das Leben Christi von der Verkündigung seiner Geburt bis zur Himmelfahrt. Im Mittelpunkt stehen die Geschichten von Johannes dem Täufer und Maria Magdalena. Das gemeinsame Thema ist die Mahnung zur Buße und zur Abkehr von der Sünde. Die Erzählung wird immer wieder von frommen Betrachtungen, Ermahnungen, Lehren und Deutungen unterbrochen. Der Dichter war zwar »ungelehrt« (19), verstand aber Lateinisch und kannte sich in der geistlichen Literatur ebenso gut aus wie in der weltlichen; er wendet sich besonders an fromme Frauen, die er als »Bräute Christi« anredet; damit sind jedoch keine Nonnen gemeint, sondern »Ehefrauen, Witwen oder Jungfrauen« (3955). Offenbar hat der Autor für ein höfisches Adelspublikum gedichtet, an das sich die Warnungen vor den Verführungen der Welt und vor höfischem Kleiderprunk richteten. Es war die erklärte Absicht des Verfassers, mit der höfischen Dichtung in Konkurrenz zu treten: er bittet Gott, sein Werk den Jungfrauen und Witwen, die es in Händen halten, wohlgefällig erscheinen zu lassen »vor Wigalois und Tristan« (4407). Er vergleicht die Hochzeit von Kanaa mit den Hoffesten von König Artus (5413) und die schamlose Salome mit der »verfluchten Kriemhild« (3095); er schildert das Gastmahl des Herodes in den Farben der modernen französischen Gesellschaftskultur und macht Maria Magdalenas Bruder zu einem *frowen ritter* (6285), der turnierend durch das Land zieht. Die großangelegte Beschreibung der alle-

gorischen Burg Magdalun (6429ff.) stellt alle Burgbeschreibungen der höfischen Epik in den Schatten.

Der Titel ›Der Saelden Hort‹ ist dem Prolog entnommen (73), ist dort aber gewiß nicht als Titel gemeint. Der Dichter wollte »Von den Evangelien« (86) dichten. Seine Quellen waren die Bibel, die ›Legenda aurea‹ und verschiedene Schriften zur Laienunterweisung. Anhaltspunkte für die Datierung fehlen. Die neugefundenen Baseler Fragmente, die aus der Zeit um 1300 stammen, deuten darauf, daß das Werk in den letzten Jahrzehnten des 13. Jahrhunderts entstanden ist.

TEXT: Hrsg. von Heinrich Adrian (DTM 26). Berlin 1927.

Heinrich von Freiberg: ›Legende vom Kreuzholz‹

Zu den Bibeldichtungen kann man auch die ›Legende vom Kreuzholz‹ von Heinrich von Freiberg (882 Verse; eine Handschrift) stellen:

Das Kreuz von Golgatha ist aus drei Kernen des Apfels erwachsen, den Eva im Paradies gepflückt hat. Adams Sohn Seth hat sie von dem Erzengel Cherubin empfangen; Moses hat die Gerten aus Adams Grab gezogen; David hat sie zum Baum zusammengebunden; Salomon hat den Balken in den Tempel gelegt; Sibylle hat das Holz angebetet und Christus ist daran gestorben.

Die Legende ist einer lateinischen Vorlage ziemlich genau nacherzählt. Der Verfasser war offenbar identisch mit dem Dichter desselben Namens, der gegen Ende des 13. Jahrhunderts den ›Tristan‹ Gottfrieds von Straßburg zu Ende gedichtet hat (vgl. S. 194f.). Wegen sprachlicher Mängel wird die ›Kreuzholzlegende‹ als ein Frühwerk dieses Dichters betrachtet.

TEXT: Hrsg. von Alois Bernt. In: Heinrich von Freiberg. Halle 1906, S. 213–238.

Legendenepik

Die Heiligenlegenden des Mittelalters sind aus den Berichten über das Leben (*vita*) und Sterben (*passio*) der heiligen Bekenner und Märtyrer der Alten Kirche hervorgegangen. Das Wort »Legende« (von lat. *legenda*: »was gelesen werden soll«) verweist darauf, daß die Legende in den gottesdienstlichen Lektionen am Namenstag der Heiligen und bei Tischlesungen in den Klöstern ihren Platz hatte. Deutschsprachige Legenden gibt es seit der Mitte des 12. Jahrhunderts; diese Produktion setzte sich im 13. Jahrhundert fort.

Die meisten Legenden des 13. Jahrhunderts haben einen Umfang von 1000 bis 6000 Versen. Es gibt jedoch auch Kurzlegenden von weniger als tausend Versen (›Berliner Margarete‹), und andererseits gibt es Legendenepen von mehr als 16000 Versen (Rudolf von Ems, ›Barlaam und Josaphat‹, Otto von Freising, ›Laubacher Barlaam‹). Ganz für sich steht das Riesenwerk der ›Martina‹ von Hugo von Langenstein mit 32588 Versen.

Für welches Publikum die Legenden bestimmt waren, ist in vielen Fällen unbekannt. Wo es Anhaltspunkte gibt, weisen sie in ganz verschiedene Richtungen. Mönchsorden, religiöse Laiengemeinschaften und Fürstenhöfe haben sich gleichermaßen für diese Literaturform interessiert. Albertus war Benediktiner, Rudolf von Ems und Ebernant von Erfurt standen mit Zisterzienserkonventen in Verbindung, Lamprecht von Regensburg ist Franziskaner geworden, Bruder Hermann gehörte dem Dominikanerorden an; Hugo von Langenstein hat für den Deutschen Orden gedichtet; Otto von Freising war Mittelpunkt eines geistlichen Fürstenhofs; Reinbot von Durne und der Verfasser der ›Wallersteiner Margarete‹ hatten weltliche Auftraggeber fürstlichen Ranges; Konrad von Würzburg hat seine Legenden für weltliche und geistliche Mitglieder der Basler Oberschicht verfaßt. Wie schon zur Zeit von Veldeke waren es hauptsächlich hochgestellte Damen, die die religiöse Epik gefördert haben: die ›Wallersteiner Margarete‹ ist auf Veranlassung Clementias von Zähringen gedichtet; Reinbot von Durne hat im Auftrag der Herzogin Agnes von Bayern und ihres Ehemanns gearbeitet; das ›Märterbuch‹ ist der Gräfin von Rosenberg gewidmet.

Die meisten Legendenepen sind nur in einer Handschrift überliefert. Das läßt darauf schließen, daß diese Werke keine weite Verbreitung gefunden haben. Etwas besser bezeugt sind nur der ›Alexius‹ von Konrad von Würzburg (drei Handschriften), der ›Oberdeutsche Servatius‹ (vier Handschriften) und der ›Heilige Georg‹ von Reinbot von Durne (neun Handschriften). Der ›Barlaam und Josaphat‹ von Rudolf von Ems steht mit 46 Handschriften in der Überlieferungsgeschichte der Legendenepik ganz alleine. Es wird kein Zufall sein, daß drei der vier Werke, die reicher überliefert sind, im engeren Sinn zur höfischen Literatur gehören.

LITERATUR: Max Wehrli, Roman und Legende im deutschen Hochmittelalter. In: Worte und Werte. FS Bruno Markwardt. Berlin 1961,

S. 428–443. – Ulrich Wyss, Theorie der mittelhochdeutschen Legendenepik. Erlangen 1973. – Siegfried Ringler, Zur Gattung Legende. Versuch einer Strukturbestimmung der christlichen Heiligenlegende des Mittelalters. In: Würzburger Prosastudien 2. München 1975, S. 255–270. – Achim Masser, Bibel- und Legendenepik des deutschen Mittelalters. Berlin 1976. – Hellmut Rosenfeld, Legende. 4. Aufl. Stuttgart 1982. – Werner Williams-Krapp, Die deutschen und niederländischen Legendare des Mittelalters. Studien zu ihrer Überlieferungs-, Text- und Wirkungsgeschichte. Tübingen 1986. – Felix Karlinger, Legendenforschung. Aufgaben und Ergebnisse. Darmstadt 1986.

Einzellegenden

›Oberdeutschen Servatius‹

Im ›Oberdeutschen Servatius‹ (3548 Verse, der Schluß fehlt; eine Handschrift, drei Fragmente) ist die Lebensgeschichte des heiligen Bischofs von Tongern einige Jahrzehnte nach Veldekes ›Servatius‹ noch einmal erzählt worden. Die These von Friedrich Wilhelm, daß die oberdeutsche Dichtung bereits um 1190 im bayerischen Augustiner-Chorherrenstift Indersbach im Auftrag oder auf Anregung der bayerischen Herzogin Agnes von Loon, der Gemahlin Herzog Ottos I., entstanden sei, hat ein großes Echo gefunden, obwohl es keinerlei historische Anhaltspunkte dafür gibt. Das Werk gehört eher in die erste Hälfte des 13. Jahrhunderts; das Alter der Nürnberger Bruchstücke verbietet eine noch spätere Datierung. Der Dichter hat nach einer anderen lateinischen Vorlage gearbeitet als Veldeke. Ob er Veldekes Text kannte, ist nicht ganz sicher. Genaue Schilderungen des ritterlich-höfischen Lebens könnten darauf deuten, daß er für ein Hofpublikum gedichtet hat.

TEXT: Hrsg. von Friedrich Wilhelm. München 1910; dazu: Kurt Gärtner in: VL 7, 1989, Sp. 1–5.

Albertus: ›Das Leben des heiligen Ulrich‹

Das ›Leben des heiligen Ulrich‹ von Albertus (1605 Verse; eine Handschrift) erzählt von dem großen Bischof von Augsburg († 973), der in der Reichsgeschichte der ottonischen Zeit eine bedeutende Rolle gespielt hat. Der Autor hat sich eng an seine lateinische Quelle, die ›Vita sancti Udalrici‹ von Bern von Reichenau († 1048), gehalten. Die einzige Handschrift stammt aus dem Augsburger Kloster St. Ulrich und Afra, wo der heilige Ulrich begraben ist. Der Verfasser ist vielleicht identisch mit dem dortigen Prior Adilbert (urkundlich bis 1240), der mehrere lateinische Legenden verfaßt hat. Die »geistlichen Kinder« (31), an die der Dichter sich wendet, waren religiöse Frauen; die Augsburger Handschrift befand sich im Besitz der Nonne Engelbirn. Das Alter der Handschrift weist darauf, daß der deutsche Text bereits um 1200 oder bald danach entstanden ist.

TEXT: Hrsg. von Karl-Ernst Geith. Berlin, New York 1971; dazu: K.-E. Geith in: VL 1, 1978, Sp. 114–116.

Ebernant von Erfurt: ›Heinrich und Kunigunde‹
Von Kaiser Heinrich II. († 1024), der im 12. Jahrhundert heiliggesprochen wurde, und seiner Frau Kunigunde erzählt das Legendenepos ›Heinrich und Kunigunde‹ von Ebernant von Erfurt (4752 Verse; eine Handschrift).

Kaiser Heinrich heiratet Kunigunde, die Tochter des Pfalzgrafen Siegfried; in der Brautnacht geloben sie, daß die Ehe keusch bleiben soll. Der Kaiser stiftet das Bistum Bamberg. Durch die Machenschaften des Teufels gerät Kunigunde in den Verdacht des Ehebruchs und muß durch ein Gottesurteil ihre Unschuld beweisen. Nach dem frommen Tod des Kaisers geschehen Wunder. Der Bamberger Klerus betreibt seine Heiligsprechung. Kunigunde geht ins Kloster, und schon vor ihrem Tod bezeugen Wunder auch ihre Erwähltheit. Auf Initiative des Bamberger Küsters Reimbote wird sie von Innozenz III. heiliggesprochen.

Die Kanonisation der Kaiserin Kunigunde erfolgte im Jahr 1200. Ein Jahr später wurde im Beisein König Philipps von Schwaben die Erhebung ihrer Gebeine in Bamberg gefeiert. Ebernants Dichtung war offensichtlich dazu bestimmt, die Verehrung des heiligen Kaiserpaares zu fördern. Seine lateinischen Quellen waren die ›Vita Heinrici‹ mit dem späteren ›Additamentum‹ und die ›Vita Cunegundis‹. Nach Ebernants Angaben hat ihn der Bamberger Küster Reimbote (der später Mönch im Zisterzienserkloster Georgenthal bei Gotha war) zu der Dichtung angeregt und mit Informationen versorgt (4003 ff., 4517 ff.). Da Reimbote noch am Leben war, als Ebernant schrieb, könnte das Werk bereits um 1210–1220 entstanden sein. Seinen eigenen Namen hat der Dichter in einem Akrostichon versteckt, das aus den Anfangsbuchstaben aller 61 Kapitel besteht: *Ebernant so heizin ich. di Erfvrtere erkennint mich. keiser vnde keiserinn.* Danach sollte das Werk den Titel ›Kaiser und Kaiserin‹ tragen. Der Dichter war wahrscheinlich ein Geistlicher, vielleicht ein Mönch: er preist das fromme Leben der Klosterleute. Im 14. Jahrhundert ist Ebernants Werk in Prosa aufgelöst worden; die Prosa wurde um 1400 in die Legendensammlung ›Der Heiligen Leben‹ aufgenommen.

TEXT: Hrsg. von Reinhold Bechstein. Quedlinburg, Leipzig 1860; dazu: Helga Schüppert in: VL 2, 1980, Sp. 290–293.

›Barlaam und Josaphat‹
Zu den beliebtesten Büchern des Mittelalters gehörte die Legende von Barlaam und Josaphat.

Der König von Indien läßt seinen Sohn Josaphat abgeschieden von der Welt aufwachsen, damit die Prophezeiung, er werde sich zu Christus bekennen, nicht wahr wird. Aber Gott schickt zu Josaphats Bekehrung den Mönch Barlaam, der als Kaufmann verkleidet an den Hof kommt und Josaphats vertrauter Lehrer wird. Josaphat wird heimlich getauft und soll nun auch seinen Vater bekehren, während Barlaam sich ins Eremitenleben zurückzieht. Der König versucht mit allen Mitteln, Josaphat zum Abfall vom Christentum zu bewegen. Doch schließlich überträgt er ihm die Hälfte seines Reiches und muß erleben, daß das Land seines Sohnes aufblüht, während seine Hälfte verkümmert. Nach dem Tod des Königs übergibt Josaphat die Herrschaft an seinen Getreuen Barachias und wird ebenfalls Einsiedler. Er trifft Barlaam wieder und übernimmt nach dessen Tod die Leitung der Eremitage, bis er selber stirbt. Barachias läßt ihre Geschichte aufschreiben.

Zugrunde liegt eine indische Buddha-Legende, die wahrscheinlich im 8. Jahrhundert von Johannes Damascenus zu einer christlichen Erzählung umgearbeitet wurde. Die lateinische Fassung des 11. Jahrhunderts (›Historia duorum Christi militum‹) ist in fast alle Volkssprachen übersetzt worden. Es gibt drei deutsche Versbearbeitungen der Barlaamlegende aus dem 13. Jahrhundert, die offenbar ohne Kenntnis voneinander entstanden sind. Als ältester Text gilt der ›Laubacher Barlaam‹ (16704 Verse; eine Handschrift), der eine genaue, größtenteils wörtliche Übersetzung der lateinischen ›Historia‹ bietet. Im Epilog, den ein anderer (zeitgenössischer) Verfasser hinzugedichtet hat, wird »Bischof Otto« als Dichter genannt, und ein Wortspiel offenbart seine Diözese: Freising. Man denkt an Otto II. aus dem Haus der Grafen von Berg, der 1184–1220 Bischof von Freising war. Danach müßte die Dichtung bereits um 1200 entstanden sein. Dem widerspricht jedoch der ganze Charakter des Werks. Die literarhistorische Einordnung bedarf gründlicher Überprüfung.

Rudolf von Ems hat in seinem ›Barlaam und Josaphat‹ (16164 Verse; 15 Handschriften, 31 Fragmente) die lateinische Vorlage, die ihm der Abt des Zisterzienserklosters Kappel (bei Zürich) zukommen ließ, freier behandelt. Abt Wido ist 1222–1232 urkundlich bezeugt; daraus ergibt sich die Abfassungszeit der Dichtung. Abt und Konvent haben eine deutsche Bearbeitung der Legende gewünscht, weil sie »so wahr an reiner Lehre« sei (403, 10f.). Die Lehre ist tatsächlich bei Rudolf von Ems die Hauptsache: über die Hälfte des Textes besteht aus Belehrung, Disput und Unterweisung. Der religiöse Ernst der Erzählung konnte sowohl die Mönche in Kappel als auch eine weltliche Zuhörerschaft am Hof beeindrucken. Das adlige Publikum wird sich besonders dafür interessiert haben, wie in Rudolfs Dichtung vorbildliches Herrschertum religiös begründet wird. Die außerordentlich große Zahl der erhaltenen Handschriften zeigt, wie erfolgreich das Werk war; seine Wirkungsgeschichte muß noch geschrieben werden.

Von einer dritten deutschen ›Barlaam‹-Bearbeitung sind nur Bruchstücke (432 Verse) einer Handschrift des 13. Jahrhunderts erhalten. Die Erzählweise deutet darauf, daß es sich ebenfalls um ein umfangreiches Werk gehandelt hat, das vielleicht nicht viel jünger war als die Dichtung von Rudolf von Ems.

TEXTE: ›Laubacher Barlaam‹: Hrsg. von Adolf Perdisch. Tübingen 1913; dazu: Ulrich Wyss in: VL 7, 1989, Sp. 223–225. – Rudolf von Ems, ›Barlaam und Josaphat‹: Hrsg. von Franz Pfeiffer. Leipzig 1843. – ›Barlaam‹-Bruchstücke: Hrsg. von Franz Pfeiffer. ZfdA 1 (1841), S. 126–135.

›Margarete‹

Das Martyrium der heiligen Margarete ist im 13. Jahrhundert mehrmals auf deutsch erzählt worden.

Margarete aus Antiochien bekennt sich schon als junges Mädchen zum Christentum und erwählt Christus zu ihrem Bräutigam. Ihre Schönheit weckt die Begierde des heidnischen Präfekten Olibrius, der sie ins Gefängnis werfen läßt, als sie sich seinen Wünschen verweigert und es ablehnt, den heidnischen Göttern zu opfern. Die Martern übersteht sie mit Gottes Hilfe, ebenso die Versuchungen des Teufels. Sie ist weder durch Verbrennen noch durch Ertränken zu töten. Schließlich wird sie enthauptet.

Zwei deutsche Fassungen der Margaretenlegende gehören in den Umkreis der höfischen Dichtung. Das eine ist die (nur zur Hälfte erhaltene) ›Wallersteiner Margarete‹ (637 Verse; eine Handschrift), die im Auftrag der Herzogin Clementia von Zähringen († nach 1235) gedichtet wurde. Der Verfasser stellt sich als Hof- und Berufsdichter vor und entschuldigt sich dafür, daß er vorher weltlich gedichtet habe. Der Dichter der zweiten ›Margarete‹ (1196 Verse; eine Handschrift) war Wetzel von Bernau, den Rudolf von Ems im ›Alexander‹ erwähnt (3259ff.). Danach gehört der Text in die erste Hälfte des 13. Jahrhunderts. Stilistisches Vorbild war Hartmann von Aue. Kenntnis höfischer Verskunst verrät auch die ›Margarete‹ von Hartwig von dem Hage (1737 Verse; eine Handschrift), die wahrscheinlich in der zweiten Hälfte des 13. Jahrhunderts entstanden ist. Den Namen des Dichters, über den sonst nichts bekannt ist, erfährt man aus dem ›Tagzeitengedicht‹ in derselben Handschrift (vgl. S. 414). Übereinstimmungen in Wortschatz und Stil weisen darauf, daß beide Texte von demselben Verfasser stammen. Aus dem 13. Jahrhundert stammen vielleicht auch noch ›Sankt Margareten Büchlein‹ (726 Verse; eine Handschrift) sowie zwei oder drei nur fragmentarisch überlieferte Fassungen der Margaretenlegende.

TEXTE: ›Wallersteiner Margarete‹: Hrsg. von Karl Bartsch. In: Germanistische Studien. Bd. 1. Wien 1872, S. 1–30. – Wetzel von Bernau: ›Margarete‹: Hrsg. von Gerrit G. van den Andel. In: Die Margaretenlegende in ihren mittelalterlichen Versionen. Proefschrift Amsterdam 1933, S. 125–156. – Hartwig von dem Hage: ›Margarete‹: Hrsg. von Wolfgang Schmitz. In: Die Dichtungen des Hartwig von dem Hage. Göppingen 1976, S. 259–304; dazu: W. Schmitz in: VL 3, 1981, Sp. 535–536. – ›Sankt Margareten Büchlein‹: Hrsg. von Moriz Haupt. ZfdA 1 (1841), S. 151–193; dazu: Werner Williams-Krapp in: VL 5, 1985, Sp. 1239–1247.

Reinbot von Durne: ›Der heilige Georg‹

Die Legende vom ›Heiligen Georg‹ hat Reinbot von Durne erzählt (6134 Verse; vier Handschriften, fünf Fragmente).

Geori hat sich als Kämpfer gegen die Heiden in Kappadokien und anderswo einen Namen gemacht. Er folgt der Vorladung des Kaisers Dakian, obwohl er weiß, daß ihm dort der Tod droht. Er bekennt sich zu Jesus und bekehrt die Kaiserin Alexandrina, die das Martyrium erleidet. Geori wird geschlagen, aufs Rad geflochten, mit giftigen Pfeilen verwundet, zersägt und verbrannt, aber er übersteht alle Martern, predigt das Christentum, vollbringt Wunder und bekehrt Tausende zum wahren Glauben, die aber vom Kaiser alle »wie die Schweine mit Äxten erschlagen« werden (4119f.). Sieben Jahre dauern die Martern; dann wird Geori enthauptet. Der Kaiser und die Seinen werden durch ein großes Feuer vernichtet.

Reinbot war Hofdichter am bayerischen Herzogshof. Die Vorlage und den Auftrag zur Bearbeitung hat er von Herzog Otto II. und seiner Gemahlin Agnes erhalten. Die Herzogin (»der ich gehorsam ergeben bin« 56) hat ihm auch die Stilhöhe vorgeschrieben. Die Regierungszeit Ottos II. (1231–1253) gibt den Rahmen für die Datierung. Vielleicht war der Dichter auch als Notar in der herzoglichen Kanzlei tätig: eine Urkunde Ottos II. vom Jahr 1240 ist von einem Reimboto ausgefertigt worden. Ungeklärt ist, ob der Dichter nach einer lateinischen oder nach einer französischen Vorlage gearbeitet hat. Reinbot kannte die ältere Epik und stand besonders unter dem Einfluß Wolframs von Eschenbach. Der ›Willehalm‹ war das Vorbild für die Zeichnung des Heidenkämpfers und Ritterheiligen Geori. Reinbots eigene Leistung ist wahrscheinlich die Allegorie der Tugendburg, deren acht Räume den ritterlichen Tugenden geweiht sind (5751 ff.). Die breite Überlieferung zeigt, daß das Werk viel Zustimmung fand.

TEXT: Hrsg. von Carl von Kraus. Heidelberg 1907.

Lamprecht von Regensburg: ›Sankt Franzisken Leben‹

Die Vita des heiligen Franz von Assisi ist schon früh ins Deutsche übertragen worden. Der Verfasser war ein Laie namens Lamprecht, der mit dem Regensburger Franziskanerkonvent in Verbindung stand und den Wunsch hatte, selber in den Orden einzutreten (1761 f.); wir wissen, daß er diesen Plan später verwirklicht hat. ›Sankt Franzisken Leben‹ (5049 Verse; eine Handschrift) ist eine Übertragung der sogenannten ›Vita prima‹, der ersten offiziellen Lebensbeschreibung des heiligen Franziskus, die Thomas von Celano 1228 verfaßt hat. Lamprecht ist seiner lateinischen Vorlage recht genau gefolgt. Er hat sein Werk wahrscheinlich bald nach 1237 verfaßt. Seine Franziskus-Vita scheint wenig Resonanz gefunden zu haben; die einzige Handschrift stammt aus dem 13. Jahrhundert.

TEXT: Hrsg. von Karl Weinhold. Paderborn 1880; dazu: Joachim Heinzle in: VL 5, 1985, Sp. 520–524.

›Nikolaus‹

Die Legende vom heiligen Nikolaus wurde im 13. Jahrhundert in einem deutschen Epos erzählt, das vielleicht 4000–5000 Verse umfaßte, von dem jedoch nur Fragmente erhalten sind (779 Verse; eine Handschrift). Der Dichter scheint sich eng an seine lateinische Quelle, die Nikolaus-Vita des Johannes Diaconus (9. Jahrhundert) gehalten zu haben.

TEXT: Hrsg. von Karl Bartsch. In: Konrad von Würzburg: ›Partonopier und Meliur‹. Wien 1871, S. 333–342; dazu: Werner Williams-Krapp in: VL 6, 1987, Sp. 1037–1039.

›Christopherus‹

Der heilige Christopherus, ein Märtyrer der alten Kirche, ist im hohen Mittelalter zum Christusträger geworden. Die älteste deutsche Bearbeitung der Legende, der sogenannte ›Christopherus B‹ (2002 Verse; eine Handschrift) stammt von einem Dichter, der mit der höfischen Epik und mit der höfischen Lehrdichtung vertraut war. Da die Handschrift erst im 15. Jahrhundert geschrieben wurde und der Text keine sicheren Anhaltspunkte zur zeitlichen Fixierung bietet, bleibt die Datierung ins 13. Jahrhundert hypothetisch.

TEXT: Hrsg. von Anton E. Schönbach. ZfdA 26 (1883), S. 20–84; dazu: Hans-Friedrich Rosenfeld in: VL 1, 1978, Sp. 1230–1234.

Konrad von Würzburg: Legenden

Konrad von Würzburg hat drei Legenden für Mitglieder bedeutender Bürgerfamilien in Basel gedichtet: ›Silvester‹ (5222 Verse; eine Handschrift) für den Domherrn Liutold von Roeteln (urkundlich 1260–1316); ›Alexius‹ (1413 Verse; drei Handschriften) für Johannes von Bermeswil (urkundlich 1273) und Heinrich Iselin (urkundlich 1264–1294); ›Pantaleon‹ (2158 Verse; eine Handschrift) für Johannes von Arguel (urkundlich 1277–1311). Die Legenden sind wohl zwischen 1260 und 1280 entstanden, vermutlich in der Reihenfolge ›Silvester‹ – ›Alexius‹ – ›Pantaleon‹. Konrad hatte für alle drei lateinische Quellen und ist ihnen ziemlich genau gefolgt.

Silvester war ein Papst des 4. Jahrhunderts. Er befreit die Stadt Rom von einem Drachen und bekehrt den Kaiser Konstantin. In einer großen Disputation überwindet er zwölf jüdische Gelehrte und erweist die Überlegenheit des christlichen Glaubens, indem er einen getöteten Stier wieder zum Leben erweckt. Die Religionsgespräche füllen mehr als die Hälfte der Dichtung.

Alexius war der Sohn reicher Eltern in Rom. Er entflieht dem Reichtum und bleibt lange in Armut und Elend im Orient, bis er wieder nach Rom verschlagen wird, wo er unerkannt im Haus der Eltern lebt, als Bettler alle Erniedrigungen geduldig erleidend. Erst bei seinem Tod wird seine Identität offenbar. Wunder bestätigen seine Heiligkeit.

Der heilige Pantaleon war ein großer Arzt, der viele Menschen geheilt und zum Christentum bekehrt hat. Er wird beim Kaiser Maximian verleumdet, von diesem vorgeladen und dann den schlimmsten Martern ausgesetzt, die er alle erträgt. Zuletzt wird er enthauptet.

›Silvester‹ und ›Pantaleon‹ haben offensichtlich keine weite Verbreitung gefunden. Nur der ›Alexius‹ ist mehrmals abgeschrieben und im 15. Jahrhundert in Prosa aufgelöst worden. Er hat auch auf den anonymen ›Alexius A‹ (1155 Verse; drei Handschriften; um 1300) eingewirkt. Zwei weitere deutsche Versbearbeitungen, ›Alexius B‹ (522 Verse; vier Handschriften) und ›Alexius F‹ (1525 Verse; eine Handschrift) werden ebenfalls noch ins 13. Jahrhundert datiert.

TEXTE: ›Silvester‹: Hrsg. von Paul Gereke (ATB 19). Halle 1925. – ›Alexius‹: Hrsg. von Paul Gereke (ATB 20). Halle 1929. – ›Pantaleon‹: 2. Aufl. hrsg. von Winfried Woesler (ATB 21). Tübingen 1974.

Bruder Hermann: ›Das Leben der Gräfin Jolande von Vianden‹

›Das Leben der Gräfin Jolande von Vianden‹ von Bruder Hermann (5963 Verse; eine Handschrift) ist eigentlich keine Legende, sondern eine poetische Biographie: die Gräfin Jolande ist niemals heiliggesprochen worden. Sie wurde 1231 geboren, zeigte früh religiöse Neigungen, faßte mit zwölf Jahren den Entschluß, in das Dominikanerinnenkloster Mariental (bei Luxemburg) einzutreten, konnte diesen Plan gegen den entschiedenen Widerstand ihrer Eltern und ihrer Familie fünf Jahre später verwirklichen und hat dann noch 35 Jahre lang als Nonne und Priorin in Mariental gelebt, bis sie 1283 starb. Die Dichtung Bruder Hermanns ist ein kultur- und sozialgeschichtliches Dokument ersten Ranges. Der Autor hat die fünf Jahre der Prüfung und der Auseinandersetzung mit der Familie in den Mittelpunkt gerückt und hat mit ungewöhnlicher Intensität und erschütternder Direktheit geschildert, wie die junge Gräfin unbeirrt von allen Anfeindungen ihren Weg geht, wie rücksichtslos und gewaltsam vor allem die Mutter das Kind ihren ehrgeizigen Heiratsplänen unterwerfen will, wie sie die Tochter zwingt, an dem fröhlich-festlichen Hofleben in Vianden teilzunehmen, wie Jolande unter Tränen tanzt und singt und wie nicht einmal der Erzbischof von Köln und der große Albertus Magnus ihren Willen ändern können.

Bruder Hermann war mit den Einzelheiten der Lebensgeschichte gut vertraut; wahrscheinlich hat er die Informationen von Jolande selbst erhalten. Das Gedicht wird bald nach ihrem Tod verfaßt worden sein. Der Dichter ist wahrscheinlich identisch mit dem Frater H., der 1276 im Auftrag Jolandes die Dominikanerregel in deutsche Verse übertragen hat. ›Das Leben der Gräfin Jolande‹ war lange Zeit nur durch eine Abschrift des 17. Jahrhunderts bekannt. 1932 ist eine Handschrift des 14. Jahrhunderts aufgetaucht, aber wieder verlorengegangen, bevor sie wissenschaftlich ausgewertet werden konnte.

TEXT: Hrsg. von John Meier. Breslau 1889. – ÜBERSETZUNG von Pierre Grégoire. Luxemburg 1979. – LITERATUR: Wolfgang Jungandreas in: VL 3, 1981, Sp. 1049–1051.

Hugo von Langenstein: ›Martina‹

Auch die ›Martina‹ von Hugo von Langenstein (32588 Verse; eine Handschrift) ist kein Legendenepos im eigentlichen Sinn, sondern ein Kompendium der christlichen Lehre, gegliedert nach den Martern der heiligen Martina.

Martina ist eine vornehme Römerin, die sich zu Christus bekennt und sich weigert, die heidnischen Götter anzubeten. Sie wird von Kaiser Alexander Severus den Folterknechten übergeben, wird gegeißelt, auf eiserne Nägel gebunden, mit Schwertern geschlagen, den Löwen vorgeworfen, zerrissen und verbrannt; aber durch Gottes Gnade übersteht sie alle Martern unversehrt und bekehrt viele Menschen zum Christentum, bis sie schließlich enthauptet wird.

Zwischen die Schilderungen der elf Martern sind umfangreiche Abschnitte eingefügt, manche mehrere tausend Verse lang (›Von der Natur des Menschen‹, ›Von den Eheleuten‹, ›Vom Antichrist‹ usw.), die zusammen eine große Heils- und Lebenslehre bilden. Dabei hat sich der Dichter vielfach der allegorischen Darstellungs- und Auslegungsmethode bedient.

Hugo von Langenstein stammte aus einer Reichenauer Ministerialenfamilie und ist als Priester im Deutschen Orden in den Kommenden Bluggen (bei Basel) und Freiburg i. Br. von 1271 bis 1298 bezeugt. Die ›Martina‹ wurde 1293 vollendet; die Anregung dazu kam von einer Dominikanerin. Die Legende ist der lateinischen Vita nacherzählt. Für die lehrhaften Abschnitte waren die Schrift ›De miseria conditionis humanae‹ von Papst Innozenz III. und das ›Compendium theologicae veritatis‹ von Hugo Ripelin von Straßburg († vor 1270) die Hauptquellen. Die literarische Technik ist an Konrad von Würzburg geschult. Die ›Martina‹ war wahrscheinlich dazu bestimmt, bei den

Tischlesungen in Deutschordenshäusern vorgetragen zu werden. Im 14. Jahrhundert hat der Dichter des ›Daniel‹ das Werk benutzt.

TEXT: Hrsg. von Adelbert von Keller. Stuttgart 1856; dazu: Georg Steer in: VL 4, 1983, Sp. 233–239.

Legendare

Lateinische Legendensammlungen, meistens nach dem Heiligenkalender geordnet, hat es schon im frühen Mittelalter gegeben. Solche Sammlungen waren hauptsächlich für den Gebrauch in Predigt und Seelsorge bestimmt. Die einzelnen Legenden erscheinen darin meistens in einer abgekürzten Form. Die einflußreichsten lateinischen Sammlungen des 13. Jahrhunderts waren das ›Speculum historiale‹ von Vinzenz von Beauvais († um 1264) und die ›Legenda aurea‹ von Jacobus de Voragine († 1298). Auf der Grundlage dieser Werke sind gegen Ende des 13. Jahrhunderts die ersten deutschsprachigen Legendare entstanden.

›Passional‹

Das ›Passional‹ ist mit fast 110000 Versen die umfangreichste Dichtung des 13. Jahrhunderts. Das Werk besteht aus drei Teilen, die der Verfasser als »Bücher« bezeichnet hat: Der erste Teil (etwa 20000 Verse) handelt von Maria und Jesus. Der zweite Teil (etwa 21000 Verse) erzählt von den Aposteln und Evangelisten, von Johannes dem Täufer und Maria Magdalena. Der dritte Teil (etwa 66000 Verse) bringt 75 Heiligenlegenden, nach dem Kirchenjahr geordnet. Neben den Märtyrern der alten Kirche stehen die neuen Heiligen des 13. Jahrhunderts: Franz von Assisi, Dominicus, Elisabeth von Thüringen. Manche Legenden sind sehr kurz (›Von sante Marcello‹: 64 Verse), andere erreichen den Umfang kleiner Epen (›Von sante Augustino‹: 3564 Verse). Im ganzen war der Verfasser um Kürze und Schlichtheit bemüht: darin ist er seiner Hauptquelle, der ›Legenda aurea‹, gefolgt, die ihm das Material für das zweite und dritte Buch lieferte.

Die literarhistorische Einordnung der Dichtung macht große Schwierigkeiten. Von dem Verfasser wissen wir nur, daß er Priester war. Seine Sprache ist mitteldeutsch. Man vermutet, daß er für den Deutschen Orden gedichtet hat oder selber dem Orden angehörte; aber Beweise dafür gibt es nicht. Jedenfalls hat das ›Passional‹ auf die Ordensdichtung gewirkt. Die Entstehungszeit wird durch das Bekanntwerden der ›Legenda aurea‹

und das Einsetzen der ›Passional‹-Überlieferung auf etwa 1280 bis 1300 begrenzt. Offenbar ist die Dichtung in Teilen veröffentlicht worden; dafür spricht nicht nur, daß der Dichter Kritik an seinem Werk in späteren Partien zurückgewiesen hat; auch die Überlieferung deutet darauf: es gibt keine einzige Handschrift, die das ganze Werk enthält. Die vollständigen Handschriften überliefern entweder nur die Bücher I–II oder nur Buch III. Die Zahl der erhaltenen Textzeugen ist sehr groß: 96 Handschriften und Fragmente. Die meisten Handschriften stammen aus der ersten Hälfte des 14. Jahrhunderts; später haben Prosa-Legendare das ›Passional‹ verdrängt.

TEXT: Buch I–II: Hrsg. von Karl A. Hahn. Frankfurt a.M. 1845. – Buch III: Hrsg. von Karl Köpke. Quedlinburg, Leipzig 1852.

›Väterbuch‹

Das ›Väterbuch‹ (41542 Verse; sieben Handschriften, 28 Fragmente) ist eine Legendensammlung, die hauptsächlich von den Asketen, Eremiten und Wüstenheiligen der Alten Kirche erzählt. Die Hauptquelle waren die ›Vitas patrum‹, eine Legendensammlung des 6. Jahrhunderts, die im Mittelalter dem heiligen Hieronymus zugeschrieben wurden. Für die zweite Hälfte hat der Dichter außerdem die ›Legenda aurea‹ benutzt. Wegen der stilistischen Nähe zum ›Passional‹ nimmt man an, daß beide Werke von demselben Verfasser stammen; deswegen wird auch das ›Väterbuch‹ auf das Ende des 13. Jahrhunderts datiert.

TEXT: Hrsg. von Karl Reissenberger (DTM 22). Berlin 1914.

›Märterbuch‹

Vielleicht ist auch das ›Märterbuch‹ (28450 Verse; drei Handschriften, acht Fragmente, vier Exzerpte) noch ein Werk des 13. Jahrhunderts. Das Alter der neugefundenen Eisenstädter Bruchstücke (um 1300) deutet auf eine frühere Entstehungszeit, als bislang angenommen wurde. Das Werk enthält 103 Legenden, die nach dem Kirchenkalender geordnet sind. Die Quelle war eine lateinische Legendensammlung des 12. Jahrhunderts. Das ›Märterbuch‹ wurde im Auftrag einer Gräfin von Rosenberg (die bisher nicht identifiziert werden konnte) verfaßt. Ein großer Teil der Legenden ist gegen Ende des 14. Jahrhunderts in Prosa aufgelöst worden und in das Legendar ›Der Heiligen Leben‹ eingegangen.

TEXT: Hrsg. von Erich Gierach (DTM 32). Berlin 1928; dazu: Konrad Kunze in: VL 1, 1978, Sp. 1093–1095.

Fromme Erzählungen

Verserzählungen religiösen Inhalts hat es bereits im 12. Jahrhundert, in der ›Kaiserchronik‹, gegeben. Auch Der Stricker (›Der Richter und der Teufel‹) und Herrand von Wildonie (›Der nackte Kaiser‹) haben religiöse Themen behandelt. Die anonymen Stücke in den Kleinepiksammlungen des 14. und 15. Jahrhunderts sind meistens nicht genau zu datieren.

Die ›Vorauer Novelle‹ (649 Verse, unvollständig; eine Handschrift), von der nur der erste Teil erhalten ist, gehört zu den besten Dichtungen des 13. Jahrhunderts.

Zwei Adelskinder werden einem Kloster zur Erziehung übergeben, fliehen jedoch vor der Härte der klösterlichen Schulzucht und ergeben sich einem wilden Leben weltlicher Ausschweifungen. Von einem Meister erlernen sie die Schwarze Kunst, die ihre Seelen dem Teufel anheimgibt. Während der eine im Angesicht des Todes an Gott und Maria verzweifelt, bereut der andere seine Sünden und bittet den sterbenden Freund, ihm nach dreißig Tagen zu erscheinen.

Wir wissen, wie die Geschichte weiterging: Der Tote erscheint zum vereinbarten Zeitpunkt und schildert dem Freund die furchtbaren Qualen, die er in der Hölle erleiden muß. Wenn der Dichter diesen Hauptteil genauso ausführlich dargestellt hat wie den Abschied der beiden Freunde, könnte die Dichtung den Umfang eines kleinen Epos gehabt haben. Der Autor hat seine lateinische Vorlage, eine Prosaerzählung aus dem Zisterzienserkloster Rein in der Steiermark (›Reuner Relation‹), sehr frei behandelt. Er kannte die höfische Epik und steht stilistisch Konrad von Würzburg nahe. Daher ist es fraglich, ob die Datierung in die erste Hälfte des 13. Jahrhunders (auf Grund des paläographischen Befundes der Vorauer Handschrift) zuverlässig ist.

Konrad von Würzburg: ›Der Welt Lohn‹ (274 Verse; sieben Handschriften, zwei Fragmente).

Herr Wirnt von Grafenberg, ein in allen weltlichen und höfischen Tugenden ausgezeichneter Ritter, erhält Besuch von einer unbekannten, herrlich geschmückten Dame, die sich ihm als Frau Welt zu erkennen gibt und die ihm offenbart, welchen Lohn derjenige zu erwarten hat, der ihr dient, indem sie ihm ihren ekelhaften, von Würmern und Ungeziefer zerfressenen Rücken zeigt. Der Ritter verläßt daraufhin Frau und Kinder und zieht zur Buße als Kreuzritter ins Heilige Land.

Die Gestalt der Frau Welt war dem deutschen Publikum seit den Altersliedern Walthers von der Vogelweide bekannt. Konrad hat als Quelle wahrscheinlich ein lateinisches Predigtexempel benutzt. Was ihn veranlaßte, Wirnt von Grafenberg zum Helden der Geschichte zu machen, ist unklar; vielleicht hat er sich vom Prolog des ›Wigalois‹ inspirieren lassen, wo der Dichter versichert, er habe sein Werk »der Welt zu Liebe« (142) gedichtet. ›Der Welt Lohn‹ hatte eine große Wirkung und ist im Spätmittelalter mehrfach neu bearbeitet worden.

Die Geschichte der Freunde Amicus und Amelius, denen kein Opfer zu groß ist, das ihre Freundschaft ihnen abfordert, wurde im hohen Mittelalter zu einer legendenhaften Erzählung: die beiden Freunde fallen als Märtyrer in den Kämpfen Karls des Großen gegen die Langobarden. Von einer deutschen ›Amicus und Amelius‹-Dichtung des 13. Jahrhunderts sind nur Fragmente erhalten (76 Verse; eine Handschrift).

Ins 13. Jahrhundert gehört sicherlich auch der ›Mönch Felix‹ (380 Verse; vier Handschriften).

Der fromme Zisterziensermönch Felix wird eines Morgens von dem bezaubernden Gesang eines Vogels aus dem Kloster gelockt und in die Freuden der ewigen Seligkeit entrückt. Als er zum Kloster zurückkehrt, erkennt ihn niemand mehr: inzwischen sind hundert Jahre vergangen. Ein uralter Greis erinnert sich, daß einst der Mönch Felix spurlos verschwunden ist.

Zugrunde liegt ein lateinisches Predigtexempel. Das deutsche Gedicht ist in drei Fassungen überliefert; weitere Bearbeitungen des Stoffes in Vers und Prosa stammen aus dem Spätmittelalter.

Texte: ›Vorauer Novelle‹: Hrsg. von Anton E. Schönbach. SB AW Wien. Phil.-hist. Klasse. Bd. 140, Nr. 4. Wien 1899, S. 42–68. – Konrad von Würzburg: ›Der Welt Lohn‹: Hrsg. von Edward Schröder. In: Konrad von Würzburg: Kleinere Dichtungen. Bd. 1, 3. Aufl. Berlin 1959, S. 1–11. – ›Amicus und Amelius‹: Hrsg. von Hellmut Rosenfeld. PBB 90 (1968), S. 43–56; dazu: H. Rosenfeld in: VL 1, 1978, Sp. 329 bis 330. – ›Mönch Felix‹: Hrsg. von Erich Mai. Berlin 1912; dazu: Nigel F. Palmer in: VL 6, 1987, Sp. 646–649.

Geistliche Spiele

Geistliche Spiele in lateinischer Sprache gibt es seit dem 11. Jahrhundert. Der Übergang zur Volkssprache setzt in Frankreich bereits im 12. Jahrhundert ein, in Deutschland später. Die ersten deutschen Szenen im Kontext lateinischer Spiele stammen aus der ersten Hälfte des 13. Jahrhunderts; die ersten vollständig deutschen Spiele sind in der zweiten Hälfte des 13. Jahrhunderts entstanden. Über die Aufführungsform ist so gut wie nichts bekannt. Die Texte sind anonym: ein Zeichen dafür, daß in diesem Bereich der Literatur nicht die individuelle Kunstleistung zählte. Allerdings zeigen einige der ältesten Spiele in Metrik und Stil eine Schulung an der höfischen Dichtung. Diese Ansätze sind jedoch nicht weiterverfolgt worden. Kennzeichnend für die späteren Spiele ist nicht die literarische Durchgestaltung, sondern ihre erbauliche und lehrhafte Volkstümlichkeit.

LITERATUR: Rolf Bergmann, Spiele, Mittelalterliche geistliche. In: Reallexikon der deutschen Literaturgeschichte. 2. Aufl. Bd. 4. Berlin, New York 1984, S. 64–100. – Hansjürgen Linke, Drama und Theater. In: Die deutsche Literatur im späten Mittelalter. Teil 2. Hrsg. von Ingeborg Glier (vgl. S. 54), S. 153–233.

Passionsspiele

In den Passionsspielen ist meistens die heilige Handlung vom Einzug Christi in Jerusalem bis zur Auferstehung dargestellt; manchmal wird die ganze Lebensgeschichte Christi einbezogen. Das älteste Zeugnis für ein Passionsspiel in Deutschland stammt aus dem Jahr 1227: damals ließ Landgraf Ludwig IV. von Thüringen in Eisenach ein Passionsspiel aufführen; wir wissen nicht, ob es ein lateinisches oder ein deutsches Spiel war.

Das ›Große Benediktbeurer Passionsspiel‹ (284 Zeilen; eine Handschrift) steht in der Münchener ›Carmina Burana‹-Handschrift unter den Nachträgen, die wohl schon in der ersten Hälfte des 13. Jahrhunderts geschrieben worden sind. Es ist ein lateinisches Spiel, teils in Prosa, teils in Strophen, das mit der Berufung der ersten Jünger beginnt und mit dem Tod Christi am Kreuz endet. Besonders breit ausgestaltet sind zwei Szenen: die Bekehrung der Maria Magdalena, die fast ein Drittel des Ganzen füllt, und die Klagen Marias unter dem Kreuz. In diesen beiden Partien finden sich deutsche Textteile, insgesamt 73 Verse. Maria Magdalena singt Strophen der Weltlust auf deutsch und wendet sich auf deutsch an den Krämer, um Schminke zu kaufen. Später beginnt Maria ihre Klage mit vier deutschen Strophen. Außerdem spricht Longinus zwei deutsche Verspaare. Die Anspielungen auf den höfischen Minnebetrieb in den Reden Maria Magdalenas rücken die höfische Liebe in das Zwielicht käuflicher Gunst und sündhafter Weltlichkeit.

TEXT: Hrsg. von Otto Schumann u. Bernhard Bischoff. In: Carmina Burana. Bd. 1, Teil 3. Heidelberg 1970, S. 149–175. ÜBERSETZUNG von Benedikt K. Vollmann. In: Carmina Burana. Frankfurt a.M. 1987, S. 816–859.

Aus der Mitte oder der zweiten Hälfte des 13. Jahrhunderts stammen die Bruchstücke des ›Himmelgartner Passionsspiels‹ in niederdeutscher Sprache, in dem auch die Kindheit Jesu dargestellt war. Erhalten sind nur wenige Verse, die kein Urteil über das Ganze erlauben.

TEXT: Hrsg. von Eduard Sievers. ZfdPh 21 (1889), S. 393–395; dazu: Rolf Bergmann in: VL 4, 1983, Sp. 27–28.

Osterspiel

Am Ostermorgen gehen die drei Marien zum Grab Christi, um den Leichnam zu salben. Sie finden das Grab leer und hören von den Engeln, die dort wachen, daß Christus auferstanden ist. Diese Szene der *visitatio sepulchri* (Besuch des Grabes) ist schon seit dem 10. Jahrhundert in der Frühmette des Ostersonntags dargestellt worden. Im 12. Jahrhundert wurde dann die ganze biblisch bezeugte Handlungsfolge von der Grablegung bis zu den Erscheinungen Christi vor Maria Magdalena und den Jüngern nachgespielt, zuerst lateinisch, später auch auf deutsch. Das älteste deutsche Osterspiel ist das ›Osterspiel von Muri‹ (612 Verse, unvollständig; eine Handschrift), das nach dem Befund der Handschrift in der zweiten Hälfte des 13. Jahrhunderts entstanden ist. Der Text ist auf einer Pergamentrolle geschrieben, die etwa zwei Meter lang und zwanzig Zentimeter breit war; erhalten ist davon nur etwa die Hälfte. Die Rollenform ist ein Indiz dafür, daß der Text nicht gelesen oder vorgelesen werden sollte, sondern für die Aufführung bestimmt war. Welchen Zweck die Rolle dabei erfüllte, ist nicht ganz klar. Regieanweisungen fehlen; daher besteht über die Bühnenverhältnisse und den Aufführungsstil keine Sicherheit. Die literarische Bedeutung des Spiels liegt in der kunstvollen Verknüpfung der Szenen und in der dramatischen Ausgestaltung einzelner Rollen. Die Verstechnik und der Redestil sind an der höfischen Dichtung orientiert. Die Bewertung der adligen Hofkultur ist jedoch ganz negativ: höfischer Zierrat, Schmuck und Schminkmittel erscheinen als weltlicher Tand.

Text: Hrsg. von Friedrich Ranke. Aarau 1944. – Übersetzung von Rudolf Meier (Reclam 8660). Stuttgart 1962. – Literatur: Max Wehrli in: VL 7, 1989, Sp. 119–124.

Weihnachtsspiel

Lateinische Dreikönigsspiele hat es bereits im 11. Jahrhundert gegeben. Als ältestes deutschsprachiges Weihnachtsspiel gilt das ›St. Galler Weihnachtsspiel‹ (1081 Verse; eine Handschrift), das in einer geistlichen Sammelhandschrift des 15. Jahrhunderts überliefert ist. Daß der Text aus dem 13. Jahrhundert stammt, ist bloß eine Vermutung, die sich hauptsächlich auf die Verwandtschaft mit dem lateinischen ›Benediktbeurer Weihnachtsspiel‹ aus dem 13. Jahrhundert stützt. Beide Texte beginnen mit einem Prophetenspiel. Wie das ›Osterspiel von Muri‹ zeigt das St. Galler Spiel Einflüsse der höfischen Dichtung. Die volkstümlichen Motive der Herbergssuche und das Kindelwiegen, die in den späteren Weihnachtsspielen eine große Rolle spielen, sind hier noch ausgespart.

Text: Hrsg. von Emilia Bätschmann. Bern 1977; dazu: Hansjürgen Linke in: VL 2, 1980, Sp. 1056–1058.

Marienspiel

Zum ›Amorbacher Mariae Himmelfahrtspiel‹ vgl. S. 380.

Didaktische und allegorische Dichtung (Geistliche Reden)

Als »geistliche Reden« bezeichnet man alle religiösen Reimpaargedichte, die lehrhafte oder erbauliche Ziele verfolgen. Die Spannbreite reicht von kurzen Reimgebeten bis zu umfangreichen Lehrgedichten. Die folgende Übersicht ist nach Sachgebieten geordnet.

Literatur: Ingeborg Glier, Kleine Reimpaargedichte und verwandte Großformen. In: Die deutsche Literatur im späten Mittelalter. Teil 2 (vgl. S. 54), S. 18–141.

Glaubenslehre

Der Stricker hat drei geistliche Lehrgedichte verfaßt, die dogmatische Fragen behandeln: ›Vom heiligen Geist‹ (878 Verse;

drei Handschriften), ›Von der Messe‹ (1172 Verse; sechs Handschriften) und ›Processus Luciferi‹ (540 Verse; zwei Handschriften); im ›Processus Luciferi‹ wird begründet, wie der Rechtsanspruch des Teufels auf den Menschen abzuweisen und zu widerlegen ist.

Um Glaubenslehre geht es auch in der umfangreichen ›Auslegung des Vaterunsers‹ von Heinrich von Krolewitz (4889 Verse; zwei Handschriften, drei Fragmente). Der Dichter wird ein Geistlicher gewesen sein; daß er am Hof des Grafen Gunzelin III. von Schwerin gelebt habe, ist ohne Fundament. Das Vaterunser wird Satz für Satz erklärt; in die weitläufigen Deutungen sind Lehren verschiedener Art eingelegt. Eine lateinische Quelle ist nicht nachgewiesen; der Verfasser hat offenbar weitgehend selbständig gearbeitet. Er rechtfertigt sein Werk damit, daß noch niemand die Bedeutung des Vaterunsers auf deutsch (»für die Dummen« 4641) erklärt habe. Drei Jahre hat die Arbeit an den knapp 5000 Versen gedauert, von 1252 bis 1255. Die Dichtung ist noch im 14. Jahrhundert mehrfach abgeschrieben worden. Das Rostocker Fragment bezeugt eine Übertragung ins Niederdeutsche.

›Warum Gott sein Haupt neigt‹ (296 Verse; zwei Handschriften): der Verfasser nennt, im Anschluß an Bernhard von Clairvaux, fünf Gründe, die das Wesen Gottes erkennen lassen.

Texte: Die Kleindichtung des Strickers (vgl. S. 295). Bd. 2, Nr. 11–13, S. 10–133. – Heinrich von Krolewitz: ›Vaterunser‹: Hrsg. von G. C. Friedrich Lisch. Quedlinburg, Leipzig 1839; dazu: Bernd Adam in: VL 3, 1983, Sp. 761–762. – ›Warum Gott sein Haupt neigt‹: Hrsg. von Gustav Rosenhagen. In: Kleinere mittelhochdeutsche Erzählungen, Fabeln und Lehrgedichte. Bd. 3 (DTM 17). Berlin 1909, S. 31–35.

Tugend- und Sündenlehre

›Die Warnung‹

›Die Warnung‹ (3932 Verse, der Schluß fehlt; eine Handschrift) ist eine große Bußpredigt, die vor den Verführungen der Welt warnt und dazu aufruft, die Vergänglichkeit alles Irdischen zu erkennen. Offenbar hat der Dichter hauptsächlich an ein höfisches Publikum gedacht; denn immer wieder ist vom Hofleben und von weltlichen Vergnügungen die Rede. Dabei sind die Wertungen des Verfassers auf so merkwürdige Weise zwiespältig, daß man sogar die Einheitlichkeit des Gedichts angezweifelt hat. Auf der einen Seite wird das ganze weltliche Leben als sündhaft verdammt; auf der anderen Seite spricht der Dichter voll Wehmut und mit warmer Anteilnahme von der Schönheit der Welt und von dem früheren Glanz des höfischen Lebens. Ob dieser Wechsel der Perspektive biographisch zu erklären ist, steht dahin. Der Verfasser, wahrscheinlich ein Laie, hat seine Reim- und Verstechnik an der höfischen Dichtung geschult; seine Sprache ist bairisch-österreichisch. Die Datierung stützt sich auf die Klage, daß das Heilige Land in die Hände der Heiden gefallen sei (1715ff.): das konnte im 13. Jahrhundert zu jeder Zeit gesagt werden, besonders aber nach dem endgültigen Fall Jerusalems im Jahr 1244.

TEXT: Hrsg. von Leopold Weber. München 1912.

›Diu vrône botschaft‹

›Diu vrône botschaft‹ (890 Verse; eine Handschrift) gehört zur Gattung der Himmelsbriefe, deren lateinische Texttradition bis ins Frühmittelalter zurückreicht. Auf dem St. Petersaltar in Jerusalem erscheint eine Marmortafel, auf der eine Botschaft Gottes geschrieben steht, die ein Engel verliest: Gott mahnt die Menschen, den Sonntag zu heiligen, und droht ihnen mit seinem Zorn. Eine Stimme vom Himmel kommentiert die Botschaft. Zuletzt wird von einem Strafgericht über Jerusalem erzählt. Das Gedicht, das im Versbau die Regeln der höfischen Metrik mißachtet, war für Laien bestimmt. Die Handschrift stammt aus dem 13. Jahrhundert

TEXT: Hrsg. von Robert Priebsch. Graz 1895.

›Die Unterweisung zur Vollkommenheit‹

›Die Unterweisung zur Vollkommenheit‹ (342 Verse; eine Handschrift) beginnt als Gespräch des Dichters mit Maria über den Weg zur Vollkommenheit; daran schließen sich spruchartige Lehren über religiöse Tugenden und wahre Frömmigkeit an. Eine Quelle ist nicht nachgewiesen. Die Handschrift wird um 1300 datiert.

TEXT: Hrsg. von Fedor Bech. Germania 22 (1877), S. 167–181.

›Der Streit der vier Töchter Gottes‹

›Der Streit der vier Töchter Gottes‹ (485 Verse; etwa zehn Handschriften, mehrere Fassungen) geht auf eine Predigt Bernhards von Clairvaux zurück. Gott hat die Menschen mit Wahrheit, Gerechtigkeit, Barmherzigkeit und Frieden, seinen vier

Töchtern, begabt. Beim Urteil über den Sündenfall fordern Wahrheit und Gerechtigkeit die Bestrafung des Menschen, die beiden anderen bitten um Gnade für ihn. Durch die Menschwerdung Christi wird der Konflikt gelöst. Die Datierung ins 13. Jahrhundert ist unsicher.

TEXT: Hrsg. von Karl Bartsch. In: Die Erlösung. Quedlinburg, Leipzig 1858, S. IX–XX.

›Der Sünden Widerstreit‹

›Der Sünden Widerstreit‹ (3524 Verse; drei Handschriften, zwei Fragmente) ist die erste deutschsprachige allegorische Dichtung in der Tradition von Prudentius' ›Psychomachia‹ (um 400). Das Thema ist, wie bei Prudentius, der Kampf der personifizierten Tugenden und Laster. Die Laster werden von der Sünde angeführt; deren Gefolgsleute sind Hoffahrt, Ungehorsam, Zorn, Haß, Neid, Falschheit, Untreue, Lüge, Begierde und viele andere. Ihnen stehen Vernunft, Weisheit, Beichte, Reue, Guter Wille, Barmherzigkeit, Wahrheit, Gerechtigkeit usw. unter Führung der Liebe gegenüber. Die Kämpfe werden kaum beschrieben; im Mittelpunkt steht die Mahnung, als »Gottesritter« (437) in »dieser neuen Ritterschaft« (3466) gegen das Böse mitzukämpfen. Der Titel ›Der Kampf gegen die Sünden‹ wird im Text genannt (3428); der Dichter hat dem Werk aber noch einen zweiten Titel gegeben: ›Des lîben Christes bûchelîn‹ (3430). Eine Quelle ist nicht bekannt. Der Grundgedanke der geistlichen Ritterschaft war gewiß für die Deutschordensritter besonders interessant. Ob der thüringische Dichter dem Orden angehörte, ist nicht auszumachen; die Überlieferungsgeschichte (die bereits Ende des 13. Jahrhunderts einsetzt) zeigt jedoch, daß die Dichtung im Deutschen Orden gelesen wurde.

TEXT: Hrsg. von Victor Zeidler. Graz 1892.

Hohelied-Auslegung

Brun von Schönebeck: ›Das Hohelied‹

›Das Hohelied‹ von Brun von Schönebeck (12719 Verse; eine Handschrift, zwei Fragmente) ist in drei Teile gegliedert: zwei kürzere erzählende Teile, die von der Werbung Salomos um die Tochter Pharaos, von der Ankunft der Braut und von der Hochzeit berichten, und ein sehr umfangreicher auslegender Teil (über 11000 Verse), in dem die erzählte Handlung allegorisch (die Braut als Maria), tropologisch (die Braut als die menschliche Seele) und anagogisch (im Hinblick auf die letzten Dinge) gedeutet wird. Die dreifache Auslegung hat der Autor seiner lateinischen Quelle entnommen, der ›Expositio in Cantica Canticorum‹ von Honorius Augustodunensis aus dem 12. Jahrhundert, die ihm das Grundgerüst lieferte, von der er aber sowohl in der Anordnung des Stoffes als auch in vielen Einzelheiten abgewichen ist. Brun hat zahlreiche lateinische Prosasätze, meistens Zitate aus dem ›Hohenlied‹, zwischen die deutschen Verse eingeschoben, was der Dichtung den Anstrich eines gelehrten Werkes gibt. Er beruft sich auf Kirchenväter, Theologen und antike Schriftsteller, die er sicherlich nicht alle selber gelesen hat. Sein theologischer Gewährsmann war der Magdeburger Lesemeister Heinrich von Huxere, dem er für die Vermittlung der Vorlage dankt (12459ff.). Nach eigener Angabe ist das Werk im Jahr 1276 vollendet worden; angeblich hat die Arbeit daran nur ein Jahr gedauert (12530ff.). Brun hat hochdeutsch gedichtet und hat sich an der höfischen Dichtung orientiert; sein stilistisches Vorbild war Wolfram von Eschenbach. Er hat »Herren« und »liebe Schwestern« (2038) angesprochen, die er sich als »Hörer« und »Leser« (12542) dachte.

TEXT: Hrsg. von Arwed Fischer. Tübingen 1893; dazu: Ludwig Wolff in: VL 1, 1978, Sp. 1056–1061.

Mystisches

Lamprecht von Regensburg: ›Tochter Syon‹

›Die Tochter Syon‹ von Lamprecht von Regensburg (4312 Verse; drei Handschriften, ein Fragment) ist ein allegorisches Gedicht, das den Aufstieg der Seele zu Gott und die bräutliche Vereinigung mit dem Himmelskönig zum Thema hat. Eine »Tochter Syon« wird die Seele genannt, die sich Gott zuwendet und die den Wunsch hat, ihn ganz zu erkennen und mit ihm eins zu werden. Glaube (*Fides*) und Hoffnung (*Spes*) helfen ihr, den Weg zu finden. Weisheit (*Sapientia*) und Liebe (*Caritas*) werden vom Himmel herabgebeten, um die Seele zum himmlischen Bräutigam zu geleiten, mit dem sie sich in mystischer Hochzeit vereinigt.

Zugrunde liegt ein lateinischer Prosatraktat (›Filia Syon‹), der von der Brautmystik Bernhards von Clairvaux angeregt ist. Lamprecht hat *die materie und den sin* (58) seiner Dichtung von Bruder Gerhard, dem Leiter der oberdeutschen Franziskanerprovinz, erhalten. Er ist der Vorlage recht genau gefolgt, hat sie aber durch eingelegte fromme Betrachtungen und allegorische Deutungen erweitert. Dabei hat er auch seines früheren Weltlebens und seiner Bekehrung zu franziskanischer Frömmigkeit gedacht (1343 ff.). Das Werk war wohl in erster Linie für seine Ordensbrüder bestimmt.

TEXT: Hrsg. von Karl Weinhold. Paderborn 1880.

›Alemannische Tochter Syon‹

Es gibt noch eine zweite, viel kürzere ›Tochter Syon‹ aus dem 13. Jahrhundert (596 Verse; zwei Handschriften): ein alemannisches Gedicht, das poetisch anspruchsvoller und noch stärker mystisch geprägt ist. Hier tritt der Handlungsgang gegenüber den erklärenden Reden der allegorischen Gestalten in den Hintergrund. Das Gedicht wurde im 14. Jahrhundert in den Mystikerkreisen der süddeutschen Dominikanerinnen benutzt.

TEXT: Hrsg. von Theodor Merzdorf. In: Der Mönch von Salzburg. Berlin 1870, S. 129–144.

›Der Seele Kranz‹

›Der Seele Kranz‹ (342 Verse; mindestens acht Textzeugen) beschreibt den Weg zu Gott und zu den Freuden des Himmelreichs. Zuerst soll der Mensch seine Sünden bereuen und Buße leisten. Dann soll er »die himmlische Straße« (138) gehen und am Weg die Blumen der Tugend pflücken. An der Pforte zum Himmel wächst die wahre Liebe: wer sie in den Kranz der Tugenden flicht und damit vor Gott tritt, hat das Ziel erreicht. Das Gedicht stammt offenbar aus denselben Kreisen rheinischer Nonnenmystik wie ›Die Lilie‹, ›Die Rede von den fünfzehn Graden‹ und das ›Rheinische Marienlob‹. Die Textbezeugung setzt bereits im 13. Jahrhundert ein. Im Spätmittelalter war das Gedicht vor allem im mittelfränkisch-niederrheinischen Gebiet verbreitet. Es gibt auch einen Kölner Druck von 1513. Die Textfassungen weichen im Umfang und im Wortlaut beträchtlich voneinander ab.

TEXT: Hrsg. von Gustav Milchsack. PBB 5 (1878), S. 548–569; dazu: Eduard Hartl in: VL (1. Aufl.) 4, 1953, Sp. 141–146.

Eschatologisches

›Von dem jüngsten Tage‹

Das alemannische Gedicht ›Von dem jüngsten Tage‹ (zwei Fassungen, 758 und 330 Verse; zehn Handschriften, ein Druck) schildert das Weltgericht, bei dem die Seligen von den Verdammten geschieden werden. Die Bettelmönche, zu denen sicherlich auch der Dichter gehörte, werden als »eine neue Ritterschaft« (681) gefeiert, der ein Platz auf dem Thron des Himmels sicher ist, während der ganze Reigen der hohen geistlichen und weltlichen Würdenträger in die Hölle abgeführt wird. Im Stil der franziskanischen Predigt wettert der Dichter gegen diejenigen, die den Verlockungen der Welt erliegen, und malt ihnen in grellen Farben die Qualen der Hölle aus, die sie zu erwarten haben. Dabei scheint er besonders an ein weltliches Adelspublikum gedacht zu haben: die Herren müssen sich für »Turniere, Brennen, Hoffahrt, Raub« verantworten (439), während den Damen die Freude am Tanz und Spiel und ihr höfischer Kleiderprunk zum Vorwurf gemacht wird (471 ff.). Die Überlieferung beginnt im 13. Jahrhundert und reicht bis zum Magdeburger Druck vom Ende des 15. Jahrhunderts.

TEXT: Hrsg. von L. A. Willoughby. London 1918; dazu: Andreas Wang in: VL 4, 1983, Sp. 929–931.

›Die fünfzehn Vorzeichen des Jüngsten Gerichts‹

›Die fünfzehn Vorzeichen des Jüngsten Gerichts‹ sind eine Aufzählung und Beschreibung der schrecklichen Vorboten des Weltendes: das Meer steigt über die Berge, die Pflanzen schwitzen blutigen Tau, die Sterne fallen vom Himmel, die Menschen sterben, die Erde verbrennt. Das Thema ist seit dem 11. Jahrhundert in lateinischer Sprache, später in fast allen Volkssprachen behandelt worden. Man hat über 120 verschiedene Fassungen nachgewiesen, davon dreißig in deutscher Sprache. Die älteste deutsche Bearbeitung stammt aus dem 12. Jahrhundert (Frau Ava). Im 13. Jahrhundert werden die fünfzehn Vorzeichen im ›Hohenlied‹ Bruns von Schönebeck, in der ›Martina‹ von Hugo von Langenstein und in einem Spruchgedicht des Meißners genannt. Die selbständigen Bearbeitungen sind nicht genau zu datieren; ein kurzes Gedicht (90 Verse) in einer Pommersfeldener Handschrift ist wohl im 13. Jahrhundert entstanden.

TEXT: Hrsg. von Irene Schmale-Ott. ZfdA 85 (1954/55), S. 229–234; dazu: Hans Eggers in: VL 2, 1980, Sp. 1013–1020.

Gebete

Gereimte Gebete aus dem 13. Jahrhundert gibt es in großer Zahl. Das meiste sind Spruchgebete in sangbaren Strophen, die von Spruchdichtern verfaßt worden sind. Gebete in unsanglichen Reimpaaren finden sich unter den geistlichen Reden des Strickers. Eine Sonderform stellen die Tageszeitengebete dar.

Zu den ältesten deutschen Texten gehören ›Die sieben Tagzeiten‹ von Hartwig von dem Hage (1560 Verse; zwei Handschriften). Über den Dichter, der wohl am Ende des 13. Jahrhunderts gearbeitet hat, ist sonst nichts bekannt. Der Text ist nach den sieben Stundengebeten gegliedert und behandelt die verschiedenen Stationen des Leidensweges Christi.

TEXT: Hrsg. von Wolfgang Schmitz. In: Die Dichtungen des Hartwig von dem Hage. Göppingen 1976, S. 305–385; dazu: W. Schmitz in: VL 3, 1981, Sp. 535–536.

Geistliche Prosa

Im 13. Jahrhundert entstand ein umfangreiches religiöses Prosaschrifttum in deutscher Sprache, für das es um 1300 keine Grenze und keinen Einschnitt gab. Diese Prosaliteratur ist erst in den letzten Jahrzehnten zu einem bevorzugten Forschungsgegenstand geworden; die entscheidenden Anregungen dazu kamen von Wolfgang Stammler und besonders von Kurt Ruh.

Geistliche Prosa war in großem Umfang Übersetzungsliteratur. Es gibt im 13. Jahrhundert Bibelprosa in Form von Evangelienharmonien (›Das Leben Jesu‹; ›Himmelgartner Evangelienharmonie‹), Evangelienübertragungen (Londoner ›Matthäus‹-Fragment) und Evangelienperikopen (Berliner Fragment; Holzmindener Bibel-Fragmente), die hier nicht einzeln besprochen werden. Auch auf die frühen Prosa-Übertragungen von Ordensregeln (›Augsburger Drittordensregel‹, ›Augsburger Klarissenregel‹, ›Straßburger Dominikanerinnen-Konstitutionen‹ usw.) kann hier nicht eingegangen werden. Besondere Erwähnung verdient jedoch die bereits um die Mitte des 13. Jahrhunderts entstandene Übertragung der lateinischen Statuten des Deutschen Ordens in deutsche Prosa. Der deutsche Text ist in einer auf das Jahr 1264 datierten Handschrift überliefert (sowie in 22 weiteren Handschriften des 13. bis 15. Jahrhunderts). Die meisten frühen Prosawerke lassen sich nach ihrer Bestimmung dem lehrhaften und erbaulichen Schrifttum zurechnen, nach ihrer Gattungsform den Traktaten. Eigene Schwerpunkte bilden daneben die Anfänge der Frauenmystik und die Predigten.

LITERATUR: Wolfgang Stammler, Mittelalterliche Prosa in deutscher Sprache. In: Deutsche Philologie im Aufriß. 2. Aufl. Bd. 2. Berlin 1960, Sp. 749–1102. – Kurt Ruh, Geistliche Prosa. In: Europäisches Spätmittelalter. Hrsg. von Willy Erzgräber. Wiesbaden 1978, S. 565–605. – Georg Steer, Geistliche Prosa. In: Die deutsche Literatur im späten Mittelalter. Teil 2 (vgl. S. 54), S. 306–370.

Geistliche Unterweisung und Erbauung

David von Augsburg

Im 13. Jahrhundert war David von Augsburg der bedeutendste Vertreter franziskanischer Wissenschaft und Mystik in Deutschland. Er ist um 1240 als Novizenmeister am Regensburger Ordenskonvent bezeugt und ist 1272 gestorben. Mit Berthold von Regensburg, den er auf seinen Reisen begleitet hat, stand er in enger Verbindung. Sein lateinisches Hauptwerk, ›Von der Zusammensetzung des äußeren und des inneren Menschen‹ (›De exterioris et interioris hominis compositione‹) war eines der wirkungsstärksten geistlichen Lehrbücher: es gibt davon mehr als 370 Textzeugen.

Wieviele und welche deutsche Prosaschriften David von Augsburg verfaßt hat, ist unsicher, weil die meisten Stücke anonym überliefert sind. Direkt bezeugt ist seine Autorschaft nur für ›Die sieben Vorregeln der Tugend‹; als seine Werke gelten auch ›Der Spiegel der Tugend‹, ›Von der Offenbarung und Erlösung des Menschengeschlechts‹, ›Von der Erkenntnis der Wahrheit‹ und ›Von der Anschauung Gottes‹ (die letzten beiden stammen vielleicht aus dem Schülerkreis). Außerdem werden ihm ›Die sieben Staffeln des Gebets‹ und die Auslegungen des ›Paternoster‹ und des ›Ave Maria‹ zugeschrieben. In seinen deutschen Schriften gibt David von Augsburg Anleitungen zu einem christlichen Leben in Tugend, Askese und Frömmigkeit. Sein wichtigstes Thema ist der Weg des Menschen zur Vollkommenheit, bis hin zur Vereinigung der Seele mit Gott. Seine Prosa beeindruckt durch die außerordentliche Klarheit und Sicherheit des Stils.

TEXTE: Hrsg. von Franz Pfeiffer. In: Deutsche Mystiker des 14. Jahrhunderts. Bd. 1. Leipzig 1845, S. 309–397. – ›Die sieben Staffeln des Gebetes‹: Hrsg. von Kurt Ruh. München 1965. – ›Paternoster‹: Hrsg. von Francis M. Schwab. München 1971. – ›Ave Maria‹: Hrsg. von Kurt Ruh. In: Franziskanisches Schrifttum im deutschen Mittelalter II. München, Zürich 1985, S. 283–298. – LITERATUR: K. Ruh in: VL 2, 1980, Sp. 47–58.

›Von der Menschwerdung Christi‹

Im Zusammenhang mit den deutschen Schriften Davids von Augsburg ist der Traktat ›Von der Menschwerdung Christi‹ überliefert (7 Seiten in Pfeiffers Ausgabe; eine Handschrift). Er handelt von der Erschaffung der Menschheit und dem Erlösungswerk durch die Inkarnation Christi. Die Handschrift wird um 1300 datiert.

TEXT: Hrsg. von Franz Pfeiffer. In: Deutsche Mystiker des 14. Jahrhunderts. Bd. 1. Leipzig 1845, S. 398–405; dazu: Kurt Ruh in: VL 6, 1987, Sp. 399–401.

›Der Baumgarten geistlicher Herzen‹

Aus dem Kreis der Augsburger Franziskaner ist auch das erste Erbauungsbuch in deutscher Prosa hervorgegangen: ›Der Baumgarten geistlicher Herzen‹ (264 Seiten in Ungers Ausgabe, ohne die Kapitel 202, 203 und 205; zwei vollständige Handschriften, vier Teilhandschriften und breite Streuüberlieferung). Es ist eine Sammlung von Betrachtungen, Mahnungen, Lehren, Aussprüchen und Gebeten, locker geordnet in über 200 Kapiteln. Die Texte sind zum großen Teil Übertragungen oder freie Bearbeitungen von Exzerpten aus Schriften Bernhards von Clairvaux und Davids von Augsburg und aus den Predigten Bertholds von Regensburg. Da die handschriftliche Überlieferung bereits um 1300 einsetzt, wird der ›Baumgarten‹ im letzten Drittel des 13. Jahrhunderts entstanden sein. Einige Kapitel wenden sich direkt an ein geistliches Frauenpublikum. Vielleicht war das Werk für die Drittordensschwestern im Augsburger Kloster Maria Stern bestimmt. In einer Handschrift des 15. Jahrhunderts ist der Text zu einem Unterweisungsbuch für Laien umgearbeitet.

TEXT: Hrsg. von Helga Unger. München 1969; dazu: H. Unger in: VL 1, 1978, Sp. 643–645.

›Die Fittiche der Seele‹

›Die Fittiche der Seele‹ (nur in Auszügen gedruckt; eine Handschrift, ein Fragment) heißt ein Buch frommer Betrachtungen und Belehrungen vom Ende des 13. Jahrhunderts, das wohl für Klosterleute gedacht war. Die beiden Fittiche sind die Gottesfurcht und die Gottesliebe; der eine erinnert an Sünde, Tod, Weltgericht und Höllenqual, der andere an die Erschaffung des Menschen, die Passion Christi, die Gnade Gottes und die Freuden der erlösten Seele.

TEXT: Hrsg. von Heinrich Hoffmann. Altdeutsche Blätter 1 (1836), S. 353–362; dazu: Kurt Ruh in: VL 2, 1980, Sp. 742–743.

›Die heilige Regel für ein vollkommenes Leben‹

›Die heilige Regel für ein vollkommenes Leben‹ (90 Seiten in der Ausgabe von Priebsch; eine Handschrift, unvollständig) enthält Anweisungen, wie man nach dem Vorbild Marias zur ewigen Freude gelangt. Das Werk war in vier Teile gegliedert, von denen nur der erste erhalten ist. Darin werden acht Tugenden behandelt, die allegorisch auf Maria bezogen sind: ihre Augen bezeichnen die Keuschheit, ihre Ohren den Gehorsam, ihre Nase die Vernunft, ihr Mund die Andacht. ›Die heilige Regel‹ ist wahrscheinlich das umfangreichste Werk geistlicher Prosa im 13. Jahrhundert gewesen. Die Lehren werden häufig durch eingelegte Exempla erläutert; eins dieser Beispiele ist in Versen erzählt (S. 71 ff.). Versbau und Reimtechnik sind unbeeinflußt von der höfischen Metrik. Der Verfasser stammte wahrscheinlich aus einem rheinischen Zisterzienserkloster; darauf führen der sprachliche Befund und das Lob der »grauen Mönche« (S. 62). Die »geistlichen Kinder« (S. 1), an die er sich wendet, werden Ordensbrüder oder -schwestern gewesen sein. Die einzige Handschrift ist vor 1300 geschrieben.

TEXT: Hrsg. von Robert Priebsch (DTM 16). Berlin 1909; dazu: Gabriele von Siegeroth-Nellessen in: VL 3, 1981, Sp. 627–628.

›Die Lilie‹

›Die Lilie‹ (9 Seiten Prosa und 1989 Verse in der Ausgabe von Wüst; eine Handschrift, der Anfang fehlt) ist aus Prosateilen und Verspartien zusammengesetzt. Der erste Teil ist in Prosa abgefaßt, in die nur zwei kürzere Versstücke eingelegt sind; dann folgen paarweise gereimte Langzeilen. Wegen der ungewöhnlichen Versform und der freien Reimtechnik hat man das Werk früher ins 12. Jahrhundert datiert. Heute gilt als sicher, daß es gegen Ende des 13. Jahrhunderts entstanden ist, weil seine lateinische Quelle, ›Der mystische Rebstock‹ (›Vitis mystica‹), für ein Werk Bonaventuras († 1274) gehalten wird.

›Die Lilie‹ ist eine Blumenallegorie. Von den Wurzeln, die die im Herzen verborgenen Gedanken bezeichnen, bis zum dreieckigen Blütenhaupt, dem Bild der Dreieinigkeit, wird die Pflanze beschrieben und ausgelegt. Im Mittelpunkt steht die Liebe zum »süßen Jesus« und die Hochzeit mit dem »himmlischen Bräutigam«. Der allegorische Rahmen läßt Raum für geistliche Betrachtungen und Unterweisungen verschiedener Art. Der Sprache nach gehört das Werk in die Gegend von Köln. Es war offenbar für geistliche Frauen bestimmt; vielleicht ist es auch von einer Frau verfaßt worden. In der einzigen (um 1300 geschriebenen) Handschrift folgen vier kleinere allegorische Gedichte, die ausdrücklich an Frauen gerichtet sind.

TEXT: Hrsg. von Paul Wüst (DTM 15). Berlin 1909; dazu: Hans Neumann in: VL 5, 1985, Sp. 828–831.

›Die Rede von den fünfzehn Graden‹

›Die Rede von den fünfzehn Graden‹ (nur in Auszügen ediert; vier Handschriften) beschreibt den Weg der Seele bis zur vollständigen Vereinigung mit Gott. Der dreizehnte Grad ist der volltränkende Trank, der vierzehnte die gesunde Krankheit, der fünfzehnte der wache Schlaf »in der Gegenwärtigkeit des süßen Bräutigams« (S. 156). Das Werk ist in Prosa abgefaßt; die Prosa ist jedoch an vielen Stellen mit Reimen durchsetzt. Anfang und Schluß sind in Versen gedichtet. Aus der Bemerkung: »Das haben wir in der ›Lilie‹ genauer ausgeführt« (S. 144), kann man schließen, daß beide Werke von demselben Autor stammen. Der sprachliche Befund steht dem nicht entgegen. Zwei Handschriften bezeugen eine niederländische Textfassung.

TEXT: Hrsg. von Wilhelm Dolfel. Germania 6 (1861), S. 144–160.

›Salomons Haus‹

Aus einem rheinischen Frauenkloster stammt wahrscheinlich auch ›Salomons Haus‹ (25 Seiten in Adrians Ausgabe; eine Handschrift): eine allegorische Auslegung des Tragsessels (*ferculum*), den König Salomon nach Hohelied 3,9 für sich zimmern ließ. Am Ende der einzelnen Abschnitte ist die Prosa mit Reimen durchsetzt. Die frommen Betrachtungen waren für einen Kreis von »Töchtern« (S. 431) bestimmt. In der einzigen (noch im 13. Jahrhundert geschriebenen) Handschrift ist der Text mit anderen Prosastücken – einer Meßpredigt, einer Auslegung des Vaterunsers und einem Gespräch zwischen Christus und der minnenden Seele (in Reimprosa) – zu einem geistlichen Kompendium zusammengestellt worden.

TEXT: Hrsg. von Johann V. Adrian. In: Mittheilungen aus Handschriften und seltenen Druckwerken. Frankfurt a. M. 1846, S. 417–455.

›Das Buch von geistlicher Lehre‹

›Das Buch von geistlicher Lehre‹ (112 Seiten in Wielanders Ausgabe; zwei Handschriften) ist eine Unterweisung für Ordensleute, wahrscheinlich für Zisterzienser. Behandelt werden die Messe und die Meßgewänder, die drei Mönchsgelübe, die Lebensweise im Kloster, die geistliche Liebe (mit einem Marienlob), die Beichte und der Weg zur Vollkommenheit. Der Stoff ist aus theologischen Handbüchern geschöpft. Die älteste Handschrift wird um 1300 datiert.

TEXT: Hrsg. von Angelus Wielander. In: Ein Tiroler Christenspiegel des 14. Jahrhunderts. Diss. Freiburg 1959, S. 3–114; dazu: Georg Steer in: VL 1, 1978, Sp. 1085–1086.

›Der Brief an die Brüder von Mons Dei‹

Der lateinische ›Brief an die Brüder von Mons Dei‹ des Zisterziensers Wilhelm von St. Thierry († 1148/49), der in mehr als 200 Handschriften überliefert ist, enthält eine Anleitung zum frommen Leben in der Einsamkeit. Er ist, leicht gekürzt, um oder nach 1300 ins Deutsche übersetzt worden (126 Spalten in Honemanns Ausgabe; eine Handschrift).

TEXT: Hrsg. von Volker Honemann. In: Die Epistola ad fratres de Monte Dei des Wilhelm von Saint-Thierry. München 1978, S. 288–413.

›Oberdeutscher Zwölf-Früchte-Traktat‹

Aus derselben Zeit stammt der ›Oberdeutsche Zwölf-Früchte-Traktat‹ (5 Seiten in Pfeiffers Ausgabe; eine Handschrift), eine Übersetzung der lateinischen Predigt des Bischofs Guiard von Laon († 1248) über die zwölf geistlichen Früchte der Eucharistie.

TEXT: Hrsg. von Franz Pfeiffer. Altdeutsche Blätter 2 (1840), S. 354 bis 359; dazu: Kurt Ruh in: VL 3, 1981, Sp. 297.

Frauenmystik

In der Vita der belgischen Begine Marie von Oignies schildert Jakob von Vitry († 1240) das fromme Leben und die religiösen Praktiken der »heiligen Frauen«, die damals in der Diözese Lüttich in freien religiösen Gemeinschaften zusammenlebten. Viele von ihnen entstammten adligen Familien und hatten auf den Reichtum des Elternhauses und auf eine standesgemäße Ehe verzichtet, um ein keusches Leben in freiwilliger Armut und selbstgewählter Askese zu führen. Jakob von Vitry hat auch die körperlichen Erregungszustände und die visionären Ekstasen beschrieben, die er als typisch für den Frömmigkeitsstil dieser »modernen Heiligen« (*sanctae modernae*) ansah. Einige Frauen lagen jahrelang »vor Sehnsucht krank« im Bett und »hatten keine andere Krankheitsursache als Ihn, nach dem ihre Seelen verlangten und in Sehnsucht zerschmolzen«. Andere »wurden in so großer Geistestrunkenheit aus sich selbst entrückt«, daß sie den ganzen Tag wie leblos dalagen. Dieselben Formen des religiösen Erlebens begegnen uns später in den süddeutschen Dominikanerinnenklöstern, aus denen die mystische Frauenliteratur hervorgegangen ist.

Herbert Grundmanns Feststellung, daß die geschichtlichen Grundlagen der deutschen Mystik in der religiösen Frauenbewegung des 12. und 13. Jahrhunderts liegen, hat sich als ein fruchtbarer Ansatzpunkt bewährt. Man darf allerdings nicht übersehen (das betont Ursula Peters in ihren neueren Arbeiten), daß eine literarische Tätigkeit der frühen Beginen nicht nachweisbar ist und daß die ersten Verfasserinnen mystischer Schriften nicht sicher als Beginen bezeugt sind.

LITERATUR: Herbert Grundmann, Die geschichtlichen Grundlagen der deutschen Mystik. DVjs. 12 (1934), S. 400–429. – Kurt Ruh, Beginenmystik. Hadewijch, Mechthild von Magdeburg, Marguerite Porete. ZfdA 106 (1977), S. 265–277. – Siegfried Ringler, Viten- und Offenbarungsliteratur in Frauenklöstern des Mittelalters. Quellen und Studien. Zürich, München 1980. – Frauenmystik im Mittelalter. Hrsg. von Peter Dinzelbacher u. Dieter R. Bauer. Ostfildern 1985. – Abendländische Mystik im Mittelalter. Symposion Kloster Engelberg 1984. Hrsg. von Kurt Ruh. Stuttgart 1986. – Alois M. Haas, Deutsche Mystik. In: Die deutsche Literatur im späten Mittelalter, Teil 2 (vgl. S. 54), S. 234–305. – Ursula Peters, Religiöse Erfahrung als literarisches Faktum. Zur Vorgeschichte und Genese frauenmystischer Texte des 13. und 14. Jahrhunderts. Tübingen 1988. – Ursula Peters, Vita religiosa und spirituelles Erleben. Frauenmystik und frauenmystische Literatur im 13. und 14. Jahrhundert. In: Deutsche Literatur von Frauen. Hrsg. v. Gisela Brinker-Gabler. Bd. 1. München 1988, S. 88–109.

Mechthild von Magdeburg: ›Das fließende Licht der Gottheit‹

Über Mechthilds Lebensumstände ist wenig bekannt. Sie stammte wahrscheinlich aus einer vornehmen sächsischen Familie und hat offenbar lange in Magdeburg gelebt, vielleicht in einer Beginengemeinschaft. Um 1270 trat sie in das Kloster Helfta (bei Eisleben) ein und ist dort bis zu ihrem Tod (um 1282) geblieben. Das Kloster Helfta war damals ein bedeutendes Zentrum mystischer Frauenliteratur. Unter der Äbtissin Gertrud von Hackeborn († 1291) schrieben dort die hochgebildeten Nonnen Mechthild von Hackeborn († 1298) und Gertrud »die Große« († 1301/02) ihre lateinischen Werke. Mechthild hat ›Das fließende Licht der Gottheit‹ in niederdeutscher Sprache verfaßt. Die (von Hans Neumann rekonstruierte) Entstehungsgeschichte des Werks reicht vielleicht bis in die Zeit um 1250 zurück. Zuerst sind die Bücher I–V geschrieben worden; dann folgte Buch VI; das letzte Buch VII wurde erst nach 1270 in Helfta geschrieben; Mechthild hat offenbar bis zu ihrem Tod daran gearbeitet.

›Das fließende Licht der Gottheit‹ (284 Seiten in Morels Ausgabe; eine Handschrift, drei Auszüge und Streuüberlieferung einzelner Kapitel und Zitate) entzieht sich jeder Gattungsbestimmung. Es ist ein Offenbarungsbuch, das Visionen, Erlebnisberichte, Gebete, Hymnen, Dialoge, Erzählungen und Lehrreden vereint. Zusammengehalten werden die einzelnen Teile, die offenbar aus tagebuchartigen Aufzeichnungen entstanden sind und erst nachträglich zu Kapiteln und Büchern redigiert wurden, durch die religiöse Individualität der Verfasserin. Ihr mystisches Erleben kreist um die beiden Pole der beseligenden »Vereinigung« (*einunge*) der Seele mit Gott und die Erfahrung der »Gottesfremdheit« (*gotzvroemdunge*). Die mystische Unio ist in den Farben der zisterziensischen Brautmystik dargestellt: die Seele steht »nackend« vor dem »schön geschmückten Gott« (S. 22) und wird von ihm als sein »Lagerkissen« und sein »Liebesbett« begrüßt (S. 10). Der jubelnde Wechselgesang zwischen der Seele und Gott bestimmt den Ton der ersten Bücher. Später treten Betrachtungen über das Wesen der göttlichen Liebe, lehrhafte Dialoge und visionäre Berichte über Himmel und Hölle, die Schöpfung und die Endzeit stärker hervor. In den letzten Büchern äußert sich auch Kritik an der Lebens- und Verhaltensweise von Geistlichen und Laien, besonders von adligen Damen, die *die vnnútze hofzuht* höher achten als die geistlichen Werte (S. 110), und von den Nonnen, die von dem »bitteren Nordwind der Begierde« angeweht werden (S. 241). Mechthilds Werk besitzt eine sprachliche Kraft und Originalität wie kein anderer Text des 13. Jahrhunderts. Die Prosa ist mit Reimen durchsetzt, die sich vielfach zu Versen und Gedichten zusammenordnen lassen, deren metrische Gestalt sich aber nicht den damals üblichen Regeln des Versbaus unterwirft. Kennzeichnend für Mechthilds Sprache ist der Reichtum an

Bildern aus vielen Bereichen des geistlichen und des höfischen Lebens. Der Weg zu Gott wird als »eine Hofreise der minnenden Seele« beschrieben (S. 7).

Das niederdeutsche Original ist nicht erhalten. Die einzige vollständige Handschrift enthält eine Übertragung ins Oberdeutsche, die um die Mitte des 14. Jahrhunderts im Kreis der Baseler Gottesfreunde angefertigt wurde; darauf gehen alle bekannten Textzeugen zurück. Außerdem gibt es eine lateinische Übersetzung der Bücher I–VI, die bald nach Mechthilds Tod, um 1290, entstanden ist. Die oberdeutsche Fassung ist im 14. Jahrhundert von Margareta und Christine Ebner gelesen und benutzt worden.

TEXT: Hrsg. von Gall Morel. Regensburg 1869. – ÜBERSETZUNG von Margot Schmidt. Einsiedeln 1955. – LITERATUR: Hans Neumann in: VL 6, 1987, Sp. 260–270.

Predigt

Die ersten Predigtbücher und Predigtsammlungen in deutscher Sprache stammen aus dem 12. Jahrhundert. Die Blütezeit der deutschsprachigen Predigt begann jedoch erst im 13. Jahrhundert, unter dem Einfluß der neuen Bettelorden. Das Neue der Bettelordenspredigten war die Direktheit und Intensität, mit der die Laien angesprochen wurden, wobei nicht nur religiöse Probleme, sondern auch Fragen der Gesellschaftsmoral und der Alltagsbewältigung in den Blick traten. Während die Dominikanerpredigt erst im 14. Jahrhundert, in den Predigtwerken Meister Eckharts und Taulers, ihren literarischen Höhepunkt erreichte, hatte die deutsche Predigt der Franziskaner bereits im 13. Jahrhundert in Berthold von Regensburg ihren bedeutendsten Repräsentanten. Daneben besaßen die Zisterzienser, die sich auf Bernhard von Clairvaux beriefen, einen eigenen Anteil an der Predigtliteratur.

Die älteren deutschen Predigten, bis zum Anfang des 13. Jahrhunderts, waren zum größten Teil Übersetzungen aus dem Lateinischen. Die jüngeren Predigten hat man in der Mehrzahl für Mitschriften oder Nachschriften gehalten, die von Zuhörern und Zuhörerinnen aus dem Gedächtnis vorgenommen worden sind, ohne daß der Prediger selber Einfluß darauf genommen hat. Daraus wurde einerseits gefolgert, daß den meisten Predigttexten nur geringe Authentizität zukommt; andererseits suchte man die literarische Eigenart der Predigten in ihrer Nähe zum gesprochenen Wort. Daß es solche Nachschriften gegeben hat, ist unbezweifelt. Heute hat sich jedoch die Auffassung durchgesetzt, daß die meisten Predigten, die überliefert sind, und besonders die großen Predigtsammlungen literarisch redigierte Werke darstellen, die den Geistlichen als Mustersammlungen dienten oder die mehr den Charakter von Lehr- und Erbauungsbüchern hatten und bei der Tischlesung benutzt werden konnten oder von frommen Laien und geistlichen Frauen gelesen wurden.

Aus der Predigtliteratur des 13. Jahrhunderts werden hier nur die bedeutendsten Sammlungen herausgehoben.

LITERATUR: Paul-Gerhard Völker, Die Überlieferungsformen mittelalterlicher deutscher Predigten. ZfdA 92 (1963), S. 212–227. – Wolfgang Frühwald, Der St. Georgener Prediger. Studien zur Wandlung des geistlichen Gehaltes. Berlin 1963. – Dieter Richter, Die deutsche Überlieferung der Predigten Bertholds von Regensburg. München 1969. – Gerhard Stamm, Studien zum Schwarzwälder Prediger. München 1969. – Kurt Ruh, Deutsche Predigtbücher des Mittelalters. In: Beiträgen zur Geschichte der Predigt. Hrsg. von Heimo Reinitzer. Hamburg 1981, S. 11–30. – Sô predigent etelîche. Beiträge zur deutschen und niederländischen Predigt im Mittelalter. Hrsg. von Kurt O. Seidel. Göppingen 1982.

Berthold von Regensburg

Der bedeutendste Prediger des 13. Jahrhunderts war der Franziskaner Berthold von Regensburg, von dem ein umfangreiches Predigtwerk in lateinischer und deutscher Sprache überliefert ist. Er soll seit 1240 in Augsburg gepredigt haben; historisch bezeugt ist er seit 1246, als er zusammen mit David von Augsburg beauftragt wurde, das Regensburger Frauenkloster Niedermünster zu visitieren. In den folgenden Jahrzehnten hat er weite Predigtreisen unternommen, die ihn bis in die Schweiz, in die Steiermark, nach Böhmen und Thüringen führten. 1263 wurde er zum Kreuzzugsprediger gegen die Ketzer ernannt. Am 13. Dezember 1272 ist er gestorben. Berthold von Regensburg genoß bereits zu Lebzeiten legendären Ruhm als Volksprediger. In den Annalen des Klosters Niederaltaich wird berichtet, »daß häufig mehr als sechzigtausend Menschen zusammenströmten, um ihn zu hören«. Wenn der Platz in der Kirche nicht ausreichte, soll Berthold seine Predigtkanzel auf freiem Feld aufgeschlagen haben. Auch an den Fürstenhöfen suchte man seinen geistlichen Rat: der gebannte Herzog Otto II. von

Bayern († 1253) rief ihn kurz vor seinem Tod zu sich nach Landshut. Spätere Chroniken erzählen von Prophezeiungen und Wundern, die er vollbracht haben soll. Sein Grab in Regensburg blieb jahrhundertelang ein Ort der Volksverehrung.

Die lateinischen Predigten Bertholds von Regensburg sind in mehr als 300 Handschriften überliefert. Die etwa 400 Stücke lassen sich zu fünf Sammlungen ordnen, von denen mindestens drei von Berthold selbst redigiert und zu einem umfangreichen Predigtcorpus zusammengestellt worden sind. Die lateinischen Predigten unterscheiden sich von den deutschen durch ihren gelehrten Charakter. Nach Bertholds eigener Aussage lagen ihnen die Predigten zugrunde, die er »vor dem Volk«, also in deutscher Sprache, gehalten hat. Ob er diese Texte selber ins Lateinische übersetzt und dabei theologisch bearbeitet hat oder ob bereits den deutschen Predigten lateinische Aufzeichnungen vorausgegangen waren, muß offen bleiben.

Es gibt 211 Predigten in deutscher Sprache von Berthold und einige unsichere Stücke, in 24, teils vollständigen, teils fragmentarischen Handschriften; dazu kommt Streuüberlieferung. Am reichsten überliefert ist die Meßpredigt ›Von den Zeichen der Messe‹, für die 35 Textzeugen nachgewiesen sind. Auch die deutschen Predigten ordnen sich zu verschiedenen Sammlungen (X, Y, Z). Am frühesten überliefert ist die Sammlung Z, die Berthold für geistliche Frauen gehalten (oder redigiert) hat. Dies ist die älteste Sammlung deutscher Nonnenpredigten; diese Predigten sind bereits gegen Ende des 13. Jahrhunderts in den ›Baumgarten geistlicher Herzen‹ aufgenommen worden. Die Predigten der Sammlungen X und Y sind an Laien gerichtet; hier kommt Bertholds wortgewaltiger Stil am besten zum Ausdruck. Kennzeichnend für seine Art zu predigen ist die Intensität der Publikumsansprache, die Lebendigkeit und Schärfe seiner Rede sowie die Volkstümlichkeit seiner drastischen Ausdrucksweise, die im Poltern und Schimpfen ihre besondere Farbe gewinnt. Es ging ihm weniger um Glaubensunterweisung als um die Anprangerung von Sünden und Verfehlungen und den Aufruf zur Besserung und Umkehr. Berthold hat sich öfter speziell an adlige Herren und Damen gewandt, denen er die Verwerflichkeit ihrer weltlichen Vergnügungen vorhielt.

Anton E. Schönbach hat nachgewiesen, daß Bertholds deutsche Predigten zum großen Teil Bearbeitungen seiner lateinischen Predigten sind. Die Verwendung volkstümlicher Stilmittel erklärt sich aus der Bestimmung der deutschen Sammlungen:

sie waren offenbar zur Lektüre von Laien gedacht. Wer die redaktionelle Arbeit an den deutschen Texten vorgenommen hat, ist ungewiß. Unterschiede zwischen den Sammlungen deuten darauf, daß mehrere Bearbeiter daran beteiligt waren. Da die deutschen Sammlungen jedoch bereits im 13. Jahrhundert entstanden sind, besteht kein Grund, an der Authentizität der deutschen Texte zu zweifeln.

TEXTE: Hrsg. von Franz Pfeiffer. 2 Bde, Wien 1862–1880. – Überlieferungsgruppe Z: Hrsg. von Dieter Richter. München 1968. – ÜBERSETZUNGEN von vier Predigten von Werner Röcke (Reclam 7974). Stuttgart 1983. – LITERATUR: Frank G. Banta in: VL 1, 1978, Sp. 817–823.

›Der Schwarzwälder Prediger‹

›Der Schwarzwälder Prediger‹ ist ein Predigtzyklus von 55 Sonntags- und Feiertagspredigten, die von einem südwestdeutschen Geistlichen verfaßt worden sind. Die Predigten folgen dem Kirchenjahr; zugrunde liegt die lateinische Predigtsammlung ›Sermones de tempore‹ des Franziskaners Konrad von Sachsen († 1279), die wahrscheinlich um 1260/70 entstanden ist. Der Verfasser der deutschen Texte hat seine Vorlage frei bearbeitet und die Predigten mit biblischen Beispielerzählungen aufgefüllt. Außerdem hat er die ›Legenda aurea‹ benutzt. Vor welchem Publikum die Predigten gehalten wurden, ist unbekannt. Der ausgearbeitete Zyklus war dazu bestimmt, anderen Geistlichen als Predigthandbuch zu dienen. Die reiche Überlieferung (26 Handschriften, vor allem aus dem 15. Jahrhundert) zeigt, daß die Predigten noch lange gelesen worden sind. Es ist ein seltener Glücksfall, daß das Originalmanuskript vom Ende des 13. Jahrhunderts erhalten geblieben ist (Freiburger Handschrift Nr. 460).

Demselben Verfasser wird noch eine zweite Predigtsammlung zugeschrieben: 46 Festtags- und Heiligenpredigten (sieben Handschriften), hauptsächlich nach der ›Legenda aurea‹.

TEXTE: Hrsg. von Franz K. Grieshaber. 2 Bde, Stuttgart 1844–1846. – Auswahl. Hrsg. von Gerhard Stamm. München 1973. – Festtags- und Heiligenpredigten: Hrsg. von Peter Schmitt u. a. München 1982.

›Der St. Georgener Prediger‹

›Der St. Georgener Prediger‹ ist eine Sammlung von 39 Predigten, die in verschiedenen Fassungen verbreitet war (26 Handschriften und Streuüberlieferung). Dabei ergaben sich Vermischungen mit anderen Sammlungen, vor allem mit dem ›Schweizer Prediger‹ und Predigten Bertholds von Regensburg. Der ›St. Georgener Prediger‹ war offenbar von Anfang an kein geschlossenes Werk, sondern die Arbeit eines Redaktors, der ältere Stücke (von einer Predigt gibt es ein Fragment aus der ersten Hälfte des 13. Jahrhunderts) und jüngere zu einer Sammlung verband, die durch ihre thematische Ausrichtung auf das geistliche Leben im Kloster gekennzeichnet ist. Der Redaktor war wahrscheinlich Zisterzienser. Bernhard von Clairvaux und einige pseudo-Bernhardische Schriften waren die wichtigsten Quellen. Die Predigten sind wohl in dieser Form niemals gehalten worden; es sind zum Teil Traktate in Predigtform. Das gilt besonders für die Predigt vom Palmbaum (›Von des balm bomes bezaichnung‹, Nr. 60), die eine sehr große Eigenwirkung entfaltet hat (42 Handschriften, drei Drucke). Die Beschreibung der *unio mystica* in dieser Predigt folgt wörtlich dem ›St. Trudperter Hohenlied‹ aus dem 12. Jahrhundert. Die St. Georgener Sammlung war sicherlich dazu bestimmt, im Kloster gelesen oder vorgelesen zu werden; mehrere Handschriften stammen aus Frauenklöstern. Die Überlieferungsgeschichte zeigt, daß die Sammlung auch in Laienkreisen als Erbauungsbuch benutzt worden ist. Da die älteste Handschrift (aus dem Benediktinerinnenkloster St. Georgen in Villingen/Schwarzwald; sie hat dem Werk den Namen gegeben) um 1300 geschrieben ist, datiert man die Sammlung noch ins 13. Jahrhundert.

TEXT: Hrsg. von Karl Rieder (DTM 10). Berlin 1908; dazu: Wolfgang Frühwald in: VL 2, 1980, Sp. 1207–1213.

Die Arbeit an diesem Band begann mit dem Vorsatz, die deutsche Literatur des hohen Mittelalters nicht von den Autoren und Werken her zu beschreiben, sondern von den geschichtlichen Zusammenhängen, den Höfen und Klöstern, den Auftraggebern und dem Publikum, wie es für Frankreich Reto R. Bezzola in seinem großen Werk ›Les origines et la formation de la littérature courtoise en occident‹ so eindrucksvoll gemacht hat. Es hat jedoch nicht lange gedauert bis zu der resignierenden Erkenntnis, daß eine solche Darstellung – so sinnvoll und geradezu notwendig sie an sich erscheint – für die deutsche Literatur des hohen Mittelalters nicht durchführbar ist, weil es für die meisten deutschen Texte an den Informationen fehlt, die für eine historische Zuordnung erforderlich sind. Wenn man es trotzdem versuchen wollte, würde vieles zu hypothetisch bleiben, oder aber die Literaturgeschichte würde in zwei Teile auseinanderfallen: einen kleinen, für den die geschichtlichen Grundlagen erkennbar sind, und einen großen, für den das nicht zutrifft. Es wäre auch nicht viel damit gewonnen, wenn man der literarhistorischen Darstellung einen Abriß der politischen und gesellschaftlichen Entwicklung an die Seite stellen würde, weil nur selten die Punkte genau markiert werden können, wo die literarischen und die geschichtlichen Vorgänge ineinandergreifen. Das Quellenmaterial ist so dürftig, daß es nicht einmal gelingt, eine geographische Ordnung der Literatur nach den großen Territorien oder den Dialektgebieten durchzuführen.

In dem einleitenden Kapitel über die geschichtlichen Grundlagen der höfischen Literatur werden die Gesichtspunkte dargelegt, unter denen die Literaturgeschichte des hohen Mittelalters in diesem Band betrachtet wird. Die späteren Kapitel, die die historische Entwicklung der Literatur im 12. und 13. Jahrhundert verfolgen, gehen von den Gattungszusammenhängen aus. Der vorgegebene Umfang des Bandes hat Kürzungen erzwungen, die manchmal schmerzlich waren. Bei der Besprechung der einzelnen Werke wurde der größte Wert auf Sachinformationen gelegt (wozu für mich auch Inhaltsangaben gehören). Dagegen wurde auf eine Stellungnahme zu Interpretationsfragen weitgehend verzichtet, weil dafür mehr Platz erforderlich wäre. Nur bei den großen Dichtern der Zeit um 1200 ist die Interpretationsproblematik etwas genauer angesprochen worden. Außerdem ist dort jeweils das literarische Gesamtwerk behandelt, während sonst bei Autoren, die in verschiedenen Gattungen gedichtet haben, die einzelnen Werke den Gattungen zugeordnet sind; in diesen Fällen kann der Werkzusammenhang über das Register hergestellt werden.

Aus Platzgründen sind die Literaturangaben auf ein Minimum reduziert worden. Zu den einzelnen Autoren und Werken sind überall die Ausgaben nachgewiesen, außerdem die Übersetzungen, soweit es solche gibt. Für die Sekundärliteratur muß in den meisten Fällen ein Hinweis auf die 2. Auflage des ›Verfasserlexikons‹ genügen, wo man reiche Literaturangaben findet.

Es bedarf kaum des Hinweises, daß ich die Forschung zu den besprochenen Werken in dem mir möglichen Umfang benutzt und verwertet habe. Besonders interessant war oft ein Blick in die Literaturgeschichten, deren Verfasser vor ähnlichen Problemen standen wie wir. Die Werke von Ehrismann und de Boor behalten ihren historischen Wert, wobei die Faktenorientiertheit von Ehrismann sich nicht selten als zeitbeständiger erweist. Sehr hilfreich für meine Schlußkapitel war der neue, von Ingeborg Glier herausgegebene Band III, 2 von de Boors Literaturgeschichte (vgl. S. 54), der die schwer zu überblickenden Kleinformen der Literatur behandelt. Von den kürzeren Darstellungen nötigt das einbändige Werk von Max Wehrli den größten Respekt ab. Am nächsten verwandt ist unser Unternehmen mit der von Joachim Heinzle herausgegebenen Literaturgeschichte, die immer größere Dimensionen annimmt. Der von Heinzle selbst verfaßte Band II,2, der das 13. Jahrhundert behandelt, war für mich eine Quelle wichtiger Informationen und fruchtbarer Anregungen. Meine Darstellung will nicht in Konkurrenz dazu treten, sondern hofft, daneben einen Platz zu finden.

Den Plan und die Probleme unserer Literaturgeschichte habe ich am intensivsten mit meinen beiden Mitautoren besprochen. Kritik und Anregung verdanke ich Elke Brüggen und Karina Kellermann, die Teile des Manuskripts mitgelesen haben. Öfter habe ich Thomas Klein um Rat gefragt, besonders für das Kapitel über die sprachlichen Grundlagen und für die niederdeutschen Texte. Das Kapitel über die religiöse Literatur im 13. Jahrhundert hat Ursula Peters kritisch begutachtet. Auf stilistische Schwächen hat mich Angela Mielke aufmerksam gemacht, die auch bei den Korrekturen und am Register mitgearbeitet hat. Außerdem haben Andreas Baßfeld und Uta Napiralla Korrektur gelesen und das Register erstellt. Bei der Beschaffung der Forschungsliteratur haben mich Anette Hild und Christine Ruhrberg unterstützt. Anette Hild hat auch die Karten gezeichnet. Die Reinschrift ist in der Hauptsache von Martina Stachorski angefertigt worden; die letzten Teile hat Susanne Couturier geschrieben. Ihnen allen gilt mein herzlicher Dank.

Köln, November 1988 J. B.

Abkürzungen und abgekürzt zitierte Ausgaben

Abkürzungen

ATB	Altdeutsche Textbibliothek
AW	Akademie der Wissenschaft(en)
DTM	Deutsche Texte des Mittelalters
DVjs.	Deutsche Vierteljahrsschrift für Literaturwissenschaft und Geistesgeschichte
FS	Festschrift, Festgabe
MGH	Monumenta Germaniae Historica
PBB	Beiträge zur Geschichte der deutschen Sprache und Literatur
SB	Sitzungsberichte
VL	Die deutsche Literatur des Mittelalters. Verfasserlexikon. 2. Aufl. Hrsg. von Kurt Ruh. (Bisher:) 7 Bde, Berlin, New York 1978–1989 Die erste Auflage des ›Verfasserlexikons‹ (5 Bde, Berlin, Leipzig 1933–1955) wird als »VL (1. Aufl.)« zitiert.
ZfdA	Zeitschrift für deutsches Altertum und deutsche Literatur
ZfdPh.	Zeitschrift für deutsche Philologie

Abgekürzt zitierte Ausgaben

Deutsche Liederdichter des 13. Jahrhunderts. Hrsg. von Carl von Kraus. 2. Aufl. bearb. von Gisela Kornrumpf. 2 Bde, Tübingen 1978.

Des Minnesangs Frühling. 38. Aufl. bearb. von Hugo Moser u. Helmut Tervooren. 2 Bde, Stuttgart 1988.

Register

Die kursiv gesetzten Ziffern verweisen auf Seiten, wo ein Autor oder ein Werk ausführlich behandelt wird.

Über die Literatur

Gisela Brinker-Gabler/
Karola Ludwig/
Angela Wöffen:
Lexikon deutschsprachiger Schriftstellerinnen von 1800 bis 1945 · dtv 3282

Joachim Bumke:
Höfische Kultur
Literatur und Gesellschaft im hohen Mittelalter
2 Bände · dtv 4442

K. R. Eisler:
Goethe
Eine psychoanalytische Studie · dtv 4457

Klaus Engelhardt/
Volker Roloff:
Daten der französischen Literatur
(Band 1 vergriffen)
Band 2: Von 1800 bis zur Gegenwart
dtv 3193

Fabeln, Parabeln und Gleichnisse
Beispiele didaktischer Literatur
Herausgegeben von Reinhardt Dithmar
dtv 4483

Herbert A. und Elisabeth Frenzel:
Daten deutscher Dichtung
2 Bände · dtv 3003/3004

Geschichte der deutschen Literatur im Mittelalter
3 Bände in Kassette
dtv 59005

Auch einzeln lieferbar:

Dieter Kartschoke:
Geschichte der deutschen Literatur im frühen Mittelalter
dtv 4551

Joachim Bumke:
Geschichte der deutschen Literatur im hohen Mittelalter
dtv 4552

Thomas Cramer:
Geschichte der deutschen Literatur im späten Mittelalter
dtv 4553

Grundzüge der Literatur- und Sprachwissenschaft
Hrsg. v. H. L. Arnold und V. Sinemus
Band 1: Literaturwissenschaft
dtv 4226

Käte Hamburger:
Die Logik der Dichtung
dtv/Klett-Cotta 4458

Hansers Sozialgeschichte der deutschen Literatur
Vom 16. Jahrhundert bis zur Gegenwart
Hrsg. v. R. Grimminger

Deutsche Aufklärung bis zur Französischen Revolution (1680-1789)
Hrsg. v. R. Grimminger
2 Bände · dtv 4345

Gert Ueding:
Klassik und Romantik
Deutsche Literatur im Zeitalter der Französischen Revolution 1789-1815
2 Bände · dtv 4346

Literatur in der Bundesrepublik Deutschland bis 1967
Hrsg. v. Ludwig Fischer
dtv 4352

Die Literatur der DDR
Herausgegeben von Hans-J. Schmitt
dtv 4353

Wolfgang Karrer/
Eberhard Kreutzer:
Werke der englischen und amerikanischen Literatur von 1890 bis zur Gegenwart
dtv 3290

Volker Klotz:
Das europäische Kunstmärchen
dtv 4467

Mario Praz:
Liebe, Tod und Teufel
Die schwarze Romantik
dtv 4375

Horst Dieter Schlosser:
dtv-Atlas zur deutschen Literatur
dtv 3219

Die Textüberlieferung der antiken Literatur und der Bibel
Hrsg. v. H. Hunger, O. Stegmüller, H. Erbse, M. Imhof, K. Büchner, H.-G. Beck, H. Rüdiger
dtv 4485

Harald Weinrich:
Literatur für Leser
Essays und Aufsätze zur Literaturwissenschaft
dtv 4451

Wege der Sprachkultur
dtv 4486

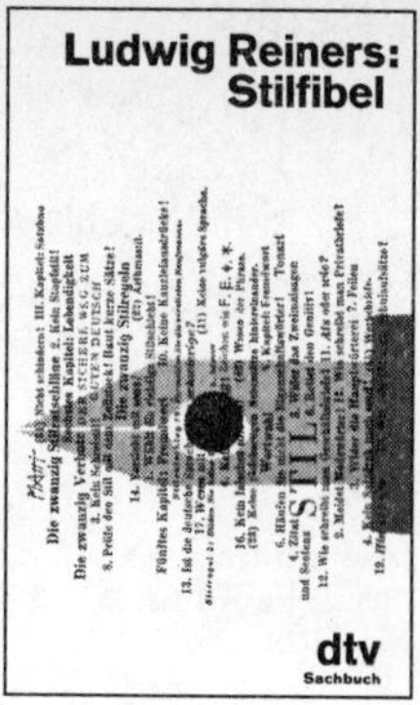

Über die Sprache

Klaus Bartels:
Wie die Amphore zur Ampel wurde
Neunundvierzig Wortgeschichten
dtv 10836

Eike Christian Hirsch:
Den Leuten aufs Maul
Ein- und Ausfälle vom Besserwisser
dtv 10823

Eike Christian Hirsch:
Deutsch für Besserwisser
dtv 10952

Eike Christian Hirsch:
Mehr Deutsch für Besserwisser
dtv 10992

Werner König:
dtv-Atlas zur deutschen Sprache
dtv 3025

Die Kunst des Gesprächs
Texte zur Geschichte der europäischen Konversationstheorie
Herausgegeben von Claudia Schmölders
dtv 4446

Hans Lobentanzer:
Deutsch muß nicht schwer sein
Eine vergnügliche Sprach- und Stilkunde
dtv 10548

Ludwig Reiners:
Stilfibel
Der sichere Weg zum guten Deutsch · dtv 154

Hermann Schlüter:
Grundkurs der Rhetorik
dtv 4149

Otto Seel:
Quintilian oder Die Kunst des Redens und des Schweigens
dtv/Klett-Cotta 4459

Wahrig
dtv-Wörterbuch der deutschen Sprache
dtv 3136

dtv

»dtv-Wahrig«

dtv-Wörterbuch der deutschen Sprache
Hrsg. von Gerhard Wahrig
in Zusammenarbeit mit zahlreichen Wissenschaftlern und anderen Fachleuten
943 Seiten mit
ca. 16000 Stichwörtern
Originalausgabe

Wahrigs dtv-Wörterbuch enthält etwa 16000 Stichwörter mit Beispielen für die Verwendung in Sätzen und Wendungen, Redensarten und Sprichwörtern; Bedeutungserklärungen mit Verweisen auf Wörter gleicher, entgegengesetzter oder verwandter Bedeutungen; Angaben zu Rechtschreibung, Silbentrennung, Aussprache und Grammatik, Stilebenen, Fachsprachen und Mundarten. Dazu, erstmals in diesem Wörterbuch, Hinweise auf Satzmuster für Verben und Adjektive

dtv 3136

W

'Waa·ge (f.; -, -n) 1 *Meßgerät zur Ermittlung der Masse eines Körpers* 2 (fig.) *Gleichgewicht* 2.0.1 beides hält sich die ~ (fig.) *beides gleicht sich aus, beides ist gleich oft vorhanden, ist gleich viel wert* 3 *Gerät zur Bestimmung der Waagerechten;* Wasser ~ 4 *ein Sternbild am südl. Himmel, siebtes Tierkreiszeichen*
'waa·ge·recht (Adj. 24) *so wie die beiden in gleicher Höhe schwebenden Waagschalen ausgerichtet, eben, rechtwinklig zur Senkrechten;* Sy *horizontal*
'Waag·scha·le (f.) 1 *Schale an der Waage zum Auflegen der zu wiegenden Last bzw. der Gewichte* 1.1 das fällt schwer in die ~ (fig.) *das ist wichtig, schwerwiegend, bedeutungsvoll* 1.2 etwas in die ~ werfen (fig.) *bei einer Besprechung, Entscheidung geltend machen*
'wab·beln (V. 400) etwas wabbelt *bewegt sich gallertartig hin u. her*
'Wa·be (f.; -, -n) *aus Wachszellen bestehende Wand des Bienenstocks*
'wa·bern (V. 400) etwas wabert *flackert, zuckt*
wach (Adj.) 1 *nicht schlafend, munter;* die Nacht über ~ bleiben; die ganze Nacht ~ liegen; Kaffee hält ~ 1.0.1 sich ~ halten *am Einschlafen hindern* 1.0.2 jmdn. ~ rufen, rütteln *durch Rufen, Rütteln aufwecken* 1.0.3 ~ werden *aufwachen* 2 (fig.) *aufgeweckt, geistig rege;* ein ~er Geist
'Wa·che (f.; -, -n) 1 *Person(engruppe), die jmdn. od. etwas bewacht, Wächter, Posten;* Schild ~; die ~ zieht auf; die ~ ablösen 2 *Raum, Gebäude, in dem die Wache(1) stationiert ist* 2.1 (kurz für) *Polizeiwache;* jmdn. mit auf die ~ nehmen 3 *Wachdienst;* ~ haben, stehen; jmdm. die ~ übergeben; die ~ übernehmen 3.0.1 bei einem Kranken, Gefangenen, vor einem Gebäude ~ halten *wachen(2)* 3.0.2 ~ schieben (soldatenspr.) *Wachdienst haben* 4 *Stelle, an der sich der Posten während des Wachdienstes aufhält;* (die) ~ beziehen; auf ~ ziehen
'wa·chen (V.) 1 (400) *wach sein, nicht schlafen;* die (ganze) Nacht (hindurch) ~; im Wachen und im Schlafen; halb ~d, halb träumend 2 (800) *auf jmdn. od. etwas achten, aufpassen;* bei einem Kranken ~ 2.1 über etwas od. jmdn. (jmdm.) ~ *auf etwas od. jmdn. aufpassen, etwas od. jmdn. beschützen;* (streng) darüber ~, daß die Vorschriften befolgt werden
'wach|hal·ten (V. 160/500) 1 (R7 od. R8) jmdn. ~ *dafür sorgen, daß jmd. nicht einschläft;* sie hielten sich die ganze Nacht wach, indem sie Geschichten erzählten 2 eine Sache ~ (fig.) *lebendig, rege erhalten;* jmds. Andenken ~; eine Erinnerung ~; seinen Haß, Rachedurst ~; jmds. Interesse an etwas ~
'wach|ru·fen (V. 204/500) eine Sache ~ (fig.) *(wieder) hervorrufen, ins Bewußtsein, in Erinnerung bringen;* Erinnerungen ~; seine Bemerkung hat ein Erlebnis (in mir, in meiner Erinnerung) wachgerufen; den alten Schmerz wieder ~
'wach|rüt·teln (V. 500) jmdn. ~ 1 *durch Rütteln wecken* 2 (fig.) *aufrütteln, aus einer seel., geistigen Erstarrung herausreißen*
Wachs ([vaks] n.; -es, -e) 1 *Bienenwachs o. ä. chem. Stoff mit dessen Eigenschaften;* ~ formen, gießen, kneten; mit ~ bestreichen, verkleben; er wurde bleich, weiß wie ~ 1.0.1 er ist in ihren Händen (so weich wie) ~ (fig.) *er tut alles, was sie will, sie hat starken Einfluß auf ihn* 1.0.2 als er ihr drohte, sie anzuzeigen, wurde sie weich wie ~ (fig.) *wurde sie gefügig, gab sie nach* 1.0.3 → a. *echt(1.0.2)*
'wach·sam (Adj. 70) 1 *auf Gefahren od. Feinde achtend, aufmerksam, scharf beobachtend, vorsichtig prüfend;* ~ sein 1.1 ein ~es Auge auf jmdn. od. etwas haben (umg.) *auf jmdn. od. etwas gut achtgeben, jmdn. od. etwas scharf beobachten*
'wach·sen[1] ([-ks-] V. 500) etwas ~ *mit Wachs einreiben;* den Fußboden ~; die Schier ~
'wach·sen[2] ([-ks-] V. 277/400(s.)) 1 *an Größe zunehmen;* der Junge ist im letzten Jahr ein großes Stück, tüchtig gewachsen; sich einen Bart, das Haar ~ lassen; in die Höhe, in die Breite ~ (von Pflanzen) 1.1 *sich in bestimmter Weise wachsend(1) entwickeln;* der Baum ist gerade, krumm, schief gewachsen 1.1.1 gut gewachsen sein *einen schlanken, gut gebauten Körper haben* 2 etwas wächst *gedeiht, entwickelt sich;* hier wächst viel Mais, Raps 3 etwas wächst *vermehrt sich, wird größer;* die Anforderungen sind (stark) gewachsen; die Einwohnerzahl, der Viehbestand ist gewachsen 4 etwas wächst *wird stärker, intensiver;* seine Energie wächst mit seinen Aufgaben; mit ~der Erregung, ~dem Interesse zuhören 5 jmdm. od. einer Sache (nicht) gewachsen sein *mit jmdm. od. einer S. (nicht) fertig werden (können)*
'wäch·sern ([-ks-] Adj.) 1 *aus Wachs bestehend;* ~e Kerzen 2 *aus Wachs beschaffen;* das ~e Gesicht des Toten
'Wachs·stock (m.) *biegsames, schraubenförmiges Wachslicht*
'Wachs·tum (n.; -s; unz.) 1 *das Wachsen;* das ~ beschleunigen, fördern, hindern; üppiges ~ der Pflanzen; im ~ begriffen sein 1.1 *Entwicklung;* im ~ zurückgeblieben sein 2 *von einem bestimmten Weingut stammender Wein;* der Winzer bot uns eigenes ~ an
'Wäch·te (f.; -, -n) *überhängende Schnee- od. Firnmasse*
'Wäch·ter (m.; -s, -) *jmd. (od. ein Tier), der (bzw. das) jmdn. od. etwas bewacht;* Museums ~, Nacht ~, Park ~; der Hund ist ein guter, treuer ~ des Hauses
'Wacht·mei·ster (m.) 1 *unterer Dienstgrad der Polizei* 2 *Polizeibeamter in diesem Dienstrang*
'Wacht·po·sten (m.) *Wache stehender Soldat*
'wacke·lig (-k·k-; Adj.) 1 *bei Berührung wackelnd, nicht fest(stehend), zitterig;* ein ~er Stuhl; ein ~er Zahn; die Tür ist ~; der Tisch steht ~; der alte Mann ist schon etwas, recht

866

dtv-Atlas zur deutschen Literatur

von Horst Dieter Schlosser
Tafeln und Texte
Originalausgabe

116 Farbtafeln und ausführliche Texte zeigen die Entwicklung der deutschen Literatur von den Anfängen bis zur Gegenwart.

Aus dem Inhalt:
Anfänge. Epos- und Verstradition. Nibelungenlied. Artusroman. Minnesang. Mystik. Volksbuch. Volkslied. Meistersang. Humanisten. Reformation. Sprachgesellschaften. Opitz. Grimmelshausen. Gottsched. Aufklärung. Lessing. Empfindsamkeit. Sturm und Drang. Goethe. Schiller. Weimarer Klassik. Hölderlin. Romantik. Kleist. Heine. Mörike. Stifter. Büchner. Grabbe. Realismus. Hebbel. Fontane. Naturalismus. G. Hauptmann. Hofmannsthal. Rilke. H. und Th. Mann. Expressionismus. Brecht. Feuchtwanger. Döblin. Exilliteratur. Literatur in Österreich 1933-38. Nachkriegsliteratur. Literatur in der DDR. Literarische Tendenzen nach 1970. Auswahlbibliographie. Register.

dtv 3219

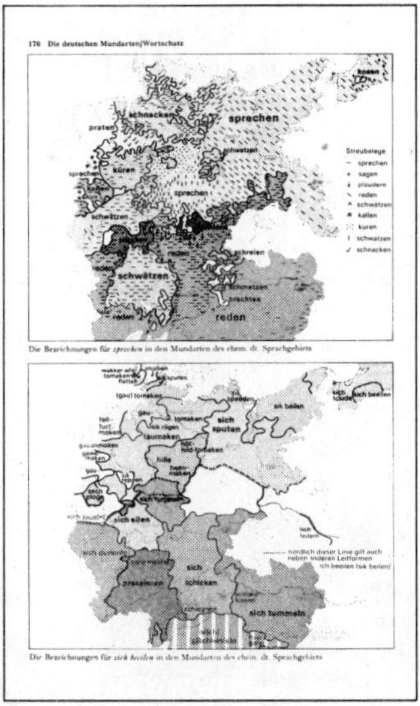

Sprachatlas

dtv-Atlas zur deutschen Sprache
von Werner König
Tafeln und Texte
Mit Mundart-Karten
Originalausgabe

Aus dem Inhalt:
Einführung: Sprache, Text, Satz, Wort, Laut, Bedeutung, Sprache und Weltbild, Schrift
Geschichte der deutschen Sprache: Indogermanisch. Alt-, Mittel- und Neuhochdeutsch. Sprachstatistik. Entwicklungstendenzen. Sprache und Politik. Namenkunde. Sprachsoziologie.
Mundarten: Sprachgeographie, Phonologie, Morphologie.
Wortschatzkarten: Junge, Mädchen, Schnupfen, klein, gestern, warten, Kohl, Mütze, Sahne, Tomate, Stecknadel u. v. a.

dtv 3025

dtv

Europa im Mittelalter

Joachim Bumke:
Höfische Kultur
Literatur und
Gesellschaft im
hohen Mittelalter
2 Bände
dtv 4442

Ferdinand
Gregorovius:
Geschichte
der Stadt Rom
im Mittelalter
7 Bände, dtv 5960

Kaiser Friedrich II
Sein Leben in
zeitgenössischen
Berichten
Herausgegeben von
Klaus J. Heinisch
dtv 2901

Kaiser und Reich
Klassische Texte
zur Verfassungs-
geschichte des
Heiligen Römischen
Reiches deutscher
Nation
Herausgegeben von
Arno Buschmann
dtv 4384

Franz Irsigler/
Arnold Lassotta:
Bettler und Gaukler,
Dirnen und Henker
Außenseiter
in einer mittel-
alterlichen Stadt
Köln 1300-1600
dtv 11061

Reinhard Lebe:
Als Markus nach
Venedig kam
Venezianische
Geschichte im
Zeichen des
Markuslöwen
dtv 11060

Régine Pernoud:
Königin der
Troubadoure
Eleonore von
Aquitanien
dtv 1461

Régine Pernoud:
Christine de Pizan
Das Leben einer außer-
gewöhnlichen Frau
und Schrifstellerin
im Mittelalter
dtv 11192 (März 1990)

Der Prozeß
Jeanne d'Arc
Hrsg. von Ruth
Schirmer-Irmhoff
dtv 2909

Philippe Reliquet:
Ritter, Tod und Teufel
Gilles de Rais oder
Die Magie des Bösen
dtv 11174

Barbara Tuchmann:
Der ferne Spiegel
Das dramatische
14. Jahrhundert
dtv 10060